企业会计准则培训指定用书

企业会计准则应用指南

2021年版

中华人民共和国财政部 制定

图书在版编目（CIP）数据

企业会计准则应用指南：2021年版/中华人民共和国财政部制定.—上海：立信会计出版社，2021.1
　ISBN 978-7-5429-6638-4

　Ⅰ.①企… Ⅱ.①中… Ⅲ.①企业—会计准则—中国—指南 Ⅳ.① F279.23-62

　中国版本图书馆 CIP 数据核字 (2020) 第 228826 号

责任编辑：蔡伟莉

企业会计准则应用指南（2021年版）

出版发行　立信会计出版社	
地　　址　上海市中山西路 2230 号	邮政编码　200235
电　　话　（021）64411389	传　　真　（021）64411325
网　　址　www.lixinaph.com	电子邮箱　lixinaph2019@126.com
网上书店　http：//lixin.jd.com	http：//lxkjcbs.tmall.com
经　　销　各地新华书店	

印　　刷　北京鑫海金澳胶印有限公司
开　　本　787 毫米 ×1092 毫米　1/16
印　　张　32
字　　数　878 千字
版　　次　2021 年 1 月第 1 版
印　　次　2021 年 1 月第 1 次
书　　号　ISBN 978-7-5429-6638-4/ F
定　　价　80.00 元

如有印订差错，请与本社联系调换

目 录

《企业会计准则第 1 号——存货》应用指南 …………………………………………… 001
《企业会计准则第 2 号——长期股权投资》应用指南 …………………………………… 003
《企业会计准则第 3 号——投资性房地产》应用指南 …………………………………… 016
《企业会计准则第 4 号——固定资产》应用指南 ………………………………………… 018
《企业会计准则第 5 号——生物资产》应用指南 ………………………………………… 019
《企业会计准则第 6 号——无形资产》应用指南 ………………………………………… 021
《企业会计准则第 7 号——非货币性资产交换》应用指南 ……………………………… 023
《企业会计准则第 8 号——资产减值》应用指南 ………………………………………… 032
《企业会计准则第 9 号——职工薪酬》应用指南 ………………………………………… 034
《企业会计准则第 10 号——企业年金基金》应用指南 …………………………………… 047
《企业会计准则第 11 号——股份支付》应用指南 ………………………………………… 049
《企业会计准则第 12 号——债务重组》应用指南 ………………………………………… 051
《企业会计准则第 13 号——或有事项》应用指南 ………………………………………… 058
《企业会计准则第 14 号——收入》应用指南 ……………………………………………… 060
《企业会计准则第 15 号——建造合同》重点难点说明 …………………………………… 092
《企业会计准则第 16 号——政府补助》应用指南 ………………………………………… 098
《企业会计准则第 17 号——借款费用》应用指南 ………………………………………… 103
《企业会计准则第 18 号——所得税》应用指南 …………………………………………… 105
《企业会计准则第 19 号——外币折算》应用指南 ………………………………………… 108
《企业会计准则第 20 号——企业合并》应用指南 ………………………………………… 110
《企业会计准则第 21 号——租赁》应用指南 ……………………………………………… 113
《企业会计准则第 22 号——金融工具确认和计量》应用指南 …………………………… 137
《企业会计准则第 23 号——金融资产转移》应用指南 …………………………………… 174
《企业会计准则第 24 号——套期会计》应用指南 ………………………………………… 187
《企业会计准则第 25 号——原保险合同》重点难点说明 ………………………………… 208
《企业会计准则第 26 号——再保险合同》重点难点说明 ………………………………… 217

《企业会计准则第 27 号——石油天然气开采》应用指南 ………………… 224
《企业会计准则第 28 号——会计政策、会计估计变更和差错更正》
　　应用指南 ……………………………………………………………………… 226
《企业会计准则第 29 号——资产负债表日后事项》重点难点说明 ………… 227
《企业会计准则第 30 号——财务报表列报》应用指南 ……………………… 230
《企业会计准则第 31 号——现金流量表》应用指南 ………………………… 252
《企业会计准则第 32 号——中期财务报告》重点难点说明 ………………… 260
《企业会计准则第 33 号——合并财务报表》应用指南 ……………………… 265
《企业会计准则第 34 号——每股收益》应用指南 …………………………… 309
《企业会计准则第 35 号——分部报告》应用指南 …………………………… 311
《企业会计准则第 36 号——关联方披露》重点难点说明 …………………… 312
《企业会计准则第 37 号——金融工具列报》应用指南 ……………………… 316
《企业会计准则第 38 号——首次执行企业会计准则》应用指南 …………… 349
《企业会计准则第 39 号——公允价值计量》应用指南 ……………………… 352
《企业会计准则第 40 号——合营安排》应用指南 …………………………… 376
《企业会计准则第 41 号——在其他主体中权益的披露》应用指南 ………… 385
《企业会计准则第 42 号——持有待售的非流动资产、处置组和终止经营》
　　应用指南 ……………………………………………………………………… 398
附录一　会计科目和主要账务处理 ……………………………………………… 409
附录二　企业会计准则解释第 1 号 ……………………………………………… 478
附录三　企业会计准则解释第 2 号 ……………………………………………… 481
附录四　企业会计准则解释第 3 号 ……………………………………………… 484
附录五　企业会计准则解释第 4 号 ……………………………………………… 487
附录六　企业会计准则解释第 5 号 ……………………………………………… 490
附录七　企业会计准则解释第 6 号 ……………………………………………… 493
附录八　企业会计准则解释第 7 号 ……………………………………………… 494
附录九　企业会计准则解释第 8 号 ……………………………………………… 498
附录十　企业会计准则解释第 9 号 ……………………………………………… 501
附录十一　企业会计准则解释第 10 号 …………………………………………… 503
附录十二　企业会计准则解释第 11 号 …………………………………………… 504
附录十三　企业会计准则解释第 12 号 …………………………………………… 505
附录十四　企业会计准则解释第 13 号 …………………………………………… 506

《企业会计准则第 1 号——存货》应用指南

一、商品存货的成本

本准则第六条规定,存货的采购成本包括购买价款、相关税费、运输费、装卸费、保险费以及其他可归属于存货采购成本的费用。

企业(商品流通)在采购商品过程中发生的运输费、装卸费、保险费以及其他可归属于存货采购成本的费用等进货费用,应当计入存货采购成本;也可以先进行归集,期末根据所购商品的存销情况进行分摊。对已售商品的进货费用,计入当期损益;对未售商品的进货费用,计入期末存货成本。企业采购商品的进货费用金额较小的,可以在发生时直接计入当期损益。

二、周转材料的处理

周转材料,是指企业能够多次使用、逐渐转移其价值但仍保持原有形态、不确认为固定资产的材料,如包装物和低值易耗品,应当采用一次转销法或者五五摊销法进行摊销;企业(建造承包商)的钢模板、木模板、脚手架和其他周转材料等,可以采用一次转销法、五五摊销法或者分次摊销法进行摊销。

三、存货的可变现净值

(一)可变现净值的特征

可变现净值的特征表现为存货的预计未来净现金流量,而不是存货的售价或合同价。

企业预计的销售存货现金流量,并不完全等于存货的可变现净值。存货在销售过程中可能发生的销售费用和相关税费,以及为达到预定可销售状态还可能发生的加工成本等相关支出,构成现金流入的抵减项目。企业预计的销售存货现金流量,扣除这些抵减项目后,才能确定存货的可变现净值。

(二)以确凿证据为基础计算确定存货的可变现净值

存货可变现净值的确凿证据,是指对确定存货的可变现净值有直接影响的客观证明,如产成品或商品的市场销售价格、与产成品或商品相同或类似商品的市场销售价格、销货方提供的有关资料和生产成本资料等。

(三)不同存货可变现净值的确定

1. 产成品、商品和用于出售的材料等直接用于出售的商品存货,在正常生产经营过程中,应当以该存货的估计售价减去估计的销售费用和相关税费后的金额,确定其可变现净值。

2. 需要经过加工的材料存货,在正常生产经营过程中,应当以所生产的产成品的估计售价减去至完工时估计将要发生的成本、估计的销售费用和相关税费后的金额,确定其可变现净值。

3. 资产负债表日，同一项存货中一部分有合同价格约定、其他部分不存在合同价格的，应当分别确定其可变现净值，并与其相对应的成本进行比较，分别确定存货跌价准备的计提或转回的金额。

《企业会计准则第 2 号——长期股权投资》应用指南

一、总体要求

投资是企业为了获得收益或实现资本增值向被投资单位投放资金的经济行为。企业对外进行的投资，可以有不同的分类。从性质上划分，可以分为债权性投资与权益性投资等。权益性投资按对被投资单位的影响程度划分，可以分为对子公司投资、对合营企业投资和对联营企业投资等。《企业会计准则第 2 号——长期股权投资》（以下简称"本准则"）规范了符合条件的权益性投资的确认和计量。其他投资适用《企业会计准则第 22 号——金融工具确认和计量》（以下简称"金融工具确认和计量准则"）等相关准则。

长期股权投资准则规范的权益性投资不包括风险投资机构、共同基金以及类似主体（如投资连结保险产品）持有的、在初始确认时按照金融工具确认和计量准则的规定以公允价值计量，且其变动计入当期损益的金融资产，这类金融资产即使符合持有待售条件也应继续按金融工具确认和计量准则进行会计处理。投资性主体对不纳入合并财务报表的子公司的权益性投资，应按照公允价值计量且其变动计入当期损益。长期股权投资的披露，适用《企业会计准则第 41 号——在其他主体中权益的披露》。

一般而言，企业对外投资的法律形式要件都体现了其实质的投资意图和性质。然而，在当前市场经济条件下，企业投资模式日趋多元化，除传统的纯粹债权或者纯粹权益投资外，不少企业的投资模式同时具备债权性投资和权益性投资的特点，增大了识别和判断的难度。

二、关于适用范围

明确界定长期股权投资的范围，是对长期股权投资进行正确确认、计量和报告的前提。根据长期股权投资准则规定，长期股权投资包括以下几个方面：

（一）投资方能够对被投资单位实施控制的权益性投资，即对子公司投资。控制，是指投资方拥有对被投资单位的权力，通过参与被投资单位的相关活动而享有可变回报，并且有能力运用对被投资单位的权力影响其回报金额。关于控制和相关活动的理解及具体判断，见《企业会计准则第 33 号——合并财务报表》（以下简称"合并财务报表准则"）及其应用指南（2014）的相关内容。

（二）投资方与其他合营方一同对被投资单位实施共同控制且对被投资单位净资产享有权利的权益性投资，即对合营企业投资。共同控制，是指按照相关约定对某项安排所共有的控制，并且该安排的相关活动必须经过分享控制权的参与方一致同意后才能决策。关于共同控制和合营企业的理解及具体判断，见《企业会计准则第 40 号——合营安排》（以下简称"合营安排准则"）及其应用指南（2014）的相关内容。

（三）投资方对被投资单位具有重大影响的权益性投资，即对联营企业投资。重大影响，是指对一个企业的财务和经营政策有参与决策的权力，但并不能够控制或者与其他方一起共同控制这些政策的制定。实务中，较为常见的重大影响体现为在被投资单位的董事会或类似权力机构中派有代表，通过在被投资单位财务和经营决策制定过程中的发言权实施重大影响。投资方直接或通过子公司间接持有被投资单位 20% 以上但低于 50% 的表决权时，一般认为对被投资单位具有重大影响，除非有明确的证据表明该种情况下不能参与被投资单位的生产经营决策，不形成重大影响。在确定能否对被投资单位施加重大影响时，一方面应考虑投资方直接或间接持有被投资单位的表决权股份，同时要考虑投资方及其他方持有的当期可执行潜在表决权在假定转换为对被投资单位的股权后产生的影响，如被投资单位发行的当期可转换的认股权证、股份期权及可转换公司债券等的影响。

三、关于重大影响的判断

企业通常可以通过以下一种或几种情形来判断是否对被投资单位具有重大影响：

（一）在被投资单位的董事会或类似权力机构中派有代表。在这种情况下，由于在被投资单位的董事会或类似权力机构中派有代表，并相应享有实质性的参与决策权，投资方可以通过该代表参与被投资单位财务和经营政策的制定，达到对被投资单位施加重大影响。

（二）参与被投资单位财务和经营政策制定过程。这种情况下，在制定政策过程中可以为其自身利益提出建议和意见，从而可以对被投资单位施加重大影响。

（三）与被投资单位之间发生重要交易。有关的交易因对被投资单位的日常经营具有重要性，进而在一定程度上可以影响到被投资单位的生产经营决策。

（四）向被投资单位派出管理人员。在这种情况下，管理人员有权力主导被投资单位的相关活动，从而能够对被投资单位施加重大影响。

（五）向被投资单位提供关键技术资料。因被投资单位的生产经营需要依赖投资方的技术或技术资料，表明投资方对被投资单位具有重大影响。

存在上述一种或多种情形并不意味着投资方一定对被投资单位具有重大影响。企业需要综合考虑所有事实和情况来作出恰当的判断。

四、关于应设置的相关会计科目和主要账务处理

企业应正确记录和反映各项投资所发生的成本和损益。长期股权投资的会计处理，一般需要设置以下科目。

（一）"长期股权投资"

1. 本科目核算企业持有的长期股权投资。

2. 本科目应当按照被投资单位进行明细核算。长期股权投资核算采用权益法的，应当分别"投资成本""损益调整""其他综合收益""其他权益变动"进行明细核算。

3. 长期股权投资的主要账务处理。

第一，企业合并形成的长期股权投资。同一控制下企业合并形成的长期股权投资，合并方以支付现金、转让非现金资产或承担债务方式作为合并对价的，应在合并日按取得被合并方所有者权益在最终控制方合并财务报表中的账面价值的份额，借记本科目（投资成本），按支付的合并对价的账面价值，贷记或借记有关资产、负债科目，按其差额，贷记"资本公积——资本溢价或股本溢价"科目；如为借方差额，借记"资本公积——资本溢价或股本溢价"科目，资本公积（资本溢价或股本溢价）不足冲减的，应依次借记"盈余公积""利润分配——未分配利润"科目。合并方以发行权益性证券作为合并对价的，应当在合并日按照被合并方所有者权益在最终控制方合并财务报表中的账面价值的份额，借记本科目（投资成本），按照发行股份的面值总额，贷记"股本"科目，按其差额，贷记"资本公积——资本溢价或股本溢价"科目；如为借方差额，借记"资本公积——资本溢价或股本溢价"科目，资本公积（资本溢价或股本溢价）不足冲减的，应依次借记"盈余公积""利润分配——未分配利润"科目。

非同一控制下企业合并形成的长期股权投资，购买方以支付现金、转让非现金资产或承

《企业会计准则第 2 号——长期股权投资》应用指南

担债务方式等作为合并对价的，应在购买日按照《企业会计准则第 20 号——企业合并》确定的合并成本，借记本科目（投资成本），按付出的合并对价的账面价值，贷记或借记有关资产、负债科目，按发生的直接相关费用（如资产处置费用），贷记"银行存款"等科目，按其差额，贷记"主营业务收入""营业外收入""投资收益"等科目或借记"管理费用""营业外支出""主营业务成本"等科目。购买方以发行权益性证券作为合并对价的，应在购买日按照发行的权益性证券的公允价值，借记本科目（投资成本），按照发行的权益性证券的面值总额，贷记"股本"科目，按其差额，贷记"资本公积——资本溢价或股本溢价"科目。企业为企业合并发生的审计、法律服务、评估咨询等中介费用以及其他相关管理费用，应当于发生时借记"管理费用"科目，贷记"银行存款"等科目。

第二，以非企业合并方式形成的长期股权投资。以支付现金、非现金资产等其他方式取得的长期股权投资，应按现金、非现金货币性资产的公允价值或按照《企业会计准则第 7 号——非货币性资产交换》《企业会计准则第 12 号——债务重组》的有关规定确定的初始投资成本，借记本科目，贷记"银行存款"等科目，贷记"营业外收入"科目或借记"营业外支出"等处置非现金资产相关的科目。

第三，采用成本法核算的长期股权投资的处理。长期股权投资采用成本法核算的，应按被投资单位宣告发放的现金股利或利润中属于本企业的部分，借记"应收股利"科目，贷记"投资收益"科目。

第四，采用权益法核算的长期股权投资的处理。企业的长期股权投资采用权益法核算的，应当分别下列情况进行处理：

（1）长期股权投资的初始投资成本大于投资时应享有被投资单位可辨认净资产公允价值份额的，不调整已确认的初始投资成本；长期股权投资的初始投资成本小于投资时应享有被投资单位可辨认净资产公允价值份额的，应按其差额，借记本科目（投资成本），贷记"营业外收入"科目。

（2）资产负债表日，企业应按被投资单位实现的净利润（以取得投资时被投资单位可辨认净资产的公允价值为基础计算）中企业享有的份额，借记本科目（损益调整），贷记"投资收益"科目。被投资单位发生净亏损作相反的会计分录，但以本科目的账面价值减记至零为限；还需承担的投资损失，应将其他实质上构成对被投资单位净投资的"长期应收款"等的账面价值减记至零为限；除按照以上步骤已确认的损失外，按照投资合同或协议约定将承担的损失，确认为预计负债。除上述情况仍未确认的应分担被投资单位的损失，应在账外备查登记。发生亏损的被投资单位以后实现净利润的，应按与上述相反的顺序进行处理。取得长期股权投资后，被投资单位宣告发放现金股利或利润时，企业计算应分得的部分，借记"应收股利"科目，贷记本科目（损益调整）。

收到被投资单位发放的股票股利，不进行账务处理，但应在备查簿中登记。

（3）发生亏损的被投资单位以后实现净利润的，企业计算应享有的份额，如有未确认投资损失的，应先弥补未确认的投资损失，弥补损失后仍有余额的，依次借记"长期应收款"科目和本科目（损益调整），贷记"投资收益"科目。

（4）被投资单位除净损益、利润分配以外的其他综合收益变动和所有者权益的其他变动，企业按持股比例计算应享有的份额，借记本科目（其他综合收益和其他权益变动），贷记"其他综合收益"科目和"资本公积——其他资本公积"科目。

第五，处置长期股权投资的处理。处置长期股权投资时，应按实际收到的金额，借记"银行存款"等科目，原已计提减值准备的，借记"长期股权投资减值准备"科目，按其账面余额，贷记本科目，按尚未领取的现金股利或利润，贷记"应收股利"科目，按其差额，贷记或借记"投资收益"科目。处置采用权益法核算的长期股权投资时，应当采用与被投资单位直接处置相关资产或负债相同的基础，对相关的其他综合收益进行会计处理。按照上述原则可以转入当期损益的其他综合收益，应按结转的长期股权投资的投资成本比例结转原记入"其他综合收益"科目的金额，借记或贷记"其他综合收益"科目，贷记或借记"投资收益"科目。

处置采用权益法核算的长期股权投资时，还应按结转的长期股权投资的投资成本比例结转原记入"资本公积——其他资本公积"科目的金额，借记或贷记"资本公积——其他资本公积"科目，贷记或借记"投资收益"科目。

4. 本科目期末借方余额，反映企业长期股权投资的价值。

（二）"长期股权投资减值准备"

1. 本科目核算企业长期股权投资发生减值时计提的减值准备。
2. 本科目应当按照被投资单位进行明细核算。
3. 资产负债表日，企业根据《企业会计准则第8号——资产减值》（以下简称"资产减值准则"）确定长期股权投资发生减值的，按应减记的金额，借记"资产减值损失"科目，贷记本科目。

处置长期股权投资时，应同时结转已计提的长期股权投资减值准备。

4. 本科目期末贷方余额，反映企业已计提但尚未转销的长期股权投资减值准备。

（三）"应收股利"

1. 本科目核算企业应收取的现金股利和应收取其他单位分配的利润。
2. 本科目应当按照被投资单位进行明细核算。
3. 应收股利的主要账务处理。

第一，被投资单位宣告发放现金股利或利润，按应归本企业享有的金额，借记本科目，贷记"投资收益"科目或"长期股权投资——损益调整"科目。

第二，收到现金股利或利润，借记"银行存款"等科目，贷记本科目。

4. 本科目期末借方余额，反映企业尚未收回的现金股利或利润。

（四）"投资收益"

1. 本科目核算企业根据长期股权投资准则确认的投资收益或投资损失。
2. 本科目应当按照投资项目进行明细核算。
3. 投资收益的主要账务处理。

第一，长期股权投资采用成本法核算的，企业应按被投资单位宣告发放的现金股利或利润中属于本企业的部分，借记"应收股利"科目，贷记本科目。

第二，长期股权投资采用权益法核算的，资产负债表日，应按被投资单位实现的净利润（以取得投资时被投资单位可辨认净资产的公允价值为基础计算）中企业享有的份额，借记"长期股权投资——损益调整"科目，贷记本科目。

被投资单位发生亏损、分担亏损份额未超过长期股权投资账面价值或分担亏损份额超过长期股权投资账面价值而冲减实质上构成对被投资单位长期净投资的，借记本科目，贷记"长期股权投资——损益调整""长期应收款"科目。除按照上述步骤已确认的损失外，按照投资合同或协议约定企业将承担的损失，借记本科目，贷记"预计负债"科目。发生亏损的被投资单位以后实现净利润的，企业计算的应享有的份额，如有未确认投资损失的，应先弥补未确认的投资损失，弥补损失后仍有余额的，借记"预计负债""长期应收款""长期股权投资——损益调整"等科目，贷记本科目。

第三，处置长期股权投资时，应按实际收到的金额，借记"银行存款"等科目，原已计提减值准备的，借记"长期股权投资减值准备"科目，按其账面余额，贷记"长期股权投资"科目，按尚未领取的现金股利或利润，贷记"应收股利"科目，按其差额，贷记或借记本科目。

处置采用权益法核算的长期股权投资时，应当采用与被投资单位直接处置相关资产或负债相同的基础，对相关的其他综合收益进行会计处理。按照上述原则可以转入当期损益的其他综合收益,应按结转长期股权投资的投资成本比例结转原记入"其他综合收益"科目的金额,借记或贷记"其他综合收益"科目,贷记或借记本科目。

处置采用权益法核算的长期股权投资时,还应按结转长期股权投资的投资成本比例结转原记入"资本公积——其他资本公积"科目的金额,借记或贷记"资本公积——其他资本公积"科目,贷记或借记本科目。

第四,期末,应将本科目余额转入"本年利润"科目,本科目结转后应无余额。

五、关于初始计量

(一)企业合并以外的其他方式取得的长期股权投资

长期股权投资可以通过不同的方式取得,除企业合并形成的长期股权投资外,通过其他方式取得的长期股权投资,应当按照以下要求确定初始投资成本。

1. 以支付现金取得长期股权投资

以支付现金取得长期股权投资的,应当按照实际应支付的购买价款作为初始投资成本,包括购买过程中支付的手续费等必要支出,但所支付价款中包含的被投资单位已宣告但尚未发放的现金股利或利润作为应收项目核算,不构成取得长期股权投资的成本。

2. 以发行权益性证券取得长期股权投资

以发行权益性证券取得长期股权投资的,应当按照所发行证券的公允价值作为初始投资成本,但不包括应自被投资单位收取的已宣告但尚未发放的现金股利或利润。

投资方通过发行权益性证券(权益性工具)取得长期股权投资的,所发行工具的公允价值,应按《企业会计准则第39号——公允价值计量》(以下简称"公允价值计量准则")等相关准则确定。为发行权益性工具支付给有关证券承销机构等的手续费、佣金等与工具发行直接相关的费用,不构成取得长期股权投资的成本。该部分费用应自所发行证券的溢价发行收入中扣除,溢价收入不足冲减的,应依次冲减盈余公积和未分配利润。

一般而言,投资者投入的长期股权投资应根据法律、法规的要求进行评估作价,在公平交易当中,投资者投入的长期股权投资的公允价值,与所发行证券(工具)的公允价值不应存在重大差异。如有确凿证据表明,取得长期股权投资的公允价值比所发行证券(工具)的公允价值更加可靠的,以投资者投入的长期股权投资的公允价值为基础确定其初始投资成本。投资方通过发行债务性证券(债务性工具)取得长期股权投资的,比照通过发行权益性证券(权益性工具)处理。

3. 以债务重组、非货币性资产交换等方式取得长期股权投资,其初始投资成本应按照《企业会计准则第12号——债务重组》和《企业会计准则第7号——非货币性资产交换》的原则确定。

4. 企业进行公司制改建。此时,对资产、负债的账面价值按照评估价值调整的,长期股权投资应以评估价值作为改制时的认定成本评估值与原账面价值的差异应计入资本公积(资本溢价或股本溢价)。

(二)企业合并形成的长期股权投资

企业合并形成的长期股权投资,应分别同一控制下控股合并与非同一控制下控股合并确定其初始投资成本。

通过多次交易分步实现的企业合并,各项交易是否属于"一揽子交易",应按合并财务报表准则的有关规定进行判断。

1. 同一控制下企业合并形成的长期股权投资

合并方以支付现金、转让非现金资产或承担债务方式作为合并对价的,应当在合并日按照所取得的被合并方在最终控制方合并财务报表中的净资产的账面价值的份额作为长期股权投资的初始投资成本。被合并方在合并日的净资产账面价值为负数的,长期股权投资成本按零确定,同时在备查簿中予以登记。如果被合并方在被合并以前,是最终控制方通过非同一控制下的企业合并所控制的,则合并方长期股权投资的初始投资成本还应包含相关的商誉金额。长期股权投资的初始投资成本与支付的现金、转让的非现金资产及所承担债务账面价值之间的差额,应当调整资本公积(资本溢价或股本溢价);资本公积(资本溢价或股本溢价)的余额不足冲减的,依次冲减盈余公积和未分配利润。合并方以发行权益性工具作为合并对价的,应按发行股份的面值总额作为股本,长期股权投资的初始投资成本与所发行股份面值总额之间的差额,应当调整资本公积(资本溢价或股本溢价);资本公积(资本溢价或股本溢价)不足冲减的,依次冲减盈余公积和未分配利润。

合并方发生的审计、法律服务、评估咨询等中介费用以及其他相关管理费用,于发生时计入当期损益。与发行权益性工具作为合并对价直接相关的交易费用,应当冲减资本公积(资本溢价或股本溢价),资本公积(资本溢价或股本溢价)不足冲减的,依次冲减盈余公积和未分配利润。与发行债务性工具作为合并对价直接相关的交易费用,应当计入债务性工具的初始确认金额。

在按照合并日应享有被合并方净资产的账面价值的份额确定长期股权投资的初始投资成本时,前提是合并前合并方与被合并方采用的会计政策应当一致。企业合并前合并方与被合并方采用的会计政策不同的,应基于重要性原则,统一合并方与被合并方的会计政策。在按照合并方的会计政策对被合并方净资产的账面价值进行调整的基础上,计算确定长期股权投资的初始投资成本。如果被合并方编制合并财务报表,则应当以合并日被合并方的合并财务报表为基础确认长期股权投资的初始投资成本。

企业通过多次交易分步取得同一控制下被投资单位的股权,最终形成企业合并的,应当判断多次交易是否属于"一揽子交易"。属于"一揽子交易"的,合并方应当将各项交易作为一项取得控制权的交易进行会计处理。不属于"一揽子交易"的,取得控制权日,应按照以下步骤进行会计处理:

(1)确定同一控制下企业合并形成的长期股权投资的初始投资成本。在合并日,根据合并后应享有被合并方净资产在最终控制方合并财务报表中的账面价值的份额,确定长期股权投资的初始投资成本。

(2)长期股权投资初始投资成本与合并对价账面价值之间的差额的处理。合并日长期股权投资的初始投资成本,与达到合并前的长期股权投资账面价值加上合并日进一步取得股份新支付对价的账面价值之和的差额,调整资本公积(资本溢价或股本溢价),资本公积不足冲减的,冲减留存收益。

(3)合并日之前持有的股权投资,因采用权益法核算或金融工具确认和计量准则核算而确认的其他综合收益,暂不进行会计处理,直至处置该项投资时采用与被投资单位直接处置相关资产或负债相同的基础进行会计处理;因采用权益法核算而确认的被投资单位净资产中除净损益、其他综合收益和利润分配以外的所有者权益其他变动,暂不进行会计处理,直至处置该项投资时转入当期损益。其中,处置后的剩余股权根据本准则采用成本法或权益法核算的,其他综合收益和其他所有者权益应按比例结转,处置后的剩余股权改按金融工具确认和计量准则进行会计处理的,其他综合收益和其他所有者权益应全部结转。

(4)编制合并财务报表。合并方应当按照《企业会计准则第20号——企业合并》(以下简称"企业合并准则")和合并财务报表准则的规定编制合并财务报表。合并方在达到合并之前持有的长期股权投资,在取得日与合并方与被合并方同处于同一最终控制之日孰晚日与合并日之间已确认有关损益、其他综合收益和其他所有者权益变动,应分别冲减比较报表期间的期初留存收益或当期损益。

2.非同一控制下企业合并形成的长期股权投资

非同一控制下的控股合并中,购买方应当以《企业会计准则第20号——企业合并》确定的企业合并成本作为长期股权投资的初始投资成本。企业合并成本包括购买方付出的资产、发生或承担的负债、发行的权益性工具或债务性工具的公允价值之和。购买方为企业合并发生的审计、法律服务、评估咨询等中介费用以及其他相关管理费用，应于发生时计入当期损益；购买方作为合并对价发行的权益性工具或债务性工具的交易费用，应当计入权益性工具或债务性工具的初始确认金额。

企业通过多次交易分步实现非同一控制下企业合并的，在编制个别财务报表时，应当按照原持有的股权投资的账面价值加上新增投资成本之和，作为改按成本法核算的初始投资成本。

购买日之前持有的股权采用权益法核算的，相关其他综合收益应当在处置该项投资时采用与被投资单位直接处置相关资产或负债相同的基础进行会计处理，因被投资方除净损益、其他综合收益和利润分配以外的其他所有者权益变动而确认的所有者权益，应当在处置该项投资时相应转入处置期间的当期损益。其中，处置后的剩余股权根据本准则采用成本法或权益法核算的，其他综合收益和其他所有者权益应按比例结转，处置后的剩余股权改按金融工具确认和计量准则进行会计处理的，其他综合收益和其他所有者权益应全部结转。

购买日之前持有的股权投资，采用金融工具确认和计量准则进行会计处理的，应当将按照该准则确定的股权投资的公允价值加上新增投资成本之和，作为改按成本法核算的初始投资成本，原持有股权的公允价值与账面价值之间的差额以及原计入其他综合收益的累计公允价值变动应当全部转入改按成本法核算的当期投资收益。

3. 初始投资成本中包含的已宣告尚未发放现金股利或利润的处理

企业无论是以何种方式取得长期股权投资，取得投资时，对于支付的对价中包含的应享有被投资单位已经宣告但尚未发放的现金股利或利润应确认为应收项目，不构成取得长期股权投资的初始投资成本。

4. 或有对价

（1）同一控制下企业合并形成的长期股权投资的或有对价。同一控制下企业合并方式形成的长期股权投资，初始投资时，应按照《企业会计准则第13号——或有事项》（以下简称"或有事项准则"）的规定，判断是否应就或有对价确认预计负债或者确认资产，以及应确认的金额；确认预计负债或资产的，该预计负债或资产金额与后续或有对价结算金额的差额不影响当期损益，而应当调整资本公积（资本溢价或股本溢价），资本公积（资本溢价或股本溢价）不足冲减的，调整留存收益。

（2）非同一控制下企业合并形成的长期股权投资的或有对价，参照企业合并准则的有关规定进行会计处理。

六、关于后续计量

长期股权投资在持有期间，根据投资方对被投资单位的影响程度分别采用成本法及权益法进行核算。

在个别财务报表中，投资性主体对子公司的会计处理应与合并财务报表原则一致。关于投资性主体的理解及具体判断，见合并财务报表准则及其应用指南的相关内容。

风险投资机构、共同基金以及类似主体（如投资连接保险产品）持有的、在初始确认时按照金融工具确认和计量准则的规定以公允价值计量且其变动计入当期损益的金融资产的，应当按照金融工具确认和计量准则进行后续计量。

除上述以外，对子公司的长期股权投资应当按成本法核算，对合营企业、联营企业的长期股权投资应当按权益法核算，不允许选择按照金融工具确认和计量准则进行会计处理。

（一）成本法

1. 成本法的适用范围

根据长期股权投资准则，投资方持有的对子公司投资应当采用成本法核算，投资方为投资性主体且子公司不纳入其合并财务报表的除外。投资方在判断对被投资单位是否具有控制时，应综合考虑直接持有的股权和通过子公司间接持有的股权。在个别财务报表中，投资方进行成本法核算时，应仅考虑直接持有的股权份额。

长期股权准则要求投资方对子公司的长期股权投资采用成本法核算，主要是为了避免在子公司实际宣告发放现金股利或利润之前，母公司垫付资金发放现金股利或利润等情况，解决了原来权益法核算下投资收益不能足额收回导致超分配的问题。

2. 成本法下长期股权投资账面价值的调整及投资损益的确认

采用成本法核算的长期股权投资，在追加投资时，按照追加投资支付的成本的公允价值及发生的相关交易费用增加长期股权投资的账面价值。被投资单位宣告分派现金股利或利润的，投资方根据应享有的部分确认当期投资收益。

企业按照上述规定确认自被投资单位应分得的现金股利或利润后，应当考虑长期股权投资是否发生减值。在判断该类长期股权投资是否存在减值迹象时，应当关注长期股权投资的账面价值是否大于享有被投资单位净资产（包括相关商誉）账面价值的份额等类似情况。

出现类似情况时，企业应当按照资产减值准则对长期股权投资进行减值测试，可收回金额低于长期股权投资账面价值的，应当计提减值准备。

值得注意的是，子公司将未分配利润或盈余公积直接转增股本（实收资本），且未向投资方提供等值现金股利或利润的选择权时，母公司并没有获得收取现金股利或者利润的权力，上述交易通常属于子公司自身权益结构的重分类，母公司不应确认相关的投资收益。

（二）权益法

本准则规定，对合营企业和联营企业投资应当采用权益法核算。投资方在判断对被投资单位是否具有共同控制、重大影响时，应综合考虑直接持有的股权和通过子公司间接持有的股权。在综合考虑直接持有的股权和通过子公司间接持有的股权后，如果认定投资方在被投资单位拥有共同控制或重大影响，在个别财务报表中，投资方进行权益法核算时，应仅考虑直接持有的股权份额；在合并财务报表中，投资方进行权益法核算时，应同时考虑直接持有和间接持有的份额。

按照权益法核算的长期股权投资，一般会计处理为：

（1）初始投资或追加投资时，按照初始投资成本或追加投资的投资成本，增加长期股权投资的账面价值。

（2）比较初始投资成本与投资时应享有被投资单位可辨认净资产公允价值的份额，前者大于后者的，不调整长期股权投资账面价值；前者小于后者的，应当按照两者之间的差额调增长期股权投资的账面价值，同时计入取得投资当期损益。

（3）持有投资期间，随着被投资单位所有者权益的变动相应调整增加或减少长期股权投资的账面价值，并分别以下情况处理：

对于因被投资单位实现净损益和其他综合收益而产生的所有者权益的变动，投资方应当按照应享有的份额，增加或减少长期股权投资的账面价值，同时确认投资损益和其他综合收益；

对于被投资单位宣告分派的利润或现金股利计算应分得的部分，相应减少长期股权投资的账面价值；

对于被投资单位除净损益、其他综合收益以及利润分配以外的因素导致的其他所有者权益变动，相应调整长期股权投资的账面价值，同时确认资本公积（其他资本公积）。

在持有投资期间，被投资单位编制合并财务报表的，应当以合并财务报表中净利润、其他综合收益和其他所有者权益变动中归属于被投资单位的金额为基础进行会计处理。

1. 初始投资成本的调整

投资方取得对联营企业或合营企业的投资以后，对于取得投资时初始投资成本与应享有被投资单位可辨认净资产公允价值份额之间的差额，应区别情况处理。

（1）初始投资成本大于取得投资时应享有被投资单位可辨认净资产公允价值份额的，该部分差额是投资方在取得投资过程中通过作价体现出的与所取得股权份额相对应的商誉价值，这种情况下不要求对长期股权投资的成本进行调整。被投资单位可辨认净资产的公允价值，应当比照企业合并准则的有关规定确定。

（2）初始投资成本小于取得投资时应享有被投资单位可辨认净资产公允价值份额的，两者之间的差额体现为双方在交易作价过程中转让方的让步，该部分经济利益流入应计入取得投资当期的营业外收入，同时调整增加长期股权投资的账面价值。

2. 投资损益的确认

采用权益法核算的长期股权投资，在确认应享有（或分担）被投资单位的净利润（或净亏损）时，在被投资单位账面净利润的基础上，应考虑以下因素的影响进行适当调整：

（1）被投资单位采用的会计政策和会计期间与投资方不一致的，应按投资方的会计政策和会计期间对被投资单位的财务报表进行调整，在此基础上确定被投资单位的损益。

在权益法下，是将投资方与被投资单位作为一个整体对待，作为一个整体其所产生的损益，应当在一致的会计政策基础上确定，被投资单位采用的会计政策与投资方不同的，投资方应当基于重要性原则，按照本企业的会计政策对被投资单位的损益进行调整。

（2）以取得投资时被投资单位固定资产、无形资产等的公允价值为基础计提的折旧额或摊销额，以及有关资产减值准备金额等对被投资单位净利润的影响。

被投资单位利润表中的净利润是以其持有的资产、负债账面价值为基础持续计算的，而投资方在取得投资时，是以被投资单位有关资产、负债的公允价值为基础确定投资成本，取得投资后应确认的投资收益代表的是被投资单位资产、负债在公允价值计量的情况下在未来期间通过经营产生的损益中归属于投资方的部分。投资方取得投资时，被投资单位有关资产、负债的公允价值与其账面价值不同的，未来期间，在计算归属于投资方应享有的净利润或应承担的净亏损时，应考虑被投资单位计提的折旧额、摊销额以及资产减值准备金额等进行调整。

值得注意的是，尽管在评估投资方对被投资单位是否具有重大影响时，应当考虑潜在表决权的影响，但在确定应享有的被投资单位实现的净损益、其他综合收益和其他所有者权益变动的份额时，潜在表决权所对应的权益份额不应予以考虑。

此外，如果被投资单位发行了分类为权益的可累积优先股等类似的权益工具，无论被投资单位是否宣告分配优先股股利，投资方计算应享有被投资单位的净利润时，均应将归属于其他投资方的累积优先股股利予以扣除。

（3）对于投资方或纳入投资方合并财务报表范围的子公司与其联营企业及合营企业之间发生的未实现内部交易损益应予抵销，即投资方与联营企业及合营企业之间发生的未实现内部交易损益，按照应享有的比例计算归属于投资方的部分，应当予以抵销，在此基础上确认投资损益。投资方与被投资单位发生的内部交易损失，按照资产减值准则等规定属于资产减值损失的，应当全额确认。

投资方与其联营企业和合营企业之间的未实现内部交易损益抵销与投资方与子公司之间的未实现内部交易损益抵销有所不同，母子公司之间的未实现内部交易损益在合并财务报表中是全额抵销的（无论是全资子公司还是非全资子公司），而投资方与其联营企业和合营企业之间的未实现内部交易损益抵销仅仅是投资方（或是纳入投资方合并财务报表范围的子公司）享有联营企业或合营企业的权益份额。

应当注意的是，投资方与联营、合营企业之间发生投出或出售资产的交易，该资产构成业务的，应当按照《企业会计准则第20号——企业合并》《企业会计准则第33号——合并财务报表》的有关规定进行会计处理。有关会计处理如下：

①联营、合营企业向投资方出售业务的，投资方应按《企业会计准则第20号——企业合并》的规定进行会计处理。投资方应全额确认与交易相关的利得或损失。

②投资方向联营、合营企业投出业务，投资方因此取得长期股权投资但未取得控制权的，应以投出业务的公允价值作为新增长期股权投资的初始投资成本，初始投资成本与投出业务的账面价值之差，全额计入当期损益。投资方向联营、合营企业出售业务取得的对价与业务的账面价值之间的差额，全额计入当期损益。

投出或出售的资产不构成业务的，应当分别顺流交易和逆流交易进行会计处理。顺流交易是指投资方向其联营企业或合营企业投出或出售资产。逆流交易是指联营企业或合营企业向投资方出售资产。未实现内部交易损益体现在投资方或其联营企业、合营企业持有的资产账面价值中的，在计算确认投资损益时应予抵销。

③对于投资方向联营企业或合营企业投出或出售资产的顺流交易，在该交易存在未实现内部交易损益的情况下（即有关资产未对外部独立第三方出售或未被消耗），投资方在采用权益法计算确认应享有联营企业或合营企业的投资损益时，应抵销该未实现内部交易损益的影响，同时调整对联营企业或合营企业长期股权投资的账面价值；投资方因投出或出售资产给其联营企业或合营企业而产生的损益中，应仅限于确认归属于联营企业或合营企业其他投资方的部分，即在顺流交易中，投资方投出资产或出售资产给其联营企业或合营企业产生的损益中，按照应享有比例计算确定归属于本企业的部分不予确认。

④对于联营企业或合营企业向投资方投出或出售资产的逆流交易，比照上述顺流交易处理。

应当说明的是，投资方与其联营企业及合营企业之间发生的无论是顺流交易还是逆流交易产生的未实现内部交易损失，其中属于所转让资产发生减值损失的，有关未实现内部交易损失不应予以抵销。

3. 被投资单位其他综合收益变动的处理

被投资单位其他综合收益发生变动的，投资方应当按照归属于本企业的部分，相应调整长期股权投资的账面价值，同时增加或减少其他综合收益。

4. 取得现金股利或利润的处理

按照权益法核算的长期股权投资，投资方自被投资单位取得的现金股利或利润，应抵减长期股权投资的账面价值。在被投资单位宣告分派现金股利或利润时，借记"应收股利"科目，贷记"长期股权投资——损益调整"科目。

5. 超额亏损的确认

长期股权投资准则规定，投资方确认应分担被投资单位发生的损失，原则上应以长期股权投资及其他实质上构成对被投资单位净投资的长期权益减记至零为限，投资方负有承担额外损失义务的除外。

这里所讲"其他实质上构成对被投资单位净投资的长期权益"通常是指长期应收项目。比如，投资方对被投资单位的长期债权，该债权没有明确的清收计划、且在可预见的未来期间不准备收回，实质上构成对被投资单位的净投资。应予说明的是，该类长期权益不包括投资方与被投资单位之间因销售商品、提供劳务等日常活动所产生的长期债权。

按照长期股权投资准则的规定，投资方在确认应分担被投资单位发生的亏损时，应将长期股权投资及其他实质上构成对被投资单位净投资的长期权益项目的账面价值综合起来考虑，在长期股权投资的账面价值减记至零的情况下，如果仍有未确认的投资损失，应以其他长期权益的账面价值为基础继续确认。另外，投资方在确认应分担被投资单位的净损失时，除应考虑长期股权投资及其他长期权益的账面价值以外，如果在投资合同或协议中约定将履行其他额外的损失补偿义务，还应按《企业会计准则第13号——或有事项》的规定确认预计将承担的损失金额。

《企业会计准则第 2 号——长期股权投资》应用指南

值得注意的是，在合并财务报表中，子公司发生超额亏损的，子公司少数股东应当按照持股比例分担超额亏损，即在合并财务报表中，子公司少数股东分担的当期亏损超过了少数股东在该子公司期初所有者权益中所享有的份额的，其余额应当冲减少数股东权益。

在确认了有关的投资损失以后，被投资单位以后期间实现盈利的，应按以上相反顺序分别减记已确认的预计负债、恢复其他长期权益和长期股权投资的账面价值，同时确认投资收益。即应当按顺序分别借记"预计负债""长期应收款""长期股权投资"等科目，贷记"投资收益"科目。

6. 被投资单位除净损益、其他综合收益以及利润分配以外的所有者权益的其他变动

被投资单位除净损益、其他综合收益以及利润分配以外的所有者权益的其他变动的因素，主要包括被投资单位接受其他股东的资本性投入、被投资单位发行可分离交易的可转债中包含的权益成分、以权益结算的股份支付、其他股东对被投资单位增资导致投资方持股比例变动等。投资方应按所持股权比例计算应享有的份额，调整长期股权投资的账面价值，同时计入资本公积（其他资本公积），并在备查簿中予以登记，投资方在后续处置股权投资但对剩余股权仍采用权益法核算时，应按处置比例将这部分资本公积转入当期投资收益；对剩余股权终止权益法核算时，将这部分资本公积全部转入当期投资收益。

7. 投资方持股比例增加但仍采用权益法核算的处理

投资方因增加投资等原因对被投资单位的持股比例增加，但被投资单位仍然是投资方的联营企业或合营企业时，投资方应当按照新的持股比例对股权投资继续采用权益法进行核算。在新增投资日，如果新增投资成本大于按新增持股比例计算的被投资单位可辨认净资产于新增投资日的公允价值份额，不调整长期股权投资成本；如果新增投资成本小于按新增持股比例计算的被投资单位可辨认净资产于新增投资日的公允价值份额，应按该差额，调整长期股权投资成本和营业外收入。进行上述调整时，应当综合考虑与原持有投资和追加投资相关的商誉或计入损益的金额。

七、长期股权投资核算方法的转换

（一）公允价值计量转按权益法核算

原持有的对被投资单位的股权投资（不具有控制、共同控制或重大影响的），按照金融工具确认和计量准则进行会计处理的，因追加投资等原因导致持股比例上升，能够对被投资单位施加共同控制或重大影响的，在转按权益法核算时，投资方应当按照金融工具确认和计量准则确定的原股权投资的公允价值加上为取得新增投资而应支付对价的公允价值，作为改按权益法核算的初始投资成本。原持有的股权投资分类为可供出售金融资产的，其公允价值与账面价值之间的差额，以及原计入其他综合收益的累计公允价值变动应当转入改按权益法核算的当期损益。

然后，比较上述计算所得的初始投资成本，与按照追加投资后全新的持股比例计算确定的应享有被投资单位在追加投资日可辨认净资产公允价值份额之间的差额，前者大于后者的，不调整长期股权投资的账面价值；前者小于后者的，差额应调整长期股权投资的账面价值，并计入当期营业外收入。

（二）公允价值计量或权益法核算转按成本法核算

投资方原持有的对被投资单位不具有控制、共同控制或重大影响的按照金融工具确认和计量准则进行会计处理的权益性投资，或者原持有对联营企业、合营企业的长期股权投资，因追加投资等原因，能够对被投资单位实施控制的，应按本指南有关企业合并形成的长期股权投资的指引进行会计处理。

（三）权益法核算转按公允价值计量

原持有的对被投资单位具有共同控制或重大影响的长期股权投资，因部分处置等原因导

致持股比例下降，不能再对被投资单位实施共同控制或重大影响的，应改按金融工具确认和计量准则对剩余股权投资进行会计处理，其在丧失共同控制或重大影响之日的公允价值与账面价值之间的差额计入当期损益。原采用权益法核算的相关其他综合收益应当在终止采用权益法核算时，采用与被投资单位直接处置相关资产或负债相同的基础进行会计处理，因被投资方除净损益、其他综合收益和利润分配以外的其他所有者权益变动而确认的所有者权益，应当在终止采用权益法核算时全部转入当期损益。

（四）成本法转权益法

因处置投资等原因导致对被投资单位由能够实施控制转为具有重大影响或者与其他投资方一起实施共同控制的，首先应按处置投资的比例结转应终止确认的长期股权投资成本。

然后，比较剩余长期股权投资的成本与按照剩余持股比例计算原投资时应享有被投资单位可辨认净资产公允价值的份额，前者大于后者的，属于投资作价中体现的商誉部分，不调整长期股权投资的账面价值；前者小于后者的，在调整长期股权投资成本的同时，调整留存收益。

对于原取得投资时至处置投资时（转为权益法核算）之间被投资单位实现净损益中投资方应享有的份额，一方面应当调整长期股权投资的账面价值，同时，对于原取得投资时至处置投资当期期初被投资单位实现的净损益（扣除已宣告发放的现金股利和利润）中应享有的份额，调整留存收益，对于处置投资当期期初至处置投资之日被投资单位实现的净损益中享有的份额，调整当期损益；在被投资单位其他综合收益变动中应享有的份额，在调整长期股权投资账面价值的同时，应当计入其他综合收益；除净损益、其他综合收益和利润分配外的其他原因导致被投资单位其他所有者权益变动中应享有的份额，在调整长期股权投资账面价值的同时，应当计入资本公积（其他资本公积）。长期股权投资自成本法转为权益法后，未来期间应当按照长期股权投资准则规定计算确认应享有被投资单位实现的净损益、其他综合收益和所有者权益其他变动的份额。

（五）成本法核算转公允价值计量

原持有的对被投资单位具有控制的长期股权投资，因部分处置等原因导致持股比例下降，不能再对被投资单位实施控制、共同控制或重大影响的，应改按金融工具确认和计量准则进行会计处理，在丧失控制之日的公允价值与账面价值之间的差额计入当期投资收益。

八、关于股票股利的处理

被投资单位分派股票股利的，投资方不作会计处理，但应于除权日注明所增加的股数，以反映股份的变化情况。

九、关于投资性主体转变时的会计处理

当企业由非投资性主体转变为投资性主体时，其对自转变日起不再纳入合并财务报表范围的子公司采用公允价值计量且其变动计入当期损益，转变日公允价值和原账面价值的差额计入所有者权益。

当企业由投资性主体转变为非投资性主体时，其对自转变日起开始纳入合并财务报表范围的子公司采用成本法进行后续计量。转变日的公允价值为成本法核算的初始成本。

十、关于处置和相关所得税影响

（一）处置

企业持有长期股权投资的过程中，由于各方面的考虑，决定将所持有的对被投资单位的股权全部或部分对外出售时，应相应结转与所售股权相对应的长期股权投资的账面价值，一

般情况下，出售所得价款与处置长期股权投资账面价值之间的差额，应确认为处置损益。

投资方全部处置权益法核算的长期股权投资时，原权益法核算的相关其他综合收益应当在终止采用权益法核算时采用与被投资单位直接处置相关资产或负债相同的基础进行会计处理，因被投资方除净损益、其他综合收益和利润分配以外的其他所有者权益变动而确认的所有者权益，应当在终止采用权益法核算时全部转入当期投资收益。投资方部分处置权益法核算的长期股权投资，剩余股权仍采用权益法核算的，原权益法核算的相关其他综合收益应当采用与被投资单位直接处置相关资产或负债相同的基础处理并按比例结转；因被投资方除净损益、其他综合收益和利润分配以外的其他所有者权益变动而确认的所有者权益，应当按比例结转入当期投资收益。

企业部分处置持有的长期股权投资仍持有剩余股权时，在转换日的会计处理应参看本指南关于长期股权投资核算方法的转换的内容。

企业通过多次交易分步处置对子公司股权投资直至丧失控制权，如果上述交易属于"一揽子交易"的，应当将各项交易作为一项处置子公司股权投资并丧失控制权的交易进行会计处理；但是，在丧失控制权之前每一次处置价款与所处置的股权对应的长期股权投资账面价值之间的差额，在个别财务报表中，应当先确认为其他综合收益，到丧失控制权时再一并转入丧失控制权的当期损益。

（二）相关所得税影响

根据我国《企业所得税法》的相关规定，符合条件的居民企业之间的股息、红利等权益性投资收益为免税收入。因此，通常情况下，当居民企业持有另一居民企业的股权意图为长期持有，通过股息、红利或者其他协同效应获取回报时，其实质所得税率为零，不存在相关所得税费用。只有当居民企业通过转让股权获取资本利得收益时，该笔资产转让利得才产生相应的所得税费用。

从资产负债表角度考虑，资产的账面价值代表的是企业在持续持有及最终处置某项资产的一定期间内，该项资产能够为企业带来的未来经济利益，而其计税基础代表的是在这一期间内，就该项资产按照税法规定可以税前扣除的金额。当资产的账面价值大于其计税基础的，两者之间的差额将会于未来期间产生应税金额，增加未来期间的应纳税所得额及应交所得税，对企业形成经济利益流出的义务。根据《企业会计准则第18号——所得税》的相关规定，企业对与子公司、联营企业、合营企业投资等相关的应纳税暂时性差异，应当确认递延所得税负债，只有在同时满足以下两个条件时除外：一是投资企业能够控制暂时性差异转回的时间；二是该暂时性差异在可预见的未来很可能不会转回。当投资方改变其持有投资意图拟对外出售时，不再符合上述条件，应确认其递延所得税影响。

《企业会计准则第3号——投资性房地产》应用指南

一、投资性房地产的范围

本准则第二条和第三条规定,投资性房地产是指为赚取租金或资本增值,或两者兼有而持有的房地产,包括已出租的土地使用权、持有并准备增值后转让的土地使用权、已出租的建筑物。

(一)已出租的土地使用权和已出租的建筑物是指以经营租赁方式出租的土地使用权和建筑物。其中,用于出租的土地使用权是指企业通过出让或转让方式取得的土地使用权,用于出租的建筑物是指企业拥有产权的建筑物。

(二)持有并准备增值后转让的土地使用权是指企业取得的、准备增值后转让的土地使用权。

按照国家有关规定认定的闲置土地,不属于持有并准备增值后转让的土地使用权。

(三)某项房地产,部分用于赚取租金或资本增值、部分用于生产商品、提供劳务或经营管理,能够单独计量和出售的、用于赚取租金或资本增值的部分,应当确认为投资性房地产;不能够单独计量和出售的、用于赚取租金或资本增值的部分,不确认为投资性房地产。

(四)企业将建筑物出租,按租赁协议向承租人提供的相关辅助服务在整个协议中不重大的,如企业将办公楼出租并向承租人提供保安、维修等辅助服务,应当将该建筑物确认为投资性房地产。

企业拥有并自行经营的旅馆饭店,其经营目的主要是通过提供客房服务赚取服务收入,该旅馆饭店不确认为投资性房地产。

二、投资性房地产的后续计量

企业通常应当采用成本模式对投资性房地产进行后续计量,也可采用公允价值模式对投资性房地产进行后续计量。但同一企业只能采用一种模式对所有投资性房地产进行后续计量,不得同时采用两种计量模式。

(一)采用成本模式对投资性房地产进行后续计量

在成本模式下,应当按照《企业会计准则第4号——固定资产》和《企业会计准则第6号——无形资产》的规定,对投资性房地产进行计量,计提折旧或摊销;存在减值迹象的,应当按照《企业会计准则第8号——资产减值》的规定进行处理。

(二)采用公允价值模式对投资性房地产进行后续计量

根据本准则第十条规定,只有存在确凿证据表明投资性房地产的公允价值能够持续可靠取得的,才可以采用公允价值模式计量。

采用公允价值模式计量的投资性房地产,应当同时满足下列条件:

1. 投资性房地产所在地有活跃的房地产交易市场

所在地,通常是指投资性房地产所在的城市。对于大中型城市,应当为投资性房地产所在的城区。

2. 企业能够从活跃的房地产交易市场上取得同类或类似房地产的市场价格及其他相关信息，从而对投资性房地产的公允价值做出合理的估计

同类或类似的房地产，对建筑物而言，是指所处地理位置和地理环境相同、性质相同、结构类型相同或相近、新旧程度相同或相近、可使用状况相同或相近的建筑物；对土地使用权而言，是指同一城区、同一位置区域、所处地理环境相同或相近、可使用状况相同或相近的土地。

三、投资性房地产的转换

（一）转换日的确定

1. 投资性房地产开始自用是指投资性房地产转为自用房地产。其转换日为房地产达到自用状态，企业开始将房地产用于生产商品、提供劳务或者经营管理的日期。

2. 作为存货的房地产改为出租，或者自用建筑物、自用土地使用权停止自用改为出租，其转换日为租赁期开始日。

（二）自用房地产或存货转换为采用公允价值模式计量的投资性房地产

自用房地产或存货转换为采用公允价值模式计量的投资性房地产，该项投资性房地产应当按照转换日的公允价值计量。

转换日的公允价值小于原账面价值的，其差额计入当期损益。

转换日的公允价值大于原账面价值的，其差额作为资本公积（其他资本公积），计入所有者权益。处置该项投资性房地产时，原计入所有者权益的部分应当转入处置当期损益。

《企业会计准则第4号——固定资产》应用指南

一、固定资产的折旧

（一）固定资产应当按月计提折旧，当月增加的固定资产，当月不计提折旧，从下月起计提折旧；当月减少的固定资产，当月仍计提折旧，从下月起不计提折旧。

固定资产提足折旧后，不论能否继续使用，均不再计提折旧；提前报废的固定资产，也不再补提折旧。提足折旧是指已经提足该项固定资产的应计折旧额。应计折旧额是指应当计提折旧的固定资产的原价扣除其预计净残值后的金额。已计提减值准备的固定资产，还应当扣除已计提的固定资产减值准备累计金额。

（二）已达到预定可使用状态但尚未办理竣工决算的固定资产，应当按照估计价值确定其成本，并计提折旧；待办理竣工决算后，再按实际成本调整原来的暂估价值，但不需要调整原已计提的折旧额。

二、固定资产的后续支出

固定资产的后续支出是指固定资产在使用过程中发生的更新改造支出、修理费用等。

固定资产的更新改造等后续支出，满足本准则第四条规定确认条件的，应当计入固定资产成本，如有被替换的部分，应扣除其账面价值；不满足本准则第四条规定确认条件的固定资产修理费用等，应当在发生时计入当期损益。

三、固定资产的弃置费用

弃置费用通常是指根据国家法律和行政法规、国际公约等规定，企业承担的环境保护和生态恢复等义务所确定的支出，如核电站核设施等的弃置和恢复环境义务等。企业应当根据《企业会计准则第13号——或有事项》的规定，按照现值计算确定应计入固定资产成本的金额和相应的预计负债。油气资产的弃置费用，应当按照《企业会计准则第27号——石油天然气开采》及其应用指南的规定处理。

不属于弃置义务的固定资产报废清理费，应当在发生时作为固定资产处置费用处理。

四、备品备件和维修设备

备品备件和维修设备通常确认为存货，但符合固定资产定义和确认条件的，如企业（民用航空运输）的高价周转件等，应当确认为固定资产。

五、经营租入固定资产改良

企业以经营租赁方式租入的固定资产发生的改良支出，应予资本化，作为长期待摊费用，合理进行摊销。

《企业会计准则第 5 号——生物资产》应用指南

一、生物资产与农产品

本准则规范的农业，包括种植业、畜牧养殖业、林业和水产业等。

有生命的动物和植物具有生物转化的能力，这种能力导致生物资产质量或数量发生变化，通常表现为生长、蜕化、生产和繁殖等。生物资产的形态、价值以及产生经济利益的方式，随其出生、成长、衰老、死亡等自然规律和生产经营活动的变化而变化。企业从事农业生产的目的，主要是增强生物资产的生物转化能力，最终获得更多的符合市场需要的农产品。

农产品与生物资产密不可分，当其附在生物资产上时，构成生物资产的一部分。收获的农产品从生物资产这一母体分离开始，不再具有生命和生物转化能力或者其生命和生物转化能力受到限制，应当作为存货处理，比如，从用材林中采伐的木材、奶牛产出的牛奶、绵羊产出的羊毛、肉猪宰杀后的猪肉、收获后的蔬菜、从果树上采摘的水果等。

二、林木类消耗性生物资产

（一）郁闭通常指林木类消耗性生物资产的郁闭度达 0.20 以上（含 0.20）。郁闭度，是指森林中乔木树冠遮蔽地面的程度，是反映林分密度的指标，以林地树冠垂直投影面积与林地面积之比表示，完全覆盖地面为 1。

不同林种、不同林分等对郁闭度指标的要求有所不同，比如，生产纤维原料的工业原材料林一般要求郁闭度相对较高；以培育珍贵大径材为主要目标的林木一般要求郁闭度相对较低。企业应当结合历史经验数据和自身实际情况，确定林木类消耗性生物资产的郁闭度及是否达到郁闭。各类林木类消耗性生物资产的郁闭度一经确定，不得随意变更。

（二）郁闭之前的林木类消耗性生物资产处在培植阶段，需要发生较多的造林费、抚育费、营林设施费、良种试验费、调查设计费等相关支出，这些支出应当予以资本化计入林木成本；郁闭之后的林木类消耗性生物资产基本上可以比较稳定地成活，一般只需要发生较少的管护费用，应当计入当期费用。

因择伐、间伐或抚育更新等生产性采伐而进行补植所发生的支出，应当予以资本化。

三、消耗性和生产性生物资产的减值迹象

根据本准则第二十一条规定，企业至少应当于每年年度终了对消耗性和生产性生物资产进行检查，有确凿证据表明生物资产发生减值的，应当计提消耗性生物资产跌价准备或生产性生物资产减值准备。

生物资产存在下列情形之一的，通常表明该生物资产发生了减值：

（一）因遭受火灾、旱灾、水灾、冻灾、台风、冰雹等自然灾害，造成消耗性或生产性生物资产发生实体损坏，影响该资产的进一步生长或生产，从而降低其产生经济利益的能力。

（二）因遭受病虫害或动物疫病侵袭，造成消耗性或生产性生物资产的市场价格大幅度

持续下跌，并且在可预见的未来无回升的希望。

（三）因消费者偏好改变而使企业消耗性或生产性生物资产收获的农产品的市场需求发生变化，导致市场价格逐渐下跌。

（四）因企业所处经营环境，如动植物检验检疫标准等发生重大变化，从而对企业产生不利影响，导致消耗性或生产性生物资产的市场价格逐渐下跌。

（五）其他足以证明消耗性或生产性生物资产实质上已经发生减值的情形。

四、天然起源的生物资产

天然林等天然起源的生物资产，有确凿证据表明企业能够拥有或者控制时，才能予以确认。

企业拥有或控制的天然起源的生物资产，通常并未进行相关的农业生产，如企业从土地、河流湖泊中取得的天然生长的天然林、水生动植物等。

本准则第十三条规定，企业应当按照名义金额确定天然起源的生物资产的成本，同时计入当期损益，名义金额为1元。

五、生物资产的后续计量

本准则规定，生物资产通常按照成本计量，但有确凿证据表明其公允价值能够持续可靠取得的除外。采用公允价值计量的生物资产，应当同时满足下列两个条件：

一是生物资产有活跃的交易市场。活跃的交易市场，是指同时具有下列特征的市场：市场内交易的对象具有同质性；可以随时找到自愿交易的买方和卖方；市场价格的信息是公开的。

二是能够从交易市场上取得同类或类似生物资产的市场价格及其他相关信息，从而对生物资产的公允价值作出合理估计。同类或类似，是指生物资产的品种相同或类似、质量等级相同或类似、生长时间相同或类似、所处气候和地理环境相同或类似。

《企业会计准则第 6 号——无形资产》应用指南

一、本准则不规范商誉的处理

本准则第三条规定,无形资产是指企业拥有或控制的没有实物形态的可辨认非货币性资产。

无形资产主要包括专利权、非专利技术、商标权、著作权、土地使用权、特许权等。

商誉的存在无法与企业自身分离,不具有可辨认性,不在本准则规范。

二、研究阶段与开发阶段

本准则将研究开发项目区分为研究阶段与开发阶段。企业应当根据研究与开发的实际情况加以判断。

(一)研究阶段

研究阶段是探索性的,为进一步开发活动进行资料及相关方面的准备,已进行的研究活动将来是否会转入开发,开发后是否会形成无形资产等均具有较大的不确定性。

比如,意在获取知识而进行的活动,研究成果或其他知识的应用研究、评价和最终选择,材料、设备、产品、工序、系统或服务替代品的研究,新的或经改进的材料、设备、产品、工序、系统或服务的可能替代品的配制、设计、评价和最终选择等,均属于研究活动。

(二)开发阶段

相对于研究阶段而言,开发阶段应当是已完成研究阶段的工作,在很大程度上具备了形成一项新产品或新技术的基本条件。

比如,生产前或使用前的原型和模型的设计、建造和测试,不具有商业性生产经济规模的试生产设施的设计、建造和运营等,均属于开发活动。

三、开发支出的资本化

本准则第八条和第九条规定,企业内部研究开发项目研究阶段的支出,应当于发生时计入当期损益;开发阶段的支出,同时满足下列条件的,才能确认为无形资产。

(一)完成该无形资产以使其能够使用或出售在技术上具有可行性

判断无形资产的开发在技术上是否具有可行性,应当以目前阶段的成果为基础,并提供相关证据和材料,证明企业进行开发所需的技术条件等已经具备,不存在技术上的障碍或其他不确定性。比如,企业已经完成了全部计划、设计和测试活动,这些活动是使资产能够达到设计规划书中的功能、特征和技术所必需的活动,或经过专家鉴定等。

(二)具有完成该无形资产并使用或出售的意图

企业能够说明其开发无形资产的目的。

(三)无形资产产生经济利益的方式

无形资产是否能够为企业带来经济利益,应当对运用该无形资产生产产品的市场情况进行可靠预计,以证明所生产的产品存在市场并能够带来经济利益,或能够证明市场上存在对该无形资产的需求。

（四）有足够的技术、财务资源和其他资源支持，以完成该无形资产的开发，并有能力使用或出售该无形资产

企业能够证明可以取得无形资产开发所需的技术、财务和其他资源，以及获得这些资源的相关计划。企业自有资金不足以提供支持的，应能够证明存在外部其他方面的资金支持，如银行等金融机构声明愿意为该无形资产的开发提供所需资金等。

（五）归属于该无形资产开发阶段的支出能够可靠地计量

企业对研究开发的支出应当单独核算，比如，直接发生的研发人员工资、材料费，以及相关设备折旧费等。同时从事多项研究开发活动的，所发生的支出应当按照合理的标准在各项研究开发活动之间进行分配；无法合理分配的，应当计入当期损益。

四、估计无形资产使用寿命应当考虑的相关因素

本准则第十七条和第十九条规定，使用寿命有限的无形资产应当摊销，使用寿命不确定的无形资产不予摊销。

（一）企业持有的无形资产，通常来源于合同性权利或其他法定权利，且合同规定或法律规定有明确的使用年限

来源于合同性权利或其他法定权利的无形资产，其使用寿命不应超过合同性权利或其他法定权利的期限；合同性权利或其他法定权利在到期时因续约等延续、且有证据表明企业续约不需要付出大额成本的，续约期应当计入使用寿命。合同或法律没有规定使用寿命的，企业应当综合各方面因素判断，以确定无形资产能为企业带来经济利益的期限。比如，与同行业的情况进行比较、参考历史经验，或聘请相关专家进行论证等。

按照上述方法仍无法合理确定无形资产为企业带来经济利益期限的，该项无形资产应作为使用寿命不确定的无形资产。

（二）企业确定无形资产使用寿命通常应当考虑的因素

1. 运用该资产生产的产品通常的寿命周期、可获得的类似资产使用寿命的信息；
2. 技术、工艺等方面的现阶段情况及对未来发展趋势的估计；
3. 以该资产生产的产品或提供服务的市场需求情况；
4. 现在或潜在的竞争者预期采取的行动；
5. 为维持该资产带来经济利益能力的预期维护支出，以及企业预计支付有关支出的能力；
6. 对该资产控制期限的相关法律规定或类似限制。如特许使用期、租赁期等；
7. 与企业持有其他资产使用寿命的关联性等。

五、无形资产的摊销

本准则第十七条规定，无形资产的摊销金额一般应当计入当期损益。某项无形资产包含的经济利益通过所生产的产品或其他资产实现的，其摊销金额应当计入相关资产的成本。

六、土地使用权的处理

企业取得的土地使用权通常应确认为无形资产，但改变土地使用权用途，用于赚取租金或资本增值的，应当将其转为投资性房地产。

自行开发建造厂房等建筑物，相关的土地使用权与建筑物应当分别进行处理。外购土地及建筑物支付的价款应当在建筑物与土地使用权之间进行分配；难以合理分配的，应当全部作为固定资产。

企业（房地产开发）取得土地用于建造对外出售的房屋建筑物，相关的土地使用权账面价值应当计入所建造的房屋建筑物成本。

《企业会计准则第7号——非货币性资产交换》应用指南

一、总体要求

《企业会计准则第7号——非货币性资产交换》(以下简称本准则)规范了非货币性资产交换的确认、计量和相关信息的披露。企业应当按照本准则的要求对本准则适用范围内的非货币性资产交换进行会计处理。

本准则明确了非货币性资产交换的定义。非货币性资产交换，是指企业主要以固定资产、无形资产、投资性房地产和长期股权投资等非货币性资产进行的交换。该交换不涉及或只涉及少量的货币性资产（即补价）。

本准则明确了非货币性资产交换中换入资产的确认时点和换出资产的终止确认时点，即换入资产应当在换入资产符合资产定义并满足资产确认条件时予以确认，换出资产应当在换出资产满足资产终止确认条件时终止确认。

本准则规定，非货币性资产交换同时满足具有商业实质、且换入资产或换出资产的公允价值能够可靠地计量这两个条件的，应当以公允价值为基础计量，否则应当以账面价值为基础计量。其中以公允价值为基础计量时，换入资产和换出资产的公允价值均能够可靠计量的，应当以换出资产的公允价值为基础计量，但有确凿证据表明换入资产的公允价值更加可靠的除外。同时，本准则明确了非货币性资产交换具有商业实质需要满足的条件。

本准则对非货币性资产交换中换入资产和换出资产的会计处理原则作出了规定，还对涉及补价、同时换入或换出多项资产等情形的会计处理作出规定。

二、关于非货币性资产交换的定义

非货币性资产交换，是指企业主要以固定资产、无形资产、投资性房地产和长期股权投资等非货币性资产进行的交换。该交换不涉及或只涉及少量的货币性资产（即补价）。

非货币性资产是相对于货币性资产而言的。货币性资产，是指企业持有的货币资金和收取固定或可确定金额的货币资金的权利，包括库存现金、银行存款、应收账款和应收票据等。非货币性资产是指货币性资产以外的资产，如存货（原材料、包装物、低值易耗品、库存商品等）、固定资产、在建工程、生产性生物资产、无形资产、投资性房地产、长期股权投资等。

通常情况下，交易双方对于某项交易是否为非货币性资产交换的判断是一致的。需要注意的是，企业应从自身的角度，根据交易的实质判断相关交易是否属于本准则定义的非货币性资产交换。例如，投资方以一项固定资产出资取得对被投资方的权益性投资，对投资方来说，换出资产为固定资产，换入资产为长期股权投资，属于非货币性资产交换；对被投资方来说，则属于接受权益性投资不属于非货币性资产交换。

非货币性资产交换一般不涉及货币性资产，或只涉及少量货币性资产，即补价。判断涉及少量货币性资产的交换是否为非货币性资产交换时，通常以补价占整个资产交换金额的比例是否低于25%作为参考比例。支付的货币性资产占换出资产公允价值与支付的货币性资产之和（或占换入资产公允价值）的比例或者收到的货币性资产占换出资产公允价值（或占换入资产公允价值和收到的货币性资产之和）的比例低于25%的，视为非货币性资产交换；高于 25%（含 25%）的，不视为非货币性资产交换。

三、关于适用范围

企业对于符合本准则非货币性资产交换定义和适用范围的交易，应当按照本准则的要求进行会计处理。

（一）适用其他会计准则的非货币性资产交换

本准则适用于所有非货币性资产交换，但下列各项适用其他相关会计准则：

1. 企业以存货换取客户的非货币性资产的，相关收入的会计处理适用《企业会计准则第 14 号——收入》。《企业会计准则第 14 号——收入》对企业因转让存货取得非现金对价情形的会计处理作出了规范。

2. 非货币性资产交换中涉及企业合并的，适用《企业会计准则第 20 号——企业合并》《企业会计准则第 2 号——长期股权投资》和《企业会计准则第 33 号——合并财务报表》。

3. 非货币性资产交换中涉及由《企业会计准则第 22 号——金融工具确认和计量》规范的金融资产的，金融资产的确认、终止确认和计量适用《企业会计准则第 22 号——金融工具确认和计量》和《企业会计准则第 23 号——金融资产转移》。

4. 非货币性资产交换中涉及由《企业会计准则第 21 号——租赁》规范的使用权资产或应收融资租赁款等的，相关资产的确认、终止确认和计量适用《企业会计准则第 21 号——租赁》。

5. 非货币性资产交换构成权益性交易的，应当适用权益性交易的有关会计处理规定。企业应当遵循实质重于形式的原则判断非货币性资产交换是否构成权益性交易。主要包括以下情形：（1）非货币性资产交换的一方直接或间接对另一方持股且以股东身份进行交易；（2）非货币性资产交换的双方均受同一方或相同的多方最终控制，且该非货币性资产交换的交易实质是交换的一方向另一方进行了权益性分配或交换的一方接受了另一方权益性投入。例如，集团重组中发生的非货币性资产划拨、划转行为，在股东或最终控制方的安排下，企业无代价或以明显不公平的代价将非货币性资产转让给其他企业或接受其他企业的非货币性资产，该类转让的实质是企业进行了权益性分配或接受了权益性投入，不适用本准则，应当适用权益性交易会计处理的有关规定。

（二）涉及非货币性资产但不属于本准则规范范围的情形

实务中，某些交易和事项虽涉及非货币性资产，但不属于本准则规范的非货币性资产交换，适用其他相关会计准则的规定，包括但不限于以下情形：

1. 企业从政府无偿取得非货币性资产（比如，企业从政府无偿取得土地使用权等）的，适用《企业会计准则第 16 号——政府补助》。

2. 企业将非流动资产或处置组分配给所有者的，适用《企业会计准则第 42 号——持有待售的非流动资产、处置组和终止经营》。

3. 企业以非货币性资产向职工发放非货币性福利的，适用《企业会计准则第 9 号——职工薪酬》。

4. 企业以发行股票方式取得非货币性资产的，相当于以权益工具结算买入非货币性资产，适用其他相关会计准则。

5. 企业用于交换的资产目前尚不存在或尚不属于本企业的，适用其他相关会计准则。根据本准则的规定，企业用于非货币性资产交换的非货币性资产应当符合资产的定义并满足资产的确认条件，且作为资产列报于企业的资产负债表上。企业用于交换的资产目前尚不存在或尚不属于本企业的情形，不属于本准则规范的非货币性资产交换。例如，甲企业从乙企业取得一项土地使用权，承诺未来 3 年内在该地块上建造写字楼，并待写字楼建造完成后向乙企业交付一幢写字楼，在这种情形下，由于甲企业用于交换的建筑物尚不存在，因此无论对甲企业还是乙企业而言，该交易不属于本准则规范的非货币性资产交换。

四、关于非货币性资产交换的确认

（一）非货币性资产交换的确认原则

本准则规定了非货币性资产交换中换入资产的确认原则和换出资产的终止确认原则：换入资产应当在其符合资产定义并满足资产确认条件时予以确认；换出资产应当在其满足资产终止确认条件时终止确认。

根据上述原则，对于非货币性资产交换，企业将换入的资产视为购买取得资产，并按照相关会计准则的规定进行初始确认；将换出的资产视为销售或处置资产，并按照相关会计准则的规定进行终止确认。例如，某企业在非货币性资产交换中的换入资产和换出资产均为固定资产，按照《企业会计准则第4号——固定资产》和《企业会计准则第14号——收入》的规定，换入的固定资产应当在与该固定资产有关的经济利益很可能流入企业，且成本能够可靠地计量时确认；换出的固定资产应当以交换对方（即换入企业）取得该固定资产控制权时点作为处置时点终止确认。又如，在非货币性资产交换交易中，如果换入资产为对联营企业的长期股权投资，按照《企业会计准则第2号——长期股权投资》的规定，企业应当在能够对被投资单位实施重大影响时确认该换入的长期股权投资；如果换出资产为对联营企业的长期股权投资，企业应当在处置长期股权投资时点区分处置是否使企业丧失对被投资单位的重大影响，分别按照《企业会计准则第22号——金融工具确认和计量》或《企业会计准则第2号——长期股权投资》的规定进行会计处理。

（二）换入资产的确认时点与换出资产的终止确认时点存在不一致的情形

根据本准则的规定，非货币性资产交换中的资产应当符合资产的定义并满足资产的确认条件，且作为资产列报于企业的资产负债表上。通常情况下，换入资产的确认时点与换出资产的终止确认时点应当相同或相近，也就是说，作为非货币性资产交换的一方，企业取得换入资产的时点与其销售或处置换出资产的时点应当相同或相近。

实务中，由于资产控制权转移所必需的运输或转移程序等方面的原因（如资产运输至对方地点所需的合理运输时间、办理股权或房产过户手续等），可能导致换入资产满足确认条件的时点与换出资产满足终止确认条件的时点存在短暂不一致，企业可以按照重要性原则，在换入资产满足确认条件和换出资产满足终止确认条件孰晚的时点进行会计处理。在换入资产的确认时点与换出资产的终止确认时点存在不一致的情形下，在资产负债表日，企业应当按照本准则规定的下列原则进行会计处理：换入资产满足资产确认条件，换出资产尚未满足终止确认条件的，在确认换入资产的同时将交付换出资产的义务确认为一项负债，如其他应付款；换入资产尚未满足资产确认条件，换出资产满足终止确认条件的，在终止确认换出资产的同时将取得换入资产的权利确认为一项资产，如其他应收款。

五、关于非货币性资产交换的计量

（一）非货币性资产交换的计量原则

本准则规定，非货币性资产交换同时满足下列条件的，应当以公允价值为基础计量：（1）该项交换具有商业实质；（2）换入资产或换出资产的公允价值能够可靠地计量。不满足上述条件的非货币性资产交换，应当以账面价值为基础计量。

根据这一规定，本准则对非货币性资产交换的计量规定了两种计量原则：一是以公允价值为基础计量的非货币性资产交换，企业应当以换出资产的公允价值为基础确定换入资产的成本，换出资产的公允价值与其账面价值之间的差额计入当期损益，但换出资产的公允价值不能可靠地计量或有确凿证据表明换入资产的公允价值更加可靠的，企业应当以换入资产的公允价值为基础确定换入资产的初始计量金额，换入资产的公允价值与换出资账面价值之间的差额计入当期损益。二是以账面价值为基础计量的非货币性资产交换，企业应当以换出资产的账面价值为基础确定换入资产的初始计量金额，换出资产终止确认时不确认损益。

（二）商业实质的判断

根据本准则的规定，满足下列条件之一的非货币性资产交换具有商业实质：（1）换入资产的未来现金流量在风险、时间分布或金额方面与换出资产显著不同。（2）使用换入资产所产生的预计未来现金流量现值与继续使用换出资产所产生的预计未来现金流量现值不同，且其差额与换入资产和换出资产的公允价值相比是重大的。

在判断资产交换是否具有商业实质时，企业应当重点考虑由于发生了该项资产交换预计使企业未来现金流量发生变动的程度。只有当换入资产的未来现金流量和换出资产的未来现金流量相比发生较大变化，或使用换入资产进行经营和继续使用换出资产进行经营所产生的预计未来现金流量现值之间的差额较大时，才表明该交易的发生使企业经济状况发生了明显改变，交换才因而具有商业实质。

企业应当根据本准则的规定，遵循实质重于形式的原则，判断非货币性资产交换是否具有商业实质。

1. 判断条件。

（1）换入资产的未来现金流量在风险、时间分布或金额方面与换出资产显著不同。

企业应当对比考虑换入资产与换出资产的未来现金流量在风险、时间或金额的三个方面，对非货币性资产交换是否具有商业实质进行综合判断。通常情况下，只要换入资产和换出资产的未来现金流量在风险、时间或金额中的某个方面存在显著不同，即表明满足商业实质的判断条件。

例如，企业以一项生产用的设备换入一批存货，设备作为固定资产要在较长的时间内为企业带来现金流量，而存货流动性强，能够在较短的时间内产生现金流量。两者产生现金流量的时间相差较大，即使假定两者产生未来现金流量的风险和总额均相同，可以认为上述固定资产与存货的未来现金流量显著不同，因而交换具有商业实质。

又如，甲企业以其用于经营出租的一幢公寓楼，与乙企业同样用于经营出租的一幢公寓楼进行交换，两幢公寓楼的租期、每期租金总额均相同，但是甲企业的公寓楼是租给一家财务及信用状况良好的知名上市公司作为职工宿舍，乙企业的公寓楼则是租给多个个人租户。相比较而言，甲企业无法取得租金的风险较小，乙企业取得租金依赖于各个个人租户的财务和信用状况，两者现金流量流入的风险或不确定性程度存在明显差异，可以认为两幢公寓楼的未来现金流量显著不同，因而交换具有商业实质。

（2）使用换入资产所产生的预计未来现金流量现值与继续使用换出资产所产生的预计未来现金流量现值不同，且其差额与换入资产和换出资产的公允价值相比是重大的。

企业如果按照上述第（1）项判断条件难以判断非货币性资产交换是否具有商业实质，可以按照第（2）项条件，分别计算使用换入资产进行相关经营的预计未来现金流量现值和继续使用换出资产进行关经营的预计未来现金流量现值，通过二者比较进行判断。企业在计算预计未来现金流量现值时，应当按照资产在企业自身持续使用过程和最终处置时预计产生的税后未来现金流量（使用企业自身的所得税税率），根据企业自身而不是市场参与者对资产特定风险的评价，选择恰当的折现率对预计未来现金流量折现后的金额加以确定，以体现资产对企业自身的特定价值。

从市场参与者的角度分析，换入资产和换出资产的未来现金流量在风险、时间或金额方面可能相同或相似。但是对于企业自身而言，鉴于换入资产的性质和换入企业经营活动的特征等因素，换入资产与换入企业其他现有资产相结合，能够比换出资产发挥更大的作用、使换入企业受该换入资产影响的经营活动部分产生的现金流量与换出资产明显不同,进而使用换入资产进行相关经营的预计未来现金流量现值与继续使用换出资产进行相关经营的预计未来现金流量现值存在重大差异,当其差额与换入资产和换出资产的公允价值相比是重大的,则表明交换具有商业实质。例如,甲企业以持有的某非上市公司A企业的10%股权换入乙企业拥有的一项专利权。假定从市场参与者的角度来看,该股权与该项专利权的公允价值相同,两项资产未来现金流量的风险、时间和金额亦相似。通过第(1)项判断条件难以得出交易是否具有商业实质的结论。根据第(2)项判断条件,对换入专利权的甲企业来说,该项专利权能够解决其生产中的技术难题,使其未来的生产产量成倍增长,从而产生的预计未来现金流量现值与换出的股权投资有较大差异,且其差额与换入资产和换出资产的公允价值相比是重大的,因而认为该交换具有商业实质。对换入股权的乙企业来说,其取得甲公司换出的A企业10%股权后,对A企业的投资关系由重大影响变为控制,从而产生的预计未来现金流量现值与换出的专利权有较大差异,且其差额与换入资产和换出资产的公允价值相比也是重大的,因而可认为该交换具有商业实质。

2.判断商业实质时对资产类别的考虑。

企业在判断非货币性资产交换是否具有商业实质时,通常还可以考虑资产是否同一类别来进行分析。同类别的资产是指在资产负债表中列示为同一报表项目的资产;不同类别的资产是指在资产负债表中列示为不同报表项目的资产,例如存货、固定资产、无形资产、投资性房地产、长期股权投资等都是不同类别的非货币性资产。一般来说,不同类别的非货币性资产产生经济利益的方式不同,其产生的未来现金流量在风险、时间或金额方面也很可能不相同。不同类别非货币性资产之间的交换(如存货和固定资产之间的交换、固定资产和长期股权投资之间的交换等)是否具有商业实质,通常较易判断;而同类别非货币性资产之间的交换(如存货之间、固定资产之间、长期股权投资之间的交换等)是否具有商业实质,则通常较难判断,需要根据上述两项判断条件综合判断。

例如,企业将一项用于出租的投资性房地产,与另一企业的厂房进行交换,换入的厂房作为自用固定资产,属于不同类别的非货币性资产之间的交换。在该交换交易下,换出的投资性房地产的未来现金流量为每期的租金,换入的固定资产的未来现金流量为该厂房独立产生、或包括该厂房的资产组协同产生的现金流量。通常情况下,由定期租金带来的现金流量与用于生产经营的固定资产产生的现金流量在风险、时间或金额方面显著不同,因而两项资产的交换具有商业实质。

又如,企业将其拥有的一幢建筑物,与另一企业拥有的在同一地点的另一幢建筑物进行交换,两幢建筑物的建造时间、建造成本等均相同,属于同类别的非货币性资产之间的交换。在该交换交易下,两幢建筑物未来现金流量的风险、时间和金额可能相同,也可能不同。如果其中一幢建筑物可以立即出售,企业管理层也打算将其立即出售,而另一幢建筑物难以出售或只能在一段较长的时间内出售,则可以表明两项资产未来现金流量的风险、时间或金额显著不同,因而这两项资产的交换具有商业实质。

此外,需要说明的是,从事相同经营业务的企业之间相互交换具有类似性质和相等价值的商品,以便在不同地区销售,这种同类别的非货币性资产之间的交换不具有商业实质。实务中,这种交换通常发生在某些特定商品上,常见的例子如石油或牛奶等。

六、关于以公允价值为基础计量

根据本准则的规定,非货币性资产交换具有商业实质,且换入资产或换出资产的公允价值能够可靠地计量的,企业应当以公允价值为基础计量。实务中,企业在进行非货币性资产交换时,相关换入资产或换出资产的公允价值通常会在合同中约定;对于合同中没有约定的,应当按照合同开始日（合同生效日）的公允价值确定。

本准则规定，换入资产和换出资产的公允价值均能够可靠计量的，应当以换出资产的公允价值为基础计量，但有确凿证据表明换入资产的公允价值更加可靠的除外，即换出资产的公允价值不能够可靠计量，或换入资产和换出资产的公允价值均能够可靠计量但有确凿证据表明换入资产的公允价值更加可靠的，应当以换入资产的公允价值为基础计量。

对于非货币资产交换中换入资产和换出资产的公允价值均能够可靠计量的情形，企业在判断是否有确凿证据表明换入资产的公允价值更加可靠时，应当考虑确定公允价值所使用的输入值层次，企业可以参考以下情况：第一层次输入值为公允价值提供了最可靠的证据，第二层次直接或间接可观察的输入值比第三层次不可观察输入值为公允价值提供更确凿的证据。对于换入资产和换出资产的公允价值所使用的输入值层次相同的，企业应当以换出资产的公允价值为基础计量。实务中，在考虑了补价因素的调整后，正常交易中换入资产的公允价值和换出资产的公允价值通常是一致的。

（一）会计处理原则

根据本准则的规定，以公允价值为基础计量的非货币性资产交换中，换入资产和换出资产的计量分别按下列原则进行会计处理：

1. 对于换入资产，应当以换出资产的公允价值和应支付的相关税费作为换入资产的成本进行初始计量。换出资产的公允价值不能够可靠计量，或换入资产和换出资产的公允价值均能够可靠计量但有确凿证据表明换入资产的公允价值更加可靠的，应当以换入资产的公允价值和应支付的相关税费作为换入资产的初始计量金额。

其中，计入换入资产的应支付的相关税费应当符合相关会计准则对资产初始计量成本的规定。例如，换入资产为存货的，包括相关税费、使该资产达到目前场所和状态所发生的运输费、装卸费、保险费以及可归属于该资产的其他成本；换入资产为长期股权投资的，包括与取得该资产直接相关的费用、税金和其他必要支出；换入资产为投资性房地产的，包括相关税费和可直接归属于该资产的其他支出；换入资产为固定资产的，包括相关税费、使该资产达到预定可使用状态前所发生的可归属于该资产的运输费、装卸费、安装费和专业人员服务费等；换入资产为生产性生物资产的，包括相关税费、运输费、保险费以及可直接归属于该资产的其他支出；换入资产为无形资产的，包括相关税费以及直接归属于使该资产达到预定用途所发生的其他支出。上述税费均不包括准予从增值税销项税额中抵扣的进项税额。

2. 对于换出资产，应当在终止确认时，将换出资产的公允价值与其账面价值之间的差额计入当期损益。换出资产的公允价值不能够可靠计量，或换入资产和换出资产的公允价值均能够可靠计量但有确凿证据表明换入资产的公允价值更加可靠的，应当在终止确认时，将换入资产的公允价值与换出资产账面价值之间的差额计入当期损益。

其中，计入当期损益的会计处理视换出资产类别的不同而有所区别：（1）换出资产为固定资产、在建工程、生产性生物资产和无形资产的，计入当期损益的部分通过"资产处置损益"科目核算，在利润表"资产处置收益"项目中列示；（2）换出资产为投资性房地产的，按换出资产公允价值或换入资产公允价值确认其他业务收入，按换出资产账面价值结转其他业务成本，两者之间的差额计入当期损益，两者分别在利润表"营业收入"和"营业成本"项目中列示；（3）换出资产为长期股权投资的，计入当期损益的部分通过"投资收益"科目核算，在利润表"投资收益"项目中列示。

（二）涉及补价的情形

根据本准则的规定，对于以公允价值为基础计量的非货币性资产交换，涉及补价的，应当分别下列情况进行处理：

1. 支付补价方：（1）以换出资产的公允价值为基础计量的，应当以换出资产的公允价值,加上支付补价的公允价值和应支付的相关税费,作为换入资产的成本,换出资产的公允价值与其账面价值之间的差额计入当期损益。(2)有确凿证据表明换入资产的公允价值更加可靠的,即以换入资产的公允价值为基础计量的,应当以换入资产的公允价值和应支付的相关税费作为换入资产的初始计量金额,换入资产的公允价值减去支付补价的公允价值,与换出资产账面价值之间的差额计入当期损益。

2. 收到补价方:(1)以换出资产的公允价值为基础计量的,应当以换出资产的公允价值,减去收到补价的公允价值,加上应支付的相关税费,作为换入资产的成本,换出资产的公允价值与其账面价值之间的差额计入当期损益。(2)有确凿证据表明换入资产的公允价值更加可靠的,即以换入资产的公允价值为基础计量的,应当以换入资产的公允价值和应支付的相关税费作为换入资产的初始计量金额、换入资产的公允价值加上收到补价的公允价值,与换出资产账面价值之间的差额计入当期损益。

(三)涉及换入多项资产或换出多项资产的情形

非货币性资产交换中,企业可以以一项非货币性资产同时换入另一企业的多项非货币性资产,或同时以多项非货币性资产换入另一企业的一项非货币性资产,或以多项非货币性资产同时换入另一企业的多项非货币性资产,这些交换也可能涉及补价。对于涉及换入或换出多项资产的非货币性资产交换的计量,企业同样应当首先判断是否符合本准则以公允价值为基础计量的两个条件,再按本准则的规定分别情况确定各项换入资产的初始计量金额,以及各项换出资产终止确认的相关损益。

涉及换入多项资产或换出多项资产的非货币性资产交换符合以公允价值为基础计量的,通常可以分为以下情形:

1. 以换出资产的公允价值为基础计量的。

(1)对于同时换入的多项资产,由于通常无法将换入资产与换出的某项特定资产相对应,应当按照各项换入资产的公允价值的相对比例(换入资产的公允价值不能够可靠计量的,可以按照各项换入资产的原账面价值的相对比例或其他合理的比例),将换出资产公允价值总额(涉及补价的,加上支付补价的公允价值或减去收到补价的公允价值)分摊至各项换入资产,以分摊额和应支付的相关税费作为各项换入资产的成本进行初始计量。需要说明的是,根据本准则规定,如果同时换入的多项非货币性资产中包含由《企业会计准则第22号——金融工具确认和计量》规范的金融资产,应当按照《企业会计准则第22号——金融工具确认和计量》的规定进行会计处理,在确定换入的其他多项资产的初始计量金额时,应当将金融资产公允价值从换出资产公允价值总额中扣除。

(2)对于同时换出的多项资产,应当将各项换出资产的公允价值与其账面价值之间的差额,在各项换出资产终止确认时计入当期损益。

2. 以换入资产的公允价值为基础计量的。

(1)对于同时换入的多项资产,应当以各项换入资产的公允价值和应支付的相关税费作为各项换入资产的初始计量金额。

(2)对于同时换出的多项资产,由于通常无法将换入资产与换出的某项特定资产相对应,应当按照各项换出资产的公允价值的相对比例(换出资产的公允价值不能够可靠计量的,可以按照各项换出资产的账面价值的相对比例),将换入资产的公允价值总额(涉及补价的,减去支付补价的公允价值或加上收到补价的公允价值)分摊至各项换出资产,分摊额与各项换出资产账面价值之间的差额,在各项换出资产终止确认时计入当期损益。需要说明的是,根据本准则规定,如果同时换出的多项非货币性资产中包含由《企业会计准则第22号——金融工具确认和计量》规范的金融资产,该金融资产应当按照《企业会计准则第22号——金融工具确认和计量》和《企业会计准则第23号——金融资产转移》的规定判断换出的该金融资产是否满足终止确认条件并进行终止确认的会计处理，在确定其他各项换出资产终止确认的相关损益时，应当将终止确认的金融资产公允价值从换入资产公允价值总额中扣除。

七、关于以账面价值为基础计量

根据本准则的规定，当非货币性资产交换不满足本准则规定的以公允价值为基础计量的条件时，即非货币性资产交换不具有商业实质，或者虽然具有商业实质但换入资产和换出资产的公允价值均不能可靠计量的，企业应当以账面价值为基础计量。

（一）会计处理原则

1. 对于换入资产，应当以换出资产的账面价值和应支付的相关税费作为换入资产的初始计量金额。

2. 对于换出资产，终止确认时不确认损益。

（二）涉及补价的情形

根据本准则的规定，对于以账面价值为基础计量的非货币性资产交换，涉及补价的，应当将补价作为确定换入资产初始计量金额的调整因素，分别下列情况进行处理：

1. 支付补价方：应当以换出资产的账面价值，加上支付补价的账面价值和应支付的相关税费，作为换入资产的初始计量金额，不确认损益。

2. 收到补价方：应当以换出资产的账面价值，减去收到补价的公允价值，加上应支付的相关税费，作为换入资产的初始计量金额，不确认损益。

（三）涉及换入多项资产或换出多项资产的情形

对于以账面价值为基础计量的非货币性资产交换，如涉及换入多项资产或换出多项资产，或者同时换入和换出多项资产的，应当分别对换入的多项资产、换出的多项资产进行会计处理。

1. 对于换入的多项资产，由于通常无法将换出资产与换入的某项特定资产相对应，应当按照各项换入资产的公允价值的相对比例（换入资产的公允价值不能够可靠计量的，也可以按照各项换入资产的原账面价值的相对比例或其他合理的比例），将换出资产的账面价值总额（涉及补价的，加上支付补价的账面价值或减去收到补价的公允价值）分摊至各项换入资产，加上应支付的相关税费，作为各项换入资产的初始计量金额。

2. 对于同时换出的多项资产，各项换出资产终止确认时均不确认损益。

八、关于非货币性资产交换的披露

本准则规定，企业应当在附注中披露有关非货币性资产交换的下列信息：（1）非货币性资产交换是否具有商业实质及其原因；（2）换入资产、换出资产的类别；（3）换入资产初始计量金额的确定方式；（4）换入资产、换出资产的公允价值以及换出资产的账面价值；（5）非货币性资产交换确认的损益。

需要说明的是，在披露非货币性资产交换是否具有商业实质的原因时，如果能够通过定性分析即可得出结论认定换入资产的未来现金流量在风险、时间或金额方面与换出资产显著不同，交换因而具有商业实质，则应当披露定性分析中所考虑的相关因素和相关结论。在这种情况下，不需要进一步披露使用换入资产和继续使用换出资产所产生的预计未来现金流量现值，以及通过计算进行的定量分析。如果难以通过定性分析直接得出结论认定非货币性资产交换具有商业实质，则应当披露使用换入资产进行相关经营的预计未来现金流量现值和继续使用换出资产进行相关经营的预计未来现金流量现值，以及相关的定量分析和结论。

九、关于新旧准则的衔接规定

本准则自 2019 年 6 月 10 日起施行。本准则规定，2006 年 2 月 15 日财政部印发的《财政部关于印发〈企业会计准则第 1 号——存货〉等 38 项具体准则的通知》（财会〔2006〕3 号）中的《企业会计准则第 7 号——非货币性资产交换》同时废止。财政部此前发布的有关非货币性资产交换会计处理规定与本准则不一致的，以本准则为准。

根据本准则的规定，企业对 2019 年 1 月 1 日至本准则施行日之间发生的非货币性资产交换，应根据本准则进行调整，视同从 2019 年 1 月 1 日起按照本准则进行会计处理，以确保在 2019 年度对非货币性资产交换业务采用的会计处理方法保持一致。企业对 2019 年 1 月 1 日之前发生的非货币性资产交换，不需要按照本准则的规定进行追溯调整。

《企业会计准则第8号——资产减值》应用指南

一、估计资产可收回金额应当遵循重要性要求

企业应当在资产负债表日判断资产是否存在可能发生减值的迹象。资产存在减值迹象的，应当进行减值测试，估计资产的可收回金额。在估计资产可收回金额时，应当遵循重要性要求。

（一）以前报告期间的计算结果表明，资产可收回金额显著高于其账面价值，之后又没有发生消除这一差异的交易或者事项的，资产负债表日可以不重新估计该资产的可收回金额。

（二）以前报告期间的计算与分析表明，资产可收回金额相对于某种减值迹象反应不敏感，在本报告期间又发生了该减值迹象的，可以不因该减值迹象的出现而重新估计该资产的可收回金额。比如，当期市场利率或市场投资报酬率上升，对计算资产未来现金流量现值采用的折现率影响不大的，可以不重新估计资产的可收回金额。

二、预计资产未来现金流量应当考虑的因素和采用的方法

（一）预计资产未来现金流量应当考虑的主要因素

1. 预计资产未来现金流量和折现率，应当在一致的基础上考虑因一般通货膨胀而导致物价上涨等因素的影响。如果折现率考虑了这一影响因素，资产预计未来现金流量也应当考虑；折现率没有考虑这一影响因素的，预计未来现金流量则不予考虑。

2. 预计资产未来现金流量，应当分析以前期间现金流量预计数与实际数的差异情况，以评判预计当期现金流量所依据的假设的合理性。通常应当确保当期预计现金流量所依据假设与前期实际结果相一致。

3. 预计资产未来现金流量应当以资产的当前状况为基础，不应包括与将来可能会发生的、尚未作出承诺的重组事项有关或者与资产改良有关的预计未来现金流量。未来发生的现金流出是为了维持资产正常运转或者原定正常产出水平所必需的，预计资产未来现金流量时应当将其考虑在内。

4. 预计在建工程、开发过程中的无形资产等的未来现金流量，应当包括预期为使该资产达到预定可使用或可销售状态而发生的全部现金流出。

5. 资产的未来现金流量受内部转移价格影响的，应当采用在公平交易前提下企业管理层能够达成的最佳价格估计数进行预计。

（二）预计资产未来现金流量的方法

预计资产未来现金流量，通常应当根据资产未来期间最有可能产生的现金流量进行预测。采用期望现金流量法更为合理的，应当采用期望现金流量法预计资产未来现金流量。

采用期望现金流量法，资产未来现金流量应当根据每期现金流量期望值进行预计，每期现金流量期望值按照各种可能情况下的现金流量乘以相应的发生概率加总计算。

三、折现率的确定方法

折现率的确定通常应当以该资产的市场利率为依据。无法从市场获得的,可以使用替代利率估计折现率。

替代利率可以根据加权平均资金成本、增量借款利率或者其他相关市场借款利率作适当调整后确定。调整时,应当考虑与资产预计未来现金流量有关的特定风险以及其他有关货币风险和价格风险等。

估计资产未来现金流量现值时,通常应当使用单一的折现率;资产未来现金流量的现值对未来不同期间的风险差异或者利率的期限结构反应敏感的,应当使用不同的折现率。

四、资产组的认定

资产组是企业可以认定的最小资产组合,其产生的现金流入应当基本上独立于其他资产或者资产组。资产组应当由创造现金流入相关的资产组成。

(一)认定资产组最关键的因素是该资产组能否独立产生现金流入。企业的某一生产线、营业网点、业务部门等,如果能够独立于其他部门或者单位等形成收入、产生现金流入,或者其形成的收入和现金流入绝大部分独立于其他部门或者单位、且属于可认定的最小资产组合的,通常应将该生产线、营业网点、业务部门等认定为一个资产组。

几项资产的组合生产的产品(或者其他产出)存在活跃市场的,无论这些产品(或者其他产出)是用于对外出售还是仅供企业内部使用,均表明这几项资产的组合能够独立产生现金流入,应当将这些资产的组合认定为资产组。

(二)企业对生产经营活动的管理或者监控方式,以及对资产使用或者处置的决策方式等,也是认定资产组应考虑的重要因素。

比如,某服装企业有童装、西装、衬衫三个工厂,每个工厂在核算、考核和管理等方面都相对独立,在这种情况下,每个工厂通常为一个资产组。

又如,某家具制造商有 A 车间和 B 车间,A 车间专门生产家具部件(该家具部件不存在活跃市场),生产完后由 B 车间负责组装,该企业对 A 车间和 B 车间资产的使用和处置等决策是一体的,在这种情况下,A 车间和 B 车间通常应当认定为一个资产组。

五、存在少数股东权益情况下的商誉减值测试

根据《企业会计准则第 20 号——企业合并》的规定,在合并财务报表中反映的商誉,不包括子公司归属于少数股东权益的商誉。但对相关的资产组(或者资产组组合,下同)进行减值测试时,应当将归属于少数股东权益的商誉包括在内,调整资产组的账面价值,然后根据调整后的资产组账面价值与其可收回金额进行比较,以确定资产组(包括商誉)是否发生了减值。

上述资产组发生减值的,应当按照本准则第二十二条规定进行处理,但由于根据上述步骤计算的商誉减值损失包括了应由少数股东权益承担的部分,应当将该损失在可归属于母公司和少数股东权益之间按比例进行分摊,以确认归属于母公司的商誉减值损失。

《企业会计准则第9号——职工薪酬》
应用指南

一、总体要求

《企业会计准则第9号——职工薪酬》（以下简称"本准则"）明确界定了职工和职工薪酬的含义，规范了职工薪酬的确认、计量和相关信息的披露要求，以真实、完整地反映企业发生的人工成本。

本准则规定，职工薪酬应当分类为短期薪酬、离职后福利、辞退福利和其他长期职工福利。企业应当严格按照本准则的规定，根据职工薪酬的性质，对职工薪酬进行合理分类，作为职工薪酬会计处理的基础。

对于短期薪酬，本准则规定，企业应当在职工为其提供服务的会计期间，将实际发生的短期薪酬确认为负债，并计入当期损益或者相关资产成本。企业存在带薪缺勤的，应当将带薪缺勤分类为累积带薪缺勤和非累积带薪缺勤。对于累积带薪缺勤，企业应当在职工提供服务从而增加了其未来享有的带薪缺勤权利时，确认与累积带薪缺勤相关的职工薪酬，并以累积未行使权利而增加的预期支付金额计量。对于非累积带薪缺勤，企业应当在职工实际发生缺勤的会计期间确认与非累积带薪缺勤相关的职工薪酬。长期带薪缺勤则应当作为其他长期职工福利进行会计处理。

对于离职后福利，本准则规定，企业应当将离职后福利计划分类为设定提存计划和设定受益计划。对于设定提存计划，企业应当在职工为其提供服务的会计期间，将根据设定提存计划计算的应缴存金额确认为负债，并计入当期损益或者相关资产成本。对于设定受益计划，企业应当根据预期累计福利单位法确定设定受益计划福利义务，并归属于职工提供服务的期间；因设定受益计划所产生的服务成本、设定受益计划净负债或净资产的利息净额，应当计入当期损益或者相关资产成本；因重新计量设定受益计划净负债或净资产所产生的变动，应当计入其他综合收益，并且在后续会计期间不允许转回至损益。

对于辞退福利，本准则规定，企业应当按照辞退计划条款的规定，合理预计和确认辞退福利产生的职工薪酬负债，并计入当期损益。

对于其他长期职工福利，本准则规定，其他长期职工福利包括除短期薪酬、离职后福利和辞退福利以外的所有职工薪酬，具体包括长期带薪缺勤、长期残疾福利、长期利润分享计划（或长期奖金计划）等。企业对于符合设定提存计划条件的其他长期职工福利，应当适用离职后福利中设定提存计划的相关规定进行会计处理，对于其他情形，应当适用设定受益计划的相关规定进行会计处理，但是重新计量其他长期职工福利净负债或者净资产所产生的变动，应当计入当期损益或相关资产成本。

本准则规定，企业应当在财务报表附注中分别短期薪酬、离职后福利、辞退福利和其他长期职工福利披露相关信息，并在有关财务报表内予以恰当列示。

二、关于适用范围

企业应当遵循本准则的要求对短期薪酬、离职后福利、辞退福利和其他长期职工福利等职工薪酬进行确认、计量和披露。对于企业年金基金，企业应当按照《企业会计准则第10

号——企业年金基金》的相关规定进行会计处理。

对于企业向其职工发放的以股份为基础的支付，属于职工薪酬范畴，但其会计处理应当遵循《企业会计准则第11号——股份支付》的相关规定。

三、关于职工和职工薪酬的定义

（一）职工的定义

本准则所称的职工，是指与企业订立劳动合同的所有人员，含全职、兼职和临时职工，也包括虽未与企业订立劳动合同但由企业正式任命的人员。具体而言，本准则所称的职工至少应当包括：

1. 与企业订立劳动合同的所有人员，含全职、兼职和临时职工。按照我国《劳动法》和《劳动合同法》的规定，企业作为用人单位应当与劳动者订立劳动合同。本准则中的职工首先应当包括这部分人员，即与企业订立了固定期限、无固定期限或者以完成一定工作作为期限的劳动合同的所有人员。

2. 未与企业订立劳动合同但由企业正式任命的人员，如部分董事会成员、监事会成员等。企业按照有关规定设立董事、监事，或者董事会、监事会的，如所聘请的独立董事、外部监事等，虽然没有与企业订立劳动合同，但属于由企业正式任命的人员，属于本准则所称的职工。

3. 在企业的计划和控制下，虽未与企业订立劳动合同或未由其正式任命，但向企业所提供服务与职工所提供服务类似的人员，也属于职工的范畴，包括通过企业与劳务中介公司签订用工合同而向企业提供服务的人员，这些劳务用工人员属于本准则所称的职工。

（二）职工薪酬的定义

职工薪酬，是指企业为获得职工提供的服务或解除劳动关系而给予的各种形式的报酬或补偿。企业提供给职工配偶、子女、受赡养人、已故员工遗属及其他受益人等的福利，也属于职工薪酬。

职工薪酬主要包括短期薪酬、离职后福利、辞退福利和其他长期职工福利。

1. 短期薪酬

短期薪酬，是指企业预期在职工提供相关服务的年度报告期间结束后12个月内将全部予以支付的职工薪酬，因解除与职工的劳动关系给予的补偿除外。因解除与职工的劳动关系给予的补偿属于辞退福利的范畴。

短期薪酬主要包括：

（1）职工工资、奖金、津贴和补贴，是指企业按照构成工资总额的计时工资、计件工资、支付给职工的超额劳动报酬等的劳动报酬，为了补偿职工特殊或额外的劳动消耗和因其他特殊原因支付给职工的津贴，以及为了保证职工工资水平不受物价影响支付给职工的物价补贴等。其中，企业按照短期奖金计划向职工发放的奖金属于短期薪酬，按照长期奖金计划向职工发放的奖金属于其他长期职工福利。

（2）职工福利费，是指企业向职工提供的生活困难补助、丧葬补助费、抚恤费、职工异地安家费、防暑降温费等职工福利支出。

（3）医疗保险费、工伤保险费和生育保险费等社会保险费，是指企业按照国家规定的基准和比例计算，向社会保险经办机构缴存的医疗保险费、工伤保险费和生育保险费。

（4）住房公积金，是指企业按照国家规定的基准和比例计算，向住房公积金管理机构缴存的住房公积金。

（5）工会经费和职工教育经费，是指企业为了改善职工文化生活、为职工学习先进技术和提高文化水平和业务素质，用于开展工会活动和职工教育及职业技能培训等相关支出。

（6）短期带薪缺勤，是指职工虽然缺勤但企业仍向其支付报酬的安排，包括年休假、病假、婚假、产假、丧假、探亲假等。长期带薪缺勤属于其他长期职工福利。

（7）短期利润分享计划，是指因职工提供服务而与职工达成的基于利润或其他经营成果提供薪酬的协议。长期利润分享计划属于其他长期职工福利。

（8）其他短期薪酬，是指除上述薪酬以外的其他为获得职工提供的服务而给予的短期薪酬。

2. 离职后福利

离职后福利，是指企业为获得职工提供的服务而在职工退休或与企业解除劳动关系后，提供的各种形式的报酬和福利，属于短期薪酬和辞退福利的除外。

离职后福利计划，是指企业与职工就离职后福利达成的协议，或者企业为向职工提供离职后福利制定的规章或办法等。离职后福利计划按照企业承担的风险和义务情况，可以分为设定提存计划和设定受益计划。其中，设定提存计划，是指企业向独立的基金缴存固定费用后，不再承担进一步支付义务的离职后福利计划。设定受益计划，是指除设定提存计划以外的离职后福利计划。

3. 辞退福利

辞退福利，是指企业在职工劳动合同到期之前解除与职工的劳动关系，或者为鼓励职工自愿接受裁减而给予职工的补偿。

辞退福利主要包括：

（1）在职工劳动合同尚未到期前，不论职工本人是否愿意，企业决定解除与职工的劳动关系而给予的补偿。

（2）在职工劳动合同尚未到期前，为鼓励职工自愿接受裁减而给予的补偿，职工有权利选择继续在职或接受补偿离职。

辞退福利通常采取解除劳动关系时一次性支付补偿的方式，也采取在职工不再为企业带来经济利益后，将职工工资支付到辞退后未来某一期间的方式。

企业应当根据辞退福利的定义和包括的内容，区分辞退福利与正常退休的养老金。辞退福利是在职工与企业签订的劳动合同到期前，企业根据法律与职工本人或职工代表（如工会）签订的协议，或者基于商业惯例，承诺当其提前终止对职工的雇佣关系时支付的补偿，引发补偿的事项是辞退，因此，企业应当在辞退职工时进行辞退福利的确认和计量。职工在正常退休时获得的养老金，是其与企业签订的劳动合同到期时，或者职工达到了国家规定的退休年龄时获得的退休后生活补偿金额，引发补偿的事项是职工在职时提供的服务，而不是退休本身，因此，企业应当在职工提供服务的会计期间进行养老金的确认和计量。

另外，职工虽然没有与企业解除劳动合同，但未来不再为企业提供服务，不能为企业带来经济利益，企业承诺提供实质上具有辞退福利性质的经济补偿的，如发生"内退"的情况，在其正式退休日期之前应当比照辞退福利处理，在其正式退休日期之后，应当按照离职后福利处理。

4. 其他长期职工福利

其他长期职工福利，是指除短期薪酬、离职后福利、辞退福利之外所有的职工薪酬，包括长期带薪缺勤、长期残疾福利、长期利润分享计划等。

四、关于短期薪酬的确认和计量

企业应当在职工为其提供服务的会计期间，将实际发生的短期薪酬确认为负债，并计入当期损益，其他相关会计准则要求或允许计入资产成本的除外。

（一）一般短期薪酬的确认和计量

企业发生的职工工资、津贴和补贴等短期薪酬，应当根据职工提供服务情况和工资标准等计算应计入职工薪酬的工资总额，并按照受益对象计入当期损益或相关资产成本，借记"生产成本""制造费用""管理费用"等科目，贷记"应付职工薪酬"科目。发放时，借记"应付职工薪酬"科目，贷记"银行存款"等科目。

企业为职工缴纳的医疗保险费、工伤保险费、生育保险费等社会保险费和住房公积金，以及按规定提取的工会经费和职工教育经费，应当在职工为其提供服务的会计期间，根据规定的计提基础和计提比例计算确定相应的职工薪酬金额，并确认相关负债，按照受益对象计入当期损益或相关资产成本，借记"生产成本""制造费用""管理费用"等科目，贷记"应付职工薪酬"科目。

企业发生的职工福利费，应当在实际发生时根据实际发生额计入当期损益或相关资产成本。企业向职工提供非货币性福利的，应当按照公允价值计量。如企业以自产的产品作为非货币性福利提供给职工的，应当按照该产品的公允价值和相关税费确定职工薪酬金额，并计入当期损益或相关资产成本。相关收入的确认、销售成本的结转以及相关税费的处理，与企业正常商品销售的会计处理相同。企业以外购的商品作为非货币性福利提供给职工的，应当按照该商品的公允价值和相关税费确定职工薪酬的金额，并计入当期损益或者相关资产成本。

（二）短期带薪缺勤的确认和计量

带薪缺勤应当根据其性质及其职工享有的权利，分为累积带薪缺勤和非累积带薪缺勤两类。企业应当对累积带薪缺勤和非累积带薪缺勤分别进行会计处理。如果带薪缺勤属于长期带薪缺勤的，企业应当作为其他长期职工福利处理。

1. 累积带薪缺勤及其会计处理

累积带薪缺勤，是指带薪权利可以结转下期的带薪缺勤，本期尚未用完的带薪缺勤权利可以在未来期间使用。企业应当在职工提供了服务从而增加了其未来享有的带薪缺勤权利时，确认与累积带薪缺勤相关的职工薪酬，并以累积未行使权利而增加的预期支付金额计量。

有些累积带薪缺勤在职工离开企业时，对于未行使的权利，职工有权获得现金支付。职工在离开企业时能够获得现金支付的，企业应当确认企业必须支付的、职工全部累积未使用权利的金额。企业应当根据资产负债表日因累积未使用权利而导致的预期支付的追加金额，作为累积带薪缺勤费用进行预计。

2. 非累积带薪缺勤及其会计处理

非累积带薪缺勤，是指带薪权利不能结转下期的带薪缺勤，本期尚未用完的带薪缺勤权利将予以取消，并且职工离开企业时也无权获得现金支付。我国企业职工休婚假、产假、丧假、探亲假、病假期间的工资通常属于非累积带薪缺勤。由于职工提供服务本身不能增加其能够享受的福利金额，企业在职工未缺勤时不应当计提相关费用和负债。为此，本准则规定，企业应当在职工实际发生缺勤的会计期间确认与非累积带薪缺勤相关的职工薪酬。企业确认职工享有的与非累积带薪缺勤权利相关的薪酬，视同职工出勤确认的当期损益或相关资产成本。通常情况下，与非累积带薪缺勤相关的职工薪酬已经包括在企业每期向职工发放的工资等薪酬中，因此，不必额外作相应的账务处理。

（三）短期利润分享计划（或奖金计划）的确认和计量

企业制订有短期利润分享计划的，如当职工完成规定业绩指标，或者在企业工作了特定期限后，能够享有按照企业净利润的一定比例计算的薪酬，企业应当按照本准则的规定，进行有关会计处理。

本准则规定，短期利润分享计划同时满足下列条件的，企业应当确认相关的应付职工薪酬，并计入当期损益或相关资产成本：

1. 企业因过去事项导致现在具有支付职工薪酬的法定义务或推定义务。
2. 因利润分享计划所产生的应付职工薪酬义务能够可靠估计。

属于下列三种情形之一的，视为义务金额能够可靠估计：

1. 在财务报告批准报出之前企业已确定应支付的薪酬金额。
2. 该利润分享计划的正式条款中包括确定薪酬金额的方式。
3. 过去的惯例为企业确定推定义务金额提供了明显证据。

企业在计量利润分享计划产生的应付职工薪酬时，应当反映职工因离职而没有得到利润分享计划支付的可能性。

如果企业预期在职工为其提供相关服务的年度报告期间结束后12个月内，不需要全部支付利润分享计划产生的应付职工薪酬，该利润分享计划应当适用本准则其他长期职工福利的有关规定。

企业根据经营业绩或职工贡献等情况提取的奖金，属于奖金计划，应当比照短期利润分享计划进行处理。

五、关于离职后福利的确认和计量

离职后福利，是指企业为获得职工提供的服务而在职工退休或与企业解除劳动关系后，提供的各种形式的报酬和福利，属于短期薪酬和辞退福利的除外。离职后福利包括退休福利（如养老金和一次性的退休支付）及其他离职后福利（如离职后人寿保险和离职后医疗保障）。企业向职工提供了离职后福利的，无论是否设立了单独主体接受提存金并支付福利，均应当适用本准则的相关要求对离职后福利进行会计处理。

职工正常退休时获得的养老金等离职后福利，是职工与企业签订的劳动合同到期或者职工达到了国家规定的退休年龄时，获得的离职后生活补偿金额。企业给予补偿的事项是职工在职时提供的服务而不是退休本身，因此，企业应当在职工提供服务的会计期间对离职后福利进行确认和计量。

离职后福利计划，是指企业与职工就离职后福利达成的协议，或者企业为向职工提供离职后福利制定的规章或办法等。企业应当按照企业承担的风险和义务情况，将离职后福利计划分类为设定提存计划和设定受益计划两种类型。

（一）设定提存计划的确认和计量

设定提存计划，是指企业向单独主体（如基金等）缴存固定费用后，不再承担进一步支付义务的离职后福利计划。

对于设定提存计划，企业应当根据在资产负债表日为换取职工在会计期间提供的服务而应向单独主体缴存的提存金，确认为职工薪酬负债，并计入当期损益或相关资产成本。

（二）设定受益计划的确认和计量

设定受益计划，是指除设定提存计划以外的离职后福利计划。设定提存计划和设定受益计划的区分，取决于离职后福利计划的主要条款和条件所包含的经济实质。在设定提存计划下，企业的义务以企业应向独立主体缴存的提存金金额为限，职工未来所能取得的离职后福利金额取决于向独立主体支付的提存金金额，以及提存金所产生的投资回报，从而精算风险和投资风险实质上要由职工来承担。在设定受益计划下，企业的义务是为现在及以前的职工提供约定的福利，并且精算风险和投资风险实质上由企业来承担。

当企业负有下列义务时，该计划就是一项设定受益计划：

（1）计划福利公式不仅仅与提存金金额相关，且要求企业在资产不足以满足该公式的福利时提供进一步的提存金。

（2）通过计划间接地或直接地对提存金的特定回报作出担保。

设定受益计划可能是不注入资金的，或者可能全部或部分地由企业（有时由其职工）向独立主体以缴纳提存金形式注入资金，并由该独立主体向职工支付福利。到期时已注资福利的支付不仅取决于独立主体的财务状况和投资业绩，而且取决于企业补偿独立主体资产不足的意愿和能力。企业实质上承担着与计划相关的精算风险和投资风险。因此，设定受益计所确认的费用并不一定是本期应付的提存金金额。企业存在一项或多项设定受益计划的，对于每一项计划应当分别进行会计处理。

1. 确定设定受益计划义务的现值和当期服务成本

企业应当根据预期累计福利单位法，采用无偏且相互一致的精算假设对有关人口统计变量和财务变量等作出估计，计量设定受益计划所产生的义务，并确定相关义务的归属期间。企业应当根据资产负债表日与设定受益计划义务期限和币种相匹配的国债或活跃市场上的高质量公司债券的市场收益率确定折现率，将设定受益计划所产生的义务予以折现，以确定设定受益计划义务的现值和当期服务成本。

设定受益计划义务的现值，是指企业在不扣除任何计划资产的情况下，为履行获得当期和以前期间职工服务产生的最终义务，所需支付的预期未来金额的现值。设定受益计划的最终义务受到许多变量的影响，如职工离职率、死亡率、职工缴付的提存金等。企业在折现时，即使预期有部分义务在报告期间结束后的12个月内结算，企业仍应对整项义务进行折现。企业应当就至报告期末的任何重大交易及环境的其他重大变化（包括市场价格和利率的变化）进行调整，在每年年末进行复核。

企业应当通过预期累计福利单位法确定其设定受益计划义务的现值、当期服务成本和过去服务成本。根据预期累计福利单位法，职工每提供一个期间的服务，就会增加一个单位的福利权利，企业应当对每一单位的福利权利进行单独计量，并将所有单位的福利权利累计形成最终义务。企业应当将福利归属于提供设定受益计划的义务发生的期间。这一期间是指从职工提供服务以获取企业在未来报告期间预计支付的设定受益计划福利开始，至职工的继续服务不会导致这一福利金额显著增加之日为止。

企业在确定设定受益计划义务的现值、当期服务成本以及过去服务成本时，应当根据计划的福利公式将设定受益计划产生的福利义务归属于职工提供服务的期间，并计入当期损益或相关资产成本。

当职工后续年度的服务将导致其享有的设定受益计划福利水平显著高于以前年度时，企业应当按照直线法将累计设定受益计划义务分摊确认于职工提供服务而导致企业第一次产生设定受益计划福利义务至职工提供服务不再导致该福利义务显著增加的期间。在确定后续年度服务是否将导致职工享有的设定受益福利水平显著高于以前年度时，不应考虑仅因未来工资水平提高而导致设定受益计划义务显著增加的情况。

精算假设，是指企业对影响离职后福利最终义务的各种变量的最佳估计。精算假设应当是客观公正和相互可比的，无偏且相互一致的。精算假设包括人口统计假设和财务假设。人口统计假设包括死亡率、职工的离职率、伤残率、提前退休率等。财务假设包括折现率、福利水平和未来薪酬等。其中，折现率应当根据资产负债表日与设定受益计划义务期限和币种相匹配的国债或活跃市场上的高质量公司债券的市场收益率确定。

经验调整是设定受益计划义务的实际数与估计数之间的差异。在某些情况下，设定受益计划对于未来福利水平调整未作出明确规定的，企业将有关福利水平的增加确认为精算假设与实际经验的差异（产生精算利得或损失），还是计划的修改（产生过去服务成本），需要运用职业判断。通常情况下，如果设定受益计划未明确规定未来福利水平的调整，过去的调整也并不频繁，同时如果精算假设中并无福利水平增长的假设，企业应将福利水平变化的影响归属于过去服务成本。

2. 确定设定受益计划净负债或净资产

设定受益计划存在资产的，企业应当将设定受益计划义务的现值减去设定受益计划资产公允价值所形成的赤字或盈余确认为一项设定受益计划净负债或净资产。

设定受益计划存在盈余的，企业应当以设定受益计划的盈余和资产上限两项的孰低者计量设定受益计划净资产。其中，资产上限，是指企业可从设定受益计划退款或减少未来向独立主体缴存提存金而获得的经济利益的现值。

计划资产包括长期职工福利基金持有的资产、符合条件的保险单等，但不包括企业应付但未付给独立主体的提存金、由企业发行并由独立主体持有的任何不可转换的金融工具。

3. 确定应当计入当期损益的金额

报告期末，企业应当在损益中确认的设定受益计划产生的职工薪酬成本包括服务成本、设定受益净负债或净资产的利息净额。其中，服务成本包括当期服务成本、过去服务成本和结算利得或损失。设定受益净负债或净资产的利息净额包括计划资产的利息收益、设定受益计划义务的利息费用以及资产上限影响的利息。除非其他相关会计准则要求或允许职工福利成本计入资产成本，企业应当将服务成本和设定受益净负债或净资产的利息净额计入当期损益。

（1）当期服务成本。当期服务成本，是指因职工当期提供服务所导致的设定受益计划义务现值的增加额。

（2）过去服务成本。过去服务成本，是指设定受益计划修改所导致的与以前期间职工服务相关的设定受益计划义务现值的增加或减少。当企业设立或取消一项设定受益计划或是改变现有设定受益计划下的应付福利时，设定受益计划就发生了修改。

过去服务成本可以是正的，如设立或改变设定受益计划从而导致设定受益计划义务的现值增加，也可以是负的，如取消或改变设定受益计划从而导致设定受益计划义务的现值减少。如果企业减少了设定受益计划的应付福利，但同时增加了在该计划下针对相同职工其他应付福利，企业应当将变动的净额作为单项变动处理。

过去服务成本不包括下列各项：

①以前假定的薪酬增长金额与实际发生金额之间的差额，对支付以前年度服务产生的福利义务的影响。

②企业对支付养老金增长金额具有推定义务的，对于可自行决定养老金增加金额的高估和低估。

③财务报表中已确认的精算利得或计划资产回报导致的福利变化的估计。

④在没有新的福利或福利未发生变化的情况下，职工达到既定要求之后导致既定福利（即并不取决于未来雇佣的福利）的增加。

（3）结算利得和损失。企业应当在设定受益计划结算时，确认一项结算利得或损失。设定受益计划结算，是指企业为了消除设定受益计划所产生的部分或所有未来义务进行的交易，而不是根据计划条款和所包含的精算假设向职工支付福利。设定受益计划结算利得或损失是下列两项的差额：

①在结算日确定的设定受益计划义务的现值。

②结算价格，包括转移的计划资产的公允价值和企业直接发生的与结算相关的支付。

（4）设定受益计划净负债或净资产的利息净额。设定受益计划净负债或净资产的利息净额，是指设定受益净负债或净资产在职工提供服务期间由于时间变化而产生的变动，包括计划资产的利息收益、设定受益计划义务的利息费用以及资产上限影响的利息。

企业应当通过将设定受益计划净负债或净资产乘以适当的折现率来确定设定受益计划净负债或净资产的利息净额。企业应当在会计期间开始时确定设定受益计划净负债或净资产和折现率，并考虑该期间由于福利提存和福利支付所导致的设定受益计划净负债或净资产的变动，但不应当考虑设定受益计划净负债或净资产在本会计期间的任何其他变动（如精算利得和损失）。

企业应当通过将计划资产公允价值乘以折现率来确定计划资产的利息收益，作为计划资产回报的组成部分。企业应当将计划资产的利息收益和计划资产回报之间的差额包括在设定受益计划净负债或净资产的重新计量中。

企业计算设定受益计划净负债或净资产的利息净额时，应当考虑资产上限的影响。企业应当通过将资产上限的影响乘以折现率来确定资产上限影响的利息，作为资产上限影响总变动的一部分。企业应当在会计期间开始时确定资产上限的影响和折现率。企业应当将资产上限影响的利息金额与资产上限影响总变动之间的差额包括在设定受益计划净负债或净资产的重新计量中。

4. 确定应当计入其他综合收益的金额

企业应当将重新计量设定受益计划净负债或净资产所产生的变动计入其他综合收益,并且在后续会计期间不允许转回至损益,但企业可以在权益范围内转移这些在其他综合收益中确认的金额。

重新计量设定受益计划净负债或净资产所产生的变动包括下列部分:

(1) 精算利得或损失,即由于精算假设和经验调整导致之前所计量的设定受益计划义务现值的增加或减少。企业未能预计的过高或过低的职工离职率、提前退休率、死亡率、过高或过低的薪酬、福利的增长以及折现率变化等因素,将导致设定受益计划产生精算利得和损失。精算利得或损失不包括因设立、修改或结算设定受益计划所导致的设定受益计划义务的现值变动,或者设定受益计划下应付福利的变动。这些变动产生了过去服务成本或结算利得或损失。

(2) 计划资产回报,扣除包括在设定受益净负债或净资产的利息净额中的金额。计划资产的回报,是指计划资产产生的利息、股利和其他收入,以及计划资产已实现和未实现的利得或损失。企业在确定计划资产回报时,应当扣除管理该计划资产的成本以及计划本身的应付税款,但计量设定受益义务时所采用的精算假设所包括的税款除外。管理该计划资产以外的其他管理费用不需从计划资产回报中扣减。

(3) 资产上限影响的变动,扣除包括在设定受益计划净负债或净资产的利息净额中的金额。

六、关于辞退福利的确认和计量

辞退福利,是指企业在职工劳动合同到期之前解除与职工的劳动关系,或者为鼓励职工自愿接受裁减而给予职工的补偿。由于导致义务产生的事项是终止雇佣而不是为获得职工的服务,企业应当将辞退福利作为单独一类职工薪酬进行会计处理。

企业在确定提供的经济补偿是否为辞退福利时,应当区分辞退福利和正常退休养老金。辞退福利是在职工与企业签订的劳动合同到期前,企业根据法律与职工本人或职工代表(如工会)签订的协议,或者基于商业惯例,承诺当其提前终止对职工的雇佣关系时支付的补偿,引发补偿的事项是辞退。

对于职工虽然没有与企业解除劳动合同,但未来不再为企业提供服务,不能为企业带来经济利益,企业承诺提供实质上具有辞退福利性质的经济补偿的,如发生"内退"的情况,在其正式退休日期之前应当比照辞退福利处理,在其正式退休日期之后,应当按照离职后福利处理。

企业向职工提供辞退福利的,应当在企业不能单方面撤回因解除劳动关系计划或裁减建议所提供的辞退福利时、企业确认涉及支付辞退福利的重组相关的成本或费用时两者孰早日,确认辞退福利产生的职工薪酬负债,并计入当期损益。

企业有详细、正式的重组计划并且该重组计划已对外公告时,表明已经承担了重组义务。重组计划包括重组涉及的业务、主要地点、需要补偿的职工人数及其岗位性质、预计重组支出、计划实施时间等。

实施职工内部退休计划的,企业应当比照辞退福利处理。在内退计划符合本准则规定的确认条件时,企业应当按照内退计划规定,将自职工停止提供服务日至正常退休日期间、企业拟支付的内退职工工资和缴纳的社会保险费等,确认为应付职工薪酬,一次性计入当期损益,不能在职工内退后各期分期确认因支付内退职工工资和为其缴纳社会保险费等产生的义务。

企业应当按照辞退计划条款的规定,合理预计并确认辞退福利产生的职工薪酬负债,并具体考虑下列情况:

(一)对于职工没有选择权的辞退计划,企业应当根据计划条款规定拟解除劳动关系的职工数量、每一职位的辞退补偿等确认职工薪酬负债。

(二)对于自愿接受裁减建议的辞退计划,由于接受裁减的职工数量不确定,企业应当根据《企业会计准则第13号——或有事项》规定,预计将会接受裁减建议的职工数量,根据预计的职工数量和每一职位的辞退补偿等确认职工薪酬负债。

(三)对于辞退福利预期在其确认的年度报告期间期末后12个月内完全支付的辞退福利,企业应当适用短期薪酬的相关规定。

(四)对于辞退福利预期在年度报告期间期末后12个月内不能完全支付的辞退福利,企业应当适用本准则关于其他长期职工福利的相关规定,即实质性辞退工作在1年内实施完毕但补偿款项超过1年支付的辞退计划,企业应当选择恰当的折现率,以折现后的金额计量应计入当期损益的辞退福利金额。

七、关于其他长期职工福利的确认和计量

其他长期职工福利,是指除短期薪酬、离职后福利和辞退福利以外的其他所有职工福利。其他长期职工福利包括长期带薪缺勤、其他长期服务福利、长期残疾福利、长期利润分享计划和长期奖金计划等。

企业向职工提供的其他长期职工福利,符合设定提存计划条件的,应当按照设定提存计划的有关规定进行会计处理。企业向职工提供的其他长期职工福利,符合设定受益计划条件的,企业应当按照设定受益计划的有关规定,确认和计量其他长期职工福利净负债或净资产。在报告期期末,企业应当将其他长期职工福利产生的职工薪酬成本确认为下列组成部分:

(一)服务成本。

(二)其他长期职工福利净负债或净资产的利息净额。

(三)重新计量其他长期职工福利净负债或净资产所产生的变动。

为了简化相关会计处理,上述项目的总净额应计入当期损益或相关资产成本。

长期残疾福利水平取决于职工提供服务期间长短的,企业应在职工提供服务的期间确认应付长期残疾福利义务,计量时应当考虑长期残疾福利支付的可能性和预期支付的期限;与职工提供服务期间长短无关的,企业应当在导致职工长期残疾的事件发生的当期确认应付长期残疾福利义务。

八、关于职工薪酬的披露

在资产负债表中,企业应当根据应支付的职工薪酬负债流动性,对职工薪酬负债按照流动和非流动进行分类列报。短期薪酬、离职后福利中的设定提存计划负债、其他长期职工福利中的符合设定提存计划条件的负债、辞退福利中将于资产负债表日后12个月内支付的部分应当在资产负债表的流动负债项下"应付职工薪酬"项目中列示。辞退福利中将于资产负债表日起12个月之后支付的部分、离职后福利中设定受益计划净负债、其他长期职工福利中符合设定受益计划条件的净负债应当在资产负债表的非流动负债项下单独列示。

对于重新计量设定受益计划净负债或净资产所产生的变动,企业如在权益范围内转移这些在其他综合收益中确认的金额,应当在所有者权益变动表"(四)所有者权益内部结转"项下"3.盈余公积弥补亏损"项目和"4.其他"项目之间增设"4.结转重新计量设定受益计划净负债或净资产所产生的变动"项目("其他"项目序号顺延)加以列示。

(一)短期薪酬的披露

企业应当在附注中披露与短期薪酬有关的下列信息:

《企业会计准则第9号——职工薪酬》应用指南

1. 应当支付给职工的工资、奖金、津贴和补贴及其期末应付未付金额。
2. 应当为职工缴纳的医疗保险费、工伤保险费和生育保险费等社会保险费及其期末应付未付金额。
3. 应当为职工缴存的住房公积金及其期末应付未付金额。
4. 为职工提供的非货币性福利及其计算依据。
5. 依据短期利润分享计划提供的职工薪酬金额及其计算依据。
6. 其他短期薪酬。

具体披露格式如表1所示。涉及上述第（4）、第（5）项计算依据的，还需要额外披露。

（二）离职后福利的披露

1. 设定提存计划的披露要求

企业应当在附注中披露所设立或参与的设定提存计划的性质、计算缴费金额的公式或依据、当期缴费金额以及期末应付未付金额。其中，设定提存计划的当期缴费金额和期末应付未付金额的具体披露格式见表2。

表1

短期薪酬项目	本期应付金额	期末应付未付金额
一、工资、奖金、津贴和补贴		
二、职工福利费		
三、社会保险费		
其中：1. 医疗保险费		
2. 工伤保险费		
3. 生育保险费		
四、住房公积金		
五、工会经费和职工教育经费		
六、短期带薪缺勤		
七、短期利润分享计划		
八、其他短期薪酬		
合　计		

表2

设定提存计划项目	当期缴费金额	期末应付未付金额
一、基本养老保险费		
二、失业保险费		
三、企业年金缴费		
……		
合　计		

2. 设定受益计划的披露要求

企业应当在附注中披露与设定受益计划有关的下列信息：

（1）设定受益计划的特征及与之相关的风险。企业应当披露设定受益计划的特征，通常包括设定受益计划所提供的福利的性质、企业在该计划管理中的职责、国家对该类计划的监管要求等。

企业应当披露设定受益计划相关的风险，即设定受益计划使企业面临的风险，并重点关注企业特有或计划特有的异常风险，以及重要风险的集中程度。例如，如果某企业的设定受益计划资产主要投资于房地产，则该计划可能导致企业面临集中的房地产市场风险。

企业如有对计划的修改或结算的，还应当披露修改或结算计划的有关情况。

（2）设定受益计划在财务报表中确认的金额及其变动。企业应当披露设定受益净负债（或净资产）及其组成部分，以及设定受益计划产生的职工薪酬成本及其组成部分的期初余额和期末余额的调节情况。具体披露格式如表3所示。

表3

项目	设定受益计划义务现值		计划资产公允价值		设定受益计划净负债（净资产）	
	本期金额	上期金额	本期金额	上期金额	本期金额	上期金额
一、期初余额						
二、计入当期损益的设定受益成本						
1.当期服务成本						
2.过去服务成本						
3.结算利得（损失以"—"号表示）						
4.利息净额						
三、计入其他综合收益的设定受益成本						
设定受益计划净负债（净资产）的重新计算						
1.精算利得（损失以"—"号表示）						
2.计划资产回报（计入利息净额的除外）						
3.资产上限影响的变动（计入利息净额的除外）						
四、其他变动						
1.结算时消除的负债						
2.已支付的福利						
……						
五、期末余额						

企业不存在计划资产的，无需披露表3中的"设定受益义务现值"栏和"计划资产的公允价值"栏。

企业存在计划资产的，应当按照计划资产的性质和风险按类别披露计划资产的公允价值，具体披露格式如表4所示。企业还应当说明各类计划资产是否存在活跃市场公开报价。

（3）设定受益计划对企业未来现金流量金额、时间和不确定性的影响。企业应当披露影响设定受益计划未来缴存金额的有关筹资政策和计划、下一会计年度预期将缴存的金额，并披露设定受益义务有关到期情况的信息，如设定受益义务的加权平均期间、对有关福利支付的到期日分析等。

表4

计划资产的构成	计划资产的公允价值	
	期末余额	期初余额
1. 现金和现金等价物		
2. 权益工具投资①		
（1）……		
（2）……		
……		
3. 债务工具投资②		
（1）……		
（2）……		
……		
4.……		
合计		

注：①按行业类型或公司规模或地域等分类。
②按债务工具发行人类型或信用评级或地域等分类。

（4）设定受益义务现值所依赖的重大精算假设及有关敏感性分析的结果。

企业应当披露精算估计所采用的重大假设，具体披露格式如表5所示。

表5

精算估计的重大假设	本期期末	上期期末
折现率		
死亡率		
预计平均寿命		
薪酬的预期增长率		
……		

企业应当按照表 5 所列的重大精算假设，披露各项重大精算假设对设定受益义务的敏感性分析，并披露用于编制敏感性分析的方法和假设，以及有关方法的局限性。企业用于编制敏感性分析的方法和假设如发生了变动，企业还应当披露这一事实，并说明变动的理由。

（三）辞退福利的披露

企业应当在附注中披露本年度因解除劳动关系所提供辞退福利及其期末应付未付金额。

（四）其他长期职工福利的披露

企业应当在附注中披露提供的其他长期职工福利的性质、金额，及其计算依据。

九、关于衔接规定

对于本准则施行日存在的离职后福利计划、辞退福利、其他长期职工福利，企业应当按照《企业会计准则第 28 号——会计政策、会计估计变更和差错更正》的规定采用追溯调整法进行处理；但是，企业比较财务报表中披露的本准则施行之前的信息与本准则要求不一致的，不需要按照本准则的规定进行调整。

《企业会计准则第10号——企业年金基金》应用指南

一、企业年金基金是独立的会计主体

本准则第二条规定,企业年金基金是指根据依法制定的企业年金计划筹集的资金及其投资运营收益形成的企业补充养老保险基金。

企业年金,是指企业及其职工在依法参加基本养老保险的基础上,自愿建立的补充养老保险制度。企业年金基金由企业缴费、职工个人缴费和企业年金基金投资运营收益组成,实行完全积累,采用个人账户方式进行管理。企业缴费属于职工薪酬的范围,适用《企业会计准则第9号——职工薪酬》。

企业年金基金作为一种信托财产,独立于委托人、受托人、账户管理人、托管人、投资管理人等的固有资产及其他资产,应当存入企业年金基金专户,作为独立的会计主体进行确认、计量和列报。

二、企业年金基金管理各方当事人

企业年金基金管理各方当事人包括:委托人、受托人、账户管理人、托管人、投资管理人和中介服务机构等。

(一)委托人,是指设立企业年金基金的企业及其职工。委托人应当与受托人签订书面合同。

(二)受托人,是指受托管理企业年金基金的企业年金理事会或符合国家规定的养老金管理公司等法人受托机构。受托人根据信托合同,负责编报企业年金基金财务报表等。受托人是编报企业年金基金财务报表的法定责任人。

(三)账户管理人,是指受托管理企业年金基金账户的专业机构。账户管理人根据账户管理合同负责建立企业年金基金的企业账户和个人账户,记录企业缴费、职工个人缴费以及企业年金基金投资运营收益情况,计算企业年金待遇,提供账户查询和报告活动等。

(四)托管人,是指受托保管企业年金基金财产的商业银行或专业机构。托管人根据托管合同负责企业年金基金会计处理和估值,复核、审查投资管理人计算的基金财产净值,定期向受托人提交企业年金基金财务报表等。

(五)投资管理人,是指受托管理企业年金基金投资的专业机构。投资管理人根据投资管理合同负责对企业年金基金财产进行投资,及时与托管人核对企业年金基金会计处理和估值结果等。

(六)中介服务机构,是指为企业年金基金管理提供服务的投资顾问公司、信用评估公司、精算咨询公司、会计师事务所、律师事务所等。

三、企业年金基金的投资

企业年金基金投资运营应当遵循谨慎、分散风险的原则,充分考虑企业年金基金财产的安全性和流动性。企业年金基金应当严格按照国家相关规定进行投资。

根据本准则第六条规定，企业年金基金投资公允价值的确定，适用《企业会计准则第22号——金融工具确认和计量》。

初始取得投资时，应当以交易日支付的价款（不含支付的价款中所包含的、已到付息期但尚未领取的利息或已宣告但尚未发放的现金股利）计入投资的成本。发生的交易费用及相关税费直接计入当期损益。支付的价款中所包含的、已到付息期但尚未领取的利息或已宣告但尚未发放的现金股利，分别计入应收利息或应收股利。

投资持有期间被投资单位宣告发放的现金股利，或资产负债表日按债券票面利率计算的利息收入，应确认为投资收益。

企业年金基金的投资应当按日估值，或至少按周进行估值。估值日对投资进行估值时，应当以估值日的公允价值计量，公允价值与上一估值日公允价值的差额，计入当期损益（公允价值变动损益）。

投资处置时，应在交易日按照卖出投资所取得的价款与其账面价值（买入价）的差额，确定为投资损益。

四、企业年金基金投资管理风险准备金补亏

企业年金基金按规定向投资管理人支付的管理费，应当按照应付的金额计入当期损益（投资管理人管理费），同时确认为负债（应付投资管理人管理费）。

企业年金基金取得投资管理人风险准备金补亏时，应当按照收到或应收的金额计入其他收入。

五、企业年金基金的账务处理和财务报表的编报

（一）受托人、托管人、投资管理人应当参照《企业会计准则——应用指南》（会计科目和主要账务处理）设置相应会计科目和账簿，对企业年金基金发生的交易或者事项进行会计处理。

（二）企业年金基金财务报表包括资产负债表、净资产变动表和附注。

受托人应当按照本准则的规定，定期向委托人、受益人等提交企业年金基金财务报表。

托管人应当按照本准则的规定，定期向受托人提交企业年金基金财务报表。

（三）企业年金基金财务报表附注，除按本准则第二十条的规定进行披露外，还应当披露以下内容：1.财务报表的编制基础；2.重要会计政策和会计估计变更及差错更正的说明；3.报表重要项目的说明，包括货币资金、买入返售证券、债券投资、基金投资、股票投资、其他投资、卖出回购证券款、收取企业缴费、收取职工个人缴费、个人账户转入、支付受益人待遇、个人账户转出等；4.企业年金基金净收入，包括本期收入、本期费用的构成；5.资产负债表日后事项、关联方关系及其交易的说明等；6.企业年金基金投资组合情况、风险管理政策等。

《企业会计准则第11号——股份支付》应用指南

一、股份支付的含义

本准则第二条规定，股份支付，是指企业为获取职工和其他方提供服务而授予权益工具或者承担以权益工具为基础确定的负债的交易。

企业授予职工期权、认股权证等衍生工具或其他权益工具，对职工进行激励或补偿，以换取职工提供的服务，实质上属于职工薪酬的组成部分，但由于股份支付是以权益工具的公允价值为计量基础，因此由本准则进行规范。

二、股份支付的处理

股份支付的确认和计量，应当以真实、完整、有效的股份支付协议为基础。

（一）授予日

除了立即可行权的股份支付外，无论权益结算的股份支付或者现金结算的股份支付，企业在授予日都不进行会计处理。

授予日，是指股份支付协议获得批准的日期。其中"获得批准"，是指企业与职工或其他方就股份支付的协议条款和条件已达成一致，该协议获得股东大会或类似机构的批准。

（二）等待期内的每个资产负债表日

股份支付在授予后通常不可立即行权，一般需要在职工或其他方履行一定期限的服务或在企业达到一定业绩条件之后才可行权。

业绩条件分为市场条件和非市场条件。市场条件，是指行权价格、可行权条件以及行权可能性与权益工具的市场价格相关的业绩条件，如股份支付协议中关于股价至少上升至何种水平才可行权的规定。非市场条件，是指除市场条件之外的其他业绩条件，如股份支付协议中关于达到最低盈利目标或销售目标才可行权的规定。

等待期长度确定后，业绩条件为非市场条件的，如果后续信息表明需要调整等待期长度，应对前期确定的等待期长度进行修改；业绩条件为市场条件的，不应因此改变等待期长度。对于可行权条件为业绩条件的股份支付，在确定权益工具的公允价值时，应考虑市场条件的影响，只要职工满足了其他所有非市场条件，企业就应当确认已取得的服务。

1. 等待期内每个资产负债表日，企业应将取得的职工提供的服务计入成本费用，计入成本费用的金额应当按照权益工具的公允价值计量。

对于权益结算的涉及职工的股份支付，应当按照授予日权益工具的公允价值计入成本费用和资本公积（其他资本公积），不确认其后续公允价值变动；对于现金结算的涉及职工的股份支付，应当按照每个资产负债表日权益工具的公允价值重新计量，确定成本费用和应付职工薪酬。

对于授予的存在活跃市场的期权等权益工具，应当按照活跃市场中的报价确定其公允价值。对于授予的不存在活跃市场的期权等权益工具，应当采用期权定价模型等确定其公允价值，选用的期权定价模型至少应当考虑以下因素：（1）期权的行权价格；（2）期权的有效期；(3)标的股份的现行价格；(4)股价预计波动率；(5)股份的预计股利；(6)期权有效期内的无风险利率。

2. 等待期内每个资产负债表日，企业应当根据最新取得的可行权职工人数变动等后续信息作出最佳估计，修正预计可行权的权益工具数量。在可行权日，最终预计可行权权益工具的数量应当与实际可行权数量一致。

根据上述权益工具的公允价值和预计可行权的权益工具数量，计算截至当期累计应确认的成本费用金额，再减去前期累计已确认金额，作为当期应确认的成本费用金额。

（三）可行权日之后

1. 对于权益结算的股份支付，在可行权日之后不再对已确认的成本费用和所有者权益总额进行调整。企业应在行权日根据行权情况，确认股本和股本溢价，同时结转等待期内确认的资本公积（其他资本公积）。

2. 对于现金结算的股份支付，企业在可行权日之后不再确认成本费用，负债（应付职工薪酬）公允价值的变动应当计入当期损益（公允价值变动损益）。

三、回购股份进行职工期权激励

企业以回购股份形式奖励本企业职工的，属于权益结算的股份支付，应当进行以下处理。

（一）回购股份

企业回购股份时，应当按照回购股份的全部支出作为库存股处理，同时进行备查登记。

（二）确认成本费用

按照本准则对职工权益结算股份支付的规定，企业应当在等待期内每个资产负债表日按照权益工具在授予日的公允价值，将取得的职工服务计入成本费用，同时增加资本公积（其他资本公积）。

（三）职工行权

企业应于职工行权购买本企业股份收到价款时，转销交付职工的库存股成本和等待期内资本公积（其他资本公积）累计金额，同时，按照其差额调整资本公积（股本溢价）。

《企业会计准则第12号——债务重组》
应用指南

一、总体要求[①]

《企业会计准则第12号——债务重组》（以下简称本准期）规范了债务重组的确认，计量和相关信息的披露。

本准则明确了债务重组的定义，债务重组是指在不改变交易对手方的情况下，经债权人和债务人协定或法院裁定，就清偿债务的时间、金额或方式等重新达成协议的交易。债务重组涉及的债权和债务是指《企业会计准则第22号——金融工具确认和计量》规范的金融工具。债务重组方式主要包括采用债务人以资产清偿债务、债务人将债务转为权益工具、修改其他条款方式，以及上述一种以上方式的组合。

本准则规定，债务重组采用以资产清偿债务方式，或者采用将债务转为权益工具方式且导致债权人将债权转为对联营企业或合营企业的权益性投资的，债权人初始确认受让的非金融资产应当以成本计量。债务重组采用债务人以多项资产清偿债务或者组合方式的，债权人应当首先按照《企业会计准则第22号——金融工具确认和计量》的规定，确认和计量受让的金融资产和重组债权，然后按照受让各项非金融资产的公允价值比例，对放弃债权的公允价值扣除受让金融资产和重组债权确认金额后的净额进行分配，并以此为基础分别确定各项资产的成本。放弃债权的公允价值与账面价值之间的差额，应当计入当期损益。

本准则规定，债务重组采用将债务转为权益工具方式的，债务人初始确认权益工具时应当按照权益工具的公允价值计量；权益工具的公允价值不能可靠计量的，应当按照所清偿债务的公允价值计量。债务人所清偿债务账面价值与权益工具确认金额之间的差额，应当计入当期损益。债务重组采用债务人以多项资产清偿债务或者组合方式的，所清偿债务的账面价值与转让资产的账面价值以及权益工具和重组债务的确认金额之和的差额，应当计入当期损益。

债权人应当在附注中根据债务重组方式分组披露债权账面价值和债务重组相关损益，以及债务重组导致的对联营企业或合营企业的权益性投资增加额、该投资占联营企业或合营企业股份总额的比例。债务人应当在附注中根据债务重组方式分组披露债务账面价值和债务重组相关损益，以及债务重组导致的股本等所有者权益的增加额。

二、关于债务重组的定义和方式

（一）债务重组的定义

债务重组涉及债权人和债务人，对债权人而言为"债权重组"，对债务人而言为"债务重组"，为便于表述统称为"债务重组"。根据本准则的规定，债务重组，是指在不改变交易对手方的情况下，经债权人和债务人协定或法院裁定，就清偿债务的时间、金额或方式等重新达成协议的交易。

[①] 本应用指南适用于执行财政部2017年修订印发的《企业会计准则第22号——金融工具确认和计量》的企业，其他企业参照执行。

1. 关于交易对手方

本准则中的债务重组是在不改变交易对手方的情况下进行的交易。实务中经常出现第三方参与相关交易的情形，例如，某公司以不同于原合同条款的方式代债务人向债权人偿债；又如，新组建的公司承接原债务人的债务，与债权人进行债务重组；再如，资产管理公司从债权人处购得债权，再与债务人进行债务重组。在上述情形下，企业应当首先考虑债权和债务是否发生终止确认，适用《企业会计准则第22号——金融工具确认和计量》和《企业会计准则第23号——金融资产转移》等准则，再就债务重组交易适用本准则。

本准则规范的债务重组不强调在债务人发生财务困难的背景下进行，也不论债权人是否作出让步。也就是说，无论何种原因导致债务人未按原定条件偿还债务，也无论双方是否同意债务人以低于债务的金额偿还债务，只要债权人和债务人就债务条款重新达成了协议，就符合债务重组的定义，属于本准则规范的范围。例如，债权人在减免债务人部分债务本金的同时提高剩余债务的利息，或者债权人同意债务人用等值库存商品抵偿到期债务等，均属于本准则规范的债务重组。

2. 关于债权和债务的范围

本准则中的债务重组涉及的债权和债务，是指《企业会计准则第22号——金融工具确认和计量》规范的债权和债务，针对合同资产、合同负债、预计负债等进行的交易安排，不属于本准则规范的范围，针对租赁应收款和租赁应付款的债务重组，属于本准则规范的范围。

（二）债务重组的方式

债务重组的方式主要包括：债务人以资产清偿债务、将债务转为权益工具、修改其他条款，以及前述一种以上方式的组合。这些债务重组方式都是通过债权人和债务人重新协定或者法院裁定达成的，与原来约定的偿债方式不同。

1. 债务人以资产清偿债务

债务人以资产清偿债务，是债务人转让其资产给债权人以清偿债务的债务重组方式。债务人用于偿债的资产通常是已经在资产负债表中确认的资产，例如，现金、应收账款、长期股权投资、投资性房地产、固定资产、在建工程、生物资产、无形资产等。债务人以日常活动产出的商品或服务清偿债务的，用于偿债的资产可能体现为存货等资产。

在受让上述资产后，按照相关会计准则要求及本企业会计核算要求，债权人核算相关受让资产的类别可能与债务人不同。例如，债务人以作为固定资产核算的房产清偿债务，债权人可能将受让的房产作为投资性房地产核算；债务人以部分长期股权投资清偿债务，债权人可能将受让的投资作为金融资产核算；债务人以存货清偿债务，债权人可能将受让的资产作为固定资产核算等。

除上述已经在资产负债表中确认的资产外，债务人也可能以不符合确认条件而未予确认的资产清偿债务。例如，债务人以未确认的内部产生品牌清偿债务，债权人在获得的商标权符合无形资产确认条件的前提下作为无形资产核算。在少数情况下，债务人还可能以处置组（即一组资产和与这些资产直接相关的负债）清偿债务。

2. 债务人将债务转为权益工具

债务人将债务转为权益工具，这里的权益工具，是指根据《企业会计准则第37号——金融工具列报》分类为"权益工具"的金融工具，会计处理上体现为股本、实收资本、资本公积等科目。

实务中，有些债务重组名义上采用"债转股"的方式，但同时附加相关条款，如约定债务人在未来某个时点有义务以某一金额回购股权，或债权人持有的股份享有强制分红权等。对于债务人，这些"股权"可能并不是根据《企业会计准则第37号——金融工具列报》分类为权益工具的金融工具，从而不属于债务人将债务转为权益工具的债务重组方式。债权人和债务人还可能协议以一项同时包含金融负债成分和权益工具成分的复合金融工具替换原债权债务，这类交易也不属于债务人将债务转为权益工具的债务重组方式。

3. 修改其他条款

修改债权和债务的其他条款，是债务人不以资产清偿债务，也不将债务转为权益工具，而是改变债权和债务的其他条款的债务重组方式，如调整债务本金、改变债务利息、变更还款期限等。经修改其他条款的债权和债务分别形成重组债权和重组债务。

4. 组合方式

组合方式，是采用债务人以资产清偿债务、债务人将债务转为权益工具、修改其他条款三种方式中一种以上方式的组合清偿债务的债务重组方式。例如，债权人和债务人约定，由债务人以机器设备清偿部分债务，将另一部分债务转为权益工具，调减剩余债务的本金，但利率和还款期限不变；再如，债务人以现金清偿部分债务，同时将剩余债务展期等。

三、关于适用范围

本准则规范了债务重组的确认、计量和相关信息的披露。经法院裁定进行债务重整并按持续经营进行会计核算的，适用于本准则。债务人在破产清算期间进行的债务重组不属于本准则规范的范围，应当按照企业破产清算有关会计处理规定处理。

对于符合本准则定义的债务重组，应当按照本准则进行会计处理，但下列各项不属于本准则规范范围：

一是债务重组中涉及的债权、重组债权、债务、重组债务和其他金融工具的确认、计量和列报，适用《企业会计准则第22号——金融工具确认和计量》和《企业会计准则第37号——金融工具列报》等金融工具相关准则。

二是通过债务重组形成企业合并的，适用《企业会计准则第20号——企业合并》。债务人以股权投资清偿债务或者将债务转为权益工具，可能对应导致债权人取得被投资单位或债务人控制权，在债权人的个别财务报表层面和合并财务报表层面，债权人取得长期股权投资或者资产和负债的确认和计量适用《企业会计准则第20号——企业合并》的有关规定。

三是债务重组构成权益性交易的，应当适用权益性交易的有关会计处理规定，债权人和债务人不确认构成权益性交易的债务重组相关损益。债务重组构成权益性交易的情形包括：（1）债权人直接或间接对债务人持股，或者债务人直接或间接对债权人持股，且持股方以股东身份进行债务重组；（2）债权人与债务人在债务重组前后均受同一方或相同的多方最终控制，且该债务重组的交易实质是债权人或债务人进行了权益性分配或接受了权益性投入。

例如，甲公司是乙公司股东，为了弥补乙公司临时性经营现金流短缺，甲公司向乙公司提供 1 000 万元无息借款，并约定于 6 个月后收回。借款期满时，尽管乙公司具有充足的现金流，甲公司仍然决定免除乙公司部分本金还款义务，仅收回 200 万元借款。在此项交易中，如果甲公司不以股东身份而是以市场交易者身份参与交易，在乙公司具有足够偿债能力的情况下不会免除其部分本金。因此，甲公司和乙公司应当将该交易作为权益性交易，不确认债务重组相关损益。

债务重组中不属于权益性交易的部分仍然适用本准则。例如，假设前例中债务人乙公司确实出现财务困难，其他债权人对其债务普遍进行了减半的豁免，那么甲公司作为股东比其他债权人多豁免 300 万元债务的交易应当作为权益性交易，正常豁免 500 万元债务的交易适用本准则。

企业在判断债务重组是否构成权益性交易时，应当遵循实质重于形式原则。例如，假设债权人对债务人的权益性投资通过其他人代持，债权人不具有股东身份，但实质上以股东身份进行债务重组，债权人和债务人应当认为该债务重组构成权益性交易。

四、关于债权和债务的终止确认

债务重组中涉及的债权和债务的终止确认，应当遵循《企业会计准则第22号——金融工具确认和计量》和《企业会计准则第23号——金融资产转移》有关金融资产和金融负债终止确认的规定。债权人在收取债权现金流量的合同权利终止时终止确认债权，债务人在债务的现时义务解除时终止确认债务。

由于债权人与债务人之间进行的债务重组涉及债权和债务的认定，以及清偿方式和期限等的协商，通常需要经历较长时间，例如破产重整中进行的债务重组。只有在符合上述终止确认条件时才能终止确认相关债权和债务，并确认债务重组相关损益。对于在报告期间已经开始协商、但在报告期资产负债表日后的债务重组，不属于资产负债表日后调整事项。

对于终止确认的债权，债权人应当结转已计提的减值准备中对应该债权终止确认部分的金额。对于终止确认的分类为以公允价值计量且其变动计入其他综合收益的债权，之前计入其他综合收益的累计利得或损失应当从其他综合收益中转出，记入"投资收益"科目。

（一）以资产清偿债务或将债务转为权益工具

对于以资产清偿债务或者将债务转为权益工具方式进行的债务重组，由于债权人在拥有或控制相关资产时，通常其收取债权现金流量的合同权利也同时终止，债权人一般可以终止确认该债权。同样地，由于债务人通过交付资产或权益工具解除了其清偿债务的现时义务，债务人一般可以终止确认该债务。

（二）修改其他条款

对于债权人，债务重组通过调整债务本金、改变债务利息、变更还款期限等修改合同条款方式进行的，合同修改前后的交易对手方没有发生改变，合同涉及的本金、利息等现金流量很难在本息之间及债务重组前后作出明确分割，即很难单独识别合同的特定可辨认现金流量。因此通常情况下，应当整体考虑是否对全部债权的合同条款作出了实质性修改。如果作出实质性修改，或者债权人与债务人之间签订协议，以获取实质上不同的新金融资产方式替换债权，应当终止确认原债权，并按照修改后的条款或新协议确认新金融资产。

对于债务人，如果对债务或部分债务的合同条款作出实质性修改形成重组债务，或者债权人与债务人之间签订协议，以承担实质上不同的重组债务方式替换债务，债务人应当终止确认原债务，同时按照修改后的条款确认一项新金融负债。其中，如果重组债务未来现流量（包括支付和收取的某些费用）现值与原债务的剩余期间现金流量现值之间的差异超过10%，则意味着新的合同条款进行了实质性修改或者重组债务是实质上不同的，有关现值的计算均采用原债务的实际利率。

（三）组合方式

对于债权人，与上述"修改其他条款"部分的分析类似，通常情况下应当整体考虑是否终止确认全部债权。由于组合方式涉及多种债务重组方式，一般可以认为对全部债权的合同条款作出了实质性修改，从而终止确认全部债权，并按照修改后的条款确认新金融资产。

对于债务人，组合中以资产清偿债务或者将债务转为权益工具方式进行的债务重组，如果债务人清偿该部分债务的现时义务已经解除，应当终止确认该部分债务。组合中以修改其他条款方式进行的债务重组，需要根据具体情况，判断对应的部分债务是否满足终止确认条件。

五、关于债权人的会计处理

（一）以资产清偿债务或将债务转为权益工具

债务重组采用以资产清偿债务或者将债务转为权益工具方式进行的，债权人应当在受让的相关资产符合其定义和确认条件时予以确认。

1. 债权人受让金融资产

债权人受让包括现金在内的单项或多项金融资产的,应当按照《企业会计准则第22号——金融工具确认和计量》的规定进行确认和计量。金融资产初始确认时应当以其公允价值计量。金融资产确认金额与债权终止确认日账面价值之间的差额,记入"投资收益"科目,但收取的金融资产的公允价值与交易价格(即放弃债权的公允价值)存在差异的,应当按照《企业会计准则第22号——金融工具确认和计量》第三十四条的规定处理。

2. 债权人受让非金融资产

债权人初始确认受让的金融资产以外的资产时,应当按照下列原则以成本计量:(1)存货的成本,包括放弃债权的公允价值,以及使该资产达到当前位置和状态所发生的可直接归属于该资产的税金、运输费、装卸费、保险费等其他成本。(2)对联营企业或合营企业投资的成本,包括放弃债权的公允价值,以及可直接归属于该资产的税金等其他成本。(3)投资性房地产的成本,包括放弃债权的公允价值,以及可直接归属于该资产的税金等其他成本。(4)固定资产的成本,包括放弃债权的公允价值,以及使该资产达到预定可使用状态前所发生的可直接归属于该资产的税金、运输费、装卸费、安装费、专业人员服务费等其他成本。确定固定资产成本时,应当考虑预计弃置费用因素。(5)生物资产的成本,包括放弃债权的公允价值,以及可直接归属于该资产的税金、运输费、保险费等其他成本。(6)无形资产的成本,包括放弃债权的公允价值,以及可直接归属于使该资产达到预定用途所发生的税金等其他成本。放弃债权的公允价值与账面价值之间的差额,记入"投资收益"科目。

3. 债权人受让多项资产

债权人受让多项非金融资产,或者包括金融资产、非金融资产在内的多项资产的,应当按照《企业会计准则第22号——金融工具确认和计量》的规定确认和计量受让的金融资产;按照受让的金融资产以外的各项资产在债务重组合同生效日的公允价值比例,对放弃债权在合同生效日的公允价值扣除受让金融资产当日公允价值后的净额进行分配,并以此为基础分别确定各项资产的成本。放弃债权的公允价值与账面价值之间的差额,记入"投资收益"科目。

4. 债权人受让处置组

债务人以处置组清偿债务的,债权人应当分别按照《企业会计准则第22号——金融工具确认和计量》和其他相关准则的规定,对处置组中的金融资产和负债进行初始计量,然后按照金融资产以外的各项资产在债务重组合同生效日的公允价值比例,对放弃债权在合同生效日的公允价值以及承担的处置组中负债的确认金额之和,扣除受让金融资产当日公允价值后的净额进行分配,并以此为基础分别确定各项资产的成本。放弃债权的公允价值与账面价值之间的差额,记入"投资收益"科目。

5. 债权人将受让的资产或处置组划分为持有待售类别

债务人以资产或处置组清偿债务,且债权人在取得日未将受让的相关资产或处置组作为非流动资产和非流动负债核算,而是将其划分为持有待售类别的,债权人应当在初始计量时,比较假定其不划分为持有待售类别情况下的初始计量金额和公允价值减去出售费用后的净额,以两者孰低计量。

(二)修改其他条款

债务重组采用以修改其他条款方式进行的,如果修改其他条款导致全部债权终止确认,债权人应当按照修改后的条款以公允价值初始计量重组债权,重组债权的确认金额与债权终止确认日账面价值之间的差额,记入"投资收益"科目。

如果修改其他条款未导致债权终止确认,债权人应当根据其分类,继续以摊余成本、以公允价值计量且其变动计入其他综合收益,或者以公允价值计量且其变动计入当期损益进行后续计量。对于以摊余成本计量的债权,债权人应当根据重新议定合同的现金流量变化情况,重新计算该重组债权的账面余额,并将相关利得或损失记入"投资收益"科目。重新计算的该重组债权的账面余额，应当根据将重新议定或修改的合同现金流量按债权原实际利率折现的现值确定，购买或源生的已发生信用减值的重组债权，应按经信用调整的实际利率折现。对于修改或重新议定合同所产生的成本或费用，债权人应当调整修改后的重组债权的账面价值，并在修改后重组债权的剩余期限内摊销。

（三）组合方式

债务重组采用组合方式进行的，一般可以认为对全部债权的合同条款作出了实质性修改，债权人应当按照修改后的条款，以公允价值初始计量重组债权和受让的新金融资产，按照受让的金融资产以外的各项资产在债务重组合同生效日的公允价值比例，对放弃债权在合同生效日的公允价值扣除重组债权和受让金融资产当日公允价值后的净额进行分配，并以此为基础分别确定各项资产的成本。放弃债权的公允价值与账面价值之间的差额，记入"投资收益"科目。

六、关于债务人的会计处理

（一）债务人以资产清偿债务

债务重组采用以资产清偿债务方式进行的，债务人应当将所清偿债务账面价值与转让资产账面价值之间的差额计入当期损益。

1. 债务人以金融资产清偿债务

债务人以单项或多项金融资产清偿债务的，债务的账面价值与偿债金融资产账面价值的差额，记入"投资收益"科目。偿债金融资产已计提减值准备的，应结转已计提的减值准备。对于以分类为以公允价值计量且其变动计入其他综合收益的债务工具投资清偿债务的，之前计入其他综合收益的累计利得或损失应当从其他综合收益中转出，记入"投资收益"科目。对于以指定为以公允价值计量且其变动计入其他综合收益的非交易性权益工具投资清偿债务的，之前计入其他综合收益的累计利得或损失应当从其他综合收益中转出，记入"盈余公积""利润分配——未分配利润"等科目。

2. 债务人以非金融资产清偿债务

债务人以单项或多项非金融资产（如固定资产、日常活动产出的商品或服务等）清偿债务，或者以包括金融资产和非金融资产在内的多项资产清偿债务的，不需要区分资产处置损益和债务重组损益，也不需要区分不同资产的处置损益，而应将所清偿债务账面价值与转让资产账面价值之间的差额，记入"其他收益——债务重组收益"科目。偿债资产已计提减值准备的，应结转已计提的减值准备。

债务人以包含非金融资产的处置组清偿债务的，应当将所清偿债务和处置组中负债的账面价值之和，与处置组中资产的账面价值之间的差额，记入"其他收益——债务重组收益"科目。处置组所属的资产组或资产组组合按照《企业会计准则第 8 号——资产减值》分摊了企业合并中取得的商誉的，该处置组应当包含分摊至处置组的商誉。处置组中的资产已计提减值准备的，应结转已计提的减值准备。

（二）债务人将债务转为权益工具

债务重组采用将债务转为权益工具方式进行的，债务人初始确认权益工具时，应当按照权益工具的公允价值计量，权益工具的公允价值不能可靠计量的，应当按照所清偿债务的公允价值计量。所清偿债务账面价值与权益工具确认金额之间的差额，记入"投资收益"科目。债务人因发行权益工具而支出的相关税费等，应当依次冲减资本溢价、盈余公积、未分配利润等。

（三）修改其他条款

债务重组采用修改其他条款方式进行的，如果修改其他条款导致债务终止确认，债务人应当按照公允价值计量重组债务，终止确认的债务账面价值与重组债务确认金额之间的差额，记入"投资收益"科目。

如果修改其他条款未导致债务终止确认，或者仅导致部分债务终止确认，对于未终止确认的部分债务，债务人应当根据其分类，继续以摊余成本、以公允价值计量且其变动计入当期损益或其他适当方法进行后续计量。对于以摊余成本计量的债务，债务人应当根据重新议定合同的现金流量变化情况，重新计算该重组债务的账面价值，并将相关利得或损失记入"投资收益"科目。重新计算的该重组债务的账面价值，应当根据将重新议定或修改的合同现金流量按债务的原实际利率或按《企业会计准则第 24 号——套期会计》第二十三条规定的重新计算的实际利率（如适用）折现的现值确定。对于修改或重新议定合同所产生的成本或费用，债务人应当调整修改后的重组债务的账面价值，并在修改后重组债务的剩余期限内摊销。

（四）组合方式

债务重组采用以资产清偿债务、将债务转为权益工具、修改其他条款等方式的组合进行的，对于权益工具，债务人应当在初始确认时按照权益工具的公允价值计量，权益工具的公允价值不能可靠计量的，应当按照所清偿债务的公允价值计量。对于修改其他条款形成的重组债务，债务人应当参照上文"六（三）修改其他条款"部分的指南，确认和计量重组债务。所清偿债务的账面价值与转让资产的账面价值以及权益工具和重组债务的确认金额之和的差额，记入"其他收益——债务重组收益"或"投资收益"（仅涉及金融工具时）科目。

七、关于债务重组的相关披露

本准则规定，债务重组中涉及的债权、重组债权、债务、重组债务和其他金融工具的披露，应当按照《企业会计准则第 37 号——金融工具列报》的规定处理。此外，债权人和债务人还应当在附注中披露与债务重组有关的额外信息。

债权人应当在附注中披露与债务重组有关的下列信息：（1）根据债务重组方式，分组披露债权账面价值和债务重组相关损益。分组时，债权人可以按照以资产清偿债务方式、将债务转为权益工具方式、修改其他条款方式、组合方式为标准分组，也可以根据重要性原则以更细化的标准分组。（2）债务重组导致的对联营企业或合营企业的权益性投资增加额，以及该投资占联营企业或合营企业股份总额的比例。

债务人应当在附注中披露与债务重组有关的下列信息：（1）根据债务重组方式，分组披露债务账面价值和债务重组相关损益。分组的标准与对债权人的要求类似。（2）债务重组导致的股本等所有者权益的增加额。

报表使用者可能关心与债务重组相关的其他信息，例如，债权人和债务人是否具有关联方关系；又如，如何确定债务转为权益工具方式中的权益工具以及修改其他条款方式中的重组债权或重组债务等的公允价值；再如，是否存在与债务重组相关的或有事项等，企业应当根据《企业会计准则第 13 号——或有事项》《企业会计准则第 22 号——金融工具确认和计量》《企业会计准则第 36 号——关联方披露》《企业会计准则第 37 号——金融工具列报》《企业会计准则第 39 号——公允价值计量》等准则规定，披露相关信息。

八、关于新旧准则的衔接规定

企业对施行日及之后发生的债务重组采用未来适用法处理。对于 2019 年 1 月 1 日至本准则施行日之间发生的债务重组，企业应当根据本准则进行调整。对于 2019 年 1 月 1 日前发生的债务重组，企业无须进行调整。

《企业会计准则第 13 号——或有事项》应用指南

一、或有事项的特征

本准则第二条规定，或有事项，是指过去的交易或者事项形成的，其结果须由某些未来事项的发生或不发生才能决定的不确定事项。

（一）由过去交易或事项形成，是指或有事项的现存状况是过去交易或事项引起的客观存在。

比如，未决诉讼虽然是正在进行中的诉讼，但该诉讼是企业因过去的经济行为导致起诉其他单位或被其他单位起诉。这是现存的一种状况而不是未来将要发生的事项。未来可能发生的自然灾害、交通事故、经营亏损等，不属于或有事项。

（二）结果具有不确定性，是指或有事项的结果是否发生具有不确定性，或者或有事项的结果预计将会发生，但发生的具体时间或金额具有不确定性。

比如，债务担保事项的担保方到期是否承担和履行连带责任，需要根据债务到期时被担保方能否按时还款加以确定。这一事项的结果在担保协议达成时具有不确定性。

（三）由未来事项决定，是指或有事项的结果只能由未来不确定事项的发生或不发生才能决定。

比如，债务担保事项只有在被担保方到期无力还款时企业（担保方）才履行连带责任。

常见的或有事项主要包括：未决诉讼或仲裁、债务担保、产品质量保证（含产品安全保证）、承诺、亏损合同、重组义务、环境污染整治等。

二、或有事项相关义务确认为预计负债的条件

本准则第四条规定了或有事项相关义务确认为预计负债应当同时满足的条件：

（一）该义务是企业承担的现时义务。企业没有其他现实的选择，只能履行该义务，如法律要求企业必须履行、有关各方合理预期企业应当履行等。

（二）履行该义务很可能导致经济利益流出企业，通常是指履行与或有事项相关的现时义务时，导致经济利益流出企业的可能性超过 50%。

履行或有事项相关义务导致经济利益流出的可能性，通常按照下列情况加以判断：

结果的可能性	对应的概率区间
基本确定	大于 95% 但小于 100%
很可能	大于 50% 但小于或等于 95%
可能	大于 5% 但小于或等于 50%
极小可能	大于 0 但小于或等于 5%

（三）该义务的金额能够可靠地计量。企业计量预计负债金额时，通常应当考虑下列

情况：

第一，充分考虑与或有事项有关的风险和不确定性，在此基础上按照最佳估计数确定预计负债的金额。

第二，预计负债的金额通常等于未来应支付的金额，但未来应支付金额与其现值相差较大的，如油气井及相关设施或核电站的弃置费用等，应当按照未来应支付金额的现值确定。

第三，有确凿证据表明相关未来事项将会发生的，如未来技术进步、相关法规出台等，确定预计负债金额时应考虑相关未来事项的影响。

第四，确定预计负债的金额不应考虑预期处置相关资产形成的利得。

三、亏损合同的相关义务确认为预计负债

本准则第八条规定，待执行合同变成亏损合同的，该亏损合同产生的义务满足预计负债确认条件的，应当确认为预计负债。在履行合同义务过程中，发生的成本预期将超过与合同相关的未来流入经济利益的，待执行合同即变成了亏损合同。

企业与其他方签订的尚未履行或部分履行了同等义务的合同，如商品买卖合同、劳务合同、租赁合同等，均属于待执行合同。待执行合同不属于本准则规范的内容，但待执行合同变成亏损合同的，应当作为本准则规范的或有事项。

待执行合同变成亏损合同时，有合同标的资产的，应当先对标的资产进行减值测试并按规定确认减值损失，如预计亏损超过该减值损失，应将超过部分确认为预计负债；无合同标的资产的，亏损合同相关义务满足预计负债确认条件时，应当确认为预计负债。

四、重组事项

本准则第十条规定，重组，是指企业制定和控制的，将显著改变企业组织形式、经营范围或经营方式的计划实施行为。属于重组的事项主要包括：

（一）出售或终止企业的部分经营业务。

（二）对企业的组织结构进行较大调整。

（三）关闭企业的部分营业场所，或将营业活动由一个国家或地区迁移到其他国家或地区。

《企业会计准则第 14 号——收入》应用指南

一、总体要求

收入,是指企业在日常活动中形成的、会导致所有者权益增加的、与所有者投入资本无关的经济利益的总流入。其中,日常活动,是指企业为完成其经营目标所从事的经营性活动以及与之相关的活动。例如,工业企业制造并销售产品、商品流通企业销售商品、咨询公司提供咨询服务、软件公司为客户开发软件、安装公司提供安装服务、建筑企业提供建造服务等,均属于企业的日常活动。日常活动所形成的经济利益的流入应当确认为收入。《企业会计准则第 14 号——收入》(以下简称"本准则")主要规范了收入的确认、计量和相关信息的披露要求。根据本准则,企业确认收入的方式应当反映其向客户转让商品或提供服务(以下简称"转让商品")的模式,收入的金额应当反映企业因转让这些商品或提供这些服务而预期有权收取的对价金额,以如实反映企业的生产经营成果,核算企业实现的损益。企业应用本准则,应当向财务报表使用者提供与客户之间的合同产生的收入及现金流量的性质、金额、时间分布和不确定性等相关的有用信息。除非特别说明,本应用指南中所称商品,既包括商品,也包括服务。

本准则规范的是企业与客户之间的单个合同的会计处理。但是,为便于实务操作,当企业能够合理预计,将本准则规定应用于具有类似特征的合同(或履约义务)组合或应用于该组合中的每一个合同(或履约义务),将不会对企业的财务报表产生显著不同的影响时,企业可以在合同组合层面应用本准则,此时,企业应当采用能够反映该合同组合规模和构成的估计和假设。根据本准则,收入确认和计量大致分为五步:第一步,识别与客户订立的合同;第二步,识别合同中的单项履约义务;第三步,确定交易价格;第四步,将交易价格分摊至各单项履约义务;第五步,履行各单项履约义务时确认收入。其中,第一步、第二步和第五步主要与收入的确认有关,第三步和第四步主要与收入的计量有关。

二、关于适用范围

本准则适用于所有与客户之间的合同,但下列各项除外:一是由《企业会计准则第 2 号——长期股权投资》《企业会计准则第 22 号——金融工具确认和计量》《企业会计准则第 23 号——金融资产转移》《企业会计准则第 24 号——套期会计》《企业会计准则第 33 号——合并财务报表》以及《企业会计准则第 40 号——合营安排》规范的金融工具及其他合同权利和义务,分别适用上述相应准则;二是由《企业会计准则第 21 号——租赁》规范的租赁合同,适用《企业会计准则第 21 号——租赁》;三是由保险合同相关会计准则规范的保险合同,适用保险合同相关会计准则。根据上述规定,企业对外出租资产收取的租金、进行债权投资收取的利息、进行股权投资取得的现金股利等,不适用本准则。企业以存货换取客户的存货、固定资产、无形资产等,按照本准则的规定进行会计处理;其他非货币性资产交换,按照《企业会计准则第 7 号——非货币性资产交换》的规定进行会计处理。企业处置固定资产、无形资产等,在确定处置时点以及计量处置损益时,按照本准则的有关规定进行处理。

本准则所称客户，是指与企业订立合同以向该企业购买其日常活动产出的商品并支付对价的一方。如果合同对方与企业订立合同的目的是共同参与一项活动（如合作开发一项资产），合同对方和企业一起分担（或分享）该活动产生的风险（或收益），而不是获取企业日常活动产出的商品，则该合同对方不是企业的客户，企业与其签订的该份合同也不属于本准则规范范围。

此外，当企业与客户之间的合同部分属于本准则规范范围，而其他部分属于上述其他企业会计准则规范范围时，如果上述其他企业会计准则明确规定了如何对合同中的一个或多个组成部分进行区分或初始计量，企业应当首先按照这些规定进行处理，并将按照上述其他准则进行初始计量的合同组成部分的金额排除在本准则规定的交易价格之外；否则，企业应当按照本准则对合同中的一个或多个组成部分进行区分和初始计量。

三、应设置的相关会计科目和主要账务处理

企业应当正确记录和反映与客户之间的合同产生的收入及相关成本费用。本部分仅涉及适用于本准则进行会计处理时需要设置的主要会计科目、相关会计科目的主要核算内容以及通常情况下的账务处理，企业在核算适用于其他企业会计准则的交易或事项时也需要使用本部分涉及的会计科目的，应遵循其他相关企业会计准则的规定。收入的会计处理，一般需要设置下列会计科目。

（一）主营业务收入

1. 本科目核算企业确认的销售商品、提供服务等主营业务的收入。
2. 本科目可按主营业务的种类进行明细核算。
3. 主营业务收入的主要账务处理。

（1）企业在履行了合同中的单项履约义务时，应按照已收或应收的合同价款，加上应收取的增值税额，借记"银行存款""应收账款""应收票据""合同资产"等科目，按应确认的收入金额，贷记本科目，按应收取的增值税额，贷记"应交税费——应交增值税（销项税额）""应交税费——待转销项税额"等科目。

（2）合同中存在企业为客户提供重大融资利益的，企业应按照应收合同价款，借记"长期应收款"等科目，按照假定客户在取得商品控制权时即以现金支付而需支付的金额（即现销价格）确定的交易价格，贷记本科目，按其差额，贷记"未实现融资收益"科目；合同中存在客户为企业提供重大融资利益的，企业应按照已收合同价款，借记"银行存款"等科目，按照假定客户在取得商品控制权时即以现金支付的应付金额（即现销价格）确定的交易价格，贷记"合同负债"等科目，按其差额，借记"未确认融资费用"科目。涉及增值税的，还应进行相应的处理。

（3）企业收到的对价为非现金资产时，应按该非现金资产在合同开始日的公允价值，借记"存货""固定资产""无形资产"等有关科目，贷记本科目。涉及增值税的，还应进行相应的处理。

4. 期末，应将本科目的余额转入"本年利润"科目，结转后本科目应无余额。

（二）其他业务收入

1. 本科目核算企业确认的除主营业务活动以外的其他经营活动实现的收入，包括出租固定资产、出租无形资产、出租包装物和商品、销售材料、用材料进行非货币性交换（非货币性资产交换具有商业实质且公允价值能够可靠地计量）或债务重组等实现的收入。企业（保险）经营受托管理业务收取的管理费收入，也通过本科目核算。
2. 本科目可按其他业务的种类进行明细核算。
3. 其他业务收入的主要账务处理。企业确认其他业务收入的主要账务处理参见"主营业务收入"科目。
4. 期末，应将本科目的余额转入"本年利润"科目，结转后本科目应无余额。

（三）主营业务成本

1. 本科目核算企业确认销售商品、提供服务等主营业务收入时应结转的成本。

2. 本科目可按主营业务的种类进行明细核算。

3. 主营业务成本的主要账务处理。

期末，企业应根据本期销售各种商品、提供各种服务等实际成本，计算应结转的主营业务成本，借记本科目，贷记"库存商品""合同履约成本"等科目。

采用计划成本或售价核算库存商品的，平时的营业成本按计划成本或售价结转，月末，还应结转本月销售商品应分摊的产品成本差异或商品进销差价。

4. 期末，应将本科目的余额转入"本年利润"科目，结转后本科目无余额。

（四）其他业务成本

1. 本科目核算企业确认的除主营业务活动以外的其他经营活动所发生的支出，包括销售材料的成本、出租固定资产的折旧额、出租无形资产的摊销额、出租包装物的成本或摊销额等。除主营业务活动以外的其他经营活动发生的相关税费，在"税金及附加"科目核算。采用成本模式计量投资性房地产的，其投资性房地产计提的折旧额或摊销额，也通过本科目核算。

2. 本科目可按其他业务成本的种类进行明细核算。

3. 其他业务成本的主要账务处理。

企业发生的其他业务成本，借记本科目，贷记"原材料""周转材料"等科目。

4. 期末，应将本科目的余额转入"本年利润"科目，结转后本科目无余额。

（五）合同履约成本

1. 本科目核算企业为履行当前或预期取得的合同所发生的、不属于其他企业会计准则规范范围且按照本准则应当确认为一项资产的成本。企业因履行合同而产生的毛利不在本科目核算。

2. 本科目可按合同，分别"服务成本""工程施工"等进行明细核算。

3. 合同履约成本的主要账务处理。

企业发生上述合同履约成本时，借记本科目，贷记"银行存款""应付职工薪酬""原材料"等科目；对合同履约成本进行摊销时，借记"主营业务成本""其他业务成本"等科目，贷记本科目。涉及增值税的，还应进行相应的处理。

4. 本科目期末借方余额，反映企业尚未结转的合同履约成本。

（六）合同履约成本减值准备

1. 本科目核算与合同履约成本有关的资产的减值准备。

2. 本科目可按合同进行明细核算。

3. 合同履约成本减值准备的主要账务处理。

与合同履约成本有关的资产发生减值的，按应减记的金额，借记"资产减值损失"科目，贷记本科目；转回已计提的资产减值准备时，做相反的会计分录。

4. 本科目期末贷方余额，反映企业已计提但尚未转销的合同履约成本减值准备。

（七）合同取得成本

1. 本科目核算企业取得合同发生的、预计能够收回的增量成本。

2. 本科目可按合同进行明细核算。

3. 合同取得成本的主要账务处理。

企业发生上述合同取得成本时，借记本科目，贷记"银行存款""其他应付款"等科目；对合同取得成本进行摊销时，按照其相关性，借记"销售费用"等科目，贷记本科目。涉及增值税的，还应进行相应的处理。

4. 本科目期末借方余额，反映企业尚未结转的合同取得成本。

（八）合同取得成本减值准备

1. 本科目核算与合同取得成本有关的资产的减值准备。

2. 本科目可按合同进行明细核算。

3. 合同取得成本减值准备的主要账务处理。

与合同取得成本有关的资产发生减值的，按应减记的金额，借记"资产减值损失"科目，贷记本科目；转回已计提的资产减值准备时，做相反的会计分录。

4. 本科目期末贷方余额，反映企业已计提但尚未转销的合同取得成本减值准备。

（九）应收退货成本

1. 本科目核算销售商品时预期将退回商品的账面价值，扣除收回该商品预计发生的成本（包括退回商品的价值减损）后的余额。

2. 本科目可按合同进行明细核算。

3. 应收退货成本的主要账务处理。

企业发生附有销售退回条款的销售的，应在客户取得相关商品控制权时，按照已收或应收合同价款，借记"银行存款""应收账款""应收票据""合同资产"等科目，按照因向客户转让商品而预期有权收取的对价金额（不包含预期因销售退回将退还的金额），贷记"主营业务收入""其他业务收入"等科目，按照预期因销售退回将退还的金额，贷记"预计负债——应付退货款"等科目；结转相关成本时，按照预期将退回商品转让时的账面价值，扣除收回该商品预计发生的成本（包括退回商品的价值减损）后的余额，借记本科目，按照已转让商品转让时的账面价值，贷记"库存商品"等科目，按其差额，借记"主营业务成本""其他业务成本"等科目。涉及增值税的，还应进行相应处理。

4. 本科目期末借方余额，反映企业预期将退回商品转让时的账面价值，扣除收回该商品预计发生的成本（包括退回商品的价值减损）后的余额，在资产负债表中按其流动性计入"其他流动资产"或"其他非流动资产"项目。

（十）合同资产

1. 本科目核算企业已向客户转让商品而有权收取对价的权利。仅取决于时间流逝因素的权利不在本科目核算。

2. 本科目应按合同进行明细核算。

3. 合同资产的主要账务处理。

企业在客户实际支付合同对价或在该对价到期应付之前，已经向客户转让了商品的，应当按因已转让商品而有权收取的对价金额，借记本科目或"应收账款"科目，贷记"主营业务收入""其他业务收入"等科目；企业取得无条件收款权时，借记"应收账款"等科目，贷记本科目。涉及增值税的，还应进行相应的处理。

（十一）合同资产减值准备

1. 本科目核算合同资产的减值准备。

2. 本科目应按合同进行明细核算。

3. 合同资产减值准备的主要账务处理。

合同资产发生减值的，按应减记的金额，借记"资产减值损失"科目，贷记本科目；转回已计提的资产减值准备时，做相反的会计分录。

4. 本科目期末贷方余额，反映企业已计提但尚未转销的合同资产减值准备。

（十二）合同负债

1. 本科目核算企业已收或应收客户对价而应向客户转让商品的义务。

2. 本科目应按合同进行明细核算。

3. 合同负债的主要账务处理。

企业在向客户转让商品之前,客户已经支付了合同对价或企业已经取得了无条件收取合同对价权利的,企业应当在客户实际支付款项与到期应支付款项孰早时点,按照该已收或应收的金额,借记"银行存款""应收账款""应收票据"等科目,贷记本科目;企业向客户转让相关商品时,借记本科目,贷记"主营业务收入""其他业务收入"等科目。涉及增值税的,还应进行相应的处理。

企业因转让商品收到的预收款适用本准则进行会计处理时,不再使用"预收账款"科目及"递延收益"科目。

4.本科目期末贷方余额,反映企业在向客户转让商品之前,已经收到的合同对价或已经取得的无条件收取合同对价权利的金额。

四、关于收入的确认

企业应当在履行了合同中的履约义务,即在客户取得相关商品控制权时确认收入。取得相关商品控制权,是指能够主导该商品的使用并从中获得几乎全部的经济利益,也包括有能力阻止其他方主导该商品的使用并从中获得经济利益。企业在判断商品的控制权是否发生转移时,应当从客户的角度进行分析,即客户是否取得了相关商品的控制权以及何时取得该控制权。取得商品控制权同时包括下列三项要素:

一是,能力。企业只有在客户拥有现时权利,能够主导该商品的使用并从中获得几乎全部经济利益时,才能确认收入。如果客户只能在未来的某一期间主导该商品的使用并从中获益,则表明其尚未取得该商品的控制权。例如,企业与客户签订合同为其生产产品,虽然合同约定该客户最终将能够主导该产品的使用,并获得几乎全部的经济利益,但是,只有在客户真正获得这些权利时(根据合同约定,可能是在生产过程中或更晚的时点),企业才能确认收入,在此之前,企业不应当确认收入。

二是,主导该商品的使用。客户有能力主导该商品的使用,是指客户在其活动中有权使用该商品,或者能够允许或阻止其他方使用该商品。

三是,能够获得几乎全部的经济利益。客户必须拥有获得商品几乎全部经济利益的能力,才能被视为获得了对该商品的控制。商品的经济利益,是指该商品的潜在现金流量,既包括现金流入的增加,也包括现金流出的减少。客户可以通过使用、消耗、出售、处置、交换、抵押或持有等多种方式直接或间接地获得商品的经济利益。

(一)识别与客户订立的合同

1.合同的识别

(1)合同的含义。本准则所称合同,是指双方或多方之间订立有法律约束力的权利和义务的协议。合同包括书面形式、口头形式以及其他形式(如隐含于商业惯例或企业以往的习惯做法中等)。企业与客户之间的合同同时满足下列五项条件的,企业应当在履行了合同中的履约义务,即在客户取得相关商品控制权时确认收入:一是合同各方已批准该合同并承诺将履行各自义务;二是该合同明确了合同各方与所转让商品相关的权利和义务;三是该合同有明确的与所转让商品相关的支付条款;四是该合同具有商业实质,即履行该合同将改变企业未来现金流量的风险、时间分布或金额;五是企业因向客户转让商品而有权取得的对价很可能收回。企业在进行上述判断时,需要注意下列三点:

①合同约定的权利和义务是否具有法律约束力,需要根据企业所处的法律环境和实务操作进行判断。不同的企业可能采取不同的方式和流程与客户订立合同,同一企业在与客户订立合同时,对于不同类别的客户以及不同性质的商品也可能采取不同的方式和流程。企业在判断其与客户之间的合同是否具有法律约束力,以及这些具有法律约束力的权利和义务在何时设立时,应当考虑上述因素的影响。合同各方均有权单方面终止完全未执行的合同,且无需对合同其他方作出补偿的,在应用本准则时,该合同应当被视为不存在。其中,完全未执

行的合同,是指企业尚未向客户转让任何合同中承诺的商品,也尚未收取且尚未有权收取已承诺商品的任何对价的合同。

②合同具有商业实质,是指履行该合同将改变企业未来现金流量的风险、时间分布或金额。关于商业实质,应按照《企业会计准则第7号——非货币性资产交换》的有关规定进行判断。

③企业在评估其因向客户转让商品而有权取得的对价是否很可能收回时,仅应考虑客户到期时支付对价的能力和意图(即客户的信用风险)。当对价是可变对价时,由于企业可能会向客户提供价格折让,企业有权收取的对价金额可能会低于合同标价。企业向客户提供价格折让的,应当在估计交易价格时进行考虑。

实务中,企业在对合同组合中的每一份合同进行评估时,均认为其合同对价很可能收回,但是,根据历史经验,企业预计可能无法收回该合同组合中的全部对价。此时,企业应当认为这些合同满足"因向客户转让商品而有权取得的对价很可能收回"这一条件并以此为基础估计交易价格。同时,企业应当考虑这些合同下确认的合同资产或应收款项是否存在减值。

对于不符合本准则第五条规定的五项条件的合同,企业只有在不再负有向客户转让商品的剩余义务(例如,合同已完成或取消),且已向客户收取的对价(包括全部或部分对价)无需退回时,才能将已收取的对价确认为收入;否则,应当将已收取的对价作为负债进行会计处理,该负债代表了企业在未来向客户转让商品或者支付退款的义务。其中,企业向客户收取无需退回的对价的,应当在已经将该部分对价所对应的商品的控制权转移给客户,并且已经停止向客户转让额外的商品,也不再负有此类义务时;或者,相关合同已经终止时,将该部分对价确认为收入。

需要说明的是,没有商业实质的非货币性资产交换,无论何时均不应确认收入。从事相同业务经营的企业之间,为便于向客户或潜在客户销售而进行的非货币性资产交换(例如,两家石油公司之间相互交换石油,以便及时满足各自不同地点客户的需求),不应当确认收入。

(2)合同的持续评估。企业与客户之间的合同,在合同开始日即满足本准则第五条规定的五项条件的,企业在后续期间无需对其进行重新评估,除非有迹象表明相关事实和情况发生重大变化。合同开始日,是指合同开始赋予合同各方具有法律约束力的权利和义务的日期,通常是指合同生效日。例如,企业与客户签订一份合同在合同开始日,企业认为该合同满足本准则第五条规定的五项条件,但是,在后续期间,客户的信用风险显著升高,企业需要评估其在未来向客户转让剩余商品而有权取得的对价是否很可能收回,如果不能满足很可能收回的条件,则该合同自此开始不再满足本准则第五条规定的相关条件,应当停止确认收入,并且只有当后续合同条件再度满足时或者当企业不再负有向客户转让商品的剩余义务,且已向客户收取的对价无需退回时,才能将已收取的对价确认为收入,但是,不应当调整在此之前已经确认的收入。

企业与客户之间的合同,不符合本准则第五条规定的五项条件的,企业应当在后续期间对其进行持续评估,判断其能否满足本准则规定的五项条件。如果企业在此之前已经向客户转移了部分商品,当该合同在后续期间满足五项条件时,企业应当将在此之前已经转移的商品所分摊的交易价格确认为收入。

(3)合同存续期间的确定。合同存续期间是合同各方拥有现时可执行的具有法律约束力的权利和义务的期间。实务中,有些合同可能有固定的期间,有些合同则可能没有(如无固定期间且合同各方可随时要求终止或变更的合同、定期自动续约的合同等)。企业应当确定合同存续期间,并在该期间内按照本准则规定对合同进行会计处理。

在确定合同存续期间时,无论该合同是否有明确约定的合同期间,该合同的存续期间都不会超过已经提供的商品所涵盖的期间;当合同约定任何一方在某一特定期间之后才可以随时无代价地终止合同时,该合同的存续期间不会超过该特定期间;当合同约定任何方均可以提前终止合同，但要求终止合同的一方需要向另一方支付重大的违约金时，合同存续期间很可能与合同约定的期间一致，这是因为该重大的违约金实质上使得合同双方在合同约定的整个期间内均具有法律约束力的权利和义务；当只有客户拥有无条件终止合同的权利时，客户的该项权利才会被视为客户拥有的一项续约选择权，重大的续约选择权应当作为单项履约义务进行会计处理。

2. 合同合并

企业与同一客户（或该客户的关联方）同时订立或在相近时间内先后订立的两份或多份合同，在满足下列条件之一时，应当合并为一份合同进行会计处理：①该两份或多份合同基于同一商业目的而订立并构成"一揽子交易"，如一份合同在不考虑另一份合同的对价的情况下将会发生亏损；②该两份或多份合同中的一份合同的对价金额取决于其他合同的定价或履行情况，如一份合同如果发生违约，将会影响另一份合同的对价金额；③该两份或多份合同中所承诺的商品（或每份合同中所承诺的部分商品）构成本准则第九条规定的单项履约义务。两份或多份合同合并为一份合同进行会计处理的，仍然需要区分该一份合同中包含的各单项履约义务。

3. 合同变更

本准则所称合同变更，是指经合同各方批准对原合同范围或价格作出的变更。合同变更既可能形成新的具有法律约束力的权利和义务，也可能是变更了合同各方现有的具有法律约束力的权利和义务。与合同初始订立时相同，合同各方可能以书面形式、口头形式或其他形式（如隐含于企业以往的习惯做法中）批准合同变更。

某些情况下，合同各方对于合同范围或价格的变更还存在争议或者合同各方已批准合同范围的变更，但尚未确定相应的价格变动，企业应当考虑包括合同条款及其他证据在内的所有相关事实和情况以确定该变更是否形成了新的有法律约束力的权利和义务，或者变更了现有的有法律约束力的权利和义务。合同各方已批准合同范围变更，但尚未确定相应价格变动的，企业应当按照本准则有关可变对价的规定对合同变更所导致的交易价格变动进行估计。

企业应当区分下列三种情形对合同变更分别进行会计处理：

（1）合同变更部分作为单独合同。合同变更增加了可明确区分的商品及合同价款，且新增合同价款反映了新增商品单独售价的，应当将该合同变更部分作为一份单独的合同进行会计处理。此类合同变更不影响原合同的会计处理。

判断新增合同价款是否反映了新增商品的单独售价时，应当考虑为反映该特定合同的具体情况而对新增商品价格所做的适当调整。例如，在合同变更时，企业由于无需发生为发展新客户等所须发生的相关销售费用，可能会向客户提供一定的折扣，从而适当调整新增商品的单独售价，该调整不影响新增商品单独售价的判断。

（2）合同变更作为原合同终止及新合同订立。合同变更不属于上述第（1）种情形，且在合同变更日已转让的商品或已提供的服务（以下简称"已转让的商品"）与未转让的商品或未提供的服务（以下简称"未转让的商品"）之间可明确区分的，应当视为原合同终止，同时，将原合同未履约部分与合同变更部分合并为新合同进行会计处理。

未转让的商品既包括原合同中尚未转让的商品，也包括合同变更新增的商品。新合同的交易价格应当为下列两项金额之和：一是原合同交易价格中尚未确认为收入的部分（包括已从客户收取的金额）；二是合同变更中客户已承诺的对价金额。

（3）合同变更部分作为原合同的组成部分。合同变更不属于上述第（1）种情形，且在合同变更日已转让的商品与未转让的商品之间不可明确区分的，应当将该合同变更部分作为原合同的组成部分，在合同变更日重新计算履约进度，并调整当期收入和相应成本等。

综上所述，判断合同变更的会计处理的步骤如图1所示。

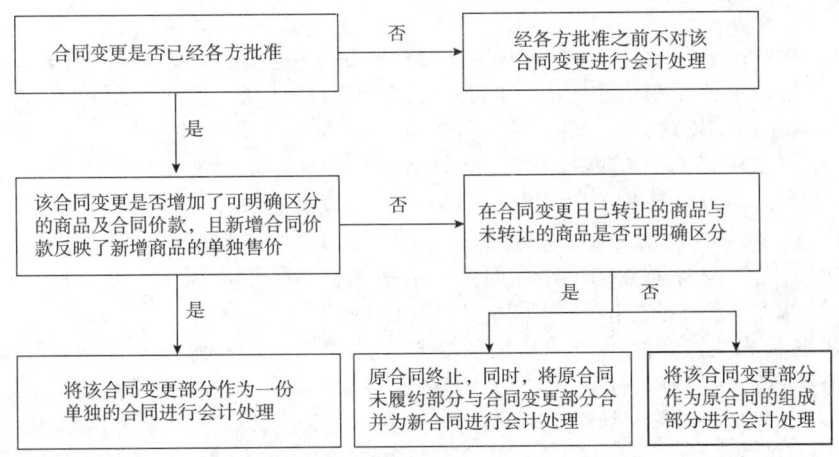

图1　判断合同变更的会计处理步骤

如果在合同变更日未转让的商品为上述第（2）和第（3）种情形的组合，企业应当分别相应按照上述第（2）或第（3）种情形的方式对合同变更后尚未转让（或部分未转让）的商品进行会计处理。

（二）识别合同中的单项履约义务

合同开始日，企业应当对合同进行评估，识别该合同所包含的各单项履约义务，并确定各单项履约义务是在某一时段内履行，还是在某一时点履行，然后，在履行了各单项履约义务时分别确认收入。履约义务，是指合同中企业向客户转让可明确区分商品的承诺。下列情况下，企业应当将向客户转让商品的承诺作为单项履约义务：一是企业向客户转让可明确区分商品（或者商品的组合）的承诺；二是企业向客户转让一系列实质相同且转让模式相同的、可明确区分商品的承诺。

企业承诺向客户转让的商品通常会在合同中明确约定，然而在某些情况下，虽然合同中没有明确约定，但是企业已公开宣布的政策、特定声明或以往的习惯做法等可能隐含了企业将向客户转让额外商品的承诺。这些隐含的承诺不一定具有法律约束力，但是，如果在合同订立时，客户根据这些隐含的承诺能够对企业将向其转让某项商品形成合理的预期，则企业在识别合同中所包含的单项履约义务时，应当考虑此类隐含的承诺。例如，企业向客户销售商品，虽然合同没有约定，但是，企业在其宣传广告中宣称，对于购买该商品的客户，企业将为其提供为期5年的免费保养服务，如果该广告使客户对于企业提供的保养服务形成合理预期，企业应当考虑该项服务是否构成单项履约义务；又如，企业向客户销售软件，根据企业以往的习惯做法，企业会向客户提供免费的升级服务，如果该习惯做法使得客户对于企业提供的软件升级服务形成合理预期，则企业应当考虑该项服务是否构成单项履约义务。这里的客户既包括直接购买本企业商品的客户，也包括向客户购买本企业商品的第三方，即"客户的客户"，也就是说，企业需要评估其对于客户的客户所做的承诺是否构成单项履约义务，并进行相应的会计处理。

企业为履行合同而应开展的初始活动，通常不构成履约义务，除非该活动向客户转让了承诺的商品。实务中，企业可能会为订立合同而开展一些行政管理性质的准备工作，这些准备工作并未向客户转让任何承诺的商品，因此，不构成单项履约义务。例如，某俱乐部为注册会员建立档案，该活动并未向会员转让承诺的商品，因此不构成单项履约义务。

在识别合同中的单项履约义务时，如果合同承诺的某项商品不可明确区分，企业应当将该商品与合同中承诺的其他商品进行组合直到该组合满足可明确区分的条件。某些情况下，合同中承诺的所有商品组合在一起构成单项履约义务。

1. 可明确区分的商品

实务中，企业向客户承诺的商品可能包括企业为销售而生产的产品、为转售而购进的商品或使用某商品的权利（如机票等）、向客户提供的各种服务、随时准备向客户提供商品或提供随时可供客户使用的服务（如随时准备为客户提供软件更新服务等）、安排他人向客户提供商品、授权使用许可、可购买额外商品的选择权等。其中企业随时准备向客户提供商品，是指企业保证客户在其需要时能够随时取得相关商品，而不一定是所提供的每一件具体商品或每一次具体服务本身。例如，健身俱乐部随时可供会员健身，其提供的是随时准备在会员需要时向其提供健身服务的承诺，而并非每一次具体的健身服务。企业向客户承诺的商品同时满足下列两项条件的，应当作为可明确区分的商品：

（1）客户能够从该商品本身或从该商品与其他易于获得资源一起使用中受益，即该商品本身能够明确区分。当客户能够使用、消耗或以高于残值的价格出售商品，或者以能够产生经济利益的其他方式持有商品时，表明客户能够从该商品本身获益。对于某些商品而言，客户可以从该商品本身获益，而对于另一些商品而言，客户可能需要将其与其他易于获得的资源一起使用才能从中获益。其他易于获得的资源，是指企业（或其他企业）单独销售的商品，或者客户已经从企业获得的资源（包括企业按照合同将会转让给客户的商品）或从其他交易或事项中获得的资源。表明客户能够从某项商品本身或者将其与其他易于获得的资源一起使用获益的因素有很多，例如，企业通常会单独销售该商品等。

需要特别指出的是，在评估某项商品是否能够明确区分时，应当基于该商品自身的特征，而与客户可能使用该商品的方式无关。因此，企业无需考虑合同中可能存在的阻止客户从其他来源取得相关资源的限制性条款。

（2）企业向客户转让该商品的承诺与合同中其他承诺可单独区分，即转让该商品的承诺在合同中是可明确区分的。企业确定了商品本身能够明确区分后，还应当在合同层面继续评估转让该商品的承诺是否与合同中其他承诺彼此之间可明确区分。这一评估的目的在于确定承诺的性质，即根据合同约定，企业承诺转让的究竟是每单项商品，还是由这些商品组成的一个或多个组合产出。很多情况下，组合产出的价值应当高于或者显著不同于各单项商品的价值总和。

在确定企业转让商品的承诺是否可单独区分时，需要运用判断并综合考虑所有事实和情况。下列情形通常表明企业向客户转让商品的承诺与合同中的其他承诺不可单独区分：

一是，企业需提供重大的服务以将该商品与合同中承诺的其他商品进行整合，形成合同约定的某个或某些组合产出转让给客户。换言之，企业以该商品作为投入，生产或向客户交付其所要求的组合产出。因此，企业应当评估其在合同中承诺的每一单项商品本身就是合同约定的各项产出，还是仅为一个或多个组合产出的投入。

二是，该商品将对合同中承诺的其他商品予以重大修改或定制。如果某项商品将对合同中的其他商品作出重大修改或定制，实质上每一项商品将被整合在一起（即作为投入）以生产合同约定的组合产出。例如，企业承诺向客户提供其开发的一款现有软件，并提供安装服务，虽然该软件无需更新或技术支持也可直接使用，但是企业在安装过程中需要在该软件现有基础上对其进行定制化的重大修改，为该软件增加重要的新功能，以使其能够与客户现有的信息系统相兼容。在这种情况下，转让软件的承诺与提供定制化重大修改的承诺在合同层面是不可明确区分的。

三是，该商品与合同中承诺的其他商品具有高度关联性。也就是说，合同中承诺的每一单项商品均受到合同中其他商品的重大影响。合同中包含多项商品时，如果企业无法通过单独交付其中的某一单项商品而履行其合同承诺，可能表明合同中的这些商品会受到彼此的重大影响。例如，企业承诺为客户设计一种实验性的新产品并负责生产10个样品，企业在生产和测试样品的过程中需要对产品的设计进行不断地修正，导致已生产的样品均可能需要进行不同程度的返工。当企业预计由于设计的不断修正，大部分或全部拟生产的样品均可能需要进行一些返工时，在不对生产造成重大影响的情况下，由于提供设计服务与提供样品生产服务产生的风险不可分割，客户没有办法选择仅购买设计服务或者仅购买样品生产服务，因此，企业提供的设计服务和生产样品的服务是不断交替反复进行的，两者高度关联，在合同层面是不可明确区分的。

需要说明的是，在企业向客户销售商品的同时，约定企业需要将商品运送至客户指定的地点的情况下，企业需要根据相关商品的控制权转移时点判断该运输活动是否构成单项履约义务。通常情况下，控制权转移给客户之前发生的运输活动不构成单项履约义务而只是企业为了履行合同而从事的活动，相关成本应当作为合同履约成本；相反，控制权转移给客户之后发生的运输活动则可能表明企业向客户提供了一项运输服务，企业应当考虑该项服务是否构成单项履约义务。

2. 一系列实质相同且转让模式相同的、可明确区分的商品

当企业向客户连续转让某项承诺的商品时，如每天提供类似劳务的长期劳务合同等，如果这些商品属于实质相同且转让模式相同的一系列商品，企业应当将这一系列商品作为单项履约义务。其中转让模式相同，是指每一项可明确区分的商品均满足本准则第十条规定的在某一时段内履行履约义务的条件，且采用相同方法确定其履约进度。

企业在判断所转让的一系列商品是否实质相同时，应当考虑合同中承诺的性质，当企业承诺的是提供确定数量的商品时，需要考虑这些商品本身是否实质相同。例如，企业与客户签订两年的合同，每月向客户提供工资核算服务，共计24次，由于企业提供服务的次数是确定的，在判断每月的服务是否实质相同时，应当考虑每次提供的具体服务是否相同，由于同一家企业的员工结构、工资构成以及核算流程等相对稳定，企业每月提供的该项服务很可能符合"实质相同"的条件；当企业承诺的是在某一期间内随时向客户提供某项服务时，需要考虑企业在该期间内的各个时间段（如每天或每小时）的承诺是否相同，而并非具体的服务行为本身。例如，企业向客户提供两年的酒店管理服务，具体包括保洁、维修、安保等，但没有具体的服务次数或时间的要求，尽管企业每天提供的具体服务不一定相同，但是企业每天对于客户的承诺都是相同的，即按照约定的酒店管理标准，随时准备根据需要为其提供相关服务，因此，企业每天提供的该酒店管理服务符合"实质相同"的条件。

（三）履行每一单项履约义务时确认收入

企业应当在履行了合同中的履约义务，即客户取得相关商品控制权时确认收入。企业将商品的控制权转移给客户，该转移可能在某一时段内（即履行履约义务的过程中）发生，也可能在某一时点（即履约义务完成时）发生。企业应当根据实际情况，首先应当按照本准则第十一条判断履约义务是否满足在某一时段内履行的条件，如不满足，则该履约义务属于在某一时点履行的履约义务。对于在某一时段内履行的履约义务，企业应当选取恰当的方法来确定履约进度；对于在某一时点履行的履约义务，企业应当综合分析控制权转移的迹象，判断其转移时点。

1. 在某一时段内履行的履约义务

（1）在某一时段内履行履约义务的条件。满足下列条件之一的，属于在某一时段内履行履约义务，相关收入应当在该履约义务履行的期间内确认：

①客户在企业履约的同时即取得并消耗企业履约所带来的经济利益。企业在履约过程中是持续地向客户转移企业履约所带来的经济利益的，该履约义务属于在某一日时段内履行的履约义务，企业应当在履行履约义务的期间确认收入。例如，对于保洁服务的一些服务类的合同而言，可以通过直观的判断获知，企业在履行履约义务（即提供保洁服务）的同时，客户即取得并消耗了企业履约所带来的经济利益。对于难以通过直观判断获知结论的情形，企业在进行判断时，可以假定在企业履约的过程中更换为其他企业继续履行剩余履约义务，当该继续履行合同的企业实质上无需重新执行企业累计至今已经完成的工作时，表明客户在企业履约的同时即取得并消耗了企业履约所带来的经济利益。例如，甲企业承诺将客户的一批货物从A市运送到

B市，假定该批货物在途经C市时，由乙运输公司接替甲企业继续提供该运输服务，由于A市到C市之间的运输服务是无需重新执行的，表明客户在甲企业履约的同时即取得并消耗了甲企业履约所带来的经济利益，因此，甲企业提供的运输服务属于在某一时段内履行的履约义务。

企业在判断其他企业是否实质上无需重新执行企业累计至今已经完成的工作时，应当基于下列两个前提：一是不考虑可能会使企业无法将剩余履约义务转移给其他企业的潜在限制，包括合同限制或实际可行性限制，在上述甲企业提供运输服务的例子中，甲企业为客户提供运输服务时，双方可能会在合同中约定，合同双方均不得解除合同，在进行上述判断时不需要考虑这一约定；二是假设继续履行剩余履约义务的其他企业将不会享有企业目前已控制的、且在剩余履约义务转移给其他企业后仍然控制的任何资产的利益。

②客户能够控制企业履约过程中在建的商品。企业在履约过程中在建的商品包括在产品、在建工程、尚未完成的研发项目、正在进行的服务等，由于客户控制了在建的商品，客户在企业提供商品的过程中获得其利益，因此，该履约义务属于在某一时段内履行的履约义务，应当在该履约义务履行的期间内确认收入。

③企业履约过程中所产出的商品具有不可替代用途，且该企业在整个合同期间内有权就累计至今已完成的履约部分收取款项。

一是，商品具有不可替代用途。具有不可替代用途，是指因合同限制或实际可行性限制，企业不能轻易地将商品用于其他用途。当企业产出的商品只能提供给某特定客户，而不能被轻易地用于其他用途（例如销售给其他客户）时，该商品就具有不可替代用途。在判断商品是否具有不可替代用途时，企业既应当考虑合同限制，也应当考虑实际可行性限制，但无需考虑合同被终止的可能性。企业在判断商品是否具有不可替代用途时，需要注意下列四点：

第一，判断时点是合同开始日。企业应当在合同开始日判断所承诺的商品是否具有不可替代用途，此后，除非发生合同变更，且该变更显著改变了原合同约定的履约义务，否则，企业无需重新进行判断。

第二，考虑合同限制。当合同中存在实质性的限制条款，导致企业不能将合同约定的商品用于其他用途时，该商品满足具有不可替代用途的条件。在判断限制条款是否具有实质性时，应当考虑企业试图把合同中约定的商品用于其他用途时，客户是否可以根据这些限制条款，主张其对该特定商品的权利，如果是，那么这些限制条款就是实质性的；相反，如果合同中约定的商品和企业的其他商品在很大程度上能够互相替换（例如企业生产的标准化产品），而不会导致企业违约，也无需发生重大的成本，则表明该限制条款不具有实质性。此外，如果合同中的限制条款仅为保护性条款，也不应考虑。例如，企业与客户约定，当企业清算时，不能向第三方转让代客户销售的某商品，该限制条款的目的是在企业清算时为客户提供保护，因此，应作为保护性条款，在判断该商品是否具有可替代用途时不应考虑。

第三，考虑实际可行性限制。虽然合同中没有限制条款，但是，当企业将合同中约定的商品用作其他用途，将导致企业遭受重大的经济损失时，企业将该商品用作其他用途的能力实际上受到了限制。企业遭受重大经济损失的原因可能是需要发生重大的返工成本，也可能是只能在承担重大损失的情况下才能将这些商品销售给其他客户。例如，企业根据某客户的要求，为其专门设计并生产了一套专用设备，由于该设备是定制化产品，企业如果将其销售给其他客户需要发生重大的改造成本，表明企业将该产品用于其他用途的能力受到实际可行性的限制，因此，该产品满足"具有不可替代用途"的条件。

第四，基于最终转移给客户的商品的特征判断。当商品在生产的前若干个生产步骤是标准化的，只是从某一时点（或者某一流程）才进入定制化的生产时，企业应当根据最终转移给客户时该商品的特征来判断其是否满足"具有不可替代用途"的条件。例如，某汽车零部件生产企业，为客户提供定制零部件的生产，该生产通常需要经过四道工序，前两道工序是标准工序，后两道工序是特殊工序，处于前两道工序的在产品，可以用于任一客户的需要，但是，进入第三道工序后的产品只能销售给某特定客户。在企业与该特定客户之间的有关最终产品的合同下，最终产品符合"具有不可替代用途"的条件。

二是，企业在整个合同期间内有权就累计至今已完成的履约部分收取款项。有权就累计至今已完成的履约部分收取款项，是指在由于客户或其他方原因终止合同的情况下，企业有权就累计至今已完成的履约部分收取能够补偿其已发生成本和合理利润的款项，并且该权利具有法律约束力。需要强调的是，合同终止必须是由于客户或其他方而非企业自身的原因所致，在整个合同期间内的任一时点，企业均应当拥有此项权利。企业在进行判断时，需要注意下列五点：

第一，企业有权收取的该款项应当大致相当于累计至今已经转移给客户的商品的售价，即该金额应当能够补偿企业已经发生的成本和合理利润。企业有权收取的款项为保证金或仅是补偿企业已经发生的成本或可能损失的利润的，不满足这一条件。补偿企业的合理利润并不意味着补偿金额一定要等于该合同的整体毛利水平。下列两种情形都属于补偿企业的合理利润：其一是根据合同终止前的履约进度对该合同的毛利水平进行调整后确定的金额作为补偿金额；其二是如果该合同的毛利水平高于企业同类合同的毛利水平，以企业从同类合同中能够获取的合理资本回报或者经营毛利作为利润补偿。此外，当客户先行支付的合同价款金额足够重大（通常指全额预付合同价款），以致能够在整个合同期间内任一时点补偿企业已经发生的成本和合理利润时，如果客户要求提前终止合同，企业有权保留该款项并无需返还，且有相关法律法规支持的，则表明企业能够满足在整个合同期间内有权就累计至今已完成的履约部分收取款项的条件。

第二，该规定并不意味着企业拥有现时可行使的无条件收款权。企业通常会在与客户的合同中约定，只有在达到某一重要时点、某重要事项完成后或者整个合同完成之后，企业才拥有无条件的收取相应款项的权利。在这种情况下，企业在判断其是否有权就累计至今已完成的履约部分收取款项时，应当考虑，假设在发生由于客户或其他方原因导致合同在该重要时点、重要事项完成前或合同完成前终止时，企业是否有权主张该收款权利，即是否有权要求客户补偿其累计至今已完成的履约部分应收取的款项。

第三，当客户只有在某些特定时点才有权终止合同，或者根本无权终止合同时，客户终止了合同（包括客户没有按照合同约定履行其义务），但是，合同条款或法律法规要求，企业应继续向客户转移合同中承诺的商品并因此有权要求客户支付对价，此种情况也符合"企业有权就累计至今已完成的履约部分收取款项"的要求。

第四，企业在进行判断时，既要考虑合同条款的约定，还应当充分考虑适用的法律法规、补充或者凌驾于合同条款之上的以在司法实践以及类似案例的结果等。例如，即使在合同没有明确约定的情况下，相关的法律法规等是否支持企业主张相关的收款权利；以往的司法实践是否表明合同中的某些条款没有法律约束力；在以往的类似合同中，企业虽然拥有此类权利，却在考虑了各种因素之后没有行使该权利，这是否会导致企业主张该权利的要求在当前的法律环境下不被支持等。

第五，企业和客户之间在合同中约定的付款时间进度表，不一定就表明企业有权就累计至今已完成的履约部分收取款项，这是因为合同约定的付款进度和企业的履约进度可能并不匹配。此种情况下，企业仍需要证据对其是否有该收款权进行判断。

综上所述，商品具有不可替代用途和企业在整个合同期间内有权就累计至今已完成的履约部分收取款项这两个要素，在判断是否满足在某一时段履行的履约义务的第③种情况时缺一不可，且均与控制权的判断有关联。这是因为，当企业无法轻易地将产出的商品用于其他用途时，企业实际上是按照客户的要求生产商品，在这种情况下，如果合同约定，由于客户或其他方的原因导致合同被终止时，客户必须就企业累计至今已完成的履约部分支付款项，且该款项能够补偿企业已经发生的成本和合理利润，那么企业将因此而防止终止合同时企业未保留该商品或只保留几乎无价值的商品的风险。这与商品购销交易中，客户通常只有在取得对商品的控制权时才有义务支付相应的合同价款是一致的。因此，客户有义务（或无法避免）就企业已经完成的履约部分支付相应款项的情况表明，客户已获得企业履约所带来的经济利益。

（2）在某一时段内履行的履约义务的收入确认。对于在某一时段内履行的履约义务，企业应当在该段时间内按照履约进度确认收入，但是，履约进度不能合理确定的除外。企业应当考虑商品的性质，采用产出法或投入法确定恰当的履约进度，并且在确定履约进度时，应当扣除那些控制权尚未转移给客户的商品和服务。企业按照履约进度确认收入时，通常应当在资产负债表日按照合同的交易价格总额乘以履约进度扣除以前会计期间累计已确认的收入后的金额，确认为当期收入。

①产出法。产出法是根据已转移给客户的商品对于客户的价值确定履约进度的方法，通常可采用实际测量的完工进度、评估已实现的结果、已达到的里程碑、时间进度、已完工或交付的产品等产出指标确定履约进度。企业在评估是否采用产出法确定履约进度时，应当考虑具体的事实和情况，并选择能够如实反映企业履约进度和向客户转移商品控制权的产出指标。当选择的产出指标无法计量控制权已转移给客户的商品时，不应采用产出法。例如，当处于生产过程中的在产品在其完工或交付前已属于客户时，如果该在产品对本合同或财务报表具有重要性，则在确定履约进度时不应使用已完工或已交付的产品作为产出指标，这是因为处于生产过程中的在产品的控制权也已经转移给了客户，而这些在产品并没有包括在产出指标的计量中，因此该指标并未如实反映已向客户转移商品的进度。又如，如果企业在合同约定的各个里程碑之间向客户转移了重大的商品的控制权，则很可能表明基于已达到的里程碑确定履约进度的方法是不恰当的。实务中，为便于操作，当企业向客户开具发票的对价金额与向客户转让增量商品价值直接相一致时，如企业按照固定的费率以及发生的工时向客户开具账单，企业直接按照发票对价金额确认收入也是一种恰当的产出法。

产出法是根据能够代表向客户转移商品控制权的产出指标直接计算履约进度的，因此通常能够客观地反映履约进度。但是，产出法下有关产出指标的信息有时可能无法直接观察获得，企业为获得这些信息需要花费很高的成本，这就可能需要采用投入法来确定履约进度。

②投入法。投入法是根据企业履行履约义务的投入确定履约进度的方法，通常可采用投入的材料数量、花费的人工工时或机器工时、发生的成本和时间进度等投入指标确定履约进度。当企业从事的工作或发生的投入是在整个履约期间内平均发生时，企业也可以按照直线法确认收入。

投入法所需要的投入指标虽然易于获得，但是，投入指标与企业向客户转移商品的控制权之间未必存在直接的对应关系。因此企业在采用投入法确定履约进度时，应当扣除那些虽然已经发生但是未导致向客户转移商品的投入。例如，企业为履行合同应开展一些初始活动，如果这些活动并没有向客户转移企业承诺的服务，则企业在使用投入法确定履约进度时，不应将为开展这些活动发生的相关投入包括在内。

在实务中，通常按照累计实际发生的成本占预计总成本的比例（即成本法）确定履约进度，累计实际发生的成本包括企业向客户转移商品过程中所发生的直接成本和间接成本，如直接人工、直接材料、分包成本以及其他与合同相关的成本。在下列情形下，企业在采用成本法确定履约进度时，可能需要对已发生的成本进行适当的调整：

一是，已发生的成本并未反映企业履行履约义务的进度。例如，因企业生产效率低下等原因而导致的非正常消耗，包括非正常消耗的直接材料、直接人工及制造费用等，不应包括在累计实际发生的成本中，这是因为这些非正常消耗并没有为合同进度做出贡献，但是，企业和客户在订立合同时已经预见会发生这些成本并将其包括在合同价款中的除外。

二是，已发生的成本与企业履行履约义务的进度不成比例。当企业已发生的成本与履约进度不成比例，企业在采用成本法确定履约进度时需要进行适当调整，通常仅以其已发生的成本为限确认收入。对于施工中尚未安装、使用或耗用的商品（本段的商品不包括服务）或材料成本等，当企业在合同开始日就预期将能够满足下列所有条件时，应在采用成本法确定履约进度时不包括这些成本:第一,该商品或材料不可明确区分,即不构成单项履约义务;第二,客户先取得该商品或材料的控制权,之后才接受与之相关的服务;第三,该商品或材料的成本相对于预计总成本而言是重大的;第四,企业自第三方采购该商品或材料,且未深入参与其设计和制造,对于包含该商品的履约义务而言,企业是主要责任人。

企业为履行属于在某一时段内履行的单项履约义务而发生的支出并非均衡发生的,在采用某种方法(例如成本法)确定履约进度时,可能会导致企业对于较早生产的产品确认更多的收入和成本。例如,企业承诺向客户交付一定数量的商品,且该承诺构成单项履约义务,在履约的前期,由于经验不足、技术不成熟、操作不熟练等原因,企业可能会发生较高的成本,而随着经验的不断累积,企业的生产效率逐步提高,导致企业的履约成本逐步下降。这一结果是合理的,因为这表明企业在合同早期的履约情况具有更高的价值正如企业只销售一件产品的售价可能会高于销售多件产品时的平均价格一样。如果该单项履约义务属于在某一时点履行的履约义务,企业则需要按照其他相关会计准则对相关支出进行会计处理(例如,按照《企业会计准则第1号——存货》,生产商品的成本将作为存货进行累计,企业应选择适当方法计量存货);不属于其他相关企业会计准则规范范围的,应当按照本准则第二十六条和第二十七条的规定判断将其确认为一项资产还是计入当期损益。

每一资产负债表日,企业应当对履约进度进行重新估计。当客观环境发生变化时,企业也需要重新评估履约进度是否发生变化,以确保履约进度能够反映履约情况的变化,该变化应当作为会计估计变更进行会计处理。对于每一项履约义务,企业只能采用一种方法来确定其履约进度,并加以一贯运用。对于类似情况下的类似履约义务,企业应当采用相同的方法(例如,成本法)确定履约进度。

对于在某一时段内履行的履约义务,只有当其履约进度能够合理确定时,才应当按照履约进度确认收入。企业如果无法获得确定履约进度所需的可靠信息,则无法合理地确定其履行履约义务的进度。当履约进度不能合理确定时,企业已经发生的成本预计能够得到补偿的,应当按照已经发生的成本金额确认收入,直到履约进度能够合理确定为止。

2. 在某一时点履行的履约义务

对于不属于在某一时段内履行的履约义务,应当属于在某一时点履行的履约义务,企业应当在客户取得相关商品控制权时点确认收入。在判断客户是否已取得商品控制权(即客户是否能够主导该商品的使用并从中获得几乎全部的经济利益)时,企业应当考虑下列五个迹象:

(1)企业就该商品享有现时收款权利,即客户就该商品负有现时付款义务。当企业就该商品享有现时收款权利时,可能表明客户已经有能力主导该商品的使用并从中获得几乎全部的经济利益。

(2)企业已将该商品的法定所有权转移给客户,即客户已拥有该商品的法定所有权。当客户取得了商品的法定所有权时,可能表明其已经有能力主导该商品的使用并从中获得几乎全部的经济利益,或者能够阻止其他企业获得这些经济利益,即客户已取得对该商品的控制权。如果企业仅仅是为了确保到期收回货款而保留商品的法定所有权,那么该权利通常不会对客户取得对该商品的控制权构成障碍。

(3)企业已将该商品实物转移给客户,即客户已占有该商品实物。客户如果已经占有商品实物,则可能表明其有能力主导该商品的使用并从中获得其几乎全部的经济利益,或者使其他企业无法获得这些利益。需要说明的是,客户占有了某项商品实物并不意味着其就一定取得了该商品的控制权;反之亦然。

①委托代销安排。这一安排是指委托方和受托方签订代销合同或协议,委托受托方向终端客户销售商品。在这种安排下,企业应当评估受托方在企业向其转让商品时是否已获得对该商品的控制权,如果没有,企业不应在此时确认收入,通常应当在受托方售出商品时确认销售商品收入;受托方应当在商品销售后,按合同或协议约定的方法计算确定的手续费确认收入。表明一项安排是委托代销安排的迹象包括但不限于:一是在特定事件发生之前(例如,向

最终客户出售商品或指定期间到期之前），企业拥有对商品的控制权。二是企业能够要求将委托代销的商品退回或者将其销售给其他方（如其他经销商）。三是尽管受托方可能被要求向企业支付一定金额的押金，但是，其并没有承担对这些商品无条件付款的义务。

②售后代管商品安排。售后代管商品，是指根据企业与客户签订的合同，已经就销售的商品向客户收款或取得了收款权利，但是直到在未来某一时点将该商品交付给客户之前，仍然继续持有该商品实物的安排。实务中，客户可能会因为缺乏足够的仓储空间或生产进度延迟而要求与销售方订立此类合同。在这种情况下，尽管企业仍然持有商品的实物，但是，当客户已经取得了对该商品的控制权时，即使客户决定暂不行使实物占有的权利，其依然有能力主导该商品的使用并从中获得几乎全部的经济利益。因此，企业不再控制该商品，而只是向客户提供了代管服务。

在售后代管商品安排下，除了应当考虑客户是否取得商品控制权的迹象之外，还应当同时满足下列四项条件，才表明客户取得了该商品的控制权：一是该安排必须具有商业实质，例如，该安排是应客户的要求而订立的；二是属于客户的商品必须能够单独识别，例如，将属于客户的商品单独存放在指定地点；三是该商品可以随时交付给客户；四是企业不能自行使用该商品或将该商品提供给其他客户。实务中，越是通用的、可以和其他商品互相替换的商品，越有可能难以满足上述条件。

需要注意的是，如果在满足上述条件的情况下，企业对尚未发货的商品确认了收入，则企业应当考虑是否还承担了其他的履约义务，例如，向客户提供保管服务等，从而应当将部分交易价格分摊至该履约义务。

（4）企业已将该商品所有权上的主要风险和报酬转移给客户，即客户已取得该商品所有权上的主要风险和报酬。企业向客户转移了商品所有权上的主要风险和报酬，可能表明客户已经取得了主导该商品的使用并从中获得其几乎全部经济利益的能力。但是，在评估商品所有权上的主要风险和报酬是否转移时，不应考虑导致企业在除所转让商品之外产生其他单项履约义务的风险。例如，企业将产品销售给客户，并承诺提供后续维护服务的安排中，销售产品和提供维护服务均构成单项履约义务，企业将产品销售给客户之后，虽然仍然保留了与后续维护服务相关的风险，但是，由于维护服务构成单项履约义务，所以该保留的风险并不影响企业已将产品所有权上的主要风险和报酬转移给客户的判断。

（5）客户已接受该商品。如果客户已经接受了企业提供的商品，例如，企业销售给客户的商品通过了客户的验收，可能表明客户已经取得了该商品的控制权。合同中有关客户验收的条款，可能允许客户在商品不符合约定规格的情况下解除合同或要求企业采取补救措施。因此，企业在评估是否已经将商品的控制权转移给客户时，应当考虑此类条款。当企业能够客观地确定其已经按照合同约定的标准和条件将商品的控制权转移给客户时，客户验收只是一项例行程序，并不影响企业判断客户取得该商品控制权的时点。例如，企业向客户销售一批必须满足规定尺寸和重量的产品，合同约定，客户收到该产品时，将对此进行验收。由于该验收条件是一个客观标准，企业在客户验收前就能够确定其是否满足约定的标准，客户验收可能只是一项例行程序。实务中，企业应当根据过去执行类似合同积累的经验以及客户验收的结果取得相应证据。当在客户验收之前确认收入时，企业还应当考虑是否还存在剩余的履约义务，例如设备安装等，并且评估是否应当对其单独进行会计处理。相反，当企业无法客观地确定其向客户转让的商品是否符合合同规定的条件时，在客户验收之前，企业不能认为已经将该商品的控制权转移给了客户。这是因为，在这种情况下，企业无法确定客户是否能够主导该商品的使用并从中获得其几乎全部的经济利益。例如，客户主要基于主观判断进行验收时，该验收往往不能被视为仅仅是一项例行程序，在验收完成之前，企业无法确定其商品是否能够满足客户的主观标准，因此，企业应当在客户完成验收并接受该商品时才能确认收入。实务中，定制化程度越高的商品，越难以证明客户验收仅仅是一项例行程序。

此外，如果企业将商品发送给客户供其试用或者测评，且客户并未承诺在试用期结束前支付任何对价,则在客户接受该商品或者在试用期结束之前,该商品的控制权并未转移给客户。需要强调的是,在上述五个迹象中,并没有哪一个或哪几个迹象是决定性的,企业应当根据合同条款和交易实质进行分析,综合判断其是否将商品的控制权转移给客户以及何时转移的,从而确定收入确认的时点。此外,企业应当从客户的角度进行评估,而不应当仅考虑企业自身的看法。

五、关于收入的计量

企业应当首先确定合同的交易价格,再按照分摊至各单项履约义务的交易价格计量收入。

(一)确定交易价格

交易价格,是指企业因向客户转让商品而预期有权收取的对价金额。企业代第三方收取的款项(例如增值税)以及企业预期将退还给客户的款项,应当作为负债进行会计处理,不计入交易价格。合同标价并不一定代表交易价格,企业应当根据合同条款,并结合以往的习惯做法确定交易价格。在确定交易价格时,企业应当考虑可变对价、合同中存在的重大融资成分、非现金对价以及应付客户对价等因素的影响,并应当假定将按照现有合同的约定向客户转移商品,且该合同不会被取消、续约或变更。

1. 可变对价

企业与客户的合同中约定的对价金额可能是固定的,也可能会因折扣、价格折让、返利、退款、奖励积分、激励措施、业绩奖金、索赔等因素而变化。此外,企业有权收取的对价金额,将根据一项或多项或有事项的发生有所不同的情况,也属于可变对价的情形,例如,企业售出商品但允许客户退货时,由于企业有权收取的对价金额将取决于客户是否退货,因此该合同的交易价格是可变的。企业在判断交易价格是否为可变对价时,应当考虑各种相关因素(如企业已公开宣布的政策、特定声明、以往的习惯做法、销售战略以及客户所处的环境等),以确定其是否会接受一个低于合同标价的金额,即企业向客户提供一定的价格折让。

企业在判断合同中是否存在可变对价时,不仅应当考虑合同条款的约定,在下列情况下,即使合同中没有明确约定,合同的对价金额也是可变的:一是根据企业已公开宣布的政策、特定声明或者以往的习惯做法等,客户能够合理预期企业将会接受低于合同约定的对价金额,即企业会以折扣、返利等形式提供价格折让;二是其他相关事实和情况表明,企业在与客户签订合同时即打算向客户提供价格折让。例如,企业与一新客户签订合同,虽然企业没有对该客户销售给予折扣的历史经验,但是,根据企业拓展客户关系的战略安排,企业愿意接受低于合同约定的价格。合同中存在可变对价的,企业应当对计入交易价格的可变对价进行估计。

(1)可变对价最佳估计数的确定。在对可变对价进行估计时,企业应当按照期望值或最可能发生金额确定可变对价的最佳估计数。这并不意味着企业可以在两种方法之间随意进行选择,而是应当选择能够更好地预测其有权收取的对价金额的方法,并且对于类似的合同,应当采用相同的方法进行估计。期望值是按照各种可能发生的对价金额及相关概率计算确定的金额。如果企业拥有大量具有类似特征的合同,企业据此估计合同可能产生多个结果时,按照期望值估计可变对价金额通常是恰当的。

最可能发生金额是一系列可能发生的对价金额中最可能发生的单一金额,即合同最可能产生的单一结果。当合同仅有两个可能结果(例如,企业能够达到或不能达到某业绩奖金目标)时,按照最可能发生金额估计可变对价金额可能是恰当的。

需要说明的是,对于某一事项的不确定性对可变对价金额的影响,企业应当在整个合同期间一致地采用同一种方法进行估计。但是,当存在多个不确定性事项均会影响可变对价金额时,企业可以采用不同的方法对其进行估计。企业在对可变对价进行估计时,应当考虑能够合理获得的所有信息(包括历史信息、当前信息以及预测信息),并且在合理的数量范围内估计各种可能发生的对价金额以及概率。通常情况下,企业在估计可变对价金额时使用的信息，应当与其在对相关商品进行投标或定价时所使用的信息一致。

（2）计入交易价格的可变对价金额的限制。企业按照期望值或最可能发生金额确定可变对价金额之后，计入交易价格的可变对价金额还应该满足限制条件，即包含可变对价的交易价格，应当不超过在相关不确定性消除时，累计已确认的收入极可能不会发生重大转回的金额。企业在评估与可变对价相关的不确定性消除时，累计已确认的收入金额是否极可能不会发生重大转回时，应当同时考虑收入转回的可能性及转回金额的比重。其中，"极可能"是一个比较高的门槛，其发生的概率应远高于"很可能（即可能性超过50％）"，但不要求达到"基本确定（即可能性超过95％）"，其目的是避免因为一些不确定性因素的发生导致之前已经确认的收入发生转回；在评估收入转回金额的比重时，应同时考虑合同中包含的固定对价和可变对价，也就是说，企业应当评估可能发生的收入转回金额相对于合同总对价（包括固定对价和可变对价）而言的比重。企业应当将满足上述限制条件的可变对价的金额，计入交易价格。

导致收入转回的可能性增强或转回金额比重增加的因素包括但不限于：一是对价金额极易受到企业影响范围之外的因素影响，例如市场波动性、第三方的判断或行动、天气状况、已承诺商品存在较高的陈旧过时风险等；二是对价金额的不确定性预计在较长时期内无法消除；三是企业对类似合同的经验（或其他证据）有限，或者相关经验（或其他证据）的预测价值有限；四是企业在以往实务中对于类似情况下的类似合同，或曾提供了多种不同程度的价格折扣，或曾给予不同的付款条件；五是合同有多种可能的对价金额且这些对价金额分布非常广泛。需要说明的是，将可变对价计入交易价格的限制条件不适用于企业向客户授予知识产权许可并约定按客户实际销售或使用情况收取特许权使用费的情况。

每一资产负债表日，企业应当重新估计可变对价金额（包括重新评估对可变对价的估计是否受到限制），以如实反映报告期末存在的情况以及报告期内发生的情况变化。

2. 合同中存在重大融资成分

当企业将商品的控制权转移给客户的时间与客户实际付款的时间不一致时，如企业以赊销的方式销售商品，或者要求客户支付预付款等，如果各方以在合同中明确（或者以隐含的方式）约定的付款时间为客户或企业就转让商品的交易提供了重大融资利益，则合同中即包含了重大融资成分，企业在确定交易价格时，应当对已承诺的对价金额作出调整，以剔除货币时间价值的影响。

合同中存在重大融资成分的，企业应当按照假定客户在取得商品控制权时即以现金支付的应付金额（即，现销价格）确定交易价格。在评估合同中是否存在融资成分以及该融资成分对于该合同而言是否重大时，企业应当考虑所有相关的事实和情况，包括：一是已承诺的对价金额与已承诺商品的现销价格之间的差额，如果企业（或其他企业）在销售相同商品时，不同的付款时间会导致销售价格有所差别，则通常表明各方知晓合同中包含了融资成分；二是企业将承诺的商品转让给客户与客户支付相关款项之间的预计时间间隔和相应的市场现行利率的共同影响，尽管向客户转让商品与客户支付相关款项之间的时间间隔并非决定性因素，但是，该时间间隔与现行利率两者的共同影响可能提供了是否存在重大融资利益的明显迹象。

企业向客户转让商品与客户支付相关款项之间存在时间间隔并不足以表明合同包含重大融资成分。企业向客户转让商品与客户支付相关款项之间虽然存在时间间隔，但两者之间的合同没有包含重大融资成分的情形有：一是客户就商品支付了预付款，且可以自行决定这些商品的转让时间，例如，企业向客户出售其发行的储值卡，客户可随时到该企业持卡购物，又如，企业向客户授予奖励积分，客户可随时到该企业兑换这些积分等；二是客户承诺支付的对价中有相当大的部分是可变的，该对价金额或付款时间取决于某一未来事项是否发生，且该事项实质上不受客户或企业控制，例如，按照实际销售量收取的特许权使用费；三是合同承诺的对价金额与现销价格之间的差额是由于向客户或企业提供融资利益以外的其他原因所导致的，且这一差额与产生该差额的原因是相称的，例如，合同约定的支付条款是为了向企业或客户提供保护，以防止另一方未能依照合同充分履行其部分或全部义务。

需要说明的是，企业应当在单个合同层面考虑融资成分是否重大，而不应在合同组合层面考虑这些合同中的融资成分的汇总影响对企业整体而言是否重大。

合同中存在重大融资成分的，企业在确定该重大融资成分的金额时，应使用将合同对价的名义金额折现为商品现销价格的折现率。该折现率一经确定，不得因后续市场利率或客户信用风险等情况的变化而变更。企业确定的交易价格与合同承诺的对价金额之间的差额，应当在合同期间内采用实际利率法摊销。

为简化实务操作，如果在合同开始日，企业预计客户取得商品控制权与客户支付价款间隔不超过1年的，可以不考虑合同中存在的重大融资成分。企业应当对类似情形下的类似合同一致地应用这一简化处理方法。

企业在编制利润表时，应当将合同中存在的重大融资成分的影响（即，利息收入和利息支出）与按照本准则确认的收入区分开来，分别列示。企业在按照本准则对与客户的合同进行会计处理时，只有在确认了合同资产（或应收款项）和合同负债时，才应当分别确认相应的利息收入和利息支出。

3.非现金对价

当企业因转让商品而有权向客户收取的对价是非现金形式时如实物资产、无形资产、股权、客户提供的广告服务等。企业通常应当按照非现金对价在合同开始日的公允价值确定交易价格。非现金对价公允价值不能合理估计的，企业应当参照其承诺向客户转让商品的单独售价间接确定交易价格。非现金对价的公允价值可能会因对价的形式而发生变动（例如企业有权向客户收取的对价是股票，股票本身的价格会发生变动），也可能会因为其形式以外的原因而发生变动（例如，企业有权收取非现金对价的公允价值因企业的履约情况而发生变动）。合同开始日后，非现金对价的公允价值因对价形式以外的原因而发生变动的，应当作为可变对价，按照与计入交易价格的可变对价金额的限制条件相关的规定进行处理；合同开始日后，非现金对价的公允价值因对价形式而发生变动的，该变动金额不应计入交易价格。

企业在向客户转让商品的同时，如果客户向企业投入材料、设备或人工等商品，以协助企业履行合同，企业应当评估其是否取得了对这些商品的控制权，取得这些商品控制权的，企业应当将这些商品作为从客户收取的非现金对价进行会计处理。

4.应付客户对价

企业在向客户转让商品的同时，需要向客户或第三方支付对价的，应当将该应付对价冲减交易价格，但应付客户对价是为了自客户取得其他可明确区分商品的除外。这里的应付客户对价还包括可以抵减应付企业金额的相关项目金额，如优惠券、兑换券等。这里的第三方通常指向企业的客户购买本企业商品的一方，即处于企业分销链上的"客户的客户"，例如，企业将其生产的产品销售给经销商，经销商再将这些产品销售给最终用户，最终用户即是第三方。有时，企业需要向其支付款项的第三方是本企业客户的客户，但处于企业分销链之外，如果企业认为该第三方也是本企业的客户，或者根据企业与其客户的合同约定，企业有义务向该第三方支付款项，则企业向该第三方支付的款项也应被视为应付客户对价进行会计处理。应付客户对价中包含可变金额的，企业应当根据本准则有关可变对价的相关规定对其进行估计。

企业应付客户对价是为了自客户取得其他可明确区分商品的，应当采用与企业其他采购相一致的方式确认所购买的商品。企业应付客户对价超过自客户取得的可明确区分商品公允价值的，超过金额应当作为应付客户对价冲减交易价格。自客户取得的可明确区分商品公允价值不能合理估计的，企业应当将应付客户对价全额冲减交易价格。

在对应付客户对价冲减交易价格进行会计处理时，企业应当在确认相关收入与支付（或承诺支付）客户对价两者孰晚的时点冲减当期收入。

（二）将交易价格分摊至各单项履约义务

当合同中包含两项或多项履约义务时，需要将交易价格分摊至各单项履约义务，以使企业分摊至各单项履约义务（或可明确区分的商品）的交易价格能够反映其因向客户转让已承诺的相关商品而预期有权收取的对价金额。

1. 分摊的一般原则

合同中包含两项或多项履约义务的，企业应当在合同开始日，按照各单项履约义务所承诺商品的单独售价的相对比例，将交易价格分摊至各单项履约义务。

单独售价，是指企业向客户单独销售商品的价格。企业在类似环境下向类似客户单独销售某商品的价格，应作为确定该商品单独售价的最佳证据。合同或价目表上的标价可能是商品的单独售价，但不能默认其一定是该商品的单独售价。例如，企业为其销售的产品制定了标准价格，但是，在实务中经常以低于该标准价格的折扣价格对外销售，此时，企业在估计该产品的单独售价时，应当考虑这一因素。

单独售价无法直接观察的，企业应当综合考虑其能够合理取得的全部相关信息，采用市场调整法、成本加成法、余值法等方法合理估计单独售价，应考虑的信息包括市场情况（如商品的市场供求状况、竞争、限制和趋势等）、企业特定因素（如企业的定价策略和实务操作安排等）以及与客户有关的信息（如客户类型、所在地区和分销渠道等）等，企业应当最大限度地采用可观察的输入值，并对类似的情况采用一致的估计方法。

市场调整法，是指企业根据某商品或类似商品的市场售价，考虑本企业的成本和毛利等进行适当调整后的金额，确定其单独售价的方法。企业可以对其销售商品的市场进行评估，进而估计客户在该市场上购买本企业的商品所愿意支付的价格，也可以参考其竞争对手销售类似商品的价格，并在此基础上进行必要调整以反映本企业的成本及毛利。

成本加成法，是指企业根据某商品的预计成本加上其合理毛利后的金额，确定其单独售价的方法。其中，预计成本应当与企业在定价时通常会考虑的成本因素一致，既包括直接成本，也包括间接成本；企业在确定合理毛利时，应当考虑的因素包括类似商品单独售价的毛利水平、行业内的历史毛利水平、行业平均售价、市场情况以及企业的利润目标等。

余值法，是指企业根据合同交易价格减去合同中其他商品可观察单独售价后的余额，确定某商品单独售价的方法。企业在商品近期售价波动幅度巨大，或者因未定价且未曾单独销售而使售价无法可靠确定时，可采用余值法估计其单独售价。其中，售价波动幅度巨大，是指企业在相同或相近的时间向不同客户出售同一种商品时的价格差异很大，因而导致企业无法从以往的交易或其他可观察的证据中识别出具有代表性的单独售价；未定价且未曾单独销售，是指企业尚未对该商品进行定价，且该商品过往未曾单独出售过，即销售价格尚未确定。例如，企业以 10 万元的价格向客户销售 A、B、C 三件可明确区分的商品，其中，A 商品和 B 商品经常单独对外销售，销售价格分别为 2.5 万元和 4.5 万元，C 商品为新产品，企业尚未对其定价且未曾单独销售，市场上也无类似商品出售，在这种情况下，企业采用余值法估计 C 商品的单独售价为 3 万元，即合同价格 10 万元减去 A 商品和 B 商品的单独售价之和 7 万元（2.5＋4.5）后的余额。

如果合同中存在两项或两项以上的商品，其销售价格变动幅度较大或尚未确定，企业可能需要采用多种方法相结合的方式，对合同所承诺的商品的单独售价进行估计。例如，企业可能采用余值法估计销售价格变动幅度较大或尚未确定的多项可明确区分商品的单独售价总和，然后再采用其他方法估计其中包含的每一项可明确区分商品的单独售价。企业采用多种方法相结合的方式估计合同所承诺的每一项商品的单独售价时，应当评估该方式是否满足交易价格分摊的目标，即企业分摊至各单项履约义务（或可明确区分的商品）的交易价格能够反映其因向客户转让已承诺的相关商品而预期有权收取的对价金额。例如，当企业采用余值法估计确定的某单项履约义务的单独售价为零或仅为很小的金额时，企业应当评估该结果是否恰当，这是因为合同中包含的可明确区分商品对于客户而言都应该是有一定价值的。

2. 分摊合同折扣

当客户购买的一组商品中所包含的各单项商品的单独售价之和高于合同交易价格时，表明客户因购买该组商品而取得了合同折扣。合同折扣，是指合同中各单项履约义务所承诺商品的单独售价之和高于合同交易价格的金额。企业应当在各单项履约义务之间按比例分摊合同折扣。有确凿证据表明合同折扣仅与合同中一项或多项（而非全部）履约义务相关的，企业应当将该合同折扣分摊至相关的一项或多项履约义务。

同时满足下列三项条件时，企业应当将合同折扣全部分摊至合同中的一项或多项（而非全部）履约义务：一是企业经常将该合同中的各项可明确区分商品单独销售或者以组合的方式单独销售；二是企业也经常将其中部分可明确区分的商品以组合的方式按折扣价格单独销售；三是归属于上述第二项中每一组合的商品的折扣与该合同中的折扣基本相同，且针对每一组合中的商品的分析为将该合同的整体折扣归属于某一项或多项履约义务提供了可观察的证据。

有确凿证据表明，合同折扣仅与合同中的一项或多项（而非全部）履约义务相关，且企业采用余值法估计单独售价的，应当首先在该一项或多项（而非全部）履约义务之间分摊合同折扣，然后再采用余值法估计单独售价。

3. 分摊可变对价

合同中包含可变对价的，该可变对价可能与整个合同相关，也可能仅与合同中的某一特定组成部分有关，后者包括两种情形：一是可变对价可能与合同中的一项或多项（而非全部）履约义务有关，例如，是否获得奖金取决于企业能否在指定时期内转让某项已承诺的商品；二是可变对价可能与企业向客户转让的构成单项履约义务的一系列可明确区分商品中的一项或多项（而非全部）商品有关，例如，为期两年的保洁服务合同中，第二年的服务价格将根据指定的通货膨胀率确定。

同时满足下列两项条件的，企业应当将可变对价及可变对价的后续变动额全部分摊至与之相关的某项履约义务，或者构成单项履约义务的一系列可明确区分商品中的某项商品：一是可变对价的条款专门针对企业为履行该项履约义务或转让该项可明确区分商品所作的努力（或者是履行该项履约义务或转让该项可明确区分商品所导致的特定结果）；二是企业在考虑了合同中的全部履约义务及支付条款后，将合同对价中的可变金额全部分摊至该项履约义务或该项可明确区分商品符合分摊交易价格的目标。对于不满足上述条件的可变对价及可变对价的后续变动额，以及可变对价及其后续变动额中未满足上述条件的剩余部分，企业应当按照分摊交易价格的一般原则，将其分摊至合同中的各单项履约义务。对于已履行的履约义务，其分摊的可变对价后续变动额应当调整变动当期的收入。

4. 交易价格的后续变动

合同开始日之后，由于相关不确定性的消除或环境的其他变化等原因，交易价格可能会发生变化，从而导致企业因向客户转让商品而预期有权收取的对价金额发生变化。交易价格发生后续变动的，企业应当按照在合同开始日所采用的基础将该后续变动金额分摊至合同中的履约义务。企业不得因合同开始日之后单独售价的变动而重新分摊交易价格。

对于合同变更导致的交易价格后续变动，应当按照本准则有关合同变更的规定进行会计处理。合同变更之后发生可变对价后续变动的，企业应当区分下列三种情形分别进行会计处理：一是合同变更属于本准则第八条（一）规定情形的，企业应当判断可变对价后续变动与哪一项合同相关，并按照分摊可变对价的相关规定进行会计处理；二是合同变更属于本准则第八条（二）规定情形，且可变对价后续变动与合同变更前已承诺可变对价相关的，企业应当首先将该可变对价后续变动额以原合同开始日确定的单独售价为基础进行分摊，然后再将分摊至合同变更日尚未履行履约义务的该可变对价后续变动额以新合同开始日确定的基础进行二次分摊；三是合同变更之后发生除上述第（一）和第（二）种情形以外的可变对价后续变动的，企业应当将该可变对价后续变动额分摊至合同变更日尚未履行（或部分未履行）的履约义务。

六、关于合同成本

（一）合同履约成本

企业为履行合同可能会发生各种成本，企业应当对这些成本进行分析，属于其他企业会计准则(例如《企业会计准则第1号——存货》《企业会计准则第4号——固定资产》以及《企业会计准则第6号——无形资产》等)规范范围的,应当按照相关企业会计准则进行会计处理;不属于其他企业会计准则规范范围且同时满足下列条件的,应当作为合同履约成本确认为一项资产。

1. 该成本与一份当前或预期取得的合同直接相关

预期取得的合同应当是企业能够明确识别的合同,例如,现有合同续约后的合同、尚未获得批准的特定合同等。与合同直接相关的成本包括直接人工(例如支付给直接为客户提供所承诺服务的人员的工资、奖金等)、直接材料(例如为履行合同耗用的原材料、辅助材料、构配件、零件、半成品的成本和周转材料的摊销及租赁费用等)、制造费用(或类似费用,例如组织和管理相关生产、施工、服务等活动发生的费用,包括管理人员的职工薪酬、劳动保护费、固定资产折旧费及修理费、物料消耗、取暖费、水电费、办公费、差旅费、财产保险费、工程保修费、排污费、临时设施摊销费等)、明确由客户承担的成本以及仅因该合同而发生的其他成本(例如支付给分包商的成本、机械使用费、设计和技术援助费用、施工现场二次搬运费、生产工具和用具使用费、检验试验费、工程定位复测费、工程点交费用、场地清理费等)。

2. 该成本增加了企业未来用于履行(包括持续履行)履约义务的资源
3. 该成本预期能够收回

企业应当在下列支出发生时,将其计入当期损益:一是管理费用,除非这些费用明确由客户承担;二是非正常消耗的直接材料、直接人工和制造费用(或类似费用),这些支出为履行合同发生,但未反映在合同价格中;三是与履约义务中已履行(包括已全部履行或部分履行)部分相关的支出,即该支出与企业过去的履约活动相关;四是无法在尚未履行的与已履行(或已部分履行)的履约义务之间区分的相关支出。

(二)合同取得成本

企业为取得合同发生的增量成本预期能够收回的,应当作为合同取得成本确认为一项资产。增量成本,是指企业不取得合同就不会发生的成本,如销售佣金等。为简化实务操作,该资产摊销期限不超过1年的,可以在发生时计入当期损益。企业采用该简化处理方法的,应当对所有类似合同一致采用。

企业为取得合同发生的、除预期能够收回的增量成本之外的其他支出,例如,无论是否取得合同均会发生的差旅费、投标费、为准备投标资料发生的相关费用等,应当在发生时计入当期损益,除非这些支出明确由客户承担。

企业因现有合同续约或发生合同变更需要支付的额外佣金,也属于为取得合同发生的增量成本。实务中,当涉及合同取得成本的安排比较复杂时,企业需要运用判断,对发生的合同取得成本进行恰当的会计处理,例如,合同续约或合同变更时需要支付额外的佣金、企业支付的佣金金额取决于客户未来的履约情况或者取决于累计取得的合同数量或金额等。

为取得合同需要支付的佣金在履行合同的过程中分期支付、且客户违约时企业无需支付剩余佣金的,如果该合同在合同开始日即满足本准则第五条规定的五项条件,该佣金预期能够从客户支付的对价中获得补偿,且取得合同后,收取佣金的一方不再为企业提供任何相关服务,则企业应当将应支付的佣金金额作为合同取得成本确认为一项资产。后续期间,如果客户的履约情况发生变化,企业应当评估该合同是否仍然满足本准则第五条规定的五项条件以及确认为资产的合同取得成本是否发生减值,并进行相应的会计处理。这一处理也同样适用于客户违约可能导致企业收回已经支付的佣金的情况。当企业发生的合同取得成本与多份合同相关(例如企业支付的佣金取决于累计取得的合同数量或金额)时,情况可能更为复杂,企业应当根据实际情况进行判断,并进行相应的会计处理。

(三)摊销和减值

1. 摊销

根据上述(一)和(二)确认的与合同履约成本和合同取得成本有关的企业资产(以

下简称"与合同成本有关的资产"),应当采用与该资产相关的商品收入确认相同的基础(即,在履约义务履行的时点或按照履约义务的履约进度)进行摊销,计入当期损益。

在确定与合同成本有关的资产的摊销期限和方式时,如果该资产与一份预期将要取得的合同(如续约后的合同)相关,则在确定相关摊销期限和方式时,应当考虑该将要取得的合同的影响。但是,对于合同取得成本而言,如果合同续约时,企业仍需要支付与取得原合同相当的佣金,这表明取得原合同时支付的佣金与未来预期取得的合同无关,该佣金只能在原合同的期限内进行摊销。企业为合同续约仍需支付的佣金是否与原合同相当,需要根据具体情况进行判断。例如,如果两份合同的佣金按照各自合同金额的相同比例计算,通常表明这两份合同的佣金水平是相当的,但是,实务中,与取得原合同相比,现有合同续约的难度可能较低,因此,即使合同续约时应支付的佣金低于取得原合同的佣金,也可能表明这两份合同的佣金水平是相当的。

某些情况下,企业将为取得某份合同发生的增量成本确认为一项资产,但是该合同中包含多项履约义务,且这些履约义务在不同的时点或时段内履行。在确定该项资产的摊销方式时,企业可以基于各项履约义务分摊的交易价格的相对比例,将该项资产分摊至各项履约义务,再以与该履约义务(可明确区分的商品)的收入确认相同的基础进行摊销;或者,企业可以考虑合同中包含的所有履约义务,采用恰当的方法确定合同的完成情况,即,应当最能反映该资产随相关商品的转移而被"耗用"的情况,并以此为基础对该资产进行摊销。通常情况下,上述两种方法的结果可能是近似的,但是,后者无需将合同取得成本特别分摊至合同中的各项履约义务。

企业应当根据向客户转让与上述资产相关的商品的预期时间变化,对资产的摊销情况进行复核并更新,以反映该预期时间的重大变化。此类变化应当作为会计估计变更,按照《企业会计准则第28号——会计政策、会计估计变更和差错更正》进行会计处理。

2. 减值

与合同成本有关的资产,其账面价值高于下列第一项减去第二项的差额的,超出部分应当计提减值准备,并确认为资产减值损失:一是企业因转让与该资产相关的商品预期能够取得的剩余对价;二是为转让该相关商品估计将要发生的成本。这里,企业应当按照确定交易价格的原则(关于可变对价估计的限制要求除外)预计其能够取得的剩余对价。估计将要发生的成本主要包括直接人工、直接材料、制造费用(或类似费用)、明确由客户承担的成本以及仅因该合同而发生的其他成本等。以前期间减值的因素之后发生变化,使得企业上述第一项减去第二项后的差额高于该资产账面价值的,应当转回原已计提的资产减值准备,并计入当期损益,但转回后的资产账面价值不应超过假定不计提减值准备情况下该资产在转回日的账面价值。

在确定与合同成本有关的资产的减值损失时,企业应当首先对按照其他相关企业会计准则确认的、与合同有关的其他资产确定减值损失;然后,按照上一段的要求确定与合同成本有关的资产的减值损失。企业按照《企业会计准则第8号——资产减值》测试相关资产组的减值情况时,应当将按照上述要求确定上述资产减值后的新账面价值计入相关资产组的账面价值。

七、关于特定交易的会计处理

(一)附有销售退回条款的销售

企业将商品转让给客户之后,可能会因为各种原因允许客户选择退货(例如,客户对所购商品的款式不满意等)。附有销售退回条款的销售,是指客户依照有关合同有权退货的销售方式。合同中有关退货权的条款可能会在合同中明确约定,也有可能是隐含的。隐含的退货权可能来自企业在销售过程中向客户作出的声明或承诺,也有可能是来自法律法规的要求或企业以往的习惯做法等。客户选择退货时,可能有权要求返还其已经支付的全部或部分对价、抵减其对企业已经产生或将会产生的欠款或者要求换取其他商品。

客户取得商品控制权之前退回该商品不属于销售退回。需要说明的是,企业在允许客户退货的期间内随时准备接受退货的承诺，并不构成单项履约义务，但可能会影响收入确认的金额。企业应当遵循可变对价（包括将可变对价计入交易价格的限制要求）的处理原则来确定其预期有权收取的对价金额，即交易价格不应包含预期将会被退回的商品的对价金额。

企业应当在客户取得相关商品控制权时，按照因向客户转让商品而预期有权收取的对价金额（即，不包含预期因销售退回将退还的金额）确认收入，按照预期因销售退回将退还的金额确认负债；同时，按照预期将退回商品转让时的账面价值，扣除收回该商品预计发生的成本（包括退回商品的价值减损）后的余额，确认一项资产，按照所转让商品转让时的账面价值，扣除上述资产成本的净额结转成本。每一资产负债表日，企业应当重新估计未来销售退回情况，并对上述资产和负债进行重新计量。如有变化，应当作为会计估计变更进行会计处理。

附有销售退回条款的销售，在客户要求退货时，如果企业有权向客户收取一定金额的退货费，则企业在估计预期有权收取的对价金额时，应当将该退货费包括在内。

需要说明的是，客户以一项商品换取类型、质量、状况及价格均相同的另一项商品，不应被视为退货。此外，如果合同约定客户可以将质量有瑕疵的商品退回以换取正常的商品，企业应当按照附有质量保证条款的销售进行会计处理。对于具有类似特征的合同组合，企业也可以在确定退货率、坏账率、合同存续期间等方面运用组合法进行估计。

（二）附有质量保证条款的销售

企业在向客户销售商品时，根据合同约定、法律规定或本企业以往的习惯做法等，可能会为所销售的商品提供质量保证，这些质量保证的性质可能因行业或者客户而不同。其中，有一些质量保证是为了向客户保证所销售的商品符合既定标准，即保证类质量保证；而另一些质量保证则是在向客户保证所销售的商品符合既定标准之外提供了一项单独的服务，即服务类质量保证。

企业应当对其所提供的质量保证的性质进行分析，对客户能够选择单独购买质量保证的，表明该质量保证构成单项履约义务；对客户虽然不能选择单独购买质量保证，但是，如果该质量保证在向客户保证所销售的商品符合既定标准之外提供了一项单独服务的，也应当作为单项履约义务。作为单项履约义务的质量保证应当按本准则规定进行会计处理，并将部分交易价格分摊至该项履约义务。对于不能作为单项履约义务的质量保证，企业应当按照《企业会计准则第 13 号——或有事项》的规定进行会计处理。

企业在评估一项质量保证是否在向客户保证所销售的商品符合既定标准之外提供了一项单独的服务时，应当考虑的因素包括：

1. 该质量保证是否为法定要求。当法律要求企业提供质量保证时，该法律规定通常表明企业承诺提供的质量保证不是单项履约义务，这是因为，这些法律规定通常是为了保护客户，以免其购买瑕疵或缺陷商品，而并非为客户提供一项单独的服务。

2. 质量保证期限。企业提供质量保证的期限越长，越有可能表明企业向客户提供了保证商品符合既定标准之外的服务。因此，企业承诺提供的质量保证越有可能构成单项履约义务。

3. 企业承诺履行任务的性质。如果企业必须履行某些特定的任务以保证所销售的商品符合既定标准（例如，企业负责运输被客户退回的瑕疵商品），则这些特定的任务可能不构成单项履约义务。

企业提供的质量保证同时包含保证类质量保证和服务类质量保证的，应当分别对其进行会计处理；无法合理区分的，应当将这两类质量保证一起作为单项履约义务按照本准则进行会计处理。

当企业销售的商品对客户造成损害或损失时，如果相关法律法规要求企业需要对此进行赔偿，该法定要求不会产生单项履约义务。如果企业承诺，当企业向客户销售的商品由于专利权、版权、商标或其他侵权等原因被索赔而对客户造成损失时，向客户赔偿该损失，该承诺也不会产生单项履约义务。企业应当按照《企业会计准则第 13 号——或有事项》的规定对上述义务进行会计处理。

（三）主要责任人和代理人

当企业向客户销售商品涉及其他方参与其中时，企业应当确定其自身在该交易中的身份是主要责任人还是代理人。主要责任人应当按照已收或应收对价总额确认收入；代理人应当按照预期有权收取的佣金或手续费的金额确认收入。

1. 主要责任人或代理人的判断原则

企业在判断其是主要责任人还是代理人时，应当根据其承诺的性质，也就是履约义务的性质，确定企业在某项交易中的身份是主要责任人还是代理人。企业承诺自行向客户提供特定商品的，其身份是主要责任人；企业承诺安排他人提供特定商品的，即为他人提供协助的，其身份是代理人。自行向客户提供特定商品可能也包含委托另一方（包括分包商）代为提供特定商品。

在确定企业承诺的性质时，企业应当首先识别向客户提供的特定商品。这里的特定商品，是指向客户提供的可明确区分的商品或可明确区分的一揽子商品，根据前述可明确区分的商品的内容，该特定的商品也包括享有由其他方提供的商品的权利。例如，旅行社销售的机票向客户提供了乘坐航班的权利，团购网站销售的餐券向客户提供了在指定餐厅用餐的权利等。当企业与客户订立的合同中包含多项特定商品时，对于某些商品而言，企业可能是主要责任人而对于其他商品而言，企业可能是代理人。例如，企业与客户订立合同，向客户销售其生产的产品并且负责将该产品运送至客户指定的地点，假定销售产品和提供运输服务是两项履约义务，企业需要分别判断其在这两项履约义务中的身份是主要责任人还是代理人。

然后，企业应当评估特定商品在转让给客户之前，企业是否控制该商品。企业在将特定商品转让给客户之前控制该商品的，表明企业的承诺是自行向客户提供该商品，或委托另一方（包括分包商）代其提供该商品，因此，企业为主要责任人；相反，企业在特定商品转让给客户之前不控制该商品的，表明企业的承诺是安排他人向客户提供该商品，是为他人提供协助，因此，企业为代理人。当企业仅仅是在特定商品的法定所有权转移给客户之前，暂时性地获得该商品的法定所有权时，并不意味着企业一定控制了该商品。

2. 企业作为主要责任人的情况

当存在第三方参与企业向客户提供商品时，企业向客户转让特定商品之前能够控制该商品的，应当作为主要责任人。企业作为主要责任人的情形包括：

（1）企业自该第三方取得商品或其他资产控制权后，再转让给客户。这里的商品或其他资产也包括企业向客户转让的未来享有由其他方提供服务的权利。企业应当评估该权利在转让给客户前，企业是否控制该权利。在进行上述评估时，企业应当考虑该权利是仅在转让给客户时才产生，还是在转让给客户之前就已经存在、且企业一直能够主导其使用，如果该权利在转让给客户之前不存在，则企业实质上并不能在该权利转让给客户之前控制该权利。

（2）企业能够主导第三方代表本企业向客户提供服务。当企业承诺向客户提供服务，并委托第三方（例如，分包商、其他服务提供商等）代表企业向客户提供服务时，如果企业能够主导该第三方代表本企业向客户提供服务，则表明企业在相关服务提供给客户之前能够控制该相关服务。

（3）企业自第三方取得商品控制权后，通过提供重大的服务将该商品与其他商品整合成合同约定的某组合产出转让给客户。此时，企业承诺提供的特定商品就是合同约定的组合产出。企业只有获得为生产该特定商品所需要的投入（包括从第三方取得的商品）的控制权，才能够将这些投入加工整合为合同约定的组合产出。

企业无论是主要责任人还是代理人，均应当在履约义务履行时确认收入。企业为主要责任人的，应当按照其自行向客户提供商品而有权收取的对价总额确认收入；企业为代理人的，应当按照其因安排他人向客户提供特定商品而有权收取的佣金或手续费的金额确认收入，该金额可能是按照既定的佣金金额或比例确定，也可能是按照已收或应收对价总额扣除应支付给提供该特定商品的其他方的价款后的净额确定。

3. 需要考虑的相关事实和情况

实务中,企业在判断其在向客户转让特定商品之前是否已经拥有对该商品的控制权时,不应仅局限于合同的法律形式,而应当综合考虑所有相关事实和情况进行判断,这些事实和情况包括但不仅限于:

(1)企业承担向客户转让商品的主要责任。该主要责任包括就特定商品的可接受性(例如,确保商品的规格满足客户的要求)承担责任等。当存在第三方参与向客户提供特定商品时,如果企业就该特定商品对客户承担主要责任,则可能表明该第三方是在代表企业提供该特定商品。企业在评估是否承担向客户转让商品的主要责任时,应当从客户的角度进行评估,即客户认为哪一方承担了主要责任。例如,客户认为谁对商品的质量或性能负责、谁负责提供售后服务、谁负责解决客户投诉等。

(2)企业在转让商品之前或之后承担了该商品的存货风险。当企业在与客户订立合同之前已经购买或者承诺将自行购买特定商品时,这可能表明企业在将该特定商品转让给客户之前,承担了该特定商品的存货风险,企业有能力主导特定商品的使用并从中取得几乎全部的经济利益。在附有销售退回条款的销售中,企业将商品销给客户之后,客户有权要求向该企业退货,这可能表明企业在转让商品之后仍然承担了该商品的存货风险。

(3)企业有权自主决定所交易商品的价格。企业有权决定与客户交易的特定商品的价格,可能表明企业有能力主导该商品的使用并从中获得几乎全部的经济利益。然而,在某些情况下,代理人可能在一定程度上也拥有定价权(例如,在主要责任人规定的某一价格范围内决定价格),以便其在代表主要责任人向客户提供商品时,能够吸引更多的客户,从而赚取更多的收入。例如,当代理人向主要责任人的客户提供一定折扣优惠,以激励该客户购买主要责任人的商品时,即使代理人有一定的定价能力,也并不表明其身份是主要责任人,代理人只是放弃了一部分自己应当赚取的佣金或手续费而已。

需要强调的是,企业在判断其是主要责任人还是代理人时,应当以该企业在特定商品转让给客户之前是否能够控制该商品为原则。上述相关事实和情况仅为支持对控制权的评估,不能取代控制权的评估,也不能凌驾于控制权评估之上,更不是单独或额外的评估;并且这些事实和情况并无权重之分,其中某一项或几项也不能被孤立地用于支持某一结论。企业应当根据相关商品的性质、合同条款的约定以及其他具体情况,综合进行判断。不同的合同可能需要采用上述不同的事实和情况提供支持证据。

当第三方承担了企业的履约义务并享有了合同中的权利,从而使企业不再负有自行向客户转让特定商品的义务时,企业不再是主要责任人,不应再按照主要责任人确认收入,而应当评估其履约义务是否是为该第三方取得合同,即企业是否为代理人,并确认相应的收入。

(四)附有客户额外购买选择权的销售

某些情况下,企业在销售商品的同时,会向客户授予选择权允许客户可以据此免费或者以折扣价格购买额外的商品。企业向客户授予的额外购买选择权的形式包括销售激励、客户奖励积分、未来购买商品的折扣券以及合同续约选择权等。

对于附有客户额外购买选择权的销售,企业应当评估该选择权是否向客户提供了一项重大权利。如果客户只有在订立了一项合同的前提下才取得了额外购买选择权,并且客户行使该选择权购买额外商品时,能够享受到超过该地区或该市场中其他同类客户所能够享有的折扣,则通常认为该选择权向客户提供了一项重大权利。该选择权向客户提供了重大权利的,应当作为单项履约义务。在这种情况下,客户在该合同下支付的价款实际上购买了两项单独的商品:一是客户在该合同下原本购买的商品;二是客户可以免费或者以折扣价格购买额外商品的权利。企业应当将交易价格在这两项商品之间进行分摊,其中,分摊至后者的交易价格与未来的商品相关,因此,企业应当在客户未来行使该选择权取得相关商品的控制权时,或者在该选择权失效时确认为收入。在考虑授予客户的该项权利是否重大时,应根据其金额和性质综合判断。例如,企业实施一项奖励积分计划,客户每消费10元便可获得1个积分,每个积分的单独售价为0.1元,该积分可累积使用，用于换取企业销售的产品，虽然客户每笔消费所获取的积分的价值相对于消费金额而言并不重大，但是由于该积分可以累积使用，基于企业的历史数据，客户通常能够累积足够的积分来免费换取产品，这可能表明该积分向客户提供了重大权利。

当企业向客户提供了额外购买选择权，但客户在行使该选择权购买商品的价格反映了该商品的单独售价时，即使客户只能通过与企业订立特定合同才能获得该选择权，该选择权也不应被视为企业向该客户提供了一项重大权利。例如，电信公司与客户签订合同，以套餐的方式向客户销售一部手机和两年的通信服务，包括每月200分钟的语音服务和4G的数据流量，并按月收取固定费用；同时，客户可以根据需要，在任何月份按照约定的价格购买额外的语音服务和数据流量。如果该约定的价格与其他客户单独购买语音服务和数据流量时的价格相同，则表明电信公司向客户提供的该额外购买选择权并不构成一项重大权利，企业无需分摊交易价格，只有在客户行使选择权购买额外的商品时才需要进行相应的会计处理。

企业提供的额外购买选择权构成单项履约义务的，企业应当按照交易价格分摊的相关原则，将交易价格分摊至该履约义务。客户额外购买选择权的单独售价无法直接观察的，企业应当综合考虑客户行使和不行使该选择权所能获得的折扣的差异以及客户行使该选择权的可能性等全部相关信息后，予以合理估计。

需要说明的是，企业向客户授予奖励积分，该积分可能有多种使用方式，例如该积分只能用于兑换本企业提供的商品、只能用于兑换第三方的商品，或者客户可以在两者中进行选择。企业授予客户的奖励积分为客户提供了重大权利从而构成单项履约义务时，企业应当根据具体情况确定收入确认的时点和金额。具体而言，该积分只能用于兑换本企业提供的商品的，企业通常只能在将相关商品转让给客户或该积分失效时，确认与积分相关的收入；该积分只能用于兑换第三方提供的商品的，企业应当分析，对于该项履约义务而言，其身份是主要责任人还是代理人，企业是代理人的，通常应在完成代理服务时（例如协助客户自第三方兑换完积分时）按照其有权收取的佣金等确认收入；客户可以选择兑换由本企业或第三方提供的商品的，在客户选择如何兑换积分或该积分失效之前，企业需要随时准备为客户兑换积分提供商品，当客户选择兑换本企业的商品时，企业通常只能在将相关商品转让给客户或该积分失效时确认相关收入，当客户选择兑换第三方提供的商品时，企业需要分析其是主要责任人还是代理人，并进行相应的会计处理。

当客户享有的额外购买选择权是一项重大权利时，如果客户行使该权利购买的额外商品与原合同下购买的商品类似，且企业将按照原合同条款提供该额外商品的，则企业可以无需估计该选择权的单独售价，而是直接把其预计将提供的额外商品的数量以及预计将收取的相应对价金额纳入原合同，并进行相应的会计处理。这是一种便于实务操作的简化处理方式，常见于企业向客户提供续约选择权的情况。例如，企业与客户签订为期1年的合同，以每件2 000元的价格向客户销售A产品，数量不限，客户可以选择在合同到期时以与原合同相同的条款续约1年，这款产品通常每年提价20%，由于行使续约选择权的客户可以按原合同价格（低于当年的市场价格）购买A产品，企业认为该续约选择权向客户提供了重大权利，且符合简化处理的条件，因此，企业可以无需将原合同的交易价格分摊至该续约选择权，而是直接按照每件2 000元的价格确认原合同和续约后的合同下销售的A产品收入。

（五）授予知识产权许可

授予知识产权许可，是指企业授予客户对企业拥有的知识产权享有相应权利。常见的知识产权包括软件和技术、影视和音乐等的版权、特许经营权以及专利权、商标权和其他版权等。

1. 授予知识产权许可是否构成单项履约义务

企业向客户授予知识产权许可时，可能也会同时销售商品，这些承诺可能在合同中明确约定，也可能隐含于企业已公开宣布的政策、特定声明或者企业以往的习惯做法中。在这种情况下，企业应当评估授予客户的知识产权许可是否可与所售商品明确区分，即该知识产权许可是否构成单项履约义务，并进行相应的会计处理。

授予客户的知识产权许可不构成单项履约义务的，企业应当将该知识产权许可和所售商品一起作为单项履约义务进行会计处理。知识产权许可与所售商品不可明确区分的情形包括：一是该知识产权许可构成有形商品的组成部分并且对于该商品的正常使用不可或缺，例如，企业向客户销售设备和相关软件，该软件内嵌于设备之中，该设备必须安装了该软件之后才能正常使用；二是客户只有将该知识产权许可和相关服务一起使用才能够从中获益，例如，客户取得授权许可，但是只有通过企业提供的在线服务才能访问相关内容。

2. 授予知识产权许可属于在某一时段履行的履行义务

授予客户的知识产权许可构成单项履约义务的，企业应当根据该履约义务的性质，进一步确定其是在某一时段内履行还是在某一时点履行。企业向客户授予的知识产权许可，同时满足下列三项条件的，应当作为在某一时段内履行的履约义务确认相关收入；否则，应当作为在某一时点履行的履约义务确认相关收入：

（1）合同要求或客户能够合理预期企业将从事对该项知识产权有重大影响的活动。企业向客户授予知识产权许可之后，还可能会从事一些后续活动，例如市场推广、知识产权的继续开发或者能够影响知识产权价值的日常活动等，这些活动可能会在企业与客户的合同中明确约定，也可能是客户基于企业公开宣布的政策、特定声明或者企业以往的习惯做法而合理预期企业将会从事这些活动。如果企业和客户之间约定共享该知识产权的经济利益（例如，企业收取的特许权使用费基于客户的销售情况确定），虽然并非决定性因素，但是这可能表明客户能够合理预期企业将从事对该项知识产权有重大影响的活动。

企业从事的活动存在下列情况之一，将会对该项知识产权有重大影响：一是这些活动预期将显著改变该项知识产权的形式（如知识产权的设计、内容）或者功能（如执行某任务的能力）；二是客户从该项知识产权中获益的能力在很大程度上来源于或者取决于这些活动，即这些活动会改变该项知识产权的价值，例如企业授权客户使用其品牌，客户从该品牌获得的利益价值取决于企业为维护或提升其品牌价值而持续从事的活动。当该项知识产权具有重大的独立功能，且该项知识产权绝大部分的经济利益来源于该项功能时，客户从该项知识产权中获得的利益可能不受企业从事的相关活动的重大影响，除非这些活动显著改变了该项知识产权的形式或者功能。具有重大独立功能的知识产权主要包括软件、生物合成物或药物配方以及已完成的媒体内容（例如电影、电视节目以及音乐录音）版权等。

（2）该活动对客户将产生有利或不利影响。企业从事的这些后续活动将直接导致相关知识产权许可对客户产生影响，且这种影响既包括有利影响，也包括不利影响。如果企业从事的后续活动并不影响授予客户的知识产权许可，那么企业的后续活动只是在改变其自己拥有的资产。虽然这些活动可能影响企业提供未来知识产权许可的能力，但将不会影响客户已控制或使用的内容。

（3）该活动不会导致向客户转让某项商品。企业向客户授予知识产权许可，并承诺从事与该许可相关的某些后续活动时，如果这些活动本身构成了单项履约义务，那么企业在评估授予知识产权许可是否属于在某一时段履行的履约义务时应当不予考虑。

3. 授予知识产权许可属于在某一时点履行的履约义务

授予知识产权许可不属于在某一时段内履行的履约义务的，应当作为在某一时点履行的履约义务，在履行该履约义务时确认收入。在客户能够使用某项知识产权许可并开始从中获利之前，企业不能对此类知识产权许可确认收入。例如，企业授权客户在一定期间内使用软件，但是，在企业向客户提供该软件的密钥之前，客户都无法使用该软件，因此，企业在向客户提供该密钥之前虽然已经得到授权，但也不应确认收入。

值得注意的是，在判断某项知识产权的许可是属于在某一时段内履行的履约义务还是在某一时点履行的履约义务时，企业不应考虑下列因素：一是该许可在时间、地域、排他性以及相关知识产权消耗和使用方面的限制，这是因为这些限制界定了已承诺的许可的属性，并不能界定企业是在某一时点还是在某一时段内履行其履约义务；二是企业就其拥有的知识产权的有效性以及防止未经授权使用该知识产权许可所提供的保证,这是因为保护知识产权的承诺并不构成履约义务,该保护行为是为了保护企业知识产权资产的价值,并且就所转让的知识产权许可符合合同约定的具体要求而向客户提供保证。

4. 基于销售或使用情况的特许权使用费

企业向客户授予知识产权许可,并约定按客户实际销售或使用情况(如按照客户的销售额)收取特许权使用费的,应当在客户后续销售或使用行为实际发生与企业履行相关履约义务两者孰晚的时点确认收入。这是估计可变对价的一个例外规定,该例外规定只有在下列两种情形下才能使用:一是特许权使用费仅与知识产权许可相关;二是特许权使用费可能与合同中的知识产权许可和其他商品都相关,但是,与知识产权许可相关的部分占有主导地位。当企业能够合理预期,客户认为知识产权许可的价值远远高于合同中与之相关的其他商品时,该知识产权许可可能是占有主导地位的。对于不适用该例外规定的特许权使用费,应当按照估计可变对价的一般原则进行处理。

此外,企业使用上述例外规定时,应当对特许权使用费整体采用该规定,而不应当将特许权使用费进行分拆,即部分采用该例外规定进行处理,而其他部分按照估计可变对价的一般原则进行处理。

(六)售后回购

售后回购,是指企业销售商品的同时承诺或有权选择日后再将该商品购回的销售方式。被购回的商品包括原销售给客户的商品、与该商品几乎相同的商品,或者以该商品作为组成部分的其他商品。一般来说,售后回购通常有三种形式:一是企业和客户约定企业有义务回购该商品,即存在远期安排;二是企业有权利回购该商品,即企业拥有回购选择权;三是当客户要求时,企业有义务回购该商品,即客户拥有回售选择权。对于不同类型的售后回购交易,企业应当区分下列两种情形分别进行会计处理。

1. 企业因存在与客户的远期安排而负有回购义务或企业享有回购权利的

企业因存在与客户的远期安排而负有回购义务或企业享有回购权利的,尽管客户可能已经持有了该商品的实物,但是,由于企业承诺回购或者有权回购该商品,导致客户主导该商品的使用并从中获取几乎全部经济利益的能力受到限制,因此,在销售时点,客户并没有取得该商品的控制权。在这种情况下,企业应根据下列情况分别进行相应的会计处理:一是回购价格低于原售价的,应当视为租赁交易,按照《企业会计准则第 21 号——租赁》的相关规定进行会计处理;二是回购价格不低于原售价的,应当视为融资交易,在收到客户款项时确认金融负债,而不是终止确认该资产,并将该款项和回购价格的差额在回购期间内确认为利息费用等。

2. 企业应客户要求回购商品的

企业负有应客户要求回购商品义务的,应当在合同开始日评估客户是否具有行使该要求权的重大经济动因。客户具有行使该要求权的重大经济动因的,企业应当将回购价格与原售价进行比较,并按照上述第 1 种情形下的原则将该售后回购作为租赁交易或融资交易进行相应的会计处理。客户不具有行使该要求权的重大经济动因的,企业应当将该售后回购作为附有销售退回条款的销售交易进行相应的会计处理。

在判断客户是否具有行权的重大经济动因时,企业应当综合考虑各种相关因素,包括回购价格与预计回购时市场价格之间的比较以及权利的到期日等。当回购价格明显高于该资产回购时的市场价值时,通常表明客户有行权的重大经济动因。

对于上述两种情形,企业在比较回购价格和原销售价格时,应当考虑货币的时间价值。在企业有权要求回购或者客户有权要求企业回购的情况下,企业或者客户到期未行使权利的,应在该权利到期时终止确认相关负债,同时确认收入。

(七)客户未行使的权利

企业因销售商品向客户收取的预收款,赋予了客户一项在未来从企业取得该商品的权利,并使企业承担了向客户转让该商品的义务,因此,企业应当将预收的款项确认为合同负债，待未来履行了相关履约义务，即向客户转让相关商品时，再将该负债转为收入。

某些情况下，企业收取的预收款无需退回，但是客户可能会放弃其全部或部分合同权利，例如，放弃储值卡的使用等。企业预期将有权获得与客户所放弃的合同权利相关的金额的，应当按照客户行使合同权利的模式按比例将上述金额确认为收入；否则，企业只有在客户要求其履行剩余履约义务的可能性极低时，才能将相关负债余额转为收入。企业在确定其是否预期将有权获得与客户所放弃的合同权利相关的金额时，应当考虑将估计的可变对价计入交易价格的限制要求。

如果有相关法律规定，企业所收取的、与客户未行使权利相关的款项须转交给其他方的（例如，法律规定无人认领的财产需上交政府），企业不应将其确认为收入。

（八）无需退回的初始费

企业在合同开始日（或邻近合同开始日）向客户收取的无需退回的初始费通常包括入会费、接驳费、初装费等。企业收取该初始费时，应当评估该初始费是否与向客户转让已承诺的商品相关。该初始费与向客户转让已承诺的商品相关，且该商品构成单项履约义务的，企业应当在转让该商品时，按照分摊至该商品的交易价格确认收入；该初始费与向客户转让已承诺的商品相关，但该商品不构成单项履约义务的，企业应当在包含该商品的单项履约义务履行时，按照分摊至该单项履约义务的交易价格确认收入；该初始费与向客户转让已承诺的商品不相关的，该初始费应当作为未来将转让商品的预收款，在未来转让该商品时确认为收入。当企业向客户授予了续约选择权，且该选择权向客户提供了重大权利时，这部分收入确认的期间将可能长于初始合同期限。

在合同开始日（或邻近合同开始日），企业通常必须开展一些初始活动，为履行合同进行准备，如一些行政管理性质的准备工作，这些活动虽然与履行合同有关，但并没有向客户转让已承诺的商品，因此，不构成单项履约义务。在这种情况下，即使企业向客户收取的无需退还的初始费与这些初始活动有关（例如，企业为了补偿开展这些活动所发生的成本而向客户收取初始费），也不应在这些活动完成时将该初始费确认为收入，而应当将该初始费作为未来将转让商品的预收款，在未来转让该商品时确认为收入。

企业为履行合同开展初始活动，但这些活动本身并没有向客户转让已承诺的商品的，企业为开展这些活动所发生的支出，应当按照本准则的有关合同履约成本的相关规定确认为一项资产或计入当期损益，并且企业在确定履约进度时，也不应当考虑这些成本，因为这些成本并不反映企业向客户转让商品的进度。

八、关于列报和披露

（一）列报

1. 合同资产和合同负债

合同一方已经履约的，即企业依据合同履行履约义务或客户依据合同支付合同对价，企业应当根据其履行履约义务与客户付款之间的关系，在资产负债表中列示合同资产或合同负债。企业拥有的、无条件（即仅取决于时间流逝）向客户收取对价的权利应当作为应收款项单独列示。

企业在向客户转让商品之前，如果客户已经支付了合同对价或企业已经取得了无条件收取合同对价的权利，则企业应当在客户实际支付款项与到期应支付款项孰早时点，将该已收或应收的款项列示为合同负债。合同负债，是指企业已收或应收客户对价而应向客户转让商品的义务。例如，企业与客户签订不可撤销的合同，向客户销售其生产的产品，合同开始日，企业收到客户支付的合同价款 1 000 元，相关产品将在 2 个月之后交付给客户，这种情况下，企业应当将该 1 000 元作为合同负债进行处理。

相反，在客户实际支付合同对价或在该对价到期应付之前，企业如果已经向客户转让了商品，则应当将因已转让商品而有权收取对价的权利列示为合同资产，但不包括应收款项。合同资产,是指企业已向客户转让商品而有权收取对价的权利,且该权利取决于时间流逝之外的其他因素。企业应当按照《企业会计准则第22号——金融工具确认和计量》评估合同资产的减值,该减值的计量、列报和披露应当按照《企业会计准则第22号——金融工具确认和计量》和《企业会计准则第37号——金融工具列报》的规定进行会计处理。

应收款项是企业无条件收取合同对价的权利。只有在合同对价到期支付之前仅仅随着时间的流逝即可收款的权利,才是无条件的收款权。有时,企业有可能需要在未来返还全部或部分的合同对价(例如,企业在附有销售退回条款的合同下收取的合同对价),但是,企业仍然拥有无条件收取合同对价的权利,未来返还合同对价的潜在义务并不会影响企业收取对价总额的现时权利,因此,企业仍应当确认一项应收款项,同时将预计未来需要返还的部分确认为一项负债。需要说明的是,合同资产和应收款项都是企业拥有的有权收取对价的合同权利,两者的区别在于,应收款项代表的是无条件收取合同对价的权利,即企业仅仅随着时间的流逝即可收款,而合同资产并不是一项无条件收款权,该权利除了时间流逝之外,还取决于其他条件(例如,履行合同中的其他履约义务)才能收取相应的合同对价。因此,与合同资产和应收款项相关的风险是不同的,应收款项仅承担信用风险,而合同资产除信用风险之外,还可能承担其他风险,如履约风险等。

合同资产和合同负债应当在资产负债表中单独列示。同一合同下的合同资产和合同负债应当以净额列示,不同合同下的合同资产和合同负债不能互相抵销。

通常情况下,企业对其已向客户转让商品而有权收取的对价金额应当确认为合同资产或应收账款;对其已收或应收客户对价而应向客户转让商品的义务,应当按照已收或应收的金额确认合同负债。由于同一合同下的合同资产和合同负债应当以净额列示,企业也可以设置"合同结算"科目(或其他类似科目),以核算同一合同下属于在某一时段内履行履约义务涉及与客户结算对价的合同资产或合同负债,并在此科目下设置"合同结算——价款结算"科目反映定期与客户进行结算的金额,设置"合同结算——收入结转"科目反映按履约进度结转的收入金额。资产负债表日,"合同结算"科目的期末余额在借方的,根据其流动性,在资产负债表中分别列示为"合同资产"或"其他非流动资产"项目;期末余额在贷方的,根据其流动性,在资产负债表中分别列示为"合同负债"或"其他非流动负债"项目。

2.合同履约成本和合同取得成本

根据本准则规定确认为资产的合同履约成本,初始确认时摊销期限不超过1年或一个正常营业周期的,在资产负债表中计入"存货"项目;初始确认时摊销期限在一年或一个正常营业周期以上的,在资产负债表中计入"其他非流动资产"项目。根据本准则规定确认为资产的合同取得成本,初始确认日时摊销期限不超过1年或一个正常营业周期的,在资产负债表中记入"其他流动资产"项目;初始确认时摊销期限在1年或一个正常营业周期以上的,在资产负债表中记入"其他非流动资产"项目。

(二)披露

企业应当在财务报表附注中充分披露与收入有关的下列定性和定量信息,以使财务报表使用者能够了解与客户之间的合同产生的收入及现金流量的性质、金额、时间分布和不确定性等相关信息。

1.收入确认和计量所采用的会计政策,对确定收入确认的时点和金额具有重大影响的判断以及这些判断的变更

在披露这些判断及其变更时,企业应当披露下列信息:

(1)履约义务履行的时点。对于在某一时段内履行的履约义务企业应当披露确认收入所采用的方法(例如,企业是按照产出法还是投入法确认收入,企业如何运用该方法确认收入等),以及该方法为何能够如实地反映商品的转让的说明性信息。对于在某一时点履行的履约义务,企业应当披露在评估客户取得所承诺商品控制权时点时所作出的重大判断。

(2)交易价格以及分摊至各单项履约义务的金额。企业应当披露在确定交易价格(包

括但不限于估计可变对价、调整货币时间价值的影响以及计量非现金对价等）、估计计入交易价格的可变对价、分摊交易价格（包括估计所承诺商品的单独售价、将合同折扣以及可变对价分摊至合同中的某一特定部分等）以及计量预期将退还给客户的款项等类似义务时所采用的方法、输入值以及各项假设等信息。

2. 与合同相关的信息

企业应当单独披露与客户的合同相关的下列信息，除非这些信息已经在利润表中单独列报：一是按照本准则确认的收入，且该收入应当区别于企业其他的收入来源而单独披露。二是企业已经就与客户之间的合同相关的任何应收款项或合同资产确认的减值损失，且该减值损失也应当区别于针对其他合同确认的减值损失而单独披露。

（1）本期确认的收入。企业应当将本期确认的收入按照不同的类别进行分解，这些类别应当反映经济因素如何影响收入及现金流量的性质、金额、时间分布和不确定性。此外，企业应当充分披露上述信息，以便财务报表使用者能够理解上述将收入按不同类别进行分解的信息与企业在分部信息中披露的每一报告分部的收入之间的关系。

在确定对收入进行分解的类别时，企业应当考虑其在下列情况下是如何列报和披露与收入有关的信息：①在财务报表之外披露的信息，例如，在企业的业绩公告、年报或向投资者报送的相关资料中披露的收入信息；②管理层为评价经营分部的财务业绩所定期复核的信息；③企业或企业的财务报表使用者在评价企业的财务业绩或作出资源分配决策时，所使用的类似于上述①和②的信息类型的其他信息。

企业在对收入信息进行分解时，可以采用的类别包括但不限于商品类型、经营地区、市场或客户类型、合同类型（例如，固定造价合同、成本加成合同等）、商品转让的时间（例如，在某一时点转让或在某一日时段内转让）、合同期限（例如，长期合同、短期合同等）、销售渠道（例如，直接销售或通过经销商销售）等。

（2）应收款项、合同资产和合同负债的账面价值。企业应当披露与应收款项、合同资产和合同负债的账面价值有关的下列信息：①应收款项、合同资产和合同负债的期初和期末账面价值；②对上述应收款项和合同资产确认的减值损失；③在本期确认的包括在合同负债期初账面价值中的收入，以及④前期已经履行（或部分履行）的履约义务在本期确认的收入（例如，交易价格的变动）。

企业应当说明其履行履约义务的时间与通常的付款时间之间的关系，以及此类因素对合同资产和合同负债账面价值的影响的定量或定性信息。企业还应当以定性和定量信息的形式说明合同资产和合同负债的账面价值在本期内发生的重大变动。合同资产和合同负债的账面价值发生变动的情形包括：①企业合并导致的变动；②对收入进行累积追加调整导致的相关合同资产和合同负债的变动，此类调整可能源于估计履约进度的变化、估计交易价格的变化（包括对可变对价是否受到限制的评估发生变化）或者合同变更；③合同资产发生减值；④对合同对价的权利成为无条件权利（即，合同资产重分类为应收款项）的时间安排发生变化；⑤履行履约义务（即从合同负债转为收入）的时间安排发生变化。

（3）履约义务。企业应当披露与履约义务相关的信息包括：①企业通常在何时履行履约义务，包括在售后代管商品的安排中履行履约义务的时间，例如，发货时、交付时、服务提供时或服务完成时等；②重要的支付条款，例如，合同价款通常何时到期、合同是否存在重大融资成分、合同对价是否为可变金额以及对可变对价的估计是否通常受到限制等；③企业承诺转让的商品的性质，如有企业为代理人的情形，需要着重说明；④企业承担的预期将退还给客户的款项等类似义务；⑤质量保证的类型及相关义务。

（4）分摊至剩余履约义务的交易价格。企业应当披露与剩余履约义务有关的下列信息：①分摊至本期末尚未履行（或部分未履行）履约义务的交易价格总额；②上述金额确认为收入的预计时间，企业可以按照对于剩余履约义务的期间而言最恰当的时间段为基础提供有关预计时间的定量信息，或者使用定性信息进行说明。

为简化实务操作，当满足下列条件之一时，企业无需针对某项履约义务披露上述信息：一是该项履约义务是原预计合同期限不超过1年的合同中的一部分；二是企业有权对该履约义务下已转让的商品向客户发出账单，且账单金额能够代表企业累计至今已履约部分转移给客户的价值。

企业应当提供定性信息以说明其是否采用了上述简化操作方法，以及是否存在任何对价金额未纳入交易价格，从而未纳入对于分摊至剩余履约义务的交易价格所需披露的信息之中，例如，由于将可变对价计入交易价格的限制要求而未计入交易价格的可变对价。

3. 与合同成本有关的资产相关的信息

企业应当披露与合同成本有关的资产相关的下列信息：①在确定该资产的金额时所运用的判断；②该资产的摊销方法；③按该资产的主要类别（如为取得合同发生的成本、为履行合同开展的初始活动发生的成本等）披露合同取得成本或合同履约成本的期末账面价值以及④本期确认的摊销以及减值损失的金额等。

4. 有关简化处理方法的披露

如果企业选择对于合同中存在的重大融资成分或为取得合同发生的增量成本采取简化的处理方法，即企业根据本准则第十七条规定因预计客户取得商品控制权与客户支付价款间隔未超过1年而未考虑合同中存在的重大融资成分，或者根据本准则第二十八条规定因与合同取得成本有关的资产的摊销期限未超过1年而将其在发生时计入当期损益的，企业应当对这一事实进行披露。

《企业会计准则第 15 号——建造合同》重点难点说明

一、本准则的适用范围

本准则是规范建造承包商建造合同的会计处理和相关信息披露的准则。这里所讲的建造承包商，是指根据合同为客户建造工程（或大型资产）的企业，如承包建造房屋、建筑物的建筑安装企业，承包建造船舶、飞机和大型机械设备的制造企业。本准则将旧准则中的"建造工程合同"改为了"建造合同"，但含义基本没有变化。由于建造合同的开工日期与完工日期通常分属于不同的会计年度，因此，本准则的主要问题是将合同收入和合同成本分配计入实施工程的各个会计年度。根据《中华人民共和国会计法》的规定，"会计年度自公历 1 月 1 日起至 12 月 31 日止"。建造合同的施工期较长，通常要跨越一个会计年度，为了及时反映各年度的经营成果和财务状况，一般情况下，不能等到合同工程完工时才确认收入和费用，而应按照权责发生制的要求，遵循配比原则，在合同实施过程中，按照一定的方法，合理确认各年的收入和费用。在一个会计年度内完成的建造合同，应在完成时确认合同收入和合同费用。

二、建造合同的概念和类型

建造合同，是指为建造一项或数项在设计、技术、功能、最终用途等方面密切相关的资产而订立的合同。这里的资产，是指房屋、道路、桥梁、水坝等建筑物以及船舶、飞机、大型机械设备等。建造合同属于经济合同范畴，但它不同于一般的材料采购合同和劳务合同，主要表现为：①先有买主（即客户），后有标底（即资产）。建造资产的造价在签订合同时已经确定；②资产的建设期长，一般都要跨越一个会计年度，有的长达数年；③所建造的资产体积大，造价高；④建造合同一般为不可取消的合同。

建造合同按照所含风险的承担者不同分为固定造价合同与成本加成合同。固定造价合同，是指按照固定的合同价或固定单价确定工程价款的建造合同。成本加成合同，是指以合同约定或其他方式议定的成本为基础，加上该成本的一定比例或定额费用确定工程价款的建造合同。

三、合同收入

建造合同收入包括两部分内容：①合同规定的初始收入，即建造承包商与客户在双方签订的合同中最初商订的合同总金额，它构成了合同收入的基本内容；②因合同变更、索赔、奖励等形成的收入，这部分收入并不构成合同双方在签订合同时已在合同中商订的合同总金额，而是在执行合同过程中由于合同变更、索赔、奖励等原因而形成的追加收入。建造承包商不能随意确认这部分收入，只有在符合规定条件时才能构成合同总收入。

（一）合同变更，是指客户为改变合同规定的作业内容而提出的调整。合同变更款应当在同时满足下列条件时才能构成合同收入：①客户能够认可因变更而增加的收入；②该收入能够可靠地计量。如果不同时具备上述两个条件，则不能确认变更收入。

（二）索赔款，是指因客户或第三方的原因造成的、向客户或第三方收取的、用于补偿不包括在合同造价中的成本的款项。索赔款应当在同时满足下列条件时才能构成合同收入：①根据谈判情况，预计对方能够同意该项索赔；②对方同意接受的金额能够可靠地计量。如果不同时具备上述条件，则不能确认索赔款收入。

（三）奖励款，是指工程达到或超过规定的标准，客户同意支付的额外款项。奖励款应当在同时满足下列条件时才能构成合同收入：①根据合同目前完成情况，足以判断工程进度和工程质量能够达到或超过规定的标准；②奖励金额能够可靠地计量。如果不同时具备上述条件，则不能确认。

四、合同成本

合同成本应包括从合同签订开始至合同完成止所发生的、与执行合同有关的直接费用和间接费用。

直接费用，是指为完成合同所发生的、可以直接计入合同成本核算对象的各项费用支出。它包括四项费用：耗用的材料费用、耗用的人工费用、耗用的机械使用费和其他直接费用。由于直接费用在发生时能够分清受益对象，因此可将其直接计入合同成本。其账务处理是，耗用的人工费用，借记"工程施工"或"生产成本"科目，贷记"应付工资""应付福利费"等科目；耗用的材料费用，借记"工程施工"或"生产成本"科目，贷记"库存材料""原材料""周转材料摊销"（分摊的周转材料摊销额）"银行存款"（支付的周转材料租赁费）等科目；耗用的机械使用费，借记"工程施工"或"生产成本"科目；贷记"机械作业"（使用本单位的自有施工机械发生的费用）"银行存款"（租用外单位的施工机械发生的租赁费）等科目；耗用的其他直接费用，借记"工程施工"或"生产成本"科目，贷记"银行存款"等科目。

间接费用，是指为完成合同所发生的、不易直接归属于合同成本核算对象而应分配计入有关合同成本核算对象的各项费用支出，是企业下属的施工单位或生产单位为组织和管理施工生产活动所发生的费用。间接费用虽然也构成了合同成本的组成内容，但是间接费用在发生时一般不易直接归属于受益对象，因此，间接费用应在资产负债表日按照系统、合理的方法分摊计入合同成本。在会计实务中，常用的间接费用分配方法主要有人工费用比例法和直接费用比例法等。

不计入合同成本的各项费用，即应当计入当期损益的管理费用、销售费用和财务费用。因订立合同而发生的有关费用，应当直接计入当期损益。

五、合同收入与合同费用的确认

（一）合同收入与合同费用确认的总原则

企业在资产负债表日，如果建造合同的结果能够可靠估计的，应当根据完工百分比法确认合同收入和费用。采用完工百分法确认合同收入和合同费用的前提条件是建造合同的结果能够可靠估计。建造合同划分为固定造价合同和成本加成合同两种类型，不同类型的建造合同，判断其结果能够可靠估计的前提条件也不同。

1. 固定造价合同的结果能否可靠估计，依据以下四个条件进行判断，如果同时满足四个条件，则固定造价合同的结果能够可靠估计。如果不同时满足四个条件，则固定造价合同的结果不能可靠估计。这四个条件是：①合同总收入能够可靠地计量；②与合同相关的经济利益很可能流入企业；③实际发生的合同成本能够清楚地区分和可靠地计量；④合同完工进度和为完成合同尚需发生的成本能够可靠地确定。

2. 成本加成合同的结果能否可靠估计，依据以下两个条件进行判断，如果同时满足两个条件，则成本加成合同的结果能够可靠地估计。如果不同时具备两个条件，则成本加成合

企业会计准则应用指南

的结果不能可靠地估计。这两个条件是：①与合同相关的经济利益很可能流入企业；②实际发生的合同成本能够清楚区分和可靠地计量。

如果建造合同的结果不能可靠估计的，企业不能采用完工百分比法确认合同收入和费用，而应当区别以下两种情况进行会计处理：①合同成本能够收回的，合同收入根据能够收回的实际合同成本予以确认，合同成本在其发生的当期确认为合同费用；②合同成本不可能收回的，在发生时立即确认为合同费用，不确认收入。

（二）完工百分比法的含义及运用

完工百分比法是根据合同完工进度确认收入与费用的方法。运用这种方法确认合同收入和费用，能为报表使用者提供有关合同进度及本期业绩的有用信息。运用该方法包括如下步骤：

1. 确定工程的完工进度。确定合同完工进度可以选用下列三种方法：

一是累计实际发生的合同成本占合同预计总成本的比例。该方法是确定合同完工进度较常用的方法。用计算公式表示如下：

$$合同完工进度 = \frac{累计实际发生的合同成本}{合同预计总成本} \times 100\%$$

二是已经完成的合同工作量占合同预计总工作量的比例。该方法适用于合同工作量容易确定的建造合同，如道路工程、土石方挖掘和砌筑工程等。用计算公式表示如下：

$$合同完工进度 = \frac{已经完成的合同工作量}{合同预计总工作量} \times 100\%$$

三是实际测定的完工进度。该方法是在无法根据上述两种方法确定合同完工进度时所采用的一种特殊的技术测量方法，适用于一些特殊的建造合同，如水下施工工程等。需要指出的是，这种技术测量并不是由建造承包商自行随意测定的，而应由专业人员现场进行科学测定。

需要注意的是，采用累计实际发生的合同成本占合同预计总成本的比例确定合同完工进度的，累计实际发生的合同成本不包括下列内容：①施工中尚未安装或使用的材料成本等与合同未来活动相关的合同成本；②在分包工程的工作量完成之前预付给分包单位的款项。

2. 根据完工百分比计量和确认当期的收入和费用。可根据下列公式计算：

$$\begin{aligned}当期确认的\\合同收入\end{aligned} = (合同总收入 \times 完工进度) - 以前会计年度累计已确认的收入$$

$$\begin{aligned}当期确认的\\合同毛利\end{aligned} = (合同总收入 - 合同预计总成本) \times 完工进度 - \begin{aligned}以前会计年度累\\计已确认的毛利\end{aligned}$$

$$\begin{aligned}当期确认的\\合同费用\end{aligned} = \begin{aligned}当期确认的\\合同收入\end{aligned} - \begin{aligned}当期确认的\\合同毛利\end{aligned} - \begin{aligned}以前会计年度\\预计损失准备\end{aligned}$$

需要说明的是，完工进度实际上是累计完工进度，企业在运用上述公式计量和确认当期合同收入和合同费用时，应分别建造合同的实施情况进行处理：①当年开工当年未完工的建造合同。在这种情况下，企业在运用上述公式计量和确认当期合同收入和合同费用时，在以前会计年度累计已确认的合同收入和合同毛利均为零；②以前年度开工本年仍未完工的建造合同。在这种情况下，企业可直接运用上述公式计量和确认当期收入和费用；③以前年度开工本年完工的建造合同，在这种情况下，当期计量和确认的合同收入，等于合同总收入扣除以前会计年度累计已确认的收入后的余额，当期计量和确认的合同毛利，等于合同总收入扣除实际合同总成本扣除以前会计年度累计已确认的毛利后的余额；④当年开工当年完工的建造合同。在这种情况下，当期计量和确认的合同收入，等于该项合同的总收入，当期计量和确认的合同费用，等于该项合同的实际总成本。

3. 预计损失的会计处理。如果合同预计总成本超过合同总收入的，应当将预计损失确认为当期费用。

《企业会计准则第 15 号——建造合同》重点难点说明

六、披露

企业应当在附注中披露与建造合同有关的下列信息：

（一）各项合同总金额，以及确定合同完工进度的方法。

（二）各项合同累计已发生成本、累计已确认毛利（或亏损）。

（三）各项合同已办理结算的价款金额。

（四）当期预计损失的原因和金额。

需要说明的是："各项合同累计已发生的成本、累计已确认的毛利（或亏损）"与"各项合同已办理结算的价款金额"应在资产负债表中以相抵后的差额反映。如果各项合同累计已发生的成本和已确认的毛利大于各项合同已办理结算的价款金额，其差额反映各项合同已完工但尚未办理结算的款项，这部分款项是企业应向客户收取的款项，因此，应在资产负债表中作为一项流动资产列示；如果各项合同已办理结算的价款金额大于各项合同累计已发生的成本和已确认的毛利，其差额反映各项合同尚未完工部分但已办理了结算的款项，这部分款项是企业超过完工进度多结算的款项，因此，应在资产负债表中作为一项流动负债列示。

七、涉及的主要会计科目及使用说明

（一）设置"工程施工"科目（建筑安装企业使用）或"生产成本"科目（船舶等制造企业使用），核算实际发生的合同成本和合同毛利。实际发生的合同成本和确认的合同毛利记入本科目的借方，确认的合同亏损记入本科目的贷方，合同完成后，本科目与"工程结算"科目对冲后结平。

（二）设置"工程结算"科目，核算根据合同完工进度已向客户开出工程价款结算账单办理结算的价款。本科目是"工程施工"或"生产成本"科目的备抵科目，已向客户开出工程价款结算账单办理结算的款项记入本科目的贷方，合同完成后，本科目与"工程施工"或"生产成本"科目对冲后结平。

（三）设置"应收账款"科目，核算应收和实际已收的进度款，预收的备料款也在本科目核算。已向客户开出工程价款结算账单应收的工程进度款记入本科目的借方，预收的备料款和实际收到的工程进度款记入本科目的贷方。

（四）设置"营业收入"科目，核算当期确认的合同收入。当期确认的合同收入记入本科目的贷方，期末，将本科目的余额全部转入"本年利润"科目，结转后，本科目应无余额。

（五）设置"营业成本"科目，核算当期确认的合同费用。当期确认的合同费用记入本科目的借方，期末，将本科目的余额全部转入"本年利润"科目，结转后，本科目应无余额。

（六）设置"合同预计损失"科目。核算当期确认的合同预计损失。当期确认的合同预计损失，记入本科目的借方，期末，将本科目的余额全部转入"本年利润"科目，结转后，本科目应无余额。

（七）设置"预计损失准备"科目，核算建造合同计提的损失准备。在建合同计提的损失准备，记入本科目的贷方，在建合同完工后，应将本科目的余额调整"营业成本"科目。

八、主要会计分录举例

（一）签订建造合同后，收到客户支付的工程预付款

借：银行存款
　　贷：预收账款

（二）工程施工过程中，发生相关合同成本
借：工程施工（生产成本）——工程项目
或　　　工程施工——间接费用
　　　　贷：应付工资、库存材料、累计折旧等
期末，根据人工分配法或直接费用分配法把"工程施工——间接费用"分摊到各工程项目中。

（三）收到客户工程验工计价单
借：应收账款
　　　　贷：工程结算

（四）收到客户拨付工程款
借：银行存款
　　　　贷：应收账款

（五）资产负债表日确认合同收入和支出
借：营业成本
　　　工程施工——毛利
　　　　贷：营业收入

（六）如果合同预计总成本将超过合同预计总收入，应将预计损失立即确认为当期费用
借：预计合同损失
　　　　贷：预计损失准备

（七）工程竣工结算
借：工程结算
　　借或贷：工程施工——合同毛利
　　　　贷：工程施工——工程项目

九、新旧会计科目对照

由于《企业会计准则第30号——财务报表列报》规定利润表中营业收入由原来的按主营业务收支和其他业务收支分别列示改成合并为营业收入列示，并在第三十条中将原"主营业务收入""主营业务支出"更改为"营业收入""营业支出"，为了同《企业会计准则第30号——财务报表列报》的规定相一致，在建造合同科目设置时，也将"主营业务收入""主营业务支出"科目分别更改为"营业收入""营业支出"，但它们核算的内容同以前一样，其他会计科目没有变化。

十、本准则对权益、损益及资产结构等经济事项的影响

《企业会计准则——建造工程合同》自1998年颁布以后，先在上市公司实施，2003年以后国有大中型企业也陆续按建造合同实施会计核算，这次没有作大的修改，所以不存在追溯调整，但本准则实施后对企业税金、损益等有一定的影响。

（一）对增值税的影响

按照《营业税改征增值税试点实施办法》规定，增值税纳税义务发生时间为纳税人收讫营业收入款项或者取得营业收入款项凭证当天，本准则规定收入确定的时间有三种：资产负债表日、合同完成时、能得到补偿的费用发生当期；且所确认的收入是指已完工部分预计可以收回的收入，并不一定都取得了收取款项的凭证。由于税法和本准则对收入界定不一致，就会导致按税法要求和本准则要求计算出来的应交增值税不相同。

《企业会计准则第 15 号——建造合同》重点难点说明

（二）对所得税的影响

根据（94）财法字第 3 号文规定："建筑、安装、装配工程和提供劳务，持续时间超过 1 年的，可以按完工进度或完成的工作量确认收入的实现；为其他企业加工、制造大型机械设备、船舶等，持续时间超过 1 年的，可以按完工进度或完成的工作量确定收入的实现。"在对建造合同的结果能够可靠估计的情况下，企业采用完工百分比法确认合同收入与企业所得税的规定是一致的，会计上确认的收入也就是企业所得税的应税收入；在对建造合同的结果不能可靠地估计的情况下，是否应当按实际合同成本确认收入目前尚无明文规定。

本准则和所得税税法不同的地方主要是当工程预计总成本超过预计总收入时，本准则要求当期确认费用，以及计提建造合同减值准备所得税税法都是不允许的，这样在纳税时就会产生时间上的差异。

（三）执行本准则相对于以前执行的《施工企业会计制度》对企业损益的影响

《施工企业会计制度》中规定在承包商与发包商进行结算时，按结算金额确认为工程结算收入，按当期实际发生成本结转为工程结算成本。本准则规定企业可以按照完工百分比法、按实际成本确认收入和成本、不确认收入只确认成本三种方式确认收益。由于两者确认损益方法不同，实施本准则后，从长期来看没有什么影响，但会减少短期内的企业损益。因为本准则规定预计总成本大于预计总收入时要将其差额计入当期损益，而且期末要计提建造合同损失，这些相对于《施工企业会计制度》来讲都是以后会发生的成本，对比而言会减少短期内的企业损益；另外，实施本准则后，主要是按完工百分比法确认收支（完工百分比法是按整个建造合同的预计收入、预计成本确认毛利），这样会使建造合同施工期间的利润比较平均，如果工期比较长的话，很难反映施工期间某一时点的真实损益。主要因为建造合同施工期间各个阶段的毛利率是不相同的、成本投入与完工程度经常不是一种严格的对应关系、复杂的施工对象很难确定合同的完工百分比等因素的制约，会造成合同期间内某一时段的利润不真实，对拥有众多建造合同的大型企业来讲有时会形成很大的差异。

《企业会计准则第 16 号——政府补助》应用指南

一、总体要求

《企业会计准则第 16 号——政府补助》(以下简称"本准则")规范了政府补助的确认、计量、列示和相关信息的披露。企业应当根据政府补助的定义和特征对来源于政府的经济资源进行判断,并按照本准则的要求对政府补助进行相应的会计处理和列报。

政府向企业提供经济支持,以鼓励或扶持特定行业、地区或领域的发展,是政府进行宏观调控的重要手段,也是国际上通行的做法。对企业而言,并不是所有来源于政府的经济资源都属于本准则规范的政府补助,除政府补助外,还可能是政府对企业的资本性投入或者政府购买服务所支付的对价。本准则要求企业首先根据交易或者事项的实质对来源于政府的经济资源所归属的类型作出判断,对于符合政府补助的定义和特征的,再按照本准则的要求进行确认、计量、列示与披露。

企业选择总额法对与日常活动相关的政府补助进行会计处理的应增设"6117 其他收益"科目进行核算。"其他收益"科目核算总额法下与日常活动相关的政府补助以及其他与日常活动相关且应直接计入本科目的项目,计入本科目的政府补助可以按照类型进行明细核算。对于总额法下与日常活动相关的政府补助,企业在实际收到或应收时,或者将先确认为"递延收益"的政府补助分摊计入收益时,借记"银行存款""其他应收款""递延收益"等科目,贷记"其他收益"科目。期末,应将本科目余额转入"本年利润"科目,本科目结转后应无余额。

二、关于政府补助的定义和特征

(一)政府补助的定义

本准则规定,政府补助,是指企业从政府无偿取得货币性资产或非货币性资产。政府补助主要形式包括政府对企业的无偿拨款、税收返还、财政贴息,以及无偿给予非货币性资产等。通常情况下,直接减征、免征、增加计税抵扣额、抵免部分税额等不涉及资产直接转移的经济资源,不适用政府补助准则。

需要说明的是,增值税出口退税不属于政府补助。根据税法规定,在对出口货物取得的收入免征增值税的同时,退付出口货物前道环节发生的进项税额,增值税出口退税实际上是政府退回企业事先垫付的进项税,不属于政府补助。

(二)政府补助的特征

根据本准则的规定,政府补助具有下列特征。

1. 政府补助是来源于政府的经济资源。这里的政府主要是指行政事业单位及类似机构。对于企业收到的来源于其他方的补助,有确凿证据表明政府是补助的实际拨付者,其他方只起到代收代付作用的,该项补助也属于来源于政府的经济资源。例如,某集团公司母公司收到一笔政府补助款,有确凿证据表明该补助款实际的补助对象为该母公司下属子公司,母公司只是起到代收代付作用,在这种情况下,该补助款属于对子公司的政府补助。

2. 政府补助是无偿的,即企业取得来源于政府的经济资源,不需要向政府交付商品或服务等对价。无偿性是政府补助的基本特征,这一特征将政府补助与政府以投资者身份向企业投入资本、政府购买服务等政府与企业之间的互惠性交易区别开来。需要说明的是,政府补助通常附有一定条件,这与政府补助的无偿性并不矛盾,只是政府为了推行其宏观经济政策,对企业使用政府补助的时间、使用范围和方向进行了限制。

三、关于适用范围

企业对于符合本准则政府补助定义和特征的政府补助,应当按照本准则的要求进行会计处理。以下各项不纳入本准则的范围,适用其他相关会计准则。

(一)企业从政府取得的经济资源,如果与企业销售商品或提供服务等活动密切相关,且是企业商品或服务的对价或者是对价的组成部分,应当适用《企业会计准则第14号——收入》等相关会计准则。

(二)所得税减免,适用《企业会计准则第18号——所得税》。政府以投资者身份向企业投入资本,享有相应的所有者权益,政府与企业之间是投资者与被投资者的关系,属于互惠性交易,不适用本准则。

四、关于政府补助的分类

确定了来源于政府的经济资源属于政府补助后,企业还应当对其进行恰当的分类。根据本准则规定,政府补助应当划分为与资产相关的政府补助和与收益相关的政府补助。这两类政府补助给企业带来经济利益或者弥补相关成本或费用的形式不同,从而在具体会计处理上存在差别。

与资产相关的政府补助,是指企业取得的、用于购建或以其他方式形成长期资产的政府补助。通常情况下,相关补助文件会要求企业将补助资金用于取得长期资产。长期资产将在较长的期间内给企业带来经济利益,因此相应的政府补助的受益期也较长。

与收益相关的政府补助,是指除与资产相关的政府补助之外的政府补助。此类补助主要是用于补偿企业已发生或即将发生的相关成本费用或损失,受益期相对较短,通常在满足补助所附条件时计入当期损益或冲减相关成本。

五、关于政府补助的确认与计量

关于政府补助的确认条件,本准则规定,政府补助同时满足下列条件的,才能予以确认:一是企业能够满足政府补助所附条件;二是企业能够收到政府补助。

关于政府补助的计量属性,本准则规定,政府补助为货币性资产的,应当按照收到或应收的金额计量。如果企业已经实际收到补助资金,应当按照实际收到的金额计量;如果资产负债表日企业尚未收到补助资金,但企业在符合了相关政策规定后就相应获得了收款权,且与之相关的经济利益很可能流入企业,企业应当在这项补助成为应收款时按照应收的金额计量。政府补助为非货币性资产的,应当按照公允价值计量;公允价值不能可靠取得的,按照名义金额计量。

政府补助有两种会计处理方法:总额法和净额法。总额法是在确认政府补助时,将其全额一次或分次确认为收益,而不是作为相关资产账面价值或者成本费用等的扣减。净额法是将政府补助确认为对相关资产账面价值或者所补偿成本费用等的扣减。需要说明的是,根据《企业会计准则——基本准则》的要求,同一企业不同时期发生的相同或者相似的交易或者事项,应当采用一致的会计政策,不得随意变更;确需变更的,应当在附注中说明。企业应当根据经济业务的实质,判断某一类政府补助业务应当采用总额法还是净额法进行会计处理,通常情况下,对同类或类似政府补助业务只能选用一种方法,同时,企业对该业务应当一贯地运用该方法，不得随意变更。企业对某些补助只能采用一种方法，例如，对一般纳税人增值税即征即退只能采用总额法进行会计处理。

本准则规定，与企业日常活动相关的政府补助，应当按照经济业务实质，计入其他收益或冲减相关成本费用。与企业日常活动无关的政府补助，计入营业外收入或冲减相关损失。通常情况下，若政府补助补偿的成本费用是营业利润之中的项目，或该补助与日常销售等经营行为密切相关（如增值税即征即退等），则认为该政府补助与日常活动相关。

（一）与资产相关的政府补助

实务中，企业通常先收到补助资金，再按照政府要求将补助资金用于购建固定资产或无形资产等长期资产。企业在取得与资产相关的政府补助时，应当选择采用总额法或净额法进行会计处理。

总额法下，企业在取得与资产相关的政府补助时应当按照补助资金的金额，借记"银行存款"等科目，贷记"递延收益"科目；然后在相关资产使用寿命内按合理、系统的方法分期计入损益。如果企业先取得与资产相关的政府补助，再确认所购建的长期资产，总额法下应当在开始对相关资产计提折旧或进行摊销时按照合理、系统的方法将递延收益分期计入当期收益；如果相关长期资产投入使用后企业再取得与资产相关的政府补助，总额法下应当在相关资产的剩余使用寿命内按照合理、系统的方法将递延收益分期计入当期收益。需要说明的是，采用总额法的，如果对应的长期资产在持有期间发生减值损失，递延收益的摊销仍保持不变，不受减值因素的影响。企业对与资产相关的政府补助选择总额法的，应当将递延收益分期转入其他收益或营业外收入，借记"递延收益"科目，贷记"其他收益"或"营业外收入"科目。相关资产在使用寿命结束时或结束前被处置（出售、报废、转让、发生毁损等），尚未分配的相关递延收益余额应当转入资产处置当期的损益，不再予以递延。对相关资产划分为持有待售类别的，先将尚未分配的递延收益余额冲减相关资产的账面价值，再按照《企业会计准则第42号——持有待售的非流动资产、处置组和终止经营》的要求进行会计处理。

净额法下，企业在取得政府补助时应当按照补助资金的金额冲减相关资产的账面价值。如果企业先取得与资产相关的政府补助，再确认所购建的长期资产，净额法下，应当将取得的政府补助先确认为递延收益，在相关资产达到预定可使用状态或预定用途时将递延收益冲减资产账面价值；如果相关长期资产投入使用后企业再取得与资产相关的政府补助，净额法下，应当在取得补助时冲减相关资产的账面价值，并按照冲减后的账面价值和相关资产的剩余使用寿命计提折旧或进行摊销。

实务中存在政府无偿给予企业长期非货币性资产的情况，如无偿给予土地使用权、天然起源的天然林等。企业取得的政府补助为非货币性资产的，应当按照公允价值计量；公允价值不能可靠取得的，按照名义金额（1元）计量。企业在收到非货币性资产的政府补助时，应当借记有关资产科目，贷记"递延收益"科目；然后在相关资产使用寿命内按合理、系统的方法分期计入损益，借记"递延收益"科目，贷记"其他收益"或"营业外收入"科目。但是，对以名义金额计量的政府补助，在取得时计入当期损益。

（二）与收益相关的政府补助

本准则规定，与收益相关的政府补助，应当分情况按照以下规定进行会计处理：用于补偿企业以后期间的相关成本费用或损失的，确认为递延收益，并在确认相关成本费用或损失的期间，计入当期损益或冲减相关成本；用于补偿企业已发生的相关成本费用或损失的，直接计入当期损益或冲减相关成本。对与收益相关的政府补助，企业同样可以选择采用总额法或净额法进行会计处理：选择总额法的，应当计入其他收益或营业外收入；选择净额法的，应当冲减相关成本费用或营业外支出。

1. 与收益相关的政府补助如果用于补偿企业以后期间的相关成本费用或损失，企业在取得时应当先判断企业能否满足政府补助所附条件。根据本准则规定，只有满足政府补助确认条件的才能予以确认，而客观情况通常表明企业能够满足政府补助所附条件，企业应当将其确认为递延收益，并在确认相关成本费用或损失的期间计入当期损益或冲减相关成本。

2. 用于补偿企业已发生的相关成本费用或损失的，直接计入当期损益或冲减相关成本。这类补助通常与企业已经发生的行为有关，是对企业已发生的成本费用或损失的补偿，或是对企业过去行为的奖励。

（三）政府补助退回的会计处理

本准则规定，已确认的政府补助需要退回的，应当在需要退回的当期分情况按照以下规定进行会计处理：1. 初始确认时冲减相关资产账面价值的，调整资产账面价值；2. 存在相关递延收益的，冲减相关递延收益账面余额，超出部分计入当期损益；3. 属于其他情况的，直接计入当期损益。

此外，对于属于前期差错的政府补助退回，应当按照《企业会计准则第28号——会计政策、会计估计变更和差错更正》作为前期差错更正进行追溯调整。

六、关于特定业务的会计处理

（一）综合性项目政府补助的会计处理

对于同时包含与资产相关部分和与收益相关部分的政府补助，企业应当将其进行分解，区分不同部分分别进行会计处理；难以区分的，企业应当将其整体归类为与收益相关的政府补助进行会计处理。

（二）政策性优惠贷款贴息的会计处理

政策性优惠贷款贴息是政府为支持特定领域或区域发展，根据国家宏观经济形势和政策目标，对承贷企业的银行借款利息给予的补贴。企业取得政策性优惠贷款贴息的，应当区分财政将贴息资金拨付给贷款银行和财政将贴息资金直接拨付给企业两种情况，分别进行会计处理。

1. 财政将贴息资金拨付给贷款银行

在财政将贴息资金拨付给贷款银行的情况下，由贷款银行以政策性优惠利率向企业提供贷款。这种方式下，受益企业按照优惠利率向贷款银行支付利息，并没有直接从政府取得利息补助，企业可以选择下列方法之一进行会计处理：一是以实际收到的借款金额作为借款的入账价值，按照借款本金和该政策性优惠利率计算相关借款费用。通常情况下，实际收到的金额即为借款本金。二是以借款的公允价值作为借款的入账价值并按照实际利率法计算借款费用，实际收到的金额与借款公允价值之间的差额确认为递延收益。递延收益在借款存续期内采用实际利率法摊销，冲减相关借款费用。企业选择了上述两种方法之一后，应当一致地运用，不得随意变更。

在这种情况下，向企业发放贷款的银行并不是受益主体，其仍然按照市场利率收取利息，只是一部分利息来自企业，另一部分利息来自财政贴息。所以贷款银行发挥的是中介作用，并不需要确认与贷款相关的递延收益。

2. 财政将贴息资金直接拨付给企业

财政将贴息资金直接拨付给受益企业，企业先按照同类贷款市场利率向银行支付利息，财政部门定期与企业结算贴息。在这种方式下，由于企业先按照同类贷款市场利率向银行支付利息，所以实际收到的借款金额通常就是借款的公允价值，企业应当将对应的贴息冲减相关借款费用。

七、关于政府补助的列报

（一）政府补助在利润表上的列示

企业应当在利润表中的"营业利润"项目之上单独列报"其他收益"项目，计入其他收益的政府补助在该项目中反映。冲减相关成本费用的政府补助，在相关成本费用项目中反映。与企业日常经营活动无关的政府补助，在利润表的营业外收支项目中反映。

（二）政府补助在财务报表附注中的披露

因政府补助涉及递延收益、其他收益、营业外收入以及相关成本费用等多个报表项目，为了全面反映政府补助情况，企业应当在附注中单独披露政府补助的相关信息。本准则规定，企业应当在附注中单独披露与政府补助有关的下列信息：政府补助的种类、金额和列报项目；计入当期损益的政府补助金额；本期退回的政府补助金额及原因。其中，列报项目不仅包括总额法下计入其他收益、营业外收入、递延收益等项目，还包括净额法下冲减的资产和成本费用等项目。

八、关于新旧准则的衔接规定

本准则规定，2006年2月15日财政部印发的《财政部关于印发〈企业会计准则第1号——存货〉等38项具体准则的通知》（财会〔2006〕3号）中的《企业会计准则第16号——政府补助》同时废止。企业对2017年1月1日存在的政府补助采用未来适用法处理，对2017年1月1日至本准则施行日之间新增的政府补助根据本准则进行调整。财政部此前发布的有关政府补助会计处理规定与本准则不一致的，以本准则为准。

2017年1月1日存在的政府补助主要指当日仍存在尚未分摊计入损益的与政府补助有关的递延收益。因采用未来适用法，企业不需调整2016年12月31日有关科目的期末余额，在编制2017年年报时也不需调整可比期间的比较数据。2017年1月1日至本准则施行日之间新增的政府补助，主要指在这一期间内新取得的政府补助。企业对2017年1月1日存在的和2017年1月1日至本准则施行日之间新增的政府补助应当视同从2017年1月1日起按照本准则进行会计处理，以确保在2017年度对政府补助业务采用的会计处理方法保持一致。

《企业会计准则第17号——借款费用》应用指南

一、符合借款费用资本化条件的存货

根据本准则规定，企业借款购建或者生产的存货中，符合借款费用资本化条件的，应当将符合资本化条件的借款费用予以资本化。

符合借款费用资本化条件的存货，主要包括企业（房地产开发）开发的用于对外出售的房地产开发产品、企业制造的用于对外出售的大型机械设备等。这类存货通常需要经过相当长时间的建造或者生产过程，才能达到预定可销售状态。其中"相当长时间"，是指为资产的购建或者生产所必需的时间，通常为1年以上（含1年）。

二、借款利息费用资本化金额的确定

（一）专门借款利息费用的资本化金额

本准则第六条（一）规定，为购建或者生产符合资本化条件的资产而借入专门借款的，应当以专门借款当期实际发生的利息费用，减去将尚未动用的借款资金存入银行取得的利息收入或者进行暂时性投资取得的投资收益后的金额，确定为专门借款利息费用的资本化金额，并应当在资本化期间内，将其计入符合资本化条件的资产成本。

专门借款应当有明确的专门用途，即为购建或者生产某项符合资本化条件的资产而专门借入的款项，通常应有标明专门用途的借款合同。

（二）一般借款利息费用的资本化金额

一般借款，是指除专门借款以外的其他借款。

根据本准则第六条（二）规定，在借款费用资本化期间内，为购建或者生产符合资本化条件的资产占用了一般借款的，一般借款应予资本化的利息金额应当按照下列公式计算：

$$\text{一般借款利息费用资本化金额} = \text{累计资产支出超过专门借款部分的资产支出加权平均数} \times \text{所占用一般借款的资本化率}$$

$$\text{所占用一般借款的资本化率} = \text{所占用一般借款加权平均利率} = \frac{\text{所占用一般借款当期实际发生的利息之和}}{\text{所占用一般借款本金加权平均数}}$$

$$\text{所占用一般借款本金加权平均数} = \Sigma \left(\text{所占用每笔一般借款本金} \times \frac{\text{每笔一般借款在当期所占用的天数}}{\text{当期天数}} \right)$$

三、借款辅助费用的处理

本准则第十条规定，专门借款发生的辅助费用，在所购建或者生产的符合资本化条件的资产达到预定可使用或者可销售状态之前，应当在发生时根据其发生额予以资本化，计入符合资本化条件的资产的成本；在所购建或者生产的符合资本化条件的资产达到预定可使用或者可销售状态之后,应当在发生时根据其发生额确认为费用,计入当期损益。上述资本化或计入当期损益的辅助费用的发生额,是指根据《企业会计准则第22号——金融工具确认和计量》,按照实际利率法所确定的金融负债交易费用对每期利息费用的调整额。借款实际利率与合同利率差异较小的,也可以采用合同利率计算确定利息费用。

一般借款发生的辅助费用,也应当按照上述原则确定其发生额并进行处理。

四、借款费用资本化的暂停

根据本准则第十一条规定,符合资本化条件的资产在购建或者生产过程中发生非正常中断、且中断时间连续超过3个月的,应当暂停借款费用的资本化。正常中断期间的借款费用应当继续资本化。

非正常中断,通常是由于企业管理决策上的原因或者其他不可预见的原因等所导致的中断。比如,企业因与施工方发生了质量纠纷,或者工程、生产用料没有及时供应,或者资金周转发生了困难,或者施工、生产发生了安全事故,或者发生了与资产购建、生产有关的劳动纠纷等原因,导致资产购建或者生产活动发生中断,均属于非正常中断。

非正常中断与正常中断显著不同。正常中断通常仅限于因购建或者生产符合资本化条件的资产达到预定可使用或者可销售状态所必要的程序,或者事先可预见的不可抗力因素导致的中断。比如,某些工程建造到一定阶段必须暂停下来进行质量或者安全检查,检查通过后才可继续下一阶段的建造工作,这类中断是在施工前可以预见的,而且是工程建造必须经过的程序,属于正常中断。

某些地区的工程在建造过程中,由于可预见的不可抗力因素(如雨季或冰冻季节等原因)导致施工出现停顿,也属于正常中断。比如,某企业在北方某地建造某工程期间,正遇冰冻季节,工程施工因此中断,待冰冻季节过后方能继续施工。由于该地区在施工期间出现较长时间的冰冻为正常情况,由此导致的施工中断是可预见的不可抗力因素导致的中断,属于正常中断。

《企业会计准则第 18 号——所得税》应用指南

一、资产、负债的计税基础

资产的账面价值大于其计税基础或者负债的账面价值小于其计税基础的,产生应纳税暂时性差异;资产的账面价值小于其计税基础或者负债的账面价值大于其计税基础的,产生可抵扣暂时性差异。

(一)资产的计税基础

本准则第五条规定,资产的计税基础,是指企业收回资产账面价值过程中,计算应纳税所得额时按照税法规定可以自应税经济利益中抵扣的金额。

通常情况下,资产在取得时其入账价值与计税基础是相同的,后续计量过程中因企业会计准则规定与税法规定不同,可能产生资产的账面价值与其计税基础的差异。

比如,交易性金融资产的公允价值变动。按照企业会计准则规定,交易性金融资产期末应以公允价值计量,公允价值的变动计入当期损益。如果按照税法规定,交易性金融资产在持有期间公允价值变动不计入应纳税所得额,即其计税基础保持不变,则产生了交易性金融资产的账面价值与计税基础之间的差异。假定某企业持有一项交易性金融资产,成本为 1 000 万元,期末公允价值为 1 500 万元,如计税基础仍维持 1 000 万元不变,该计税基础与其账面价值之间的差额 500 万元即为应纳税暂时性差异。

(二)负债的计税基础

本准则第六条规定,负债的计税基础,是指负债的账面价值减去未来期间计算应纳税所得额时按照税法规定可予抵扣的金额。

短期借款、应付票据、应付账款等负债的确认和偿还,通常不会对当期损益和应纳税所得额产生影响,其计税基础即为账面价值。但在某些情况下,负债的确认可能会影响损益,并影响不同期间的应纳税所得额,使其计税基础与账面价值之间产生差额。比如,上述企业因某事项在当期确认了 100 万元负债,计入当期损益。假定按照税法规定,与确认该负债相关的费用,在实际发生时准予税前扣除,该负债的计税基础为零,其账面价值与计税基础之间形成可抵扣暂时性差异。

企业应予资产负债表日,分析比较资产、负债的账面价值与其计税基础,两者之间存在差异的,确认递延所得税资产、递延所得税负债及相应的递延所得税费用(或收益)。企业合并等特殊交易或事项中取得的资产和负债,应于购买日比较其入账价值与计税基础,按照本准则规定计算确认相关的递延所得税资产或递延所得税负债。

二、递延所得税资产和递延所得税负债

资产负债表日,企业应当按照暂时性差异与适用所得税税率计算的结果,确认递延所得税负债、递延所得税资产以及相应的递延所得税费用(或收益),本准则第十一条至第十三条规定不确认递延所得税负债或递延所得税资产的情况除外。沿用上述举例,假定该企业适用的所得税税率为 33%,递延所得税资产和递延所得税负债不存在期初余额,对交易性金

融资产产生的 500 万元应纳税暂时性差异，应确认 165 万元递延所得税负债；对负债产生的 100 万元可抵扣暂时性差异，应确认 33 万元递延所得税资产。

确认由可抵扣暂时性差异产生的递延所得税资产，应当以未来期间很可能取得用于抵扣可抵扣暂时性差异的应纳税所得额为限。企业在确定未来期间很可能取得的应纳税所得额时，应当包括未来期间正常生产经营活动实现的应纳税所得额，以及在可抵扣暂时性差异转回期间因应纳税暂时性差异的转回而增加的应纳税所得额，并应提供相关的证据。

三、所得税费用的确认和计量

企业在计算确定当期所得税（即当期应交所得税）以及递延所得税费用（或收益）的基础上，应将两者之和确认为利润表中的所得税费用（或收益），但不包括直接计入所有者权益的交易或事项的所得税影响。即：

所得税费用（或收益）＝当期所得税＋递延所得税费用－递延所得税收益

仍沿用上述举例，该企业 12 月 31 日资产负债表中有关项目账面价值及其计税基础如下：

××企业　　　　　　　　　　　　　　　　　　　　　　单位：万元

项目	账面价值	计税基础	暂时性差异	
			应纳税暂时性差异	可抵扣暂时性差异
1. 交易性金融资产	1 500	1 000	500	
2. 负债	100	0		100
合　计			500	100

假定除上述项目外，该企业其他资产、负债的账面价值与其计税基础不存在差异，也不存在可抵扣亏损和税款抵减；该企业当期按照税法规定计算确定的应交所得税为 600 万元；该企业预计在未来期间能够产生足够的应纳税所得额用以抵扣可抵扣暂时性差异。

该企业计算确认的递延所得税负债、递延所得税资产、递延所得税费用以及所得税费用如下：

递延所得税负债＝500×33%＝165（万元）
递延所得税资产＝100×33%＝33（万元）
递延所得税费用＝165－33＝132（万元）
当期所得税费用＝600（万元）
所得税费用＝600＋132＝732（万元）

四、递延所得税的特殊处理

（一）直接计入所有者权益的交易或事项产生的递延所得税

根据本准则第二十二条规定，直接计入所有者权益的交易或事项，如可供出售金融资产公允价值的变动，相关资产、负债的账面价值与计税基础之间形成暂时性差异的，应当按照本准则规定确认递延所得税资产或递延所得税负债，计入资本公积（其他资本公积）。

（二）企业合并中产生的递延所得税

由于企业会计准则规定与税法规定对企业合并的处理不同，可能会造成企业合并中取得资产、负债的入账价值与其计税基础的差异。比如,非同一控制下企业合并产生的应纳税暂时性差异或可抵扣暂时性差异,在确认递延所得税负债或递延所得税资产的同时,相关的递延所得税费用(或收益),通常应调整企业合并中所确认的商誉。

(三)按照税法规定允许用以后年度所得弥补的可抵扣亏损以及可结转以后年度的税款抵减,比照可抵扣暂时性差异的原则处理。

《企业会计准则第 19 号——外币折算》应用指南

一、即期汇率和即期汇率的近似汇率

根据本准则规定，企业在处理外币交易和对外币财务报表进行折算时，应当采用交易发生日的即期汇率将外币金额折算为记账本位币金额反映；也可以采用按照系统合理的方法确定的、与交易发生日即期汇率近似的汇率折算。

即期汇率，通常是指中国人民银行公布的当日人民币外汇牌价的中间价。企业发生的外币兑换业务或涉及外币兑换的交易或事项，应当按照交易实际采用的汇率（即银行买入价或卖出价）折算。

即期汇率的近似汇率，是指按照系统合理的方法确定的、与交易发生日即期汇率近似的汇率，通常采用当期平均汇率或加权平均汇率等。

企业通常应当采用即期汇率进行折算。汇率变动不大的，也可以采用即期汇率的近似汇率进行折算。

二、汇兑差额的处理

根据本准则第十一条规定，在资产负债表日，企业应当分别外币货币性项目和外币非货币性项目进行会计处理。

（一）外币货币性项目

货币性项目，是指企业持有的货币资金和将以固定或可确定的金额收取的资产或者偿付的负债。货币性项目分为货币性资产和货币性负债。货币性资产包括库存现金、银行存款、应收账款、其他应收款、长期应收款等；货币性负债包括短期借款、应付账款、其他应付款、长期借款、应付债券、长期应付款等。

对于外币货币性项目，因结算或采用资产负债表日的即期汇率折算而产生的汇兑差额，计入当期损益，同时调增或调减外币货币性项目的记账本位币金额。

（二）外币非货币性项目

非货币性项目，是指货币性项目以外的项目，包括存货、长期股权投资、固定资产、无形资产等。

1. 以历史成本计量的外币非货币性项目，由于已在交易发生日按当日即期汇率折算，资产负债表日不应改变其原记账本位币金额，不产生汇兑差额。

2. 以公允价值计量的外币非货币性项目，如交易性金融资产（股票、基金等），采用公允价值确定日的即期汇率折算，折算后的记账本位币金额与原记账本位币金额的差额，作为公允价值变动（含汇率变动）处理，计入当期损益。

（三）外币投入资本

企业收到投资者以外币投入的资本，应当采用交易发生日即期汇率折算，不得采用合同约定汇率和即期汇率的近似汇率折算，外币投入资本与相应的货币性项目的记账本位币金额之间不产生外币资本折算差额。

(四)实质上构成对境外经营净投资的外币货币性项目

企业编制合并财务报表涉及境外经营的,如有实质上构成对境外经营净投资的外币货币性项目,因汇率变动而产生的汇兑差额,应列入所有者权益"外币报表折算差额"项目;处置境外经营时,计入处置当期损益。

三、分账制记账方法

外币交易频繁、外币币种较多的金融企业,也可以采用分账制记账方法进行日常核算。资产负债表日,应当按照本准则第十一条的规定对相应的外币账户余额分别货币性项目和非货币性项目进行调整。

采用分账制记账方法,其产生的汇兑差额的处理结果,应当与统账制一致。

四、境外经营处于恶性通货膨胀经济的判断

本准则第十三条规定了处于恶性通货膨胀经济中的境外经营的财务报表的折算。恶性通货膨胀经济通常按照以下特征进行判断:

(一)最近3年累计通货膨胀率接近或超过100%。

(二)利率、工资和物价与物价指数挂钩。

(三)公众不是以当地货币、而是以相对稳定的外币为单位作为衡量货币金额的基础。

(四)公众倾向于以非货币性资产或相对稳定的外币来保存自己的财富,持有的当地货币立即用于投资以保持购买力。

(五)即使信用期限很短,赊销、赊购交易仍按补偿信用期预计购买力损失的价格成交。

《企业会计准则第20号——企业合并》应用指南

一、企业合并的方式

（一）控股合并。合并方（或购买方）在企业合并中取得对被合并方（或被购买方）的控制权，被合并方（或被购买方）在合并后仍保持其独立的法人资格并继续经营，合并方（或购买方）确认企业合并形成的对被合并方（或被购买方）的投资。

（二）吸收合并。合并方（或购买方）通过企业合并取得被合并方（或被购买方）的全部净资产，合并后注销被合并方（或被购买方）的法人资格，被合并方（或被购买方）原持有的资产、负债，在合并后成为合并方（或购买方）的资产、负债。

（三）新设合并。参与合并的各方在合并后法人资格均被注销，重新注册成立一家新的企业。

二、合并日或购买日的确定

企业应当在合并日或购买日确认因企业合并取得的资产、负债。按照本准则第五条和第十条规定，合并日或购买日是指合并方或购买方实际取得对被合并方或被购买方控制权的日期，即被合并方或被购买方的净资产或生产经营决策的控制权转移给合并方或购买方的日期。

同时满足下列条件的，通常可认为实现了控制权的转移：

（一）企业合并合同或协议已获股东大会等通过。

（二）企业合并事项需要经过国家有关主管部门审批的，已获得批准。

（三）参与合并各方已办理了必要的财产权转移手续。

（四）合并方或购买方已支付了合并价款的大部分（一般应超过50%），并且有能力、有计划支付剩余款项。

（五）合并方或购买方实际上已经控制了被合并方或被购买方的财务和经营政策，并享有相应的利益、承担相应的风险。

三、同一控制下的企业合并

根据本准则第五条规定，参与合并的企业在合并前后均受同一方或相同的多方最终控制且该控制并非暂时性的，为同一控制下的企业合并。

同一方，是指对参与合并的企业在合并前后均实施最终控制的投资者。

相同的多方，通常是指根据投资者之间的协议约定，在对被投资单位的生产经营决策行使表决权时发表一致意见的两个或两个以上的投资者。

控制并非暂时性，是指参与合并的各方在合并前后较长的时间内受同一方或相同的多方最终控制。较长的时间通常指1年以上（含1年）。

同一控制下企业合并的判断，应当遵循实质重于形式要求。

四、非同一控制下的企业合并

非同一控制下的吸收合并，购买方在购买日应当按照合并中取得的被购买方各项可辨认资产、负债的公允价值确定其入账价值，确定的企业合并成本与取得被购买方可辨认净资产公允价值的差额，应确认为商誉或计入当期损益。

非同一控制下的控股合并，母公司在购买日编制合并资产负债表时，对于被购买方可辨认资产、负债应当按照合并中确定的公允价值列示，企业合并成本大于合并中取得的被购买方可辨认净资产公允价值份额的差额，确认为合并资产负债表中的商誉。企业合并成本小于合并中取得的被购买方可辨认净资产公允价值份额的差额，在购买日合并资产负债表中调整盈余公积和未分配利润。

非同一控制下的企业合并形成母子公司关系的，母公司应自购买日起设置备查簿，登记其在购买日取得的被购买方可辨认资产、负债的公允价值，为以后期间编制合并财务报表提供基础资料。

分步实现的企业合并。根据本准则第十一条（二）规定，通过多次交换交易分步实现的企业合并，合并成本为每一单项交易成本之和。购买方在购买日，应当按照以下步骤进行处理：

（1）将原持有的对被购买方的投资账面价值调整恢复至最初取得成本，相应调整留存收益等所有者权益项目。

（2）比较每一单项交易的成本与交易时应享有被投资单位可辨认净资产公允价值的份额，确定每一单项交易中应予确认的商誉金额（或应予确认损益的金额）。

（3）购买方在购买日确认的商誉（或计入损益的金额）应为每一单项交易产生的商誉（或应予确认损益的金额）之和。

（4）被购买方在购买日与原交易日之间可辨认净资产公允价值的变动相对于原持股比例的部分，属于被购买方在交易日至购买日之间实现留存收益的，相应调整留存收益，差额调整资本公积。

购买方应当按照以下规定确定合并中取得的被购买方各项可辨认资产、负债及或有负债的公允价值：

（1）货币资金，按照购买日被购买方的账面余额确定。

（2）有活跃市场的股票、债券、基金等金融工具，按照购买日活跃市场中的市场价格确定。

（3）应收款项，其中的短期应收款项，一般按照应收取的金额作为其公允价值；长期应收款项，应按适当的利率折现后的现值确定其公允价值。在确定应收款项的公允价值时，应考虑发生坏账的可能性及相关收款费用。

（4）存货，对其中的产成品和商品按其估计售价减去估计的销售费用、相关税费以及购买方出售类似产成品或商品估计可能实现的利润确定；在产品按完工产品的估计售价减去至完工仍将发生的成本、估计的销售费用、相关税费以及基于同类或类似产成品的基础上估计出售可能实现的利润确定；原材料按现行重置成本确定。

（5）不存在活跃市场的金融工具如权益性投资等，应当参照《企业会计准则第22号——金融工具确认和计量》的规定，采用估值技术确定其公允价值。

（6）房屋建筑物、机器设备、无形资产，存在活跃市场的，应以购买日的市场价格为基础确定其公允价值；不存在活跃市场，但同类或类似资产存在活跃市场的，应参照同类或类似资产的市场价格确定其公允价值；同类或类似资产也不存在活跃市场的，应采用估值技术确定其公允价值。

（7）应付账款、应付票据、应付职工薪酬、应付债券、长期应付款，其中的短期负债，一般按照应支付的金额确定其公允价值；长期负债，应按适当的折现率折现后的现值作为其公允价值。

（8）取得的被购买方的或有负债，其公允价值在购买日能够可靠地计量的，应确认为预计负债。此项负债应当按照假定第三方愿意代购买方承担，就其所承担义务需要购买方支付的金额作为其公允价值。

（9）递延所得税资产和递延所得税负债，取得的被购买方各项可辨认资产、负债及或有负债的公允价值与其计税基础之间存在差额的，应当按照《企业会计准则第18号——所得税》的规定确认相应的递延所得税资产或递延所得税负债，所确认的递延所得税资产或递延所得税负债的金额不应折现。

五、业务合并

本准则第三条规定，涉及业务的合并比照本准则规定处理。

业务，是指企业内部某些生产经营活动或资产的组合，该组合一般具有投入、加工处理过程和产出能力，能够独立计算其成本费用或所产生的收入，但不构成独立法人资格的部分。比如，企业的分公司、不具有独立法人资格的分部等。

《企业会计准则第 21 号——租赁》应用指南

一、总体要求

《企业会计准则第 21 号——租赁（修订）》（以下简称"本准则"）规范了租赁的确认、计量和相关信息的列报。本准则明确了租赁的定义和识别标准，并分别承租人和出租人对租赁业务的会计处理进行了规定。

租赁，是指在一定期间内，出租人将资产的使用权让与承租人以获取对价的合同。与原准则相比，承租人会计处理不再区分经营租赁和融资租赁，而是采用单一的会计处理模型，也就是说，除采用简化处理的短期租赁和低价值资产租赁外，对所有租赁均确认使用权资产和租赁负债，参照固定资产准则对使用权资产计提折旧，采用固定的周期性利率确认每期利息费用。准则仍将出租人租赁分为融资租赁和经营租赁两大类，并分别规定了不同的会计处理方法。

企业应基于单项租赁应用本准则规范进行会计处理。为便于实务操作，如果企业能够合理预计，将本准则规定应用于具有类似特征的租赁组合与应用于该组合中的各单项租赁相比，不会对财务报表产生显著不同的影响，则企业可将本准则应用于该租赁组合。此时，企业应当采用能够反映该组合规模和构成的估计和假设。

二、适用范围

本准则适用于所有租赁，但下列各项除外：一是承租人通过许可使用协议取得的电影、录像、剧本、文稿等版权、专利等项目的权利，以及以出让、划拨或转让方式取得的土地使用权，适用无形资产准则；二是出租人授予的知识产权许可，适用收入准则；三是勘探或使用矿产、石油、天然气及类似不可再生资源的租赁，适用其他相关准则；四是承租人承租生物资产，适用其他相关准则；五是采用建设经营移交等方式参与公共基础设施建设、运营的特许经营权合同，适用其他相关准则和规定。

三、应设置的相关会计科目和主要账务处理

企业通常应当设置以下科目，正确记录和反映企业发生的租赁业务。本部分仅涉及适用于本准则进行会计处理时需要设置的主要会计科目、相关会计科目的主要核算内容以及通常情况下的账务处理。企业在进行具体会计处理时需依据本准则规定对相关事项判断并确定适用的会计处理方法。企业在不违反会计准则确认、计量和报告规定的前提下，可以根据本企业的实际情况自行增设、分拆、合并会计科目。对于明细科目，企业可以比照本部分的规定自行设置

（一）承租人使用的相关会计科目

1. 使用权资产

（1）本科目核算承租人持有的使用权资产的原价。

（2）本科目可按租赁资产的类别和项目进行明细核算。

（3）主要账务处理。

①在租赁期开始日，承租人应当按成本借记本科目，按尚未支付的租赁付款额的现值贷

记"租赁负债"科目；对于租赁期开始日之前支付租赁付款额的（扣除已享受的租赁激励），贷记"预付款项"等科目；按发生的初始直接费用，贷记"银行存款"等科目；按预计将发生的为拆卸及移除租赁资产、复原租赁资产所在场地或将租赁资产恢复至租赁条款约定状态等成本的现值，贷记"预计负债"科目。

②在租赁期开始日后，承租人按变动后的租赁付款额的现值重新计量租赁负债的，当租赁负债增加时，应当按增加额借记本科目，贷记"租赁负债"科目；除下述③中的情形外，当租赁负债减少时，应当按减少额借记"租赁负债"科目，贷记本科目；若使用权资产的账面价值已调减至零，应当按仍需进一步调减的租赁负债金额，借记"租赁负债"科目，贷记"制造费用""销售费用""管理费用""研发支出"等科目。

③租赁变更导致租赁范围缩小或租赁期缩短的，承租人应当按缩小或缩短的相应比例，借记"租赁负债""使用权资产累计折旧""使用权资产减值准备"科目，贷记本科目，差额借记或贷记"资产处置损益"科目。

④企业转租使用权资产形成融资租赁的，应当借记"应收融资租赁款""使用权资产累计折旧""使用权资产减值准备"科目，贷记本科目，差额借记或贷记"资产处置损益"科目。

（4）本科目期末借方余额，反映承租人使用权资产的原价。

（5）承租人应当在资产负债表中单独列示"使用权资产"项目。

2. 使用权资产累计折旧

（1）本科目核算使用权资产的累计折旧。

（2）本科目可按租赁资产的类别和项目进行明细核算。

（3）主要账务处理。

①承租人通常应当自租赁期开始日起按月计提使用权资产的折旧，借记"营业成本""制造费用""销售费用""管理费用""研发支出"等科目，贷记本科目。当月计提确有困难的，也可从下月起计提折旧，并在附注中予以披露。

②因租赁范围缩小、租赁期缩短或转租等原因减记或终止确认使用权资产时，承租人应同时结转相应的使用权资产累计折旧。

（4）本科目期末贷方余额，反映使用权资产的累计折旧额。

3. 使用权资产减值准备

（1）本科目核算使用权资产的减值准备。

（2）本科目可按租赁资产的类别和项目进行明细核算。

（3）主要账务处理。

①使用权资产发生减值的，按应减记的金额，借记"资产减值损失"科目，贷记本科目。

②因租赁范围缩小、租赁期缩短或转租等原因减记或终止确认使用权资产时，承租人应同时结转相应的使用权资产累计减值准备。

（4）使用权资产减值准备一旦计提，不得转回。

（5）本科目期末贷方余额，反映使用权资产的累计减值准备金额。

4. 租赁负债

（1）本科目核算承租人尚未支付的租赁付款额的现值。

（2）本科目可分别设置"租赁付款额""未确认融资费用"等进行明细核算。

（3）主要账务处理。

①在租赁期开始日，承租人应当按尚未支付的租赁付款额，贷记"租赁负债——租赁付款额"科目；按尚未支付的租赁付款额的现值，借记"使用权资产"科目；按尚未支付的租赁付款额与其现值的差额，借记"租赁负债——未确认融资费用"科目。

②承租人在确认租赁期内各个期间的利息时，应当借记"财务费用——利息费用""在建工程"等科目，贷记"租赁负债——未确认融资费用"科目。

③承租人支付租赁付款额时，应当借记"租赁负债——租赁付款额"等科目，贷记"银

行存款"等科目。

④在租赁期开始日后，承租人按变动后的租赁付款额的现值重新计量租赁负债的，当租赁负债增加时，应当按租赁付款额现值的增加额，借记"使用权资产"科目，按租赁付款额的增加额，贷记"租赁负债——租赁付款额"科目，按其差额，借记"租赁负债——未确认融资费用"科目；除下述⑤中的情形外，当租赁负债减少时，应当按租赁付款额的减少额，借记"租赁负债——租赁付款额"科目，按租赁付款额现值的减少额，贷记"使用权资产"科目，按其差额，贷记"租赁负债——未确认融资费用"科目；若使用权资产的账面价值已调减至零，应当按仍需进一步调减的租赁付款额借记"租赁负债——租赁付款额"科目，按仍需进一步调减的租赁付款额现值贷记"营业成本""制造费用""销售费用""管理费用""研发支出"等科目，按其差额，贷记"租赁负债——未确认融资费用"科目。

⑤租赁变更导致租赁范围缩小或租赁期缩短的，承租人应当按缩小或缩短的相应比例，借记"租赁负债——租赁付款额""使用权资产累计折旧""使用权资产减值准备"科目，贷记"租赁负债——未确认融资费用""使用权资产"科目，差额借记或贷记"资产处置损益"科目。

（4）本科目的期末贷方余额，反映承租人尚未支付的租赁付款额的现值。

（二）出租人使用的相关会计科目

1. 融资租赁资产

（1）本科目核算租赁企业作为出租人为开展融资租赁业务取得资产的成本。租赁业务不多的企业，也可通过"固定资产"等科目核算。租赁企业和其他企业对于融资租赁资产在未融资租赁期间的会计处理遵循固定资产准则或其他适用的会计准则。

（2）本科目可按租赁资产类别和项目进行明细核算。

（3）主要账务处理。

①出租人购入和以其他方式取得融资租赁资产的，借记本科目，贷记"银行存款"等科目。

②在租赁期开始日，出租人应当按尚未收到的租赁收款额，借记"应收融资租赁款——租赁收款额"科目，按预计租赁期结束时的未担保余值，借记"应收融资租赁款——未担保余值"科目，按已经收取的租赁款，借记"银行存款"等科目，按融资租赁方式租出资产的账面价值，贷记本科目；融资租赁方式租出资产的公允价值与账面价值的差额，借记或贷记"资产处置损益"科目；按发生的初始直接费用，贷记"银行存款"等科目；差额贷记"应收融资租赁款——未实现融资收益"科目。

（4）本科目期末借方余额，反映企业融资租赁资产的成本。

2. 应收融资租赁款

（1）本科目核算出租人融资租赁产生的租赁投资净额。

（2）本科目可分别设置"租赁收款额""未实现融资收益""未担保余值"等进行明细核算。租赁业务较多的，出租人还可以在"租赁收款额"明细科目下进一步设置明细科目核算。

（3）主要账务处理。

①在租赁期开始日，出租人应当按尚未收到的租赁收款额，借记"应收融资租赁款——租赁收款额"科目，按预计租赁期结束时的未担保余值，借记"应收融资租赁款——未担保余值"科目，按已经收取的租赁款，借记"银行存款"等科目，按融资租赁方式租出资产的账面价值，贷记"融资租赁资产"等科目，按融资租赁方式租出资产的公允价值与其账面价值的差额，借记或贷记"资产处置损益"科目，按发生的初始直接费用，贷记"银行存款"等科目，差额贷记"应收融资租赁款——未实现融资收益"科目。

企业认为有必要对发生的初始直接费用进行单独核算的，也可以按照发生的初始直接费用的金额，借记"应收融资租赁款——初始直接费用"科目，贷记"银行存款"等科目；然后借记"应收融资租赁款——未实现融资收益"科目,贷记"应收融资租赁款——初始直接费用"科目。

②出租人在确认租赁期内各个期间的利息收入时,应当借记"应收融资租赁款——未实现融资收益"科目,贷记"租赁收入——利息收入""其他业务收入"等科目。

③出租人收到租赁收款额时,应当借记"银行存款"科目,贷记"应收融资租赁款——租赁收款额"科目。

(4)本科目的期末借方余额,反映未担保余值和尚未收到的租赁收款额的现值之和。

(5)本科目余额在"长期应收款"项目中填列,其中,自资产负债表日起一年内(含一年)到期的,在"一年内到期的非流动资产"中填列。出租业务较多的出租人,也可在"长期应收款"项目下单独列示为"其中:应收融资租赁款"。

3.应收融资租赁款减值准备

(1)本科目核算应收融资租赁款的减值准备。

(2)主要账务处理。

应收融资租赁款的预期信用损失,按应减记的金额,借记"信用减值损失"科目,贷记本科目。转回已计提的减值准备时,做相反的会计分录。

(3)本科目期末贷方余额,反映应收融资租赁款的累计减值准备金额。

4.租赁收入

(1)本科目核算租赁企业作为出租人确认的融资租赁和经营租赁的租赁收入。一般企业根据自身业务特点确定租赁收入的核算科目,例如"其他业务收入"等。

(2)本科目可按租赁资产类别和项目进行明细核算。

(3)主要账务处理。

①出租人在经营租赁下,将租赁收款额采用直线法或其他系统合理的方法在租赁期内进行分摊确认时,应当借记"银行存款""应收账款"等科目,贷记"租赁收入——经营租赁收入"科目。

出租人在融资租赁下,在确认租赁期内各个期间的利息收入时,应当借记"应收融资租赁款——未实现融资收益"科目,贷记"租赁收入——利息收入""其他业务收入"等科目。出租人为金融企业的,在融资租赁下,在确认租赁期内各个期间的利息收入时,应当借记"应收融资租赁款——未实现融资收益"科目,贷记"利息收入"等科目。

②出租人确认未计入租赁收款额的可变租赁付款额时,应当借记"银行存款""应收账款"等科目,贷记"租赁收入——可变租赁付款额"科目。

(4)期末,应将本科目余额转入"本年利润"科目,结转后本科目无余额。

对于日常经营活动为租赁的企业,其利息收入和租赁收入可以作为营业收入列报。

四、租赁的识别

(一)租赁的定义

在合同开始日,企业应当评估合同是否为租赁或者包含租赁。租赁,是指在一定期间内,出租人将资产的使用权让与承租人以获取对价的合同。如果合同一方让渡了在一定期间内控制一项或多项已识别资产使用的权利以换取对价,则该合同为租赁或者包含租赁。

一项合同要被分类为租赁,必须要满足三要素:一是存在一定期间;二是存在已识别资产;三是资产供应方向客户转移对已识别资产使用权的控制。

在合同中,"一定期间"也可以表述为已识别资产的使用量,例如,某项设备的产出量。如果客户有权在部分合同期内控制已识别资产的使用,则合同包含一项在该部分合同期间的租赁。

企业应当就合同进行评估,判断其是否为租赁或包含租赁。本准则规定,同时符合下列条件的，使用已识别资产的权利构成一项单独租赁：（1）承租人可从单独使用该资产或将其与易于获得的其他资源一起使用中获利；（2）该资产与合同中的其他资产不存在高度依赖或高度关联关系。

另外，接受商品或服务的合同可能由合营安排或合营安排的代表签订（合营安排的定义参见《企业会计准则第40号——合营安排》）。在这种情况下，企业评估合同是否包含一项租赁时，应将整个合营安排视为该合同中的客户，评估该合营安排是否在使用期间有权控制已识别资产的使用。

除非合同条款或条件发生变化，企业无需重新评估合同是否为租赁或者是否包含租赁。

（二）已识别资产

1. 对资产的指定

按照本准则第六条，已识别资产通常由合同明确指定，也可以在资产可供客户使用时隐性指定。

2. 物理可区分

如果资产的部分产能在物理上可区分（例如，建筑物的一层），则该部分产能属于已识别资产。如果资产的某部分产能与其他部分在物理上不可区分（例如，光缆的部分容量），则该部分不属于已识别资产，除非其实质上代表该资产的全部产能，从而使客户获得因使用该资产所产生的几乎全部经济利益的权利。

3. 实质性替换权

按照本准则第六条，即使合同已对资产进行指定，如果资产供应方在整个使用期间拥有对该资产的实质性替换权，则该资产不属于已识别资产。其原因在于，如果资产供应方在整个使用期间均能自由替换合同资产，那么实际上，合同只规定了满足客户需求的一类资产，而不是被唯一识别出的一项或几项资产。也就是说，在这种情况下、合同资产并未和资产供应方的同类其他资产明确区分开来，并未被识别出来。

同时符合下列条件时，表明资产供应方拥有资产的实质性替换权：

（1）资产供应方拥有在整个使用期间替换资产的实际能力。

例如，客户无法阻止供应方替换资产，且用于替换的资产对于资产供应方而言易于获得或者可以在合理期间内取得。

（2）资产供应方通过行使替换资产的权利将获得经济利益。即，替换资产的预期经济利益将超过替换资产所需成本。

需要注意的是，如果合同仅赋予资产供应方在特定日期或者特定事件发生日或之后拥有替换资产的权利或义务，考虑到资产供应方没有在整个使用期间替换资产的实际能力，资产供应方的替换权不具有实质性。

企业在评估资产供应方的替换权是否为实质性权利时，应基于合同开始日的事实和情况，而不应考虑在合同开始日企业认为不可能发生的未来事件，例如：①未来某个客户为使用该资产同意支付高于市价的价格；②引入了在合同开始日尚未实质开发的新技术；③客户对资产的实际使用或资产实际性能与在合同开始日认为可能的使用或性能存在重大差异；④使用期间资产市价与合同开始日认为可能的市价存在重大差异。

与资产位于资产供应方所在地相比，如果资产位于客户所在地或其他位置，替换资产所需要的成本更有可能超过其所能获取的利益。资产供应方在资产运行结果不佳或者进行技术升级的情况下，因修理和维护而替换资产的权利或义务不属于实质性替换权。

企业难以确定资产供应方是否拥有实质性替换权的，应视为资产供应方没有对该资产的实质性替换权。

（三）客户是否控制已识别资产使用权的判断

本准则第五条规定，为确定合同是否让渡了在一定期间内控制已识别资产使用的权利，企业应当评估合同中的客户是否有权获得在使用期间因使用已识别资产所产生的几乎全部经济利益,并有权在该使用期间主导已识别资产的使用。

1. 客户是否有权获得因使用资产所产生的几乎全部经济利益

在评估客户是否有权获得因使用已识别资产所产生的几乎全部经济利益时,企业应当在约定的客户权利范围内考虑其所产生的经济利益。

例如:(1)如果合同规定汽车在使用期间仅限在某一特定区域使用,则企业应当仅考虑在该区域内使用汽车所产生的经济利益,而不包括在该区域外使用汽车所产生的经济利益;(2)如果合同规定客户在使用期间仅能在特定里程范围内驾驶汽车,则企业应当仅考虑在允许的里程范围内使用汽车所产生的经济利益,而不包括超出该里程范围使用汽车所产生的经济利益。

为了控制已识别资产的使用,客户应当有权获得整个使用期间使用该资产所产生的几乎全部经济利益(例如,在整个使用期间独家使用该资产)。客户可以通过多种方式直接或间接获得使用资产所产生的经济利益,例如,通过使用、持有或转租资产。使用资产所产生的经济利益包括资产的主要产出和副产品(包括来源于这些项目的潜在现金流量)以及通过与第三方之间的商业交易实现的其他经济利益。

如果合同规定客户应向资产供应方或另一方支付因使用资产所产生的部分现金流量作为对价,该现金流量仍应视为客户因使用资产而获得的经济利益的一部分。例如,如果客户因使用零售区域需向供应方支付零售收入的一定比例作为对价,该条款本身并不妨碍客户拥有获得使用零售区域所产生的几乎全部经济利益的权利。因为零售收入所产生的现金流量是客户使用零售区域而获得的经济利益,而客户支付给零售区域供应方的部分现金流量是使用零售区域的权利的对价。

2. 客户是否有权主导资产的使用

按照本准则第八条,存在下列情形之一的,可视为客户有权主导对已识别资产在整个使用期间的使用:

(1)客户有权在整个使用期间主导已识别资产的使用目的和使用方式。

(2)已识别资产的使用目的和使用方式在使用期间前已预先确定,并且客户有权在整个使用期间自行或主导他人按照其确定的方式运营该资产,或者客户设计了已识别资产(或资产的特定方面)并在设计时已预先确定了该资产在整个使用期间的使用目的和使用方式。

关于上述第一种情况,如果客户有权在整个使用期间在合同界定的使用权范围内改变资产的使用目的和使用方式,则视为客户有权在该使用期间主导资产的使用目的和使用方式。在判断客户是否有权在整个使用期间主导已识别资产的使用目的和使用方式时,企业应当考虑在该使用期间与改变资产的使用目的和使用方式最为相关的决策权。相关决策权是指对使用资产所产生的经济利益产生影响的决策权。最为相关的决策权可能因资产性质、合同条款和条件的不同而不同。此类例子包括:①变更资产产出类型的权利,例如,决定将集装箱用于运输商品还是储存商品,或者决定在零售区域销售的产品组合;②变更资产的产出时间的权利,例如,决定机器或发电厂的运行时间;③变更资产的产出地点的权利,例如,决定卡车或船舶的目的地,或者决定设备的使用地点;④变更资产是否产出以及产出数量的权利,例如,决定是否使用发电厂发电以及发电量的多少。

某些决策权并未授予客户改变资产的使用目的和使用方式的权利,例如,在资产的使用目的和使用方式未预先确定的情况下,客户仅拥有运行或维护资产的权利。这些决策权对于资产的高效使用通常是必要的,但它们往往取决于有关资产使用目的和使用方式来决定,而并非主导资产的使用目的和使用方式的权利。

关于上述第二种情况,与资产使用目的和使用方式相关的决策可以通过很多方式预先确定,例如,通过设计资产或在合同中对资产的使用做出限制来预先确定相关决策。

在评估客户是否有权主导资产的使用时，除非资产（或资产的特定方面）由客户设计，企业应当仅考虑在使用期间对资产使用做出决策的权利。例如，如果客户仅能在使用期间之前指定资产的产出而没有与资产使用相关的任何其他决策权，则该客户享有的权利与任何购买该项商品或服务的其他客户享有的权利并无不同。

合同可能包含一些旨在保护资产供应方在已识别资产或其他资产中的权益、保护资产供应方的工作人员或者确保资产供应方不因客户使用租赁资产而违反法律法规的条款和条件。例如，合同可能规定资产使用的最大工作量，限制客户使用资产的地点或时间，要求客户遵守特定的操作惯例，或者要求客户在变更资产使用方式时通知资产供应方。这些权利虽然对客户使用资产权利的范围作出了限定，但是其本身不足以否定客户拥有主导资产使用的权利。

（四）评估流程

综上，合同开始日，企业评估合同是否为租赁或是否包括租赁可参考图1。

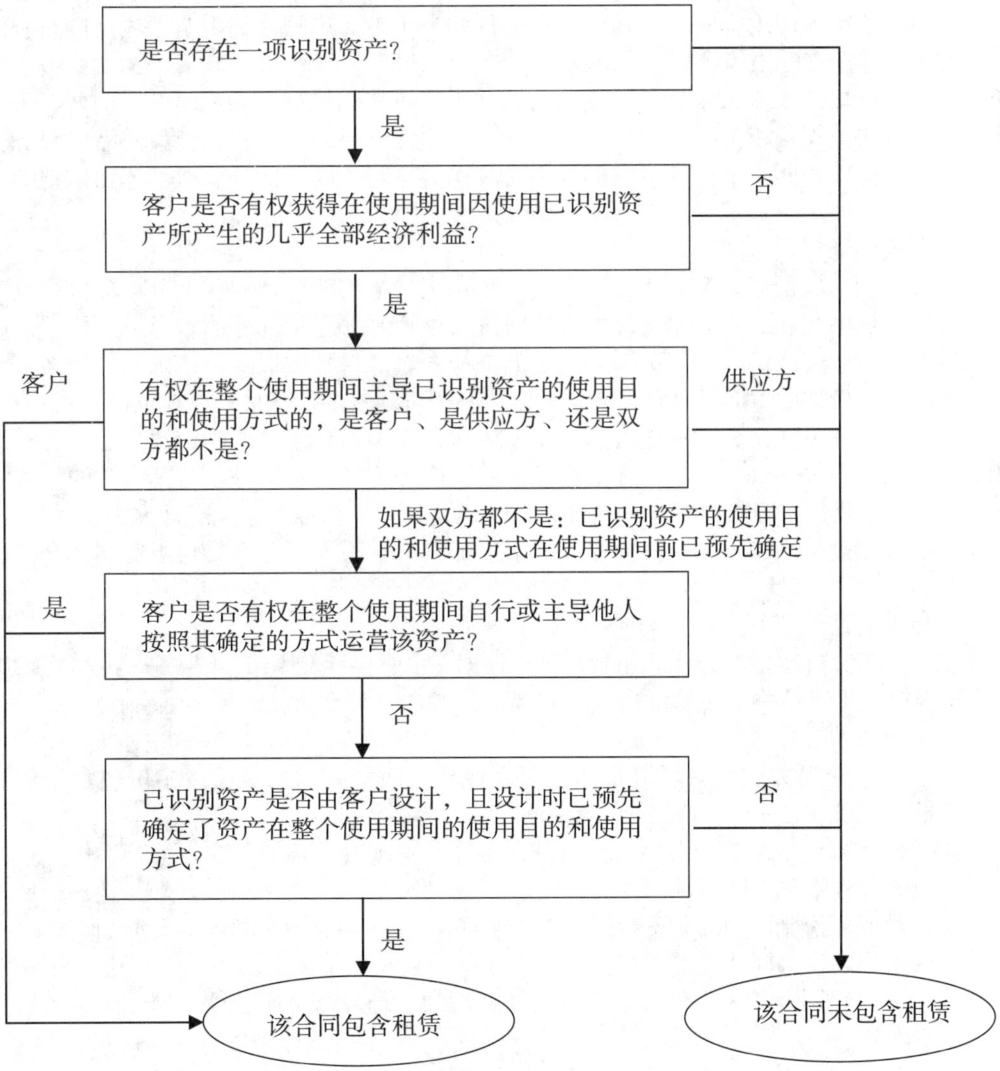

图 1 评估合同是否为租赁或是否包括租赁

五、租赁的分拆与合并

（一）租赁的分拆

本准则规定，合同中同时包含多项单独租赁的，承租人和出租人应当将合同予以分拆，并分别各项单独租赁进行会计处理。合同中同时包含租赁和非租赁部分的，承租人和出租人应当将租赁和非租赁部分进行分拆，除非企业适用本准则第十二条的规定进行会计处理。分拆时，各租赁部分应当分别按照本准则进行会计处理，非租赁部分应当按照其他适用的企业会计准则进行会计处理。

同时符合下列条件，使用已识别资产的权利构成合同中的一项单独租赁：

承租人可从单独使用该资产或将其与易于获得的其他资源一起使用中获利。易于获得的资源是指出租人或其他供应方单独销售或出租的商品或服务，或者承租人已从出租人或其他交易中获得的资源。

该资产与合同中的其他资产不存在高度依赖或高度关联关系。例如，若承租人租人资产的决定不会对承租人使用合同中的其他资产的权利产生重大影响，则表明该项资产与合同中的其他资产不存在高度依赖或高度关联关系。

出租人可能要求承租人承担某些款项，却并未向承租人转移商品或服务。例如，出租人可能将管理费或与租赁相关的其他成本计入应付金额，而并未向承租人转移商品或服务。此类应付金额不构成合同中单独的组成部分，而应视为总对价的一部分分摊至单独识别的合同组成部分。

1. 承租人的处理

在分拆合同包含的租赁和非租赁部分时，承租人应当按照各项租赁部分单独价格及非租赁部分的单独价格之和的相对比例分摊合同对价。租赁和非租赁部分的相对单独价格，应当根据出租人或类似资产供应方就该部分或类似部分向企业单独收取的价格确定。如果可观察的单独价格不易于获得，承租人应当最大限度地利用可观察的信息估计单独价格。

本准则第十二条规定，为简化处理，承租人可以按照租赁资产的类别选择是否分拆合同包含的租赁和非租赁部分。承租人选择不分拆的，应当将各租赁部分及与其相关的非租赁部分分别合并为租赁，按照本准则进行会计处理。但是，对于按照《企业会计准则22号——金融工具确认和计量》（2017）应分拆的嵌入衍生工具，承租人不应将其与租赁部分合并进行会计处理。

2. 出租人的处理

出租人应当分拆租赁部分和非租赁部分，根据《企业会计准则第14号——收入》（2017）第二十条至第二十五条关于交易价格分摊的规定分摊合同对价。

（二）租赁的合并

企业与同一交易方或其关联方在同一时间或相近时间订立的两份或多份包含租赁的合同，在满足下列条件之一时，应当合并为一份合同进行会计处理：

1. 该两份或多份合同基于总体商业目的而订立并构成"一揽子"交易，若不作为整体考虑则无法理解其总体商业目的。

2. 该两份或多份合同中的某份合同的对价金额取决于其他合同的定价或履行情况。

3. 该两份或多份合同让渡的资产使用权合起来构成一项单独租赁。

两份或多份合同合并为一份合同进行会计处理的，仍然需要区分该一份合同中的租赁部分和非租赁部分。

六、租赁期

本准则规定，租赁期是指承租人有权使用租赁资产且不可撤销的期间；承租人有续租选择权，即有权选择续租该资产，且合理确定将行使该选择权的，租赁期还应当包含续租选择权涵盖的期间；承租人有终止租赁选择权，即有权选择终止租赁该资产，但合理确定将不会行使该选择权的，租赁期应当包含终止租赁选择权涵盖的期间。

（一）租赁期开始日

租赁期自租赁期开始日起计算。租赁期开始日，是指出租人提供租赁资产使其可供承租人使用的起始日期。如果承租人在租赁协议约定的起租日或租金起付日之前，已获得对租赁资产使用权的控制，则表明租赁期已经开始。租赁协议中对起租日或租金支付时间的约定，并不影响租赁期开始日的判断。

（二）不可撤销期间

在确定租赁期和评估不可撤销租赁期间时，企业应根据租赁条款约定确定可强制执行合同的期间。

如果承租人和出租人双方均有权在未经另一方许可的情况下终止租赁，且罚款金额不重大，则该租赁不再可强制执行。如果只有承租人有权终止租赁，则在确定租赁期时，企业应将该项权利视为承租人可行使的终止租赁选择权予以考虑。如果只有出租人有权终止租赁，则不可撤销的租赁期包括终止租赁选择权所涵盖的期间。

（三）续租选择权和终止租赁选择权

在租赁期开始日，企业应当评估承租人是否合理确定将行使续租或购买标的资产的选择权，或者将不行使终止租赁选择权。在评估时，企业应当考虑对承租人行使续租选择权或不行使终止租赁选择权带来经济利益的所有相关事实和情况，包括自租赁期开始日至选择权行使日之间的事实和情况的预期变化。

需考虑的因素包括但不限于以下方面：

1. 与市价相比，选择权期间的合同条款和条件。例如：选择权期间内为使用租赁资产而需支付的租金；可变租赁付款额或其他或有款项，如因终止租赁罚款和余值担保导致的应付款项；初始选择权期间后可行使的其他选择权的条款和条件，如续租期结束时可按低于市价的价格行使购买选择权。

2. 在合同期内，承租人进行或预期进行重大租赁资产改良的，在可行使续租选择权、终止租赁选择权或者购买租赁资产选择权时，预期能为承租人带来的重大经济利益。

3. 与终止租赁相关的成本。例如，谈判成本、搬迁成本、寻找与选择适合承租人需求的替代资产所发生的成本、将新资产融入运营所发生的整合成本、终止租赁的罚款、将租赁资产恢复至租赁条款约定状态的成本、将租赁资产归还至租赁条款约定地点的成本等。

4. 租赁资产对承租人运营的重要程度。例如，租赁资产是否为一项专门资产，租赁资产位于何地以及是否可获得合适的替换资产等。

5. 与行使选择权相关的条件及满足相关条件的可能性。例如，租赁条款约定仅在满足一项或多项条件时方可行使选择权，此时还应考虑相关条件及满足相关条件的可能性。

租赁的不可撤销期间的长短会影响对承租人是否合理确定将行使或不行使选择权的评估。通常，租赁的不可撤销期间越短，承租人行使续租选择权或不行使终止租赁选择权的可能性就越大，原因在于不可撤销期间越短，获取替代资产的相对成本就越高。此外，评估承租人是否合理确定将行使或不行使选择权时，如果承租人以往曾经使用过特定类型的租赁资产或自有资产，则可以参考承租人使用该类资产的通常期限及原因。例如，承租人通常在特定时期内使用某类资产，或承租人时常对某类租赁资产行使选择权，则承租人应考虑以往这些做法的原因，以评估是否合理确定将对此类租赁资产行使选择权。

续租选择权或终止租赁选择权可能与租赁的其他条款相结合。例如，无论承租人是否行使选择权，均保证向出租人支付基本相等的最低或固定现金，在此情形下，应假定承租人合理确定将行使续租选择权或不行使终止租赁选择权。又如，同时存在原租赁和转租赁时，转租赁期限超过原租赁期限，如原租赁包含 5 年的不可撤销期间和 2 年的续租选择权，而转租赁的不可撤销期限为 7 年，此时应考虑转租赁期限及相关租赁条款对续租选择权评估的可能影响。

购买选择权的评估方式应与续租选择权或终止租赁选择权的评估方式相同，购买选择权在经济上与将租赁期延长至租赁资产全部剩余经济寿命的续租选择权类似。

（四）对租赁期和购买选择权的重新评估

本准则规定，发生承租人可控范围内的重大事件或变化，且影响承租人是否合理确定将行使相应选择权的，承租人应当对其是否合理确定将行使续租选择权、购买选择权或不行使终止租赁选择权进行重新评估，并根据重新评估结果修改租赁期。承租人可控范围内的重大事件或变化包括但不限于下列情形：

1. 在租赁期开始日未预计到的重大租赁资产改良，在可行使续租选择权、终止租赁选择权或购买选择权时，预期将为承租人带来重大经济利益；

2. 在租赁期开始日未预计到的租赁资产的重大改动或定制化调整；

3. 承租人做出的与行使或不行使选择权直接相关的经营决策。例如，决定续租互补性资产、处置可替代的资产或处置包含相关使用权资产的业务。

如果不可撤销的租赁期间发生变化，企业应当修改租赁期。例如，在下述情况下，不可撤销的租赁期将发生变化：一是承租人实际行使了选择权，但该选择权在之前企业确定租赁期时未涵盖；二是承租人未实际行使选择权，但该选择权在之前企业确定租赁期时已涵盖；三是某些事件的发生，导致根据合同规定承租人有义务行使选择权，但该选择权在之前企业确定租赁期时未涵盖；四是某些事件的发生，导致根据合同规定禁止承租人行使选择权，但该选择权在之前企业确定租赁期时已涵盖。

七、承租人会计处理

本准则规定，在租赁期开始日，承租人应当对租赁确认使用权资产和租赁负债，应用短期租赁和低价值资产租赁简化处理的除外。

（一）租赁负债的初始计量

租赁负债应当按照租赁期开始日尚未支付的租赁付款额的现值进行初始计量。识别应纳入租赁负债的相关付款项目是计量租赁负债的关键。

1. 租赁付款额

租赁付款额，是指承租人向出租人支付的与在租赁期内使用租赁资产的权利相关的款项。

租赁付款额包括以下五项内容：

（1）固定付款额及实质固定付款额，存在租赁激励的，扣除租赁激励相关金额。

本准则中的实质固定付款额是指在形式上可能包含变量但实质上无法避免的付款额。例如：

①付款额设定为可变租赁付款额，但该可变条款几乎不可能发生，没有真正的经济实质。例如，付款额仅需在租赁资产经证实能够在租赁期间正常运行时支付，或者仅需在不可能发生的事件发生时支付。又如，付款额初始设定为与租赁资产使用情况相关的可变付款额，但其潜在可变性将于租赁期开始日之后的某个时点消除，在可变性消除时，该类付款额成为实质固定付款额。

②承租人有多套付款额方案，但其中仅有一套是可行的。在此情况下，承租人应采用该可行的付款额方案作为租赁付款额。

③承租人有多套可行的付款额方案，但必须选择其中一套。在此情况下，承租人应采用总折现金额最低的一套作为租赁付款额。

租赁激励，是指出租人为达成租赁向承租人提供的优惠，包括出租人向承租人支付的与租赁有关的款项、出租人为承租人偿付或承担的成本等。存在租赁激励的，承租人在确定租赁付款额时，应扣除租赁激励相关金额。

（2）取决于指数或比率的可变租赁付款额。可变租赁付款额，是指承租人为取得在租赁期内使用租赁资产的权利，而向出租人支付的因租赁期开始日后的事实或情况发生变化（而非时间推移）而变动的款项。可变租赁付款额可能与下列各项指标或情况挂钩：

①由于市场比率或指数数值变动导致的价格变动。例如，基准利率或消费者价格指数变动可能导致租赁付款额调整。

②承租人源自租赁资产的绩效。例如，零售业不动产租赁可能会要求基于使用该不动产取得的销售收入的一定比例确定租赁付款额。

③租赁资产的使用。例如，车辆租赁可能要求承租人在超过特定里程数时支付额外的租赁付款额。

需要注意的是，可变租赁付款额中，仅取决于指数或比率的可变租赁付款纳入租赁负债的初始计量中，包括与消费者价格指数挂钩的款项、与基准利率挂钩的款项和为反映市场租金费率变化而变动的款项等。此类可变租赁付款额应当根据租赁期开始日的指数或比率确定。除了取决于指数或比率的可变租赁付款额之外，其他可变租赁付款额均不纳入租赁负债的初始计量中。

（3）购买选择权的行权价格，前提是承租人合理确定将行使该选择权。在租赁期开始日，承租人应评估是否合理确定将行使购买标的资产的选择权。在评估时，承租人应考虑对其行使或不行使购买选择权产生经济激励的所有相关事实和情况。如果承租人合理确定将行使购买标的资产的选择权，则租赁付款额中应包含购买选择权的行权价格。

（4）行使终止租赁选择权需支付的款项，前提是租赁期反映出承租人将行使终止租赁选择权。在租赁期开始日，承租人应评估是否合理确定将行使终止租赁的选择权。在评估时，承租人应考虑对其行使或不行使终止租赁选择权产生经济激励的所有相关事实和情况。如果承租人合理确定将行使终止租赁选择权，则租赁付款额中应包含行使终止租赁选择权需支付的款项，并且租赁期不应包含终止租赁选择权涵盖的期间。

（5）根据承租人提供的担保余值预计应支付的款项。担保余值，是指与出租人无关的一方向出租人提供担保，保证在租赁结束时租赁资产的价值至少为某指定的金额。如果承租人提供了对余值的担保，则租赁付款额应包含该担保下预计应支付的款项，它反映了承租人预计将支付的金额，而不是承租人担保余值下的最大敞口。

2. 折现率

租赁负债应当按照租赁期开始日尚未支付的租赁付款额的现值进行初始计量。在计算租赁付款额的现值时，承租人应当采用租赁内含利率作为折现率；无法确定租赁内含利率的，应当采用承租人增量借款利率作为折现率。

租赁内含利率，是指使出租人的租赁收款额的现值与未担保余值的现值之和等于租赁资产公允价值与出租人的初始直接费用之和的利率。

其中，未担保余值，是指租赁资产余值中，出租人无法保证能够实现或仅由与出租人有关的一方予以担保的部分。

初始直接费用，是指为达成租赁所发生的增量成本。增量成本是指若企业不取得该租赁，则不会发生的成本，如佣金、印花税等。无论是否实际取得租赁都会发生的支出，不属于初始直接费用，例如为评估是否签订租赁而发生的差旅费、法律费用等，此类费用应当在发生时计入当期损益。

承租人增量借款利率，是指承租人在类似经济环境下为获得与使用权资产价值接近的资产，在类似期间以类似抵押条件借入资金须支付的利率。该利率与下列事项相关：（1）承租人自身情况，即承租人的偿债能力和信用状况；（2）"借款"的期限，即租赁期；（3）"借入"

资金的金额,即租赁负债的金额;(4)"抵押条件",即租赁资产的性质和质量;(5)经济环境,包括承租人所处的司法管辖区、计价货币、合同签订时间等。

在具体操作时,承租人可以先根据所处经济环境,以可观察的利率作为确定增量借款利率的参考基础,然后根据承租人自身情况、标的资产情况、租赁期和租赁负债金额等租赁业务具体情况对参考基础进行调整,得出适用的承租人增量借款利率。企业应当对确定承租人增量借款利率的依据和过程做好记录。

实务中,承租人增量借款利率常见的参考基础包括承租人同期银行贷款利率、相关租赁合同利率、承租人最近一期类似资产抵押贷款利率、与承租人信用状况相似的企业发行的同期债券利率等,但承租人还需根据上述事项在参考基础上相应进行调整。

(二)使用权资产的初始计量

使用权资产,是指承租人可在租赁期内使用租赁资产的权利。在租赁期开始日,承租人应当按照成本对使用权资产进行初始计量。该成本包括下列四项:

1. 租赁负债的初始计量金额。
2. 在租赁期开始日或之前支付的租赁付款额;存在租赁激励的,应扣除已享受的租赁激励相关金额。
3. 承租人发生的初始直接费用。
4. 承租人为拆卸及移除租赁资产、复原租赁资产所在场地或将租赁资产恢复至租赁条款约定状态预计将发生的成本。前述成本属于为生产存货而发生的,适用《企业会计准则第1号——存货》。

关于上述第4项成本,承租人有可能在租赁期开始日就承担了上述成本的支付义务,也可能在特定期间内因使用标的资产而承担了相关义务。承租人应在其有义务承担上述成本时,将这些成本确认为使用权资产成本的一部分。但是,承租人由于在特定期间内将使用权资产用于生产存货而发生的上述成本,应按照《企业会计准则第1号——存货》进行会计处理。承租人应当按照《企业会计准则第13号——或有事项》对上述成本的支付义务进行确认和计量。

在某些情况下,承租人可能在租赁期开始前就发生了与标的资产相关的经济业务或事项。例如,租赁合同双方经协商在租赁合同中约定,标的资产需经建造或重新设计后方可供承租人使用;根据合同条款与条件,承租人需支付与资产建造或设计相关的成本。承租人如发生与标的资产建造或设计相关的成本,应适用其他相关准则(如《企业会计准则第4号——固定资产》)进行会计处理。同时,需要注意的是与标的资产建造或设计相关的成本不包括承租人为获取标的资产使用权而支付的款项,此类款项无论在何时支付,均属于租赁付款额。

(三)租赁负债的后续计量

1. 计量基础

在租赁期开始日后,承租人应当按以下原则对租赁负债进行后续计量:

(1)确认租赁负债的利息时,增加租赁负债的账面金额;
(2)支付租赁付款额时,减少租赁负债的账面金额;
(3)因重估或租赁变更等原因导致租赁付款额发生变动时,重新计量租赁负债的账面价值。

承租人应当按照固定的周期性利率计算租赁负债在租赁期内各期间的利息费用,并计入当期损益,但按照《企业会计准则第17号——借款费用》等其他准则规定应当计入相关资产成本的,从其规定。

此处的周期性利率,是指承租人对租赁负债进行初始计量时所采用的折现率,或者因租赁付款额发生变动或因租赁变更而需按照修订后的折现率对租赁负债进行重新计量时,承租人所采用的修订后的折现率。

未纳入租赁负债计量的可变租赁付款额,即并非取决于指数或比率的可变租赁付款额,应当在实际发生时计入当期损益,但按照《企业会计准则第1号——存货》等其他准则规定应当计入相关资产成本的,从其规定。

2. 租赁负债的重新计量

在租赁期开始日后,当发生下列四种情形时,承租人应当按照变动后的租赁付款额的现值重新计量租赁负债,并相应调整使用权资产的账面价值。使用权资产的账面价值已调减至零,但租赁负债仍需进一步调减的,承租人应当将剩余金额计入当期损益。

(1)实质固定付款额发生变动

如果租赁付款额最初是可变的,但在租赁期开始日后的某一时点转为固定,那么,在潜在可变性消除时,该付款额成为实质固定付款额,应纳入租赁负债的计量中。承租人应当按照变动后租赁付款额的现值重新计量租赁负债。在该情形下,承租人采用的折现率不变,即采用租赁期开始日确定的折现率。

(2)担保余值预计的应付金额发生变动

在租赁期开始日后,承租人应对其在担保余值下预计支付的金额进行估计。该金额发生变动的,承租人应当按照变动后租赁付款额的现值重新计量租赁负债。在该情形下,承租人采用的折现率不变。

(3)用于确定租赁付款额的指数或比率发生变动

在租赁期开始日后,因浮动利率的变动而导致未来租赁付款额发生变动的,承租人应当按照变动后租赁付款额的现值重新计量租赁负债。在该情形下,承租人应采用反映利率变动的修订后的折现率进行折现。

在租赁期开始日后,因用于确定租赁付款额的指数或比率(浮动利率除外)的变动而导致未来租赁付款额发生变动的,承租人应当按照变动后租赁付款额的现值重新计量租赁负债。在该情形下,承租人采用的折现率不变。

需要得注意的是,仅当现金流量发生变动时,即租赁付款额的变动生效时,承租人才应重新计量租赁负债,以反映变动后的租赁付款额。承租人应基于变动后的合同付款额,确定剩余租赁期内的租赁付款额。

(4)购买选择权、续租选择权或终止租赁选择权的评估结果或实际行使情况发生变化

租赁期开始日后,发生下列情形的,承租人应采用修订后的折现率对变动后的租赁付款额进行折现,以重新计量租赁负债:

①发生承租人可控范围内的重大事件或变化,且影响承租人是否合理确定将行使续租选择权或终止租赁选择权的,承租人应当对其是否合理确定将行使相应选择权进行重新评估。上述选择权的评估结果发生变化的,承租人应当根据新的评估结果重新确定租赁期和租赁付款额。前述选择权的实际行使情况与原评估结果不一致等导致租赁期变化的,也应当根据新的租赁期重新确定租赁付款额。

②发生承租人可控范围内的重大事件或变化,且影响承租人是否合理确定将行使购买选择权的,承租人应当对其是否合理确定将行使购买选择权进行重新评估。评估结果发生变化的,承租人应根据新的评估结果重新确定租赁付款额。

上述两种情形下,承租人在计算变动后租赁付款额的现值时,应当采用剩余租赁期间的租赁内含利率作为折现率;无法确定剩余租赁期间的租赁内含利率的,应当采用重估日的承租人增量借款利率作为折现率。

(四)使用权资产的后续计量

1. 计量基础

在租赁期开始日后,承租人应当采用成本模式对使用权资产进行后续计量,即以成本减累计折旧及累计减值损失计量使用权资产。

承租人按照本准则有关规定重新计量租赁负债的，应当相应调整使用权资产的账面价值。

2. 使用权资产的折旧

承租人应当参照《企业会计准则第4号——固定资产》有关折旧规定，自租赁期开始日起对使用权资产计提折旧。使用权资产通常应自租赁期开始的当月计提折旧，当月计提确有困难的，为便于实务操作，企业也可以选择自租赁期开始的下月计提折旧，但应对同类使用权资产采取相同的折旧政策。计提的折旧金额应根据使用权资产的用途，计入相关资产的成本或者当期损益。

承租人在确定使用权资产的折旧方法时，应当根据与使用权资产有关的经济利益的预期实现方式做出决定。通常，承租人按直线法对使用权资产计提折旧，其他折旧方法更能反映使用权资产有关经济利益预期实现方式的，应采用其他折旧方法。

承租人在确定使用权资产的折旧年限时，应遵循以下原则：承租人能够合理确定租赁期届满时取得租赁资产所有权的，应当在租赁资产剩余使用寿命内计提折旧；承租人无法合理确定租赁期届满时能够取得租赁资产所有权的，应当在租赁期与租赁资产剩余使用寿命两者孰短的期间内计提折旧。如果使用权资产的剩余使用寿命短于前两者，则应在使用权资产的剩余使用寿命内计提折旧。

3. 使用权资产的减值

在租赁期开始日后，承租人应当按照《企业会计准则第8号——资产减值》的规定，确定使用权资产是否发生减值，并对已识别的减值损失进行会计处理。使用权资产发生减值的，按应减记的金额，借记"资产减值损失"科目，贷记"使用权资产减值准备"科目。使用权资产减值准备一旦计提，不得转回。承租人应当按照扣除减值损失之后的使用权资产的账面价值，进行后续折旧。

企业执行本准则后，《企业会计准则第13号——或有事项》有关亏损合同的规定仅适用于采用短期租赁和低价值资产租赁简化处理方法的租赁合同以及在租赁开始日前已是亏损合同的租赁合同，不再适用于其他租赁合同。

（五）租赁变更的会计处理

租赁变更，是指原合同条款之外的租赁范围、租赁对价、租赁期限的变更，包括增加或终止一项或多项租赁资产的使用权，延长或缩短合同规定的租赁期等。租赁变更生效日，是指双方就租赁变更达成一致的日期。

1. 租赁变更作为一项单独租赁处理

租赁发生变更且同时符合下列条件的，承租人应当将该租赁变更作为一项单独租赁进行会计处理：

（1）该租赁变更通过增加一项或多项租赁资产的使用权而扩大了租赁范围或延长了租赁期限；

（2）增加的对价与租赁范围扩大部分或租赁期限延长部分的单独价格按该合同情况调整后的金额相当。

2. 租赁变更未作为一项单独租赁处理

租赁变更未作为一项单独租赁进行会计处理的，在租赁变更生效日，承租人应当按照本准则有关租赁分拆的规定对变更后合同的对价进行分摊；按照本准则有关租赁期的规定确定变更后的租赁期；并采用变更后的折现率对变更后的租赁付款额进行折现，以重新计量租赁负债。在计算变更后租赁付款额的现值时，承租人应当采用剩余租赁期间的租赁内含利率作为折现率；无法确定剩余租赁期间的租赁内含利率的，应当采用租赁变更生效日的承租人增量借款利率作为折现率。

就上述租赁负债调整的影响，承租人应区分以下情形进行会计处理：

（1）租赁变更导致租赁范围缩小或租赁期缩短的，承租人应当调减使用权资产的账面价值，以反映租赁的部分终止或完全终止。承租人应将部分终止或完全终止租赁的相关利得或损失计入当期损益。

（2）其他租赁变更，承租人应当相应调整使用权资产的账面价值。

（六）短期租赁和低价值资产租赁

本准则规定，对于短期租赁和低价值资产租赁，承租人可以选择不确认使用权资产和租赁负债。作出该选择的，承租人应当将短期租赁和低价值资产租赁的租赁付款额，在租赁期内各个期间按照直线法或其他系统合理的方法计入相关资产成本或当期损益。其他系统合理的方法能够更好地反映承租人的受益模式的，承租人应当采用该方法。

1. 短期租赁

本准则规定，短期租赁，是指在租赁期开始日，租赁期不超过12个月的租赁。包含购买选择权的租赁不属于短期租赁。

对于短期租赁，承租人可以按照租赁资产的类别作出采用简化会计处理的选择。如果承租人对某类租赁资产作出了简化会计处理的选择，未来该类资产下所有的短期租赁都应采用简化会计处理。某类租赁资产是指企业运营中具有类似性质和用途的一组租赁资产。

按照简化会计处理的短期租赁发生租赁变更或者其他原因导致租赁期发生变化的，承租人应当将其视为一项新租赁，重新按照上述原则判断该项新租赁是否可以选择简化会计处理。

2. 低价值资产租赁

低价值资产租赁，是指单项租赁资产为全新资产时价值较低的租赁。

承租人在判断是否是低价值资产租赁时，应基于租赁资产的全新状态下的价值进行评估，不应考虑资产已被使用的年限。

对于低价值资产租赁，承租人可根据每项租赁的具体情况作出简化会计处理选择。低价值资产同时还应满足本准则第十条的规定，即只有承租人能够从单独使用该低价值资产或将其与承租人易于获得的其他资源一起使用中获利，且该项资产与其他租赁资产没有高度依赖或高度关联关系时，才能对该资产租赁选择进行简化会计处理。

低价值资产租赁的标准应该是一个绝对金额，即仅与资产全新状态下的绝对价值有关，不受承租人规模、性质等影响，也不考虑该资产对于承租人或相关租赁交易的重要性。常见的低价值资产的例子包括平板电脑、普通办公家具、电话等小型资产。

但是，如果承租人已经或者预期要把相关资产进行转租赁，则不能将原租赁按照低价值资产租赁进行简化会计处理。

值得注意的是，符合低价值资产租赁的，也并不代表承租人若采取购入方式取得该资产时该资产不符合固定资产确认条件。

八、出租人会计处理

（一）出租人的租赁分类

1. 融资租赁和经营租赁

本准则规定，出租人应当在租赁开始日将租赁分为融资租赁和经营租赁。

租赁开始日，是指租赁合同签署日与租赁各方就主要租赁条款作出承诺日中的较早者。租赁开始日可能早于租赁期开始日，也可能与租赁期开始日重合。

一项租赁属于融资租赁还是经营租赁取决于交易的实质，而不是合同的形式。如果一项租赁实质上转移了与租赁资产所有权有关的几乎全部风险和报酬，出租人应当将该项租赁分类为融资租赁。出租人应当将除融资租赁以外的其他租赁分类为经营租赁。

在本准则中，出租人的租赁分类是以租赁转移与租赁资产所有权相关的风险和报酬的程度为依据的。风险包括由于生产能力的闲置或技术陈旧可能造成的损失，以及由于经济状况的改变可能造成的回报变动。报酬可以表现为在租赁资产的预期经济寿命期间经营的盈利以及因增值或残值变现可能产生的利得。

租赁开始日后，除非发生租赁变更，出租人无需对租赁的分类进行重新评估。租赁资产预计使用寿命、预计余值等会计估计变更或发生承租人违约等情况变化的，出租人不对租赁进行重分类。

租赁合同可能包括因租赁开始日与租赁期开始日之间发生的特定变化而需对租赁付款额进行调整的条款与条件（例如，出租人标的资产的成本发生变动，或出租人对该租赁的融资成本发生变动）。

在此情况下，出于租赁分类目的，此类变动的影响均视为在租赁开始日已发生。

2. 融资租赁的分类标准

一项租赁存在下列一种或多种情形的，通常分类为融资租赁：

（1）在租赁期届满时，租赁资产的所有权转移给承租人，即如果在租赁协议中已经约定，或者根据其他条件，在租赁开始日就可以合理地判断，租赁期届满时出租人会将资产的所有权转移给承租人，那么该项租赁通常分类为融资租赁。

（2）承租人有购买租赁资产的选择权，所订立的购买价款预计将远低于行使选择权时租赁资产的公允价值，因而在租赁开始日就可以合理确定承租人将行使该选择权。

（3）资产的所有权虽然不转移，但租赁期占租赁资产使用寿命的大部分。实务中，这里的"大部分"一般指租赁期占租赁开始日租赁资产使用寿命的75%以上（含75%）。需要说明的是，这里的量化标准只是指导性标准，企业在具体运用时，必须以准则规定的相关条件进行综合判断。这条标准强调的是租赁期占租赁资产使用寿命的比例，而非租赁期占该项资产全部可使用年限的比例。如果租赁资产是旧资产，在租赁前已使用年限超过资产自全新时起算可使用年限的75%以上时，则这条判断标准不适用，不能使用这条标准确定租赁的分类。

（4）在租赁开始日，租赁收款额的现值几乎相当于租赁资产的公允价值。实务中，这里的"几乎相当于"，通常掌握在90%以上。需要说明的是，这里的量化标准只是指导性标准，企业在具体运用时，必须以准则规定的相关条件进行综合判断。

（5）租赁资产性质特殊，如果不作较大改造，只有承租人才能使用。租赁资产由出租人根据承租人对资产型号、规格等方面的特殊要求专门购买或建造的，具有专购、专用性质。这些租赁资产如果不作较大的重新改制，其他企业通常难以使用。这种情况下，通常也分类为融资租赁。

一项租赁存在下列一项或多项迹象的，也可能分类为融资租赁：

（1）若承租人撤销租赁，撤销租赁对出租人造成的损失由承租人承担。

（2）资产余值的公允价值波动所产生的利得或损失归属于承租人。

例如，租赁结束时，出租人以相当于资产销售收益的绝大部分金额作为对租金的退还，说明承租人承担了租赁资产余值的几乎所有风险和报酬。

（3）承租人有能力以远低于市场水平的租金继续租赁至下一期间。

此经济激励政策与购买选择权类似，如果续租选择权行权价远低于市场水平，可以合理确定承租人将继续租赁至下一期间。

值得注意的是，出租人判断租赁类型时，上述情形和迹象并非总是决定性的，而是应综合考虑经济激励的有利方面和不利方面。若有其他特征充分表明，租赁实质上没有转移与租赁资产所有权相关的几乎全部风险和报酬，则该租赁应分类为经营租赁。例如，若租赁资产的所有权在租赁期结束时是以相当于届时其公允价值的可变付款额转让至承租人，或者因存在可变租赁付款额导致出租人实质上没有转移几乎全部风险和报酬，就可能出现这种情况。

《企业会计准则第 21 号——租赁》应用指南

（二）出租人对融资租赁的会计处理

1. 初始计量

本准则规定，在租赁期开始日，出租人应当对融资租赁确认应收融资租赁款，并终止确认融资租赁资产。出租人对应收融资租赁款进行初始计量时，应当以租赁投资净额作为应收融资租赁款的入账价值。

租赁投资净额为未担保余值和租赁期开始日尚未收到的租赁收款额按照租赁内含利率折现的现值之和。租赁内含利率，是指使出租人的租赁收款额的现值与未担保余值的现值之和（即租赁投资净额）等于租赁资产公允价值与出租人的初始直接费用之和的利率。因此，出租人发生的初始直接费用包括在租赁投资净额中，也即包括在应收融资租赁款的初始入账价值中。

租赁收款额，是指出租人因让渡在租赁期内使用租赁资产的权利而应向承租人收取的款项，包括：

（1）承租人需支付的固定付款额及实质固定付款额。存在租赁激励的，应当扣除租赁激励相关金额。

（2）取决于指数或比率的可变租赁付款额。该款项在初始计量时根据租赁期开始日的指数或比率确定。

（3）购买选择权的行权价格，前提是合理确定承租人将行使该选择权。

（4）承租人行使终止租赁选择权需支付的款项，前提是租赁期反映出承租人将行使终止租赁选择权。

（5）由承租人、与承租人有关的一方以及有经济能力履行担保义务的独立第三方向出租人提供的担保余值。

若某融资租赁合同必须以收到租赁保证金为生效条件，出租人收到承租人交来的租赁保证金，借记"银行存款"科目，贷记"其他应收款——租赁保证金"科目。承租人到期不交租金，以保证金抵作租金时，借记"其他应收款——租赁保证金"科目，贷记"应收融资租赁款"科目。承租人违约，按租赁合同或协议规定没收保证金时，借记"其他应收款——租赁保证金"科目，贷记"营业外收入"等科目。

2. 融资租赁的后续计量

出租人应当按照固定的周期性利率计算并确认租赁期内各个期间的利息收入。该周期性利率，是按照本准则第三十八条规定所采用的折现率，或者按照本准则第四十四条规定所采用的修订后的折现率。

本准则规定，纳入出租人租赁投资净额的可变租赁付款额只包含取决于指数或比率的可变租赁付款额。在初始计量时，应当采用租赁期开始日的指数或比率进行初始计量。出租人应定期复核计算租赁投资总额时所使用的未担保余值。若预计未担保余值降低，出租人应修改租赁期内的收益分配，并立即确认预计的减少额。

出租人取得的未纳入租赁投资净额计量的可变租赁付款额，如与资产的未来绩效或使用情况挂钩的可变租赁付款额，应当在实际发生时计入当期损益。

3. 融资租赁变更的会计处理

本准则规定，融资租赁发生变更且同时符合下列条件的，出租人应当将该变更作为一项单独租赁进行会计处理：

（1）该变更通过增加一项或多项租赁资产的使用权而扩大了租赁范围或延长了租赁期限。

（2）增加的对价与租赁范围扩大部分或租赁期限延长部分的单独价格按该合同情况调整后的金额相当。

本准则规定，如果融资租赁的变更未作为一项单独租赁进行会计处理，且满足假如变更在租赁开始日生效，该租赁会被分类为经营租赁条件的，出租人应当自租赁变更生效日开始将其作为一项新租赁进行会计处理，并以租赁变更生效日前的租赁投资净额作为租赁资产的账面价值。

如果融资租赁的变更未作为一项单独租赁进行会计处理，且满足假如变更在租赁开始日生效，该租赁会被分类为融资租赁条件的，出租人应当按照《企业会计准则第 22 号——金融工具确认和计量》（2017）第四十二条关于修改或重新议定合同的规定进行会计处理，即修改或重新议定租赁合同，未导致应收融资租赁款终止确认，但导致未来现金流量发生变化的，应当重新计算该应收融资租赁款的账面余额，并将相关利得或损失计入当期损益。重新计算应收融资租赁款账面余额时，应当根据重新议定或修改的租赁合同现金流量按照应收融资租赁款的原折现率或按照《企业会计准则第 24 号——套期会计》（2017）第二十三条规定重新计算的折现率（如适用）折现的现值确定。对于修改或重新议定租赁合同所产生的所有成本和费用，企业应当调整修改后的应收融资租赁款的账面价值，并在修改后的应收融资租赁款的剩余期限内进行摊销。

（三）出租人对经营租赁的会计处理

1. 租金的处理

在租赁期内各个期间，出租人应采用直线法或者其他系统合理的方法将经营租赁的租赁收款额确认为租金收入。如果其他系统合理的方法能够更好地反映因使用租赁资产所产生经济利益的消耗模式的，则出租人应采用该方法。

2. 出租人对经营租赁提供激励措施

出租人提供免租期的，出租人应将租金总额在不扣除免租期的整个租赁期内，按直线法或其他合理的方法进行分配，免租期内应当确认租金收入。出租人承担了承租人某些费用的，出租人应将该费用自租金收入总额中扣除，按扣除后的租金收入余额在租赁期内进行分配。

3. 初始直接费用

出租人发生的与经营租赁有关的初始直接费用应当资本化至租赁标的资产的成本，在租赁期内按照与租金收入相同的确认基础分期计入当期损益。

4. 折旧和减值

对于经营租赁资产中的固定资产，出租人应当采用类似资产的折旧政策计提折旧；对于其他经营租赁资产，应当根据该资产适用的企业会计准则，采用系统合理的方法进行摊销。

出租人应当按照《企业会计准则第 8 号——资产减值》的规定，确定经营租赁资产是否发生减值，并对已识别的减值损失进行会计处理。

5. 可变租赁付款额

出租人取得的与经营租赁有关的可变租赁付款额，如果是与指数或比率挂钩的，应在租赁期开始日计入租赁收款额；除此之外的，应当在实际发生时计入当期损益。

6. 经营租赁的变更

本准则规定，经营租赁发生变更的，出租人应自变更生效日开始，将其作为一项新的租赁进行会计处理，与变更前租赁有关的预收或应收租赁收款额视为新租赁的收款额。

九、特殊租赁业务的会计处理

（一）转租赁

转租情况下，原租赁合同和转租赁合同通常都是单独协商的，交易对手也是不同的企业。本准则要求转租出租人对原租赁合同和转租赁合同分别根据承租人和出租人会计处理要求，进行会计处理。

承租人在对转租赁进行分类时，转租出租人应基于原租赁中产生的使用权资产，而不是租赁资产（如作为租赁对象的不动产或设备）进行分类。原租赁资产不归转租出租人所有，原租赁资产也未计入其资产负债表。因此，转租出租人应基于其控制的资产（即使用权资产）进行会计处理。

原租赁为短期租赁，且转租出租人作为承租人已按照本准则采用简化会计处理方法的，应将转租赁分类为经营租赁。

（二）生产商或经销商出租人的融资租赁会计处理

生产商或经销商通常为客户提供购买或租赁其产品或商品的选择。如果生产商或经销商出租其产品或商品构成融资租赁，则该交易产生的损益应相当于按照考虑适用的交易量或商业折扣后的正常售价直接销售标的资产所产生的损益。构成融资租赁的，生产商或经销商出租人在租赁期开始日应当按照租赁资产公允价值与租赁收款额按市场利率折现的现值两者孰低确认收入，并按照租赁资产账面价值扣除未担保余值的现值后的余额结转销售成本，收入和销售成本的差额作为销售损益。

由于取得融资租赁所发生的成本主要与生产商或经销商赚取的销售利得相关，生产商或经销商出租人应当在租赁期开始日将其计入损益，即与其他融资租赁出租人不同，生产商或经销商出租人取得融资租赁所发生的成本不属于初始直接费用，不计入租赁投资净额。

为吸引客户，生产商或经销商出租人有时以较低利率报价。使用该利率会导致出租人在租赁期开始日确认的收入偏高。在这种情况下，生产商或经销商出租人应当将销售利得限制为采用市场利率所能取得的销售利得。

（三）售后租回交易

若企业（卖方兼承租人）将资产转让给其他企业（买方兼出租人），并从买方兼出租人租回该项资产，则卖方兼承租人和买方兼出租人均应按照售后租回交易的规定进行会计处理。企业应当按照《企业会计准则第14号——收入》（2017）的规定，评估确定售后租回交易中的资产转让是否属于销售，并区别进行会计处理。

在标的资产的法定所有权转移给出租人并将资产租赁给承租人之前，承租人可能会先获得标的资产的法定所有权。但是，是否具有标的资产的法定所有权本身并非会计处理的决定性因素。如果承租人在资产转移给出租人之前已经取得对标的资产的控制，则该交易属于售后租回交易。然而，如果承租人未能在资产转移给出租人之前取得对标的资产的控制，那么即便承租人在资产转移给出租人之前先获得标的资产的法定所有权，该交易也不属于售后租回交易。

1. 售后租回交易中的资产转让属于销售

卖方兼承租人应当按原资产账面价值中与租回获得的使用权有关的部分，计量售后租回所形成的使用权资产，并仅就转让至买方兼出租人的权利确认相关利得或损失。买方兼出租人根据其他适用《企业会计准则》对资产购买进行会计处理，并根据本准则对资产出租进行会计处理。

如果销售对价的公允价值与资产的公允价值不同，或者出租人未按市场价格收取租金，企业应当进行以下调整：

（1）销售对价低于市场价格的款项作为预付租金进行会计处理；

（2）销售对价高于市场价格的款项作为买方兼出租人向卖方兼承租人提供的额外融资进行会计处理。

同时，承租人按照公允价值调整相关销售利得或损失，出租人按市场价格调整租金收入。

在进行上述调整时，企业应当按以下两者中较易确定者进行：

（1）销售对价的公允价值与资产的公允价值的差异；

（2）合同付款额的现值与按市场租金计算的付款额的现值的差异。

2. 售后租回交易中的资产转让不属于销售

卖方兼承租人不终止确认所转让的资产，而应当将收到的现金作为金融负债，并按照《企业会计准则第22号——金融工具确认和计量》（2017）进行会计处理。买方兼出租人不确认被转让资产,而应当将支付的现金作为金融资产,并按照《企业会计准则第 22 号——金融工具确认和计量》(2017)进行会计处理。

十、列报和披露

(一)承租人的列报和披露

1. 资产负债表

承租人应当在资产负债表中单独列示使用权资产和租赁负债。其中,租赁负债通常分别非流动负债和一年内到期的非流动负债(即,资产负债表日后 12 个月内租赁负债预期减少的金额)列示。

2. 利润表

承租人应当在利润表中分别列示租赁负债的利息费用与使用权资产的折旧费用。其中,租赁负债的利息费用在财务费用项目列示。对于金融企业,财务报表格式中没有财务费用项目,因此使用权资产的折旧费用和利息费用可以在"业务及管理费用"列示,并在附注中进一步披露。

3. 现金流量表

承租人应当在现金流量表中按照如下方式列示:

(1)偿还租赁负债本金和利息所支付的现金,应当计入筹资活动现金流出;

(2)按照本准则有关规定对短期租赁和低价值资产租赁进行简化处理的,支付的相关付款额,应当计入经营活动现金流出;

(3)支付的未纳入租赁负债计量的可变租赁付款额,应当计入经营活动现金流出。

4. 承租人的披露

承租人应当在财务报表附注中披露有关租赁活动的定性和定量信息,以便财务报表使用者评估租赁活动对承租人的财务状况、经营成果和现金流量的影响。

承租人应当在财务报表的单独附注或单独章节中披露其作为承租人的信息,但无需重复已在财务报表其他部分列报或披露的信息,只需要在租赁的相关附注中通过交叉索引的方式体现该信息。

承租人应当在财务报表附注中披露与租赁有关的下列信息:

(1)各类使用权资产的期初余额、本期增加额、期末余额以及累计折旧额和减值金额。

(2)租赁负债的利息费用。

(3)有关简化处理方法的披露。

承租人按照本准则有关规定对短期租赁和低价值资产租赁进行简化处理的,应当披露这一事实,并且,应当披露计入当期损益的短期租赁费用和低价值资产租赁费用。其中,短期租赁费用无需包含租赁期在 1 个月以内的租赁相关费用,低价值资产租赁费用不应包含已包括在上述短期租赁费用中的低价值资产短期租赁费用。

若承租人在报告期末承诺的短期租赁组合与上述披露的短期租赁费用所对应的短期租赁组合不同,则承租人应当披露简化处理的短期租赁的租赁承诺金额。

(4)计入当期损益的未纳入租赁负债计量的可变租赁付款额。

(5)转租使用权资产取得的收入。

(6)与租赁相关的总现金流出。

(7)售后租回交易产生的相关损益。

(8)按照《企业会计准则第 37 号——金融工具列报》(2017)应当披露的有关租赁负债的信息,包括单独披露租赁负债的到期期限分析、对相关流动性风险的管理等。

承租人应当以列表格式披露上述信息,其他格式更为适当的除外。值得注意的是,承租人披露的金额应包含已在当期计入其他资产账面价值的成本。

此外,承租人应当根据理解财务报表的需要,披露有关租赁活动的其他定性和定量信息。此类信息包括：

（1）租赁活动的性质

例如，租入资产的类别及数量、租赁期、是否存在续租选择权等租赁基本情况信息。

（2）未纳入租赁负债计量的未来潜在现金流出

未纳入租赁负债计量的未来潜在现金流出主要来源于下列风险敞口：一是可变租赁付款额，二是续租选择权与终止租赁选择权，三是担保余值，四是承租人已承诺但尚未开始的租赁。

①可变租赁付款额

承租人可能需要根据具体情况披露与可变租赁付款额有关的额外信息，以帮助财务报表使用者进行评估。例如，承租人使用可变租赁付款额的原因，以及使用此类付款额的普遍性；可变租赁付款额相对于固定付款额的大小；可变租赁付款额所依据的主要变量，以及付款额预期将如何随主要变量变化而变动；可变租赁付款额的其他经营及财务影响。

②续租选择权与终止租赁选择权

根据具体情况，承租人可能需要披露与续租选择权或终止租赁选择权有关的额外信息，以帮助财务报表使用者进行评估。例如，承租人使用续租选择权或终止选择权的原因，以及此类选择权的普遍性；选择权期间租金相对于租赁付款额的大小；行使未纳入租赁负债计量的选择权的普遍性；此类选择权的其他经营及财务影响。

③担保余值

根据具体情况，承租人可能需要披露与担保余值有关的额外信息，以帮助财务报表使用者进行评估。例如，承租人提供担保余值的原因，以及此类条款的普遍性；承租人担保余值风险敞口的相对被担保的标的资产的性质；其他经营及财务影响。

（3）租赁导致的限制或承诺

根据具体情况，承租人可能需要披露与租赁导致的限制或承诺有关的额外信息，以帮助财务报表使用者进行评估。例如，租赁合同中关于承租人维持特定财务比率的条款。

（4）售后租回交易

根据具体情况，承租人可能需要披露与售后租回有关的额外信，以帮助财务报表使用者进行评估。例如，承租人进行售后租回交易的原因，以及此类交易的普遍性；各项售后租回交易的主要条款与条件；未纳入租赁负债计量的付款额；售后租回交易对当期现金流量的影响。

（5）其他相关信息

在确定有关租赁活动的上述其他定性和定量信息是否属于必要信息时，承租人应考虑以下两个方面：

①该信息是否与财务报表使用者相关

承租人应当仅在预期其他定性和定量信息与财务报表使用者相关的情况下，才提供这些信息。如果这些信息可帮助财务报表使用者了解以下事项，则可能属于此情形：一是租赁带来的灵活性，租赁可提供一定的灵活性，例如，承租人可通过行使终止选择权或以有利的条款和条件进行续租的方式降低风险敞口；二是租赁施加的限制，租赁可施加多种限制，例如，要求承租人维持特定的财务比率；三是报表信息对关键变量的敏感性，例如，报表信息可能对未来可变租赁付款额较为敏感；四是租赁产生的其他风险敞口；五是偏离行业惯例，例如，此类偏离可能包括一些罕见或特殊的租赁条款与条件，从而影响承租人的租赁组合。

②该信息是否可以从财务报表主表列报或附注中披露的信息直观得出

承租人无需重复披露已在财务报表其他部分列报或披露的信息。

（二）出租人的列报和披露

出租人应当根据资产的性质，在资产负债表中列示经营租赁资产。

出租人应当在财务报表附注中披露有关租赁活动的定性和定量信息，以便财务报表使用者评估租赁活动对出租人的财务状况、经营成果和现金流量的影响。

1. 与融资租赁有关的信息

出租人应当在附注中披露与融资租赁有关的下列信息：

（1）销售损益（生产商或经销商出租人）、租赁投资净额的融资收益以及与未纳入租赁投资净额的可变租赁付款额相关的收入；出租人应当以列表形式披露上述信息，其他形式更为适当的除外。

（2）资产负债表日后连续五个会计年度每年将收到的未折现租赁收款额，以及剩余年度将收到的未折现租赁收款额总额；不足五个会计年度的，披露资产负债表日后连续每年将收到的未折现租赁收款额。

出租人应进行上述到期分析，并对融资租赁投资净额账面金额的重大变动提供定性和定量说明，以使财务报表使用者能够更准确地预测未来的租赁现金流量流动性风险。

（3）未折现租赁收款额与租赁投资净额的调节表。

调节表应说明与租赁应收款相关的未实现融资收益、未担保余值的现值。

2. 与经营租赁有关的信息

出租人应当在附注中披露与经营租赁有关的下列信息：

（1）租赁收入，并单独披露与未纳入租赁收款额计量的可变租赁付款额相关的收入。

与融资租赁出租人披露信息类似，出租人应当以列表形式披露上述信息，其他形式更为适当的除外。

（2）将经营租赁固定资产与出租人持有自用的固定资产分开，并按经营租赁固定资产的类别提供《企业会计准则第4号——固定资产》要求披露的信息。

出租人对经营租赁下租赁的资产采用与其在其他经营活动中持有和使用的自有资产相似的方式进行会计处理。然而，租赁资产与自有资产通常被用于不同的目的，即租赁资产产生租赁收入，而不是对出租人的其他经营活动作出贡献。因此，将出租人持有和使用的自有资产与产生租赁收入的租赁资产分开披露，有利于财务报表使用者了解更多信息。

（3）资产负债表日后连续五个会计年度每年将收到的未折现租赁收款额，以及剩余年度将收到的未折现租赁收款总额。不足五个会计年度的，披露资产负债表日后连续每年将收到的未折现租赁收款额。

与融资租赁披露类似，上述到期分析将使财务报表使用者能够更准确地预测未来的租赁现金流量流动性风险。

3. 其他信息

此外，出租人应当根据理解财务报表的需要，披露有关租赁活动的其他定性和定量信息。此类信息包括：

（1）租赁活动的性质

例如，租出资产的类别及数量、租赁期、是否存在续租选择权等租赁基本情况信息。

（2）对其在租赁资产中保留的权利进行风险管理的情况

出租人应当披露其如何对其在租赁资产中保留的权利进行风险管理的策略，包括出租人降低风险的方式。该方式可包括回购协议、担保余值条款或因超出规定限制使用资产而支付的可变租赁付款额等。如租赁设备和车辆的市场价值的下降幅度超过出租人在为租赁定价时的预计幅度，则将对该项租赁的收益能力产生不利影响。租赁期结束时租赁资产余值的不确定性往往是出租人面临的重要风险。披露有关出资人如何对租赁资产中保留的权利进行管理，有利于财务报表使用者了解更多出租人相关风险管理信息。

（3）其他相关信息

4. 转租赁的列报

原租赁以及转租同一标的资产形成的资产和负债所产生的风险敞口不同于由于单一租赁应收款净额或租赁负债所产生的风险敞口，因此，企业不得以净额为基础对转租赁进行列报。除非满足《企业会计准则第37号——金融工具列报》（2017）第二十八条关于金融资产负债抵销的规定，转租出租人不得抵销由于原租赁以及转租同一租赁资产而形成的资产和负债，以及与原租赁以及转租同一租赁资产相关的租赁收益和租赁费用。

十一、衔接规定

（一）首次执行日

本准则所述的首次执行日，是指企业首次采用本准则的年度报告期间的开始日。

（二）租赁定义的实务豁免

对于首次执行日前已存在的合同，企业在首次执行日可以选择不重新评估其是否为租赁或者包含租赁，即企业可以仅对之前根据原租赁准则识别为租赁的合同采用本准则；对之前按原租赁准则未识别为包含租赁的合同不采用本准则。

选择不重新评估的，企业应当在财务报表附注中披露这一事实，并一致应用于前述所有合同。

（三）承租人衔接规定及示例

1. 承租人可以选择的衔接会计处理

承租人应当选择下列方法之一对租赁进行衔接会计处理，并一致应用于其作为承租人的所有租赁：

（1）按照《企业会计准则第28号——会计政策、会计估计变更和差错更正》的规定采用追溯调整法处理。

（2）根据首次执行本准则的累积影响数，调整首次执行本准则年年初留存收益及财务报表其他相关项目金额，不调整可比期间信息（以下简称"简化的追溯调整法"）。

2. 简化的追溯调整法下具体衔接规定

（1）对于首次执行日前的融资租赁，承租人在首次执行日应当按照融资租入资产和应付融资租赁款的原账面价值，分别计量使用权资产和租赁负债。

（2）对于首次执行日前的经营租赁，承租人在首次执行日应当根据剩余租赁付款额按首次执行日承租人增量借款利率折现的现值计量租赁负债，并根据每项租赁选择按照下列两者之一计量使用权资产：

①假设自租赁期开始日即采用本准则的账面价值（采用首次执行日的承租人增量借款利率作为折现率）；

②与租赁负债相等的金额，并根据预付租金进行必要调整。

（3）在首次执行日，承租人应当按照《企业会计准则第8号——资产减值》的规定，对使用权资产进行减值测试并进行相应会计处理。

3. 简化的追溯调整法下对于经营租赁的额外可选简化处理

对于首次执行日前的经营租赁，可根据每项租赁采用下列一项或多项简化处理：

（1）将于首次执行日后12个月内执行完毕的租赁，可作为短期租赁处理，即以本准则第三十二条所述的短期租赁处理方式对此类租赁进行会计处理，并在包含首次执行日的年度报告期间披露的短期租赁费用中涵盖与此类租赁有关的费用。

（2）计量租赁负债时，具有相似特征的租赁可采用同一折现率；使用权资产的计量可不包含初始直接费用。

（3）存在续租选择权或终止租赁选择权的，承租人可根据首次执行日前选择权的实际行使及其他最新情况确定租赁期，无需对首次执行日前各期间是否合理确定行使续租选择权或终止租赁选择权进行估计。

（4）作为使用权资产减值测试的替代，承租人可根据《企业会计准则第13号——或有事项》评估包含租赁的合同在首次执行日前是否是亏损合同，并根据首次执行日前计入资产负债表的亏损准备金额调整使用权资产。

值得注意的是，该方法只是对使用权减值测试的替代，该方法计提的使用权资产减值准备后续期间仍不得转回。

（5）首次执行本准则当年年初之前发生租赁变更的，承租人无需按照本准则关于租赁变更的规定进行追溯调整，而是根据租赁变更的最终安排，按照本准则进行会计处理。

4. 其他衔接规定

首次执行日前的经营租赁中，租赁资产属于低价值资产且根据本准则选择不确认使用权资产和租赁负债的，承租人无需对该经营租赁按照衔接规定进行调整，应当自首次执行日起按照本准则进行会计处理。

母公司执行本准则、但子公司尚未执行本准则的，母公司在编制合并财务报表时，应当按照本准则规定调整子公司的财务报表。

母公司尚未执行本准则、而子公司已执行本准则的，母公司在编制合并财务报表时，可以将子公司的财务报表按照母公司的会计政策进行调整后合并，也可以将子公司按照本准则编制的财务报表直接合并，母公司将子公司按照本准则编制的财务报表直接合并的，应当在合并财务报表中披露该事实，并且对母公司和子公司的会计政策及其他相关信息分别进行披露。

（四）出租人衔接规定

除下面所述情形外，出租人无需对作为出租人的租赁按照衔接定进行调整，而应当自首次执行日起按照本准则进行会计处理：

对于首次执行日前划分为经营租赁且在首次执行日后仍存续的转租赁，转租出租人在首次执行日应当基于原租赁和转租赁的剩余合同期限和条款进行重新评估，并按照本准则的规定进行分类。按照本准则重分类为融资租赁的，应当将其作为一项新的融资租赁进会计处理。

（五）之前确认的有关企业合并的金额

承租人如果之前根据《企业会计准则第20号——企业合并》对作为企业合并一部分购买的经营租赁的有利或不利条款确认了资产或负债，则应当终止确认该资产或负债，并相应调整首次执行日的使用权资产的账面金额。

（六）售后租回交易的衔接规定

对于首次执行日前已存在的售后租回交易，企业在首次执行日不重新评估资产转让是否满足《企业会计准则第14号——收入》（2017）作为销售进行会计处理的规定。

对于首次执行日前应当作为销售和融资租赁进行会计处理的售后租回交易，卖方（承租人）应当按照与首次执行日存在的其他融资租赁相同的方法对租回进行会计处理，并继续在租赁期内摊销相关递延收益或损失。

对于首次执行日前应当作为销售和经营租赁进行会计处理的售后租回交易，卖方（承租人）应当按照与首次执行日存在的其他经营租赁相同的方法对租回进行会计处理，并根据首次执行日前计入资产负债表的相关递延收益或损失调整使用权资产。

（七）披露要求

承租人采用本准则第六十三条规定的简化处理方法的，应当在财务报表附注中披露所采用的简化处理方法以及在合理可能的范围内对采用每项简化处理方法的估计影响所作的定性分析。

承租人选择简化的追溯调整法对租赁进行衔接会计处理的，还应当在首次执行日披露以下信息：

1. 首次执行日计入资产负债表的租赁负债所采用承租人增量借款利率的加权平均值。

2. 首次执行日前一年度报告期末披露的重大经营租赁的尚未支付的最低租赁付款额按首次执行日承租人增量借款利率折现的现值，与计入首次执行日资产负债表的租赁负债的差额。

《企业会计准则第 22 号——金融工具确认和计量》应用指南

一、总体要求

《企业会计准则第 22 号——金融工具确认和计量》(以下简称本准则)主要规范了各类企业的金融资产和金融负债的确认和计量、嵌入衍生工具的会计处理、金融工具的减值,以及金融资产和金融负债所产生的相关利得和损失的会计处理。金融资产转移、套期会计的确认和计量,分别由《企业会计准则第 23 号——金融资产转移》和《企业会计准则第 24 号——套期会计》规范。权益工具与金融负债的区分等,由《企业会计准则第 37 号——金融工具列报》规范。

企业所取得的金融资产和承担的金融负债,应当按照本准则的要求进行会计处理,并且应当按照《企业会计准则第 37 号——金融工具列报》中有关要求进行列报。

金融资产和金融负债的分类是确认和计量的基础。企业应当根据其管理金融资产的业务模式和金融资产的合同现金流量特征,对金融资产进行合理的分类。同时,企业应当结合自身业务特点和风险管理要求,对金融负债进行合理的分类。对金融资产的分类一经确定,不得随意变更。对金融负债的分类一经确定不得变更。

企业应当根据金融资产和金融负债确认和终止确认条件,对其进行确认和终止确认。企业初始确认金融资产和金融负债时,通常应当按照公允价值计量。金融资产和金融负债的后续计量与分类密切相关。

企业应当在资产负债表日对金融资产和信贷承诺等,以预期信用损失为基础确认减值损失,计提减值准备。企业应当考虑金融资产和信贷承诺等的未来预期信用损失情况,及时、足额地计提减值准备,更加有效反映和防控金融工具的信用风险。

二、关于金融工具的相关定义

金融工具,是指形成一方的金融资产并形成其他方的金融负债或权益工具的合同。合同的形式多种多样,可以采用书面形式,也可以不采用书面形式。实务中的金融工具合同通常采用书面形式。非合同的资产和负债不属于金融工具。例如,应交所得税是企业按照税收法规规定承担的义务,不是以合同为基础的义务,因此不符合金融工具定义。一般来说,金融工具包括金融资产、金融负债和权益工具,也可能包括一些尚未确认的项目。

(一)金融资产

金融资产,是指企业持有的现金、其他方的权益工具以及符合下列条件之一的资产:

1. 从其他方收取现金或其他金融资产的合同权利。例如,企业的银行存款、应收账款、应收票据和发放的贷款等均属于金融资产。而预付账款不是金融资产,因其产生的未来经济利益是商品或服务,不是收取现金或其他金融资产的权利。

2. 在潜在有利条件下,与其他方交换金融资产或金融负债的合同权利。例如,企业购入的看涨期权或看跌期权等衍生工具。

3. 将来须用或可用企业自身权益工具进行结算的非衍生工具合同,且企业根据该合同将收到可变数量的自身权益工具。

4. 将来须用或可用企业自身权益工具进行结算的衍生工具合同，但以固定数量的自身权益工具交换固定金额的现金或其他金融资产的衍生工具合同除外。其中，企业自身权益工具不包括应当按照《企业会计准则第37号——金融工具列报》分类为权益工具的可回售工具或发行方仅在清算时才有义务向另一方按比例交付其净资产的金融工具，也不包括本身就要求在未来收取或交付企业自身权益工具的合同。

（二）金融负债

金融负债，是指企业符合下列条件之一的负债：

1. 向其他方交付现金或其他金融资产的合同义务。例如，企业的应付账款、应付票据和应付债券等均属于金融负债。而预收账款不是金融负债，因其导致的未来经济利益流出是商品或服务，不是交付现金或其他金融资产的合同义务。

2. 在潜在不利条件下，与其他方交换金融资产或金融负债的合同义务。例如，企业签出的看涨期权或看跌期权等。

3. 将来须用或可用企业自身权益工具进行结算的非衍生工具合同，且企业根据该合同将交付可变数量的自身权益工具。

4. 将来须用或可用企业自身权益工具进行结算的衍生工具合同，但以固定数量的自身权益工具交换固定金额的现金或其他金融资产的衍生工具合同除外。企业对全部现有同类别非衍生自身权益工具的持有方同比例发行配股权、期权或认股权证，使之有权按比例以固定金额的任何货币换取固定数量的该企业自身权益工具的，该类配股权、期权或认股权证应当分类为权益工具。其中，企业自身权益工具不包括应当按照《企业会计准则第37号——金融工具列报》分类为权益工具的可回售工具或发行方仅在清算时才有义务向另一方按比例交付其净资产的金融工具，也不包括本身就要求在未来收取或交付企业自身权益工具的合同。

《企业会计准则第37号——金融工具列报》规范了金融负债和权益工具的区分。

（三）衍生工具

衍生工具，是指属于本准则范围并同时具备下列特征的金融工具或其他合同。

1. 其价值随特定利率、金融工具价格、商品价格、汇率、价格指数、费率指数、信用等级、信用指数或其他变量的变动而变动，变量为非金融变量（比如特定区域的地震损失指数、特定城市的气温指数等）的，该变量不应与合同的任何一方存在特定关系。

衍生工具的价值变动取决于标的变量的变化。例如，甲国内金融企业与乙境外金融企业签订了一份1年期利率互换合约，每半年末甲企业向乙企业支付美元固定利息、从乙企业收取以6个月美元LIBOR（浮动利率）计算确定的浮动利息，合约名义金额为1亿美元。合约签订时，其公允价值为零。假定合约签订半年后，浮动利率（6个月美元LIBOR）与合约签订时不同，甲企业将根据未来可收取的浮动利息现值扣除将支付的固定利息现值确定该合约的公允价值。这里的合约的公允价值因浮动利率的变化而改变。

2. 不要求初始净投资，或者与对市场因素变化预期有类似反应的其他合同相比，要求较少的初始净投资。

企业从事衍生工具交易不要求初始净投资，通常指签订某项衍生工具合同时不需要支付现金。例如，某企业与其他企业签订一项将来买入债券的远期合同，就不需要在签订合同时支付将来购买债券所需的现金。但是，不要求初始净投资，并不排除企业按照约定的交易惯例或规则相应缴纳一笔保证金，比如，企业进行期货交易时要求缴纳一定的保证金。缴纳保证金不构成一项企业解除负债的现时支付，因为保证金仅具有"保证"性质。

在某些情况下，企业从事衍生工具交易也会遇到要求进行现金支付的情况，但该现金支付只是相对很少的初始净投资。例如，从市场上购入备兑认股权证，就需要先支付一笔款项。但相对于行权时购入相应股份所需支付的款项，此项支付往往是很小的。又如，企业进行货币互换时，通常需要在合同签订时支付某种货币计价的一笔款项，但同时也会收到以另一种货币计价的"等值"的一笔款项，无论是从该企业的角度，还是从其对手（合同的另一方）看，初始净投资均为零。

3. 在未来某一日期结算。衍生工具在未来某一日期结算，表明衍生工具结算需要经历一段特定期间。衍生工具通常在未来某一特定日期结算，也可能在未来多个日期结算。例如，利率互换可能涉及合同到期前多个结算日期。另外，有些期权可能由于是价外期权而到期不行权，也是在未来日期结算的一种方式。

远期合同是常见的衍生金融工具。例如，某项6个月后结算的远期合同。根据该合同，合同一方（买方）承诺支付100万元现金，以换取面值为100万元固定利率债券；合同的另一方（卖方）承诺交付面值100万元的固定利率债券以换取100万元现金。在这6个月的期间内，双方均有交换现金或金融资产的合同权利或义务。如果债券的市价超过100万元，情况对买方有利，而对卖方不利；如果市价低于100万元，结果正好相反。可见，买方既有与所持有看涨期权下类似的合同权利（金融资产），也有与所签出看跌期权下类似的合同义务（金融负债）；卖方既有与所持有看跌期权下类似的合同权利（金融资产），也有与所签出看涨期权下类似的合同义务（金融负债）。与期权相同，这些合同权利和合同义务构成的金融资产和金融负债与合同中的基础金融工具（被交换的债券和现金）有明显的区别。远期合同的双方都有义务在约定时间执行合同，而期权合同仅当期权持有方选择行使权利的情况下才会被执行。

三、关于适用范围

通常情况下，符合本准则中金融工具定义的项目，应当按照本准则规定进行会计处理。但一些符合金融工具定义的项目适用其他准则，不按照本准则进行会计处理。同时，一些非金融项目合同有可能按照本准则进行会计处理。

（一）涉及其他准则规范的情况

1. 由《企业会计准则第2号——长期股权投资》规范的对子公司、合营企业和联营企业的投资，适用《企业会计准则第2号——长期股权投资》，但是企业根据《企业会计准则第2号——长期股权投资》对上述投资按照本准则相关规定进行会计处理的，适用本准则。企业持有的与在子公司、合营企业或联营企业中的权益相联系的衍生工具，适用本准则；该衍生工具符合《企业会计准则第37号——金融工具列报》规定的权益工具定义的，适用《企业会计准则第37号——金融工具列报》。

2. 由《企业会计准则第9号——职工薪酬》规范的职工薪酬计划形成的企业的权利和义务，符合金融工具的定义。但由于职工薪酬相关权利和义务的计量具有一定的特殊性，其会计处理适用《企业会计准则第9号——职工薪酬》。

3. 由《企业会计准则第11号——股份支付》规范的股份支付，适用《企业会计准则第11号——股份支付》。但是，股份支付中属于本准则第八条范围的买入或卖出非金融项目的合同，适用本准则。

4. 由《企业会计准则第12号——债务重组》规范的债务重组适用《企业会计准则第12号——债务重组》。

5. 因清偿按照《企业会计准则第13号——或有事项》所确认的预计负债而获得补偿的权利，适用《企业会计准则第13号——或有事项》。

6. 由《企业会计准则第14号——收入》规范的属于金融工具的合同权利和义务，适用《企业会计准则第14号——收入》，但该准则要求在确认和计量相关合同权利的减值损失和利得时应当按照本准则规定进行会计处理的，适用本准则有关减值的规定。

7. 购买方（或合并方）与出售方之间签订的，将在未来购买日（或合并日）形成《企业会计准则第 20 号——企业合并》规范的企业合并，且其期限不超过企业合并获得批准并完成交易所必需的合理期限的远期合同，符合本准则关于金融工具和衍生工具的定义，但不适用本准则。

8. 由《企业会计准则第 21 号——租赁》规范的租赁权利和义务，适用《企业会计准则第 21 号——租赁》，但下列情况除外：

（1）企业作为出租人的，其租赁应收款的减值、终止确认的会计处理，适用本准则。

（2）企业作为承租人的，其租赁应付款（即租赁负债）的终止确认的会计处理，适用本准则。

（3）租赁中嵌入的衍生工具的会计处理，适用本准则。

9. 金融资产转移，适用《企业会计准则第 23 号——金融资产转移》。

10. 套期会计，适用《企业会计准则第 24 号——套期会计》。

11. 由保险合同相关会计准则规范的保险合同所产生的权利和义务，适用保险合同相关会计准则。因具有相机分红特征而由保险合同相关会计准则规范的合同所产生的权利和义务，适用保险合同相关会计准则。但对于嵌入保险合同的衍生工具，该嵌入衍生工具本身不是保险合同的，适用本准则。

12. 财务担保合同，是指当特定债务人到期不能按照最初或修改后的债务工具条款偿付债务时，要求发行方向蒙受损失的合同持有人赔付特定金额的合同。目前实务中发行方对财务担保合同有两种处理方式，即按照金融工具相关准则进行会计处理，或者按照保险合同相关准则进行会计处理（如融资性担保公司）。因此，本准则从实务角度出发，规定财务担保合同的发行方可做如下选择：

（1）发行方之前明确表明将此类合同视作保险合同，并且已按照保险合同相关会计准则进行会计处理的，可以选择适用本准则或保险合同相关会计准则。该选择可以基于单项合同，但选择一经做出，不得撤销。

（2）其他情况下，相关财务担保合同适用本准则。

13. 企业发行的按照《企业会计准则第 37 号——金融工具列报》规定应当分类为权益工具的金融工具，适用《企业会计准则第 37 号——金融工具列报》。

（二）属于本准则范围的买卖非金融项目的合同

对于能够以现金或其他金融工具净额结算（即不交付非金融项目本身，而是根据双方合同权利和义务的价值差以现金或其他金融工具结算），或者通过交换金融工具结算的买入或卖出非金融项目的合同，企业应当将该合同视同金融工具，适用本准则。但企业按照预定的购买、销售或使用要求签订并持有旨在收取或交付非金融项目的合同除外。

以现金或其他金融工具净额结算，或者通过交换金融工具结算的买入或卖出非金融项目的合同可能有以下情况：

1. 合同条款允许合同一方以现金或其他金融工具进行净额结算或通过交换金融工具结算。

2. 合同条款没有明确规定，但是企业具有对类似合同以现金或其他金融工具进行净额结算或通过交换金融工具进行结算的惯例。

3. 企业具有收到合同标的（如贵金属）之后在短期内将其再次出售以从短期波动中获取利润的惯例。

4. 作为合同标的的非金融项目易于转换为现金。

符合上述②或③所述条件的合同并非企业按照预定的购买、出售或使用要求签订并持有、旨在收取或交付非金融项目的合同，因此属于本准则的范围。对于符合上述①或④所述条件的合同，企业应进行评估以确定其是否为按照预定的购买、出售或使用要求签订并持有、旨在收取或交付非金融项目的合同。

对于能够以现金或其他金融工具净额结算,或者通过交换金融工具结算的买入或卖出非金融项目的合同,即使企业按照预定的购买、销售或使用要求签订并持有旨在收取或交付非金融项目的合同的,企业也可以将该合同指定为以公允价值计量且其变动计入当期损益的金融资产或金融负债。企业只能在合同开始时做出该指定,并且必须能够通过该指定消除或显著减少会计错配。该指定一经做出,不得撤销。例如,某些公共事业企业通常会有大量需要进行交割的能源合同,这些合同属于企业按照预定的购买、销售或使用要求签订并持有旨在收取或交付非金融项目的合同。企业通常使用能源衍生工具对此类合同进行套期。通过选择将实物交割合同指定为以公允价值计量且其变动计入当期损益的金融资产或金融负债,将能够消除会计错配,从而无需采用套期会计。

(三)属于本准则范围的贷款承诺

贷款承诺,是指按照预先规定的条款和条件提供信用的确定承诺。本准则适用于下列贷款承诺:

1. 企业指定为以公允价值计量且其变动计入当期损益的金融负债的贷款承诺。

2. 能够以现金或者通过交付或发行其他金融工具净额结算的贷款承诺。此类贷款承诺属于衍生工具。企业不得仅仅因为相关贷款将分期拨付(如按工程进度分期拨付的按揭建造贷款)而将该贷款承诺视为以净额结算。

3. 如果企业存在先例,在贷款承诺形成贷款资产后随即将该资产出售(即等同于以净额结算贷款承诺),则企业所有的同类贷款承诺均应适用本准则。

4. 以低于市场利率贷款的贷款承诺。

所有贷款承诺均适用本准则关于终止确认的规定。企业作为贷款承诺发行方的,还适用本准则关于减值的规定。同时,所有贷款承诺均应当按照《企业会计准则第37号——金融工具列报》的有关要求进行列报。

四、关于应设置的会计科目

企业应当按照本准则的规定对金融资产和金融负债进行会计处理,全面反映金融工具对其财务报告的影响。企业在不违反会计准则中确认、计量和报告规定的前提下,可以根据实际情况自行增设、分拆、合并或简化会计科目。企业按照本准则规定进行会计处理可以根据需要设置以下主要科目(有关账务处理参见后文举例)。

(一)"银行存款"。本科目核算以摊余成本计量的、企业存入银行或其他金融机构的各种款项。

(二)"其他货币资金"。本科目核算以摊余成本计量的、企业的银行汇票存款、银行本票存款、信用卡存款、信用证保证金存款、存出投资款、外埠存款等其他货币资金。

(三)"交易性金融资产"。本科目核算企业分类为以公允价值计量且其变动计入当期损益的金融资产。本科目可按金融资产的类别和品种,分别"成本""公允价值变动"等进行明细核算。企业持有的指定为以公允价值计量且其变动计入当期损益的金融资产可在本科目下单设"指定类"明细科目核算。衍生金融资产在"衍生工具"科目核算。

(四)"买入返售金融资产"。本科目核算以摊余成本计量的、企业(金融)按返售协议约定先买入再按固定价格返售给卖出方的票据证券、贷款等金融资产所融出的资金。

(五)"应收票据"。本科目核算以摊余成本计量的、企业因销售商品、提供劳务等而收到的商业汇票,包括银行承兑汇票和商业承兑汇票。

(六)"应收账款"。本科目核算以摊余成本计量的、企业因销售商品、提供劳务等日常活动应收取的款项。

(七)"应收利息"。本科目核算企业发放的贷款、各类债权投资、存放中央银行款项、拆出资金、买入返售金融资产等应收取的利息。企业购入的一次还本付息的债权投资持有期间取得的利息,在"债权投资"科目核算。

(八)"其他应收款"。本科目核算分类为以摊余成本计量的、企业除存出保证金、买入返售金融资产、应收票据、应收账款、预付账款、应收股利、应收利息、应收代位追偿款、应收分保账款、应收分保未到期责任准备金、应收分保保险责任准备金、长期应收款等经营活动以外的其他各种应收、暂付的款项。

(九)"坏账准备"。本科目核算企业以摊余成本计量的应收款项等金融资产以预期信用损失为基础计提的损失准备。

(十)"贷款"。本科目核算以摊余成本计量的、企业(银行)按规定发放的各种客户贷款,包括质押贷款、抵押贷款、保证贷款信用贷款等。

(十一)"贷款损失准备"。本科目核算企业(银行)以摊余成本计量的贷款以预期信用损失为基础计提的损失准备。计提贷款损失准备的资产包括客户贷款、拆出资金、贴现资产、银团贷款、贸易融资、协议透支、信用卡透支、转贷款和垫款等。

企业(保险)的保户质押贷款计提的减值准备,也在本科目核算。

企业(典当)的质押贷款、抵押贷款计提的减值准备,也在本科目核算。

(十二)将"1501 持有至到期投资"科目改为"1501 债权投资"。本科目核算企业以摊余成本计量的债权投资的账面余额。本科目可按债权投资的类别和品种,分别"面值""利息调整""应计利息"等进行明细核算。

(十三)将"1502 持有至到期投资减值准备"科目改为"1502 债权投资减值准备"。本科目核算企业以摊余成本计量的债权投资以预期信用损失为基础计提的损失准备。

(十四)"1503 其他债权投资"。本科目核算企业按照本准则第十八条分类为以公允价值计量且其变动计入其他综合收益的金融资产。本科目可按金融资产类别和品种,分别"成本""利息调整""公允价值变动"等进行明细核算。

(十五)"1504 其他权益工具投资"。本科目核算企业指定为以公允价值计量且其变动计入其他综合收益的非交易性权益工具投资。本科目可按其他权益工具投资的类别和品种,分别"成本""公允价值变动"等进行明细核算。

(十六)"交易性金融负债"。本科目核算企业承担的交易性金融负债。本科目可按金融负债类别,分别"本金""公允价值变动"等进行明细核算。企业持有的指定为以公允价值计量且其变动计入当期损益的金融负债可在本科目下单设"指定类"明细科目核算。衍生金融负债在"衍生工具"科目核算。

(十七)"应付票据"。本科目核算企业以摊余成本计量的购买材料商品和接受劳务供应等而开出、承兑的商业汇票,包括银行承兑汇票和商业承兑汇票。

(十八)"应付账款"。本科目核算企业以摊余成本计量的因购买材料、商品和接受劳务供应等经营活动应支付的款项。企业(金融)应支付但尚未支付的手续费和佣金,可将本科目改为"应付手续费及佣金"科目,并按照对方单位(或个人)进行明细核算。企业(保险)应支付但尚未支付的赔付款项,可将本科目改为"应付赔付款"科目,并按照保险受益人进行明细核算。

(十九)"长期借款"。本科目核算企业以摊余成本计量的向银行或其他金融机构借入的期限在1年以上(不含1年)的各项借款。本科目可按贷款单位和贷款种类,分别"本金""利息调整""应计利息"等进行明细核算。

(二十)"应付债券"。本科目核算企业以摊余成本计量的为筹集资金而发行的债券本金和利息。本科目可按"面值""利息调整""应计利息"等进行明细核算。

(二十一)"应付利息"。本科目核算企业按照合同约定应支付的利息包括吸收存款、分期付息到期还本的长期借款、企业债券等应支付的利息。本科目可按存款人或债权人进行明细核算。

（二十二）"衍生工具"。本科目核算企业衍生工具的公允价值及其变动形成的衍生金融资产或衍生金融负债。作为套期工具的衍生工具不在本科目核算。

（二十三）"6702 信用减值损失"。本科目核算企业计提本准则要求的各项金融工具减值准备所形成的预期信用损失。

（二十四）"其他综合收益——信用减值准备"。本明细科目核算企业按照本准则第十八条分类为以公允价值计量且其变动计入其他综合收益的金融资产以预期信用损失为基础计提的损失准备。

五、关于金融资产和金融负债的确认和终止确认

（一）金融资产和金融负债确认条件

企业成为金融工具合同的一方时，应当确认一项金融资产或金融负债。根据此确认条件，企业应将本准则范围内的衍生工具合同形成的权利或义务，确认为金融资产或金融负债。但是，如果衍生工具涉及金融资产转移，且导致该金融资产转移不符合终止确认条件，则不应将其确认，否则会导致衍生工具形成的权利或义务被重复确认（参见金融资产转移准则指南）。

企业确认金融资产或金融负债的常见情形如下：

1. 当企业成为金融工具合同的一方，并因此拥有收取现金的权利或承担支付现金的义务时，应将无条件的应收款项或应付款项确认为金融资产或金融负债。

2. 因买卖商品或劳务的确定承诺而将获得的资产或将承担的负债，通常直到至少合同一方履约才予以确认。例如，收到订单的企业通常不在承诺时确认一项资产（发出订单的企业也不在承诺时确认一项负债），而是直到所订购的商品或劳务已装运、交付或提供时才予以确认。若买卖非金融项目的确定承诺适用本准则，则该承诺的公允价值净额（若不为零）应在承诺日确认为一项资产或负债。此外，如果以前未确认的确定承诺被指定为公允价值套期中的被套期项目，在套期开始之后，归属于被套期风险的公允价值变动应当确认为一项资产或负债。

3. 适用本准则的远期合同，企业应在成为远期合同的一方时（承诺日而不是结算日），确认一项金融资产或金融负债。当企业成为远期合同的一方时，权利和义务的公允价值通常相等，因此该远期合同的公允价值净额为零。如果权利和义务的公允价值净额不为零，则该合同应被确认为一项金融资产或金融负债。

4. 适用本准则的期权合同，企业应在成为该期权合同的一方时，确认一项金融资产或金融负债。

此外，当企业尚未成为合同一方时，即使企业已有计划在未来交易，不管其发生的可能性有多大，都不是企业的金融资产或金融负债。

（二）关于以常规方式购买或出售金融资产

以常规方式购买或出售金融资产，是指企业按照合同规定购买或出售金融资产，并且该合同条款规定，企业应当根据通常由法规或市场惯例所确定的时间安排来交付金融资产。如果合同规定或允许对合同价值变动进行净额结算，该合同通常不是以常规方式购买或出售的合同，企业应将其作为衍生工具处理。证券交易所、银行间市场、外汇交易中心等市场发生的证券、外汇买卖交易，通常采用常规方式。

以常规方式买卖金融资产，应当按交易日会计进行确认和终止确认。交易日是指企业承诺买入或者卖出金融资产的日期。交易日会计的处理原则包括：1. 在交易日确认将于结算日取得的资产及承担的负债；2. 在交易日终止确认将于结算日交付的金融资产并确认处置利得

或损失，同时确认将于结算日向买方收取的款项。上述交易形成资产和负债的相关利息，通常应于结算日所有权转移后开始计提并确认。

（三）金融资产的终止确认

金融资产终止确认，是指企业将之前确认的金融资产从其资产负债表中予以转出。金融资产满足下列条件之一的，应当终止确认：

1. 收取该金融资产现金流量的合同权利终止。例如，企业买入一项期权，企业直到期权到期日仍未行权，那么企业在合同权利到期后应当终止确认该期权形成的金融资产。

2. 该金融资产已转移，且该转移满足《企业会计准则第23号——金融资产转移》关于金融资产终止确认的规定。

以下情形也会导致金融资产的终止确认：

1. 合同的实质性修改。企业与交易对手方修改或者重新议定合同而且构成实质性修改的，将导致企业终止确认原金融资产，同时按照修改后的条款确认一项新金融资产。

2. 核销。本准则第四十三条规定，当企业合理预期不再能够全部或部分收回金融资产合同现金流量时，应当直接减记该金融资产的账面余额。这种减记构成相关金融资产的终止确认。

（四）金融负债的终止确认

金融负债终止确认，是指企业将之前确认的金融负债从其资产负债表中予以转出。本准则规定，金融负债（或其一部分）的现时义务已经解除的，企业应当终止确认该金融负债（或该部分金融负债）。

出现以下两种情况之一时，金融负债（或其一部分）的现时义务已经解除：

1. 债务人通过履行义务（如偿付债权人）解除了金融负债（或其一部分）的现时义务。债务人通常使用现金、其他金融资产等方式偿债。

2. 债务人通过法定程序（如法院裁定）或债权人（如债务豁免），合法解除了债务人对金融负债（或其一部分）的主要责任。

企业在判断金融负债现时义务的解除时应注意以下情形：

1. 企业将用于偿付金融负债的资产转入某个机构或设立信托，偿付债务的义务仍存在的，不应当终止确认该金融负债，也不能终止确认转出的资产。也就是说，虽然企业已为金融负债设立了"偿债基金"，但金融负债对应的债权人仍然拥有全额追索的权利时，不能认为企业的相关现时义务已解除，从而不能终止确认金融负债。

2. 企业（借入方）与借出方之间签订协议，以承担新金融负债方式替换原金融负债（或其一部分），且合同条款实质上不同的，企业应当终止确认原金融负债（或其一部分），同时确认一项新金融负债。其中，"实质上不同"，是指按照新的合同条款，金融负债未来现金流量（包括支付和收取的任何费用）现值与原金融负债的剩余期间现金流量现值之间的差异至少相差10%。有关现值的计算均采用原金融负债的实际利率。

3. 如果一项债务工具的发行人回购了该工具，即使该发行人是该工具的做市商或打算在近期将其再次出售，企业（发行人）应当终止确认该债务工具。

金融负债（或其一部分）终止确认的，企业应当将其账面价值与支付的对价（包括转出的非现金资产或承担的负债）之间的差额，计入当期损益。在某些情况下，债权人解除了债务人对金融负债的主要责任，但要求债务人提供担保（承诺在合同主要责任方拖欠时进行支付）的，债务人应当以其担保义务的公允价值为基础确认一项新的金融负债，并按支付的价款加上新金融负债公允价值之和与原金融负债账面价值的差额确认利得和损失。

企业回购金融负债一部分的，应当在回购日按照继续确认部分和终止确认部分各自的公允价值占整体公允价值的比例，对该金融负债整体的账面价值进行分配。分配给终止确认部分的账面价值与支付的对价（包括转出的非现金资产或承担的负债）之间的差额，应当计入当期损益。

六、关于金融资产的分类

金融资产的分类是确认和计量的基础。企业应当根据其管理金融资产的业务模式和金融资产的合同现金流量特征，将金融资产划分为以下三类：①以摊余成本计量的金融资产；②以公允价值计量且其变动计入其他综合收益的金融资产；③以公允价值计量且其变动计入当期损益的金融资产。上述分类一经确定，不得随意变更。

（一）关于企业管理金融资产的业务模式

1. 业务模式评估

企业管理金融资产的业务模式，是指企业如何管理其金融资产以产生现金流量。业务模式决定企业所管理金融资产现金流量的来源是收取合同现金流量、出售金融资产还是两者兼有。

企业确定其管理金融资产的业务模式时，应当注意以下方面：

（1）企业应当在金融资产组合的层次上确定管理金融资产的业务模式，而不必按照单个金融资产逐项确定业务模式。金融资产组合的层次应当反映企业管理该金融资产的层次。有些情况下，企业可能将金融资产组合分拆为更小的组合，以合理反映企业管理该金融资产的层次。例如，企业购买一个抵押贷款组合，以收取合同现金流量为目标管理该组合中的一部分贷款，以出售为目标管理该组合中的其他贷款。

（2）一个企业可能会采用多个业务模式管理其金融资产。例如，企业持有一组以收取合同现金流量为目标的投资组合，同时还持有另一组既以收取合同现金流量为目标又以出售该金融资产为目标的投资组合。

（3）企业应当以企业关键管理人员决定的对金融资产进行管理的特定业务目标为基础，确定管理金融资产的业务模式。其中，"关键管理人员"，是指《企业会计准则第36号——关联方披露》中定义的关键管理人员。

（4）企业的业务模式并非企业自愿指定，而是一种客观事实，通常可以从企业为实现其目标而开展的特定活动中得以反映。企业应当考虑在业务模式评估日可获得的所有相关证据，包括企业评价和向关键管理人员报告金融资产业绩的方式、影响金融资产业绩的风险及其管理方式以及相关业务管理人员获得报酬的方式（例如报酬是基于所管理资产的公允价值还是所收取的合同现金流量）等。

（5）企业不得以按照合理预期不会发生的情形为基础确定管理金融资产的业务模式。例如，对于某金融资产组合，如果企业预期仅会在压力情形下将其出售，且企业合理预期该压力情形不会发生，则该压力情形不得影响企业对该类金融资产的业务模式的评估。

此外，如果金融资产实际现金流量的实现方式不同于评估业务模式时的预期，只要企业在评估业务模式时已经考虑了当时所有可获得的相关信息，这一差异不构成企业财务报表的前期差错，也不改变企业在该业务模式下持有的剩余金融资产的分类。但是，企业在评估新的金融资产的业务模式时，应当考虑这些信息。

2. 以收取合同现金流量为目标的业务模式

在以收取合同现金流量为目标的业务模式下，企业管理金融资产旨在通过在金融资产存续期内收取合同付款来实现现金流量，而不是通过持有并出售金融资产产生整体回报。

尽管企业持有金融资产是以收取合同现金流量为目标，但是企业无须将所有此类金融资产持有至到期。因此，即使企业出售金融资产或者预计未来会出售金融资产，此类金融资产的业务模式仍然可能是以收取合同现金流量为目标。企业在评估金融资产是否属于该业务模式时，应当考虑此前出售此类资产的原因、时间、频率和出售的价值，以及对未来出售的预期。但是，此前出售资产的事实只是为企业提供相关依据，而不能决定业务模式。

在以收取合同现金流量为目标的业务模式下，金融资产的信用质量影响着企业收取合同现金流量的能力。为减少因信用恶化所致的潜在信用损失而进行的风险管理活动与以收取合同现金流量为目标的业务模式并不矛盾。因此，即使企业在金融资产的信用风险增加时为减少信用损失而将其出售，金融资产的业务模式仍然可能是以收取合同现金流量为目标的业务模式。

如果企业在金融资产到期日前出售金融资产，即使与信用风险管理活动无关，在出售只是偶然发生（即使价值重大），或者单独及汇总而言出售的价值非常小（即使频繁发生）的情况下，金融资产的业务模式仍然可能是以收取合同现金流量为目标。如果企业能够解释出售的原因并且证明出售并不反映业务模式的改变，出售频率或者出售价值在特定时期内增加不一定与以收取合同现金流量为目标的业务模式相矛盾。此外，如果出售发生在金融资产临近到期时，且出售所得接近待收取的剩余合同现金流量，金融资产的业务模式仍然可能是以收取合同现金流量为目标。

3. 以收取合同现金流量和出售金融资产为目标的业务模式

在同时以收取合同现金流量和出售金融资产为目标的业务模式下，企业的关键管理人员认为收取合同现金流量和出售金融资产对于实现其管理目标而言都是不可或缺的。例如，企业的目标是管理日常流动性需求同时维持特定的收益率，或将金融资产的存续期与相关负债的存续期进行匹配。

与以收取合同现金流量为目标的业务模式相比，此业务模式涉及的出售通常频率更高、金额更大。因为出售金融资产是此业务模式的目标之一，在该业务模式下不存在出售金融资产的频率或者价值的明确界限。

4. 其他业务模式

如果企业管理金融资产的业务模式不是以收取合同现金流量为目标，也不是以收取合同现金流量和出售金融资产为目标，则该企业管理金融资产的业务模式是其他业务模式。例如，企业持有金融资产的目的是交易性的或者基于金融资产的公允价值作出决策并对其进行管理。在这种情况下，企业管理金融资产的目标是通过出售金融资产以实现现金流量。即使企业在持有金融资产的过程中会收取合同现金流量，企业管理金融资产的业务模式也不是以收取合同现金流量和出售金融资产为目标，因为收取合同现金流量对实现该业务模式目标来说只是附带性质的活动。

同样，对于本准则第二十二条（二）"以公允价值基础对金融负债组合或金融资产和金融负债组合进行管理和业绩评价"中涉及的金融资产，企业重点关注其公允价值信息，利用公允价值信息来评估相关金融资产的业绩并进行决策。企业管理这些金融资产的业务模式，不是以收取合同现金流量为目标，也不是以收取合同现金流量和出售金融资产为目标。

（二）关于金融资产的合同现金流量特征

金融资产的合同现金流量特征，是指金融工具合同约定的、反映相关金融资产经济特征的现金流量属性。分类为本准则第十七条和第十八条规范的金融资产，其合同现金流量特征应当与基本借贷安排相一致，即相关金融资产在特定日期产生的合同现金流量仅为对本金和以未偿付本金金额为基础的利息的支付（以下简称"本金加利息的合同现金流量特征"）。无论金融资产的法律形式是否为一项贷款，都可能是一项基本借贷安排。

1. 金融资产本金和利息的含义

本金，是指金融资产在初始确认时的公允价值，本金金额可能因提前还款等原因在金融资产的存续期内发生变动；利息包括对货币时间价值、与特定时期未偿付本金金额相关的信用风险，以及其他基本借贷风险、成本和利润的对价。企业应当使用金融资产的计价货币来评估金融资产的合同现金流量特征。此外，如果一项贷款具有完全追索权并有抵押品作为担保，该事实并不影响企业对其合同现金流量特征的评估。

在基本借贷安排中，利息的构成要素中最重要的通常是货币时间价值和信用风险的对价。例如，甲银行有一项支付逆向浮动利率（即贷款利率与市场利率呈负相关关系）的贷款，则该贷款的利息金额不是以未偿付本金金额为基础的货币时间价值的对价，所以其不符合本金加利息的合同现金流量特征。又如，甲企业持有一项具有固定到期日的美元债券，债券本金和利息的支付与美国的通胀指数挂钩。该债权投资未利用杠杆，而且对合同的本金进行保护。利息的支付与非杠杆的通胀指数挂钩，实质上将货币时间价值重设为当前水平，债券的利率反映的是考虑通胀影响的真实利率。因此，利息金额是以未偿付本金金额为基础的货币时间价值的对价。

利息还可包括与特定时期内持有的金融资产相关的其他基本借贷风险（如流动性风险）和成本（如管理费用）的对价。此外，利息也可包括与基本借贷安排相一致的利润率。在某些极端经济环境下，利息可能是负值。例如，金融资产的持有人在特定期间内为保证资金安全而支付费用，且支付的费用超过了持有人按照货币时间价值、信用风险及其他基本借贷风险和成本所收取的对价。

但是，如果金融资产合同中包含与基本借贷安排无关的合同现金流量风险敞口或波动性敞口（例如权益价格或商品价格变动敞口）的条款，则此类合同不符合本金加利息的合同现金流量特征。例如，甲企业持有一项可转换成固定数量的发行人权益工具的债券，则该债券不符合本金加利息的合同现金流量特征，因为其回报与发行人的权益价值挂钩。又如，如果贷款的利息支付金额与涉及债务人业绩的一些变量（如债务人的净收益）挂钩或者与权益指数挂钩，则该贷款不符合本金加利息的合同现金流量特征。

2. 修正的货币时间价值

货币时间价值是利息要素中仅因为时间流逝而提供对价的部分，不包括为所持有金融资产的其他风险或成本提供的对价，但货币时间价值要素有时可能存在修正。在货币时间价值要素存在修正的情况下，企业应当对相关修正进行评估，以确定金融资产是否符合本金加利息的合同现金流量特征。企业可以通过定性或者定量的方式进行评估并作出判断。如果企业经过简单分析即可清晰评估并作出判断，则企业可以通过定性方式进行评估而无需进行详细的定量分析。

修正的货币时间价值要素评估的目标，是确定未折现合同现金流量与假如未对货币时间价值要素进行修正的情形下未折现的合同现金流量（基准现金流量）之间的差异。例如，合同约定金融资产的利率定期重设，但重设的频率与利率的期限并不匹配。假设一项金融资产包含每月重设为1年期利率的浮动利率条款，则企业每月应收的利息实际上反映了未来12个月货币时间价值的平均数，而非当月的货币时间价值（例如，如果在之后11个月的期间合同利率逐月提高，则各月货币时间价值的平均数将高于当月的货币时间价值）。也就是说，按合同计算的利息是对实际货币时间价值的修正。这种情况下企业可将该金融资产与具有相同合同条款和相同信用风险的、但浮动利率为每月重设为1个月利率的金融工具的合同现金流量（基准现金流量）进行比较。如果两个现金流量存在显著差异，那么该金融资产不符合本金加利息的合同现金流量特征。在进行上述评估时，企业必须考虑修正的货币时间价值在每一报告期间的影响以及在金融工具整个存续期内的累积影响。

在评估修正的货币时间价值时，企业应当考虑可能影响未来合同现金流量的因素。例如，企业持有一项5年期债券，该债券的浮动利率每6个月重设为5年期利率。企业评估当时的利率曲线发现5年期利率与6个月利率之间不存在显著差异，企业不得简单地得出结论认为其符合本金加利息的合同现金流量特征。企业应当同时考虑5年期利率与6个月利率之间的关系在债券存续期内会如何变化，是否可能导致债券存续期内未折现合同现金流量与未折现基准现金流量存在显著差异。但是，企业仅需要考虑合理的可能发生的情形，而无须考虑所有可能的情形。

有时，出于宏观经济管理或产业政策考虑等原因，政府监管部门设定某些利率或利率调整等浮动区间。在此情形下，货币时间价值要素虽然有可能不单纯是时间流逝的对价，但如果利率所提供的对价与时间流逝大致相符且并未导致与基本借贷安排不一致的合同现金流量风险敞口或波动性敞口，那么具有该利率的金融资产应当视为符合本金加利息的合同现金流量特征。

3. 导致合同现金流量的时间分布或金额变更的合同条款

金融资产包含可能导致其合同现金流量的时间分布或金额变更的合同条款的（如包含可提前还款或者可展期特征），企业应当对相关条款进行评估（如评估提前还款特征的公允价值是否非常小），以确定该金融资产是否符合本金加利息的合同现金流量特征。

在进行上述评估时，企业应当同时评估变更之前和之后可能产生的合同现金流量。企业还可评估导致合同现金流量的时间分布或金额变更的所有或有事项（即触发事件）的性质。例如，合同规定当债务人拖欠的款项达到特定金额时，利率将重设为较高利率；或者当指定的权益指数达到特定水平时，利率将重设为较高利率。在对上述两种金融资产的合同现金流量特征进行评估和比较时，考虑或有事项的性质可在一定程度上为评估其合同现金流量特征提供参考。考虑到根据累计拖欠的金额调整利率可能是为了反映信用风险的增加，而指定的权益指数变化与基本借贷安排无关，因此债务人拖欠的款项达到特定金额时利率上浮的情形更有可能符合本金加利息的合同现金流量特征。

通常情况下，下列涉及合同现金流量的时间分布或金额变更的合同条款，符合本金加利息的合同现金流量特征：

（1）浮动利率包含对货币时间价值、与特定时期未偿付本金金额相关的信用风险（对信用风险的对价可能仅在初始确认时确定，因此可能是固定的）、其他基本借贷风险、成本和利润的对价。

（2）合同条款允许发行人（即债务人）在到期前提前偿付债务，或者允许持有人（即债权人）在到期前将债务工具卖回给发行人，而且这些提前偿付的金额实质上反映了尚未支付的本金及以未偿付本金金额为基础的利息，其中可能包括因提前终止合同而支付或收取的合理补偿。

（3）合同条款允许发行人或持有人延长债务工具的合同期限（即展期选择权），并且展期选择权条款导致展期期间的合同现金流量仅为对本金及以未偿付本金金额为基础的利息的支付，其中可能包括为合同展期而支付的合理的额外补偿。

对于企业以溢价或折价购入或源生的、且具有提前偿付特征的债务工具，如果同时满足下列条件，则其符合本金加利息的合同现金流量特征：

（1）提前偿付金额实质上反映了合同面值和已计提但尚未支付的合同利息，其中可能包括因提前终止合同而支付或收取的合理补偿。

（2）在企业初始确认该金融资产时，提前偿付特征的公允价值非常小。

4. 合同挂钩工具

在一些交易中，发行人可利用多个合同挂钩工具来安排向金融资产持有人付款的优先劣后顺序（分级）。对于某一分级的金融资产持有人来说，仅当发行人取得足够的现金流量以满足更优先级的支付时，此类工具的持有人才有权取得对本金和未偿付本金的利息的偿付。当同时符合下列条件时，企业持有的某一分级的金融资产才符合本金加利息的合同现金流量特征：

（1）分级的合同条款（在未穿透基础资产的情况下），产生的现金流量仅为对本金和以未偿付本金金额为基础的利息的支付（例如该分级的利率未与商品价格指数挂钩）。

（2）基础资产包含一个或多个符合本金加利息的合同现金流量特征的工具（以下称基础工具）。这里的基础资产，是指穿透到最底层的、源生现金流量而非过手现金流量的资产。

（3）该分级所承担的基础资产的信用风险，等于或小于基础资产本身的信用风险。例如，分级的信用评级等于或高于假设发行单工具（不分级），该工具所得到的信用评级。

基础资产中除基础工具外，还可以有满足以下条件的其他工具：

（1）可以降低基础资产中基础工具现金流量波动性，并且当与基础工具相结合时，能够产生仅为对本金和以未偿付本金金额为基础的利息的支付的现金流量（例如，利率上限或下限，或者降低部分或全部基础工具的信用风险的合同）。

（2）可以协调各分级的合同现金流量与基础工具的现金流量，以解决两者在利率（例如，分级的合同现金流量基于固定利率，而基础工具现金流量基于浮动利率）、计价货币（包括通货膨胀因素）以及现金流量的时间分布上的差异。

在执行上述评估时，企业可能无须针对基础资产中的具体每项工具进行详尽分析。但是，企业必须运用判断并进行充分的分析以确定基础资产中的工具是否满足上述条件（同时参照下文关于仅构成极其微小影响的合同现金流量特征的指引）。

如果某一分级的金融资产持有人在初始确认时无法按照上述条件进行评估，那么分级的金融资产应当分类为以公允价值计量且其变动计入当期损益的金融资产。如果在初始确认后基础资产可能发生变化，导致基础资产不满足上述条件的，那么分级的金融资产应当分类为以公允价值计量且其变动计入当期损益的金融资产。如果基础资产包含了有抵押物的工具，但抵押物不满足上述对基础资产的要求条件，企业不应当考虑该抵押物的影响，除非企业购买分级金融资产的目的是控制抵押物。

5. 合同现金流量评估的其他特殊情形

（1）某些金融资产的合同现金流量特征中包含杠杆因素，杠杆导致合同现金流量的变动性增加，不符合利息的经济特征。例如，期权、远期合同和互换合同等，均属于这种情况。因此，此类合同不符合本金加利息的合同现金流量特征。

（2）某些金融资产合同中使用本金和利息描述合同现金流量，但此类合同可能并不符合本金加利息的合同现金流量特征。如果金融资产代表对特定资产或现金流量的投资，则可能属于这种情况。

例如，借款合同规定，随着使用特定收费公路的车辆数目增多，借款合同的利息将增加，此合同产生了与基本借贷安排无关的合同现金流量风险敞口，因此该金融资产不符合本金加利息的合同现金流量特征。

又如，某些合同使用本金和利息描述合同现金流量，但债权人的索偿要求仅限于债务人的特定资产或产生于特定资产的现金流量，此类合同可能不符合本金加利息的合同现金流量特征。然而，债权人的索偿要求仅限于债务人的特定资产或基于特定资产的现金流量并不一定会导致金融资产不符合本金加利息的合同现金流量特征。企业需要对特定的基础资产或其现金流量进行评估（即穿透），以确定待分类的金融资产是否符合本金加利息的合同现金流量特征。如果金融资产的合同条款产生了其他现金流量，或者以一种与代表本金和利息的支付不一致的方式限制了现金流量，则该金融资产不符合本金加利息的合同现金流量特征。

无论基础资产为金融资产或非金融资产，均不会影响合同现金流量评估。在某些情况下，企业可能无法了解基础资产的具体情况（如投资的具体组成、期限、条款等），因而无法对特定的基础资产或其现金流量进行评估，则企业无法确定待分类的金融资产是否符合本金加利息的合同现金流量特征。

（3）在一般的借款合同中，通常都会规定债权人持有的金融工具相对于债务人的其他债权人持有的工具的优先劣后顺序。对于劣后于其他工具的工具，如果债务人不付款构成违约，并且即使在债务人破产的情况下债权人也拥有收取本金及以未偿付本金金额为基础的利息的合同权利，则该工具可能符合本金加利息的合同现金流量特征；反之，如果次级特征以任何方式限制了合同现金流量或产生了任何形式的其他现金流量，则该工具不符合本金加利息的合同现金流量特征。例如，某企业持有一笔被列为普通债权的应收账款。如果其债务人还有一笔贷款，且该贷款存在抵押物，从而使得债务人破产时其贷款方可优先于普通债权人索偿（但并不影响一般债权人收取尚未支付的本金和其他应付金额的合同权利），则该应收账款也可能符合本金加利息的合同现金流量特征。

（4）如果合同现金流量特征仅对金融资产的合同现金流量构成极其微小的影响，则不会影响金融资产的分类。要作出此判断，企业必须考虑合同现金流量特征在每一会计期间的潜在影响以及在金融工具整个存续期内的累积影响。此外，如果合同现金流量特征（无论某一会计期间还是整个存续期）对合同现金流量的影响超过了极其微小的程度，企业应当进一步判断该现金流量特征是否是不现实的。如果现金流量特征仅在极端罕见、显著异常且几乎不可能的事件发生时才影响该工具的合同现金流量，那么该现金流量特征是不现实的。如果该现金流量特征不现实，则不影响金融资产的分类。

（三）金融资产的具体分类

1. 以摊余成本计量的金融资产

金融资产同时符合下列条件的，应当分类为以摊余成本计量的金融资产：

（1）企业管理该金融资产的业务模式是以收取合同现金流量为目标。

（2）该金融资产的合同条款规定，在特定日期产生的现金流量，仅为对本金和以未偿付本金金额为基础的利息的支付。

例如，银行向企业客户发放的固定利率贷款，在没有其他特殊安排的情况下，贷款通常可能符合本金加利息的合同现金流量特征。如果银行管理该贷款的业务模式是以收取合同现金流量为目标，则该贷款可以分类为以摊余成本计量的金融资产。又如，普通债券的合同现金流量是到期收回本金及按约定利率在合同期间按时收取固定或浮动利息。在没有其他特殊安排的情况下，普通债券通常可能符合本金加利息的合同现金流量特征。如果企业管理该债券的业务模式是以收取合同现金流量为目标，则该债券可以分类为以摊余成本计量的金融资产。再如，企业正常商业往来形成的具有一定信用期限的应收账款，如果企业拟根据应收账款的合同现金流量收取现金，且不打算提前处置应收账款，则该应收账款可以分类为以摊余成本计量的金融资产。

2. 以公允价值计量且其变动计入其他综合收益的金融资产

金融资产同时符合下列条件的，应当分类为以公允价值计量且其变动计入其他综合收益的金融资产：

（1）企业管理该金融资产的业务模式既以收取合同现金流量为目标又以出售该金融资产为目标。

（2）该金融资产的合同条款规定，在特定日期产生的现金流量仅为对本金和以未偿付本金金额为基础的利息的支付。

3. 以公允价值计量且其变动计入当期损益的金融资产

企业分类为以摊余成本计量的金融资产和以公允价值计量且其变动计入其他综合收益的金融资产之外的金融资产，应当分类为以公允价值计量且其变动计入当期损益的金融资产。例如，企业常见的下列投资产品通常应当分类为以公允价值计量且其变动计入当期损益的金融资产：

（1）股票。股票的合同现金流量源自收取被投资企业未来股利分配以及其清算时获得剩余收益的权利。由于股利及获得剩余收益的权利均不符合本准则关于本金和利息的定义，因此股票不符合本金加利息的合同现金流量特征。在不考虑本准则第十九条特殊指定的情况下，企业持有的股票应当分类为以公允价值计量且其变动计入当期损益的金融资产。

（2）基金。常见的股票型基金、债券型基金、货币基金或混合基金，通常投资于动态管理的资产组合，投资者从该类投资中所取得的现金流量既包括投资期间基础资产产生的合同现金流量，也包括处置基础资产的现金流量。基金一般情况下不符合本金加利息的合同现金流量特征。企业持有的基金通常应当分类为以公允价值计量且其变动计入当期损益的金融资产。

（3）可转换债券。可转换债券除按一般债权类投资的特性到期收回本金、获取约定利息或收益外，还嵌入了一项转股权。通过嵌入衍生工具，企业获得的收益在基本借贷安排的基础上，会产生基于其他因素变动的不确定性。根据本准则规定，企业持有的可转换债券不再将转股权单独分拆，而是将可转换债券作为一个整体进行评估，由于可转换债券不符合本金加利息的合同现金流量特征，企业持有的可转换债券投资应当分类为以公允价值计量且其变动计入当期损益的金融资产。

此外，在初始确认时，如果能够消除或显著减少会计错配，企业可以将金融资产指定为以公允价值计量且其变动计入当期损益的金融资产。该指定一经作出，不得撤销。

（四）金融资产分类的特殊规定

权益工具投资一般不符合本金加利息的合同现金流量特征，因此应当分类为以公允价值计量且其变动计入当期损益的金融资产。然而在初始确认时，企业可以将非交易性权益工具投资指定为以公允价值计量且其变动计入其他综合收益的金融资产，并按照本准则第六十五条规定确认股利收入。该指定一经作出，不得撤销。企业投资其他上市公司股票或者非上市公司股权的，都可能属于这种情形。

1. 关于"非交易性"和"权益工具投资"的界定

金融资产或金融负债满足下列条件之一的，表明企业持有该金融资产或承担该金融负债的目的是交易性的：

（1）取得相关金融资产或承担相关金融负债的目的，主要是为了近期出售或回购。例如，企业以赚取差价为目的从二级市场购入的股票、债券和基金等，或者发行人根据债务工具的公允价值变动计划在近期回购的、有公开市场报价的债务工具。

（2）相关金融资产或金融负债在初始确认时属于集中管理的可辨认金融工具组合的一部分，且有客观证据表明近期实际存在短期获利模式。在这种情况下，即使组合中有某个组成项目持有的期限稍长也不受影响。其中，"金融工具组合"指金融资产组合或金融负债组合。

（3）相关金融资产或金融负债属于衍生工具。但符合财务担保合同定义的衍生工具以及被指定为有效套期工具的衍生工具除外。例如，未作为套期工具的利率互换或外汇期权。

只有不符合上述条件的非交易性权益工具投资才可以进行该指定。

此处权益工具投资中的"权益工具"，是指对于工具发行方来说，满足《企业会计准则第37号——金融工具列报》（以下简称"金融工具列报准则"）中权益工具定义的工具。例如，普通股对于发行方而言，满足权益工具定义，对于投资方而言，属于权益工具投资。

符合金融负债定义但是被分类为权益工具的特殊金融工具（包括可回售工具和发行方仅在清算时才有义务向另一方按比例交付其净资产的金融工具）本身并不符合权益工具的定义，因此从投资方的角度也就不符合指定为以公允价值计量且其变动计入其他综合收益的金融资产的条件。例如，某些开放式基金，基金持有人可将基金份额回售给基金，该基金发行的基金份额并不符合权益工具的定义，只是按照金融工具列报准则符合列报为权益工具条件的可回售工具。这种情况下，投资人持有的该基金份额，不能指定为以公允价值计量且其变动计入其他综合收益的金融资产。

2. 基本会计处理原则

初始确认时，企业可基于单项非交易性权益工具投资，将其指定为以公允价值计量且其变动计入其他综合收益的金融资产，其公允价值的后续变动计入其他综合收益，不需计提减值准备。除了获得的股利收入（明确作为投资成本部分收回的股利收入除外）计入当期损益外，其他相关的利得和损失（包括汇兑损益）均应当计入其他综合收益，且后续不得转入损益。当金融资产终止确认时，之前计入其他综合收益的累计利得或损失应当从其他综合收益中转出，计入留存收益。

需要注意的是，企业在非同一控制下的企业合并中确认的或有对价构成金融资产的，该金融资产应当分类为以公允价值计量且其变动计入当期损益的金融资产，不得指定为以公允价值计量且其变动计入其他综合收益的金融资产。

（五）金融资产分类流程图

金融资产分类的流程总结如图1所示。

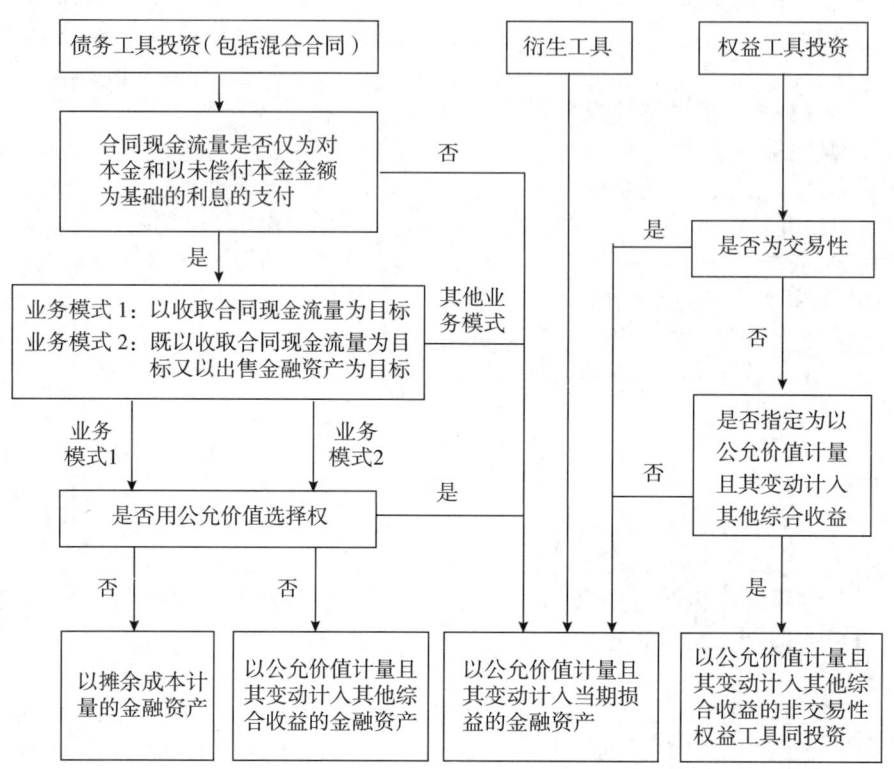

图1　金融资产分类流程图

七、关于金融负债的分类

（一）金融负债的分类

除下列各项外，企业应当将金融负债分类为以摊余成本计量的金融负债。

1. 以公允价值计量且其变动计入当期损益的金融负债，包括交易性金融负债（含属于金融负债的衍生工具）和指定为以公允价值计量且其变动计入当期损益的金融负债。

2. 不符合终止确认条件的金融资产转移或继续涉入被转移金融资产所形成的金融负债。对此类金融负债，企业应当按照《企业会计准则第23号——金融资产转移》相关规定进行计量。

3. 不属于上述第1项或第2项情形的财务担保合同，以及不属于上述第1项的、以低于市场利率贷款的贷款承诺。企业作为此类金融负债发行方的，应当在初始确认后按照依据本准则第八章所确定的损失准备金额以及初始确认金额扣除依据《企业会计准则第14号——收入》相关规定所确定的累计摊销额后的余额孰高进行计量。

在非同一控制下的企业合并中，企业作为购买方确认的或有对价形成金融负债的，该金融负债应当按照以公允价值计量且其变动计入当期损益进行会计处理。

（二）公允价值选择权

在初始确认时，为了提供更相关的会计信息，企业可以将一项金融资产、一项金融负债

《企业会计准则第 22 号——金融工具确认和计量》应用指南

或者一组金融工具（金融资产、金融负债或者金融资产及负债）指定为以公允价值计量且其变动计入当期损益，但该指定应当满足下列条件之一：

1. 该指定能够消除或显著减少会计错配。例如，根据本准则规定，有些金融资产被分类为以公允价值计量且其变动计入当期损益，但与之直接相关的金融负债却分类为以摊余成本计量，从而导致会计错配。如果将以上金融负债直接指定为以公允价值计量且其变动计入当期损益，那么这种会计错配就能够消除。

又如，企业拥有某些金融资产且承担某些金融负债，该金融资产和金融负债承担某种相同的风险（例如利率风险），且各自的公允价值变动方向相反、趋于相互抵销。但是，其中只有部分金融资产或金融负债（如交易性）以公允价值计量且其变动计入当期损益，此时会出现会计错配。套期会计有效性难以达到要求时，也会出现类似问题。在这些情况下，如果将所有这些资产和负债均进行公允价值指定，可以消除或显著减少会计错配现象。

再如，企业拥有某些金融资产且承担某些金融负债，该金融资产和金融负债承担某种相同的风险，且各自的公允价值变动方向相反、趋于相互抵销。但是，因为这些金融资产或金融负债中没有一项是以公允价值计量且其变动计入当期损益的，不满足被指定为套期工具的条件，从而使企业不具备运用套期会计方法的条件，出现相关利得或损失在确认方面的重大不一致。例如，某银行通过发行上市债券为一组特定贷款提供融资，且债券与贷款的公允价值变动可相互抵销。如果银行定期发行和回购该债券但是很少买卖该贷款则同时采用以公允价值计量且其变动计入当期损益的方式计量该贷款和债券，将消除两者均以摊余成本计量且每次回购债券时确认一项利得或损失所导致的利得和损失确认时间的不一致。

需要指出的是，对于上述情况，实务中企业可能难以做到将所涉及的金融资产和金融负债在同一时间进行公允价值指定。如果企业能够将每项相关交易在初始确认时予以公允价值指定，且预期剩下的交易将会发生，那么可以有合理的延迟。此外，公允价值选择权只能应用于一项金融工具整体，不能是某一组成部分。

2. 根据正式书面文件载明的企业风险管理或投资策略，企业以公允价值为基础对金融负债组合或金融资产和金融负债组合进行管理和业绩评价，并在内部以此为基础向关键管理人员报告。以公允价值为基础进行管理的金融资产组合，由于其按照本准则规定已经被分类为以公允价值计量且其变动计入当期损益，因此，不再将公允价值选择权应用于此类金融资产。此项条件强调的是企业日常管理和评价业绩的方式，而不是关注金融工具组合中各组成部分的性质。

企业将一项金融资产、一项金融负债或者一组金融工具（金融资产、金融负债或者金融资产及负债）指定为以公允价值计量且其变动计入当期损益的，一经作出不得撤销。即使造成会计错配的金融工具被终止确认，也不得撤销这一指定。

八、关于嵌入衍生工具

（一）嵌入衍生工具的概念

衍生工具通常是独立存在的，但也可能嵌入非衍生金融工具或其他合同（主合同）中，这种衍生工具称为嵌入衍生工具。嵌入衍生工具与主合同构成混合合同（如企业持有的可转换公司债券）。嵌入衍生工具对混合合同的现金流量产生影响的方式，应当与单独存在的衍生工具类似，且该混合合同的全部或部分现金流量随特定利率、汇率、金融工具价格、商品价格、价格指数、费率指数、信用等级、信用指数或其他变量变动而变动，变量为非金融变量的，该变量不应与合同的任何一方存在特定关系。

1. 主合同通常包括租赁合同、保险合同、服务合同、特许权合同、债务工具合同、合营合同等。

2. 在混合合同中，嵌入衍生工具通常以具体合同条款体现。例如，甲公司签订了按一般物价指数调整租金的 3 年期租赁合同。根据该合同，第 1 年的租金先约定，从第 2 年开始，租金按前1年的一般物价指数调整。此例中，主合同是租赁合同，嵌入衍生工具体现为一般物价指数调整条款。以下为常见的、可体现嵌入衍生工具的合同条款：可转换公司债券中嵌入的股份转换选择权条款、与权益工具挂钩的本金或利息支付条款、与商品或其他非金融项目挂钩的本金或利息支付条款、看涨期权条款、看跌期权条款、提前还款权条款、信用违约支付条款等。

3.衍生工具如果附属于一项金融工具但根据合同规定可以独立于该金融工具进行转让，或者具有与该金融工具不同的交易对手方，则该衍生工具不是嵌入衍生工具，应当作为一项单独存在的衍生工具处理。例如，某贷款合同可能附有一项相关的利率互换。如该互换能够单独转让，那么该互换是一项独立存在的衍生工具，而不是嵌入衍生工具，即使该互换与主合同（贷款合同）的交易对手（借款人）是同一方。同样，如果某工具是衍生工具与其他非衍生工具"合成"或"拼成"的，那么其中的衍生工具也不能视为嵌入衍生工具，而应作为单独存在的衍生工具处理。例如，某公司有一项5年期浮动利率债务工具投资和一项5年期支付浮动利率、收取固定利率的利率互换合同，两者放在一起创造了一项"合成"的5年期固定利率债务工具投资。在这种情况下，"合成"工具中的利率互换不应作为嵌入衍生工具处理。

（二）嵌入衍生工具与主合同的关系

嵌入衍生工具的核算有两种模式，从混合合同中分拆或不分拆。混合合同包含的主合同属于本准则规范的资产的，企业不应从该混合合同中分拆嵌入衍生工具，而应当将该混合合同作为一个整体适用本准则关于金融资产分类的相关规定。如果主合同并非本准则范围的资产，企业对嵌入衍生工具进行会计处理时，应当合理地判断其与主合同的关系，根据其经济特征和风险是否与主合同的经济特征和风险紧密相关，并结合其他条件决定是否分拆。

企业判断嵌入衍生工具的经济特征和风险是否与主合同的经济特征和风险紧密相关时，应当重点关注嵌入衍生工具与主合同的风险敞口是否相似，以及嵌入衍生工具是否可能会对混合合同的现金流量产生重大改变。除本准则特殊规定外，一般情况下，如果嵌入衍生工具与主合同的风险敞口不同或者嵌入衍生工具可能对混合合同的现金流量产生重大改变，则嵌入衍生工具的经济特征和风险与主合同的经济特征和风险很可能不紧密相关。

通常情况下，企业应当首先明确主合同的经济特征和风险。如果主合同没有明确的或事先确定的到期日，且代表了在某一企业净资产中的剩余利益，那么该主合同的经济特征和风险即为权益工具的经济特征和风险，而且嵌入衍生工具需要拥有和同一企业相关的权益特征才能视为与主合同紧密相关；如果主合同不是一项权益工具但符合金融工具的定义，那么该主合同的经济特征和风险即为债务工具的经济特征和风险。其次对嵌入的非期权衍生工具（如嵌入的远期合同或互换合同），应基于标明或暗含的实质性条款将其从主合同中分拆，其在初始确认时的公允价值为零。以期权为基础的嵌入衍生工具（如嵌入的看跌期权、看涨期权、利率上限、利率下限或互换期权），应基于标明的期权特征的条款将其从主合同中分拆，主合同的初始账面金额即为分拆出嵌入衍生工具后的剩余金额。再次是一项混合合同中的多项嵌入衍生工具通常应视同为一项工具处理。但是，归类为权益的嵌入衍生工具应与归类为资产或负债的嵌入衍生工具分开核算。此外，如果某混合合同嵌入了多项衍生工具而这些衍生工具又与不同的风险敞口相关，且这些嵌入衍生工具易于分离并相互独立，则这些嵌入衍生工具应分别进行核算。

1.下列情况下，嵌入衍生工具的经济特征和风险不与主合同紧密相关：

（1）主债务工具中嵌入看跌期权，使得持有人有权要求发行人以一定金额的现金或其他资产回购这项工具，其中现金或其他资产的金额随着某一权益工具或商品价格或指数的变动而变动，该看跌期权不与主债务工具紧密相关。

（2）债务工具剩余期限展期的选择权或自动展期条款不与主债务工具紧密相关，除非在展期的同时将利率调整至与当前市场利率大致相当的水平。企业发行了一项债务工具，且该债务工具的持有人向第三方签出针对该债务工具的看涨期权时，如果该期权行使后发行人可能被要求参与或协助债务工具的重新流通,则发行人应将此看涨期权视为债务工具的展期。

(3)嵌入在主债务工具或保险合同中且与权益挂钩的利息或本金支付额(即利息或本金金额与权益工具价值挂钩),不与主合同工具紧密相关,因为内含在主合同工具的风险与嵌入衍生工具中的风险不同。

(4)嵌入在主债务工具或保险合同中且与商品价格挂钩的利息或本金支付额(即利息或本金金额与商品价格挂钩),不与主合同工具紧密相关,因为内含在主合同工具的风险与嵌入衍生工具中的风险不同。

(5)嵌入在主债务工具或保险合同中的看涨期权、看跌期权或提前偿付选择权不与主合同工具紧密相关,除非在每一行权日,该期权的行权价大致等于主债务工具的摊余成本或主保险合同的账面价值,或者提前偿付选择权的行权价格包含了对债权人的补偿,且该补偿不应超过相当于主合同剩余存续期内的利息损失的现值。利息损失按提前偿付的本金乘以利率差计算。这里的利率差是指,如果债权人将提前偿付的本金再投资于与主合同相类似剩余期限和条件的工具,该工具的实际利率低于主合同实际利率的差。企业应当在按照金融工具列报准则分拆可转换债务工具的权益要素前,评估看涨期权或看跌期权是否与主债务工具紧密相关。

(6)嵌入在主债务工具中,允许一方(受益人)将特定标的资产的信用风险(受益人可能不实际拥有该项资产)转移给另一方(保证人)的信用衍生工具,不与主债务工具紧密相关。这种信用衍生工具让保证人在不直接拥有标的资产的情况下承担标的资产的相关信用风险。

2. 下列情况下,嵌入衍生工具的经济特征和风险与主合同的经济特征和风险紧密相关:

(1)以利率或利率指数为标的,且能改变带息主债务合同或保险合同须支付或收取的利息额的嵌入衍生工具,与主合同紧密相关除非混合合同的结算可能造成持有人不能收回几乎所有已确认投资或者嵌入衍生工具可能使持有人在主合同上的初始报酬率至少加倍并能够使回报率至少达到与主合同条款相同的合同的市场报酬率的两倍。

(2)嵌入利率下限或利率上限的债务合同或保险合同发行时,若该利率上限等于或高于市场利率,而利率下限等于或低于市场利率,并且该利率上限或下限与主合同之间不存在杠杆关系,那么该利率上限或下限与主合同紧密相关。同样,一项购买或出售某一资产(如某商品)的合同,如果设定了为该资产将支付或收取的价格上限和下限的条款,并且在开始时该价格上限和下限均为价外且与主合同之间没有杠杆关系,则该条款与主合同紧密相关。

(3)嵌入主债务工具(如双重货币债券)中的外币衍生工具使发行人以外币支付本金或利息,该嵌入外币衍生工具与主债务工具紧密相关。

(4)嵌入在属于保险合同或非金融工具合同的主合同中的外币衍生工具(例如购买或出售非金融项目的合同以外币标价),如果与主合同没有杠杆关系且不具有期权特征,并且规定以下述任何一种货币支付,则该外币衍生工具与主合同紧密相关:①合同任一主要方的记账本位币;②国际商业交往中通常用于对所获得或交付的相关商品或劳务进行标价的货币(例如对原油交易进行标价的美元);③在交易所处的经济环境中,买卖非金融项目的合同通常使用的货币(例如在当地的商业交易或对外贸易中使用的相对稳定以及流动性较好的货币)。

(5)如果利息剥离或本金剥离最初是通过分离收取金融工具合约现金流量的权利形成的,而该金融工具本身不包括嵌入衍生工具,且不包含任何未在原主债务合同中列示的条款,则嵌入在利息剥离或本金剥离中的提前偿付选择权与主合同紧密相关。

(6)主租赁合同的嵌入衍生工具,如果是下述三者之一,则该嵌入衍生工具与主合同紧密相关:①与通货膨胀有关的指数(例如消费品物价指数)挂钩的租赁付款额指数(假设该租赁不是杠杆租赁,且该指数与企业自身经济环境中的通货膨胀有关);②基于相关销售额的或有租金;③基于变动利率的或有租金。

(7)嵌入在主金融工具或主保险合同中的投资连结特征(属于嵌入衍生工具),如果其以单位计价的付款额是以反映基金资产公允价值的当前单位价值计量的,则该投资连结特征与主金融工具或主保险合同紧密相关。投资连结特征是一项要求付款额以内部或外部的投资基金单位计价的合同条款。

（8）嵌入在主保险合同中的衍生工具，如果与主保险合同互相依赖，使得企业无法单独计量该嵌入衍生工具，则该嵌入衍生工具与主保险合同紧密相关。

实务中，企业可能持有或发行可回售工具（属于混合合同）。该金融工具的特征在于，持有人拥有将该金融工具回售给发行人以换取一定金额现金或其他金融资产的权利，其中，相关现金或其他金融资产的金额随着可能发生增减变动的权益指数或商品指数的变动而变动。除非发行人在初始确认时将该可回售工具指定为以公允价值计量且其变动计入当期损益的金融负债，否则，发行人应按本准则的要求分拆嵌入衍生工具（即与权益工具或商品指数挂钩的本金支付），因为该嵌入衍生工具与主合同（债务工具）不紧密相关。但是，对于可随时回售以换取与企业净资产价值一定比例份额等值的现金的可回售工具（比如，开放式共同基金份额或某些投资联结产品），分拆嵌入衍生工具并对其各组成部分进行核算的结果是，发行人在报告期末以应付的赎回金额来计量混合合同，因此可以不分拆。

（三）嵌入衍生工具的会计处理

1. 嵌入衍生工具的分拆

混合合同包含的主合同不属于本准则规范的资产，且同时符合下列条件的，企业应当从混合合同中分拆嵌入衍生工具，将其作为单独存在的衍生工具处理。

（1）嵌入衍生工具的经济特征和风险与主合同的经济特征和风险不紧密相关。

（2）与嵌入衍生工具有相同条款的单独工具符合衍生工具的定义。

（3）该混合合同不是以公允价值计量且其变动计入当期损益进行会计处理（即嵌在以公允价值计量且其变动计入当期损益的金融负债中的衍生工具不予分拆）。

当企业在成为混合合同的一方时，即应评价嵌入衍生工具是否应分拆出来作为单独的衍生工具处理。随后，除非混合合同条款的变化将对原混合合同现金流量产生重大影响，否则企业不应对是否分拆重新进行评估。混合合同条款的变化导致原混合合同现金流量发生重大改变的，应重新评估嵌入衍生工具是否应分拆。企业在确定现金流量调整是否重大时，应当分析判断与嵌入衍生工具、主合同或两者相关的预计未来现金流量发生改变的程度，以及相对于合同以前预计现金流量是否有重大的改变。但是，在同一控制和非同一控制下的企业合并以及合营企业成立中，企业在并购日或成立日可能需要重新评估购入的合同中嵌入衍生工具是否需要分拆。

嵌入衍生工具从混合合同中分拆的，企业应当按照适用的会计准则规定，对混合合同的主合同进行会计处理。根据本准则规定单独存在的衍生工具，通常应采用公允价值进行初始计量和后续计量。

2. 将混合合同指定为以公允价值计量且其变动计入当期损益

当企业成为混合合同的一方，而主合同不属于本准则规范的资产且包含一项或多项嵌入衍生工具时，本准则要求企业识别所有此类嵌入衍生工具、评估其是否需要与主合同分拆、并且对于需与主合同分拆的嵌入衍生工具，应以公允价值进行初始确认和后续计量。与整项金融工具均以公允价值计量且其变动计入当期损益相比，上述要求可能更为复杂或导致可靠性更差。为此，本准则允许企业将整项混合合同指定为以公允价值计量且其变动计入当期损益。但下列情况除外：

（1）嵌入衍生工具不会对混合合同的现金流量产生重大改变。

（2）在初次确定类似的混合合同是否需要分拆时，几乎不需分析就能明确其包含的嵌入衍生工具不应分拆。如嵌入贷款的提前还款权，允许持有人以接近摊余成本的金额提前偿还贷款，该提前还款权不需要分拆。

此外，企业无法根据嵌入衍生工具的条款和条件对嵌入衍生工具的公允价值进行可靠计量的，该嵌入衍生工具的公允价值应当根据混合合同公允价值和主合同公允价值之间的差额确定。使用了上述方法后，该嵌入衍生工具在取得日或后续资产负债表日的公允价值仍然无法单独计量的，企业应当将该混合合同整体指定为以公允价值计量且其变动计入当期损益的金融工具。

九、关于金融工具的重分类

（一）金融工具重分类的原则

企业改变其管理金融资产的业务模式时，应当按照本准则的规定对所有受影响的相关金融资产进行重分类。企业对所有金融负均不得进行重分类。

企业对金融资产进行重分类，应当自重分类日起采用未来适用法进行相关会计处理，不得对以前已经确认的利得、损失（包括减值损失或利得）或利息进行追溯调整。重分类日，是指导致企业对金融资产进行重分类的业务模式发生变更后的首个报告期间的第一天。例如，甲上市公司决定于2×17年3月22日改变其管理某金融资产的业务模式，则重分类日为2×17年4月1日（即下一个季度会计期间的期初）；乙上市公司决定于2×17年10月15日改变其管理某金融资产的业务模式，则重分类日为2×18年1月1日。

企业管理金融资产业务模式的变更是一种极其少见的情形。该变更源自外部或内部的变化，必须由企业的高级管理层进行决策且其必须对企业的经营非常重要，并能够向外部各方证实。因此只有当企业开始或终止某项对其经营影响重大的活动时（例如当企业收购、处置或终止某一业务线时），其管理金融资产的业务模式才会发生变更。例如，某银行决定终止其零售抵押贷款业务，该业务线不再接受新业务，并且该银行正在积极寻求出售其抵押贷款组合，则该银行管理其零售抵押贷款的业务模式发生了变更。需要注意的是，企业业务模式的变更必须在重分类日之前生效。例如，银行决定于2×17年10月15日终止其零售抵押贷款业务，并于2×18年1月1日对所有受影响的金融资产进行重分类。2×17年10月15日之后，其不应开展新的零售抵押贷款业务，或另外从事与之前零售抵押贷款业务模式相同的活动。

以下情形不属于业务模式变更：

1. 企业持有特定金融资产的意图改变。企业即使在市场状况发生重大变化的情况下改变对特定资产的持有意图，也不属于业务模式变更。

2. 金融资产特定市场暂时性消失从而暂时影响金融资产出售。

3. 金融资产在企业具有不同业务模式的各部门之间转移。

需要注意的是，如果企业管理金融资产的业务模式没有发生变更，而金融资产的条款发生变更但未导致终止确认的，不允许重分类。如果金融资产条款发生变更导致金融资产终止确认的，不涉及重分类问题，企业应当终止确认原金融资产，同时按照变更后的条款确认一项新金融资产。

（二）金融资产重分类的计量

1. 以摊余成本计量的金融资产的重分类

（1）企业将一项以摊余成本计量的金融资产重分类为以公允价值计量且其变动计入当期损益的金融资产的，应当按照该资产在重分类日的公允价值进行计量。原账面价值与公允价值之间的差额计入当期损益。

（2）企业将一项以摊余成本计量的金融资产重分类为以公允价值计量且其变动计入其他综合收益的金融资产的，应当按照该金融资产在重分类日的公允价值进行计量。原账面价值与公允价值之间的差额计入其他综合收益。该金融资产重分类不影响其实际利率和预期信用损失的计量。

2. 以公允价值计量且其变动计入其他综合收益的金融资产的重分类

（1）企业将一项以公允价值计量且其变动计入其他综合收益的金融资产重分类为以摊余

成本计量的金融资产的,应当将之前计入其他综合收益的累计利得或损失转出,调整该金融资产在重分类的公允价值,并以调整后的金额作为新的账面价值,即视同该金融资产一直以摊余成本计量。该金融资产重分类不影响其实际利率和预期信用损失的计量。

(2)企业将一项以公允价值计量且其变动计入其他综合收益的金融资产重分类为以公允价值计量且其变动计入当期损益的金融资产的,应当继续以公允价值计量该金融资产。同时,企业应当将之前计入其他综合收益的累计利得或损失从其他综合收益转入当期损益。

3. 以公允价值计量且其变动计入当期损益的金融资产的重分类

(1)企业将一项以公允价值计量且其变动计入当期损益的金融资产重分类为以摊余成本计量的金融资产的,应当以其在重分类日的公允价值作为新的账面余额。

(2)企业将一项以公允价值计量且其变动计入当期损益的金融资产重分类为以公允价值计量且其变动计入其他综合收益的金融资产的,应当继续以公允价值计量该金融资产。

对以公允价值计量且其变动计入当期损益的金融资产进行重分类的,企业应当根据该金融资产在重分类日的公允价值确定其实际利率。同时,企业应当自重分类日起对该金融资产适用本准则关于金融资产减值的相关规定,并将重分类日视为初始确认日。

十、关于金融工具的计量

(一)金融资产和金融负债的初始计量

企业初始确认金融资产或金融负债,应当按照公允价值计量。对于以公允价值计量且其变动计入当期损益的金融资产和金融负债,相关交易费用应当直接计入当期损益;对于其他类别的金融资产或金融负债,相关交易费用应当计入初始确认金额。但是,企业初始确认的应收账款未包含《企业会计准则第14号——收入》所定义的重大融资成分或根据《企业会计准则第14号——收入》规定不考虑不超过1年的合同中的融资成分的,应当按照该准则定义的交易价格进行初始计量。

交易费用,是指可直接归属于购买、发行或处置金融工具的增量费用。增量费用,是指企业没有发生购买、发行或处置相关金融工具的情形就不会发生的费用,包括支付给代理机构、咨询公司、券商、证券交易所、政府有关部门等的手续费、佣金、相关税费以及其他必要支出,不包括债券溢价、折价、融资费用、内部管理成本和持有成本等与交易不直接相关的费用。

金融工具初始确认时的公允价值通常指交易价格(即所收到或支付对价的公允价值),但是,如果收到或支付的对价的一部分并非针对该金融工具,该金融工具的公允价值应根据估值技术进行估计。例如,一项不带息的长期贷款或应收款项公允价值的估计数是以信用等级相当的类似金融工具(计价的币种、条款、利率类型和其他因素相类似)的当前市场利率,对所有未来现金收款额折现所得出的现值。任何额外支付的金额应作为一项费用或收益的抵减项处理,除非其符合确认为其他类型资产的条件。此外,还应注意,如果企业按低于市场利率发放一项贷款(例如,类似贷款市场利率为8%时,该贷款的利率为5%),并且直接收到一项费用作为补偿,该企业应以公允价值确认这项贷款,即以发放的本金减去收到的费用作为初始确认金额。之后,企业应采用实际利率法将相关折价计入损益。

企业应当根据《企业会计准则第39号——公允价值计量》的规定,确定金融资产和金融负债在初始确认时的公允价值。公允价值通常为相关金融资产或金融负债的交易价格。金融资产或金融负债公允价值与交易价格存在差异的,企业应当区别下列情况进行处理:

1. 在初始确认时,金融资产或金融负债的公允价值依据相同资产或负债在活跃市场上的报价或者以仅使用可观察市场数据的估值技术确定的,企业应当将该公允价值与交易价格之间的差额确认为一项利得或损失。

2. 在初始确认时,金融资产或金融负债的公允价值以其他方式确定的,企业应当将该公允价值与交易价格之间的差额递延。初始确认后，企业应当根据某一因素在相应会计期间的变动程度将该递延差额确认为相应会计期间的利得或损失。该因素应当仅限于市场参与者对该金融工具定价时将予考虑的因素，包括时间等。

企业取得金融资产所支付的价款中包含的已宣告但尚未发放的利息或现金股利，应当单独确认为应收项目处理。

（二）金融资产的后续计量

1. 金融资产后续计量原则

金融资产的后续计量与金融资产的分类密切相关。企业应当对不同类别的金融资产，分别以摊余成本、以公允价值计量且其变动计入其他综合收益或以公允价值计量且其变动计入当期损益进行后续计量。

需要注意的是，企业在对金融资产进行后续计量时，如果一项金融工具以前被确认为一项金融资产并以公允价值计量，而现在它的公允价值低于零，企业应将其确认为一项负债。但对于主合同为资产的混合合同，即使整体公允价值可能低于零，企业应当始终将混合合同整体作为一项金融资产进行分类和计量。

2. 以摊余成本计量的金融资产的会计处理

（1）实际利率

实际利率，是指将金融资产或金融负债在预计存续期的估计未来现金流量折现为该金融资产账面余额（不考虑减值）或该金融负债摊余成本所使用的利率。在确定实际利率时，应当在考虑金融资产或金融负债所有合同条款（如提前还款、展期、看涨期权或其他类似期权等）的基础上估计预期现金流量，但不应当考虑预期信用损失。

经信用调整的实际利率，是指将购入或源生的已发生信用减值的金融资产在预计存续期的估计未来现金流量，折现为该金融资产摊余成本的利率。在确定经信用调整的实际利率时，应当在考虑金融资产的所有合同条款（例如提前还款、展期、看涨期权或其他类似期权等）以及初始预期信用损失的基础上估计预期现金流量。

企业通常能够可靠估计金融工具（或一组类似金融工具）的现金流量和预计存续期。在极少数情况下，金融工具（或一组金融工具）的估计未来现金流量或预计存续期无法可靠估计的，企业在计算确定其实际利率（或经信用调整的实际利率）时，应当基于该金融工具在整个合同期内的合同现金流量。

合同各方之间支付或收取的、属于实际利率或经信用调整的实际利率组成部分的各项费用及溢价或折价等，应当在确定实际利率或经信用调整的实际利率时予以考虑。

（2）构成实际利率组成部分的各项费用

构成金融工具实际利率组成部分的各项费用包括：①企业形成或取得某项金融资产而收取的必不可少的费用，例如，评估借款人财务状况，评估并记录各类担保、担保物和其他担保安排，议定金融工具的合同条款，编制和处理相关文件，达成交易等相关活动而收取的补偿；②企业收取的发放贷款的承诺费用，若贷款承诺不以公允价值计量，且企业很可能签订相关借款协议，此费用可视为企业持续涉入取得金融工具的过程而获得的补偿，如果该贷款承诺到期前未发放相关贷款，企业应当在到期日将承诺费用确认为收入；③企业发行以摊余成本计量的金融负债而支付的必不可少的费用。企业应当区分构成相关金融负债实际利率组成部分的必不可少的费用和涉及提供服务（如投资管理服务）的交易费用。

不构成金融工具实际利率组成部分的各项费用包括：①企业为贷款提供服务而收取的费用；②企业收取的发放贷款承诺的费用，前提是贷款承诺不以公允价值计量，且企业签订相关借款协议的可能性较小；③企业因组织银团贷款而收取的费用，且企业自身不保留该贷款的任何一部分（或者虽然保留该贷款的一部分但采用与其他贷款参与者针对类似风险使用的实际利率相同的实际利率）。企业对于不构成金融工具实际利率组成部分的各项费用，应当按照《企业会计准则第 14 号——收入》进行会计处理。

企业通常应当在金融工具的预计存续期内，对实际利率计算中包括的各项费用、支付或收取的贴息、交易费用及溢价或折价进行摊销。但如果上述各项涉及更短的期间，企业应当在这一更短期间内进行摊销。在某些情况下，如果与上述各项相关的变量在该金融工具预计到期日前按市场利率重新定价，那么摊销期间应为截至下一个重新定价日的期间。例如，如果某浮动利率金融工具的折溢价反映了该金融工具自上一个付息日起应计的利息，或自浮动利率重设为市场利率起所发生的变化，那么该折溢价应当在截至下一个利率重设日的期间内进行摊销。因为在利率重设日，该折溢价所涉及的变量（即利率）将按市场利率重定价，因此该折溢价与截至下一个利率重设日的期间相关。但是，如果该折溢价源自对该金融工具浮动利率中信用利差的变化，或无需重设为市场利率的其他变量，该折溢价应当在该金融工具的预计存续期内摊销。

（3）摊余成本

金融资产或金融负债的摊余成本，应当以该金融资产或金融负债的初始确认金额经下列调整确定：

①扣除已偿还的本金。

②加上或减去采用实际利率法将该初始确认金额与到期日金额之间的差额进行摊销形成的累计摊销额。

③扣除计提的累计信用减值准备（仅适用于金融资产）。

实际利率法，是指计算金融资产或金融负债的摊余成本以及将利息收入或利息费用分摊计入各会计期间的方法。

对于浮动利率金融资产或浮动利率金融负债，以反映市场利率波动而对现金流量的定期重估将改变实际利率。如果浮动利率金融资产或浮动利率金融负债的初始确认金额等于到期日应收或应付本金的金额，则未来利息付款额的重估通常不会对该资产或负债的账面价值产生重大影响。

企业与交易对手方修改或重新议定合同，未导致金融资产终止确认，但导致合同现金流量发生变化的，或者企业修正了对合同现金流量的估计的，应当重新计算该金融资产的账面余额，并将相关利得或损失计入当期损益。重新计算的该金融资产的账面余额，应当根据将重新议定或修改的合同现金流量按金融资产的原实际利率（或者购买或源生的已发生信用减值的金融资产应按经信用调整的实际利率）折现的现值确定。对于修改或重新议定合同所产生的所有成本或费用，企业应当调整修改后的金融资产账面价值，并在修改后金融资产的剩余期限内摊销。

以摊余成本计量且不属于任何套期关系的金融资产所产生的利得或损失，应当在终止确认、按照本准则规定重分类、按照实际利率法摊销或按照本准则规定确认减值时，计入当期损益。

3. 以公允价值进行后续计量的金融资产的会计处理

（1）对于以公允价值进行后续计量的金融资产，其公允价值变动形成的利得或损失，除与套期会计有关外，应当按照下列规定处理：

①以公允价值计量且其变动计入当期损益的金融资产的利得或损失，应当计入当期损益。

②按照本准则第十八条分类为以公允价值计量且其变动计入其他综合收益的金融资产所产生的利得或损失，减值损失或利得和汇兑损益外，均应当计入其他综合收益，直至该金融资产终止确认或被重分类。但是，采用实际利率法计算的该金融资产的利息应当计入当期损益。该类金融资产计入各期损益的金额应当与视同其一直按摊余成本计量而计入各期损益的金额相等。

该类金融资产终止确认时,之前计入其他综合收益的累计利得或损失应当从其他综合收益中转出,计入当期损益。

③对于指定为以公允价值计量且其变动计入其他综合收益的非交易性权益工具投资,除了获得的股利(属于投资成本收回部分的除外)计入当期损益外,其他相关的利得和损失(包括汇兑损益)均应计入其他综合收益,且后续不得转入当期损益。当其终止确认时,之前计入其他综合收益的累计利得或损失应当从其他综合收益中转出,计入留存收益。

(2)企业只有在同时符合下列条件时,才能确认股利收入并计入当期损益:

①企业收取股利的权利已经确立;

②与股利相关的经济利益很可能流入企业;

③股利的金额能够可靠地计量。

(三)金融负债的后续计量

1. 金融负债后续计量原则

企业应当按照以下原则对金融负债进行后续计量:

(1)以公允价值计量且其变动计入当期损益的金融负债,应当按照公允价值进行后续计量。

(2)金融资产转移不符合终止确认条件或继续涉入被转移金融资产所形成的金融负债。对此类金融负债,企业应当按照《企业会计准则第 23 号——金融资产转移》相关规定进行计量。

(3)不属于指定为以公允价值计量且其变动计入当期损益的金融负债的财务担保合同或没有指定为以公允价值计量且其变动计入当期损益并将以低于市场利率贷款的贷款承诺,企业作为此类金融负债发行方的,应当在初始确认后按照依据本准则第八章所确定的损失准备金额以及初始确认金额扣除依据《企业会计准则第 14 号——收入》相关规定所确定的累计摊销额后的余额孰高进行计量。

(4)上述金融负债以外的金融负债,应当按摊余成本进行后续计量。

2. 金融负债后续计量的会计处理

(1)对于以公允价值进行后续计量的金融负债,其公允价值变动形成利得或损失,除与套期会计有关外,应当计入当期损益。

(2)以摊余成本计量且不属于任何套期关系一部分的金融负债所产生的利得或损失,应当在终止确认时计入当期损益或在按照实际利率法摊销时计入相关期间损益。

企业与交易对手方修改或重新议定合同,未导致金融负债终止确认,但导致合同现金流量发生变化的,应当重新计算该金融负债的账面价值,并将相关利得或损失计入当期损益。重新计算的该金融负债的账面价值,应当根据将重新议定或修改的合同现金流量按金融负债的原实际利率或按《企业会计准则第 24 号——套期会计》第二十三条规定的重新计算的实际利率(如适用)折现的现值确定。对于修改或重新议定合同所产生的所有成本或费用,企业应当调整修改后的金融负债账面价值,并在修改后金融负债的剩余期限内进行摊销。

3. 指定为公允价值计量的金融负债自身信用风险变动的会计处理

(1)信用风险的含义

信用风险,是指金融工具的一方不履行义务,造成另一方发生财务损失的风险。金融负债信用风险引起的公允价值变动与金融负债发行人未能履行特定金融负债义务的风险相关。这一风险未必与发行人的特定信用状况相关。例如,企业发行一项担保负债和一项无担保负债(假定这两项负债的其他条件完全相同),虽然上述两项负债是由同一个企业发行的,但其信用风险也不同。担保负债的信用风险低于无担保负债的信用风险且有可能几乎为零。

需要注意的是,信用风险不同于与特定资产相关的业绩风险。特定资产相关的业绩风险与企业未能履行特定义务的风险无关，而是与单项或一组金融资产的业绩较差或完全不履约的风险有关。例如，以下两种情况与特定资产的业绩风险有关：

①具有投资连结特征的负债，合同规定应付给投资者的金额将基于特定资产的业绩情况确定。该投资连结特征对负债公允价值的影响即为与特定资产相关的业绩风险，而非信用风险。

②具有以下特征的结构化主体所发行的负债：该结构化主体在法律上是独立的，其资产受破产隔离的保护，唯一的受益者是投资者；该主体未发生任何其他交易，且该主体的资产也无法用作抵押；仅当受破产隔离保护的资产产生现金流量时，该主体才承担向其投资者支付一定金额的义务。这种情况下，负债的公允价值变动主要反映资产的公允价值变动。此类资产的业绩情况对负债公允价值的影响即为与特定资产相关的业绩风险，而不是信用风险。

（2）信用风险变化影响的确定

一般情况下，企业应当从金融负债的公允价值变动金额中扣除由于市场风险因素引起的市场风险变化所导致的公允价值变动金额，来确定由信用风险引起的公允价值变动金额。市场风险因素包括基准利率变动、其他企业（或结构化主体）的金融工具价格变动、商品价格变动、外汇汇率变动，以及价格指数或利率指数变动等。如果企业认为有其他方法能够更公允地计量由信用风险引起的公允价值变动金额，可使用其他方法。

如果计量上述市场风险的唯一变量是可观察基准利率，对于用风险变动引起的金融负债的公允价值变动金额，企业可以按下列步骤估计：

首先，运用该金融负债的期初公允价值和期初合同现金流量计算出内含报酬率。从该内含报酬率中减去期初可观察基准利率，得到与该金融负债特定相关的部分。

其次，计算出该金融负债期末合同现金流量的现值。使用的折现率为以下两者之和：①期末可观察基准利率；②内含报酬率中与该金融负债特定相关的利率部分。该现值代表企业信用风险不变情况下，该负债期末应当具有的公允价值。

最后，该金融负债的期末公允价值与上述计算出的金融负债期末合同现金流量的现值之间的差额，即为信用风险变动引起的金融负债的公允价值变动金额。

在运用以上方法时，假设除信用风险和利率风险之外的因素所导致的该金融负债公允价值变动金额不重大。如果金融负债中包含嵌入衍生工具，则在计算信用风险变动引起的金融负债的公允价值变动金额时，应扣除嵌入衍生工具的公允价值变动金额。

此外，与所有公允价值计量一样，企业用于确定由金融负债信用风险变动引起的金融负债公允价值变动的计量方法，必须最大限度地使用相关的可观察输入值，尽可能少使用不可观察输入值。

（3）金融负债自身信用风险变动的会计处理原则

企业根据本准则规定将金融负债指定为以公允价值计量且其变动计入当期损益的金融负债的，该金融负债所产生的利得或损失应当按照下列规定进行处理：

①由企业自身信用风险变动引起的该金融负债公允价值的变动金额，应当计入其他综合收益；

②该金融负债的其他公允价值变动计入当期损益。

该金融负债终止确认时，之前计入其他综合收益的累计利得或损失应当从其他综合收益中转出，计入留存收益。

按照上述①的规定对该金融负债的自身信用风险变动的影响进行处理会造成或扩大损益中的会计错配的，企业应当将该金融负债的全部利得或损失（包括企业自身信用风险变动的影响金额）计入当期损益。

为确定将金融负债自身信用风险变动的影响计入其他综合收益是否会造成或扩大损益中的会计错配，企业必须评估金融负债信用风险变动的影响预期是否会被损益中另一项以公允价值计量且其变动计入当期损益的金融工具的公允价值变动所抵销。企业做出上述评估,应当以该金融负债的特征与另一金融工具的特征之间的经济关系为基础。企业应当在金融负债初始确认时做出上述评估,且不得重新评估。一般情况下,企业对类似的经济关系应当保持一致的评估方法。

实务中,企业无需在同一时点确认产生会计错配的所有资产和负债。只要其余的交易预期会发生,允许有合理的递延。

十一、关于金融工具的减值

(一)概述

本准则对金融工具减值的规定通常称为"预期信用损失法"。该方法与过去规定的、根据实际已发生减值损失确认减值准备的方法有着根本性不同。在预期信用损失法下,减值准备的计提不以减值的实际发生为前提,而是以未来可能的违约事件造成的损失的期望值来计量当前(资产负债表日)应当确认的减值准备。

1. 预期信用损失的定义

预期信用损失,是指以发生违约的风险为权重的金融工具信用损失的加权平均值。这里的发生违约的风险,可以理解为发生违约的概率。这里的信用损失,是指企业根据合同应收的现金流量与预期能收到的现金流量之间的差额(以下称现金流缺口)的现值。根据现值的定义,即使企业能够全额收回合同约定的金额,但如果收款时间晚于合同规定的时间,也会产生信用损失。

2. 适用减值规定的金融工具

如果一项金融工具可能受到该工具发行方、担保方或者其他相关方(如被担保方)信用风险的影响而造成企业未来现金流量的减少或者流出,且该影响不能通过本准则第七章"金融工具的计量"和第九章"利得和损失"相关规定反映在企业当期损益中,则该工具应当适用本准则关于金融工具减值的规定。

注意本准则金融工具减值规定的适用范围大于本准则整体适用范围,不仅包括金融资产(通常为企业持有的债务工具),还包括本准则范围以外的资产(如合同资产)、某些金融负债或者尚未确认的确定承诺。具体包括以下各项:

(1)按照本准则第十七条分类为以摊余成本计量的金融资产(含应收款项);

(2)按照本准则第十八条分类为以公允价值计量且其变动计入其他综合收益的金融资产;

(3)租赁应收款;

(4)《企业会计准则第 14 号——收入》定义的合同资产;

(5)企业做出的贷款承诺,以公允价值计量且其变动计入当期损益的金融负债除外;

(6)本准则第二十一条第一款第(三)项规定的财务担保合同。

3. 金融工具减值的三阶段

按照本准则相关规定,可以将金融工具发生信用减值的过程分为三个阶段,对于不同阶段的金融工具的减值有不同的会计处理方法:

(1)信用风险自初始确认后未显著增加(第一阶段)。

对于处于该阶段的金融工具,企业应当按照未来 12 个月的预期信用损失计量损失准备,并按其账面余额(即未扣除减值准备)和实际利率计算利息收入(若该工具为金融资产,下同)。

(2)信用风险自初始确认后已显著增加但尚未发生信用减值(第二阶段)。

对于处于该阶段的金融工具,企业应当按照该工具整个存续期的预期信用损失计量损失准备,并按其账面余额和实际利率计算利息收入。
（3）初始确认后发生信用减值（第三阶段）。
对于处于该阶段的金融工具,企业应当按照该工具整个存续期的预期信用损失计量损失准备,但对利息收入的计算不同于处于即两阶段的金融资产。对于已发生信用减值的金融资产,企业应当按其摊余成本（账面余额减已计提减值准备,也即账面价值）和实际利率计算利息收入。

上述三阶段的划分,适用于购买或源生时未发生信用减值的金融工具。对于购买或源生时已发生信用减值的金融资产,企业应当仅将初始确认后整个存续期内预期信用损失的变动确认为损失准备并按其摊余成本和经信用调整的实际利率计算利息收入。

（二）对信用风险显著增加的评估

1. 一般原则

企业应当在资产负债表日评估金融工具信用风险自初始确认后是否已显著增加。这里的信用风险,是指发生违约的概率。

（1）判断标准

企业应当通过比较金融工具在初始确认时所确定的预计存续期内的违约概率和该工具在资产负债表日所确定的预计存续期内的违约概率,来判定金融工具信用风险是否显著增加。

企业需要注意以下几点：

①这里的违约概率,是指在某一时点上所确定的未来期间发生违约的概率,而不是在该时点发生违约的概率。企业应当以此口径理解本准则第五十二条所说的"资产负债表日发生违约的风险"和"初始确认日发生违约的风险"。

②对于贷款承诺和财务担保合同,由于其在资产负债表日可能尚未在资产负债表中确认,或者在确认前已经对企业形成信用风险敞口,因此其初始确认日的定义不同于其他金融工具,而应当是该企业做出的不可撤销承诺的生效日。注意这里的初始确认日不一定是承诺日,因为企业做出承诺后,该承诺可能需要履行一定的程序或者满足一定的条件才能生效。

③因为预计存续期与违约风险之间的复杂关系,企业在对信用风险的变化进行评估时,不能简单地比较违约风险随时间推移的绝对变化。例如,如果一项预计存续期为10年的金融工具在初始确认时确定的违约概率,与后来预计存续期仅剩5年时确定的违约概率相同,则可能表明其信用风险已经增加。因为一般而言,在信用风险不变的情况下,金融工具的存续期越长,则违约概率越高。随着存续期的消减,违约概率一般也逐渐降低（对于仅在临近到期日才具有重大付款义务的金融工具而言,发生违约的概率不一定随时间的推移而降低）。

实务中,企业可以用未来12个月内发生违约风险的变化作为整个存续期内发生违约风险变化的合理估计,以确定自初始确认后信用风险是否已显著增加。但是,在某些情形下可能并不适合使用未来12个月内发生违约风险的变化来确定是否应当确认整个存续期预期信用损失。例如,合同现金流在预计存续期内不均匀分布,其在未来12个月内没有现金流；或者未来12个月的违约风险不能充分反映相关的宏观经济因素或其他信用因素的变化。

④对于自初始确认后信用风险变化的显著性,应当在与初始确认时确定的违约概率相比较的基础上进行考虑。假如违约概率变化的绝对值一定,则初始确认时违约概率较低的金融工具与初始确认时违约概率较高的金融工具相比,其信用风险变化更为显著。

（2）评估信用风险变化所考虑的因素

在确定金融工具的信用风险水平时,企业应当考虑以合理成本即可获得的、可能影响金融工具信用风险的、合理且有依据的信息。合理成本即无须付出不必要的额外成本或努力。

企业在评估中可能需要考虑的因素包括：

①信用风险变化所导致的内部价格指标的显著变化。例如,同金融工具或具有相同条款及相同交易对手的类似金融工具,在最近期间发行时的信用利差相对于过去发行时的变化。

②若现有金融工具在报告日作为新金融工具源生或发行，该金融工具的利率或其他条款将发生的显著变化（如更严格的合同条款增加抵押品或担保物或者更高的收益率等）。

③同一金融工具或具有相同预计存续期的类似金融工具的信用风险的外部市场指标的显著变化。这些指标包括：1）信用利差；2）针对借款人的信用违约互换价格；3）金融资产的公允价值小于其摊余成本的时间长短和程度；4）与借款人相关的其他市场信息（如借款人的债务工具或权益工具的价格变动）。

④金融工具外部信用评级实际或预期的显著变化。

⑤对借款人实际或预期的内部信用评级下调。如果内部信用评级可与外部评级相对应或可通过违约调查予以证实，则更为可靠。

⑥预期将导致借款人履行其偿债义务的能力发生显著变化的业务、财务或外部经济状况的不利变化。例如，实际或预期的利率上升，实际或预期的失业率显著上升。

⑦借款人经营成果实际或预期的显著变化。例如，借款人收入或毛利率下降、经营风险增加、营运资金短缺、资产质量下降、杠杆率上升、流动比率下降、管理出现问题、业务范围或组织结构变更（例如某些业务分部终止经营）。

⑧同一借款人发行的其他金融工具的信用风险显著增加。

⑨借款人所处的监管、经济或技术环境的显著不利变化。例如，技术变革导致对借款人产品的需求下降。

⑩作为债务抵押的担保物价值或第三方提供的担保或信用增级质量的显著变化。这些变化预期将降低借款人按合同规定期限还款的经济动机或者影响违约概率。例如，如果房价下降导致担保物价值下跌，则借款人可能会有更大动机拖欠抵押贷款。

⑪预期将降低借款人按合同约定期限还款的经济动机的显著变化。例如，母公司或其他关联公司能够提供的财务支持减少或者信用增级质量的显著变化。关于信用增级的质量变化，企业应当考虑担保人的财务状况，次级权益预计能否吸收预期信用损失等。

⑫借款合同的预期变更，包括预计违反合同的行为可能导致的合同义务的免除或修订、给予免息期、利率跳升、要求追加抵押品或担保或者对金融工具的合同框架做出其他变更。

⑬借款人预期表现和还款行为的显著变化。例如，一组贷款资产中延期还款的数量或金额增加、接近授信额度或每月最低还款额的信用卡持有人的预期数量增加。

⑭企业对金融工具信用管理方法的变化。例如，企业信用风险管理实务预计将变得更为积极或者对该金融工具更加侧重，包括更密切地监控或更紧密地控制有关金融工具、对借款人实施特别干预。

⑮逾期信息。

在某些情形下，企业通过获得的定性和非统计定量信息，而无须统计模型或信用评级流程处理有关信息，就可以确定金融工具的信用风险是否已显著增加。但在另一些情形下，企业可能需要考虑源自统计模型或信用评级流程的信息。

（3）逾期与信用风险显著增加

金融资产发生逾期，是指交易对手未按合同规定时间支付约定的款项，既包括本金不能按时足额支付的情况，也包括利息不能按时足额支付的情况。

逾期是金融工具信用风险显著增加的常见结果。因此，逾期可能被作为信用风险显著增加的标志。但是，信用风险显著增加作为逾期的主要原因，通常先于逾期发生。企业只有在难于获得前瞻性信息，从而无法在逾期发生前确定信用风险显著增加的情况下，才能以逾期的发生来确定信用风险的显著增加。换言之，企业应尽可能在逾期发生前确定信用风险的显著增加。

如果以合理成本即可获得合理且有依据的前瞻性信息，企业在确定信用风险是否显著增加时，不得仅依赖逾期信息。然而，如果以合理成本无法获得逾期信息以外的前瞻性信息，企业可采用逾期信息来确定信用风险是否显著增加。

无论企业采用何种方式评估信用风险是否显著增加，如果合同付款逾期超过（含）30日，则通常可以推定金融资产的信用风险显著增加，除非企业以合理成本即可获得合理且有依据的信息，证明即使逾期超过30日，信用风险仍未显著增加。例如，如果未能及时付款是由于管理上的疏忽而并非借款人本身的财务困难所致。又如，企业能够获得的历史统计数据表明，发生违约的风险显著增加与逾期超过30日之间不存在相关性。

企业通常应当在金融工具逾期前确认整个存续期内的预期信用损失，因此，如果企业在逾期超过30日前可以确定信用风险显著增加，那么不得适用上述推定。

类似地，企业也不得将相关金融资产发生信用减值的时点作为其信用风险显著增加并确认整个存续期预期信用损失的时点，不得将企业内部标准构成违约的时点作为信用风险显著增加并确认整个存续期预期信用损失的时点。总之，企业确定信用风险显著增加的时点应当早于实际发生减值的时点，这是"预期信用损失法"的应有之义。

（4）逾期与违约

企业在确定信用风险时所采用的违约定义，应当与其内部基于信用风险管理目的而采用的违约定义保持一致，并在必要时考虑其他定性指标，例如借款合同对债务人财务指标做出的限制性条款。

实务中，一些企业以逾期达到一定天数作为违约的标准。企业可以根据所处环境和债务工具特点对构成违约的逾期天数做出定义，但是，如果一项金融工具逾期超过（含）90日，则企业应当推定该金融工具已发生违约，除非企业有合理且有依据的信息，表明以更长的逾期时间作为违约标准更为恰当。企业应当对所有相关金融工具一致地适用上述关于违约的规定，除非有证据表明对特定金融工具采用不同的违约标准更为恰当。

通常，在金融资产发生信用减值或者违约之前，信用风险都将显著增加。因此，企业在评估金融工具自初始确认后信用风险是否显著增加时，不能基于在报告日金融资产发生违约的证据。

（5）以组合为基础的评估

对于某些金融工具而言，企业在单项工具层面无法以合理成本获得关于信用风险显著增加的充分证据，而在组合基础上评估信用风险是否显著增加则是可行的。例如，对于零售贷款，商业银行可能无法跟踪每个借款人的个人信用变化，从而无法在逾期前识别出信用风险的显著变化。然而，如果所有零售贷款的整体信用风险受当地经济社会环境的影响，银行就应当通过就业率等前瞻性经济指标在组合基础上进行信用风险变化的评估。因此，本准则第四十八条规定了以金融工具组合为基础进行评估的要求。

为在组合基础上进行信用风险变化评估，企业可以共同风险特征为依据，将金融工具分为不同组别，从而使有关评估更为合理并能及时识别信用风险的显著增加。企业不应将具有不同风险特征的金融工具归为同一组别，从而形成不相关的结论。

企业可能采用的共同信用风险特征包括：①金融工具类型；②信用风险评级；③担保物类型；④初始确认日期；⑤剩余合同期限；⑥借款人所处行业；⑦借款人所处地理位置；⑧贷款抵押率（Loan-To-Collateral，LTC）。

企业为评估信用风险变化而确定的金融工具组合，可能会随着单项资产层面以及组合层面的信用风险相关信息的可获得性的变化而变化。例如，如果由于企业信息系统的建设，过去无法获得的个人信用的变化信息现在变为可获得，企业就应当从以组合为基础的评估变更为以单项工具为基础的评估。

（6）合同修改的影响

在某些情况（如债务重组）下，企业与其交易对手可能会修改或重新议定金融资产合同。如果合同的修改导致现有金融资产的终止确认，并确认修改后的金融资产，企业应当将修改后的金融资产视为新的资产进行减值会计处理。如果合同的修改未导致金融资产终止确认，而导致合同现金流量的时间和金额变化，企业应当按照本准则第五十六条规定进行处理。

①合同修改形成的新金融资产的处理

对于合同修改形成的新金融资产，企业应当将合同修改日作为新资产的初始确认日。通常情况下，在该金融资产符合本准则第四十八条关于确认整个存续期内预期信用损失的规定之前，企业应当按照12个月内预期信用损失的金额计量其减值准备。但是，在某些特殊情况下，当合同双方做出导致原金融资产终止确认的合同修改后，可能出现表明修改后的新资产在初始确认时已发生信用减值的证据，从而使该金融资产成为一项源生已发生信用减值的资产。

②合同修改未导致终止确认的合同现金流量变化的处理

该情形下，企业应当基于以合理成本即可获得的、合理且有依据的信息，来评估该金融资产自初始确认（初始确认日不因合同的修改而变化）后信用风险是否已显著增加，而不得将该资产直接假定为具有较低的信用风险。如果企业认为该金融资产在合同修改后不再满足确认整个存续期内预期信用损失的标准，应当按照本准则第五十条处理。通常情况下，只有债务人在一段时期内一贯地表现出良好的还款行为，企业才能认为相关信用风险已经降低。例如，银行对于客户漏付某笔还款或未全额还清的历史记录，通常不能简单地因为其依照修改后的合同条款及时做出了一次还款行为而消除。

2. 特殊情形

出于简化会计处理、兼顾现行实务的考虑，本准则规定了两类特殊情形。在这两类情形下，企业无需就金融工具初始确认时的信用风险与资产负债表日的信用风险进行比较分析。

（1）较低信用风险

如果企业确定金融工具的违约风险较低，借款人在短期内履行其支付合同现金流量义务的能力很强，并且即使较长时期内经济形势和经营环境存在不利变化，也不一定会降低借款人履行其支付合同现金流量义务的能力，那么该金融工具可被视为具有较低的信用风险。例如，企业在具有较高信用评级的商业银行的定期存款可能被视为具有较低的信用风险。

对于在资产负债表日具有较低信用风险的金融工具，企业可以不用与其初始确认时的信用风险进行比较，而直接做出该工具的信用风险自初始确认后未显著增加的假定（企业对这种简化处理有选择权）。

金融工具不能仅因其担保物的价值较高而被视为具有较低的信用风险，也不能仅因为其与其他金融工具相比违约风险较低，或者相对于企业所处的地区的信用风险水平而言风险相对较低而被视为具有较低的信用风险。

如果一项金融工具具有"投资级"以上的外部信用评级，则该工具可能被视为具有较低信用风险。当然，金融工具并非一定要具有外部评级才能被视为具有较低的信用风险。但是，企业应当始终从市场参与者（参见《企业会计准则第39号——公允价值计量》对"市场参与者"的定义）角度而非自身角度，结合金融工具的所有条款来考虑和确定金融工具是否具有较低的信用风险。

如果某项金融工具在上一资产负债表日被视为具有较低信用风险而在当前资产负债表日不被视为具有较低信用风险，企业不能仅因为这一事实就判定其信用风险显著增加，而仍应当通过比较该工具初始确认时的信用风险和当前资产负债表日的信用风险做出判定。

（2）应收款项、租赁应收款和合同资产

企业对于《企业会计准则第14号——收入》所规定的、不含重大融资成分（包括根据该准则不考虑不超过1年的合同中融资成分的情况）的应收款项和合同资产，应当始终按照整个存续期内预期信用损失的金额计量其损失准备（企业对这种简化处理没有选择权）。

除此之外，本准则还允许企业做出会计政策选择，对包含重大融资成分的应收款项、合同资产和《企业会计准则第21号——租赁》规范的租赁应收款（可分别对应收款项、合同资产和应收租赁款做出不同的会计政策选择），始终按照相当于整个存续期内预期信用损失的金额计量其损失准备。

实务中,企业的评估应当是一个涉及多重因素的全面分析过程,必须考虑所有与被评估金融工具相关的、以合理成本即可获取的、合理且有依据的信息。

(三)预期信用损失的计量

根据本准则,预期信用损失是以违约概率为权重的、金融工具现金流缺口(即合同现金流量与预期收到的现金流量之间的差额)的现值的加权平均值。这一定义说明了预期信用损失的基本计算方法。

1. 不同金融工具预期信用损失的计量

不同金融工具的预期信用损失有着不同的计算基础:

(1)对于金融资产,信用损失应为下列两者差额的现值:①企业依照合同应收取的合同现金流量;②企业预期能收到的现金流量。

(2)对于租赁应收款,信用损失的计算方法与金融资产相同,其用于确定预期信用损失的现金流量,应当与其按照《企业会计准则第21号——租赁》计量租赁应收款的现金流量口径保持一致。

(3)对于未提用的贷款承诺,信用损失应为下列两者差额的现值:①如果贷款承诺的持有人提用相应贷款,企业应收的合同现金流量;②如果持有人提用相应贷款,企业预期收取的现金流量。企业对贷款承诺预期信用损失的估计,应当基于对该贷款承诺提用情况的预期。企业在估计12个月的预期信用损失时,应当考虑预计将在资产负债表日后12个月内提用的贷款承诺部分;而在估计整个存续期预期信用损失时,应当考虑预计将在贷款承诺整个存续期内提用的贷款承诺部分。

(4)对于财务担保合同,只有当债务人按照所担保的金融工具合同条款发生违约事件时,企业才需要进行赔付。因此,财务担保合同的信用损失是企业就合同持有人发生的信用损失向其做出赔付的预期付款额,减去企业预期向该合同持有人、债务人或其他方收取的金额的差额的现值。

(5)对于购买或源生时未发生信用减值、但在后续资产负债表日已发生信用减值的金融资产,企业在计量其预期信用损失时,应当基于该金融资产的账面余额与按该金融资产原实际利率折现的预计未来现金流量的现值之间的差额。

在不违反本准则第五十八条规定(金融工具预期信用损失计量方法应反映的要素)的前提下,企业可在计量预期信用损失时运用简便方法。例如,对于应收账款的预期信用损失,企业可参照历史信用损失经验,编制应收账款逾期天数与固定准备率对照表〔如,若未逾期为1%;若逾期不到30日为2%;若逾期天数为30~90(不含)日,为3%;若逾期天数为90~180(不含)日,为20%等〕,以此为基础计算预期信用损失。

如果企业的历史经验表明不同细分客户群体发生损失的情况存在显著差异,那么企业应当对客户群体进行恰当的分组,在分组基础上运用上述简便方法。企业可用于对资产进行分组的标准可能包括:地理区域、产品类型、客户评级、担保物以及客户类型(如批发和零售客户)。

2. 折现率

企业应当采用相关金融工具初始确认时确定的实际利率或其近似值,将现金流缺口折现为资产负债表日的现值,而不是预计违约日或其他日期的现值。如果金融工具具有浮动利率,那么企业应当采用当前实际利率(即最近一次利率重设后的实际利率)对现金流缺口进行折现。

(1)对于购买或源生已发生信用减值的金融资产,企业应当采用在初始确认时确定的经信用调整的实际利率(即购买或源生时将减值后的预计未来现金流量折现为摊余成本的利率)。

(2)对于租赁应收款,企业应当采用按照《企业会计准则第21号——租赁》计量租赁应收款所使用的相同折现率。

《企业会计准则第 22 号——金融工具确认和计量》应用指南

（3）对于贷款承诺，企业应当采用在确认源自该承诺的贷款时将应用的实际利率或其近似值。

（4）对于无法确定实际利率的财务担保合同或贷款承诺，企业应当采用反映货币时间价值和相关现金流量特有风险的折现率。

3. 预期信用损失的概率加权属性

根据本准则对预期信用损失的定义以及第五十八条第（一）项和第六十条规定，企业对预期信用损失的估计，是概率加权的结果，应当始终反映发生信用损失的可能性以及不发生信用损失的可能性（即便最可能发生的结果是不存在任何信用损失），而不是仅对最坏或最好的情形做出估计。

实务中，这一要求可能并不需要企业开展复杂的分析。在某些情形下，运用相对简单的模型可能足以满足上述要求，而不需要使用大量具体的情景模拟。例如，一个较大的具有共同风险特征的金融工具组合（如小额贷款）的平均信用损失，可能是概率加权金额的合理估计值。而在其他情形下，企业可能需要识别关于现金流量金额、时间分布以及各种结果估计概率的具体数值。在这种情形下，预期信用损失应当至少反映发生信用损失和不发生信用损失两种可能性（即企业需要估计发生信用损失的概率和金额）。

4. 计量中采集和使用的信息

根据本准则第五十八条第（三）项，企业对金融工具预期信用损失的计量方法应当反映能够以合理成本即可获取的、合理且有依据的、关于过去事项、当前状况以及未来经济状况预测的信息。换言之，企业应当采集上述信息，作为金融工具预期信用损失计量的依据。

企业所采集和使用的信息应当既包含与借款人特定因素相关的信息，又包含反映总体经济状况和趋势的信息。企业可同时使用内部和外部的各种数据来源，包括关于信用损失的企业内部历史经验、企业内部评级、其他企业的信用损失经验、外部评级、外部报告和外部统计数据等。如果企业没有关于特定金融工具的数据来源或此类来源的数据不够充分，那么企业可以使用同行业内对类似金融工具（或一组类似金融工具）的经验数据。

历史信息是企业计量预期信用损失的重要基准。某些情形下，未经调整的历史信息可能是最佳的合理且有依据的信息。而其他情形下，企业可能需要使用当期数据对历史数据进行调整，以反映当前状况和未来预测的影响，并剔除与未来现金流量不相关的历史因素的影响。

企业对预期信用损失的估计，应当反映相关可观察数据的变化并与其保持方向一致（例如，就业率、房价、商品价格的变化可能导致一项或一组金融工具信用损失的变化）。如果存在关于特定金融工具或类似金融工具信用风险的可观察的市场信息（例如针对特定主体的信用风险违约掉期的市场价格），企业应当在预期信用损失计量中予以考虑。企业还应当定期复核用于估计预期信用损失的可观察数据，以减少估计值与实际信用损失之间的差异。

在考虑前瞻性信息时，并不要求企业对金融工具整个预计存续期内的情况做出预测。企业在估计预期信用损失时需要运用的判断程度的高低，取决于具体信息的可获取性。预测的时间跨度越大，具体信息的可获取性越低，则企业在估计预期信用损失时必须运用判断的程度就越高。本准则并不要求企业对很远的未来做出详细估计，企业只需根据现有资料对未来情况进行推断。

5. 估计预期信用损失的期间

估计预期信用损失的期间，是指相关金融工具可能发生的现金流缺口所属的期间。根据本准则第六十一条，企业计量预期信用损失的最长期限应当为企业面临信用风险的最长合同期限（包括由于续约选择权可能延续的合同期限）。对于贷款承诺和财务担保合同，计量预期信用损失的最长期限应当为企业承担提供信贷或财务担保的现时义务的最长合同期限。

需要注意的是，估计信用损失的期间，与金融工具是否按整个存续期内预期信用损失金额计量损失准备是两个不同概念。本准则所说的 12 个月内预期信用损失，是指因资产负债表

169

日后12个月内（若金融工具的预计存续期少于12个月则为更短的存续期间）可能发生的违约事件而导致的金融工具在整个存续期内现金流缺口的加权平均现值，而非发生在12个月内的现金流缺口的加权平均现值。

例如，企业预计一项剩余存续期为3年的债务工具在未来12个月内将发生债务重组，重组将对该工具整个存续期内的合同现金流量进行调整，则所有合同现金流量的调整（无论归属在哪个期间）都属于计算12个月内预期信用损失的考虑范围。

某些金融工具可能同时包含贷款和未提用的贷款承诺，企业根据合同规定有通知借款人还款和取消未提用信用额度的能力，但这种能力未将企业所面临信用损失的期间限定在通知期之内，则企业对于此类金融工具确认预期信用损失的期间，应当为其面临信用风险且无法用信用风险管理措施予以缓释的期间，即使该期间超过了最长合同期限（通知期）。

例如，对于信用卡持卡人，银行可以最短提前1天通知撤销循环信用额度；但在实务中，银行只有当持卡人出现违约后才会撤销授信额度，而此时对于阻止全部或部分预期信用损失的发生而言可能已经太迟。因此银行不可能以1天的通知期作为估计预期信用损失的期间。

这类金融工具由于其性质、管理方式以及关于信用风险显著增加的信息的可获得性，通常同时具备下列特征：

（1）不具有固定的存续期或还款结构，且通常具有较短的合同取消期；

（2）出借方依照合同规定取消该合同的能力，无法在该金融工具的一般日常管理中实施，而只有当企业（出借方）已获悉在授信额度层面的信用风险增加后，才可能取消该合同；

（3）企业在组合基础上对该金融工具进行管理。

6. 担保物的影响

在预期信用损失计量中，企业对现金流缺口的估计应当反映源自担保物或其他信用增级的预期现金流（即使该现金流的预期发生时间超过了合同期限），前提是该担保物或信用增级属于金融工具合同条款一部分且企业尚未将其在资产负债表中确认。

企业对被担保金融工具的预期现金流缺口估计，应当反映源自担保物的预期现金流的金额（减去取得和出售该担保物的成本）和时间，无论该抵债是否很可能发生（即对预期现金流量的估计应当反映该担保物抵债的概率，而无论概率的大小）。

对于所有因抵债而获得的担保物，企业均不应将其独立于被担保金融工具单独确认为一项资产，除非该担保物满足本准则或其他企业会计准则规定的资产确认标准。

（四）金融资产减值与利息收入的计算

1. 未发生信用减值的资产

对于处于信用减值第一和第二阶段的金融资产，以及按照本准则第六十三条规定适用实务简化处理的应收款项、合同资产和租赁应收款，企业应当按照该金融资产的账面余额（即不考虑减值影响）乘以实际利率的金额确定其利息收入。

2. 已发生信用减值的资产

当对金融资产预期未来现金流量具有不利影响的一项或多项事件发生时，该金融资产成为已发生信用减值的金融资产。金融资产已发生信用减值的证据包括下列可观察信息：

（1）发行方或债务人发生重大财务困难；

（2）债务人违反合同，如偿付利息或本金违约或逾期等；

（3）债权人出于与债务人财务困难有关的经济或合同考虑，给予债务人在任何其他情况下都不会做出的让步；

（4）债务人很可能破产或进行其他财务重组；

（5）发行方或债务人财务困难导致该金融资产的活跃市场消失；

（6）以大幅折扣购买或源生一项金融资产，该折扣反映了发生信用损失的事实。

金融资产发生信用减值，有可能是多个事件的共同作用所致，未必是可单独识别的事件所致。

已发生信用减值的金融资产分两种情形：

（1）对于购买或源生时未发生信用减值、但在后续期间发生信用减值的金融资产，企业应当在发生减值的后续期间，按照该金融资产的摊余成本（即账面余额减已计提减值）乘以实际利率（初始确认时确定的实际利率，不因减值的发生而变化）的金额确定其利息收入。

（2）对于购买或源生时已发生信用减值的金融资产，企业应当自初始确认起，按照该金融资产的摊余成本乘以经信用调整的实际利率（即购买或源生时将减值后的预计未来现金流量折现为摊余成本的利率）的金额确定其利息收入。

（五）金融工具减值处理流程图

以上所述金融工具减值的判断和处理流程总结如图 2 所示。

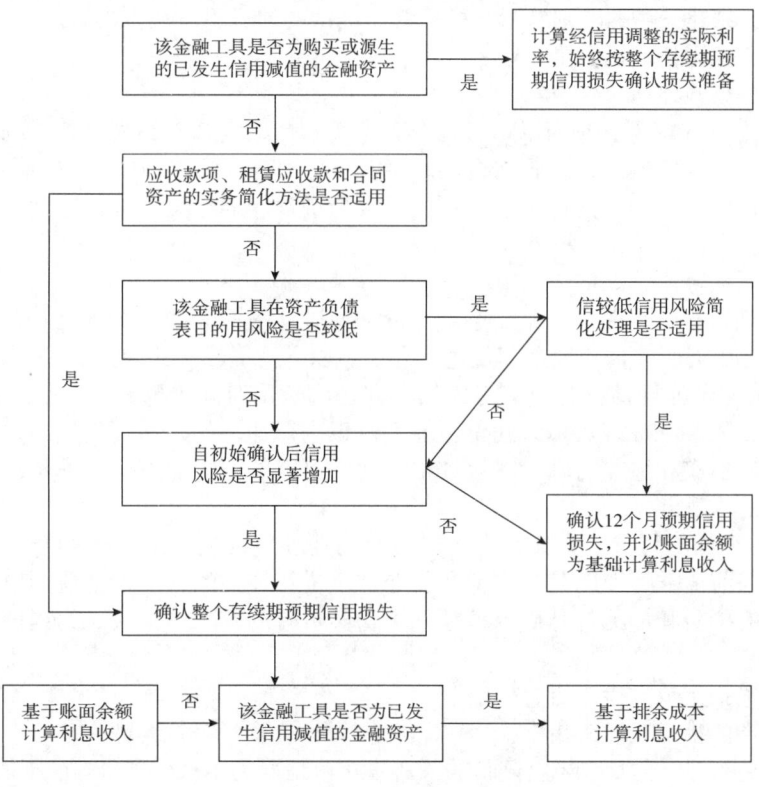

图 2　金融工具减值处理流程图

（六）金融工具减值的账务处理

1. 减值准备的计提和转回

企业应当在资产负债表日计算金融工具（或金融工具组合）预期信用损失。如果该预期信用损失大于该工具（或组合）当前减值准备的账面金额，企业应当将其差额确认为减值损失，借记"信用减值损失"科目，根据金融工具的种类，贷记"贷款损失准备""债权投资减值准备""坏账准备""合同资产减值准备""租赁应收款减值准备""预计负债"（用于贷款承诺及财务担保合同）或"其他综合收益"（用于以公允价值计量且其变动计入其他综合收益的债权类资产，企业可以设置二级科目"其他综合收益——信用减值准备"核算此类工具的减值准备）等科目（上述贷记科目，以下统称"贷款损失准备"等科目）；如果资产负债表日计算的预期信用损失小于该工具（或组合）当前减值准备的账面金额（例如，从按照整个存续期预期信用损失计量损失准备转为按照未来12个月预期信用损失计量损失准备时，可能出现这一情况），则应当将差额确认为减值利得，做相反的会计分录。

2.已发生信用损失金融资产的核销

企业实际发生信用损失，认定相关金融资产无法收回，经批准予以核销的，应当根据批准的核销金额，借记"贷款损失准备"等科目，贷记相应的资产科目，如"贷款""应收账款""合同资产"等。若核销金额大于已计提的损失准备，还应按其差额，借记"信用减值损失"科目。

十二、关于衔接规定

本准则施行日之前的金融工具确认和计量与本准则要求不一致的，企业应当追溯调整，本准则另有规定的除外。在本准则施行日已经终止确认的项目不适用本准则。

（一）关于金融资产的分类

1.关于业务模式评估

在本准则施行日，企业应当以该日的既有事实和情况为基础，根据本准则相关规定评估其管理金融资产的业务模式是以收取合同现金流量为目标，还是以既收取合同现金流量又出售金融资产为目标，或者其他目标，并据此确定金融资产的分类，进行追溯调整无须考虑企业之前的业务模式。

2.关于合同现金流量评估

在本准则施行日，企业应当基于金融资产初始确认时而非本准则施行日存在的事实和情况为基础，对金融资产的合同现金流量进行评估。以下情形除外：

（1）在本准则施行日，企业在考虑具有修正的货币时间价值要素的金融资产的合同现金流量特征时，需要对特定货币时间价值要素修正进行评估的，该评估应当以该金融资产初始确认时存在的事实和情况为基础。该评估不切实可行的，企业不应考虑本准则关于货币时间价值要素修正的规定。

（2）在本准则施行日，企业在考虑具有提前还款特征的金融资产的合同现金流量特征时，需要对该提前还款特征的公允价值是否非常小进行评估的，该评估应当以该金融资产初始确认时存在的事实和情况为基础。该评估不切实可行的，企业不应认为提前还款特征的公允价值非常小。

（二）相关指定或撤销指定

1.金融资产的指定或撤销指定

在本准则施行日，企业应当以该日的既有事实和情况为基础，根据本准则的相关规定，对相关金融资产进行指定或撤销指定，并追溯调整：

（1）在本准则施行日，企业可以根据本准则的规定，将满足条件的金融资产指定为以公允价值计量且其变动计入当期损益的金融资产。但企业之前指定为以公允价值计量且其变动计入当期损益的金融资产，不满足本准则规定的指定条件的，应当解除之前做出的指定；之前指定为以公允价值计量且其变动计入当期损益的金融资产继续满足本准则规定的指定条件的，企业可以选择继续指定或撤销之前的指定。

（2）在本准则施行日，企业可以根据本准则规定，将非交易性权益工具投资指定为以公允价值计量且其变动计入其他综合收益的金融资产。

2.金融负债的指定或撤销指定

在本准则施行日，企业应当以该日的既有事实和情况为基础，根据本准则的相关规定，对相关金融负债进行指定或撤销指定，并追溯调整：

（1）在本准则施行日，为了消除或显著减少会计错配，企业可以根据本准则的规定，将金融负债指定为以公允价值计量且其变动计入当期损益的金融负债。

（2）企业之前初始确认金融负债时，为了消除或显著减少会计错配，已将该金融负债指定为以公允价值计量且其变动计入当期损益的金融负债，但在本准则施行日不再满足本准则规定的指定条件的，企业应当撤销之前的指定；该金融负债在本准则施行日仍然满足本准则规定的指定条件的，企业可以选择继续指定或撤销之前的指定。

同时，在本准则施行日，企业存在根据本准则规定将金融负债指定为以公允价值计量且其变动计入当期损益的金融负债，并且按照本准则规定将由企业自身信用风险变动引起的该金融负债公允价值的变动金额计入其他综合收益的，企业应当以该日的既有事实和情况为基础，判断按照上述规定处理是否会造成或扩大损益的会计错配，进而确定是否应当将该金融负债的全部利得或损失（包括企业自身信用风险变动的影响金额）计入当期损益，并按照上述结果追溯调整。

（三）关于金融工具的减值

在本准则施行日，企业按照本准则计量金融工具减值的，应当使用无须付出不必要的额外成本或努力即可获得的合理且有依据的信息，确定金融工具在初始确认日的信用风险，并将该信用风险与本准则施行日的信用风险进行比较。

在确定自初始确认后信用风险是否显著增加时，企业可以应用本准则相关规定根据其是否具有较低的信用风险进行判断，或者应用本准则规定根据相关金融资产逾期是否超过 30 日进行判断。企业在本准则施行日必须付出不必要的额外成本或努力才可获得合理且有依据的信息的，企业在该金融工具终止确认前的所有资产负债表日的损失准备应当等于其整个存续期的预期信用损失。

（四）衔接调整与计量

1. 混合合同

在本准则施行日，企业存在根据本准则相关规定应当以公允价值计量的混合合同但之前未以公允价值计量的，该混合合同在前期比较财务报表期末的公允价值应当等于其各组成部分在前期比较财务报表期末公允价值之和。在本准则施行日，企业应当将整个混合合同在该日的公允价值与该混合合同各组成部分在该日的公允价值之和之间的差额，计入本准则施行日所在报告期间的期初留存收益或其他综合收益。

2. 以摊余成本计量的金融资产或金融负债

在本准则施行日，企业按照本准则规定对相关金融资产或金融负债以摊余成本进行计量、应用实际利率法追溯调整不切实可行的应当按照以下原则进行处理：

（1）以金融资产或金融负债在前期比较财务报表期末的公允价值，作为企业调整前期比较财务报表数据时该金融资产的账面余额或该金融负债的摊余成本；

（2）以金融资产或金融负债在本准则施行日的公允价值，作为该金融资产在本准则施行日的新账面余额或该金融负债的新摊余成本。

3. 无公开报价的权益工具投资

在本准则施行日，对于之前以成本计量的、在活跃市场中没有报价且其公允价值不能可靠计量的权益工具投资或与该权益工具挂钩并须通过交付该工具进行结算的衍生金融资产，企业应当以其在本准则施行日的公允价值计量。原账面价值与公允价值之间的差额，应当计入本准则施行日所在报告期间的期初留存收益或其他综合收益。

在本准则施行日，对于之前以成本计量的、与在活跃市场中没有报价的权益工具挂钩并须通过交付该权益工具进行结算的衍生金融负债，企业应当以其在本准则施行日的公允价值计量。原账面价值与公允价值之间的差额，应当计入本准则施行日所在报告期间的期初留存收益。

《企业会计准则第 23 号——金融资产转移》应用指南

一、总体要求

《企业会计准则第 23 号——金融资产转移》（以下简称本准则）明确了金融资产转移的认定以及金融资产转移是否导致金融资产终止确认的判断原则，规范了金融资产转移和终止确认的相关会计处理。

企业应当在收取金融资产现金流量的合同权利终止时终止确认该金融资产。如果该合同权利尚未终止，只有在金融资产已转移且该转移满足终止确认条件的规定时才能终止确认。因此，本准则规定的金融资产转移仅包含两种情形：

（一）企业将收取金融资产现金流量的合同权利转移给其他方。

（二）企业保留了收取金融资产现金流量的合同权利，但承担了将收取的该现金流量支付给一个或多个最终收款方的合同义务，且同时满足本准则第六条第（二）项的三个条件。

对于符合本准则规定的金融资产转移的两种情形，企业可根据本准则的规定进一步进行风险报酬以及控制的判断；对于除此之外的情形，企业应当继续确认该金融资产。

企业在判断金融资产转移是否导致金融资产终止确认时，应当评估其在多大程度上保留了金融资产所有权上的风险和报酬。企业转移了金融资产所有权上几乎所有风险和报酬的，应当终止确认该金融资产，并将转移中产生或保留的权利和义务单独确认为资产或负债；企业保留了金融资产所有权上几乎所有风险和报酬的，应当继续确认该金融资产；企业既没有转移也没有保留金融资产所有权上几乎所有风险和报酬的，应当进一步判断其是否保留了对金融资产的控制。企业未保留对该金融资产控制的，应当终止确认该金融资产，并将转移中产生或保留的权利和义务单独确认为资产或负债；企业保留了对该金融资产控制的，应当按照其继续涉入被转移金融资产的程度确认有关金融资产，并相应确认相关负债。

企业应当在金融资产转移整体满足终止确认条件时，将被转移金融资产在终止确认日的账面价值与因转移金融资产而收到的对价（包含取得的新资产减去承担的新负债）和原直接计入其他综合收益的公允价值变动累计额中对应终止确认部分的金额（涉及转移的金融资产为根据《企业会计准则第 22 号——金融工具确认和计量》第十八条分类为以公允价值计量且其变动计入其他综合收益的金融资产的情形）之和的差额计入当期损益。

企业对于保留了被转移金融资产所有权上几乎所有风险和报酬而不满足终止确认条件的金融资产转移，应当继续确认被转移金融资产整体，并将收到的对价确认为一项金融负债，所涉及的金融资产与所确认的相关金融负债应当分别确认和计量，不得相互抵销。企业既没有转移也没有保留金融资产所有权上几乎所有风险和报酬，且保留了对该金融资产控制的，应当按照其继续涉入被转移金融资产的程度确认相关金融资产，并相应确认相关负债。被转移金融资产和相关负债的计量应当充分反映企业所保留的权利和承担的义务。

二、关于应设置的会计科目

企业存在对已转移金融资产继续涉入情况的，应当设置相应会计科目核算继续涉入资产和继续涉入负债。以下给出了相关会计科目设置的建议，企业可以根据实际情况自行设置会计科目。

（一）"1518 继续涉入资产"

本科目核算企业（转出方）由于对转出金融资产提供信用增级（如提供担保，持有次级权益）而继续涉入被转移金融资产时，企业所承担的最大可能损失金额（即企业继续涉入被转移金融资产的程度）。企业可以按金融资产转移业务的类别、继续涉入的性质或者被转移金融资产的类别设置本科目的明细科目。

（二）"2504 继续涉入负债"

本科目核算企业在金融资产转移中因继续涉入被转移资产而产生的义务。企业可以按金融资产转移业务的类别、被转移金融资产的类别或者交易对手设置本科目的明细科目。

三、关于金融资产终止确认的定义

金融资产转移中通常需要判断是否应终止确认所转移的金融资产。如果企业转移金融资产后不再保留任何与被转移金融资产相关的权利或义务，这种情况下终止确认被转移金融资产的结论通常比较明确。另一种情况是企业在转移金融资产后承担无条件以转让价格回购被转移金融资产的义务，且在回购之前需要支付利息，这种情况下企业承担的被转移金融资产的风险与自身持有的相同金融资产的风险没有实质区别，则不能终止确认被转移金融资产。如果金融资产的转移介于上述两种极端之间，企业在转移金融资产后保留了与被转移金融资产相关的某些权利或义务，则是否能够终止确认被转移金融资产就需要进行更加详细的分析，必须严格按照本准则规定的金融资产终止确认流程进行判断。票据背书转让、商业票据贴现、应收账款保理、资产证券化、债券买断式回购、融资融券等业务中都涉及金融资产转移和终止确认的判断和相应会计处理。

本准则规定，金融资产终止确认，是指企业将之前确认的金融资产从其资产负债表中予以转出。金融资产满足下列条件之一的应当终止确认：

（一）收取该金融资产现金流量的合同权利终止。

（二）该金融资产已转移，且该转移满足本准则关于终止确认的规定。

在第（一）个条件下，企业收取金融资产现金流量的合同权利终止，如因合同到期而使合同权利终止，金融资产不能再为企业带来经济利益，应当终止确认该金融资产。在第（二）个条件下，企业收取一项金融资产现金流量的合同权利并未终止，但若企业转移了该项金融资产，同时该转移满足本准则关于终止确认的规定，在这种情况下，企业也应当终止确认被转移的金融资产。

四、关于金融资产终止确认的判断流程

本准则关于终止确认的相关规定，适用于所有金融资产的终止确认。根据本准则的规定，企业在判断金融资产是否应当终止确认以及在多大程度上终止确认时，应当遵循以下步骤。

（一）确定适用金融资产终止确认规定的报告主体层面

本准则规定，企业（转出方）对金融资产转入方具有控制权的，除在该企业个别财务报表基础上应用本准则外，在编制合并财务报表时，还应当按照《企业会计准则第33号——合并财务报表》的规定合并所有纳入合并范围的子公司（含结构化主体），并在合并财务报表层面应用本准则。

在资产证券化实务中，企业通常设立"信托计划""专项支持计划"等结构化主体作为结构化融资的载体，由结构化主体向第三方发行证券并向企业自身购买金融资产。这种情况下，从法律角度看企业可能已将金融资产转移到结构化主体，两者之间实现了风险隔离。但在进行金融资产终止确认判断时，企业应首先确定报告主体，即是编制合并财务报表还是个别财务报表。如果是合并财务报表，企业应当首先按照《企业会计准则第33号——合并财务

报表》及《企业会计准则解释第 8 号》等有关规定合并所有子公司（含结构化主体），然后将本准则的规定应用于合并财务报表，即在合并财务报表层面进行金融资产转移及终止确认分析。

（二）确定金融资产是部分还是整体适用终止确认原则

本准则中的"金融资产"既可能指一项金融资产或其部分，也可能指一组类似金融资产或其部分。一组类似金融资产通常指金融资产的合同现金流量在金额和时间分布上相似并且具有相似的风险特征，如合同条款类似、到期期限接近的一组住房抵押贷款等。

本准则规定，当且仅当金融资产（或一组金融资产，下同）的部分满足下列三个条件之一时，终止确认的相关规定适用于该金融资产部分，否则，适用于该金融资产整体：

1. 该金融资产部分仅包括金融资产所产生的特定可辨认现金流量。如企业就某债务工具与转入方签订一项利息剥离合同，合同规定转入方拥有获得该债务工具利息现金流量的权利，但无权获得该债务工具本金现金流量，则终止确认的规定适用于该债务工具的利息现金流量。

2. 该金融资产部分仅包括与该金融资产所产生的全部现金流量完全成比例的现金流量部分。如企业就某债务工具与转入方签订转让合同，合同规定转入方拥有获得该债务工具全部现金流量 90% 份额的权利，则终止确认的规定适用于这些现金流量的 90%。如果转入方不止一个，只要转出方所转移的份额与金融资产的现金流量完全成比例即可，不要求每一转入方均持有成比例的现金流量份额。

3. 该金融资产部分仅包括与该金融资产所产生的特定可辨认现金流量完全成比例的现金流量部分。如企业就某债务工具与转入方签订转让合同，合同规定转入方拥有获得该债务工具利息现金流量 90% 份额的权利，则终止确认的规定适用于该债务工具利息现金流量 90% 部分。如果转入方不止一个，只要转出方所转移的份额与金融资产的特定可辨认现金流量完全成比例即可，不要求每一转入方均持有成比例的现金流量份额。

在除上述情况外的其他所有情况下，本准则有关金融资产终止确认的相关规定适用于金融资产的整体。例如，企业转移了公允价值为 100 万元人民币的一组类似的固定期限贷款组合，约定向转入方支付贷款组合预期所产生的现金流量的前 90 万元人民币，企业保留了取得剩余现金流量的次级权益。因为最初 90 万元人民币的现金流量既可能来自贷款本金也可能来自利息，且无法辨认来自贷款组合中的哪些贷款，所以不是特定可辨认的现金流量，也不是该金融资产所产生的全部或部分现金流量的完全成比例的份额。在这种情况下，企业不能将终止确认的相关规定适用于该金融资产 90 万元人民币的部分，而应当适用于该金融资产的整体。又如，企业转移了一组应收款项产生的现金流量 90% 的权利同时提供了一项担保以补偿转入方可能遭受的信用损失，最高担保额为应收款项本金金额的 8%。在这种情况下，由于存在担保，在发生信用损失的情况下，企业可能需要向转入方支付部分已经收到的企业自留的 10% 的现金流量，以补偿对方就 90% 现金流量所遭受的损失，导致该组应收款项下实际合同现金流量的分布并非按 90% 及 10% 完全成比例分配，因此终止确认的相关规定适用于该组金融资产的整体。

（三）确定收取金融资产现金流量的合同权利是否终止

企业在确定适用金融资产终止确认规定的报告主体层面（合并财务报表层面或个别财务报表层面）以及对象（金融资产整体或部分）后，即可开始判断是否对金融资产进行终止确认。本准则规定，收取金融资产现金流量的合同权利已经终止的，企业应当终止确认该金融资产。如一项应收账款的债务人在约定期限内支付了全部款项，或者在期权合同到期时期权持有人未行使期权权利，导致收取金融资产现金流量的合同权利终止，企业应终止确认金融资产。

若收取金融资产的现金流量的合同权利没有终止，企业应当判断是否转移了金融资产，并根据以下有关金融资产转移的相关判断标准确定是否应当终止确认被转移金融资产。

（四）判断企业是否已转移金融资产

本准则规定，企业在判断是否已转移金融资产时，应分以下两种情形作进一步的判断：

1. 企业将收取金融资产现金流量的合同权利转移给其他方。企业将收取金融资产现金流量的合同权利转移给其他方，表明该项金融资产发生了转移，通常表现为金融资产的合法出售或者金融资产现金流量权利的合法转移。例如，实务中常见的票据背书转让、商业票据贴现等，均属于这一种金融资产转移的情形。在这种情形下，转入方拥有了获取被转移金融资产所有未来现金流量的权利，转出方应进一步判断金融资产风险和报酬转移情况来确定是否应当终止确认被转移金融资产。

2. 企业保留了收取金融资产现金流量的合同权利，但承担了将收取的该现金流量支付给一个或多个最终收款方的合同义务。这种金融资产转移的情形通常被称为"过手安排"。在某些金融资产转移交易中，转出方在出售金融资产后，会继续作为收款服务方或收款代理人等收取金融资产的现金流量，再转交给转入方或最终收款方。这种金融资产转移情形常见于资产证券化业务。例如，在某些情况下，银行可能负责收取所转移贷款的本金和利息并最终支付给收益权持有者，同时收取相应服务费。根据本准则规定，当企业保留了收取金融资产现金流量的合同权利，但承担了将收取的该现金流量支付给一个或多个最终收款方的合同义务时，当且仅当同时符合以下三个条件时，转出方才能按照金融资产转移的情形进行后续分析及处理，否则，被转移金融资产应予以继续确认：

（1）企业（转出方）只有从该金融资产收到对等的现金流量时，才有义务将其支付给最终收款方。

在有的资产证券化等业务中，如发生由于被转移金融资产的实际收款日期与向最终收款方付款的日期不同而导致款项缺口的情况，转出方需要提供短期垫付款项。在这种情况下，当且仅当转出方有权全额收回该短期垫付款并按照市场利率就该垫款计收利息，方能视同满足这一条件。在有转出方短期垫付安排的资产证券化业务中，如果转出方收回该垫款的权利仅优先于次级资产支持证券持有人、但劣后于优先级资产支持证券持有人，或者转出方不计收利息的，均不能满足这一条件。

例如，在一项资产证券化交易中，按照交易协议规定，转出方在设立结构化主体时需要向结构化主体提供现金或其他资产以建立流动性储备，确保在收取基础资产款项发生延误时能够向资产证券化产品的持有者按协议规定付款，被动用的流动性储备只能通过提留基础资产后续产生的现金流量的方式收回。假设转出方合并该结构化主体，在该种情况下，由于转出方出资设立了流动性储备（即提供了垫付款项），在发生收款延误时，转出方有义务向最终收款方支付尚未从基础资产收取的款项，且如果出现基础资产后续产生的现金流量不足的情况转出方没有收回权，导致该交易不满足上述"转出方只有从该金融资产收到对等的现金流量时，才有义务将其支付给最终收款方"的条件。类似地，如果资产证券化协议规定转出方承担或转出方实际承担了在需要时向结构化主体提供现金借款的确定承诺，且该借款只能通过提留基础资产后续产生的现金流的方式收回，则该资产证券化交易也不满足本条件。

如果结构化主体的流动性储备不是由转出方预提或承诺提供的，而是来自基础资产产生的现金流量或者由资产支持证券的第三方次级权益持有者提供，且转出方不控制（即不需合并）该结构化主体，由于转出方没有向结构化主体（即转入方）支付从被转移金融资产取得的现金流量以外的其他现金流量，这种流动性储备安排满足本条件的情形。

（2）转让合同规定禁止企业（转出方）出售或抵押该金融资产，但企业可以将其作为向最终收款方支付现金流量义务的保证。企业不能出售该项金融资产，也不能以该项金融资产作为质押品对外进行担保，意味着转出方不再拥有出售或处置被转移金融资产的权利。但是，由于企业负有向最终收款方支付该项金融资产所产生的现金流量的义务，该项金融资产可以作为企业如期向最终收款方支付现金流量的保证。

（3）企业（转出方）有义务将代表最终收款方收取的所有现金流量及时划转给最终收款方，且无重大延误。企业无权将该现金流量进行再投资。但是，如果企业在收款日和最终收款方要求的划转日之间的短暂结算期内将代为收取的现金流量进行现金或现金等价物投资，并且按照合同约定将此类投资的收益支付给最终收款方，则视同满足本条件。

这一条件不仅对转出方在收款日至向最终收款方支付日的短暂结算期间内将收取的现金流量再投资作出了限制，而且将转出方为了最终收款人利益而进行的投资严格地限定为现金或现金等价物投资。在这种情况下，现金和现金等价物应当符合《企业会计准则第31号——现金流量表》中的定义，而且不允许转出方在这些现金或现金等价物投资中保留任何投资收益，所有的投资收益必须支付给最终收款方。例如，如果按照某过手安排，合同条款允许企业将代最终收款方收取的现金流量投资于不满足现金和现金等价物定义的某些理财产品或货币市场基金等产品，则该过手安排不满足本条件，进而不能按照金融资产转移进行后续判断和会计处理。此外，在通常情况下，如果根据合同条款，企业自代为收取现金流量之日起至最终划转给最终收款方的期间超过3个月，则视为有重大延误，进而该过手安排不满足本条件，因此不构成金融资产转移。

（五）分析所转移金融资产的风险和报酬转移情况

企业转移收取现金流量的合同权利或者通过符合条件的过手安排方式转移金融资产的，应根据本准则规定进一步对被转移金融资产进行风险和报酬转移分析，以判断是否应终止确认被转移金融资产。

本准则规定，企业在判断金融资产转移是否导致金融资产终止确认时，应当评估其在多大程度上保留了金融资产所有权上的风险和报酬，即比较其在转移前后所承担的、该金融资产未来净现金流量金额及其时间分布变动的风险，并分别以下情形进行处理：

1.企业转移了金融资产所有权上几乎所有风险和报酬的，应当终止确认该金融资产，并将转移中产生或保留的权利和义务单独确认为资产或负债。

金融资产转移后，企业承担的金融资产未来净现金流量现值变动的风险与转移前金融资产未来净现金流量现值变动的风险相比不再显著的，表明该企业已经转移了金融资产所有权上几乎所有风险和报酬。

需要注意的是，金融资产转移后企业承担的未来净现金流量现值变动的风险占转移前变动风险的比例，并不等同于企业保留的现金流量金额占全部现金流量的比例。例如，在一项资产证券化交易中，次级资产支持证券的份额占全部资产支持证券的5%，转出方持有全部次级资产支持证券，这并不意味着转出方仅保留金融资产5%的风险和报酬。实际上，次级资产支持证券向优先级资产支持证券提供了信用增级，而使得基础资产未来现金流量在优先级和次级之间不再是完全成比例分配，因此，转移后企业承担的次级资产支持证券对应的未来净现金流量现值变动的风险可能远大于转移前全部变动风险的5%。

关于这里所指的"几乎所有风险和报酬"，企业应当根据金融资产的具体特征作出判断。需要考虑的风险类型通常包括利率风险、信用风险、外汇风险、逾期未付风险、提前偿付风险（或报酬）、权益价格风险等。

在通常情况下，通过分析金融资产转移协议中的条款，企业就可以比较容易地确定是否转移或保留了金融资产所有权上几乎所有的风险和报酬，而不需要通过计算确定。以下情形表明企业已将金融资产所有权上几乎所有的风险和报酬转移给了转入方：

（1）企业无条件出售金融资产。企业出售金融资产时，如果根据与购买方之间的协议约定,在任何时候(包括所出售金融资产的现金流量逾期未收回时)购买方均不能够向企业进行追偿,企业也不承担任何未来损失,此时,企业可以认定几乎所有的风险和报酬已经转移,应当终止确认该金融资产。

例如,某银行向某资产管理公司出售了一组贷款,双方约定,在出售后银行不再承担该组贷款的任何风险,该组贷款发生的所有损失均由资产管理公司承担,资产管理公司不能因该组已出售贷款的包括逾期未付在内的任何未来损失向银行要求补偿。在这种情况下,银行已经将该组贷款上几乎所有的风险和报酬转移,可以终止确认该组贷款。

(2)企业出售金融资产,同时约定按回购日该金融资产的公允价值回购。企业通过与购买方签订协议,按一定价格向购买方出售了一项金融资产,同时约定到期日企业再将该金融资产购回,回购价为到期日该金融资产的公允价值。此时,该项金融资产如果发生公允价值变动,其公允价值变动由购买方承担,因此可以认定企业已经转移了该项金融资产所有权上几乎所有的风险和报酬,应当终止确认该金融资产。同样,企业在金融资产转移以后只保留了优先按照回购日公允价值回购该金融资产的权利的,也应当终止确认所转移的金融资产。

(3)企业出售金融资产,同时与转入方签订看跌或看涨期权合约,且该看跌或看涨期权为深度价外期权(即到期日之前不大可能变为价内期权),此时可以认定企业已经转移了该项金融资产所有权上几乎所有的风险和报酬,应当终止确认该金融资产。

企业需要通过计算判断是否转移或保留了金融资产所有权上几乎所有风险和报酬的,在计算金融资产未来现金流量净现值时,应考虑所有合理、可能的现金流量变动,采用适当的市场利率作为折现率,并采用概率加权平均方法。

2.企业保留了金融资产所有权上几乎所有风险和报酬的,应当继续确认该金融资产。

本准则规定,企业保留了金融资产所有权上几乎所有风险和报酬的,不应当终止确认该金融资产。

与企业转移了金融资产所有权上几乎所有风险和报酬的判断方法相似,企业在判断是否保留了金融资产所有权上几乎所有的风险和报酬时,应当比较其在转移前后面临的该金融资产未来净现金流量金额及其时间分布变动的风险。企业承担的风险没有因金融资产转移发生显著改变的,表明企业仍保留了金融资产所有权上几乎所有的风险和报酬。

以下情形通常表明企业保留了金融资产所有权上几乎所有的风险和报酬:

(1)企业出售金融资产并与转入方签订回购协议,协议规定企业将按照固定价格或是按照原售价加上合理的资金成本向转入方回购原被转移金融资产,或者与售出的金融资产相同或实质上相同的金融资产。例如,采用买断式回购、质押式回购交易卖出债券等。

(2)企业融出证券或进行证券出借。例如,证券公司将自身持有的证券借给客户,合同约定借出期限和出借费率,到期客户需归还相同数量的同种证券,并向证券公司支付出借费用。证券公司保留了融出证券所有权上几乎所有的风险和报酬。因此,证券公司应当继续确认融出的证券。

(3)企业出售金融资产并附有将市场风险敞口转回给企业的总回报互换。在附总回报互换的金融资产出售中,企业出售了一项金融资产,并与转入方达成一项总回报互换协议,如转入方将该资产实际产生的现金流量支付给企业以换取固定付款额或浮动利率付款额,该项资产公允价值的所有增减变动由企业(转出方)承担,从而使企业保留了该金融资产所有权上几乎所有的风险和报酬。在这种情况下,企业应当继续确认所出售的金融资产。

(4)企业出售短期应收款项或信贷资产,并且全额补偿转入方可能因被转移金融资产发生的信用损失。企业将短期应收款项或信贷资产整体出售,符合金融资产转移的条件。但由于企业出售金融资产时做出承诺,当已转移的金融资产将来发生信用损失时,由企业(出售方)进行全额补偿。在这种情况下,企业保留了该金融资产所有权上几乎所有的风险和报酬,因此不应当终止确认所出售的金融资产。这种情形经常出现在资产证券化实务中。例如,企业通过持有次级权益或承诺对特定现金流量担保,实现了对证券化资产的信用增级。如果通过这种信用增级,企业保留了被转移资产所有权上几乎所有的风险和报酬,那么企业就不应当终止确认该金融资产。

(5) 企业出售金融资产,同时与转入方签订看跌或看涨期权合约,且该看跌期权或看涨期权为一项价内期权。例如,企业出售某金融资产但同时持有深度价内的看涨期权(即到期日之前不大可能变为价外期权),或者企业出售金融资产而转入方有权通过同时签订的深度价内看跌期权在以后将该金融资产回售给企业。在这两种情况下,由于企业都保留了该项金融资产所有权上几乎所有的风险和报酬,因此不应当终止确认该金融资产。

(6) 采用附追索权方式出售金融资产。企业出售金融资产时,如果根据与购买方之间的协议约定,在所出售金融资产的现金流量无法收回时,购买方能够向企业进行追偿,企业也应承担未来损失。此时,可以认定企业保留了该金融资产所有权上几乎所有的风险和报酬,不应当终止确认该金融资产。

3. 企业既没有转移也没有保留金融资产所有权上几乎所有的风险和报酬的,应当判断其是否保留了对金融资产的控制,根据是否保留了控制分别进行处理。

实务中,可通过分析金融资产转移协议中的条款和现金流量分布实际情况(例如将超额服务费等纳入考虑),计算确定金融资产转移前后所承担的未来现金流量现值变动情况,且实践中存在多种可行的计算方法。企业可以根据具体情况选用合适的计算方法并在附注中进行说明,计算方法一经确定,不得随意变更。

(六)分析企业是否保留了控制

若企业既没有转移也没有保留金融资产所有权上几乎所有的风险和报酬,按照本准则规定,应当判断企业是否保留了对该金融资产的控制。如果没有保留对该金融资产的控制的,应当终止确认该金融资产。

本准则此处所述的"控制"概念,与《企业会计准则第3号——合并财务报表》中的"控制"概念相比,在适用场景和判断条件上都有所不同。《企业会计准则第33号——合并财务报表》中的控制,是指投资方拥有对被投资方的权力,通过参与被投资方的相关活动而享有可变回报,并且有能力运用对被投资方的权力影响其回报金额。按照本准则规定,企业在判断是否保留了对被转移金融资产的控制时,应当重点关注转入方出售被转移金融资产的实际能力。如果转入方有实际能力单方面决定将转入的金融资产整体出售给与其不相关的第三方,且没有额外条件对此项出售加以限制,则表明企业作为转出方未保留对被转移金融资产的控制;在除此之外的其他情况下,则应视为企业保留了对金融资产的控制。

在判断转入方是否具有将转入的金融资产不受额外条件限制地整体出售给与其不相关的第三方的实际能力时,应当关注转入方实际上能够采取的行动。即转入方实际上能够做什么,而不是合同规定转入方可以做什么或不可以做什么。企业在运用上述原则进行判断时,应当遵循以下要求:

1. 如果不存在被转移资产的市场,则处置被转移资产的合同权利几乎没有实际作用。

2. 如果转入方不能自由地处置被转移金融资产,则处置该资产的能力几乎没有实际作用。这意味着转入方处置被转移资产的能力必须独立于其他人的行为,是一种可单方面行动的能力,并且转入方应当在没有任何限制条件或约束(例如规定如何为被转移资产提供服务或赋予转入方回购该资产的选择权)的情况下即能够处置被转移资产。

根据上述要求,在评估转入方处置被转移金融资产的实际能力时,企业(转出方)应当关注被转移金融资产的市场。如果被转移金融资产可以在活跃市场交易，通常表明转入方有出售被转移资产的实际能力，因为当转入方需要将被转移金融资产交还给企业时，它能够在市场上回购该被转移金融资产。例如，企业转让了一项上市公司股票，该转让附带有允许企业在未来某个日期从转入方回购该公司股票的期权。假设该股票存在活跃市场，则转入方可以自行向第三方出售该股票，当企业行使期权时，转入方可以方便地在市场上买回该股票履行义务。相应地，如果不存在被转移金融资产的市场，即使合同约定转入方有权处置被转移金融资产，由于该处置权不具有实际作用，因此不能判断为转出方未保留对被转移金融资产的控制。又如，一般认为，在我国现行法规环境下不良信贷资产转入方可能没有实际能力在市场上方便地处置被转移不良信贷资产。

虽然转入方不大可能出售被转移资产并不意味着企业（转出方）保留了对被转移资产的控制，但是若在金融资产转移时附有一项限制了转入方处置该金融资产的看跌期权或者担保，则意味着企业保留了对被转移资产的控制。例如，企业转移金融资产时附有一项深度价内看跌期权，这意味着该资产当前的市场价格显著低于行权价，转入方不可能放弃行权而以市场价格将资产出售给第三方。若转入方以不低于行权价的价格将资产出售，则第三方将会要求转入方签发类似的看跌期权。

上述情况下，转入方实际上无法在不附加类似看跌期权或其他限制性条款的情况下出售该金融资产，因此，企业保留了对该金融资产的控制。

企业既没有转移也没有保留金融资产所有权上几乎所有的风险和报酬，且未放弃对该金融资产控制的，应当按照其继续涉入被转移金融资产的程度确认有关金融资产，并相应确认有关负债。在这种情况下，确认的有关金融资产和有关负债反映了企业所承担的被转移金融资产价值变动风险或报酬的程度。导致转出方对被转移金融资产形成继续涉入的常见方式有：具有追索权，享有继续服务权，签订回购协议，签发或持有期权或提供担保等。

如果企业对金融资产的继续涉入仅限于金融资产的一部分，例如，企业持有回购一部分被转移金融资产的看涨期权，或者企业保留了某项剩余权益但并未导致企业保留所有权上几乎所有的风险和报酬，且企业保留了控制权，则企业应当按照转移日因继续涉入而继续确认部分和不再确认部分的相对公允价值，在两者之间分配金融资产的原账面价值，并按其继续涉入被转移金融资产的部分确认有关金融资产，并相应确认有关负债。

按照上述流程，可将金融资产转移时的终止确认情况总结为表1。

表1

情　　形		结　　果
已转移金融资产所有权上几乎所有的风险和报酬		终止确认该金融资产（确认新资产/负债）
既没有转移也没有保留金融资产所有权上几乎所有的风险和报酬	放弃了对金融资产的控制	按照继续涉入被转移金融资产的程度确认有关资产和负债
	未放弃对金融资产的控制	
保留了金融资产所有权上几乎所有的风险和报酬		继续确认该金融资产，并将收到的对价确认为金融负债

企业认定金融资产所有权上几乎所有风险和报酬已经转移的，除非企业在新的交易中重新获得被转移金融资产，不应当在未来期间再次确认该金融资产。

在金融资产转移不满足终止确认条件的情况下，转入方不应当将被转移金融资产全部或部分确认为自身资产。转入方应当终止确认所支付的现金或其他对价，同时确认一项对转出方的应收款项。企业（转出方）同时拥有以固定金额重新控制整个被转移金融资产的权利和义务的（如以固定金额回购被转移金融资产），在满足《企业会计准则第22号——金融工具确认和计量》关于摊余成本计量规定的情况下，转入方可以将该应收款项以摊余成本计量。

（七）流程图

上述金融资产终止确认判断流程可总结为图1。

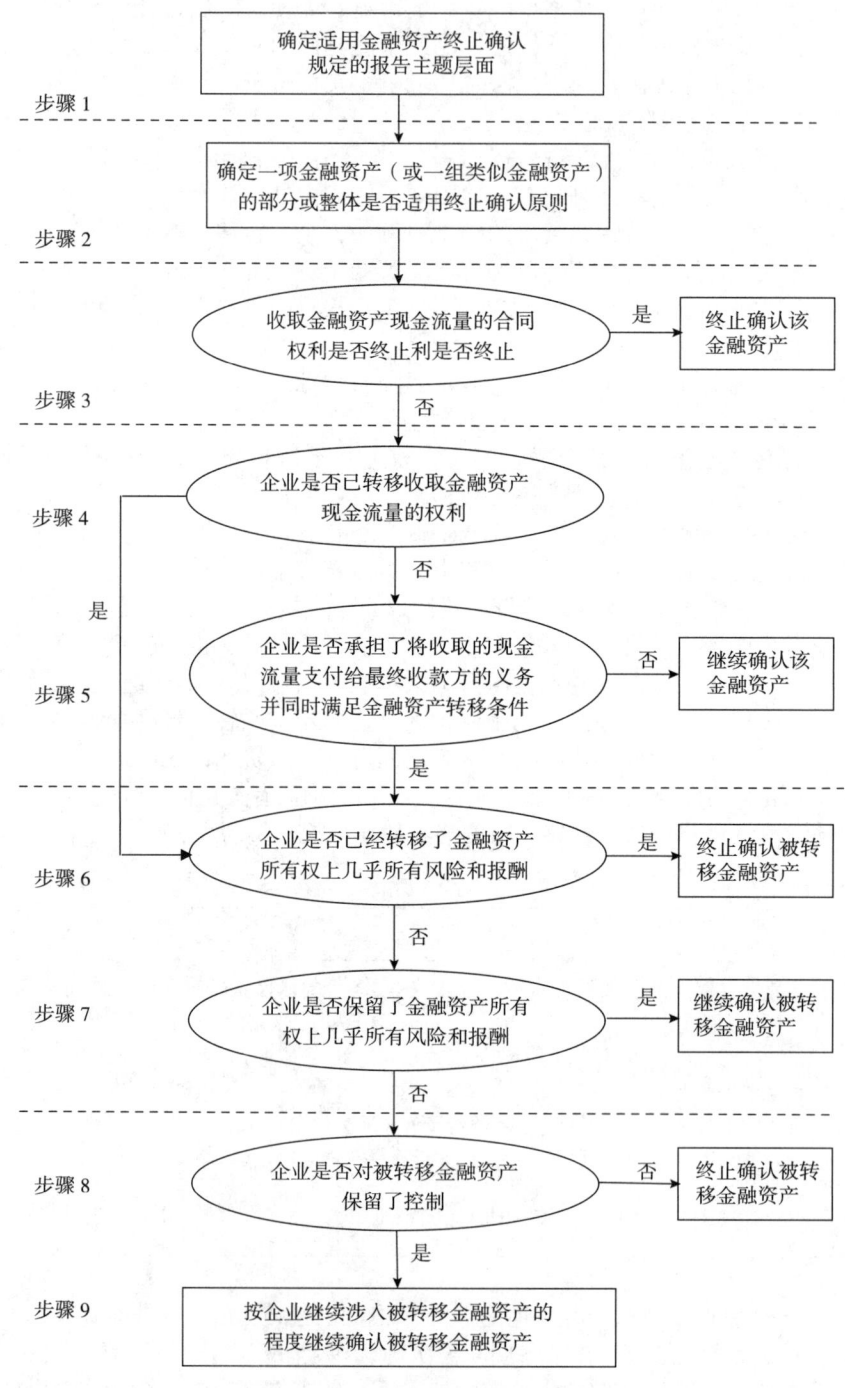

图1　金融资产终止确认判断流程

五、关于满足终止确认条件的金融资产转移的会计处理

对于满足终止确认条件的金融资产转移,企业应当按照被转移的金融资产是金融资产的整体还是金融资产的一部分,分别按照以下方式进行会计处理。

(一) 金融资产整体转移的会计处理

金融资产整体转移满足终止确认条件的,应当将下列两项金额的差额计入当期损益:

1. 被转移金融资产在终止确认日的账面价值。
2. 因转移金融资产而收到的对价,与原直接计入其他综合收益的公允价值变动累计额(涉及转移的金融资产为根据《企业会计准则第22号——金融工具确认和计量》第十八条分类为以公允价值计量且其变动计入其他综合收益的金融资产的情形)之和。

当企业在转移贷款及应收款项等金融资产时,有时会对被转移的金融资产继续提供管理服务。例如,商业银行在进行资产证券化业务而将信贷资产转移给结构化的信托时,常常与对方签订服务合同,担任贷款服务机构。作为贷款服务商,该商业银行可能收取一定的服务费并发生一定的成本。如果企业在符合终止确认条件的转移中转移了一项金融资产整体,但保留了向该金融资产提供收费服务的权利,则企业应当就该服务合同确认一项服务资产或一项服务负债。如果企业将收取的费用预计不能充分补偿企业所提供的服务,则应当按公允价值确认该服务义务形成的一项服务负债。如果将收取的费用预计超过对服务的充分补偿,则应当将该服务权利确认为一项服务资产,确认的金额应根据本准则第十五条的规定确定,即将保留的服务资产视同继续确认的部分,将该金融资产的原账面价值按照转移日继续确认部分和终止确认部分的相对公允价值分配给继续确认部分。

企业可能保留了收取被转移资产部分利息的权利,作为对其提供服务的补偿。企业在服务合同终止或转移时所放弃的那部分利息,应分配计入服务资产或服务负债。企业未放弃的那部分利息相当于一项仅含利息的剥离应收款。例如,如果企业在服务合同终止或转移时不放弃任何利息,那么整个息差就是一项仅含利息的剥离应收款。当企业将应收款项账面价值在终止确认部分和继续确认部分之间进行分配时,应考虑上述服务资产的公允价值和仅含利息的剥离应收款的公允价值。

具体计算公式如下:

金融资产整体转移形成的损益=因转移收到的对价-所转移金融资产账面价值+/-原直接计入其他综合收益的公允价值变动累计利得(或损失)

因转移收到的对价=因转移交易实际收到的价款+新获得金融资产的公允价值+因转移获得的服务资产的公允价值-新承担金融负债的公允价值-因转移承担的服务负债的公允价值

对于按照《企业会计准则第22号——金融工具确认和计量》第十八条分类为公允价值计量且其变动计入其他综合收益的金融资产(债务工具投资)整体转移满足终止确认条件的,企业在计量该项转移形成的损益时,应当将原计入其他综合收益的公允价值变动累计利得或损失转出(注意不适用于根据该准则第十九条指定为以公允价值计量且其变动计入其他综合收益的非交易性权益工具投资)。

因金融资产转移获得了新金融资产或服务资产,或承担了新金融负债或服务负债的,应当在转移日按照公允价值确认该新金融资产或服务资产、金融负债或服务负债,并将该新金融资产和服务资产扣除新金融负债及服务负债后的净额作为对价的组成部分。新获得的金融资产或新承担的金融负债,通常包括看涨期权、看跌期权、担保负债、远期合同、互换等。

(二) 金融资产部分转移的会计处理

本准则规定,企业转移了金融资产的一部分,且该被转移部分满足终止确认条件的,应当将转移前金融资产整体的账面价值,在终止确认部分和继续确认部分(在此种情形下,所

保留的服务资产应当视同继续确认金融资产的一部分)之间,按照转移日各自的相对公允价值进行分摊,并将下列两项金额的差额计入当期损益:

1. 终止确认部分在终止确认日的账面价值。
2. 终止确认部分收到的对价(包括获得的所有新资产减去承担的所有新负债),与原计入其他综合收益的公允价值变动累计额中对应终止确认部分的金额(涉及部分转移的金融资产为根据《企业会计准则第22号——金融工具确认和计量》第十八条分类为以公允价值计量且其变动计入其他综合收益的金融资产的情形)之和。

企业在确定继续确认部分的公允价值时,应当遵循下列规定:①企业出售过与继续确认部分类似的金融资产,或继续确认部分存在其他市场交易的,近期实际交易价格可作为其公允价值的最佳估计;②继续确认部分没有报价或近期没有市场交易的,其公允价值的最佳估计为转移前金融资产整体的公允价值扣除终止确认部分的对价后的差额。在计量终止确认部分和继续确认部分的公允价值时,除适用上述规定外,企业还应适用《企业会计准则第39号——公允价值计量》相关规定。

六、关于继续确认被转移金融资产的会计处理

企业保留了被转移金融资产所有权上几乎所有的风险和报酬的,表明企业所转移的金融资产不满足终止确认的条件,不应当将其从企业的资产负债表中转出。此时,企业应当继续确认所转移的金融资产整体,因资产转移而收到的对价,应当在收到时确认为一项金融负债。需要注意的是,该金融负债与被转移金融资产应当分别确认和计量,不得相互抵销。在后续会计期间,企业应当继续确认该金融资产产生的收入或利得以及该金融负债产生的费用或损失。

七、关于继续涉入被转移金融资产的会计处理

企业既没有转移也没有保留金融资产所有权上几乎所有风险和报酬,且保留了对该金融资产控制的,应当按照其继续涉入被转移金融资产的程度继续确认该被转移金融资产,并相应确认相关负债。企业所确认的被转移的金融资产和相关负债,应当反映企业所保留的权利和承担的义务。

企业应当对因继续涉入被转移金融资产形成的有关资产确认相关收益,对继续涉入形成的有关负债确认相关费用。按继续涉入程度继续确认的被转移金融资产应根据所转移金融资产的原性质及其分类,继续列报于资产负债表中的贷款、应收款项等。相关负债应当根据被转移的资产是按公允价值计量还是摊余成本计量予以计量,使得被转移资产和相关负债的账面价值:①被转移的金融资产以摊余成本计量的,等于企业保留的权利和义务的摊余成本;②被转移金融资产以公允价值计量的,等于企业保留的权利和义务按独立基础计量的公允价值。如果所转移的金融资产以摊余成本计量,确认的相关负债不得指定为以公允价值计量且其变动计入当期损益。

(一) 通过对被转移金融资产提供担保方式继续涉入被转移金融资产

企业通过对被转移金融资产提供担保方式继续涉入的,应当在转移日按照金融资产的账面价值和担保金额两者之中的较低者,按继续涉入的程度继续确认被转移资产,同时按照担保金额和担保合同的公允价值之和确认相关负债。这里的担保金额,是指企业所收到的对价中,将可能被要求偿还的最高金额。担保合同的公允价值通常是指提供担保而收取的费用。

(二) 因持有看涨期权或签出看跌期权而继续涉入以摊余成本计量的被转移金融资产

企业因持有看涨期权或签出看跌期权而继续涉入被转移金融资产,且该金融资产以摊余成本计量的,应当按照其可能回购的被转移金融资产的金额继续确认被转移金融资产,在转

移日按照收到的对价确认相关负债。

后续期间,被转移金融资产在期权到期日的摊余成本和相关负债初始确认金额之间的差额,应当采用实际利率法摊销,计入当期损益;同时,调整相关负债的账面价值。相关期权行权的,应当在行权时,将相关负债的账面价值与行权价格之间的差额计入当期损益。

(三)因持有看涨期权而继续涉入以公允价值计量的被转移金融资产

企业因持有看涨期权而继续涉入以公允价值计量的被转移金融资产的,应当继续按照公允价值计量被转移金融资产,同时按照下列规定计量相关负债:

1. 该期权是价内或平价期权的,应当按照期权的行权价格扣除期权的时间价值后的金额,计量相关负债。

2. 该期权是价外期权的,应当按照被转移金融资产的公允价值扣除期权的时间价值后的金额,计量相关负债。

(四)因签出看跌期权而继续涉入以公允价值计量的被转移金融资产

企业因签出看跌期权而继续涉入以公允价值计量的被转移金融资产的,应当按照该金融资产的公允价值和该期权行权价格两者的较低者,计量继续涉入形成的资产;同时,按照该期权的行权价格与时间价值之和,计量相关负债。也就是说,如果企业签出的一项看跌期权使其不能终止确认被转移金融资产,则企业仍应按继续涉入的程度继续确认该项资产。由于企业对被转移金融资产公允价值高于期权行权价格的部分不拥有权利,因此,当该金融资产原按照公允价值进行计量时,继续确认该项资产的金额为其公允价值与期权行权价格之间的较低者。

(五)因同时持有看涨期权和签出看跌期权而继续涉入以公允价值计量的被转移金融资产

企业因同时持有看涨期权和签出看跌期权(即上下限期权)而继续涉入以公允价值计量的被转移金融资产的,应当继续按照公允价值计量被转移金融资产,同时按照下列规定计量相关负债:

1. 该看涨期权是价内或平价期权的,应当按照看涨期权的行权价格和看跌期权的公允价值之和,扣除看涨期权的时间价值后的金额,计量相关负债。

2. 该看涨期权是价外期权的,应当按照被转移金融资产的公允价值和看跌期权的公允价值之和,扣除看涨期权的时间价值后的金额,计量相关负债。

(六)对金融资产的继续涉入仅限于金融资产一部分

对金融资产的继续涉入仅限于金融资产一部分的,企业应当根据本准则第十六条的规定,按照转移日因继续涉入而继续确认部分和不再确认部分的相对公允价值,在两者之间分配金融资产的账面价值,并将下列两项金额的差额计入当期损益:

1. 分配至不再确认部分的账面金额(以转移日为准);

2. 不再确认部分所收到的对价。

如果涉及转移的金融资产为根据《企业会计准则第22号——金融工具确认和计量》第十八条分类为以公允价值计量且其变动计入其他综合收益的金融资产的,不再确认部分的金额对应的原计入其他综合收益的公允价值变动累计额应当计入当期损益。

八、关于金融资产转移中向转入方提供非现金担保物的会计处理

企业向金融资产转入方提供了非现金担保物(如债务工具或权益工具投资等)的,企业(转出方)和转入方应当按照下列规定处理:

1. 转入方按照合同或惯例有权出售该担保物或将其再作为担保物的,企业(转出方)应当将该非现金担保物在资产负债表中重新分类,并单独列报。

2. 转入方已将该担保物出售的,应确认出售担保物收到的款项;同时转入方应当就归还

担保物义务，按照公允价值确认一项负债。

3. 除企业（转出方）因违约丧失赎回担保物权利外，企业应当继续将担保物确认为一项资产；转入方不得将该担保物确认为资产。

4. 企业（转出方）因违约丧失赎回担保物权利的，应当终止确认该担保物；转入方应当将该担保物确认为一项资产，并以公允价值计量。若转出方因违约丧失赎回担保物权利前，转入方已出售该担保物，则转入方应当终止确认归还担保物的义务。

《企业会计准则第 24 号——套期会计》应用指南

一、总体要求

《企业会计准则第 24 号——套期会计》（以下简称本准则）对开展套期业务的企业选择运用套期会计时的会计处理进行了规范。企业符合运用套期会计的条件且选择运用套期会计的，应当按照本准则的要求进行会计处理，并且应当按照《企业会计准则第 37 号——金融工具列报》中有关套期会计披露的要求进行信息披露。

企业在经营活动中会面临各类风险，其中涉及外汇风险、利率风险、价格风险、信用风险等。对于此类风险敞口，企业可能会选择通过利用金融工具产生反向的风险敞口（即开展套期业务）来进行风险管理活动。套期会计的目标是在财务报告中反映企业采用金融工具管理因特定风险引起的风险敞口的风险管理活动的影响。

企业应当按照本准则的要求，将套期分为公允价值套期、现金流量套期和境外经营净投资套期，分别进行会计处理。企业应当按照本准则规定进行套期关系的评估。适用套期关系再平衡的，企业应当进行套期关系再平衡，通过调整套期关系的套期比率，使其重新满足套期有效性要求，从而延续套期关系。企业一旦正式指定套期关系并选择应用套期会计的，只能在企业不再符合本准则规定的特定条件时终止应用套期会计，不得自行终止应用套期会计。

本准则同时提供了套期会计的一种替代方法，即企业可以将符合条件的某项面临信用风险的金融工具的整体或部分指定为以公允价值计量且其变动计入当期损益的金融工具，以减少与作为套期工具的信用衍生工具之间会计计量的不匹配，使两者公允价值变动形成自然对冲，从而便于企业管理信用风险，减少损益波动。

二、关于应设置的会计科目和主要账务处理

企业按照本准则规定进行会计处理，一般需要设置以下科目。

（一）"套期工具"科目

1. 本科目核算企业开展套期业务（包括公允价值套期、现金流量套期和境外经营净投资套期）的套期工具及其公允价值变动形成的资产或负债。

2. 本科目可按套期工具类别或套期关系进行明细核算。

3. 主要账务处理。

（1）企业将已确认的衍生工具、以公允价值计量且其变动计入当期损益的非衍生金融资产或非衍生金融负债等金融资产或金融负债指定为套期工具的，应当按照其账面价值，借记或贷记本科目，贷记或借记"衍生工具""交易性金融资产"等科目。

（2）资产负债表日，对于公允价值套期，应当按照套期工具产生的利得，借记本科目，贷记"套期损益""其他综合收益——套期损益"等科目，套期工具产生损失作相反的会计分录；对于现金流量套期，应当按照套期工具产生的利得，借记本科目，按照套期有效部分的变动额，贷记"其他综合收益——套期储备"等科目，按照套期工具产生的利得和套期有效部分变动额的差额，贷记"套期损益"科目，套期工具产生损失作相反的会计分录。

（3）金融资产或金融负债不再作为套期工具核算的，应当按照套期工具形成的资产或负债，借记或贷记有关科目，贷记或借记本科目。

4.本科目期末借方余额，反映企业套期工具形成资产的公允价值；本科目期末贷方余额，反映企业套期工具形成负债的公允价值。

（二）"被套期项目"科目

1.本科目核算企业开展套期业务的被套期项目及其公允价值变动形成的资产或负债。

2.本科目可按被套期项目类别或套期关系进行明细核算。

3.主要账务处理。

（1）企业将已确认的资产、负债或其组成部分指定为被套期项目的，应当按照其账面价值，借记或贷记本科目，贷记或借记"原材料""债权投资""长期借款"等科目。已计提跌价准备或减值准备的，还应当同时结转跌价准备或减值准备。

（2）资产负债表日，对于公允价值套期，应当按照被套期项目因被套期风险敞口形成的利得，借记本科目，贷记"套期损益""其他综合收益——套期损益"等科目；被套期项目因被套期风险敞口形成损失作相反的会计分录。

（3）资产或负债不再作为被套期项目核算的，应当按照被套期项目形成的资产或负债，借记或贷记有关科目，贷记或借记本科目。

4.本科目期末借方余额，反映企业被套期项目形成的资产；本科目期末贷方余额，反映企业被套期项目形成的负债。

（三）"套期损益"科目

1.本科目核算套期工具和被套期项目价值变动形成的利得和损失。

2.本科目可按套期关系进行明细核算。

3.主要账务处理。

（1）资产负债表日，对于公允价值套期，应当按照套期工具产生的利得，借记"套期工具"科目，贷记本科目；套期工具产生损失作相反的会计分录。对于现金流量套期，套期工具的利得中属于套期无效的部分，借记"套期工具"科目，贷记本科目；套期工具的损失中属于套期无效的部分，作相反的会计分录。

（2）资产负债表日，对于公允价值套期，应当按照被套期项目因被套期风险敞口形成的利得，借记"被套期项目"科目，贷记本科目；被套期项目因被套期风险敞口形成损失作相反的会计分录。

4.期末，应当将本科目余额转入"本年利润"科目，结转后本科目无余额。

（四）"净敞口套期损益"科目

1.本科目核算净敞口套期下被套期项目累计公允价值变动转入当期损益的金额或现金流量套期储备转入当期损益的金额。

2.本科目可按套期关系进行明细核算。

3.主要账务处理。

（1）对于净敞口公允价值套期，应当在被套期项目影响损益时，将被套期项目因被套期风险敞口形成的累计利得或损失转出，贷记或借记"被套期项目"等科目，借记或贷记本科目。

（2）对于净敞口现金流量套期，应当在将相关现金流量套期储备转入当期损益时，借记或贷记"其他综合收益——套期储备"，贷记或借记本科目；将相关现金流量套期储备转入资产或负债的，当资产和负债影响损益时，借记或贷记资产（或其备抵科目）、负债科目，贷记或借记本科目。

4.期末，应当将本科目余额转入"本年利润"科目，结转后本科目无余额。

（五）在"其他综合收益"科目下设置"套期储备"明细科目

1. 本明细科目核算现金流量套期下套期工具累计公允价值变动中的套期有效部分。

2. 本明细科目可按套期关系进行明细核算。

3. 主要账务处理。

（1）资产负债表日，套期工具形成的利得或损失中属于套期有效部分的，借记或贷记"套期工具"科目，贷记或借记本明细科目；属于套期无效部分的，借记或贷记"套期工具"科目，贷记或借记"套期损益"科目。

（2）企业将套期储备转出时，借记或贷记本明细科目，贷记或借记有关科目。

（六）在"其他综合收益"科目下设置"套期损益"明细科目

1. 本明细科目核算公允价值套期下对指定为以公允价值计量且其变动计入其他综合收益的非交易性权益工具投资或其组成部分进行套期时，套期工具和被套期项目公允价值变动形成的利得和损失。

2. 本明细科目可按套期关系进行明细核算。

3. 主要账务处理。

（1）资产负债表日，应当按照套期工具产生的利得，借记"套期工具"科目，贷记本明细科目；套期工具产生损失作相反的会计分录。

（2）资产负债表日，应当按照被套期项目因被套期风险敞口形成的利得，借记"被套期项目"科目，贷记本明细科目；被套期项目因被套期风险敞口形成损失作相反的会计分录。

4. 当套期关系终止时，应当借记或贷记本明细科目，贷记或借记"利润分配——未分配利润"等科目。

（七）在"其他综合收益"科目下设置"套期成本"明细科目

1. 本明细科目核算企业将期权的时间价值、远期合同的远期要素或金融工具的外汇基差排除在套期工具之外时，期权的时间价值等产生的公允价值变动。

2. 本明细科目可按套期关系进行明细核算。

3. 主要账务处理。

（1）资产负债表日，对于期权的时间价值等的公允价值变动中与被套期项目相关的部分，应当借记或贷记"衍生工具"等科目，贷记或借记本明细科目。

（2）企业在将相关金额从其他综合收益中转出时，借记或贷记本明细科目，贷记或借记有关科目。

三、关于套期会计概述

（一）套期的概念

本准则所称套期，是指企业为管理外汇风险、利率风险、价格风险、信用风险等特定风险引起的风险敞口，指定金融工具为套期工具，以使套期工具的公允价值或现金流量变动，预期抵销被套期项目全部或部分公允价值或现金流量变动的风险管理活动。例如，企业运用商品期货进行套期时，其套期策略通常是，买入（卖出）与现货市场数量相当、但交易方向相反的期货合同，以期在未来某一时间通过期货合同的公允价值变动来补偿现货市场价格变动所带来的价格风险。又如，企业为规避外汇风险，与某金融机构签订外币期权合同，对现存数额较大的美元敞口进行外汇风险套期。

（二）套期的分类

在套期会计中，套期分为公允价值套期、现金流量套期和境外经营净投资套期。

1. 公允价值套期

公允价值套期，是指对已确认资产或负债、尚未确认的确定承诺，或上述项目组成部分的公允价值变动风险敞口进行的套期。该公允价值变动源于特定风险，且将影响企业的损益或其他综合收益。其中，影响其他综合收益的情形，仅限于企业对指定为以公允价值计量且其变动计入其他综合收益的非交易性权益工具投资的公允价变动风险敞口进行的套期。

以下是公允价值套期的例子：

（1）某企业签订一项以固定利率换浮动利率的利率互换合约，对其承担的固定利率负债的利率风险引起的公允价值变动风险口进行套期。

（2）某石油公司签订一项6个月后以固定价格购买原油的合同（尚未确认的确定承诺），为规避原油价格风险，该公司签订一项未来卖出原油的期货合约，对该确定承诺的价格风险引起的公允价值变动风险敞口进行套期。

（3）某企业购买一项看跌期权合同，对持有的选择以公允价值计量且其变动计入其他综合收益的非交易性权益工具投资的证券价格风险引起的公允价值变动风险敞口进行套期。

2. 现金流量套期

现金流量套期，是指对现金流量变动风险敞口进行的套期。该现金流量变动源于与已确认资产或负债、极可能发生的预期交易，或与上述项目组成部分有关的特定风险，且将影响企业的损益。

以下是现金流量套期的例子：

（1）某企业签订一项以浮动利率换固定利率的利率互换合约，对其承担的浮动利率债务的利率风险引起的现金流量变动风险敞口进行套期。

（2）某橡胶制品公司签订一项未来买入橡胶的远期合同，对3个月后预期极可能发生的与购买橡胶相关的价格风险引起的现金流量变动风险敞口进行套期。

（3）某企业签订一项购入外币的外汇远期合同，对以固定外币价格买入原材料的极可能发生的预期交易的外汇风险引起的现金流量变动风险敞口进行套期。

3. 境外经营净投资套期

境外经营净投资套期，是指对境外经营净投资外汇风险敞口进行的套期。境外经营净投资套期中的被套期风险是指境外经营的记账本位币与母公司的记账本位币之间的折算差额。

此外，企业对确定承诺的外汇风险进行套期的，按照本准则的规定，可以将其作为现金流量套期或公允价值套期处理。例如，某航空公司签订一项3个月后以固定外币金额购买飞机的合同（尚未确认的确定承诺），为规避外汇风险，签订一项外汇远期合同，对该确定承诺的外汇风险引起的公允价值变动或者现金流量变动风险敞口进行套期。

（三）套期会计方法

对于满足本准则规定条件的套期，企业可运用套期会计方法进行处理。

套期会计方法，是指企业将套期工具和被套期项目产生的利得或损失在相同会计期间计入当期损益（或其他综合收益）以反映风险管理活动影响的方法。

企业开展套期业务以进行风险管理，但是如果按照常规的会计处理方法，可能会导致损益产生更大的波动，这是因为企业被套期的风险敞口和对风险敞口进行套期的金融工具的确认和计量基础不一定相同。例如，企业使用衍生工具对某项极可能发生的预期交易的价格风险进行套期，按照常规会计处理方法，该衍生工具应当以公允价值计量且其变动计入当期损益，而预期交易则需到交易发生时才能予以确认，这样，企业利润表反映的损益就会产生较大的波动。又如，企业使用衍生工具对其持有的存货的价格风险进行套期，按照常规会计处理方法，该衍生工具应当以公允价值计量且其变动计入当期损益，而存货则以成本与可变现净值孰低计量，这同样会导致企业利润表反映的损益产生较大的波动。企业使用金融工具进行风险管理的目的是对冲风险，减少企业损益的波动，而由于常规会计处理方法中有关确认和计量基础不一致，在一定会计期间不仅可能无法如实反映企业的风险管理活动，反而可能会在财务报表上"扩大风险"。因此，尽管从长期来看，被套期项目和套期工具实现了风险的对冲，但是在套期存续期所涵盖的各个会计报告期间内，在常规会计处理方法下有可能会产生会计错配和损益波动。套期会计方法基于企业风险管理活动，将套期工具和被套期项目产生的利得或损失在相同会计期间计入当期损益（或其他综合收益），有助于处理被套期项目和套期工具在确认和计量方面存在的上述差异，并在企业财务报告中如实反映企业进行风险管理活动的影响。

四、关于套期工具和被套期项目

（一）套期工具

1. 符合条件的套期工具

套期工具，是指企业为进行套期而指定的、其公允价值或现金流量变动预期可抵销被套期项目的公允价值或现金流量变动的金融工具。

根据套期工具的定义和本准则的规定，可以作为套期工具的金融工具包括：

（1）以公允价值计量且其变动计入当期损益的衍生工具，但签出期权除外。企业只有在对购入期权（包括嵌入在混合合同中的购入期权）进行套期时，签出期权才可以作为套期工具。嵌入在混合合同中但未分拆的衍生工具不能作为单独的套期工具。

衍生工具通常可以作为套期工具。衍生工具包括远期合同、期货合同、互换和期权，以及具有远期合同、期货合同、互换和期权中一种或一种以上特征的工具等。例如，某企业为规避库存铜价格下跌的风险，可以卖出一定数量铜期货合同。其中，铜期货合同即是套期工具。

衍生工具无法有效地对冲被套期项目风险的，不能作为套期工具。企业的签出期权（除非该签出期权指定用于抵销购入期权）不能作为套期工具，因为该期权的潜在损失可能大大超过被套期项目的潜在利得，从而不能有效地对冲被套期项目的风险。而购入期权的一方可能承担的损失最多就是期权费，可能拥有的利得通常等于或大大超过被套期项目的潜在损失，可被用来有效对冲被套期项目的风险，因此购入期权的一方可以将购入的期权作为套期工具。

（2）以公允价值计量且其变动计入当期损益的非衍生金融资产或非衍生金融负债，但指定为以公允价值计量且其变动计入当期损益、且其自身信用风险变动引起的公允价值变动计入其他综合收益的金融负债除外。

对于指定为以公允价值计量且其变动计入当期损益、且其自身信用风险变动引起的公允价值变动计入其他综合收益的金融负债，由于没有将整体公允价值变动计入损益，不能被指定为套期工具。

需要注意的是，并非所有以公允价值计量且其变动计入当期损益的金融工具均为符合条件的套期工具。企业应当对因运用公允价值选择权而被指定为以公允价值计量且其变动计入当期损益的金融工具进行评估，以确保套期工具的指定并未与运用公允价值选择权的目标相冲突，即不会再次产生已通过运用公允价值选择权消除的会计错配。

（3）对于外汇风险套期，企业可以将非衍生金融资产（选择以公允价值计量且其变动计入其他综合收益的非交易性权益工具投资除外）或非衍生金融负债的外汇风险成分指定为套期工具。

2. 对套期工具的指定

（1）企业在确立套期关系时，应当将前述符合条件的金融工具整体（或外汇风险套期中的非衍生金融资产或非衍生金融负债的外汇风险成分）指定为套期工具。因为企业对套期工具进行计量时，通常以该金融工具整体为对象，采用单一的公允价值基础对其进行计量。但是，由于期权的时间价值、远期合同的远期要素和金融工具的外汇基差通常具备套期成本的特征且可以单独计量，为便于提高某些套期关系的有效性，本准则允许企业在对套期工具进行指定时，作出以下例外处理：

①对于期权，企业可以将期权的内在价值和时间价值分开，只将期权的内在价值变动指定为套期工具。期权的价值包括内在价值（立即执行期权时现货价格与行权价格之差所带来的收益）和时间价值（期权的价格与内在价值之差）。随着期权临近到期，期权的时间价值不断减少直至为零。当企业仅指定期权的内在价值变动为套期工具时，与期权的时间价值相关的公允价值变动被排除在套期有效性评估之外，从而能够提高套期的有效性。

②对于远期合同，企业可以将远期合同的远期要素和即期要素分开，只将即期要素的价值变动指定为套期工具。远期合同的即期要素反映了基础项目远期价格和现货价格的差异，而远期要素的特征取决于不同的基础项目。当企业仅指定远期合同的即期要素的价值变动为套期工具时，能够提高套期的有效性。

③对于金融工具，企业可以将金融工具的外汇基差单独分拆，只将排除外汇基差后的金融工具指定为套期工具。外汇基差反映了货币主权信用差异、市场供求等因素所带来的成本。将外汇基差分拆，只将排除外汇基差后的金融工具指定为套期工具，能够提高套期的有效性。

（2）企业可以将套期工具的一定比例指定为套期工具，但不可以将套期工具剩余期限内某一时段的公允价值变动部分指定为套期工具。

（3）企业可以将两项或两项以上金融工具（或其一定比例）的组合指定为套期工具（包括组合内的金融工具形成风险头寸相互抵销的情形）。

对于一项由签出期权和购入期权组成的期权（如利率上下限期权），或对于两项或两项以上金融工具（或其一定比例）的组合，其在指定日实质上相当于一项净签出期权的，不能将其指定为套期工具。只有在对购入期权（包括嵌入在混合合同中的购入期权）进行套期时，净签出期权才可以作为套期工具。

对于一项由签出期权和购入期权组成的期权，当同时满足以下条件时，实质上不是一项净签出期权，可以将其指定为套期工具：

①企业在期权组合开始时以及整个期间未收取净期权费；

②除了行权价格，签出期权组成部分和购入期权组成部分的关键条款是相同的（包括基础变量、计价货币及到期日）；

③签出期权的名义金额不大于购入期权的名义金额。

3. 使用单一套期工具对多种风险进行套期

企业通常将单项套期工具指定为对一种风险进行套期。但是，如果套期工具与被套期项目的不同风险敞口之间有具体对应关系，则一项套期工具可以被指定为对一种以上的风险进行套期。

（二）被套期项目

1. 符合条件的被套期项目

被套期项目，是指使企业面临公允价值或现金流量变动风险，且被指定为被套期对象的、能够可靠计量的项目。

根据被套期项目的定义和本准则的规定，企业可以将下列单个项目、项目组合或其组成部分指定为被套期项目：

（1）已确认资产或负债。

（2）尚未确认的确定承诺。其中，确定承诺，是指在未来某特定日期或期间，以约定价格交换特定数量资源、具有法律约束力的协议；尚未确认，是指尚未在资产负债表中确认。

（3）极可能发生的预期交易。其中，预期交易，是指尚未承诺但预期会发生的交易。评

《企业会计准则第 24 号——套期会计》应用指南

估预期交易发生的可能性不能仅依靠企业管理人员的意图，而应当基于可观察的事实和相关因素。在评估预期交易发生的可能性时，企业应当考虑以下因素：

①类似交易之前发生的频率；

②企业在财务和经营上从事此项交易的能力；

③企业有充分的资源（例如，在短期内仅能用于生产某一类型商品的设备）能够完成此项交易；

④交易不发生时可能对经营带来的损失和破坏程度；

⑤为达到相同的业务目标，企业可能会使用在实质上不同的交易的可能性（例如，计划筹集资金的企业可以通过获取银行贷款或者发行股票等方式筹集资金）；

⑥企业的业务计划。

此外，企业还应当考虑预期交易发生时点距离当前的时间跨度和预期交易的数量或价值占企业相同性质交易的数量或价值的比例。在其他因素相同的情况下，预期交易发生的时间越远或预期交易的数量或价值占企业相同性质交易的数量或价值的比例越高，预期交易发生的可能性就越小，就越需要有更强有力的证据来支持"极可能发生"的判断。例如，企业预计将在 3 年后发生的交易比预计将在 3 个月后发生的交易的可能性小，判断前者"极可能发生"时需要更多的证据支持；企业预计将在 1 个月内销售 1 000 件商品（假设在过去 3 个月平均每月的销售量为 1 000 件）比预计将在 1 个月内销售 200 件商品的可能性小，判断前者"极可能发生"时需要更多的证据支持。

企业应当明确区分预期交易与确定承诺。

（4）境外经营净投资

本准则规定，境外经营净投资可以被指定为被套期项目。境外经营净投资，是指企业在境外经营净资产中的权益份额。企业既无计划也无可能在可预见的未来会计期间结算的长期外币货币性应收项目（含贷款），应当视同实质构成境外经营净投资的组成部分。因销售商品或提供劳务等形成的期限较短的应收账款不构成境外经营净投资。

境外经营可以是企业在境外的子公司、合营安排、联营企业或分支机构。在境内的子公司、合营安排、联营企业或分支机构，采用不同于企业记账本位币的，也视同境外经营。

企业确定被套期项目时，应当注意以下几点：

（1）作为被套期项目，应当会使企业面临公允价值或现金流量变动风险（即被套期风险），在本期或未来期间会影响企业的损益或其他综合收益。与之相关的被套期风险，通常包括外汇风险、利率风险、商品价格风险、股票价格风险等。企业的一般经营风险（如固定资产毁损风险等）不能作为被套期风险，因为这些风险不能具体识别和单独计量。同样地，企业合并交易中，与购买另一个企业的确定承诺相关的风险（不包括外汇风险）也不能作为被套期风险。

（2）采用权益法核算的股权投资不能在公允价值套期中作为被套期项目，因为权益法下，投资方只是将其在联营企业或合营企业中的损益份额确认为当期损益，而不确认投资的公允价值变动。与之相类似，对纳入合并财务报表范围的子公司投资也不能作为被套期项目，但对境外经营净投资可以作为被套期项目，因为相关的套期指定针对的是外汇风险，而不是境外经营净投资的公允价值变动风险。

（3）在运用套期会计时，在合并财务报表层面，只有与企业集团之外的对手方之间交易形成的资产、负债、尚未确认的确定承诺或极可能发生的预期交易才能被指定为被套期项目；在合并财务报表层面，只有与企业集团之外的对手方签订的合同才能被指定为套期工具。对于同一企业集团内的主体之间的交易，在企业个别财务报表层面可以运用套期会计，在企业集团合并财务报表层面不得运用套期会计，但下列情形除外：

①在合并财务报表层面，符合《企业会计准则第33号——合并财务报表》规定的投资性主体与其以公允价值计量且其变动计入当期损益的子公司之间的交易，可以运用套期会计。

②企业集团内部交易形成的货币性项目的汇兑收益或损失，不能在合并财务报表中全额抵销的，企业可以在合并财务报表层面将该货币性项目的外汇风险指定为被套期项目。

③企业集团内部极可能发生的预期交易，按照进行此项交易的主体的记账本位币以外的货币标价，且相关的外汇风险将影响合并损益的，企业可以在合并财务报表层面将该外汇风险指定为被套期项目。

2. 项目组成部分作为被套期项目的规定和要求。

按照本准则的规定，企业可以将上述已确认资产或负债、尚未确认的确定承诺、极可能发生的预期交易以及境外经营净投资等单个项目整体或者项目组合指定为被套期项目，企业也可以将上述单个项目或者项目组合的一部分（项目组成部分）指定为被套期项目。

项目组成部分是指小于项目整体公允价值或现金流量变动的部分，它仅反映其所属项目整体面临的某些风险，或仅反映一定程度的风险（例如对某项目的一定比例进行指定时）。按照本准则的规定，企业只能将下列项目组成部分或其组合指定为被套期项目：

（1）项目整体公允价值或现金流量变动中仅由某一个或多个特定风险引起的公允价值或现金流量变动部分（风险成分）

在风险管理实务中，企业经常不是为了对被套期项目整体公允价值或现金流量变动进行套期，而仅为了对特定风险成分进行套期。允许对风险成分进行指定使企业能够更灵活地识别被套期风险。按照本准则的规定，在将风险成分指定为被套期项目时，该风险成分应当能够单独识别并可靠地计量。

在识别可被指定为被套期项目的风险成分时，企业应当基于该等风险及相关套期活动所发生的特定市场环境进行评估，并考虑因风险和市场而异的相关事实和情况（例如相关风险成分是否都有市场报价从而能够可靠地计量）。同时，企业应当考虑该风险成分是合同明确的风险成分，还是非合同明确的风险成分。非合同明确的风险成分存在于两种情况：①不构成合同的项目（例如极可能发生的预期交易）；②未明确该风险成分的合同（例如确定承诺中仅包含一项单一价格，并未列明基于不同基础变量的定价公式）。

在企业风险管理活动中，有时企业只对被套期项目的单边风险进行套期，即对被套期项目公允价值或现金流量变动中仅高于或仅低于特定价格或其他变量的部分进行套期。按照本准则规定，该套期的部分风险也可被视为风险成分，可以被指定为被套期项目。例如，某企业预期将购买一批商品，为了管理该批商品未来价格上涨风险，企业可以将因该批商品未来价格上涨而导致的未来现金流量变动风险指定为被套期项目。在这种情况下，企业仅对商品高于特定价格所导致的现金流量损失部分进行指定。企业在风险管理活动中，通常会使用期权作为套期工具进行单边风险的套期。一项购入期权的内在价值，而非时间价值，反映的就是被套期项目的单边风险。

通货膨胀风险一般无法单独识别和可靠计量，因此不能被指定为金融工具的风险成分，除非该通货膨胀风险是合同明确的。但是，在个别情况下，由于通货膨胀环境和相关债务市场的特定因素，企业有可能可以把能够单独识别和可靠计量的通货膨胀风险指定为金融工具的风险成分。例如，企业在某市场环境中发行债券，通货膨胀挂钩债券的交易量和完整的利率期限结构使得该债券市场是一个具有充分流动性的市场，从而能够构造一个零息债券真实利率期限结构。这意味着对相应的货币而言，通货膨胀是市场应予以单独考虑的一项相关因素。在这种情况下，可通过使用零息债券真实利率期限结构将被套期债务工具的现金流量进行折现，来确定通货膨胀风险成分（即类似于无风险利率组成部分的确定方式）；反之，在大多数情况下，通货膨胀风险成分无法单独识别和可靠地计量。例如，企业发行仅具有名义利率的债券,而在发行该债券的市场中,通货膨胀挂钩债券的流动性不足以构造零息债券真实利率期限结构。在这种情况下,对市场结构以及相关事实和情况的分析将无法得出通货膨胀是市场予以单独考虑的因素的结论,因此,通货膨胀风险成分不符合指定为被套期项目的条件。在实务中,无论企业实际上使用何种通货膨胀套期工具,上述结论均适用。需要强调的是,已确认的通货膨胀挂钩债券的现金流量中属于合同列明的通货膨胀风险成分(假定不要求对嵌入衍生工具进行单独会计处理)的,该通货膨胀风险能够单独识别和可靠地计量,但前提是该工具的其他现金流量不会受到通货膨胀风险成分的影响。

(2)一项或多项选定的合同现金流量

在企业风险管理活动中,企业有时会对一项或多项选定的合同现金流量进行套期。例如,企业有一笔期限为10年、年利率8%、按年付息的长期银行借款,企业出于风险管理需要,对该笔借款所产生的前5年应支付利息进行套期。按照本准则规定,一项或多项选定的合同现金流量可以被指定为被套期项目。

(3)项目名义金额的组成部分

项目名义金额的组成部分,是指项目整体金额或数量的特定部分,其可以是项目整体的一定比例部分,也可以是项目整体的某一层级部分。不同组成部分类型产生不同的会计处理结果。因此,企业在指定名义金额组成部分时应当与其风险管理目标保持一致。

项目名义金额的组成部分包括项目整体的一定比例部分(如一项贷款的合同现金流量的50%部分)和项目整体的某一层级部分。其中,项目某一层级部分可以从已设定但开放式的总体中指定一个层级,也可以从已设定的名义金额中指定一个层级。例如,下列各项均属于项目某一层级部分:

①货币性交易量的一部分。例如,甲公司2×17年1月实现首笔20万美元的出口销售之后,下一笔金额为20万美元的出口销售所产生的现金流量,可以作为指定的被套期项目。

②实物数量的一部分。例如,甲公司储藏在某地的500万立方米的底层天然气,可以作为指定的被套期项目。

③实物或其他交易量的一部分。例如,甲炼化公司2×17年6月购入的前1 000桶石油,乙发电企业2×17年6月售出的前100兆瓦小时的电力等,均可以作为指定的被套期项目。

④被套期项目的名义金额的某一层。例如,金额为1亿元的确定承诺的最后8 000万元部分;金额为1亿元的固定利率债券的底层2 000万元部分;可按公允价值提前偿付的总金额为1亿元(设定的名义金额为1亿元)的固定利率债务的顶层3 000万元部分。

如果某一层级部分在公允价值套期中被指定为被套期项目,则企业应从设定的名义金额中对其进行指定。企业应根据公允价值变动重新计量被套期项目(即根据归属于被套期风险的公允价值变动重新计量相关项目),以满足公允价值套期的要求。公允价值套期调整必须在损益中确认,且确认时间不得迟于该项目终止确认的时点。因此,企业应当对所设定的名义金额进行跟踪。例如,必须对上述设定的总名义金额1亿元的固定利率债券进行跟踪,以跟踪底层的2 000万元或顶层的3 000万元部分。

如果项目整体的某一层级部分包含提前还款权,且该提前还款权的公允价值受被套期风险变化影响的,企业不得将该层级指定为公允价值套期的被套期项目,但企业在计量被套期项目的公允价值时已包含该提前还款权影响的情况除外。

3.汇总风险敞口作为被套期项目的规定和要求

本准则规定,企业可以将符合被套期项目条件的风险敞口与衍生工具组合形成的汇总风险敞口指定为被套期项目。在指定此类被套期项目时,企业应当评估该汇总风险敞口是否是由风险敞口与衍生工具相结合,从而产生了不同于该风险敞口的另一个风险敞口,并将其作为针对某项(或几项)特定风险的一个风险敞口进行管理。在这种情况下,企业可基于该汇总风险敞口指定被套期项目。

企业基于汇总风险敞口指定被套期项目时，应当在评估套期有效性和计量套期无效部分时考虑构成该汇总风险敞口的所有项目的综合影响。但是，构成该汇总风险敞口的项目仍须单独进行会计处理，具体要求如下：

（1）作为汇总风险敞口组成部分的衍生工具应当单独确认为以公允价值计量的资产或负债；

（2）如果在构成汇总风险敞口的各项目之间指定套期关系，则衍生工具作为汇总风险敞口组成部分的方式应当与该衍生工具在此汇总风险敞口层面上被指定为套期工具的方式保持一致。例如，对于构成汇总风险敞口的各项目之间的套期关系，如果企业在指定套期工具时将衍生工具的远期要素排除在外，则企业在将该衍生工具作为汇总风险敞口的组成部分指定为被套期项目时也应当将远期要素予以排除。

4.项目组成部分与项目总现金流量之间的关系

当金融项目或非金融项目的现金流量的组成部分被指定为被套期项目时，该组成部分应当少于或等于整个项目的现金流量总额。但是，整个项目的所有现金流量可以被指定为被套期项目，而且被套期的只能是某一特定风险（如一项基准利率或者基准商品价格变动所形成的变动风险）。

企业在初始确认一项固定利率资产或负债后对其进行公允价值套期的，如果基准利率高于该资产或负债所收到或支付的合同固定利率，本准则允许企业将等于基准利率部分的现金流量指定为被套期项目，但其前提是该基准利率应当低于如同企业在首次指定被套期项目日购入或发行该工具所重新计算的该资产或负债的实际利率。

5.被套期项目的组合

当企业出于风险管理目的对一组项目进行组合管理，且组合中的每一个项目（包括其组成部分）单独都属于符合条件的被套期项目时，可以将该项目组合指定为被套期项目。一组风险相互抵销的项目形成风险净敞口，一组风险不存在相互抵销的项目形成风险总敞口。只有当企业出于风险管理目的以净额为基础进行套期时，风险净敞口才符合运用套期会计的条件。判断企业是否以净额为基础进行套期应当基于事实，而不仅仅是声明或文件记录。因此，如果仅仅为了达到特定的会计结果却无法反映企业的风险管理策略和风险管理目标，企业不得运用以净额为基础的套期会计。净敞口套期必须是既定风险管理策略的组成部分，通常应当获得企业关键管理人员的批准。

当企业将形成风险净敞口的一组项目指定为被套期项目时，应当将构成该净敞口的所有项目的项目组合整体指定为被套期项目，不应当将不明确的净敞口抽象金额指定为被套期项目。例如，某公司拥有一组在9个月后履约的金额为100万美元的确定销售承诺，以及一组在18个月后履约的金额为120万美元的确定购买承诺。在这种情况下，该公司不能将一个最大金额为20万美元的抽象金额的净头寸进行指定，而必须对形成该被套期净头寸的购买总额和销售总额进行指定。

风险净敞口并非在任何情况下都符合运用套期会计的条件。在现金流量套期中，企业仅可以将外汇风险净敞口指定为被套期项目，并且应当在套期指定中明确预期交易预计影响损益的报告期间，以及预期交易的性质和数量。

企业根据其风险管理目标，可以将一组项目的一定比例或某一层级指定为被套期项目。当企业将一组项目的某一层级部分指定为被套期项目时，应当同时满足以下条件：

（1）该层级能够单独识别并可靠地计量。

（2）企业的风险管理目标是对该层级进行套期。

（3）该层级所在的整体项目组合中的所有项目均面临相同的被套期风险。

（4）对于已经存在的项目（如已确认资产或负债、尚未确认的确定承诺）进行的套期，被套期层级所在的整体项目组合可识别并可追踪。

（5）该层级包含提前还款权的，应当符合本准则第九条项目名义金额的组成部分中的相关要求。

五、关于套期关系评估

（一）运用套期会计的条件

公允价值套期、现金流量套期或境外经营净投资套期同时满足下列条件的，才能运用本准则规定的套期会计方法进行处理：

第一，套期关系仅由符合条件的套期工具和被套期项目组成。

第二，在套期开始时，企业正式指定了套期工具和被套期项目，并准备了关于套期关系和企业从事套期的风险管理策略和风险管理目标的书面文件。该文件至少载明了套期工具、被套期项目、被套期风险的性质以及套期有效性评估方法（包括套期无效部分产生的原因分析以及套期比率确定方法）等内容。

第三，套期关系符合套期有效性要求。套期有效性，是指套期工具的公允价值或现金流量变动能够抵销被套期风险引起的被套期项目公允价值或现金流量变动的程度。套期工具的公允价值或现金流量变动大于或小于被套期项目的公允价值或现金流量变动的部分为套期无效部分。

1. 风险管理策略和风险管理目标

按照本准则规定，企业应当区分风险管理策略和风险管理目标。风险管理策略由企业风险管理最高决策机构制定，一般在企业有关纲领性文件中阐述，并通过含有具体指引的政策性文件在企业范围内贯彻落实。风险管理策略通常应当识别企业面临的各类风险并明确企业如何应对这些风险，风险管理策略一般适用于较长时期的风险管理活动，并且包含一定的灵活性以适应策略实施期间内环境的变化（例如，不同利率或商品价格水平导致不同程度的套期）。而风险管理目标是指企业在某一特定套期关系层面上，确定如何指定套期工具和被套期项目，以及如何运用指定的套期工具对指定为被套期项目的特定风险敞口进行套期。因此，风险管理策略可以涵盖许多不同的套期关系，而这些套期关系的风险管理目标旨在落实整体的风险管理策略。

2. 套期有效性要求

套期同时满足下列条件的，企业应当认定套期关系符合套期有效性要求：

（1）被套期项目和套期工具之间存在经济关系。该经济关系使得套期工具和被套期项目的价值因面临相同的被套期风险而发生方向相反的变动。

如果被套期项目和套期工具之间存在经济关系，则套期工具的价值与被套期项目的价值预期将产生系统性变动，以反映同一基础变量或一组因采用类似的方式来应对被套期风险而存在经济关系的基础变量（例如布伦特原油和西德克萨斯中质原油等）产生的变动。

如果基础变量不同但在经济上相关，则有可能发生套期工具的价值和被套期项目的价值呈同向变动的情况，例如，两个相关的基础变量之间的价差产生了变动，而这两个基础变量本身却未发生显著变动。即便如此，当基础变量发生变动的同时，套期工具的价值与被套期项目的价值预期在通常情况下仍将沿着相反方向变动的，套期工具与被套期项目之间仍然存在经济关系。

当对净头寸进行套期时，企业应当考虑净头寸中各项目的价值变动以及套期工具的公允价值变动。例如，甲公司为境内企业，记账本位币为人民币，拥有一组在9个月后履约的金额为100万美元的确定销售承诺，以及一组在18个月后履约的金额为120万美元的确定购买承诺。甲公司可利用未来购入金额为 20 万美元的外汇远期合同对其未来需支付 20 万美元的净头寸的外汇风险进行套期。在确定该套期关系是否符合套期有效性的要求时，企业应当考虑下列两者之间的关系：①外汇远期合同的公允价值变动及确定销售承诺与外汇风险相关的价值变动；②确定购买承诺与外汇风险相关的价值变动。

与此类似，如果在上述例子中企业持有一个净头寸为零的组合，则企业在确定该套期关系是否符合套期有效性的要求时，应当考虑确定销售承诺与外汇风险相关的价值变动和确定购买承诺与外汇风险相关的价值变动之间的关系。

（2）被套期项目和套期工具经济关系产生的价值变动中，信用风险的影响不占主导地位。

由于套期会计方法建立在套期工具和被套期项目所产生的利得和损失能够相互抵销这一基本概念之上，因此套期有效性不仅取决于套期工具和被套期项目之间的经济关系，还取决于信用风险对套期工具和被套期项目价值的影响。信用风险的影响意味着，即使套期工具与被套期项目之间存在经济关系，两者之间相互抵销的程度仍可能变得不规律。这可能是由于套期工具或被套期项目的信用风险的变化所致，而且此类信用风险的变化可能会达到一定程度，使信用风险将主导价值变动。例如，企业使用无担保的衍生工具对商品价格风险敞口进行套期。如果该衍生工具交易对手方的信用状况严重恶化，则与商品价格的变动相比，该交易对手方信用状况的变化对套期工具公允价值所产生的影响可能更大，而被套期项目的价值变动则主要取决于商品价格的变动。

如果由信用风险引起的损失或利得将干扰基础变量的变动对套期工具或被套期项目价值的影响，则信用风险的变化程度导致了信用风险在价值变动中起主导作用；反之，如果基础变量在特定期间内发生很小的变动，即使与信用风险相关的很小的价值变动可能会超过基础变量变动所引起的价值变动，信用风险的变化也未必形成主导作用。

（3）套期关系的套期比率，应当等于企业实际套期的被套期项目数量与对其进行套期的套期工具实际数量之比。

被套期项目和套期工具的数量可根据其性质采用多种方式进行计量。作为一般原则，套期关系的套期比率应当与从风险管理角度而设定的套期比率相同。在某些情况下，套期比率可能为 1∶1，因为被套期项目的关键条款将与套期工具的关键条款相匹配；然而在实务中的很多情况下，由于多种原因，实际套期比率可能并非 1∶1。如果企业对某一项目不足 100% 的风险敞口（例如，85%）进行套期，则其用来指定套期关系的套期比率应当与上述 85% 的风险敞口以及企业用于对上述 85% 的风险敞口进行套期的套期工具实际数量所形成的套期比率相一致。与此类似，如果企业使用名义金额为 40 个单位的金融工具对某个风险敞口进行套期，则其用来指定套期关系的套期比率应当与上述 40 个单位（即企业不能使用其所持有的总数中更多的数量单位或更少的数量单位来确定套期比率），以及实际被套期项目的数量所形成的套期比率相一致。

套期比率不应当反映被套期项目和套期工具相对权重的失衡，这种失衡会导致套期无效，并可能产生与套期会计目标不一致的会计结果。因此，在指定套期关系时，企业必须调整由其实际使用的被套期项目数量和套期工具数量形成的套期比率，以避免这种失衡。

如果被套期项目和套期工具的特定权重将导致套期无效部分，企业应当确定该套期无效部分是否具有商业理由。例如，企业使用标准咖啡期货合同对 100 吨咖啡采购进行套期，每份期货合同的标准数量为 37 500 磅（1 磅 = 0.4536 千克）。企业只能使用 5 份或 6 份合同（分别相当于 85.0 吨和 102.1 吨）对 100 吨的咖啡采购进行套期。在这种情况下，企业应当采用由其实际使用的咖啡期货合同数量形成的套期比率来指定套期关系，因为由被套期项目和套期工具的权重不匹配导致的套期无效部分不会产生与套期会计目标不一致的会计结果。

企业不得为避免确认现金流量套期的无效部分而改变现金流量套期比率，也不得为创造更多的被套期项目公允价值调整而改变公允价值套期比率。这种会计结果不符合套期会计的目标。

3. 套期有效性评价方法

企业应当在套期开始日及以后期间持续地对套期关系是否符合套期有效性要求进行评估，尤其应当分析在套期剩余期限内预期将影响套期关系的套期无效部分产生的原因。企业至少应当在资产负债表日及相关情形发生重大变化将影响套期有效性要求时对套期关系进行评估。

一般情况下，套期工具和被套期项目的公允价值或现金流量变动难以实现完全抵销，因而会出现套期无效部分。套期工具的公允价值或现金流量变动大于或小于被套期项目的公允价值或现金流量变动的部分为套期无效部分。在计量套期无效部分时，企业应当考虑货币的时间价值。套期无效部分的形成源于多方面的因素。这些因素通常包括：①套期工具和被套期项目以不同的货币表示；②套期工具和被套期项目有不同的到期期限；③套期工具和被套期项目内含不同的利率或权益指数变量；④套期工具和被套期项目使用不同市场的商品价格标价；⑤套期工具和被套期项目对应不同的交易对手；⑥套期工具在套期开始时的公允价值不等于零等。

为计算被套期项目的价值变动，企业可使用其条款与被套期项目的主要条款相匹配的衍生工具（通常称为"虚拟衍生工具"）。在使用虚拟衍生工具估计被套期项目的价值时，不能使用仅存在于套期工具中而被套期项目不具备的特征。例如，对于以外币计价的债务（无论固定利率还是浮动利率），企业在使用虚拟衍生工具计算该债务的价值变动或其现金流量累计变动的现值时，即便实际的衍生工具的不同货币汇兑可能包括汇兑费用，虚拟衍生工具也不能简单地直接反映这种费用，因为被套期项目中可能不包含这项费用。

在评估被套期项目和套期工具之间是否存在经济关系时，企业可以采用定性或定量的方法。如果套期工具和被套期项目的主要条款（例如名义金额、到期期限和基础变量）均匹配或大致相符，企业可以根据此类主要条款进行定性评估。如果套期工具和被套期项目的主要条款并非基本匹配，企业可能需要进行定量评估（例如通过比较被套期风险引起的套期工具和被套期项目公允价值或现金流量变动的比率，或通过采用回归分析方法分析套期工具和被套期项目价值变动的相关性），但两个变量之间仅仅存在某种统计相关性的事实本身不足以有效证明套期工具与被套期项目之间存在经济关系。

企业的风险管理策略是评估套期关系是否符合套期有效性要求的主要信息来源。这意味着，用于决策目的的管理分析信息可作为评估套期关系是否符合套期有效性要求的依据。因此，套期有效性评价方法应当与企业的风险管理策略相吻合，并在套期开始时就在风险管理有关的正式文件中详细加以说明。如果相关情况发生变化从而影响套期有效性，企业可能需要改变评估套期关系是否符合套期有效性要求的方法，以确保该评估仍能够考虑套期关系的相关特征（包括套期无效部分的来源）。当评估套期有效性的方法发生改变时，应当对套期关系书面文件作相应更新。

（二）套期关系再平衡

套期关系由于套期比率的原因而不再符合套期有效性要求，但指定该套期关系的风险管理目标没有改变的，企业应当进行套期关系再平衡。

本准则所称套期关系再平衡，是指对已经存在的套期关系中被套期项目或套期工具的数量进行调整，以使套期比率重新符合套期有效性要求。基于其他目的对被套期项目或套期工具所指定的数量进行变动，例如仅对特定风险敞口更多或更少的数量进行套期以符合企业的风险管理策略，不构成本准则所称的套期关系再平衡。

调整套期比率使得企业可以应对由于基础变量或风险变量而引起的套期工具和被套期项目之间关系的变动。例如，当套期关系中的套期工具和被套期项目具有不同但是相关的基础变量（如不同但相关的指数、比率或价格）时，套期关系会随着这两个基础变量之间关系的变动而发生变化。当套期工具和被套期项目之间关系发生的变动能通过调整套期比率得以弥补时，再平衡将可以使得套期关系得到延续。但是，在套期工具与被套期项目之间的关系变动不能通过调整套期比率来弥补的情况下，再平衡并不能促使套期关系得到延续。

并非所有套期工具的公允价值变动和被套期项目的公允价值或现金流量变动之间抵销程度的变化，均会导致套期工具与被套期项目之间的套期关系的变化。企业应当分析预期将在存续期内影响套期关系的套期无效部分的来源，并评估抵销程度的变化属于下列哪种情形：

1. 抵销程度的变化属于围绕套期比率的正常波动（即能够继续适当反映套期工具与被套期项目之间的关系）；

2. 抵销程度的变化表明套期比率不再能够恰当反映套期工具与被套期项目之间的关系。

为应对每一特定结果而调整套期比率的做法，并不能减少围绕某个固定套期比率的上下波动及由此产生的套期无效部分。在该情况下，只需对套期无效部分进行确认和计量，而无需作出再平衡。

与此相反，如果抵销程度的变化表明该波动围绕着一个套期比率，而该套期比率不同于当前针对该套期关系所使用的套期比率，或存在偏离目前采用的套期比率的趋势，企业可以通过调整套期比率来降低套期无效部分，而保留原套期比率将显著增加套期的无效部分。在该情况下，企业必须评价套期关系是否反映出被套期项目与套期工具之间权重的失衡，这种失衡可能产生套期无效（无论确认与否），并可能产生与套期会计目标不一致的会计结果。如果套期比率被调整，则会同时影响套期无效部分的确认和计量。

通常，再平衡中对被套期项目或套期工具数量的调整应当反映企业实际使用的套期工具和被套期项目的数量调整。但是，如果出现下列情况，则企业必须调整根据实际使用的被套期项目或套期工具的数量而得出的套期比率：

1. 由企业的套期工具或被套期项目的实际数量变动所产生的套期比率反映出某种失衡，这种失衡可能导致套期无效，并可能产生与套期会计目标不一致的会计结果；

2. 企业维持套期工具和被套期项目的实际数量而得出的套期比率在新的情况下反映出某种失衡，这种失衡可能导致套期无效，并可能产生与套期会计目标不一致的会计结果。

企业对套期关系作出再平衡，可以通过增加或减少被套期项目或套期工具数量的方式调整套期比率。但是，数量的减少并不一定意味着那些项目或交易不再存在，或预计不再发生，而是表明其不再是套期关系的一部分。例如，企业减少套期工具的数量，但仍然保留某项衍生工具，该衍生工具仅有一部分将继续作为套期关系中的套期工具。

（三）套期关系的终止

企业不得撤销指定并终止一项继续满足套期风险管理目标并在再平衡之后继续符合套期会计条件的套期关系。但是，如果套期关系不再满足套期风险管理目标或在再平衡之后不符合套期会计条件等本准则规定情形的，则企业必须终止套期关系。

企业应当采用未来适用法，自不再满足套期会计条件或风险管理目标之日起终止运用套期会计。

当只有部分套期关系不再满足运用套期会计的条件时，套期关系将部分终止，其余部分将继续适用套期会计。例如，当对套期关系作出再平衡时，对套期比率进行的调整可能使得部分被套期项目的数量不再构成套期关系的一部分。因此，仅针对不再构成套期关系一部分的被套期项目的数量终止运用套期会计，或者当作为被套期项目的预期交易的部分数量不再极可能发生时，仅对不再极可能发生的被套期项目的数量终止运用套期会计。然而,如果企业曾将预期交易指定为被套期项目,并在后续期间确定该预期交易预计不再会发生,则企业在预测类似的预期交易时,其准确预测预期交易的能力将受到质疑,这将影响对于类似的预期交易是否极可能发生的评估,并进而影响到这些类似的预期交易是否符合被套期项目的评估。

企业发生下列情形之一的,应当终止运用套期会计(包括部分终止运用套期会计和整体终止运用套期会计):

1. 因风险管理目标发生变化,导致套期关系不再满足风险管理目标。

2. 套期工具已到期、被出售、合同终止或已行使。在套期工具已到期、被出售、合同终止或已行使的情况下,套期关系或其一部分不再满足套期会计的条件,因此应当相应终止运用套期会计。

需要说明的是,根据本准则的规定,企业发生下列情形之一的,不作为套期工具已到期或合同终止处理:

(1)套期工具展期或被另一项套期工具替换,而且该展期或替换是企业书面文件所载明的风险管理目标的组成部分。

(2)由于法律法规或其他相关规定的要求,套期工具的原交易对手方变更为一个或多个清算交易对手方(例如清算机构或其他主体),以最终达成由同一中央交易对手方进行清算的目的。如果存在套期工具其他变更的,该变更应当仅限于替换交易对手方所必需的变更。在将原交易对手方更换为清算交易对手方并确认相应变更的影响时,应当将该影响反映在套期工具的计量中,进而纳入对套期有效性的评估和计量。

例如,对于套期关系中被指定为套期工具的衍生工具,由于新的法律法规要求变更为中央交易对手方,且该变更仅涉及替换交易对手方所必需的变更,则企业应当将原有衍生工具终止确认,并新确认变更交易对手方后的衍生工具,但是变更前的套期关系将作为持续的套期关系进行会计处理,企业无需对套期关系终止运用套期会计。

3. 被套期项目与套期工具之间不再存在经济关系,或者被套期项目和套期工具经济关系产生的价值变动中,信用风险的影响开始占主导地位。

4. 套期关系不再满足本准则所规定的运用套期会计方法的其他条件。例如,套期工具或被套期项目不再符合条件。在适用套期关系再平衡的情况下,企业应当首先考虑套期关系再平衡,然后评估套期关系是否满足本准则所规定的运用套期会计方法的条件。

当部分或整体终止运用套期会计时,企业可以对原套期关系中套期工具或被套期项目指定新的套期关系,这种情况并不构成套期关系的延续,而是重新开始一项套期关系。例如,某一套期工具出现严重信用恶化,企业以新的套期工具将其取代,这意味着原套期关系未能实现风险管理目标,因此被整体终止。新的套期工具被指定为对先前被套期的相同风险敞口进行的套期,并形成新的套期关系。在这种情况下,被套期项目的公允价值或现金流量变动的计量起始日应当是新套期关系的指定日,而非原套期关系的指定日。

六、关于确认和计量

(一)公允价值套期

本准则规定,公允价值套期满足运用套期会计方法条件的,应当按照下列规定处理:

1. 套期工具产生的利得或损失应当计入当期损益。如果套期工具是对选择以公允价值计量且其变动计入其他综合收益的非交易性权益工具投资(或其组成部分)进行套期的,套期工具产生的利得或损失应当计入其他综合收益。

2. 被套期项目因被套期风险敞口形成的利得或损失应当计入当期损益,同时调整未以公允价值计量的已确认被套期项目的账面价值。被套期项目为按照《企业会计准则第22号——

金融工具确认和计量》第十八条分类为以公允价值计量且其变动计入其他综合收益的金融资产（或其组成部分）的，其因被套期风险敞口形成的利得或损失应当计入当期损益，其账面价值已经按公允价值计量，不需要调整；被套期项目为企业选择以公允价值计量且其变动计入其他综合收益的非交易性权益工具投资（或其组成部分）的，其因被套期风险敞口形成的利得或损失应当计入其他综合收益，其账面价值已经按公允价值计量，不需要调整。

需要说明的是，被套期项目为尚未确认的确定承诺（或其组成部分）的，其在套期关系指定后因被套期风险引起的公允价值累计变动额应当确认为一项资产或负债，相关的利得或损失应当计入各相关期间损益。当履行确定承诺而取得资产或承担负债时，应当调整该资产或负债的初始确认金额，以包括已确认的被套期项目的公允价值累计变动额。

公允价值套期中，被套期项目为以摊余成本计量的金融工具（或其组成部分）的，企业对被套期项目账面价值所作的调整应当按照开始摊销日重新计算的实际利率进行摊销，并计入当期损益。该摊销可以自调整日开始，但不应当晚于对被套期项目终止进行套期利得和损失调整的时点。被套期项目为按照《企业会计准则第22号——金融工具确认和计量》第十八条分类为以公允价值计量且其变动计入其他综合收益的金融资产（或其组成部分）的，企业应当按照相同的方式对累计已确认的套期利得或损失进行摊销，并计入当期损益，但不调整金融资产（或其组成部分）的账面价值。

（二）现金流量套期

现金流量套期的目的是将套期工具产生的利得或损失递延至被套期的预期未来现金流量影响损益的同一期间或多个期间。本准则规定，现金流量套期满足运用套期会计方法条件的，应当按照下列规定处理：

（1）套期工具产生的利得或损失中属于有效套期的部分，作为现金流量套期储备，应当计入其他综合收益。现金流量套期储备的金额，应当按照下列两项的绝对额中较低者确定：

①套期工具自套期开始的累计利得或损失；

②被套期项目自套期开始的预计未来现金流量现值的累计变动额。

每期计入其他综合收益的现金流量套期储备的金额应当为当期现金流量套期储备的变动额。

（2）套期工具产生的利得或损失中属于无效套期的部分（即扣除计入其他综合收益后的其他利得或损失），应当计入当期损益。

本准则同时规定，企业应当按照下列规定对现金流量套期储备进行后续处理：

（1）被套期项目为预期交易，且该预期交易使企业随后确认一项非金融资产或非金融负债，或者非金融资产或非金融负债的预期交易形成一项适用于公允价值套期会计的确定承诺时，企业应当将原在其他综合收益中确认的现金流量套期储备金额转出，计入该资产或负债的初始确认金额。

（2）对于不属于上述（1）涉及的现金流量套期，企业应当在被套期的预期现金流量影响损益的相同期间，将原在其他综合收益中确认的现金流量套期储备金额转出，计入当期损益。

（3）如果在其他综合收益中确认的现金流量套期储备金额是一项损失，且该损失全部或部分预计在未来会计期间不能弥补的，企业应当将预计不能弥补的部分从其他综合收益中转出，计入当期损益。

本准则还规定，当企业对现金流量套期终止运用套期会计时，在其他综合收益中确认的累计现金流量套期储备金额，应当按照下列规定进行处理。

（1）被套期的未来现金流量预期仍然会发生的，累计现金流量套期储备的金额应当予以保留，并按照前述现金流量套期储备的后续处理规定进行会计处理。

（2）被套期的未来现金流量预期不再发生的，累计现金流量套期储备的金额应当从其他综合收益中转出,计入当期损益。被套期的未来现金流量预期不再极可能发生但可能预期仍然会发生,在预期仍然会发生的情况下,累计现金流量套期储备的金额应当予以保留,并按照前述现金流量套期储备的后续处理规定进行会计处理。

(三)境外经营净投资套期

1. 境外经营净投资套期会计处理原则

本准则规定,对境外经营净投资的套期,包括对作为净投资的一部分进行会计处理的货币性项目的套期,应当按照类似于现金流量套期会计的规定处理。

(1)套期工具形成的利得或损失中属于套期有效的部分,应当计入其他综合收益。

全部或部分处置境外经营时,上述计入其他综合收益的套期工具利得或损失应当相应转出,计入当期损益。

(2)套期工具形成的利得或损失中属于套期无效的部分,应当计入当期损益。

2. 多个母公司进行的套期

在一项由境外经营净投资产生的外汇风险的套期中,被套期项目的金额可以等于或小于母公司合并财务报表中该境外经营净资产账面价值。企业可以将被套期风险指定为境外经营的记账本位币与其任何母公司(直接的、中间的或最终的母公司)的记账本位币之间产生的外汇风险敞口。通过中间母公司持有净投资不影响最终母公司所面临外汇风险的性质。但是,境外经营净投资产生的外汇风险敞口只有在合并财务报表中才可能符合套期会计的条件。如果同一境外经营净资产的同一风险被集团内部一家以上的母公司(例如,直接和间接母公司)分别进行套期,则在最终母公司合并财务报表中只有一项套期关系符合套期会计的条件。

如果一项套期关系由较低层次间接母公司在其合并财务报表中进行了指定,那么在更高层次的母公司合并财务报表中可以决定保留该套期关系或重新指定。如果较高层次的母公司决定不保留该套期关系而是重新指定,那么,在较高层次母公司的合并财务报表中必须先转回较低层次母公司所运用的套期会计,再按照重新指定的套期关系运用套期会计。相反地,套期会计可以在较高层次母公司的合并财务报表中直接指定,不必在较低层次间接母公司的合并财务报表中进行指定。

3. 集团内可以持有套期工具的企业

一项衍生或非衍生金融工具(或衍生和非衍生金融工具的组合)可以被指定为境外经营净投资套期工具。只要满足本准则对境外经营净投资套期的指定、文件记录和有效性要求,套期工具就可由集团内部的任一家或几家企业持有。

如果持有套期工具的企业的记账本位币与投资于境外经营的母公司的记账本位币相同,就较容易进行套期有效性评估,因为在评估套期有效性时,可以假设持有境外经营的母公司也同时持有套期工具。如果持有套期工具的企业的记账本位币与投资于境外经营的母公司的记账本位币不同,评估套期有效性会较为复杂。这种情况下,套期有效性不仅要反映持有套期工具的企业的利得或损失(如果不使用套期会计,应计入合并损益),还应当反映对套期工具重新折算为母公司记账本位币的影响(如果不使用套期会计,应在合并其他综合收益中确认)。有效性的评估并不受套期工具是否是衍生工具的影响,也不受合并方法的影响。

(四)套期关系再平衡的会计处理

本准则规定,企业对套期关系作出再平衡的,应当在调整套期关系之前确定套期关系的套期无效部分,并将相关利得或损失立即计入当期损益。同时,更新在套期剩余期限内预期将影响套期关系的套期无效部分产生原因的分析,并相应更新套期关系的书面文件。

套期关系再平衡可能会导致企业增加或减少指定套期关系中被套期项目或套期工具的数

量。企业增加了指定的被套期项目或套期工具的,增加部分自指定增加之日起作为套期关系的一部分进行处理;企业减少了指定的被套期项目或套期工具的,减少部分自指定减少之日起不再作为套期关系的一部分,作为套期关系终止处理。

(五)一组项目套期的会计处理

1. 风险净敞口套期的会计处理

本准则规定,对于被套期项目为风险净敞口的套期,被套期风险影响利润表不同列示项目的,企业应当将相关套期利得或损失单独列示,不应当影响利润表中与被套期项目相关的损益列示项目(如营业收入或营业成本)金额。例如,某公司有一笔由100万美元的预期外币销售收入和80万美元的预期外币费用构成的外汇风险净头寸,该公司利用金额为20万美元的外汇远期合同对该外汇风险净头寸进行套期。当该外汇风险净头寸影响损益时,该外汇远期合同产生的现金流量套期储备重分类至损益的利得或损失应当与被套期的销售收入和费用区分开来并单独列示。如果销售收入产生的期间早于费用发生的期间,则销售收入仍应当按照即期汇率计量。相关的套期利得或损失应当单独列示,从而在损益中反映出净头寸套期的影响,并相应调整现金流量套期储备。如果被套期的费用将影响以后期间的损益(例如该费用将分期摊销),则之前对费用确认的套期利得或损失应在以后期间重分类至损益,且在利润表中与包含被套期费用的项目区分开单独列示。又如,企业通过利率互换合同对固定利率债务工具的利率风险进行套期。企业的套期目标旨在将固定利率现金流量转换成浮动利率现金流量。在对净头寸(例如,一项固定利率资产和一项固定利率负债构成的净头寸)进行套期时,套期工具的应计净利息应当单独列示,以避免将单个套期工具产生的利得或损失净额以相互抵销的总额形式在不同的报表项目中分别列示(即,不得将单项利率互换合同产生的净利息收入列示为利息收入总额和利息支出总额)。

因此,企业开展净敞口套期业务的,应当在利润表中增设"净敞口套期收益"项目,将"净敞口套期损益"科目的当期发生额在该项目中列示。

本准则还规定,对于被套期项目为风险净敞口的公允价值套期,涉及调整被套期各组成项目账面价值的,企业应当对各项资产和负债的账面价值作相应调整。

2. 其他一组项目套期的会计处理

本准则规定,除上述有关风险净敞口套期会计处理规定外,对于被套期项目为一组项目的公允价值套期,企业在套期关系存续期间,应当针对被套期项目组合中各组成项目,分别确认公允价值变动所引起的相关利得或损失,按照本准则第二十二条相关规定进行相应处理,计入当期损益或其他综合收益,涉及调整被套期各组成项目账面价值的,应当对各项资产和负债的账面价值做相应调整。

本准则规定,除上述有关风险净敞口套期会计处理规定外,对于被套期项目为一组项目的现金流量套期,企业在将其他综合收益中确认的相关现金流量套期储备转出时,应当按照系统、合理的方法将转出金额在被套期各组成项目中分摊,并按照本准则第二十五条的规定进行相应处理。

(六)期权时间价值的会计处理

本准则规定,企业将期权合同的内在价值和时间价值分开,只将期权的内在价值变动指定为套期工具时,应当区分被套期项目的性质是与交易相关还是与时间段相关,并进行不同的会计处理。

在评估期权是对与交易相关的被套期项目还是与时间段相关的被套期项进行套期时,关键在于被套期项目的性质,包括被套期项目影响损益的方式和时间。不论是公允价值套期还是现金流量套期,企业均应当基于被套期项目的性质来评估。

1. 被套期项目与交易相关的,对其进行套期的期权的时间价值具备该项交易成本的特征。如果该被套期项目导致确认一项初始计量包含交易成本的项目（如企业对预期交易或确定承诺涉及的商品价格风险进行套期，并将交易成本纳入存货的初始计量），则期权的时间价值应纳入特定的被套期项目的初始计量。与此类似，对构成预期交易或确定承诺商品销售的商品价格风险进行套期的企业，应当将期权的时间价值作为销售成本的一部分，在被套期的销售确认收入的相同期间计入损益。具体而言，企业应当将期权时间价值的公允价值变动中与被套期项目相关的部分计入其他综合收益，并按照与现金流量套期储备相同的会计处理方法进行处理。

2. 被套期项目与时间段相关的，对其进行套期的期权时间价值具备为保护企业在特定时间段内规避风险所需支付成本的特征。例如，如果使用期限为 6 个月的期权对企业的存货在该 6 个月中的价格风险进行套期，期权的时间价值应在这 6 个月期间内采用系统、合理的方法进行摊销计入损益。又如，在使用外汇期权对境外经营净投资进行为期 18 个月的套期时，期权的时间价值将在这 18 个月期间内进行分摊。

当期权被用于对与时间段相关的被套期项目进行套期时，被套期项目的特征（包括被套期项目影响损益的方式和时间）同时会影响期权时间价值的摊销期间，这与运用套期会计时期权内在价值影响损益的期间相一致。例如，如果使用某一利率期权（利率上限）来防止浮动利率债券利息费用增加，则利率上限的时间价值摊销计入损益的期间与利率上限的内在价值影响损益的期间相同，即如果使用利率上限对 5 年期浮动利率债券的前 3 年的利率上升风险进行套期，则利率上限的时间价值在前 3 年摊销计入损益；或者如果利率上限是远期起始期权，用于对 5 年期的浮动利率债券的第 2 年至第 3 年的利率上升风险进行套期，则利率上限的时间价值应在第 2 年和第 3 年进行摊销计入损益。

具体而言，企业应当将期权时间价值的公允价值变动中与被套期项目相关的部分计入其他综合收益。同时，企业应当按照系统、合理的方法，将期权被指定为套期工具当日的时间价值中与被套期项目相关的部分，在套期关系影响损益或其他综合收益（仅限于企业对指定为以公允价值计量且其变动计入其他综合收益的非交易性权益工具投资的公允价值套期）的期间内摊销，摊销金额从其他综合收益中转出，计入当期损益。由于期权的时间价值在期权到期时将归零，因此在期权存续期内的累计时间价值的公允价值变动等于指定套期时的时间价值。时间价值变动计入其他综合收益的金额应当根据变动的实际情况确定，但从其他综合收益转入当期损益（即摊销）的金额应当按照系统、合理的方法确定。转入和转出的金额最终是一致的，即指定套期时的时间价值。若企业终止运用套期会计，则其他综合收益中剩余的相关金额应当转出，计入当期损益。

期权的主要条款（如名义金额、期限和标的）与被套期项目相一致的，期权的实际时间价值与被套期项目相关；期权的主要条款与被套期项目不完全一致的，企业应当通过对主要条款与被套期项目完全匹配的期权进行估值确定校准时间价值，并确认期权的实际时间价值中与被套期项目相关的部分。

在套期关系开始时，期权的实际时间价值高于校准时间价值，企业应当以校准时间价值为基础，将其累计公允价值变动计入其他综合收益，并将这两个时间价值的公允价值变动差额计入当期损益；在套期关系开始时，期权的实际时间价值低于校准时间价值的，企业应当将两个时间价值中累计公允价值变动的较低者计入其他综合收益，如果实际时间价值的累计公允价值变动扣减累计计入其他综合收益金额后尚有剩余的，应当计入当期损益。

本准则对期权时间价值的会计处理同样适用于由购入期权和签出期权组成的组合期权，该组合期权在被指定为套期工具之日的净时间价值为零（通常被称为"零成本上下限期权"）。在这种情况下，即使在套期关系的整个期间内时间价值的累计变动为零，企业也应当将各期间时间价值的变动计入其他综合收益。如果期权的时间价值涉及与交易相关的被套期项目,在套期关系结束时调整被套期项目或是重分类至损益的时间价值为零;如果期权的时间价值涉及与时间段相关的被套期项目,在套期关系结束时期权时间价值相关摊销金额为零。

(七)远期合同的远期要素和金融工具的外汇基差的会计处理

企业将远期合同的远期要素和即期要素分开、只将即期要素的价值变动指定为套期工具的,或者将金融工具的外汇基差单独分拆、只将排除外汇基差后的金融工具指定为套期工具的,可以按照与期权时间价值相同的处理方式对远期合同的远期要素或金融工具的外汇基差进行会计处理,也可以按照常规会计处理方法进行处理。

七、关于信用风险敞口的公允价值选择权

许多金融机构通过信用衍生工具管理借贷活动产生的信用风险敞口。例如,金融机构运用信用衍生工具对信用风险敞口进行套期以将其贷款或贷款承诺的信用损失风险转移至第三方。但是根据《企业会计准则第22号——金融工具确认和计量》的相关规定,企业的信用衍生工具应当以公允价值计量且其变动计入当期损益,而贷款等并不一定以公允价值计量且其变动计入当期损益(如按摊余成本计量或尚未确认)。因此,在被套期风险敞口未按与信用衍生工具相同的基础进行计量的情况下,将会产生会计错配。

由于金融项目的信用风险通常无法单独识别,不属于符合条件的被套期项目,因此使用信用衍生工具对信用风险敞口进行套期的企业将无法运用套期会计。

为解决这一问题,并允许企业在一定程度上反映其信用风险管理活动,本准则允许企业可以选择采用以公允价值计量且其变动计入当期损益的方式计量被套期风险敞口的方法替代套期会计。

(一)指定条件

本准则规定,企业使用以公允价值计量且其变动计入当期损益的信用衍生工具管理金融工具(或其组成部分)的信用风险敞口时可以在该金融工具(或其组成部分)初始确认时、后续计量中或尚未确认时,将其指定为以公允价值计量且其变动计入当期损益的金融工具,并同时作出书面记录,但应当同时满足下列条件:

1. 金融工具信用风险敞口的主体(如借款人或贷款承诺持有人)与信用衍生工具涉及的主体相一致;

2. 金融工具的偿付级次与根据信用衍生工具条款须交付的工具的偿付级次相匹配。

需要说明的是,与《企业会计准则第22号——金融工具确认和计量》规定的公允价值选择权不同,本准则规定的对采用信用衍生工具管理信用风险敞口的金融工具的公允价值选择权,有以下灵活性:一是可以在金融工具初始确认后进行指定;二是可以对金融工具的一部分作出指定,而非仅限于金融工具全部;三是可以在一定条件下终止指定。

(二)相关会计处理

本准则第三十四条规定,金融工具(或其组成部分)被指定为以公允价值计量且其变动计入当期损益的,企业应当在指定时将其账面价值(如有)与其公允价值之间的差额计入当期损益。如该金融工具是按照《企业会计准则第22号——金融工具确认和计量》第十八条分类为以公允价值计量且其变动计入其他综合收益的金融资产的,企业应当将之前计入其他综合收益的累计利得或损失转出,计入当期损益。

在选择运用针对信用风险敞口(全部或部分)的公允价值选择权之后,同时满足下列条件的,企业应当对金融工具(或其一定比例)终止以公允价值计量且其变动计入当期损益:

1. 本准则规定的条件不再适用,例如信用衍生工具或金融工具(或其一定比例)已到期、被出售、合同终止或已行使,或企业的风险管理目标发生变化,不再通过信用衍生

工具进行风险管理。

2.金融工具（或其一定比例）按照《企业会计准则第 22 号——金融工具确认和计量》的规定，仍然不满足以公允价值计量且其变动计入当期损益的金融工具的条件。

当企业对金融工具（或其一定比例）终止以公允价值计量且其变动计入当期损益时，该金融工具（或其一定比例）在终止时的公允价值应当作为其新的账面价值。同时，企业应当采用与该金融工具被指定为以公允价值计量且其变动计入当期损益之前相同的方法进行计量。

八、关于衔接规定

本准则规定，本准则施行日之前套期会计处理与本准则要求不一致的，企业不作追溯调整。同时，要求企业在本准则施行日，应当按照本准则的规定对已存在的套期关系进行评估。在符合本准则要求的情况下可以进行再平衡，再平衡后仍然符合本准则规定的运用套期会计方法条件的，将其视为持续的套期关系，并将再平衡所产生的相关利得或损失计入当期损益。

本准则同时规定了例外情况，即在下列情况下，企业应当按照本准则的规定，对在比较期间最早的期初已经存在的，以及在此之后被指定的套期关系进行追溯调整：

（一）企业将期权的内在价值和时间价值分开，只将期权的内在价值变动指定为套期工具。

（二）本准则第二十一条（二）规定的情形。

此外，企业将远期合同的远期要素和即期要素分开、只将即期要素的价值变动指定为套期工具的，或者将金融工具的外汇基差单独分拆、只将排除外汇基差后的金融工具指定为套期工具的，可以按照与本准则期权时间价值相同的处理方式对远期合同的远期要素和金融工具的外汇基差的会计处理进行追溯调整。如果选择追溯调整，企业应当对所有满足该选择条件的套期关系进行追溯调整。

《企业会计准则第 25 号——原保险合同》重点难点说明

一、新准则适用的范围

新准则适用于保险人签发的保险合同,不涉及下列各项:

(一)保险人签发、持有的再保险合同,适用《企业会计准则第 26 号——再保险合同》。

(二)保险人向投保人签发的承担保险风险以外的其他风险的合同,适用《企业会计准则第 22 号——金融工具确认和计量》和《企业会计准则第 37 号——金融工具列报》。

(三)保险人签发的原保险合同产生的应收款项、损余物资等资产的减值,适用《企业会计准则第 22 号——金融工具确认和计量》和《企业会计准则第 37 号——金融工具列报》《企业会计准则第 1 号——存货》。

二、原保险合同的定义与划分

(一)原保险合同的定义

保险合同,是指保险人与投保人约定保险权利或义务关系,并承担源于投保人保险风险的协议。保险合同分为原保险合同和再保险合同。

原保险合同,是指保险人向投保人收取保费,对约定的可能发生的事故因其发生所造成的财产损失承担赔偿保险金责任,或者当被保险人死亡、伤残、疾病或者达到保险合同约定的年龄、期限时承担给付保险金责任的保险合同。

从保险合同的定义中可以看出,保险合同属于一种金融工具。国际会计准则第 32 号(以下简称"IAS 32")中将金融工具定义为"形成一个企业的金融资产并形成另一个企业的金融负债或权益性工具的合同"。

金融资产,是指属于下列权利和内容的资产:①现金;②从另一个企业收取现金或另一个金融资产的合同权利;③在潜在有利条件下,与另一个企业交换金融工具的权利;④另一个企业的权益性工具。

金融负债,是指属于下列某项合同义务的负债:①向另一个企业交付现金或另一金融资产的合同义务;②在潜在不利条件下,与另一个企业交换金融工具的合同义务。在保险合同下,合同一方保险公司在未来特定事项发生时需要向合同另一方或者指定的受益人做出赔偿或者给付。同时,为了承担另一方转移过来的风险,保险公司还要向保单持有人收取保费作为履行义务所收取的对价。因此,保险合同是合约性权利或义务,并能引起现金或其他金融工具的流动,符合 IAS 32 中有关金融工具的定义。对于保险公司来说,保险合同产生了一种金融资产(收取保费的权利)和金融负债(未来赔偿或给付的责任)。因此说保险合同等于一种金融工具。

(二)原保险合同的划分

保险合同多种多样,各种合同所面临的风险也有很大的区别。普通保险中包括财产保险、责任保险、信用保证保险等,又可以细分成其他多种不同的险种。人寿保险中包括终身人寿保险、定期人寿保险、年金合同、人身意外伤害险、长期看护保险,以及投资连接保险、万能人寿保险、两全保险、分红保险等。尽管普通保险合同和人寿保险合同都使保险公司面临风险,但是保险业会计研究风险的性质非常不同。不同国家对保险合同的分类也有不同的划分标准,如澳大利亚分为普通保险和人寿保险;我国按保险标的分为财产保险和人身保险,人身保险中分为人寿保险、人身意外伤害险和健康保险;日本则分为损害保险和生命保险,损害保险中包括财产保险、意外保险和健康保险,生命保险只是人寿保险。因此,很难有一致的标准对保险合同作出划分。对于会计准则,有些国家分别不同的保险而制定不同的准则,对不同的保险合同,采用的会计模式不同。例如,澳大利亚,普通保险需按照AASB 1023 "普通保险活动的财务报告"编制财务报告,而人寿保险公司则需要按照AASB 1038 "人寿保险公司"进行会计处理。美国FASB在有关保险公司的会计准则SFAS 60、97、113和SFAS 120中也是将保险合同分为长期保险合同和短期保险合同(分别涵盖财产保险与人寿保险)进行处理的。根据美国财务准则公告第60号《保险企业会计处理及其披露》(Accounting and Reporting by Insurance Enterprise)的规定,保险合同被划分为短期保险合同和长期保险合同,短期保险合同与长期保险合同不是以保险合同年限的长短为划分依据的,主要是根据期限是否可以预知、风险是否平均于保险期间、保费是否可调整及保费是否经过平准化设计来进行划分。

三、原保险合同的确定

保险人与投保人签订的合同是否属于保险合同,应当在单项合同的基础上,根据合同条款判断保险人是否承担了保险风险。

发生保险事故可能导致保险人承担赔付保险金责任的,应当确定保险人承担了保险风险。

保险事故,是指保险合同约定的保险责任范围内的事故。

保险人与投保人签订的合同,使保险人既承担保险风险又承担其他风险的,应当分别下列情况进行处理:

(一)保险风险部分和其他风险部分能够区分,并且能够单独计量的,可以将保险风险部分和其他风险部分进行分拆。保险风险部分,确定为原保险合同;其他风险部分,不确定为原保险合同。

(二)保险风险部分和其他风险部分不能够区分,或者虽能够区分但不能够单独计量的,应当将整个合同确定为原保险合同。

保险风险和其他风险的区别在于保险风险是指从合同持有人转移至合同签发人的除金融风险之外的风险。仅给签发人带来金融风险而不带来重大保险风险的合同不是原保险合同。

金融风险包括一系列金融变量和非金融变量。例如,某一特定地区的地震损失指数、某一特定城市的气温指数、对合同一方的资产造成损害或毁坏的火灾。

一些合同除了给签发人带来重大保险风险外,还给签发人带来金融风险。例如,很多人寿保险合同既向投保人保证最低收益率(产生金融风险),又向投保人承诺死亡给付,死亡给付有时会大大超过投保人的账户余额(保险风险从而以死亡率风险的形式产生,此类合同是原保险合同)。

保险风险定义的是承保人从投保人处接收的风险。换言之,保险风险是从投保人转移至承保人之前已存在的风险。因此,由合同所产生的新的风险不是保险风险。

保险合同的定义提到对投保人的不利影响。该定义并没有限定承保人支付的金额应等于不利事项的财务影响。例如,该定义没有排除"以新换旧"的保险方式,即支付给投保人足够的款项,使其足以购置一项新资产来替换已损坏的旧资产。类似地,该定义没有限定定期人寿保险合同中的赔付应等于死者遗属遭受的财务损失,也没有排除赔付预定的金额,以量化因死亡或事故所造成的损失。

按原保险合同延长期是否承担赔付保险金责任对保险合同进行分类。保险合同延长期不承担赔付保险金责任的,应当确定为非寿险保险合同;保险合同延长期承担赔付保险金责任的,应当确定为寿险保险合同。

保险合同延长期,是指投保人自上一期保费到期日未缴纳保费,保险人仍承担赔付保险金责任的期间。

四、原保险合同收入

(一)保费收入的确认

保费收入应当在下列条件均能满足时予以确认:

1. 原保险合同成立并承担相应保险责任。
2. 与原保险合同相关的经济利益很可能流入。
3. 与原保险合同相关的收入能够可靠地计量。

具体应用时应注意以下问题:第一,原保险合同成立并承担相应保险责任。原保险合同成立是先决条件,但是原保险合同成立并不意味着保险公司开始承担相应的保险责任。比如,货运险合同,签订合同是一个日期,合同条款规定保险公司开始承担保险责任可能是另外一个日期。在这种情况下,在签订合同时,不能将收到的保费作为保费收入,只能作为预收款处理,待承担保险责任时再转为保费收入;第二,与原保险合同相关的经济利益很可能流入,这规定了保险公司只有在有把握收取保费时,才能确认保费收入,如果有确凿证据表明投保人不能按保险合同规定的期限和金额缴纳保费,则不能确认保费收入;第三,与原保险合同相关的收入能够可靠地计量。假设承保条件改变或保险标的保险价值发生变化,造成收入难以确定,公司不能将其作为保险收入。

(二)保费收入的计量

保险人应当分别非寿险保险合同和寿险保险合同确定保费收入金额。

对于非寿险原保险合同,保险人应当根据保险合同约定的保费总额确定保费收入金额。

对于寿险原保险合同,分期收取保费的,应当根据当期应收取的保费确定;一次性收取保费的,应当根据一次性收取的保费确定。

原保险合同提前解除的,保险人应当按照原保险合同约定计算确定应退还投保人的金额,确认退保费,计入当期损益。

对于原保险合同产生的资产、负债、收入等的处理,有两种模式,即递延配比法和资产负债法,具体表述如下:

1. 递延配比法。递延配比法是根据传统会计中配比的概念,使原保险的成本(通常不确定且难以估计)与原保险保费收入(通常很容易计量)配比,以确定利润。这种方法的特点如下:①收到保费时,并不立即确认为收入,而是将未到期保费递延,确认为负债,在合同期间内确认为收入,如果递延的保费不足以满足预期的赔付成本,需要确认责任准备金;②将取得成本递延,并在保险合同期间内予以摊销,以将其和保费收入在合同期间配比;③为了反映风险的聚集,有些国家对某些业务要求提取巨灾准备和均衡准备。

这种方法强调的是收益表中的利润的计量,符合传统会计的配比原则,减少了不稳健以及操纵报告利润的风险,产生的利润较稳定,因为这种方法较少地依赖于原保险合同开始时的主观估计。

2. 资产负债法。资产负债法强调的是资产和负债的计量,利润是资产和负债金额变化的结果。在此方法下:①取得成本不符合资产的定义,不应确认为资产;②保险负债表示保险人剩余理赔和合同下的风险的价值,包括所有直接和间接合同成本,而不是未到期保费的递延,所以,随着不确定性转为确定而使保险人从风险中解脱,有些收益和损失得以确认;③巨灾和均衡准备不符合负债的定义,不应确认为负债。

这种方法强调的是资产负债表中资产和负债的计量,认为收益是资产和负债变化的结果。和递延配比法相反,在资产负债法下,保单销售时,就需确认资产和负债,同时相应确认收益和费用。因此,在这种方法下,在保单初始确认时,就可能会产生初始损益。这种方法强调只有符合资产和负债的定义以及确认标准的项目才确认为保险资产和负债,不符合资产和负债定义的项目不确认为资产和负债,而且根据保险资产和负债计量的变化来反映收入和费用,从而计算利润。

本准则采用资产负债法,主要理由如下:

第一,资产负债法下以保险资产和负债计量的变化来定义收入和费用,与财务报表各要素定义的逻辑关系相一致。而递延配比法对资产、负债的定义不符合企业财务会计概念框架中对资产、负债的定义,尽管原保险合同有其特殊性,但这种特殊性不足以使其会计处理背离会计的概念基础。保险企业会计对资产、负债的定义仍然应遵循企业财务会计概念框架中对资产、负债的定义。只要符合某项要素的定义,能够可靠地计量,便可确认。

第二,尽管递延配比法尊重了会计核算中权责发生制,但忽略了保险行业的基本特征。保险人收到保费时就意味着不确定负债的开始,即保险人应根据保险条款的规定提供相应的保险保障。因此,保险人所承担的负债应当代表保险人在该保单下的净风险,这种风险保障值与保单有效期内保费的剩余值并不相等,投保人缴纳的保费并不完全是该保险标的的风险价值,保险人应记录的负债不是递延的收入。

第三,采用资产负债法对保险企业的资产、负债的确认与计量容易被理解,能增加保险会计信息的透明性,而且该种方法对资产和负债进行确认与计量符合会计的概念基础,这也是其他行业会计所采用的基础,可以提高保险会计和其他会计的可比性,使保险企业所提供的会计信息更能满足保险会计信息使用者的需求。

五、原保险合同准备金

原保险合同准备金,包括未到期责任准备金、未决赔款准备金、寿险责任准备金和长期健康险责任准备金。

(一)保险责任准备金的含义

各项责任准备金是保险公司对投保人或保单持有人应承担的未了的责任,即保险公司对因承保保险业务而引起将来支付的责任或对已存在的负债提存的基金。责任准备金的计算需要运用大量的假设、经验数据和贴现率,因此会计人员难以从保险合同中直接计量负债,往往需要保险精算人员运用特定的方法和程序进行计量。

责任准备金的责任,是指保险公司因承保保险业务而引起的对投保人的责任,所以保险负债是区别于一般企业的负债的,它不是由于债权债务引起的负债,而是根据保险合同的规定:由于保险事故的发生或将要发生引起的保险公司需要向投保人(收益人)赔付或给付的金额。另外,这里的负债强调的是"将来的"和"已有的"负债,将来的负债是指按照保险合同的约定在将来的某个时刻应赔付的金额,而已有的负债,是指保险事故已经发生,而保险理赔还没有完成,将来的负债具有很大的不确定性,计量需要运用精算技术,已有的负债则是一种确定的负债,这两种负债在理论上分别代表着长期负债(如未到期责任准备金)和短期负债(如未决赔偿准备金)。

(二)保险责任准备金的特点

1.不确定性。保险企业本身的经营就具有不确定性。一方面,在短期保险业务中,保险企业承担的赔偿责任主要与保险事件造成的损失程度有关,由于无法预知事故是否发生及可能造成损失的大小,因此保险责任准备金的数额具有不确定性;在长期保险业务中,保险由于带有储蓄性质,故保险人必然会发生负债,保险责任准备金相对有一定的确定性,但保险责任准备金的计提仍然是建立在一系列的假设基础上,所以仍具有不确定性。另一方面,保险经营的风险中不仅有正常风险,还包括异常风险。

2. 未来性。保险企业进行保险金补偿或给付的经济行为时,其保险责任准备金只在经营业务完成以后才能真正核算。保险企业在签订合同承担责任的时候,对保险责任准备金的确定具有预测性。

3. 估计性。由于未来损失的不确定性和存在一些预测的因素,所有的估计都是基于人们的假设,在假设的基础上,再选择具体的方法进行计提,因此产生的保险责任准备金的数额也是一个估计数。

从保险企业的角度来讲,由于保费通常在投保人发生保险事故或发生生存至规定年龄之前收取,而赔偿或给付是在此之后。因此保险企业所承担的赔付责任是因为过去收取了保险费这一事项而产生的。同时,因保险责任准备金具有不确定性、未来性、估计性的特点,使得保险企业到底赔付多少还要根据实际的保险事故发生情况来决定,由此看来因收取保险费而计提的保险责任准备金就是或有损失。

(三)保险责任准备金的性质

责任准备金本质上是一种对或有事项的确认。当保险公司签发了对某项损失承担保障的保单,保险公司就产生了一项潜在的负债,保险公司有可能被要求支付保单中的全部金额、部分金额或不支付任何金额。在单一保单的情况下,试图计量出负债是不可能的。因此,单个保单具备了或有事项的性质,却不具备对或有事项进行确认计量的条件。但是从保单整体来看,由于保险是以大数法则为依据的,所以可以根据经验数据来估计多个保单的整体损失。同时,对整体保单而言,保险事件的发生是可以肯定的事情,多个保单的未来给付责任可以作为能够确认的或有事项。通过保费的签订可以看到,保费预期是用来支付损失和费用的,那么在整个保险责任期内,为未来给付所作的支付准备就应该在保费中提取,由此形成的保险公司的准备金实质上是对未来责任的计量。

我国《企业会计准则第13号——或有事项》将"或有事项"定义为:"过去的交易或者事项形成的,其结果须由某些未来事项的发生或不发生才能决定的不确定事项"。如果与或有事项相关的义务同时符合以下条件,企业应当将其作为负债:①该义务是企业承担的现时义务;②履行该义务很可能导致经济利益流出企业;③该义务的金额能够可靠地计量。根据或有事项确认的条件,保险公司未来的给付或赔偿从保单整体上讲是必然要发生的,同时它运用统计技术也是可以合理计量的。责任准备金的计提是一种或有事项的确认。责任准备金的计提从会计理论上还有如下意义:①有利于收入与损失的配比,既然保费收入是为在保险责任期间不经常发生的理赔支付或在一定期间后发生的给付进行投保产生的收入,因此,有必要在确认收入的同时对将来可能发生的支付计提出来以便于两者的配比;②保证收益的稳定性。由于保险事故的发生具有突然性,会造成会计期间之间收益波动过大,提取责任准备金后,可以对各期的会计收益进行调节,使得报告的收益稳定化;③促进各会计期间的可比性。计提责任准备金使得发生了保险事故的会计期间和未发生事故的会计期间的财务报告之间具有一定的可比性。

(四)保险责任准备金的计提与充足性测试

1. 未到期责任准备金。未到期责任准备金,是指保险人为尚未终止的非寿险保险责任提取的准备金。

保险人应当在确认非寿险保费收入的当期,按照保险精算确定的金额,提取未到期责任准备金,作为当期保费收入的调整,并确认未到期责任准备金负债。

保险人应当在资产负债表日,按照保险精算重新计算确定的未到期责任准备金金额低于已提取的未到期责任准备金余额的差额,调整未到期责任准备金。

未到期责任准备金应该以大数法则为原理,通过对一定时期内一定数量同质风险的经验分析,总结出带有规律性的风险评估的特征,考虑到风险的不确定性和一些保单长期性的特点来构建特殊的精算方法和精算假设,使未到期责任准备金得到合理计量并最终能够得以实现。

2. 未决赔款准备金。未决赔款准备金，是指保险人为非寿险保险事故已发生尚未结案的赔案提取的准备金，包括已发生已报案未决赔款准备金、已发生未报案未决赔款准备金和理赔费用准备金。

保险人应当在非寿险保险事故发生当期，按照保险精算确定的金额，提取未决赔款准备金，并确认未决赔款准备金负债。

已发生已报案未决赔款准备金，是指保险人为非寿险保险事故已发生并已向保险人提出索赔，尚未结案的赔案提取的准备金。在这种情况下，保险企业与索赔人对索赔案件是否属于保险责任范围、保险赔款的金额尚未达成协议，在一般情况下可以精确地确定损失金额。但有些情况，投保人或受益人已经将保险事故通知保险企业，但尚未提出具体的赔偿金额的案件，在通常的情况下都具有不确定性。存在着诸如损失是否发生、损失的程度、这些损失根据现有的法律条文是否可以得到补偿，以及可能引起的诉讼结果等问题。这些问题的答案最多只能根据企业的经验进行估计。然而，尽管单个赔案的最终金额很难估算，但大量类似索赔的准备金却能比较准确地估计，同时这也是保险企业的现时义务，是保险企业的预计负债，且赔偿的可能性较大，因此这类预计负债是可以确认的。

已发生未报案未决赔款准备金，是指保险人为非寿险保险事故已发生，尚未向保险人提出索赔的赔案提取的准备金。

提取已发生未报案未决赔款准备金的情况有两种。一种是因为损失刚刚发生在年末，在12月31日，即最后一个营业日之前还没有报告，这类损失的多少只能根据保险企业往年的经验粗略估计。同已发生、已报告赔款准备金一样，大量类似索赔的准备金能比较准确地估计。另一种是偶然发生的事故，这类事故可能发生在1年以前，也可能发生在10年甚至几十年前，这类情况就难以根据企业往年的经验来进行估计。

理赔费用准备金，是指保险人为非寿险保险事故已发生尚未结案的赔案可能发生的律师费、诉讼费、损失检验费、相关理赔人员薪酬等费用提取的准备金。

3. 寿险责任准备金和长期健康险责任准备金。寿险责任准备金，是指保险人为尚未终止的人寿保险责任提取的准备金。长期健康险责任准备金，是指保险人为尚未终止的长期健康保险责任提取的准备金。

保险人应当在确认寿险保费收入的当期，按照保险精算确定的金额，提取寿险责任准备金、长期健康险责任准备金，并确认寿险责任准备金负债、长期健康险责任准备金负债。

在长期性人寿保险中，寿险责任准备金是以预定死亡率、预定利率和预定费用率为基础计算的。由于生命表具有较大的稳定性，而利率和费用率也可以根据经验进行预测，因此只要这三个依据较为准确，寿险责任准备金的计提具有相当的准确性。

长期健康险责任准备金的计提类似于人寿保险，往往都实行均衡保费制，考虑的主要因素有死亡率、发病率、利息率和费用率，在计量上也同样具有较大的确定性。

4. 责任准备金的充足性测试。保险人应当至少于每年年末终了，对未决赔款准备金、寿险责任准备金、长期健康险责任准备金进行充足性测试。

保险人按照保险精算重新计算确定的相关准备金金额超过充足性测试日已提取的相关准备金余额的，应当按照其差额补提相关准备金；保险人按照保险精算重新计算确定的相关准备金金额小于或等于充足性测试日已提取的相关准备金余额的，不调整相关准备金。

（五）各种保险准备金的具体核算

1. 未决赔款准备金。未决定赔款准备金主要内容如下：①本科目核算公司由于已经发生保险事故并已提出保险赔款以及已经发生保险事故但尚未提出保险赔款而按规定提存的未决赔款准备金；②期末，公司按规定提存的未决赔款准备金，借记"提存未决赔款准备金"科目，贷记本科目，同时，转回上期提存的未决赔款准备金，借记本科目，贷记"转回未决赔款准备金"科目；③本科目应按险种设置明细账；④本科目期末贷方余额，反映公司本期提存的未决赔款准备金。

2. 未到期责任准备金。未到期责任准备金主要内容如下：①本科目核算公司1年以内（含1年）的财产险、意外伤害险、健康险业务按规定提存的未到期责任准备金；②期末，公司按规定提存的未到期责任准备金，借记"提存未到期责任准备金"科目，贷记本科目，同时，转回上年同期提存的未到期责任准备金，借记本科目，贷记"转回未到期责任准备金"科目；③本科目应按险种设置明细账；④本科目期末贷方余额，反映公司已提存但尚未转回的未到期责任准备金。

3. 寿险责任准备金。寿险责任准备金主要内容如下：①本科目核算公司人寿保险业务按规定提存的准备金；②期末，公司按规定提存的寿险责任准备金，借记"提存寿险责任准备金"科目，贷记本科目，同时，将上年同期提存的寿险责任准备金加当期因投保人转入而增加的寿险责任准备金，减当期因投保人转出而减少的寿险责任准备金后的余额转回，借记本科目，贷记"转回寿险责任准备金"科目，发生投保人从外地转入保险关系而转入的寿险责任准备金时，借记"银行存款"科目，贷记本科目，投保人迁往外地转移保险关系而转出寿险责任准备金时，借记本科目，贷记"银行存款"科目；③本科目应按险种设置明细账；④本科目期末贷方余额，反映公司已提存但尚未转回的寿险责任准备金。

4. 长期健康险责任准备金。长期健康险责任准备金主要内容如下：①本科目核算公司长期性健康保险业务按规定提存的准备金；②期末，公司按规定提存的长期健康险责任准备金，借记"提存长期健康险责任准备金"科目，贷记本科目，同时，将上年同期提存的长期健康险责任准备金，加当期因投保人转入而增加的长期健康险责任准备金，减当期因投保人转出而减少的长期健康险责任准备金后的余额转回，借记本科目，贷记"转回长期健康险责任准备金"科目，发生投保人从外地转入保险关系而转入的长期健康险责任准备金时，借记"银行存款"科目，贷记本科目，投保人迁往外地转移保险关系而转出长期健康险责任准备金时，借记本科目，贷记"银行存款"科目；③本科目应按险种设置明细账；④本科目期末贷方余额，反映公司已提存但尚未转回的长期健康险责任准备金。

六、原保险合同成本

原保险合同成本，是指保险合同发生的、会导致所有者权益减少的、与向所有者分配利润无关的经济利益的总流出。它主要包括发生的手续费或佣金支出、赔付成本，以及提取的未决赔款准备金、寿险责任准备金、长期健康险责任准备金。

（一）取得成本

保险人在取得原保险合同过程中发生的手续费、佣金，应当在发生时计入当期损益。

取得费用又称新单费用或承保费用。对于短期保险业务，取得成本支出虽然可能跨越两个会计年度，但总体上一般不超过1年的时间，若短期保险业务保费收入的收取与相应取得成本的发生在时间分布上较为均衡，取得成本与保费收入在较短的保险期间内是基本匹配的。长期保险业务收取保险费是均衡的，但取得成本在保单初期发生额远远大于保单后期的发生额，造成取得成本与保费收入在长时间内不相匹配。取得成本来源于保费中的附加保费。

当前取得成本的核算范围以及确认与计量方法是国际保险会计界讨论较多的内容。一种是把取得成本直接计入当期损益，这会影响当期成本的核算；另外一种就是把取得成本视为一项递延资产。采用不同的方法会直接影响某一会计期间的损益。

本准则将取得费用直接计入当期损益。

（二）资金成本

资金成本，是指长期保险业务按保险条款约定准备支付给投保人的利息。由于人寿保险业务保费的平均化收取，导致人寿保险保单前期实际所收保费大于实际所需危险保费，一部分保费会以储蓄保费的形式沉淀下来。因此，一般人寿保险业务条款对保单持有人都有利息返还的义务。由于资金成本包含在人寿保险责任准备金中，特别是大部分的责任准备金不是按照预定返还利率进行评估，一般国家保险会计很少对资金成本进行单独归集，我国目前的会计制度与财务制度也是如此。但是，对于人寿保险而言，虽然资金成本包含在责任准备金中，但其对人寿保险业务的影响尤为深远。目前我国人寿保险业务受制于前些年高利率保单的影响，财务状况不佳，备受各界关注。

资金成本主要核算人寿保险业务预计返还利息。从实务角度看，人寿保险预计返还利息包含在人寿保险责任准备金之中，一般不会引起人们的重视。但实际上预计返还利息通常是人寿保险业务最为重要的成本项目，也是当前我国人寿保险公司最为优先的风险控制对象，对其单独核算有利于准确计算保险业务盈亏和保险资金运用盈亏，有利于保险公司加强资金成本的管理，分析风险的成因，提高经济效益。资金成本仅限于人寿保险业务中具有预定返还利息的条款。预定返还利息在会计期末按以下公式计算：

预定返还利息＝$\sum$（年初寿险责任准备金＋本期纯保费－各项给付）÷2×险种预定利率

（三）经营管理成本

经营管理成本，是指保险公司为维持业务发展和对保单提供正常的管理所发生的营业费用、投资费用等。与取得成本相似，经营管理成本也来源于保险业务收入中的附加保费，成本支出的上限应以附加保费为限。经营管理成本的高低取决于公司的经营管理水平，因此要降低经营管理成本，就必须提高公司的经营管理水平。在经营管理成本中，有的属于固定成本，有的属于变动成本；有的属于可控成本，有的属于不可控成本。因此，这部分成本的细分、管理和控制，是保险公司成本管理的重要内容。

我国现行保险公司会计制度与财务制度没有将投资费用从保险业务营业费用中分离出来，从一定意义上看，营业费用来自保费收入中的附加保费，而投资费用来源于资金运用收益，如果两者不分别核算，造成保险业务与投资业务损益不实，不利于了解保险业务与投资业务各自的贡献程度，同时也不利于对保险业务实施有效的费用管理政策。经营管理成本以实际发生的时间及金额计入当期成本。

（四）保险风险成本

保险风险成本，是指与保险业务相关的各项业务支出。与其他成本不同的是，除实际发生的保险赔款或给付可以直接确认与计量外，还有很多项目（如责任准备金提转差）在一定程度上要依赖保险精算来完成。保险风险成本是保险公司经营管理中的核心问题，是影响承保利润最主要的项目。保险风险成本来源于保费收入中的危险保费，从一般意义上看，预测的保险风险成本具有一定的确定性（保单已经签订，且保费已经收取），而实际发生的保险风险成本具有广泛的分散性与不确定性，导致了保险风险成本管理上的难度，并且在准备金的确认与计量上需要运用一些假设来完成。

1. 赔付费用——未决赔款准备金。保险人应当在非寿险保险事故发生时，按照保险精算确定的金额提取未决赔款准备金，作为赔付费用，计入当期损益。

保险人应当在确定支付赔付款项金额的当期，按照确定支付的赔付款项金额，计入当期损益；同时冲减相应的未决赔款准备金余额。

2. 赔付费用——寿险责任准备金、长期健康险责任准备金。保险人应当在确认寿险保费收入时，按照保险精算确定的金额提取寿险责任准备金、长期健康险责任准备金，作为赔付费用，计入当期损益。

保险人实际支付赔付款项时，按照确定支付的赔付款项金额，计入当期损益；同时冲减相关寿险责任准备金、长期健康险责任准备金余额。

3. 赔付费用——不足责任准备金。保险人应当在资产负债表日，按照充足性测试补提的未决赔款准备金、寿险责任准备金、长期健康险责任准备金,作为赔付费用,计入当期损益。

4. 赔付费用——损余物资。保险人承担赔偿保险金责任取得的损余物资,应当按照同类或类似资产的市场价格计算确定的金额确认为资产,并冲减当期赔付成本。处置损余物资时,保险人应当按照收到的金额与相关损余物资账面价值的差额,调整当期赔付成本。

5. 赔付费用——代位追偿款。保险人承担赔偿保险金责任应收取的代位追偿款,同时满足下列条件的,应当确认为应收代位追偿款,并冲减当期赔付成本:①与该代位追偿款有关的经济利益很可能流入;②该代位追偿款的金额能够可靠地计量。收到代位追偿款时,保险人应当按照收到的金额与相关应收代位追偿款账面价值的差额,调整当期赔付成本。

6. 赔付费用——保险合同提前解除。原保险合同提前解除的,保险人应当转销相关未到期责任准备金、寿险责任准备金、长期健康险责任准备金余额,计入当期损益。

七、列报

(一)保险人应当在资产负债表中单独列示与原保险合同有关的项目
1. 未到期责任准备金。
2. 未决赔款准备金。
3. 寿险责任准备金。
4. 长期健康险责任准备金。

(二)保险人应当在利润表中单独列示与保险合同有关的项目
1. 保费收入。
2. 退保费。
3. 提取未到期责任准备金。
4. 已赚保费。
5. 手续费支出。
6. 赔付成本。
7. 提取未决赔款准备金。
8. 提取寿险责任准备金。
9. 提取长期健康险责任准备金。

(三)保险人应当在财务报表附注中披露与原保险合同有关的信息
1. 代位追偿款的有关情况。
2. 损余物资的有关情况。
3. 各项准备金的增减变动情况。
4. 提取各项准备金及进行准备金充足性测试的主要精算假设和方法。

《企业会计准则第 26 号——再保险合同》重点难点说明

一、新准则适用范围

（一）本准则适用于保险人签发、持有的再保险合同。保险人将分入的再保险业务转分给其他保险人而签订的转分保合同，比照本准则处理。

（二）下列各项适用其他准则。

保险人签发的原保险合同，适用《企业会计准则第 25 号——原保险合同》。

再保险合同产生的应收款项的减值，适用《企业会计准则第 22 号——金融工具确认和计量》和《企业会计准则第 37 号——金融工具列报》。

二、再保险合同定义

再保险合同，是指一个保险人（再保险分出人）分出一定的保费给另一个保险人（再保险接受人），再保险接受人对再保险分出人由原保险合同所引起的赔付成本以及其他相关费用进行补偿的保险合同。

三、再保险合同的种类

（一）按再保险的方式分为比例再保险合同和非比例再保险合同，前者是以保险金额为基础的再保险合同；后者是以赔款金额为基础的再保险合同。

（二）按不同的分保安排可以分为临时再保险合同、合同再保险合同和预约再保险合同。

临时再保险合同是指，根据业务需要临时选择再保险接受人，经协商达成协议，逐笔成交的分保合同。对于临时再保险的业务，再保险接受人没有义务一定接受。临时再保险是再保险合同发展的早期形式，但现在仍然采用。

合同再保险合同是指，由再保险分出人和再保险接受人以预先签订合同的方式确定双方的权利和义务关系，在一定时期内对一宗或一类业务进行约定的分保合同。对于合同分保业务，再保险分出人和再保险接受人都没有选择余地，双方必须接受。

预约再保险合同是指，介于合同再保险合同和临时再保险合同之间的一种再保险合同。对于合同中规定的业务，再保险分出人有权选择是否分出，一旦分出，再保险接受人必须接受，即预约再保险对再保险分出人有临时再保险合同性质，对再保险接受人有合同再保险合同性质。

四、再保险合同的主要内容

再保险合同的主要内容包括：再保险合同当事人的名称、地址；保险期限；执行条款，含再保险的方式、业务范围、地区范围及责任范围；除外责任；保险费的计算、支付方式及对原保险人的税收处理；手续费条款；赔款条款；账务条款，即账单编送及账务结算事宜；仲裁条款，规定再保险合同仲裁范围、仲裁地点、仲裁机构、仲裁程序和仲裁效力等；保险合同终止条款，规定终止合同的通知，订明特殊终止合同的情形；货币条款，规定自负责任额、分保责任额、保费和赔款使用的货币以及结付应用的汇率；保险责任的分担及除外责任；争议处理，包括仲裁和诉讼条款；赔款规定等。再保险合同的常用条款一般包括如下内容。

（一）共同利益条款

共同利益条款是关于双方共同权利的规定，即原保险人与再保险人在保险费的获得、向第三者追偿、保险金赔付、保险仲裁或诉讼等方面对被保险人或受益人而言有着共同的利益。上述事宜，原保险人在维护双方共同利益的情况下，有权单独处理，由此而产生的原保险人为自己单独利益以外的一切费用由双方均摊。为维护再保险人的利益，共同利益条款一般还规定，再保险人不承担超过再保险合同规定责任范围以外的赔款和费用，也不承担超过再保险合同规定限额以上的赔款和费用。

（二）过失或疏忽条款

过失或疏忽条款是在保险期限内保险事故发生以及原保险人在执行再保险合同条款时，由于原保险人的过失或疏忽而非故意造成的损失，再保险人仍应承担相应的赔偿责任。

（三）双方权利保障条款

双方权利保障条款是原保险人与再保险人应保证对方享有其权利，以使合法利益得到保护。原保险人应赋予对方查校账册，如保单、保费、报表、赔案等业务文件的权利；再保险人则赋予原保险人选择承保标的、制定费率和处理赔款的权利。

（四）其他条款

其他条款是保险合同应具有的共同条款，包括：缔约当事人的名称、地址；保险期限；再保险的险种和方式；保险费的计算和支付方式；保险责任的分担及除外责任；争议处理，包括仲裁和诉讼条款；赔款规定等。

五、再保险的方式

（一）比例再保险

比例再保险，是指再保险分出人与再保险接受人相互订立合同，按照保险金额比例分担原保险责任的一种分保方法。在这种方法中，再保险分出人的自留额和分保额表现为保额的一定比例。这个比例亦是分割保费与赔款的依据，也就是说，保额、保费、赔款按同一比例分担。

在比例再保险中，可以分为成数再保险、溢额再保险和混合再保险。

1. 成数再保险：最简单的一种再保险方式。原保险人将每一风险单位的保险金额，按双方商定的固定比例即成数确定原保险人的自留额和再保险人的分保额，再保险费、赔款的分摊均按同一比例计算。

2. 溢额再保险：以保额为基础，由再保险分出人确定自己承担的自留额，以自留额的一定倍数为分出额，并按照自留额和分出额的比例对保额、保费和赔款进行分摊的一种分保方式。

3. 成数和溢额混合再保险：将成数和溢额两种再保险方式混合运用，即把成数分保合同视同自留限额，以成数分保合同限额的若干线数作为溢额分保限额。在安排上可以有先后，既可以先安排成数分保，也可先安排溢额分保。

（二）非比例再保险

非比例再保险，是指再保险分出人和再保险接受人相互订立保险合同，以赔款金额作为基础分担原保险责任的一种再保险方式，即先规定再保险分出人自己负担的赔款额，超过这一额度的赔款分保出去，由再保险接受人承担。当然，再保险接受人也不是无限地承担责任，往往也有限额的规定。而且，非比例再保险采取单独的费率计算，与原保费没有像比例再保险那样的比例关系。非比例再保险分为超额赔款再保险和赔付率超赔再保险。

1. 超额赔款再保险。超额赔款也可以是非比例再保险的通称，但这里指的是以赔款额度作为自留和分保界限的一种分保方式，在运用中也分为险位超赔分保险和事故超赔分保险。

险位超赔分保险，是指以每一风险单位一次事故中有限风险单位所发生的赔款金额来计算自留额和分保额的保险。如果在一次事故当中造成多个风险单位的损失，有的合同也规定风险单位个数限定。

2. 损失中止超赔再保险或赔付率超赔再保险。这种方式是按年度赔款累计总额或按年度赔款与保费的比率来计算自留额和分保额的。这是在一定期间内控制风险的一种方式。

六、再保险与原保险

（一）再保险与原保险的联系

再保险是保险人将原保险业务（即直接保险业务）分给其他保险人的过程。当原保险合同约定的保险事故发生时，再保险人按照再保险合同的规定对原保险人承担的损失给予补偿。可见，再保险与原保险具有十分密切的关系，两者相辅相成，相互促进。

1. 原保险是再保险的基础，再保险是由原保险派生的。从保险发展的历史上看，先有保险，后有再保险。再保险的产生和发展，是基于原保险人分散风险的需要。再保险是以原保险人承保的风险责任为保险标的，以原保险人的实际赔款和给付为摊赔条件的。所以，其保险责任、保险金额、保险期限等，都必须以原保险合同为基础，没有原保险就没有再保险。

2. 再保险是对原保险的保险，再保险支持和促进原保险的发展。保险人将自己所承保的一部分风险责任向再保险人分保，从而也将一部分风险责任转移给再保险人。当原保险人承保的保险标的发生损失时，再保险人必须按保险合同的规定分担相应的赔款。原保险人从再保险人那里摊回分保部分的赔款，有利于保障原保险人经营的安全和稳定。可见，再保险作为原保险的保险，是对原保险人所承保的风险的进一步分散，原保险人通过再保险可以控制自己的保险责任，扩大承保能力，从而支持和促进了原保险的发展。

（二）再保险与原保险的区别

原保险和再保险都是为了分散风险，补偿损失，但在保险经营中两者还是有很大区别：

1. 保险关系的主体不同。原保险关系的主体是保险人与投保人或被保险人，体现了保险人与投保人之间的经济关系；而再保险关系的主体是原保险人与再保险人，再保险体现的是保险人之间的经济关系。

2. 保险标的不同。原保险的保险标的包括财产、人身、责任、信用以及有关的利益，既有财产保险、人身保险，也有责任保险和信用保险；而再保险的标的则是原保险人所承担的风险责任，是一种具有责任保险性质的保险。

3. 保险赔付的性质不同。原保险人在履行赔付职责时，对财产保险是损失补偿，而对人身保险则是给付补偿，所以原保险合同包括补偿性合同和给付性合同两种；而再保险人对原保险合同的分摊，无论是财产再保险还是人身再保险，都是对原保险人承担的风险损失的补偿，所以再保险合同均为补偿性合同。

（三）再保险是独立于原保险的保险

再保险是在原保险的基础上产生的，再保险合同必须以原保险合同的存在为前提。但是，再保险与原保险没有必然的连续性，再保险是一项独立的保险业务。首先，再保险合同不是原保险合同的从属合同，而是独立的合同，它与原保险合同没有任何法律上的继承关系。因为除了法定再保险外，原保险人是否办理再保险，哪些保险责任需要分保，分出多少，这完全是由原保险人根据自己的财务和经营状况自主决定的。其次，再保险是原保险人与再保险人之间订立再保险合同的经济行为，体现原保险人与再保险人之间的经济关系或法律关系，再保险合同只对原保险人和再保险人具有法律的约束力，再保险人只对原保险人负责，而与原保险合同中的投保人或被保险人没有任何法律关系。再保险人无权向投保人收取保费，投保人也无权向再保险人索赔。当合同约定的损失发生时,只能由原保险人向再保险人索取赔款。同时,原保险人也不得以再保险人未支付摊付的赔款为由,拖延或拒绝对原投保人履行赔偿责任。

七、分出业务的会计处理

(一) 分出业务的基本会计处理

再保险分出人应当单独确认再保险合同产生的资产、负债及相关收支,不得将再保险合同形成的资产与有关原保险合同形成的负债相互抵销,也不应当将再保险合同形成的收入或费用与有关原保险合同形成的费用或收入相互抵销。

再保险分出人应当在确认原保险合同保费收入的当期,按照相关再保险合同的约定,计算确定分出保费,计入当期损益;同时,原保险合同为非寿险保险合同的,再保险分出人应当按照相关再保险合同的约定,计算确认相关的应收分保未到期责任准备金资产,并冲减提取未到期责任准备金。

再保险分出人应当在资产负债表日调整原保险合同未到期责任准备金余额时,相应调整应收分保未到期责任准备金余额。

再保险分出人应当在确认原保险合同保费收入的当期,按照相关再保险合同的约定,计算确定应向再保险接受人摊回的分保费用,计入当期损益。

再保险分出人应当在提取原保险合同未决赔款准备金、寿险责任准备金、长期健康险责任准备金的当期,按照相关再保险合同的约定,计算确定应向再保险接受人摊回的相应准备金,确认为相应的应收分保准备金资产。

再保险分出人应当在确定支付赔付款项金额或实际发生理赔费用而冲减原保险合同相应准备金余额的当期,冲减相应的应收分保准备金余额;同时,按照相关再保险合同的约定,计算确定应向再保险接受人摊回的赔付成本,计入当期损益。

再保险分出人应当在原保险合同提前解除的当期,按照相关再保险合同的约定,计算确定分出保费、摊回分保费用的调整金额,计入当期损益;同时,转销相关应收分保准备金余额。

再保险分出人应当在因取得和处置损余物资、确认和收到应收代位追偿款等而调整原保险合同赔付成本的当期,按照相关再保险合同的约定,计算确定摊回赔付成本的调整金额,计入当期损益。

再保险分出人应当在发出分保业务账单时,将账单标明的扣存本期分保保证金确认为存入分保保证金;同时,按照账单标明的返还上期扣存分保保证金转销相关存入分保保证金。

再保险分出人应当根据相关再保险合同的约定,按期计算存入分保保证金利息,计入当期损益。

再保险分出人应当根据相关再保险合同的约定,在能够计算确定应向再保险接受人收取的纯益手续费时,将该项纯益手续费作为摊回分保费用,计入当期损益。

对于超额赔款再保险等非比例再保险合同,再保险分出人应当根据再保险合同的约定,计算确定分出保费,计入当期损益。

再保险分出人调整分出保费时,应当将调整金额计入当期损益。

再保险分出人应当在能够计算确定应向再保险接受人摊回的赔付成本时,将该项应摊回的赔付成本计入当期损益。

(二) 分出业务具体会计核算

1. "分保业务往来"科目。本科目核算公司之间开展分保业务而发生的各种往来款项。公司发生分入分保业务时,按分入保费,借记本科目,贷记"分保费收入"科目;如果分保业务账单中还同时标明了赔款、费用等项目金额,按分保业务账单中标明的赔款、费用等项目金额,借记"分保赔款支出""分保费用支出"等科目,按分保业务账单中标明的分保费等项目金额,贷记"分保费收入"等科目,按其差额,借记或贷记本科目。公司发生分出分保业务时,按分出保费,借记"分出保费"科目,贷记本科目;如果分保业务账单中还同时标明了赔款、费用等项目金额,按分保业务账单中标明的分保费金额,借记"分出保费"科目,按分保业务账单中标明的赔款、费用等项目金额,贷记"摊回分保赔款""摊回分保费用"等科目,按其差额,借记或贷记本科目。公司结算分保业务款项,实际支付款项时,借记本科目,贷记"银行存款"科目;实际收到款项时,借记"银行存款"科目,贷记本科目。

本科目应按往来单位设置明细账。期末借方余额,反映公司尚未收回的分保赔款;如为贷方余额,反映公司应付的分保账款。经确认为坏账的应收分保账款,冲销坏账准备,借记"坏账准备"科目,贷记本科目。已确认坏账并转销的应收分保账款,以后又收回的,按收回的金额,借记本科目,贷记"坏账准备"科目;同时,借记"银行存款"科目,贷记本科目。

2. "分出保费"科目。本科目核算保险公司分出分保业务向再保险接受人支付的分保公司发生的分出分保业务,按分保业务账单中标明的分出保费等项目金额,借记本科目和其他科目,贷记"分保业务往来"科目。该科目应按业务年度和险别设置明细账。本科目期末无余额。

3. "摊回分保赔款"科目。本科目核算公司分出分保业务向再保险接受人摊回的应由其承担的赔款。公司向再保险接受人发出分保业务账单时,应按账单中标明的分保费金额,借记"分出保费"科目,按账单中标明的赔款、费用等项目金额,贷记本科目、"摊回分保费用"等科目,按其差额,贷记或借记"分保业务往来"科目。本科目应按险种设置明细账。期末,应将本科目的余额转入"本年利润"科目,结转后本科目应无余额。

4. "摊回分保费用"科目。本账户核算公司分出分保业务向再保险接受人摊回的应由其承担的各项费用。公司向再保险接受人发出分保业务账单时,应按账单中标明的分保费金额,借记"分出保费"科目,按账单中标明的费用、赔款等项目金额,贷记本科目和"摊回分保赔款"等科目,按其差额,贷记或借记"分保业务往来"科目。本科目应按险种设置明细账。期末,应将本科目的余额转入"本年利润"科目,结转后本科目应无余额。

5. "存入分保准备金"科目。本科目核算公司分出分保业务按合同约定扣存再保险接受人的保费形成的准备金。公司发生分出分保业务时,按分保业务账单中标明的分保资金额,借记"分出保费"科目,按分保业务账单中标明的应返还上年同期的准备金,借记本科目,按分保业务账单中标明的扣存本期准备金、赔款和费用等项目金额,贷记本科目和"摊回分保赔款""摊回分保费用"科目,按其差额,贷记或借记"分保业务往来"科目。本科目按再保险接受人设置明细账。期末贷方余额,反映公司扣存的尚未退还的分保准备金。

6. "预收分保赔款"科目。本科目核算公司分出分保业务按保险合同约定预收的分保赔款。预收分保赔款,借记"银行存款"科目,贷记本科目;发出分出分保业务账单时,按账单上转销的赔款,借记本科目,贷记"摊回分保赔款"等科目。本科目应按再保险接受人设置明细账。期末贷方余额,反映公司尚未转销的预收分保赔款。

八、分入业务的会计处理

(一)分入业务的基本会计处理

分保费收入同时满足下列条件的,才能予以确认:

1. 再保险合同成立并承担相应保险责任。
2. 与再保险合同相关的经济利益很可能流入。
3. 与再保险合同相关的收入能够可靠地计量,具体表述如下:

(1)再保险接受人应当根据相关再保险合同的约定,计算确定分保费收入金额。

(2)再保险接受人应当在确认分保费收入的当期,根据相关再保险合同的约定,计算确定分保费用，计入当期损益。

（3）再保险接受人应当根据相关再保险合同的约定，在能够计算确定应向再保险分出人支付的纯益手续费时，将该项纯益手续费作为分保费用，计入当期损益。

（4）再保险接受人应当在收到分保业务账单时，按照账单标明的金额对相关分保费收入、分保费用进行调整，调整金额计入当期损益。

（5）再保险接受人提取分保未到期责任准备金、分保未决赔款准备金、分保寿险责任准备金、分保长期健康险责任准备金，以及进行相关分保准备金充足性测试，比照《企业会计准则第25号——原保险合同》的相关规定进行处理。

（6）再保险接受人应当在收到分保业务账单的当期，按照账单标明的分保赔付款项金额，作为分保赔付成本，计入当期损益；同时，冲减相应的分保准备金余额。

（7）再保险接受人应当在收到分保业务账单时，将账单标明的扣存本期分保保证金确认为存出分保保证金；同时，按照账单标明的返还上期扣存分保保证金转销相关存出分保保证金。

（8）再保险接受人应当根据相关再保险合同的约定，按期计算存出分保保证金利息，计入当期损益。

（二）分入业务具体会计核算

1. "分保费收入"科目。本科目核算保险公司接受分入分保业务向分保分出人收取的分保费。公司发生分入分保业务时，按分保业务账单中标明的分入保费等项目金额，借记"分保业务往来"等科目，贷记本科目及其他有关科目。本科目应按业务年度和险种等设置明细账。本科目期末结转"本年利润"科目后无余额。

2. "分保赔款支出"科目。本科目核算保险公司接受分保业务而向分保分出人支付的分保赔款。发生分保赔款支出时，借记本科目，贷记"分保业务往来"科目。期末将本科目余额结转利润时，借记"本年利润"科目，贷记本科目。本科目应按业务年度和险种设明细账。本科目期末无余额。

3. "分保费用支出"科目。本科目核算保险公司接受分保业务而向分保分出人支付的各项费用。根据分保业务账单标明的费用支出额，借记本科目，贷记"分保业务往来"科目。期末将本账户余额结转利润时，借记"本年利润"科目，贷记本科目。该科目应按业务年度和险别设置明细账。期末结转"本年利润"科目后无余额。

4. "存出分保准备金"科目。本科目核算公司分入分保业务按保险合同约定存出的分保准备金。公司发生分入分保业务时，应按分保业务账单中标明的扣存本期的准备金、赔款和费用等项目金额，借记本科目和"分保赔款支出""分保费用支出"科目，按分保业务账单中标明的分保费金额，贷记"分保费收入"科目，按分保业务账单中标明的返还上年同期的准备金，贷记本科目，按其差额，借记或贷记"分保业务往来"科目。本科目应按分保分出人设置明细账。期末借方金额，反映公司存出的分保准备金数额。

5. "预付赔款"科目。本科目核算公司在处理各种理赔案件过程中按照保险合同约定预先支付的赔款。公司分入分保业务预付的赔款也在本科目核算。公司预付赔款时，借记本科目，贷记"现金""银行存款"科目。结案后将预付赔款转为赔款支出时，借记"赔款支出"科目，贷记本科目；按照分出公司分保业务账单转销预付赔款时，借记"分保赔款支出"科目，贷记本科目。本科目应按险种或分保分出人设置明细账。期末借方余额，反映公司实际预付的赔款。

九、列报

（一）保险人应当在资产负债表中单独列示与再保险合同有关的项目

1. 应收分保账款。

2. 应收分保未到期责任准备金。
3. 应收分保未决赔款准备金。
4. 应收分保寿险责任准备金。
5. 应收分保长期健康险责任准备金。
6. 应付分保账款。

（二）保险人应当在利润表中单独列示与再保险合同有关的项目

1. 分保费收入。
2. 分出保费。
3. 摊回分保费用。
4. 分保费用。
5. 摊回赔付成本。
6. 分保赔付成本。
7. 摊回未决赔款准备金。
8. 摊回寿险责任准备金。
9. 摊回长期健康险责任准备金。

（三）保险人应当在附注中披露与再保险合同有关的信息

1. 分入业务各项分保准备金的增减变动情况。
2. 分入业务提取各项分保准备金及进行分保准备金充足性测试的主要精算假设和方法。

《企业会计准则第27号——石油天然气开采》应用指南

一、矿区的划分

矿区,是指企业进行油气开采活动所划分的区域或独立的开发单元。矿区的划分是计提油气资产折耗、进行减值测试等的基础。矿区的划分应当遵循以下原则。

(一)一个油气藏可作为一个矿区。

(二)若干相邻且地质构造或储层条件相同或相近的油气藏可作为一个矿区。

(三)一个独立集输计量系统为一个矿区。

(四)一个大的油气藏分为几个独立集输系统并分别进行计量的,可分为几个矿区。

(五)采用重大新型采油技术并实行工业化推广的区域可作为一个矿区。

(六)在同一地理区域内不得将分属不同国家的作业区划分在同一个矿区或矿区组内。

二、钻井勘探支出的处理采用成果法

根据本准则第十三条、第十四条和第十五条规定,对于钻井勘探支出的资本化应当采用成果法,即只有发现了探明经济可采储量的钻井勘探支出才能资本化,结转为井及相关设施成本,否则计入当期损益。

三、油气资产及其折耗

(一)油气资产,是指油气开采企业所拥有或控制的井及相关设施和矿区权益。油气资产属于递耗资产。

递耗资产,是指通过开采、采伐、利用而逐渐耗竭,以致无法恢复或难以恢复、更新或按原样重置的自然资源,如矿藏等。

开采油气所必需的辅助设备和设施(如房屋、机器等),作为一般固定资产管理,适用《企业会计准则第4号——固定资产》。

(二)油气资产的折耗,是指油气资产随着当期开发进展而逐渐转移到所开采产品(油气)成本中的价值。本准则第六条和第二十一条规定,企业应当采用产量法或年限平均法对油气资产计提折耗。

1.产量法又称单位产量法。该方法是以单位产量为基础对探明矿区权益的取得成本和井及相关设施成本计提折耗。采用该方法对油气资产计提折耗时,矿区权益应以探明经济可采储量为基础,井及相关设施以探明已开发经济可采储量为基础。

2.年限平均法又称直线法。该方法将油气资产成本均衡地分摊到各会计期间。采用该方法计算的每期油气资产折耗金额相等。

企业采用的油气资产折耗方法,一经确定,不得随意变更。

未探明矿区权益不计提折耗。

四、弃置义务

根据本准则第二十三条规定,在确认井及相关设施成本时,弃置义务应当以矿区为基础进行预计，主要涉及井及相关设施的弃置、拆移、填埋、清理和恢复生态环境等所发生的支出。

五、未探明矿区权益的减值

根据本准则第七条（二）规定，未探明矿区权益应当至少每年进行一次减值测试。按照单个矿区进行减值测试的，其公允价值低于账面价值的，应当将其账面价值减记至公允价值，减记的金额确认为油气资产减值损失；按照矿区组进行减值测试并计提减值准备的，确认的减值损失不分摊至单个矿区权益的账面价值。

《企业会计准则第 28 号——会计政策、会计估计变更和差错更正》应用指南

一、会计政策和会计估计的确定

企业应当根据本准则的规定，结合本企业的实际情况，确定会计政策和会计估计，经股东大会或董事会、经理（厂长）会议或类似机构批准，按照法律、行政法规等的规定报送有关各方备案。

企业的会计政策和会计估计一经确定，不得随意变更。如需变更，应重新履行上述程序，并按本准则的规定处理。

二、会计政策及其变更

根据本准则第三条规定，会计政策是指企业在会计确认、计量和报告中所采用的原则、基础和会计处理方法。企业采用的会计计量基础也属于会计政策。

（一）实务中某项交易或者事项的会计处理，具体会计准则或应用指南未作规范的，应当根据《企业会计准则——基本准则》规定的原则、基础和方法进行处理；待做出具体规定时，从其规定。

（二）会计政策变更采用追溯调整法的，应当将会计政策变更的累积影响数调整期初留存收益。留存收益包括当年和以前年度的未分配利润和按照相关法律规定提取并累积的盈余公积。调整期初留存收益是指对期初未分配利润和盈余公积两个项目的调整。

三、前期差错及其更正

前期差错应当采用追溯重述法进行更正，视同该项前期差错从未发生过，从而对财务报表相关项目进行重新列示和披露。追溯重述法的会计处理与追溯调整法相同。

《企业会计准则第29号——资产负债表日后事项》重点难点说明

一、对"资产负债表日后事项"定义的正确理解

资产负债表日后事项,是指资产负债表日至财务报表批准报出日之间发生的有利或不利事项。财务报表批准报出日,是指董事会或类似机构批准财务报表报出的日期。

由传统编制会计报表一贯遵循的"在结账和编制会计报表之前,必须对账"(将凭证与账簿、总账和明细账、账簿与实物资产进行核对),保证"账证""账账""账实"三相符的原则的观念,到"资产负债表日后事项"的思维方式是一个很大的改变。该准则已打破了数字在期末后不能更改的观念。

二、正确理解资产负债表日后至财务报表批准报出日的几个时点的划分

正确理解资产负债表日后至财务报表批准报出日的几个时点的划分含义,是学习本准则的难点问题。例如,一家上市公司委托会计师事务所对其2005年度的财务报表进行审计,会计期间为2005年1月1日至2005年12月31日;结账日期为2005年12月31日;编制报表日期为2006年2月15日;审计外勤结束日为2006年3月20日;董事会批准财务报表对外公布日为2006年4月20日,则企业的调整事项和非调整事项的相关时间段及有关具体日期如下:

(一)调整事项:2005年12月31日一直延续至2006年4月20日。

(二)非调整事项:2006年1月1日至2006年4月20日。

(三)审计报告日:2006年3月20日(也是注册会计师外勤审计结束日)。

(四)批准财务报表对外报出日:2006年4月20日(即董事会批准财务报表对外公布日)。

(五)再次批准日:若在2006年4月20日财务报告批准对外公布日以后,又发生了新的进一步的证据,有助于对资产负债表日存在的状况的有关金额作出重新估计的调整事项,那么必须经过董事会再次审查批准后,即是2006年4月28日。

三、调整与非调整事项的概念及其内容的确认

正确区分调整事项和非调整事项是处理资产负债表日后事项的关键,应掌握有关资产负债表日后事项的"调整"与"非调整事项"的概念及其内容的确认。调整事项,是指对资产负债表日已经存在的情况提供了新的或进一步证据的事项,据此对资产负债表日所反映的收入、费用、资产、负债以及所有者权益进行调整。资产负债表日后非调整事项,是指表明资产负债表日后发生的情况的事项,不影响资产负债表日的存在情况,但不加以说明将会影响财务报告使用者作出正确估计和决策的事项。

应强调的是:

(一)调整与非调整事项是一个广泛的概念,就事项本身来说,可以有各种各样的性质,只要符合准则中对两类事项的定义即可,如准则中"对一个企业的巨额亏损"的范围没

有数量的界限,同样 50 万元的亏损,注册资本为 100 万元的公司可称为巨额亏损,而对注册资本为 1 亿元的公司就不能称为巨额亏损。这就需要企业会计人员的职业判断,根据具体情况决定是否属于巨额亏损。

(二)同一性质的事项可能是调整事项,也可能是非调整事项,这取决于有关状况是资产负债表日后(包括资产负债表日以前,即事项"发生"的"根"在资产负债表日前,但其"结果"在会计报表之后);还是在资产负债表日后新发生或存在的事项,即事项发生的"根"在年终资产负债表日以后的次年,其"结果"在资产负债表年报对外公布之前。前者为资产负债表日后调整事项,后者为资产负债表日后事项的非调整事项。

(三)判定调整事项与非调整事项的基本条件是:第一,调整事项应符合:①资产负债表日前已经发生,并根据当时掌握的资料,已经作了会计处理,②资产负债表日后又获得新的证据表明原会计处理不准确,需重新或补充处理;第二,非调整事项应符合:①资产负债表日后"新发生",②对使用者理解会计报表有重大影响。

(四)本准则所列的方式,没有包括所有调整和非调整事项,准则中只列举了几大类调整与非调整事项的内容,会计人员应按照本准则第五条和第七条规定的判断原则,确立资产负债表日后发生的事项中哪些属于调整事项,哪些属于非调整事项,这要看会计人员的职业判断水平。

(五)"资产负债表日后事项",已经作为调整事项调整会计报表有关项目数字的,除法律、法规以及其他会计准则另有规定外,不需要在会计报表附注中进行披露。

四、以前年度损益调整账户的结构与使用方法

对于"调整事项",应按本准则对调整事项的要求进行两方面工作。

资产负债表日后发生的调整事项,应当如同资产负债表所属期间发生的事项一样,作出账务处理。

(一)需要调整的事项有:

1. 资产负债表日后诉讼案件结案,法院判决证实了企业在资产负债表日已经存在现时义务,需要调整原先确认的与该诉讼案件相关的预计负债,或确认一项新负债;

2. 资产负债表日后取得确凿证据,表明某项资产在资产负债表日发生了减值或者需要调整该项资产原先确认的减值金额;

3. 资产负债表日后进一步确定了资产负债表日前购入资产的成本或售出资产的收入;

4. 资产负债表日后发现了财务报表舞弊或差错。

(二)调整资产负债表日已编制的会计报表。这里会计报表包括:①资产负债表;②利润表;③现金流量表;④相关附表。

应强调的是,由于资产负债表日后事项发生在次年,上半年的有关账目已经在资产负债表日 12 月 31 日结转,特别是损益类账户在结账后已无余额。因此,资产负债表日后发生的调整事项,应当分别以下情况进行账务处理,具体处理如下:

第一,凡涉及损益的事项,一般通过"以前年度损益调整"科目核算。

(1)调整"增加"以前年度收益(或调整"减少"以前年度亏损的事项;同时调整"减少"的所得税,记入"以前年度损益调整"科目的贷方)。

(2)调整"减少"以前年度收益(或调整"增加"以前年度亏损的事项;同时调整"增加"的所得税,记入"以前年度损益调整"科目的借方)。

(3)"以前年度损益调整"科目的贷方(或借方余额),转入"利润分配——未分配利润"科目。

《企业会计准则第 29 号——资产负债表日后事项》重点难点说明

"以前年度损益调整"科目的结构与使用方法总结如表 1 所示。

表 1　以前年度损益调整

借：调减以前年度收益 　　调增以前年度亏损 　　调增以前年度的所得税	贷：调增以前年度收益 　　调减以前年度亏损 　　调减以前年度的所得税
转未分配利润科目贷方	转未分配利润科目借方

第二，凡涉及利润分配调整的事项，直接在"利润分配——未分配利润"科目核算。

第三，凡不涉及损益和利润分配的事项，调整相关科目。

第四，通过上述"账务处理"后，还应同时调整会计报表相关项目的"数字"，包括：

（1）资产负债表日编制的会计报表相关项目的数字（上年）（包括资产负债表、利润表、现金流量表及相关的附表说明）。

（2）当期编制的会计报表相关项目的年初数（次年）。这个调整的年初数，应按照当期表中"调整后"的数字填列（次年）。

《企业会计准则第 30 号——财务报表列报》应用指南

一、总体要求

《企业会计准则第 30 号——财务报表列报》（以下简称"本准则"）规范了财务报表的列报。列报，是指交易或事项在报表中的列示和在附注中的披露。其中，"列示"通常反映资产负债表、利润表、现金流量表和所有者权益（或股东权益，下同）变动表等报表中的信息，"披露"通常反映附注中的信息。本准则主要规范了财务报表的组成，财务报表列报的基本要求，资产负债表、利润表、所有者权益变动表的列示和附注的披露内容、结构及其编制方法等问题。

本准则规定，财务报表是对企业财务状况、经营成果和现金流量的结构性表述。一套完整的财务报表至少应当包括"四表一注"，即资产负债表、利润表、现金流量表、所有者权益变动表和附注，并且这些组成部分在列报上具有同等的重要程度，企业不得强调某张报表或某些报表（或附注）较其他报表（或附注）更为重要。本准则规定，企业应当依据各项会计准则确认和计量的结果编制财务报表；企业编制财务报表时应当对企业持续经营能力进行评估；企业应当按照权责发生制编制财务报表，但现金流量表信息除外；企业财务报表项目的列报应当在各个会计期间保持一致；企业单独列报或汇总列报相关项目时应当遵循重要性原则；企业财务报表项目一般不得以金额抵销后的净额列报；企业应当列报可比会计期间的比较数据等。

本准则规定，资产负债表应当按照资产、负债和所有者权益三大类别分类列报，并且资产和负债应当按照流动性列示。利润表应当对费用按照功能分类进行列报，同时在附注中披露费用按照性质分类的利润表补充资料；利润表中其他综合收益项目应当根据其他相关会计准则的规定分为"以后会计期间不能重分类进损益的其他综合收益项目"和"以后会计期间在满足规定条件时将重分类进损益的其他综合收益项目"两类列报。所有者权益变动表应当反映构成所有者权益的各组成部分当期的增减变动情况，综合收益和与所有者（或股东）的资本交易导致的所有者权益变动应当分别列示。本准则还对附注至少披露的信息进行了规范。企业应当根据本准则及应用指南的规定，并结合自身经营活动的性质，确定本企业适用的财务报表格式。企业如存在特殊项目或特殊行业企业确有特别需要的，可以结合本企业的实际情况，在本应用指南规定的财务报表格式的基础上对财务报表格式进行相应调整和补充。

二、关于适用范围

本准则规定，本准则适用于个别财务报表和合并财务报表，以及年度财务报表和中期财务报表。在遵循本准则的基础上，企业编制合并财务报表的，还应当遵循《企业会计准则第 33 号——合并财务报表》。企业编制中期财务报表的，还应当遵循《企业会计准则第 32 号——中期财务报告》，中期财务报告至少应当包括资产负债表、利润表、现金流量表和附注，企业可以根据需要自行决定是否编制中期所有者权益变动表。与年度财务报表相比，除中期财务报告中的附注披露可适当简化外，中期资产负债表、利润表、现金流量表和所有者权益变动表（如果编制的话）的格式和内容应当与年度财务报表相一致。

从财务报表组成部分来看，本准则主要对资产负债表、利润表、所有者权益变动表的列报和附注的披露进行了规范，企业编制现金流量表还应当遵循《企业会计准则第31号——现金流量表》，但是本准则对财务报表列报的基本要求同样适用于现金流量表的列报。本准则对财务报表列报进行了原则性和框架性的规定，是企业列报财务报表的最低要求，企业还应当同时遵循其他会计准则中规定的特殊列报要求。

三、关于财务报表列报的基本要求

（一）依据各项会计准则确认和计量的结果编制财务报表

企业应当根据实际发生的交易或事项，遵循《企业会计准则——基本准则》（以下简称"基本准则"）、各项具体会计准则及解释的规定进行确认和计量，并在此基础上编制财务报表。

企业应当在附注中对这一情况做出声明，只有遵循了企业会计准则的所有规定时，财务报表才应当被称为"遵循了企业会计准则"。同时，企业不应以在附注中披露代替对交易或事项的确认和计量，也就是说，企业采用的不恰当的会计政策，不得通过在附注中披露等其他形式予以更正，企业应当对交易或事项进行正确的确认和计量。

此外，如果按照各项会计准则规定披露的信息不足以让报表使用者了解特定交易或事项对企业财务状况、经营成果和现金流量的影响时，企业还应当披露其他的必要信息。

（二）列报基础

本准则规定，企业应当以持续经营为基础编制财务报表。持续经营是会计的基本前提，也是会计确认、计量及编制财务报表的基础。在编制财务报表的过程中，企业管理层应当全面评估企业的持续经营能力。企业管理层在对企业持续经营能力进行评估时，应当利用其所有可获得的信息，评估涵盖的期间应包括企业自资产负债表日起至少12个月，评估需要考虑的因素包括宏观政策风险、市场经营风险、企业目前或长期的盈利能力、偿债能力、财务弹性以及企业管理层改变经营政策的意向等。评价结果表明对持续经营能力产生重大怀疑的，企业应当在附注中披露导致对持续经营能力产生重大怀疑的影响因素以及企业拟采取的改善措施。

企业在评估持续经营能力时应当结合考虑企业的具体情况。通常情况下，如果企业过去每年都有可观的净利润，并且易于获取所需的财务资源，则对持续经营能力的评估易于判断，这表明企业以持续经营为基础编制财务报表是合理的，而无须进行详细的分析；反之，如果企业过去多年有亏损的记录等情况，则需要通过考虑更加广泛的、相关因素来作出评价，比如目前和预期未来的获利能力、债务清偿计划、替代融资的潜在来源等。

企业如果存在以下情况之一，则通常表明其处于非持续经营状态：①企业已在当期进行清算或停止营业；②企业已经正式决定在下一个会计期间进行清算或停止营业；③企业已确定在当期或下一个会计期间没有其他可供选择的方案而将被迫进行清算或停止营业。企业处于非持续经营状态时，应当采用清算价值等其他基础编制财务报表，比如破产企业的资产采用可变现净值计量、负债按照其预计的结算金额计量等。在非持续经营情况下，企业应当在附注中声明财务报表未以持续经营为基础列报、披露未以持续经营为基础的原因以及财务报表的编制基础。

（三）权责发生制

本准则规定，除现金流量表按照收付实现制编制外，企业应当按照权责发生制编制其他财务报表。在采用权责发生制会计的情况下,当项目符合基本准则中财务报表要素的定义和确认标准时,企业就应当确认相应的资产、负债、所有者权益、收入和费用,并在财务报表中加以反映。

(四)列报的一致性

可比性是会计信息质量的一项重要质量要求,目的是使同一企业不同期间和同一期间不同企业的财务报表相互可比。本准则规定,财务报表项目的列报应当在各个会计期间保持一致,不得随意变更。这一要求不仅只针对财务报表中的项目名称,还包括财务报表项目的分类、排列顺序等方面。

在下列情况下,企业可以变更财务报表项目的列报:①会计准则要求改变财务报表项目的列报;②企业经营业务的性质发生重大变化或对企业经营影响较大的交易或事项发生后,变更财务报表项目的列报能够提供更可靠、更相关的会计信息。企业变更财务报表项目列报的,应当根据本准则的有关规定提供列报的比较信息。

(五)依据重要性原则单独或汇总列报项目

关于项目在财务报表中是单独列报还是汇总列报,应当依据重要性原则来判断。总的原则是,如果某项目单个看不具有重要性,则可将其与其他项目汇总列报;如具有重要性,则应当单独列报。企业应当遵循如下规定:

1. 性质或功能不同的项目,一般应当在财务报表中单独列报,但是不具有重要性的项目可以汇总列报。比如,存货和固定资产在性质上和功能上都有本质差别,必须分别在资产负债表上单独列报。

2. 性质或功能类似的项目,一般可以汇总列报,但是对其具有重要性的类别应该单独列报。比如,原材料、低值易耗品等项目在性质上类似,均通过生产过程形成企业的产品存货,因此可以汇总列报,汇总之后的类别统称为"存货"在资产负债表上单独列报。

3. 项目单独列报的原则不仅适用于报表,还适用于附注。某些项目的重要性程度不足以在资产负债表、利润表、现金流量表或所有者权益变动表中单独列示,但对附注却具有重要性,在这种情况下应当在附注中单独披露。比如,对某制造业企业而言,原材料、在产品、库存商品等项目的重要性程度不足以在资产负债表上单独列示,因此在资产负债表上汇总列示,但是鉴于其对该制造业企业的重要性,应当在附注中单独披露。

4. 本准则规定在财务报表中单独列报的项目,企业应当单独列报。其他会计准则规定单独列报的项目,企业应当增加单独列报项目。

重要性是判断财务报表项目是否单独列报的重要标准。本准则规定,重要性,是指在合理预期下,如果财务报表某项目的省略或错报会影响使用者据此作出经济决策的,则该项目就具有重要性。企业在进行重要性判断时,应当根据所处环境,从项目的性质和金额大小两方面予以判断:一方面,应当考虑该项目的性质是否属于企业日常活动、是否显著影响企业的财务状况、经营成果和现金流量等因素;另一方面,判断项目金额大小的重要性,应当通过单项金额占资产总额、负债总额、所有者权益总额、营业收入总额、营业成本总额、净利润、综合收益总额等直接相关或所属报表单列项目金额的比重加以确定。企业对于各个项目的重要性判断标准一经确定,不得随意变更。

(六)财务报表项目金额间的相互抵销

本准则规定,财务报表项目应当以总额列报,资产和负债、收入和费用、直接计入当期利润的利得项目和损失项目的金额不能相互抵销,即不得以净额列报,但企业会计准则另有规定的除外。比如,企业欠客户的应付款不得与其他客户欠本企业的应收款相抵销,否则就掩盖了交易的实质。又如,收入和费用反映了企业投入和产出之间的关系,是企业经营成果的两个方面，为了更好地反映经济交易的实质、考核企业经营管理水平以及预测企业未来现金流量，收入和费用不得相互抵销。

本准则规定以下三种情况不属于抵销：

1. 一组类似交易形成的利得和损失以净额列示的，不属于抵销。例如，汇兑损益应当以净额列报，为交易目的而持有的金融工具形成的利得和损失应当以净额列报。但是，如果相关的利得和损失具有重要性，则应当单独列报。

2. 资产或负债项目按扣除备抵项目后的净额列示，不属于抵销。例如，资产计提的减值准备，实质上意味着资产的价值确实发生了减损，资产项目应当按扣除减值准备后的净额列示，这样才反映了资产当时的真实价值。

3. 非日常活动产生的利得和损失，以同一交易形成的收益扣减相关费用后的净额列示更能反映交易实质的，不属于抵销。非日常活动并非企业主要的业务，非日常活动产生的损益以收入扣减费用后的净额列示，更能有利于报表使用者的理解。例如，非流动资产处置形成的利得或损失，应当按处置收入扣除该资产的账面金额和相关销售费用后的净额列报。

（七）比较信息的列报

本准则规定，企业在列报当期财务报表时，至少应当提供所有列报项目上一个可比会计期间的比较数据，以及与理解当期财务报表相关的说明，目的是向报表使用者提供对比数据，提高信息在会计期间的可比性。列报比较信息的这一要求适用于财务报表的所有组成部分，即既适用于四张报表，也适用于附注。

通常情况下，企业列报所有列报项目上一个可比会计期间的比较数据，至少包括两期各报表及相关附注。当企业追溯应用会计政策或追溯重述或者重新分类财务报表项目时，按照《企业会计准则第28号——会计政策、会计估计变更和差错更正》等的规定，企业应当在一套完整的财务报表中列报最早可比期间期初的财务报表，即应当至少列报三期资产负债表、两期其他各报表（利润表、现金流量表和所有者权益变动表）及相关附注。其中，列报的三期资产负债表分别指当期期末的资产负债表、上期期末（即当期期初）的资产负债表以及上期期初的资产负债表。

企业根据本准则的规定确需变更财务报表项目列报的，应当至少对可比期间的数据按照当期的列报要求进行调整，并在附注中披露调整的原因和性质，以及调整的各项目金额。但是，在某些情况下，对可比期间比较数据进行调整是不切实可行的，比如，企业在以前期间可能没有按照可以进行重新分类的方式收集数据，并且重新生成这些信息是不切实可行的，则企业应当在附注中披露不能调整的原因，以及假设金额重新分类可能进行的调整的性质。关于企业变更会计政策或更正差错时要求的对比较信息的调整，由《企业会计准则第28号——会计政策、会计估计变更和差错更正》规范。

（八）财务报表表首的列报要求

财务报表通常与其他信息（如企业年度报告等）一起公布，企业应当将按照企业会计准则编制的财务报告与一起公布的同一文件中的其他信息相区分。

本准则规定，企业在财务报表的显著位置（通常是表首部分）应当至少披露下列基本信息：

1. 编报企业的名称。如企业名称在所属当期发生了变更的，还应明确标明。

2. 对资产负债表而言，应当披露资产负债表日；对利润表、现金流量表、所有者权益变动表而言，应当披露报表涵盖的会计期间。

3. 货币名称和单位。按照我国企业会计准则的规定，企业应当以人民币作为记账本位币列报,并标明金额单位,如人民币元、人民币万元等。

4. 财务报表是合并财务报表的,应当予以标明。

(九)报告期间

本准则规定,企业至少应当按年编制财务报表。根据《中华人民共和国会计法》的规定,会计年度自公历1月1日起至12月31日止。因此,企业在编制年度财务报表时,可能存在年度财务报表涵盖的期间短于1年的情况,比如企业在年度中间(如3月1日)开始设立等。在这种情况下,企业应当披露年度财务报表的实际涵盖期间及其短于1年的原因,并应当说明由此引起财务报表项目与比较数据不具可比性这一事实。

四、关于资产负债表

资产负债表是反映企业在某一特定日期的财务状况的会计报表,即反映了某一特定日期关于企业资产、负债、所有者权益及其相互关系的信息。

(一)资产负债表列报的总体要求

1. 分类别列报

资产负债表列报应当如实反映企业在资产负债表日所拥有的资源、所承担的负债以及所有者所拥有的权益。本准则规定,资产负债表应当按照资产、负债和所有者权益三大类别分类列报。

2. 资产和负债按流动性列报

本准则规定,资产负债表上资产和负债应当按照流动性分别分为流动资产和非流动资产、流动负债和非流动负债列示。流动性,通常按资产的变现或耗用时间长短或者负债的偿还时间长短来确定。本准则规定,企业应当先列报流动性强的资产或负债,再列报流动性弱的资产或负债。

对于一般企业(比如工商企业)而言,通常在明显可识别的营业周期内销售产品或提供服务,应当将资产和负债分别分为流动资产和非流动资产、流动负债和非流动负债列示,有助于反映本营业周期内预期能实现的资产和应偿还的负债。但是,对于银行、证券、保险等金融企业而言,其销售产品或提供服务不具有明显可识别营业周期,在经营内容上也不同于一般企业,导致其资产和负债的构成项目也与一般企业有所不同,具有特殊性,金融企业的有些资产或负债无法严格区分为流动资产和非流动资产。在这种情况下,按照流动性列示往往能够提供可靠且更相关信息,因此,本准则规定,金融企业等特殊行业企业可以大体按照流动性顺序列示所有的资产和负债。

本准则规定,对于从事多种经营的企业,可以采用混合的列报基础进行列报,即对一部分资产和负债按照流动资产和非流动资产、流动负债和非流动负债列报,同时对其他资产和负债按照流动性顺序列报,但前提是能够提供可靠且更加相关的信息。

3. 列报相关的合计、总计项目

资产负债表中的资产类至少应当列示流动资产和非流动资产的合计项目;负债类至少应当列示流动负债、非流动负债以及负债的合计项目;所有者权益类应当列示所有者权益的合计项目。但是,按照企业的经济性质列报"流动资产合计""非流动资产合计""流动负债合计""非流动负债合计"等项目不切实可行的,则无须列报这些项目。比如,金融企业等特殊行业企业的资产和负债按照流动性顺序列报的情况。

资产负债表遵循了"资产=负债+所有者权益"这一会计恒等式,把企业在特定时日所拥有的经济资源和与之相对应的企业所承担的债务及偿债以后属于所有者的权益充分反映出来。

因此，本准则规定，资产负债表应当分别列示资产总计项目与负债和所有者权益之和的总计项目，并且这两者的金额应当相等。

（二）资产的列报

资产负债表中的资产反映由过去的交易或事项形成并由企业在某一特定日期所拥有或控制的、预期会给企业带来经济利益的资源。根据本准则的规定，资产应当按照流动资产和非流动资产两大类别在资产负债表中列示，在流动资产和非流动资产类别下进一步按性质分项列示。

1. 流动资产和非流动资产的划分

本准则规定，资产满足下列条件之一的，应当归类为流动资产：

（1）预计在一个正常营业周期中变现、出售或耗用。这主要包括存货、应收账款等资产。

需要指出的是，变现一般针对应收账款等而言，指将资产变为现金；出售一般针对产品等存货而言；耗用一般指将存货（如原材料）转变成另一种形态（如产成品）。

（2）主要为交易目的而持有。比如一些根据《企业会计准则第22号——金融工具确认和计量》划分的交易性金融资产。但是，并非所有交易性金融资产均为流动资产，比如自资产负债表日起超过12个月到期且预期持有超过12个月的衍生工具应当划分为非流动资产或非流动负债。

（3）预计在资产负债表日起1年内（含1年，下同）变现。

（4）自资产负债表日起1年内，交换其他资产或清偿负债的能力不受限制的现金或现金等价物。

本准则规定，流动资产以外的资产应当归类为非流动资产。

对于同时包含资产负债表日后1年内和1年之后预期将收回或清偿金额的资产和负债单列项目，本准则还要求企业应当披露超过1年后预期收回或清偿的金额。比如，金融企业资产负债表中的资产和负债项目按照流动性顺序列示，有些资产和负债项目中同时包含了资产负债表日后1年内和1年之后预期收回或清偿的金额，针对这些项目，企业应当在附注中披露资产负债表日后1年之后预期收回或清偿的金额。又如，房地产开发企业的正常营业周期通常长于1年，其已经开发完工和正在开发的房地产作为存货在资产负债表的流动资产部分列示，企业对于该存货还应当在附注中披露资产负债表日后1年之后预期收回的金额。

2. 正常营业周期

本准则在判断流动资产、流动负债时所指的正常营业周期，是指企业从购买用于加工的资产起至实现现金或现金等价物的期间。

正常营业周期通常短于1年，在1年内有几个营业周期。但是，因生产周期较长等导致正常营业周期长于1年的，尽管相关资产往往超过1年才变现、出售或耗用，仍应当划分为流动资产。例如，房地产开发企业开发用于出售的房地产开发产品，造船企业制造的用于出售的大型船只等，从购买原材料进入生产，到制造出产品出售并收回现金或现金等价物的过程，往往超过1年，在这种情况下，与生产循环相关的产成品、应收账款、原材料尽管超过1年才变现、出售或耗用，仍应作为流动资产列示。

当正常营业周期不能确定时，企业应当以1年（12个月）作为正常营业周期。

3. 持有待售的非流动资产的列报

对于根据企业会计准则划分为持有待售的非流动资产（比如固定资产、无形资产、长期股权投资等）的列报，本准则规定，被划分为持有待售的非流动资产应当归类为流动资产；本准则同时还规定，被划分为持有待售的非流动负债应当归类为流动负债。

持有待售的非流动资产既包括单项资产也包括处置组，处置组，是指在一项交易中作为整体通过出售或其他方式一并处置的一组资产以及在该交易中转让的与这些资产直接相关的负债。因此，无论是被划分为持有待售的单项非流动资产还是处置组中的资产，都应当在资产负债表的流动资产部分单独列报；类似地，被划分为持有待售的处置组中的与转让资产相关的负债应当在资产负债表的流动负债部分单独列报。

（三）负债的列报

资产负债表中的负债反映在某一特定日期企业所承担的、预期会导致经济利益流出企业的现时义务。根据本准则的规定，负债应当按照流动负债和非流动负债在资产负债表中进行列示，在流动负债和非流动负债类别下再进一步按性质分项列示。

1. 流动负债与非流动负债的划分

流动负债的判断标准与流动资产的判断标准相类似。本准则规定，负债满足下列条件之一的，应当归类为流动负债：

（1）预计在一个正常营业周期中清偿。

（2）主要为交易目的而持有。

（3）自资产负债表日起 1 年内到期应予以清偿。

（4）企业无权自主地将清偿推迟至资产负债表日后 1 年以上。

关于可转换工具负债成分的分类，本准则还规定，负债在其对手方选择的情况下可通过发行权益进行清偿的条款与在资产负债表日负债的流动性划分无关。

本准则规定，企业在应用流动负债的判断标准时，应当注意以下两点：①企业对资产和负债进行流动性分类时，应当采用相同的正常营业周期；②企业正常营业周期中的经营性负债项目即使在资产负债表日后超过 1 年才予清偿的，仍应划分为流动负债。经营性负债期中使用的营运资金的一部分。

2. 资产负债表日后事项对流动负债与非流动负债划分的影响

流动负债与非流动负债的划分是否正确，直接影响到对企业短期和长期偿债能力的判断。企业在判断流动负债与非流动负债的划分时，对于资产负债表日后事项对流动负债与非流动负债划分的影响，需要特别加以考虑。总的判断原则是，企业在资产负债表上对债务流动和非流动的划分，应当反映在资产负债表日有效的合同安排，考虑在资产负债表日起 1 年内企业是否必须无条件清偿，而资产负债表日之后（即使是财务报告批准报出日前）的再融资、展期或提供宽限期等行为，与资产负债表日判断负债的流动性状况无关。

（1）资产负债表日起 1 年内到期的负债。

本准则规定，对于在资产负债表日起 1 年内到期的负债，企业有意图且有能力自主地将清偿义务展期至资产负债表日后 1 年以上的，应当归类为非流动负债；不能自主地将清偿义务展期的，即使在资产负债表日后、财务报告批准报出日前签订了重新安排清偿计划协议，该项负债在资产负债表日仍应当归类为流动负债。

（2）在资产负债表日或之前企业违反长期借款协议。

本准则规定，企业在资产负债表日或之前违反了长期借款协议，导致贷款人可随时要求清偿的负债，应当归类为流动负债。这是因为，在这种情况下，债务清偿的主动权并不在企业，企业只能被动地无条件归还贷款，而且该事实在资产负债表日即已存在，所以该负债应当作为流动负债列报。但是，如果贷款人在资产负债表日或之前同意提供在资产负债表日后 1 年以上的宽限期，在此期限内企业能够改正违约行为，且贷款人不能要求随时清偿的，在资产负债表日的此项负债并不符合流动负债的判断标准，应当归类为非流动负债。

企业的其他长期负债存在类似情况的，应当比照上述有关规定进行处理。

(四)所有者权益的列报

资产负债表中的所有者权益是企业资产扣除负债后的剩余权益。资产负债表中的所有者权益类一般按照净资产的不同来源和特定用途进行分类,本准则规定,资产负债表中的所有者权益类应当按照实收资本(或股本)、资本公积、其他综合收益、盈余公积、未分配利润等项目分项列示。

(五)一般企业资产负债表的列报格式和列报方法

1. 一般企业资产负债表的列报格式

根据本准则的规定,资产负债表采用账户式的格式,即左侧列报资产方,右侧列报负债方和所有者权益方,且资产负债表中的资产各项目的总计等于负债和所有者权益各项目的总计。

根据本准则的规定,企业需要提供比较资产负债表,以便报表使用者通过比较不同时点资产负债表的数据,掌握企业财务状况的变动情况及发展趋势。资产负债表还就各项目再分为"年初余额"和"期末余额"两栏分别填列。一般企业资产负债表的格式如表1所示。

表1 资产负债表

编制单位: ＿＿＿年＿＿＿月＿＿＿日

会企01表
单位:元

资产	期末余额	年初余额	负债和所有者权益(或股东权益)	期末余额	年初余额
流动资产:			流动负债:		
货币资金			短期借款		
以公允价值计量且其变动计入当期损益的金融资产			以公允价值计量且其变动计入当期损益的金融负债		
衍生金融资产			衍生金融负债		
应收票据			应付票据		
应收账款			应付账款		
预付款项			预收款项		
应收利息			应付职工薪酬		
应收股利			应交税费		
其他应收款			应付利息		
存货			应付股利		
持有待售资产			其他应付款		
一年内到期的非流动资产			持有待售负债		
其他流动资产			一年内到期的非流动负债		
流动资产合计			其他流动负债		
非流动资产:			流动负债合计		
可供出售金融资产			非流动负债:		

（续表）

资产	期末余额	年初余额	负债和所有者权益（或股东权益）	期末余额	年初余额
持有至到期投资			长期借款		
长期应收款			应付债券		
长期股权投资			其中：优先股		
投资性房地产			永续债		
固定资产			长期应付款		
在建工程			专项应付款		
工程物资			预计负债		
固定资产清理			递延收益		
生产性生物资产			递延所得税负债		
油气资产			其他非流动负债		
无形资产			非流动负债合计		
开发支出			负债合计		
商誉			所有者权益（或股东权益）：		
长期待摊费用			实收资本（或股本）		
递延所得税资产			其他权益工具		
其他非流动资产			其中：优先股		
非流动资产合计			永续债		
			资本公积		
			减：库存股		
			其他综合收益		
			盈余公积		
			未分配利润		
			所有者权益（或股东权益）合计		
资产总计			负债和所有者权益（或股东权益）总计		

企业如有下列情况，应当在资产负债表中调整或增设相关项目：

（1）高危行业企业如有按国家规定提取的安全生产费的，应当在资产负债表所有者权益项下"其他综合收益"项目和"盈余公积"项目之间增设"专项储备"项目，反映企业提取的安全生产费期末余额。

（2）企业如有划分为持有待售的非流动资产及划分为持有待售的处置组中的资产，应当在资产负债表资产项下"存货"项目和"一年内到期的非流动资产"项目之间增设"划分为持有待售的资产"项目，反映资产负债表日划分为持有待售的非流动资产及划分为持有待售的处置组中的资产的期末余额；如有划分为持有待售的处置组中的负债，应当在资产负债表负债项下"其他应付款"项目和"一年内到期的非流动负债"项目之间增设"划分为持有待售的负债"项目，反映资产负债表日划分为持有待售的处置组中的负债的期末余额。

（3）企业衍生金融工具业务具有重要性的，应当在资产负债表资产项下"以公允价值计量且其变动计入当期损益的金融资产"项目和"应收票据"项目之间增设"衍生金融资产"项目，在资产负债表负债项下"以公允价值计量且其变动计入当期损益的金融负债"项目和"应付票据"项目之间增设"衍生金融负债"项目，分别反映企业衍生工具形成资产和负债的期末余额。

（4）金融企业的资产负债表列报格式，应当遵循本准则的规定，并根据金融企业经营活动的性质和要求，比照上述一般企业的资产负债表列报格式进行相应调整。

2. 一般企业资产负债表的列报方法

企业应当根据资产、负债和所有者权益类科目的期末余额填列资产负债表"期末余额"栏，具体包括如下情况：

（1）根据总账科目的余额填列。"以公允价值计量且其变动计入当期损益的金融资产""工程物资""固定资产清理""递延所得税资产""短期借款""以公允价值计量且其变动计入当期损益的金融负债""应付票据""应交税费""专项应付款""预计负债""递延收益""递延所得税负债""实收资本（或股本）""库存股""资本公积""其他综合收益""专项储备""盈余公积"等项目，应根据有关总账科目的余额填列。

有些项目则应根据几个总账科目的余额计算填列，如"货币资金"项目，需根据"库存现金""银行存款""其他货币资金"三个总账科目余额的合计数填列；"其他流动资产""其他流动负债"项目，应根据有关科目的期末余额分析填列。

其中，有其他综合收益相关业务的企业，应当设置"其他综合收益"科目进行会计处理，该科目应当按照其他综合收益项目的具体内容设置明细科目。企业在对其他综合收益进行会计处理时，应当通过"其他综合收益"科目处理，并与"资本公积"科目相区分。

（2）根据明细账科目的余额计算填列。"开发支出"项目，应根据"研发支出"科目中所属的"资本化支出"明细科目期末余额填列；"应付账款"项目，应根据"应付账款"和"预付账款"科目所属的相关明细科目的期末贷方余额合计数填列；"一年内到期的非流动资产""一年内到期的非流动负债"项目，应根据有关非流动资产或负债项目的明细科目余额分析填列；"应付职工薪酬"项目，应根据"应付职工薪酬"科目的明细科目期末余额分析填列；"长期借款""应付债券"项目，应分别根据"长期借款""应付债券"科目的明细科目余额分析填列；"未分配利润"项目，应根据"利润分配"科目中所属的"未分配利润"明细科目期末余额填列。

（3）根据总账科目和明细账科目的余额分析计算填列。"长期借款"项目，应根据"长期借款"总账科目余额扣除"长期借款"科目所属的明细科目中将在资产负债表日起1年内到期且企业不能自主地将清偿义务展期的长期借款后的金额计算填列；"长期待摊费用"项目，应根据"长期待摊费用"科目的期末余额减去将于1年内（含1年）摊销的数额后的金额填列；"其他非流动资产"项目，应根据有关科目的期末余额减去将于1年内（含1年）收回数后的金额填列；"其他非流动负债"项目，应根据有关科目的期末余额减去将于1年内（含1年）到期偿还数后的金额填列。

（4）根据有关科目余额减去其备抵科目余额后的净额填列。"可供出售金融资产""持有至到期投资""长期股权投资""在建工程""商誉"项目，应根据相关科目的期末余额填列，已计提减值准备的，还应扣减相应的减值准备；"固定资产""无形资产""投资性房地产""生产性生物资产""油气资产"项目，应根据相关科目的期末余额扣减相关的累计折旧（或摊销、折耗）填列，已计提减值准备的，还应扣减相应的减值准备，采用公允价值计量的上述资产，应根据相关科目的期末余额填列；"长期应收款"项目，应根据"长期应收款"科目的期末余额，减去相应的"未实现融资费用"科目和"坏账准备"科目所属相关明细科目期末余额后的金额填列；"长期应付款"项目，应根据"长期应付款"科目的期末余额，减去相应的"未确认融资费用"科目期末余额后的金额填列。

（5）综合运用上述填列方法分析填列。主要包括："应收票据""应收利息""应收股利""其他应收款"项目，应根据相关科目的期末余额，减去"坏账准备"科目中有关坏账准备期末余额后的金额填列；"应收账款"项目，应根据"应收账款"和"预收账款"科目所属各明细科目的期末借方余额合计数，减去"坏账准备"科目中有关应收账款计提的坏账准备期末余额后的金额填列；"预付款项"项目，应根据"预付账款"和"应付账款"科目所属各明细科目的期末借方余额合计数，减去"坏账准备"科目中有关预付款项计提的坏账准备期末余额后的金额填列；"存货"项目，应根据"材料采购""原材料""发出商品""库存商品""周转材料""委托加工物资""生产成本""受托代销商品"等科目的期末余额合计，减去"受托代销商品款""存货跌价准备"科目期末余额后的金额填列，材料采用计划成本核算，以及库存商品采用计划成本核算或售价核算的企业，还应按加或减材料成本差异、商品进销差价后的金额填列；"划分为持有待售的资产""划分为持有待售的负债"项目，应根据相关科目的期末余额分析填列等。

企业应当根据上年年末资产负债表"期末余额"栏有关项目填列本年度资产负债表"年初余额"栏。如果企业发生了会计政策变更、前期差错更正，应当对"年初余额"栏中的有关项目进行相应调整；如果企业上年度资产负债表规定的项目名称和内容与本年度不一致，应当对上年年末资产负债表相关项目的名称和金额按照本年度的规定进行调整，填入"年初余额"栏。

五、关于利润表

利润表是反映企业在一定会计期间的经营成果的会计报表，反映了企业经营业绩的主要来源和构成。

（一）利润表列报的总体要求

本准则规定，企业在利润表中应当对费用按照功能分类，分为从事经营业务发生的成本、管理费用、销售费用和财务费用等。企业的活动通常可以划分为生产、销售、管理、融资等，每一种活动上发生的费用所发挥的功能并不相同，因此，按照费用功能法将其分开列报，有助于使用者了解费用发生的活动领域。

但是，由于银行、保险、证券等金融企业的日常活动与一般企业不同，具有特殊性，本准则规定，金融企业可以根据其特殊性列示利润表项目。例如，商业银行将利息支出作为利息收入的抵减项目、将手续费及佣金支出作为手续费及佣金收入的抵减项目列示等。

与此同时，本准则还规定，企业应当在附注中披露费用按照性质分类的利润表补充资料，可将费用分为耗用的原材料、职工薪酬费用、折旧费用、摊销费用等，以有助于报表使用者预测企业的未来现金流量。

（二）综合收益的列报

综合收益，是指企业在某一期间除与所有者以其所有者身份进行的交易之外的其他交易或事项所引起的所有者权益变动。综合收益总额项目反映净利润和其他综合收益扣除所得税影响后的净额相加后的合计金额。其他综合收益,是指企业根据其他会计准则规定未在当期损益中确认的各项利得和损失。

本准则规定,企业应当以扣除相关所得税影响后的净额在利润表上单独列示各项其他综合收益项目,并且其他综合收益项目应当根据其他相关会计准则的规定分为下列两类列报:

1. 以后会计期间不能重分类进损益的其他综合收益项目

(1)重新计量设定受益计划净负债或净资产导致的变动。根据《企业会计准则第9号——职工薪酬》,有设定受益计划形式离职后福利的企业应当将重新计量设定受益计划净负债或净资产导致的变动计入其他综合收益,并且在后续会计期间不允许转回至损益。

(2)按照权益法核算的在被投资单位不能重分类进损益的其他综合收益变动中所享有的份额。根据《企业会计准则第2号——长期股权投资》,投资方取得长期股权投资后,应当按照应享有或应分担的被投资单位其他综合收益的份额,确认其他综合收益,同时调整长期股权投资的账面价值。投资单位在确定应享有或应分担的被投资单位其他综合收益的份额时,该份额的性质取决于被投资单位的其他综合收益的性质,即如果被投资单位的其他综合收益属于"以后会计期间不能重分类进损益"类别,则投资方确认的份额也属于"以后会计期间不能重分类进损益"类别。

2. 以后会计期间在满足规定条件时将重分类进损益的其他综合收益项目

(1)按照权益法核算的在被投资单位可重分类进损益的其他综合收益变动中所享有的份额。根据《企业会计准则第2号——长期股权投资》,投资方取得长期股权投资后,应当按照应享有或应分担的被投资单位其他综合收益的份额,确认其他综合收益,同时调整长期股权投资的账面价值。如果被投资单位的其他综合收益属于"以后会计期间在满足规定条件时将重分类进损益"类别,则投资方确认的份额也属于"以后会计期间在满足规定条件时将重分类进损益"类别。

(2)可供出售金融资产公允价值变动形成的利得或损失、持有至到期投资重分类为可供出售金融资产形成的利得或损失。根据《企业会计准则第22号——金融工具确认和计量》,可供出售金融资产公允价值变动形成的利得或损失,除减值损失和外币货币性金融资产形成的汇兑差额外,应当直接计入所有者权益(其他综合收益),在该金融资产终止确认时转出,计入当期损益;根据金融工具确认和计量准则规定将持有至到期投资重分类为可供出售金融资产的,在重分类日,该投资的账面价值与其公允价值之间的差额计入所有者权益(其他综合收益),在该可供出售金融资产发生减值或终止确认时转出,计入当期损益。

(3)现金流量套期工具产生的利得或损失中属于有效套期的部分。根据《企业会计准则第24号——套期保值》,现金流量套期利得或损失中属于有效套期的部分,应当直接确认为所有者权益(其他综合收益);属于无效套期的部分,应当计入当期损益。对于前者,套期保值准则规定在一定的条件下,将原直接计入所有者权益中的套期工具利得或损失转出,计入当期损益。

(4)外币财务报表折算差额。根据《企业会计准则第19号——外币折算》,企业对境外经营的财务报表进行折算时,应当将外币财务报表折算差额在资产负债表中所有者权益项目下单独列示(其他综合收益);企业在处置境外经营时,应当将资产负债表中所有者权益项目下列示的、与该境外经营相关的外币报表折算差额,自所有者权益项目转入处置当期损益,部分处置境外经营的,应当按处置的比例计算处置部分的外币财务报表折算差额,转入处置当期损益。

(5)根据相关会计准则规定的其他项目。比如根据《企业会计准则第3号——投资性房地产》,自用房地产或作为存货的房地产转换为以公允价值模式计量的投资性房地产在转换日公允价值大于账面价值部分计入其他综合收益;待该投资性房地产处置时,将该部分转入当期损益等。

（三）一般企业利润表的列报格式和列报方法

1. 一般企业利润表的列报格式

根据本准则的规定，利润表采用多步式的格式，即通过对当期的收入、费用、支出项目按性质加以归类，按利润形成的主要环节列示一些中间性利润指标，便于使用者理解企业经营成果的不同来源。

根据本准则的规定，企业需要提供比较利润表，以便报表使用者通过比较不同期间利润表的数据，判断企业经营成果的未来发展趋势。利润表还就各项目再分为"本期金额"和"上期金额"两栏分别填列。一般企业利润表的格式如表2所示。

表2 利 润 表

会企02表

编制单位： ＿＿＿年＿＿＿月 单位：元

项　　目	本期金额	上期金额
一、营业收入		
减：营业成本		
税金及附加		
销售费用		
管理费用		
财务费用		
资产减值损失		
加：公允价值变动收益（损失以"－"号填列）		
投资收益（损失以"－"号填列）		
其中：对联营企业和合营企业的投资收益		
资产处置收益（损失以"－"号填列）		
其他收益		
二、营业利润（亏损以"－"号填列）		
加：营业外收入		
减：营业外支出		
三、利润总额（亏损总额以"－"号填列）		
减：所得税费用		
四、净利润（净亏损以"－"号填列）		
（一）持续经营净利润（净亏损以"－"号填列）		
（二）终止经营净利润（净亏损以"－"号填列）		
五、其他综合收益的税后净额		

（续表）

项　　目	本期金额	上期金额
（一）以后不能重分类进损益的其他综合收益		
1. 重新计量设定受益计划净负债或净资产的变动		
2. 权益法下在被投资单位不能重分类进损益的其他综合收益中享有的份额		
……		
（二）以后将重分类进损益的其他综合收益		
1. 权益法下在被投资单位以后将重分类进损益的其他综合收益中享有的份额		
2. 可供出售金融资产公允价值变动损益		
3. 持有至到期投资重分类为可供出售金融资产损益		
4. 现金流经套期损益的有效部分		
5. 外币财务报表折算差额		
……		
六、综合收益总额		
七、每股收益		
（一）基本每股收益		
（二）稀释每股收益		

企业如有下列情况，应当在利润表中调整或增设相关项目：

（1）企业应当根据自身相关的其他综合收益业务，按照其他综合收益项目以后是否能重分类进损益区分为两类，相应在利润表"（一）以后不能重分类进损益的其他综合收益"项下或"（二）以后将重分类进损益的其他综合收益"项下调整或增设有关其他综合收益项目。

（2）金融企业的利润表列报格式，应当遵循本准则的规定，并根据金融企业经营活动的性质和要求，比照上述一般企业的利润表列报格式进行相应调整。

2. 一般企业利润表的列报方法

企业应当根据损益类科目和所有者权益类有关科目的发生额填列利润表"本年金额"栏，具体包括如下情况：

（1）"营业收入""营业成本""税金及附加""销售费用""管理费用""财务费用""资产减值损失""公允价值变动收益""投资收益""营业外收入""营业外支出""所得税费用"等项目，应根据有关损益类科目的发生额分析填列。

（2）"对联营企业和合营企业的投资收益""非流动资产处置利得""非流动资产处置损失"等项目，应根据"投资收益""营业外收入""营业外支出"等科目所属的相关明细科目的发生额分析填列。

（3）"其他综合收益的税后净额"项目及其各组成部分，应根据"其他综合收益"科目及其所属明细科目的本期发生额分析填列。

（4）"营业利润""利润总额""净利润""综合收益总额"项目，应根据本表中相关项目计算填列。

（5）普通股或潜在普通股已公开交易的企业，以及正处于公开发行普通股或潜在普通股过程中的企业，还应当在利润表中列示每股收益信息，并在附注中详细披露计算过程，以供投资者投资决策时参考。基本每股收益和稀释每股收益项目应当按照《企业会计准则第34号——每股收益》的规定计算填列。

企业应当根据上年同期利润表"本期金额"栏内所列数字填列本年度利润表的"上期金额"栏。如果企业上年该期利润表规定的项目名称和内容与本期不一致，应当对上年该期利润表相关项目的名称和金额按照本期的规定进行调整，填入"上期金额"栏。

六、关于所有者权益变动表

所有者权益变动表是反映构成所有者权益的各组成部分当期的增减变动情况的报表。所有者权益变动表应当全面反映一定时期所有者权益变动的情况，不仅包括所有者权益总量的增减变动，还包括所有者权益增减变动的重要结构性信息，有助于报表使用者理解所有者权益增减变动的根源。

（一）所有者权益变动表列报的总体要求

根据基本准则的规定，所有者权益是指企业资产扣除负债后由所有者享有的剩余权益。所有者权益的来源包括所有者投入的资本（包括实收资本和资本溢价等资本公积）、其他综合收益、留存收益（包括盈余公积和未分配利润）等。本准则规定，所有者权益变动表应当反映构成所有者权益的各组成部分当期的增减变动情况。综合收益和与所有者（或股东）的资本交易导致的所有者权益的变动，应当分别列示。与所有者的资本交易，是指与所有者以其所有者身份进行的、导致企业所有者权益变动的交易。

（二）一般企业所有者权益变动表的列报格式和列报方法

1. 一般企业所有者权益变动表的列报格式

根据本准则的规定，企业应当反映所有者权益各组成部分的期初和期末余额及其调节情况。因此，企业应当以矩阵的形式列示所有者权益变动表：一方面，列示导致所有者权益变动的交易或事项，按所有者权益变动的来源对一定时期所有者权益变动情况进行全面反映；另一方面，按照所有者权益各组成部分（包括实收资本、资本公积、其他综合收益、盈余公积、未分配利润、库存股等）及其总额列示相关交易或事项对所有者权益的影响。

根据本准则的规定，企业需要提供比较所有者权益变动表，所有者权益变动表还就各项目再分为"本年金额"和"上年金额"两栏分别填列。一般企业所有者权益变动表的格式如表3所示。

企业如有下列情况，应当在所有者权益变动表中调整或增设相关项目：

（1）高危行业企业如有按国家规定提取的安全生产费的，应当在"未分配利润"栏和"所有者权益合计"栏之间增设"专项储备"栏。

（2）金融企业的所有者权益变动表列报格式，应当遵循本准则的规定，并根据金融企业经营活动的性质和要求，比照上述一般企业的所有者权益变动表列报格式进行相应调整。

2. 一般企业所有者权益变动表的列报方法

企业应当根据所有者权益类科目和损益类有关科目的发生额分析填列所有者权益变动表"本年金额"栏，具体包括如下情况：

表3 所有者权益变动表

编制单位：　　　　　　　　　　　　　　　　　　　　　　　年度

会企04表
单位：元

项　目	本年金额							上年金额						
	实收资本（或股本）	资本公积	减：库存股	其他综合收益	盈余公积	未分配利润	所有者权益合计	实收资本（或股本）	资本公积	减：库存股	其他综合收益	盈余公积	未分配利润	所有者权益合计
一、上年年末余额														
加：会计政策变更														
前期差错更正														
二、本年年初余额														
三、本年增减变动金额（减少以"—"填列）														
（一）综合收益总额														
（二）所有者投入和减少资本														
1.所有者投入资本														
2.股份支付计入所有者权益的金额														
3.其他														
（三）利润分配														
1.提取盈余公积														
2.对所有者（或股东）的分配														
3.其他														
（四）所有者权益内部结转														
1.资本公积转增资本（或股本）														
2.盈余公积转增资本（或股本）														
3.盈余公积弥补亏损														
4.其他														
四、本年年末余额														

（1）"上年年末余额"项目，应根据上年资产负债表中"实收资本（或股本）""资本公积""其他综合收益""盈余公积""未分配利润"等项目的年末余额填列。

（2）"会计政策变更"和"前期差错更正"项目，应根据"盈余公积""利润分配""以前年度损益调整"等科目的发生额分析填列，并在"上年年末余额"的基础上调整得出"本年年初金额"项目。

（3）"本年增减变动额"项目分别反映如下内容：

①"综合收益总额"项目，反映企业当年的综合收益总额，应根据当年利润表中"其他综合收益的税后净额"和"净利润"项目填列，并对应列在"其他综合收益"和"未分配利润"栏。

②"所有者投入和减少资本"项目，反映企业当年所有者投入的资本和减少的资本，其中：

"所有者投入资本"项目，反映企业接受投资者投入形成的实收资本（或股本）和资本公积，应根据"实收资本""资本公积"等科目的发生额分析填列，并对应列在"实收资本"和"资本公积"栏。

"股份支付记入所有者权益的金额"项目，反映企业处于等待期中的权益结算的股份支付当年计入资本公积的金额，应根据"资本公积"科目所属的"其他资本公积"二级科目的发生额分析填列，并对应列在"资本公积"栏。

③"利润分配"下各项目，反映当年对所有者（或股东）分配的利润（或股利）金额和按照规定提取的盈余公积金额，并对应列在"未分配利润"和"盈余公积"栏。其中：

"提取盈余公积"项目，反映企业按照规定提取的盈余公积，应根据"盈余公积""利润分配"科目的发生额分析填列。

"对所有者（或股东）的分配"项目，反映对所有者（或股东）分配的利润（或股利）金额，应根据"利润分配"科目的发生额分析填列。

④"所有者权益内部结转"下各项目，反映不影响当年所有者权益总额的所有者权益各组成部分之间当年的增减变动，包括资本公积转增资本（或股本）、盈余公积转增资本（或股本）、盈余公积弥补亏损等。其中：

"资本公积转增资本（或股本）"项目，反映企业以资本公积转增资本或股本的金额，应根据"实收资本""资本公积"等科目的发生额分析填列。

"盈余公积转增资本（或股本）"项目，反映企业以盈余公积转增资本或股本的金额，应根据"实收资本""盈余公积"等科目的发生额分析填列。

"盈余公积弥补亏损"项目，反映企业以盈余公积弥补亏损的金额，应根据"盈余公积""利润分配"等科目的发生额分析填列。

企业应当根据上年度所有者权益变动表"本年金额"栏内所列数字填列本年度"上年金额"栏内各项数字。如果上年度所有者权益变动表规定的项目的名称和内容同本年度不一致，应对上年度所有者权益变动表相关项目的名称和金额按本年度的规定进行调整，填入所有者权益变动表"上年金额"栏内。

七、关于附注

本准则规定，附注是对在资产负债表、利润表、现金流量表和所有者权益变动表等报表中列示项目的文字描述或明细资料，以及对未能在这些报表中列示项目的说明等。本准则对附注的披露要求是对企业附注披露的最低要求，应当适用于所有类型的企业，企业还应当按照各项会计准则的规定在附注中披露相关信息。

（一）附注披露的总体要求

本准则规定，附注相关信息应当与资产负债表、利润表、现金流量表和所有者权益变动表等报表中列示的项目相互参照，以有助于使用者联系相关联的信息，并由此从整体上更好地理解财务报表。

企业在披露附注信息时，应当以定量、定性信息相结合，按照一定的结构对附注信息进行系统合理的排列和分类，以便于使用者理解和掌握。

（二）附注披露的主要内容

本准则规定，附注一般应当按照下列顺序至少披露有关内容，具体包括：

1. 企业的基本情况

（1）企业注册地、组织形式和总部地址。

（2）企业的业务性质和主要经营活动。如企业所处的行业、所提供的主要产品或服务、客户的性质、销售策略、监管环境的性质等。

（3）母公司以及集团最终母公司的名称。

（4）财务报告的批准报出者和财务报告批准报出日。如果企业已在财务报表其他部分披露了财务报告的批准报出者和批准报出日信息，则无须重复披露；或者已有相关人员签字批准报出财务报告，可以其签名及其签字日期为准。

（5）营业期限有限的企业，还应当披露有关其营业期限的信息。

2. 财务报表的编制基础

企业应当根据本准则的规定判断企业是否持续经营，并披露财务报表是否以持续经营为基础编制。

3. 遵循企业会计准则的声明

本准则规定，企业应当声明编制的财务报表符合企业会计准则的要求，真实、完整地反映了企业的财务状况、经营成果和现金流量等有关信息，以此明确企业编制财务报表所依据的制度基础。如果企业编制的财务报表只是部分地遵循了企业会计准则，附注中不得作出这种表述。

4. 重要会计政策和会计估计

（1）重要会计政策的说明。本准则规定，企业应当披露采用的重要会计政策，并结合企业的具体实际披露其重要会计政策的确定依据和财务报表项目的计量基础。其中，会计政策的确定依据主要是指企业在运用会计政策过程中所做的重要判断，这些判断对在报表中确认的项目金额具有重要影响。比如，企业如何判断持有的金融资产是持有至到期的投资而不是交易性投资，企业如何判断与租赁资产相关的所有风险和报酬已转移给企业从而符合融资租赁的标准，投资性房地产的判断标准是什么等。财务报表项目的计量基础包括历史成本、重置成本、可变现净值、现值和公允价值等会计计量属性，比如存货是按成本还是按可变现净值计量的等。

（2）重要会计估计的说明。本准则规定，企业应当披露重要会计估计，并结合企业的具体实际披露其会计估计所采用的关键假设和不确定因素。

重要会计估计的说明，包括可能导致下一个会计期间内资产、负债账面价值重大调整的会计估计的确定依据等。例如，固定资产可收回金额的计算需要根据其公允价值减去处置费用后的净额与预计未来现金流量的现值两者之间的较高者确定，在计算资产预计未来现金流量的现值时需要对未来现金流量进行预测，并选择适当的折现率，企业应当在附注中披露未来现金流量预测所采用的假设及其依据、所选择的折现率为什么是合理的等。又如，对于正在进行中的诉讼提取准备，企业应当披露最佳估计数的确定依据等。

5. 会计政策和会计估计变更以及差错更正的说明

本准则规定，企业应当按照《企业会计准则第28号——会计政策、会计估计变更和差错更正》的规定，披露会计政策和会计估计变更以及差错更正的情况。

6. 报表重要项目的说明

本准则规定，企业应当按照资产负债表、利润表、现金流量表、所有者权益变动表及其项目列示的顺序，采用文字和数字描述相结合的方式披露报表重要项目的说明。报表重要项目的明细金额合计，应当与报表项目金额相衔接。

本准则规定,企业还应当在附注中披露如下信息:

(1)费用按照性质分类的利润表补充资料,可将费用分为耗用的原材料、职工薪酬费用、折旧费用、摊销费用等。具体的披露格式如表4所示。

表4 费用按照性质分类的补充资料

项　　目	本期金额	上期金额
耗用的原材料		
产成品及在产品存货变动		
职工薪酬费用		
折旧费和摊销费用		
非流动资产减值损失		
支付的租金		
财务费用		
其他费用		
……		
合计		

(2)关于其他综合收益各项目的信息,包括:①其他综合收益各项目及其所得税影响;②其他综合收益各项目原计入其他综合收益、当期转出计入当期损益的金额;③其他综合收益各项目的期初和期末余额及其调节情况。上述①和②的具体披露格式如表5所示,③的具体披露格式如表6所示。

表5 其他综合收益各项目及其所得税影响和转入损益情况

项　　目	本期发生额			上期发生额		
	税前金额	所得税	税后净额	税前金额	所得税	税后净额
一、以后不能重分类进损益的其他综合收益						
1.重新计量设定受益计划净负债或净资产的变动						
2.权益法下在被投资单位不能重分类进损益的其他综合收益中享有的份额						
……						
二、以后将重分类进损益的其他综合收益						
1.权益法下在被投资单位以后将重分类进损益的其他综合收益中享有的份额						
减:前期计入其他综合收益当期转入损益						
小　计						
2.可供出售金融资产公允价值变动损益						
减:前期计入其他综合收益当期转入损益						
小　计						
3.持有至到期投资重分类为可供出售金融资产损益						

（续表）

项目	本期发生额			上期发生额		
	税前金额	所得税	税后净额	税前金额	所得税	税后净额
减：前期计入其他综合收益当期转入损益						
小　计						
4.现金流量套期损益的有效部分						
减：前期计入其他综合收益当期转入损益						
转为被套期项目初始确认金额的调整额						
小　计						
5.外币财务报表折算差额						
减：前期计入其他综合收益当期转入损益						
小　计						
……						
三、其他综合收益合计						

（3）在资产负债表日后、财务报告批准报出目前提议或宣布发放的股利总额和每股股利金额（或向投资者分配的利润总额）。

（4）终止经营的收入、费用、利润总额、所得税费用和净利润，以及归属于母公司所有者的终止经营利润。企业披露的上述数据应当是针对终止经营在整个报告期间的经营成果。

本准则规定，终止经营，是指满足下列条件之一的已被企业处置或被企业划归为持有待售的、在经营和编制财务报表时能够单独区分的组成部分：①该组成部分代表一项独立的主要业务或一个主要经营地区；②该组成部分是拟对一项独立的主要业务或一个主要经营地区进行处置计划的一部分；③该组成部分仅仅是为了再出售而取得的子公司。其中，企业的组成部分，是指企业的一个部分，其经营和现金流量无论从经营上或从财务报告目的上考虑，均能与企业内其他部分清楚划分。企业组成部分在其经营期间是一个现金产出单元或一组现金产出单元，通常可能是一个子公司、一个事业部或事业群，拥有经营的资产，也可能承担负债，由企业高管负责。

本准则规定，同时满足下列条件的企业组成部分（或非流动资产）应当确认为持有待售：①该组成部分必须在其当前状况下仅根据出售此类组成部分的通常和惯用条款即可立即出售；②企业已经就处置该组成部分作出决议，如按规定需得到股东批准的，应当已经取得股东大会或相应权力机构的批准；③企业已经与受让方签订了不可撤销的转让协议；④该项转让将在1年内完成。其中，上述条件①强调，被划分为持有待售的企业组成部分必须是在当前状态下可立即出售，因此企业应当具有在当前状态下出售该资产或处置的意图和能力，而出售此类组成部分的通常和惯用条款不应当包括出售方所提出的条件；上述条件②至④强调，被划分为持有待售的企业组成部分其出售必须是极可能发生的，实务中需要结合具体情况进行判断。

7.或有和承诺事项、资产负债表日后非调整事项、关联方关系及其交易等需要说明的事项

企业应当按照相关会计准则的规定进行披露。

8.有助于财务报表使用者评价企业管理资本的目标、政策及程序的信息

表 6　其他综合收益各项目的调节情况

项　目	重新计量设定受益计划净负债或净资产的变动	权益法下在被投资单位不能将重分类进损益的其他综合收益中享有的份额	权益法下在被投资单位以后将重分类进损益的其他综合收益中享有的份额	可供出售金融资产公允价值变动损益	持有至到期投资重分类为可供出售金融资产损益	现金流量套期损益的有效部分	外币财务报表折算差额	……	其他综合收益合计
一、上年年初余额									
二、上年增减变动金额（减少以"—"号填列）									
三、本年年初余额									
四、本年增减变动金额（减少以"—"号填列）									
五、本年年末余额									

资本管理受行业监管部门监管要求的金融等行业企业,除遵循相关监管要求外,比如,我国商业银行遵循中国银监会《商业银行资本管理办法(试行)》进行有关资本充足率等的信息披露,还应当按照本准则的规定,在财务报表附注中披露有助于财务报表使用者评价企业管理资本的目标、政策及程序的信息。

根据本准则的规定,企业应当基于可获得的信息充分披露如下内容:

(1)企业资本管理的目标、政策及程序的定性信息,包括:①对企业资本管理的说明;②受制于外部强制性资本要求的企业,应当披露这些要求的性质以及企业如何将这些要求纳入其资本管理之中;③企业如何实现其资本管理的目标。

(2)资本结构的定量数据摘要,包括资本与所有者权益之间的调节关系等。比如,有的企业将某些金融负债(如次级债)作为资本的一部分,有的企业将资本视作扣除某些权益项目(如现金流量套期产生的利得或损失)后的部分。

(3)自前一会计期间开始上述(1)和(2)中的所有变动。

(4)企业当期是否遵循了其受制的外部强制性资本要求,以及当企业未遵循外部强制性资本要求时,其未遵循的后果。

企业按照总体对上述信息披露不能提供有用信息时,还应当对每项受管制的资本要求单独披露上述信息,比如,跨行业、跨国家或地区经营的企业集团可能受一系列不同的资本要求监管。

八、关于衔接规定

根据本准则列报一致性的要求,在本准则施行日之前已经执行企业会计准则的企业,应当自本准则施行日起按照本准则列报财务报表,并且对报表和附注中的比较数据按照本准则的要求进行相应调整,但调整不切实可行的除外。

《企业会计准则第31号——现金流量表》应用指南

一、现金及现金等价物

现金,是指企业库存现金以及可以随时用于支付的存款。不能随时用于支付的存款不属于现金。

现金等价物,是指企业持有的期限短、流动性强、易于转换为已知金额现金、价值变动风险很小的投资。期限短,一般是指从购买日起3个月内到期。现金等价物通常包括3个月内到期的债券投资等。权益性投资变现的金额通常不确定,因而不属于现金等价物。企业应当根据具体情况,确定现金等价物的范围,一经确定不得随意变更。

现金流量,是指现金和现金等价物的流入和流出。

二、现金流量表格式

现金流量表格式分别一般企业、商业银行、保险公司、证券公司等企业类型予以规定。企业应当根据其经营活动的性质,确定本企业适用的现金流量表格式。

政策性银行、信托投资公司、租赁公司、财务公司、典当公司应当执行商业银行现金流量表格式规定,如有特别需要,可以结合本企业的实际情况,进行必要调整和补充。

担保公司应当执行保险公司现金流量表格式规定,如有特别需要,可以结合本企业的实际情况,进行必要调整和补充。

资产管理公司、基金公司、期货公司应当执行证券公司现金流量表格式规定,如有特别需要,可以结合本企业的实际情况,进行必要调整和补充。

(一)一般企业现金流量表格式(如表1)

表1 现金流量表

会企03表

编制单位:　　　　　　　　　　　____年____月　　　　　　　　单位:元

项　目	本期金额	上期金额
一、经营活动产生的现金流量		
销售商品、提供劳务收到的现金		
收到的税费返还		
收到其他与经营活动有关的现金		
经营活动现金流入小计		
购买商品、接受劳务支付的现金		
支付给职工以及为职工支付的现金		
支付的各项税费		
支付其他与经营活动有关的现金		
经营活动现金流出小计		

《企业会计准则第31号——现金流量表》应用指南

（续表）

项　　目	本期金额	上期金额
经营活动产生的现金流量净额		
二、投资活动产生的现金流量		
收回投资收到的现金		
取得投资收益收到的现金		
处置固定资产、无形资产和其他长期资产收回的现金净额		
处置子公司及其他营业单位收到的现金净额		
收到其他与投资活动有关的现金		
投资活动现金流入小计		
购建固定资产、无形资产和其他长期资产支付的现金		
投资支付的现金		
取得子公司及其他营业单位支付的现金净额		
支付其他与投资活动有关的现金		
投资活动现金流出小计		
投资活动产生的现金流量净额		
三、筹资活动产生的现金流量		
吸收投资收到的现金		
取得借款收到的现金		
收到其他与筹资活动有关的现金		
筹资活动现金流入小计		
偿还债务支付的现金		
分配股利、利润或偿付利息支付的现金		
支付其他与筹资活动有关的现金		
筹资活动现金流出小计		
筹资活动产生的现金流量净额		
四、汇率变动对现金及现金等价物的影响		
五、现金及现金等价物净增加额		
加：期初现金及现金等价物余额		
六、期末现金及现金等价物余额		

（二）商业银行现金流量表格式（如表2）

表2　现金流量表

会商银03表

编制单位：　　　　　　　　　　　　　　　____年___月　　　　　　　单位：元

项　　目	本期金额	上期金额
一、经营活动产生的现金流量		

(续表)

项　　目	本期金额	上期金额
客户存款和同业存放款项净增加额		
向中央银行借款净增加额		
向其他金融机构拆入资金净增加额		
收取利息、手续费及佣金的现金		
收到其他与经营活动有关的现金		
经营活动现金流入小计		
客户贷款及垫款净增加额		
存放中央银行和同业款项净增加额		
支付手续费及佣金的现金		
支付给职工以及为职工支付的现金		
支付的各项税费		
支付其他与经营活动有关的现金		
经营活动现金流出小计		
经营活动产生的现金流量净额		
二、投资活动产生的现金流量		
收回投资收到的现金		
取得投资收益收到的现金		
收到其他与投资活动有关的现金		
投资活动现金流入小计		
投资支付的现金		
购建固定资产、无形资产和其他长期资产支付的现金		
支付其他与投资活动有关的现金		
投资活动现金流出小计		
投资活动产生的现金流量净额		
三、筹资活动产生的现金流量		
吸收投资收到的现金		
发行债券收到的现金		
收到其他与筹资活动有关的现金		
筹资活动现金流入小计		
偿还债务支付的现金		
分配股利、利润或偿付利息支付的现金		
支付其他与筹资活动有关的现金		
筹资活动现金流出小计		
筹资活动产生的现金流量净额		
四、汇率变动对现金及现金等价物的影响		

《企业会计准则第31号——现金流量表》应用指南

（续表）

项　目	本期金额	上期金额
五、现金及现金等价物净增加额		
加：期初现金及现金等价物余额		
六、期末现金及现金等价物余额		

（三）保险公司现金流量表格式（如表3）

表3　现金流量表

会保03表

编制单位：　　　　　　　　　　　　　年　　月　　　　　　　　　　单位：元

项　目	本期金额	上期金额
一、经营活动产生的现金流量		
收到原保险合同保费取得的现金		
收到再保业务现金净额		
保户储金及投资款净增加额		
收到其他与经营活动有关的现金		
经营活动现金流入小计		
支付原保险合同赔付款项的现金		
支付手续费及佣金的现金		
支付保单红利的现金		
支付给职工以及为职工支付的现金		
支付的各项税费		
支付其他与经营活动有关的现金		
经营活动现金流出小计		
经营活动产生的现金流量净额		
二、投资活动产生的现金流量		
收回投资收到的现金		
取得投资收益收到的现金		
收到其他与投资活动有关的现金		
投资活动现金流入小计		
投资支付的现金		
质押贷款净增加额		
购建固定资产、无形资产和其他长期资产支付的现金		
支付其他与投资活动有关的现金		
投资活动现金流出小计		
投资活动产生的现金流量净额		
三、筹资活动产生的现金流量		

255

（续表）

项 目	本期金额	上期金额
吸收投资收到的现金		
发行债券收到的现金		
收到其他与筹资活动有关的现金		
筹资活动现金流入小计		
偿还债务支付的现金		
分配股利、利润或偿付利息支付的现金		
支付其他与筹资活动有关的现金		
筹资活动现金流出小计		
筹资活动产生的现金流量净额		
四、汇率变动对现金及现金等价物的影响		
五、现金及现金等价物净增加额		
加：期初现金及现金等价物余额		
六、期末现金及现金等价物余额		

（四）证券公司现金流量表格式（如表4）

表4　现金流量表

会证03表

编制单位：　　　　　　　____年__月　　　　　　　　　　单位：元

项 目	本期金额	上期金额
一、经营活动产生的现金流量		
处置交易性金融资产净增加额		
收取利息、手续费及佣金的现金		
拆入资金净增加额		
回购业务资金净增加额		
收到其他与经营活动有关的现金		
经营活动现金流入小计		
支付利息、手续费及佣金的现金		
支付给职工以及为职工支付的现金		
支付的各项税费		
支付其他与经营活动有关的现金		
经营活动现金流出小计		
经营活动产生的现金流量净额		
二、投资活动产生的现金流量		
收回投资收到的现金		
取得投资收益收到的现金		

（续表）

项　　目	本期金额	上期金额
收到其他与投资活动有关的现金		
投资活动现金流入小计		
投资支付的现金		
购建固定资产、无形资产和其他长期资产支付的现金		
支付其他与投资活动有关的现金		
投资活动现金流出小计		
投资活动产生的现金流量净额		
三、筹资活动产生的现金流量		
吸收投资收到的现金		
发行债券收到的现金		
收到其他与筹资活动有关的现金		
筹资活动现金流入小计		
偿还债务支付的现金		
分配股利、利润或偿付利息支付的现金		
支付其他与筹资活动有关的现金		
筹资活动现金流出小计		
筹资活动产生的现金流量净额		
四、汇率变动对现金及现金等价物的影响		
五、现金及现金等价物净增加额		
加：期初现金及现金等价物余额		
六、期末现金及现金等价物余额		

三、现金流量表附注

现金流量表附注适用于一般企业、商业银行、保险公司、证券公司等各类企业。

（一）现金流量表补充资料披露格式

企业应当采用间接法在现金流量表附注中披露将净利润调节为经营活动现金流量的信息（如表5）。

表5　现金流量表补充资料

补充资料	本期金额	上期金额
1.将净利润调节为经营活动现金流量		
净利润		
加：资产减值准备		
固定资产折旧、油气资产折耗、生产性生物资产折旧		
无形资产摊销		

(续表)

补充资料	本期金额	上期金额
长期待摊费用摊销		
处置固定资产、无形资产和其他长期资产的损失（收益以"—"号填列）		
固定资产报废损失（收益以"—"号填列）		
公允价值变动损失（收益以"—"号填列）		
财务费用（收益以"—"号填列）		
投资损失（收益以"—"号填列）		
递延所得税资产减少（增加以"—"号填列）		
递延所得税负债增加（减少以"—"号填列）		
存货的减少（增加以"—"号填列）		
经营性应收项目的减少（增加以"—"号填列）		
经营性应付项目的增加（减少以"—"号填列）		
其他		
经营活动产生的现金流量净额		
2. 不涉及现金收支的重大投资和筹资活动		
债务转为资本		
一年内到期的可转换公司债券		
融资租入固定资产		
3. 现金及现金等价物净变动情况：		
现金的期末余额		
减：现金的期初余额		
加：现金等价物的期末余额		
减：现金等价物的期初余额		
现金及现金等价物净增加额		

（二）企业应当按下列格式披露当期取得或处置子公司及其他营业单位的有关信息，如表6

表6　当期取得或处置子公司及其他营业单位的有关信息

项　　目	金额
一、取得子公司及其他营业单位的有关信息	
1. 取得子公司及其他营业单位的价格	
2. 取得子公司及其他营业单位支付的现金和现金等价物	
减：子公司及其他营业单位持有的现金和现金等价物	
3. 取得子公司及其他营业单位支付的现金净额	
4. 取得子公司的净资产	

（续表）

项　　目	金额
流动资产	
非流动资产	
流动负债	
非流动负债	
二、处置子公司及其他营业单位的有关信息	
1. 处置子公司及其他营业单位的价格	
2. 处置子公司及其他营业单位收到的现金和现金等价物	
减：子公司及其他营业单位持有的现金和现金等价物	
3. 处置子公司及其他营业单位收到的现金净额	
4. 处置子公司的净资产	
流动资产	
非流动资产	
流动负债	
非流动负债	

（三）现金和现金等价物的披露格式参见表7

表7　现金和现金等价物

项　　目	本期金额	上期金额
一、现金		
其中：库存现金		
可随时用于支付的银行存款		
可随时用于支付的其他货币资金		
可用于支付的存放中央银行款项		
存放同业款项		
拆放同业款项		
二、现金等价物		
其中：三个月内到期的债券投资		
三、期末现金及现金等价物余额		
其中：母公司或集团内子公司使用受限制的现金和现金等价物		

《企业会计准则第 32 号——中期财务报告》重点难点说明

一、"中期"和"中期财务报告"含义

（一）中期

本准则规定，"中期，是指短于一个完整的会计年度的报告期间。"根据《中华人民共和国会计法》的规定，"会计年度自公历 1 月 1 日起至 12 月 31 日止"，所以，中期是在这一会计年度之内、但短于一个会计年度的报告期间，它可以是 1 个月、1 个季度或者半年，也可以是其他短于一个会计年度的期间，如 1 月 1 日至 9 月 30 日的期间。

（二）中期财务报告

本准则规定，"中期财务报告，是指以中期为基础编制的财务报告"。这一定义的突出特点是强调中期财务报告涵盖的会计期间以中期为基础，因此，中期财务报告有可能是月度财务报告，也有可能是季度财务报告或者半年度财务报告，当然也包括年初至本中期期末的财务报告。至于企业以什么中期为基础编制财务报告应当视有关法律、行政法规、规章的规定，或者会计信息使用者的要求而定。

二、编制中期财务报告应当遵循的重要性原则

本准则对重要性原则的应用作了具体规定，即企业在确认、计量和披露各中期会计报表项目时，应当遵循重要性原则。企业在判断重要性程度时，应当以中期财务数据为基础，不应当以预计的年度财务数据为基础；而且，与年度财务数据相比，中期会计计量可在更大程度上依赖于估计。企业应当保证所提供的中期财务报告包括了与理解企业中期期末财务状况和中期经营成果及其现金流量相关的信息。

（一）重要性程度的判断应当以中期财务数据为基础。企业在为编制中期财务报告的目的而决定应当如何确认、计量和披露各会计报表项目时，对于重要性程度的判断应当以中期财务数据为基础。这里所指的中期财务数据既包括本中期的财务数据，也包括年初至本中期期末的财务数据。但是企业不得以预计的年度财务数据为基础对中期会计报表项目进行重要性的判断。因为有些对于预计的年度财务数据显得不重要的信息对于中期财务数据而言可能是重要的，因此需要在中期财务报告中披露这些信息。

（二）重要性原则的运用应当保证所提供的中期财务报告包括了与理解企业中期期末财务状况和中期经营成果及其现金流量相关的信息。企业在运用重要性原则决定中期财务报告的信息披露内容和会计估计时，应当保证中期财务报告中包括了对于理解企业中期期末财务状况和中期经营成果及其现金流量相关的信息，以避免在中期财务报告中由于不确认、不披露或者忽略某些信息而对信息使用者的决策产生误导。

（三）重要性程度的判断依赖于会计人员的职业判断，需要根据具体情况作具体分析和判断。通常，会计人员在判断某一项目的重要性程度时，应当将项目的金额和性质结合起来考虑，而且在判断项目金额的重要性时，应当以资产总额、负债总额、净资产总额、

营业收入总额、净利润等这些直接相关项目的数字作为比较基础，并综合考虑其他相关因素。在一些特殊情况下，单独依据项目的金额或者性质就可以判断其重要性。例如，企业发生会计政策变更，该变更事项对当期期末财务状况或者当期损益的影响可能比较小，但对以后期财务状况或者损益的影响却比较大，因此需要在财务报告中予以披露。

三、编制中期财务报告涉及的主要问题

（一）季节性问题。对于季节性、周期性或者偶然性取得的收入，除了在会计年度末允许预计的或者递延的之外，企业都应当在发生时予以确认和计量，不应当在中期报表中预计或者递延。从各国准则来看，对于季节性收入的确认，认识基本一致。至于季节性成本的分配，基本上都是以表外披露来解决。

（二）年度中不均匀或不重复发生的费用。我国会计准则规定，对于会计年度中不均匀发生的费用，除了在会计年度末允许预提或待摊之外，企业都应当在发生时予以确认和计量，不应当在中期会计报表中预提或待摊。

（三）资产减值产生的损失。在每一中期期末，企业按照账面价值与可收回金额孰低的原则，对长期投资、委托贷款等资产计提减值准备，确认减值损失，采用的资产减值测试、确认的标准应当与会计年度末所采用的标准相一致。对于中期后、年底前资产价值可能回升的情况一般不予考虑。

（四）中期所得税。中期财务报告，对所得税的一般做法是预估全年有效所得税税率，再据以计算中期所得税费用。我国目前考虑到预估全年有效税率，主观性强，容易出现利用所得税操纵利润的情况。故没有采取上述方法，而是根据实际情况采用独立观的原则，在确认和计量各中期所得税时，以年初至本中期期末为基础。

四、中期会计估计的应用

根据本准则的规定，企业在中期进行会计计量时，应当保证所提供的会计信息是可靠的，而且与理解企业财务状况、经营成果和现金流量相关的所有重要财务信息都能够得到恰当的披露。同时，在中期财务报告中的计量和年度财务报告一样，都应当基于合理的估计，但是，在编制中期财务报告时，一般需要比年度财务报告应用更多的会计估计。也就是说，基于中期财务报告编报时间比较短和成本效益等方面的考虑，企业在编制中期财务报告时，可以比年度财务报告在更大程度上依赖于会计估计。

五、对于中期会计政策变更的会计处理

企业在中期如果发生了会计政策的变更，应当按照《企业会计准则第28条——会计政策、会计估计变更和差错更正》的规定处理，并在会计报表附注中作相应披露。其中，在会计政策变更的累积影响数能够合理确定的情况下，除非国家规定了相关的会计处理方法，企业应当对所提供的以前年度比较会计报表最早期间的期初留存收益和这些会计报表其他相关项目的数字进行追溯调整；同时，涉及本会计年度内会计政策变更以前各中期会计报表相关项目数字的，也应当予以追溯调整，视同该会计政策在整个会计年度和可比会计报表期间一贯采用。

六、中期会计报表附注的披露

（一）中期会计报表附注披露的基本要求

企业在编制中期会计报表附注时，应当满足以下基本要求：

1. 中期会计报表附注应当提供比上年度财务报告更新的信息。本准则规定，企业在其

中期会计报表附注中应当重点披露自上年度资产负债表日之后发生的，有助于理解企业财务状况、经营成果和现金流量变化情况的重要事项或者交易。即中期会计报表附注应当提供相对于上年度财务报告而言更新的事项或者交易信息，无需重复披露在上年度财务报告中已经披露过的、相对并不重要的信息。因为企业中期财务报告使用者一般都可以获得上年度财务报告信息，所以在中期会计报表附注的编制过程中，应重点披露比上年度财务报告更新的信息。

2. 中期会计报表附注应当遵循重要性原则。重要性原则是中期会计确认、计量和披露的一项重要原则，同样地，中期会计报表附注的披露也应当遵循重要性原则，对于那些会影响中期财务报告信息使用者的经济决策并且又未在中期财务报告的其他部分披露的重要信息，企业应当在会计报表附注中予以披露。

3. 中期会计报表附注的编制应当以会计年度年初至本中期期末为基础。由于编制中期财务报告的目的是为了向报告使用者提供自上年度资产负债表日之后所发生的重要事项或者交易，因此，中期会计报表附注的编制应当以"年初至本中期期末"为基础，而不应当仅仅只披露本中期所发生的重要事项或者交易。例如，某企业需要编制季度财务报告，该企业在20××年3月5日对外进行重大投资，设立一家子公司。对于这一事项，企业不仅应当在20××年度第一季度财务报告的会计报表附注中予以披露，在20××年度第二季度财务报告和第三季度财务报告的会计报表附注中也应当予以披露。

4. 中期会计报表附注还应当披露对于本中期重要的交易或者事项。本准则在规定企业应当以"年初至本中期期末"为基础编制中期会计报表附注的同时，又规定，"对于理解本中期财务状况、经营成果和现金流量有关的重要事项或者交易，也应当在中期报表附注中作相应披露"。即对于本中期财务状况、经营成果和现金流量而言重要的交易或者事项，企业也应当在中期会计报表附注中予以披露。

（二）中期会计报表附注至少应当包括的内容

本准则规定，中期会计报表附注至少应当包括以下内容：

（1）中期财务报表所采用的会计政策与上年度财务报表相一致的声明。会计政策发生变更的，应当说明会计政策变更的性质、内容、理由及其影响数；无法进行追溯调整的，应当说明理由。

（2）会计估计变更的内容、理由及其影响数；影响数不能确定的，应当说明理由。

（3）会计差错的性质及其更正金额。

（4）企业经营的季节性或者周期性特征。

（5）存在控制关系的关联企业发生变化的情况；关联方之间发生交易的，应当披露关联方关系的性质、交易类型和交易要素。

（6）合并财务报表的合并范围发生变化的情况。

（7）对性质特别或者金额异常的财务报表项目的说明。

（8）证券发行、回购和偿还情况。

（9）向所有者分配利润的情况，包括在中期内实施的利润分配和已提出或者已批准但尚未实施的利润分配情况。

（10）根据《企业会计准则第35号——分部报告》规定披露分部报告信息的，应当披露主要报告形式的分部收入与分部利润（亏损）。

（11）中期资产负债表日至中期财务报告批准报出日之间发生的非调整事项。

（12）上年度资产负债表日以后所发生的或有负债和或有资产的变化情况。

（13）企业结构变化情况，包括企业合并，对被投资单位具有重大影响、共同控制关系或者控制关系的长期股权投资的购买或者处置，终止经营等。

（14）其他重大交易或者事项，包括重大的长期资产转让及其出售情况、重大的固定资产和无形资产取得情况、重大的研究和开发支出、重大的资产减值损失情况等。

企业在提供上述第（5）和第（10）项关联方交易、分部收入与分部利润（亏损）信息时，应当同时提供本中期（或者本中期期末）和本年度年初至本中期期末的数据，以及上年度可比本中期（或者可比期中末）和可比年初至本中期期末的比较数据。

企业在会计报表附注中披露上述每项内容时，都应当按照前述"提供比上年度财务报告更新的信息""重要性原则""以会计年度年初至本中期期末为基础"和"应当披露对于本中期重要的交易或者事项"等基本要求进行。

在实务中，上述有关会计报表附注的披露事项可能会出现重复。比如，企业结构变化的事项（如企业合并）可能既涉及合并会计报表合并范围发生变化的情况，也涉及关联方交易或事项，对此，企业在编制会计报表附注时，可以在首次涉及该交易或事项时，予以详细披露，其他地方则可适当简化。

七、编制中期财务报告的特殊要求

（一）关于中期报告的格式和内容

中期财务报告准则规定，在中期财务报告中按规定提供的资产负债表、利润表和现金流量表应当是完整的会计报表，其格式和内容应当与上年度会计报表相一致。如果法律、行政法规或者规章（如当年新施行的会计准则）对当年度会计报表的格式和内容进行了修改，则中期会计报表应当按照修改后的报表格式和内容编制，与此同时，上年度比较会计报表的格式和内容也应当作相应调整。

（二）关于企业在中期财务报告中编制合并会计报表和提供母公司会计报表的要求

中期财务报告准则对企业在中期财务报告中是否应当提供合并会计报表和（或）母公司会计报表作了规定，具体包括以下三个方面：

1. 在上年度财务报告中编报合并会计报表的企业，其中期会计报表也应当按照合并基础编报。即企业在中期财务报告中也应当编制合并会计报表，而且合并会计报表的合并范围、合并原则、编制方法和合并会计报表的格式与内容等应当与上年度合并会计报表相一致。如果在本会计年度有新的会计准则或者有关法规对合并会计报表的编制原则和方法等作了新的规范和要求，则企业应当按照新的准则或者法规的规定编制中期合并会计报表。

2. 如果企业在中期发生了合并会计报表合并范围变化的情况，则应当区别情况进行处理。①在上一会计年度纳入合并会计报表合并范围的子公司在报告中期不再符合合并范围的要求。在这种情况下，企业在中期期末编制合并会计报表时，就不必将该子公司的个别会计报表纳入合并范围。如果企业在报告中期内处置了所有纳入上年度合并会计报表编制范围的子公司，而且在报告中期又没有新增子公司，那么企业在其中期财务报告中就无需编制合并会计报表。尽管如此，企业根据中期财务报告准则要求在提供上年度比较会计报表时仍然应当同时提供合并会计报表和母公司会计报表。除非在上年度可比中期期末，企业没有应纳入合并会计报表合并范围的子公司（即上年度纳入合并会计报表合并范围的子公司是在上年度可比中期期末之后新增的），因而在上年度可比中期的财务报告中并没有编制有关合并会计报表，在这种情况下，企业不可能提供可比中期的合并会计报表。②中期内新增符合合并会计报表合并范围要求的子公司。在这种情况下，企业在中期期末就需要将该子公司的个别会计报表纳入合并会计报表的合并范围。

3. 对于应当编制合并会计报表的企业而言，如果企业在上年度财务报告中除了提供合并会计报表之外，还提供了母公司会计报表，那么在其中期财务报告中除了应当提供合并会计报表之外，还应当提供母公司会计报表。鉴于我国目前规定上市公司年度财务报告在提供合并会计报表的同时，必须提供母公司会计报表，企业没有选择性，因此，对于上市公司的中期财务报告，应当同时提供合并会计报表和母公司会计报表。

（三）关于比较会计报表的要求

本则规定，企业在中期期末除了需要编制中期期末资产负债表、中期利润表和现金流量表之外，还应当提供前期比较会计报表，以提高会计报表信息的可比性和有用性。在中期财务报告中，企业应当提供以下会计报表：①本中期期末的资产负债表和上年度末的资产负债表；②本中期期末的利润表、年初至本中期期末的利润表以及上年度可比期间的利润表；③年初至本中期期末的现金流量表和上年度年初至可比本中期期末的现金流量表。

企业在中期财务报告中提供比较会计报表时，还应当注意以下三点：

1. 企业在中期内如果由于新的会计准则或有关法规的要求，对会计报表项目的列报或分类进行了调整或者修订，或者企业出于便于报表使用者阅读和理解的需要，对会计报表项目作了调整，从而导致本年度中期会计报表项目及其分类与比较会计报表项目及其分类出现不同，在这种情况下，比较会计报表中的有关金额应当按照本年度中期会计报表的要求予以重新分类，以确保其与本年度中期会计报表的相应信息相互可比。同时，企业还应当在会计报表附注中说明会计报表项目重新分类的原因及其内容。

如果企业因原始数据收集、整理或者记录等方面的原因，导致无法对比较会计报表中的有关金额进行重新分类，在这种情况下，可以不对比较会计报表重新分类，但是，企业应当在本年度中期会计报表附注中说明不能进行重新分类的原因。

2. 企业如果在中期内发生了会计政策变更或者重大会计差错更正事项，则应当调整相关比较会计报表期间的净损益和其他有关项目，视同该项会计政策在比较会计报表期间一贯采用，或者该重大会计差错在产生的当期已经得到了更正。对于比较会计报表可比期间以前的会计政策变更的累积影响数或者重大会计差错，应当根据规定，调整比较会计报表最早期间的期初留存收益，会计报表其他相关项目的数字也应当一并调整。

3. 对于在本年度中期内发生的调整以前年度损益事项，企业应当调整与本年度会计报表相关项目的年初数，同时，中期财务报告中相应的比较会计报表也应当为已经调整以前年度损益后的报表。

《企业会计准则第 33 号——合并财务报表》应用指南

第一章 总 则

一、合并财务报表概述

《企业会计准则第 33 号——合并财务报表》（以下简称"本准则"）第二条规定，合并财务报表，是指反映母公司和其全部子公司形成的企业集团整体财务状况、经营成果和现金流量的财务报表。与个别财务报表相比，合并财务报表具有下列特点：

（一）合并财务报表反映的对象是由母公司和其全部子公司组成的会计主体。

（二）合并财务报表的编制者是母公司，但所对应的会计主体是由母公司及其控制的所有子公司所构成的合并财务报表主体（简称为"合并集团"）。

（三）合并财务报表是站在合并财务报表主体的立场上，以纳入合并范围的企业个别财务报表为基础，根据其他有关资料，抵销母公司与子公司、子公司相互之间发生的内部交易，考虑了特殊交易或事项对合并财务报表的影响后编制的，旨在反映合并财务报表主体作为一个整体的财务状况、经营成果和现金流量。

二、关于编制合并财务报表的豁免规定

本准则第四条规定，母公司应当编制合并财务报表。如果母公司是投资性主体，且不存在为其投资活动提供相关服务的子公司，则不应编制合并财务报表。除上述情况外，本准则不允许有其他情况的豁免。

本准则主要规范合并财务报表合并范围的确定及合并财务报表的编制和列报，以及特殊交易在合并财务报表中的处理，不涉及外币财务报表的折算和在子公司权益的披露。外币报表的折算由《企业会计准则第 19 号——外币折算》（以下简称"外币折算准则"）和《企业会计准则第 31 号——现金流量表》（以下简称"现金流量表准则"）规范；在子公司权益的披露由《企业会计准则第 41 号——在其他主体中权益的披露》规范。

第二章 合并范围

本准则第七条规定，合并财务报表的合并范围应当以控制为基础予以确定，不仅包括根据表决权（或类似权利）本身或者结合其他安排确定的子公司，也包括基于一项或多项合同安排决定的结构化主体。

控制，是指投资方拥有对被投资方的权力，通过参与被投资方的相关活动而享有可变回报，并且有能力运用对被投资方的权力影响其回报金额。控制的定义包含三项基本要素：一是投资方拥有对被投资方的权力；二是因参与被投资方的相关活动而享有可变回报；三是有能力运用对被投资方的权力影响其回报金额。在判断投资方是否能够控制被投资方时，当且仅当投资方具备上述三要素时，才能表明投资方能够控制被投资方。

一、投资方拥有对被投资方的权力

投资方拥有对被投资方的权力是判断控制的第一要素,这要求投资方需要识别被投资方并评估其设立目的和设计、识别被投资方的相关活动以及对相关活动进行决策的机制、确定投资方及涉入被投资方的其他方拥有的与被投资方相关的权利等,以确定投资方当前是否有能力主导被投资方的相关活动。

(一) 评估被投资方的设立目的和设计

被投资方可能是一个有限责任公司、股份有限公司、尚未进行公司制改建的国有企业,也可能是一个合伙企业、信托、专项资产管理计划等。在少数情况下,也可能包括被投资方的一个可分割部分。

在判断投资方对被投资方是否拥有权力时,通常要结合被投资方的设立目的和设计。评估被投资方的设立目的和设计,有助于识别被投资方的哪些活动是相关活动、相关活动的决策机制、被投资方相关活动的主导方以及涉入被投资方的哪一方能从相关活动中取得可变回报。

1. 被投资方的设计安排表明表决权是判断控制的决定因素。当对被投资方的控制是通过持有其一定比例表决权或是潜在表决权的方式时,在不存在其他改变决策的安排的情况下,主要根据通过行使表决权来决定被投资方的财务和经营政策的情况判断控制。例如,在不存在其他因素时,通常持有半数以上表决权的投资方控制被投资方,但是,当章程或者其他协议存在某些特殊约定(如,被投资方相关活动的决策需要三分之二以上表决权比例通过)时,拥有半数以上但未达到约定比例等并不意味着能够控制被投资方。

2. 被投资方的设计安排表明表决权不是判断控制的决定因素。当表决权仅与被投资方的日常行政管理活动有关,不能作为判断控制被投资方的决定性因素,被投资方的相关活动可能由其他合同安排规定时,投资方应结合被投资方设计产生的风险和收益、被投资方转移给其他投资方的风险和收益,以及投资方面临的风险和收益等一并判断是否控制被投资方。

需要强调的是,在判断控制的各环节都需要考虑被投资方的设立目的和设计。

(二) 识别被投资方的相关活动及其决策机制

1. 被投资方的相关活动

被投资方为经营目的而从事众多活动,但这些活动并非都是相关活动,相关活动是对被投资方的回报产生重大影响的活动。

识别被投资方相关活动的目的是确定投资方对被投资方是否拥有权力。不同企业的相关活动可能是不同的,应当根据企业的行业特征、业务特点、发展阶段、市场环境等具体情况来进行判断,这些活动可能包括但不限于下列活动:①商品或劳务的销售和购买;②金融资产的管理;③资产的购买和处置;④研究与开发;⑤融资活动。对许多企业而言,经营和财务活动通常对其回报产生重大影响。

2. 被投资方相关活动的决策机制

投资方是否拥有权力,不仅取决于被投资方的相关活动,还取决于对相关活动进行决策的方式,例如,对被投资方的经营、融资等活动做出决策(包括编制预算)的方式,任命被投资方的关键管理人员、给付薪酬及终止劳动合同关系的决策方式等。

相关活动一般由企业章程、协议中约定的权力机构(例如股东会、董事会)来决策,特殊情况下,相关活动也可能根据合同协议约定等由其他主体决策,如专门设置的管理委员会等。有限合伙企业的相关活动可能由合伙人大会决策,也可能由普通合伙人或者投资管理公司等决策。

被投资方通常从事若干相关活动,并且这些活动可能不是同时进行。本准则第十条规定,当两个或两个以上投资方能够分别单方面主导被投资方的不同相关活动时,能够主导对被投资方回报产生最重大影响的活动的一方拥有对被投资方的权力,此时,通常需要考虑的因素包括：①被投资方的设立目的和设计；②影响被投资方利润率、收入和企业价值的决定因素；③每一投资方有关上述因素的决策职权范围及其对被投资方回报的影响程度；④投资方承担可变回报风险的大小。

（三）确定投资方拥有的与被投资方相关的权力

通常情况下，当被投资方从事一系列对其回报产生显著影响的经营及财务活动，且需要就这些活动连续地进行实质性决策时，表决权或类似权利本身或者结合其他安排，将赋予投资方拥有权力。但在一些情况下，表决权不能对被投资方回报产生重大影响（例如，表决权可能仅与日常行政活动有关），被投资方的相关活动由一项或多项合同安排决定。

1. 投资方拥有多数表决权的权力。表决权是对被投资方经营计划、投资方案、年度财务预算方案和决算方案、利润分配方案和弥补亏损方案、内部管理机构的设置、聘任或解聘公司经理及确定其报酬、公司的基本管理制度等事项进行表决而持有的权力。表决权比例通常与其出资比例或持股比例是一致的，但公司章程另有规定的除外。

通常情况下，当被投资方的相关活动由持有半数以上表决权的投资方决定，或者主导被投资方相关活动的管理层多数成员（管理层决策由多数成员表决通过）由持有半数以上表决权的投资方聘任时，无论该表决权是否行使，持有被投资方过半数表决权的投资方拥有对被投资方的权力，但下述两种情况除外：

一是存在其他安排赋予被投资方的其他投资方拥有对被投资方的权力。例如，存在赋予其他方拥有表决权或实质性潜在表决权的合同安排，且该其他方不是投资方的代理人时，投资方不拥有对被投资方的权力。

二是投资方拥有的表决权不是实质性权利。例如，有确凿证据表明，由于客观原因无法获得必要的信息或存在法律、法规的障碍，投资方虽持有半数以上表决权但无法行使该表决权时，该投资方不拥有对被投资方的权力。

投资方在判断是否拥有对被投资方的权力时，应当仅考虑与被投资方相关的实质性权利，包括自身所享有的实质性权利以及其他方所享有的实质性权利。

（1）实质性权利。本准则第十一条规定，实质性权利是持有人在对相关活动进行决策时有实际能力行使的可执行权利。判断一项权利是否为实质性权利，应当综合考虑所有相关因素，包括权利持有人行使该项权利是否存在财务、价格、条款、机制、信息、运营、法律、法规等方面的障碍；当权利由多方持有或者行权需要多方同意时，是否存在实际可行的机制使得这些权利持有人在其愿意的情况下能够一致行权；权利持有人是否可从行权中获利等。实质性权利通常是当前可执行的权利，但某些情况下当前不可行使的权利也可能是实质性权利。

对于投资方拥有的实质性权利，即便投资方并未实际行使，也应在评估投资方是否对被投资方拥有权力时予以考虑。

有时，其他投资方也可能拥有可行使的实质性权利，使得投资方不能控制被投资方。其他投资方拥有的可行使的实质性权利包括提出议案的主动性权利和对议案予以批准或否定的被动性权利，当这些权利不仅仅是保护性权利时，其他方拥有的这些权利可能导致投资方不能控制被投资方。

（2）保护性权利。本准则第十二条规定，保护性权利仅为了保护权利持有人利益却没有赋予持有人对相关活动的决策权。通常包括应由股东大会（或股东会，下同）行使的修改公司章程，增加或减少注册资本，发行公司债券，公司合并、分立、解散或变更公司形式等事项持有的表决权。例如，少数股东批准超过正常经营范围的资本性支出或发行权益工具、债务工具的权利。又如，贷款方限制借款方从事损害贷款方权利的活动的权利，这些活动将对借款方信用风险产生不利影响从而损害贷款方权利，以及贷款方在借款方发生违约行为时扣押其资产的权利等。

保护性权利通常只能在被投资方发生根本性改变或某些例外情况发生时才能够行使，它既没有赋予其持有人对被投资方拥有权力,也不能阻止被投资方的其他投资方对被投资方拥有权力。仅享有保护性权利的投资方不拥有对被投资方的权力。

保护性权利通常只能在被投资方发生根本性改变或某些例外情况发生时才能够行使,但并不是所有在例外情况下行使的权利或在不确定事项发生时才能行使的权利都是保护性权利。例如,当被投资方的活动和回报已被预先设定,只有在发生某些特定事项时才需要进行决策,且这些决策将对被投资方的回报产生重大影响时,这些特定事项引发的活动才属于相关活动,就此行使的权利就不是保护性权利。对于有权主导这些相关活动的投资者,在判断其对被投资方是否拥有权力时,不需要考虑这些特定事项是否已经发生。

对于被投资方作为特许权经营方(被特许人)的情况,特许经营协议通常赋予特许人保护特许品牌的权利,也赋予特许人一些与被特许人经营相关的决策权。一般而言,这些权利并不限制其他方作出对被特许人回报产生重大影响的决策权利,也不一定使得特许人当前有能力主导对被特许人的相关活动。被特许人依据特许经营协议的条款能够自行决定其业务运营。在对被投资方进行分析时,需要区分两种不同的权利:一是当前有能力作出对被特许人回报产生重大影响的决策权利;二是有能力作出保护特许品牌的决策权利。被特许人的法律形式和资本结构等基本决策也可以由特许人之外的其他方行使并会对被特许人的回报产生重大影响。当其他方享有现时权利使其当前有能力主导被特许人的相关活动时,特许人没有拥有对被特许人的权力。特许人提供的财务支持越少,特许人面临的被特许人的回报的可变性越小,则特许人就越有可能只拥有保护性权利。

投资方持有被投资方半数以上表决权的情况通常包括如下三种:一是投资方直接持有被投资方半数以上表决权;二是投资方间接持有被投资方半数以上表决权;三是投资方以直接和间接方式合计持有被投资方半数以上表决权。

2. 投资方持有被投资方半数或以下表决权,但通过与其他表决权持有人之间的协议能够控制半数以上表决权。投资方自己持有的表决权虽然只有半数或以下,但通过与其他表决权持有人之间的协议使其可以持有足以主导被投资方相关活动的表决权,从而拥有对被投资方的权力。该类协议安排需确保投资方能够主导其他表决权持有人的表决,即其他表决权持有人按照投资方的意愿进行表决,而不是投资方与其他表决权持有人协商并根据双方协商一致的结果进行表决。

3. 投资方拥有多数表决权但没有权力。确定持有半数以上表决权的投资方是否拥有权力,关键在于该投资方现时是否有能力主导被投资方的相关活动。当其他投资方现时有权力能够主导被投资方的相关活动,且其他投资方不是投资方的代理人时,投资方就不拥有对被投资方的权力。当表决权不是实质性权利时,即使投资方持有被投资方多数表决权,也不拥有对被投资方的权力。例如,被投资方相关活动被政府、法院、管理人、接管人、清算人或监管人等其他方主导时,投资方虽然持有多数表决权,但也不可能主导被投资方的相关活动。被投资方自行清算的除外。

4. 持有被投资方半数或半数以下表决权。持有半数或半数以下表决权的投资方(或者虽持有半数以上表决权,但表决权比例仍不足以主导被投资方相关活动的投资方,本部分以下同),应综合考虑下列事实和情况,以判断其持有的表决权与相关事实和情况相结合是否赋予投资方拥有对被投资方的权力。

(1)投资方持有的表决权份额相对于其他投资方持有的表决权份额的大小,以及其他投资方持有表决权的分散程度。投资方持有的绝对表决权比例或相对于其他投资方持有的表决权比例越高,其现时能够主导被投资方相关活动的可能性越大;为否决投资方意见而需要联合的其他投资方越多,投资方现时能够主导被投资方相关活动的可能性越大。

(2)投资方和其他投资方持有的潜在表决权。潜在表决权是获得被投资方表决权的权利,例如,可转换工具、可执行认股权证、远期股权购买合同或其他期权所产生的权利。确定潜在表决权是否赋予其持有者权力时需要考虑下列三个方面：

①潜在表决权工具的设立目的和设计，以及投资方涉入被投资方其他方式的目的和设计。

②潜在表决权是否为实质性权利，判断控制仅考虑满足实质性权利要求的潜在表决权。

③投资方是否持有其他表决权或其他与被投资方相关的表决权，这些权利与投资方持有的潜在表决权结合后是否赋予投资方拥有对被投资方的权力。

（3）其他合同安排产生的权利。投资方可能通过持有的表决权和其他决策权相结合的方式使其当前能够主导被投资方的相关活动。例如，合同安排赋予投资方能够聘任被投资方董事会或类似权力机构多数成员，这些成员能够主导董事会或类似权力机构对相关活动的决策。但是，在不存在其他权利时，仅仅是被投资方对投资方的经济依赖（如供应商和其主要客户的关系）不会导致投资方对被投资方拥有权力。

（4）其他相关事实或情况。如果根据上述第一至第三项所列因素尚不足以判断投资方是否控制被投资方，根据本准则第十六条，应综合考虑投资方享有的权利、被投资方以往表决权行使情况及下列事实或情况进行判断：

①投资方是否能够任命或批准被投资方的关键管理人员，这些关键管理人员能够主导被投资方的相关活动。

②投资方是否能够出于自身利益决定或者否决被投资方的重大交易。

③投资方是否能够控制被投资方董事会等类似权力机构成员的任命程序，或者从其他表决权持有人手中获得代理投票权。

④投资方与被投资方的关键管理人员或董事会等类似权力机构中的多数成员是否存在关联关系（例如，被投资方首席执行官与投资方首席执行官为同一人）。

⑤投资方与被投资方之间是否存在特殊关系。在评价投资方是否拥有对被投资方的权力时，应当适当考虑这种特殊关系的影响，这种特殊关系可能为投资方享有权力提供了证据。特殊关系通常包括：被投资方的关键管理人员是投资方的现任或前任职工，被投资方的经营活动依赖于投资方（例如，被投资方依赖于投资方提供经营活动所需的大部分资金，投资方为被投资方的大部分债务提供了担保，被投资方在关键服务、技术、供应或原材料方面依赖于投资方，投资方掌握了诸如专利权、商标等对被投资方经营而言至关重要的资产，被投资方依赖于投资方为其提供具备与被投资方经营活动相关专业知识等的关键管理人员），被投资方活动的重大部分有投资方参与其中或者是以投资方的名义进行，投资方自被投资方承担可变回报的风险（或享有可变回报的收益）的程度远超过其持有的表决权或其他类似权利的比例（例如，投资方承担或有权获得被投资方回报的比例为70%但仅持有不到半数的表决权）等。

投资方持有被投资方表决权比例越低，否决投资方提出的关于相关活动的议案所需一致行动的其他投资者数量越少，投资者就越需要在更大程度上运用上述证据，以判断是否拥有主导被投资方相关活动的权力。

在被投资方的相关活动是通过表决权进行决策的情况下，当投资方持有的表决权比例不超过半数时，投资方在考虑了所有相关情况和事实后仍不能确定投资方是否拥有被投资方的权力的，投资方不控制被投资方。

5.权力来自表决权之外的其他权利。投资方对被投资方的权力通常来自表决权，但有时，投资方对一些主体的权力不是来自表决权，而是由一项或多项合同安排决定。例如，证券化产品、资产支持融资工具、部分投资基金等结构化主体。结构化主体，是指在确定其控制方时没有将表决权或类似权利作为决定因素而设计的主体。主导该主体相关活动的依据通常是合同安排或其他安排形式。有关结构化主体的判断见《企业会计准则第41号——在其他主体中权益的披露》。

由于主导结构化主体的相关活动不是来自表决权(或类似权利),而是由合同安排决定,这无形中加大了投资方有关是否拥有对该类主体权力的判断难度。本准则第十五条规定,投资方需要评估合同安排,以评价其享有的权利是否足够使其拥有对被投资方的权力。在评估时,投资方通常应考虑下列四方面:

(1)在设立被投资方时的决策及投资方的参与度。在评估被投资方的设立目的和设计时,投资者应考虑设立被投资方时的决策及投资方的参与度,以判断相关交易条款与参与特点是否为投资方提供了足以获得权力的权利。参与被投资方的设立本身虽然不足以表明参与方控制被投资方,但可能使参与方有机会获得使其拥有对被投资方权力的权利。

(2)相关合同安排。投资方需考虑结构化主体设立之初的合同安排是否赋予投资方主导结构化主体相关活动的权利。例如,看涨期权、看跌期权、清算权等可能为投资方提供权力的合同安排。在评估对结构化主体是否拥有权力时,应当考虑投资方在这些合同安排中享有的决策权。

(3)仅在特定情况或事项发生时开展的相关活动。结构化主体的活动及其回报在其设计时就已经明确,除非特定情况或事项发生。当特定情况或事项发生时,只有对结构化主体回报产生重大影响的活动才属于相关活动。相应地,对这些相关活动具有决策权的投资方才享有权力。决策权依赖于特定情况或特定事件的发生这一事实本身并不表示该权利为保护性权利。

(4)投资方对被投资方作出的承诺。为确保结构化主体持续按照原定设计和计划开展活动,投资方可能会作出一些承诺(包括明确的承诺和暗示性的承诺),因而可能会扩大投资方承担的可变回报风险,由此促使投资方更有动机获取足够多的权利,使其能够主导结构化主体的相关活动。投资方作出的确保此类主体遵守原定设计经营的承诺可能是投资方拥有权力的迹象,但其本身并不赋予投资方权力,也不会阻止其他方拥有权力。

另外,结构化主体在设立后的运营中,由其法律上的权力机构表决的事项通常仅与行政事务相关,表决权对投资方的回报往往不具有重大的直接联系。因此,投资方在评估结构化主体设立目的和设计时,应考虑其被专门设计用于承担回报可变性的类型、投资方通过参与其相关活动是否承担了部分或全部的回报可变性等。

二、因参与被投资方的相关活动而享有可变回报

判断投资方是否控制被投资方的第二项基本要素是,因参与被投资方的相关活动而享有可变回报。本准则第十七条规定,可变回报是不固定的并可能随被投资方业绩而变动的回报,可能是正数,也可能是负数,或者有正有负。投资方在判断其享有被投资方的回报是否变动以及如何变动时,应当根据合同安排的实质,而不是法律形式。例如,投资方持有固定利率的交易性债券投资时,虽然利率是固定的,但该利率取决于债券违约风险及债券发行方的信用风险,因此,固定利率也可能属于可变回报。又如,管理被投资方资产获得的固定管理费也属于可变回报,因为管理者是否能获得此回报依赖于被投资方是否能够产生足够的收益用于支付该固定管理费。其他可变回报的例子包括:

(一)股利、被投资方经济利益的其他分配(例如,被投资方发行的债务工具产生的利息)、投资方对被投资方投资的价值变动。

(二)因向被投资方的资产或负债提供服务而得到的报酬、因提供信用支持或流动性支持收取的费用或承担的损失、被投资方清算时在其剩余净资产中所享有的权益、税务利益,以及因涉入被投资方而获得的未来流动性。

(三)其他利益持有方无法得到的回报。例如,投资方将自身资产与被投资方的资产一并使用,以实现规模经济,达到节约成本、为稀缺产品提供资源、获得专有技术或限制某些运营或资产,从而提高投资方其他资产的价值。

投资方的可变回报通常体现为从被投资方获取股利。受法律、法规的限制，投资方有时无法通过分配被投资方利润或盈余的形式获得回报，例如，当被投资方的法律形式为信托机构时，其盈利可能不是以股利形式分配给投资者。此时，需要根据具体情况，以投资方的投资目的为出发点，综合分析投资方是否获得除股利以外的其他可变回报，被投资方不能进行利润分配并不必然代表投资方不能获取可变回报。

另外，即使只有一个投资方控制被投资方，也不能说明只有该投资方才能获取可变回报。例如，少数股东可以分享被投资方的利润。

三、有能力运用对被投资方的权力影响其回报金额

判断控制的第三项基本要素是，有能力运用对被投资方的权力影响其回报金额。只有当投资方不仅拥有对被投资方的权力，通过参与被投资方的相关活动而享有可变回报，并且有能力运用对被投资方的权力来影响其回报的金额时，投资方才控制被投资方。因此，本准则第十八条规定，拥有决策权的投资方在判断是否控制被投资方时，需要考虑其决策行为是以主要责任人（即实际决策人）的身份进行还是以代理人的身份进行。此外，在其他方拥有决策权时，投资方还需要考虑其他方是否是以代理人的身份代表该投资方行使决策权。

（一）投资方的代理人

代理人是相对于主要责任人而言的，代表主要责任人行动并服务于该主要责任人的利益。主要责任人可能将其对被投资方的某些或全部决策权授予代理人，但在代理人代表主要责任人行使决策权时，代理人并不对被投资方拥有控制。主要责任人的权力有时可以通过代理人根据主要责任人的利益持有并行使，但权力行使人不会仅仅因为其他方能从其行权中获益而成为代理人。

在判断控制时，代理人的决策权应被视为由主要责任人直接持有，权力属于主要责任人而非代理人，因此，投资方应当将授予代理人的决策权视为自己直接持有的决策权，即使被投资方有多个投资方且其中两个或两个以上投资方有代理人。

决策者在确定其是否为代理人时，根据本准则第十九条规定，应综合考虑该决策者与被投资方以及其他方之间的关系，尤其需要考虑下列四项：

1. 决策者对被投资方的决策权范围。在评估决策权范围时，应考虑相关协议或法规允许决策者决策的活动，以及决策者对这些活动进行决策时的自主程度。与该评估相关的因素包括但不限于：被投资方的设立目的与设计、被投资方面临的风险及转移给其他投资方的风险，以及决策者在设计被投资方过程中的参与程度。例如，如果决策者参与被投资方设计的程度较深（包括确定决策权范围），则可能表明决策者有机会，也有动机获得使其有能力主导相关活动的权利，但这一情况本身并不足以认定决策者必然能够主导相关活动。允许决策者（如资产管理人）主导被投资方相关活动的决策权范围越广，越能表明决策者拥有权力，但并不意味着该决策者一定是主要责任人。

2. 其他方享有的实质性权利。其他方享有的实质性权利可能会影响决策者主导被投资方相关活动的能力。其他方持有实质性罢免权或其他权利并不一定表明决策者是代理人。存在单独一方拥有实质性罢免权并能够无理由罢免决策者的事实，足以表明决策者是代理人。当拥有此权利者超过一方，且不存在未经其他方同意即可罢免决策者的一方时，这些权利本身不足以表明决策者为其他方的代理人。在罢免决策者时需要联合起来行使罢免权的各方的数量越多，决策者的其他经济利益（即薪酬和其他利益）的比重和可变动性越强，则其他方所持有的权利在判断决策者是否是代理人时的权重就越轻。

在判断决策者是否是代理人时，应考虑其他方所拥有的限制决策者决策的实质性权利，这与考虑上述罢免权的方法相似。例如，决策者决策所需取得认可的其他方的数量越少，该决策者越有可能是代理人。在考虑其他方持有的权利时，应评估被投资方董事会（或其他权力

机构）可行使的权利及其对决策权的影响。

3.决策者的薪酬水平。相对于被投资方活动的预期回报，决策者薪酬的比重（量级）和可变动性越大，决策者越有可能不是代理人。当同时满足下列两项时，决策者有可能是代理人：一是决策者的薪酬与其所提供的服务相称；二是薪酬协议仅包括在公平交易基础上有关类似服务和技能水平商定的安排中常见的条款、条件或金额。决策者不能同时满足上述两个条件的，不可能是代理人。

4.决策者因持有被投资方的其他利益而承担可变回报的风险。持有被投资方其他利益表明该决策者可能是主要责任人。对于在被投资方持有其他利益（如对被投资方进行投资或提供被投资方业绩担保）的决策者，在判断其是否为代理人时，应评估决策者因该利益所面临的可变回报的风险。评估时，决策者应考虑：

（1）决策者享有的经济利益（包括薪酬和其他利益）的比重和可变动性。决策者享有的经济利益的比重和可变动性越大，该决策者越有可能是主要责任人。

（2）决策者面临的可变回报风险是否与其他投资方不同，如果是，这些不同是否会影响其行为。例如，决策者持有次级权益，或向被投资方提供其他形式的信用增级，表明决策者可能是主要责任人。

决策者还应评估所承担的可变回报风险相对于被投资方回报总体变动的风险而言的程度。该评估主要应根据预期从被投资方的活动中得到的回报，但也应考虑决策者通过持有其他利益而承担的被投资方可变回报的最大风险。

综合上述四项因素的分析，当存在单独一方持有实质性罢免权并能无理由罢免决策者时，决策者属于代理人。除此以外，需综合考虑上述四项因素以判断决策者是否作为代理人行使决策权。

（二）实质代理人

在判断控制时，投资方应当考虑与所有其他方之间的关系、他们是否代表投资方行动（即识别投资方的"实质代理人"），以及其他方之间、其他方与投资方之间如何互动。上述关系不一定在合同安排中列明。当投资方（或有能力主导投资方活动的其他方）能够主导某一方代表其行动时，被主导方为投资方的实质代理人。在这种情况下，投资方在判断是否控制被投资方时，应将其实质代理人的决策权以及通过实质代理人而间接承担（或享有）的可变回报风险（或权利）与其自身的权利一并考虑。

根据各方的关系，表明一方可能是投资方的实质代理人的情况包括但不限于：投资方的关联方；因投资方出资或提供贷款而取得在被投资方中权益的一方；未经投资方同意，不得出售、转让或抵押其持有的被投资方权益的一方（不包括此项限制系通过投资方和其他非关联方之间自愿协商同意的情形）；没有投资方的财务支持难以获得资金支持其经营的一方；被投资方权力机构的多数成员或关键管理人员与投资方权力机构的多数成员或关键管理人员相同；与投资方具有紧密业务往来的一方，如专业服务的提供者与其中一家重要客户的关系。

四、对被投资方可分割部分的控制

本准则第二十条规定，投资方通常应当对是否控制被投资方整体进行判断。但在少数情况下，如果有确凿证据表明同时满足下列条件并且符合相关法律、法规规定的，投资方应当将被投资方的一部分（以下简称"该部分"）视为被投资方可分割部分，进而判断是否控制该部分：

（一）该部分的资产是偿付该部分负债或该部分其他权益的唯一来源，不能用于偿还该部分以外的被投资方的其他负债；

（二）除与该部分相关的各方外，其他方不享有与该部分资产相关的权利，也不享有与该部分资产剩余现金流量相关的权利。

因此，实质上该部分的所有资产、负债及相关权益均与被投资方的其他部分相隔离，即：该部分的资产产生的回报不能由该部分以外的被投资方其他部分使用，该部分的负债也不能用该部分以外的被投资方资产偿还。

如果被投资方的一部分资产和负债及相关权益满足上述条件，构成可分割部分，则投资方应当基于控制的判断标准确定其是否能够控制该可分割部分，包括考虑该可分割部分的相关活动及其决策机制，投资方是否有能力主导可分割部分的相关活动并据以从中取得可变回报等。如果投资方控制该可分割部分，则应将其进行合并。此时，其他方在考虑是否控制并合并被投资方时，应仅对被投资方的剩余部分进行评估，不包括该可分割部分。

五、控制的持续评估

控制的评估是持续的，当环境或情况发生变化时，投资方需要评估控制的三项基本要素中的一项或多项是否发生了变化。如果有任何事实或情况表明控制的三项基本要素中的一项或多项发生了变化，投资方应重新评估对被投资方是否具有控制。

（一）如果对被投资方的权力的行使方式发生变化，该变化必须反映在投资方对被投资方权力的评估中。例如，决策机制的变化可能意味着投资方不再通过表决权主导相关活动，而是由协议或者合同等其他安排赋予其他方主导相关活动的现时权利。

（二）某些事件即使不涉及投资方，也可能导致该投资方获得或丧失对被投资方的权力。例如，其他方以前拥有的能阻止投资方控制被投资方的决策权到期失效，则可能使投资方因此而获得权力。

（三）投资方应考虑因其参与被投资方相关活动而承担的可变回报风险敞口的变化带来的影响。例如，如果拥有权力的投资方不再享有可变回报（如与业绩相关的管理费合同到期），则该投资方将由于不满足控制三要素的第二要素而丧失对被投资方的控制。

（四）投资方还应考虑其作为代理人或主要责任人的判断是否发生了变化。投资方与其他方之间整体关系的变化可能意味着原为代理人的投资方不再是代理人；反之亦然。例如，如果投资方或其他方的权利发生了变化，投资方应重新评估其代理人或主要责任人的身份。

投资方有关控制的判断结论，或者初始评估其是主要责任人或代理人的结果，不会仅因为市场情况的变化（如因市场情况的变化导致被投资方的可变回报发生变化）而变化，除非市场情况的变化导致控制三要素的一项或多项发生了变化，或导致主要责任人与代理人之间的关系发生变化。

六、投资性主体

本准则第二十一条规定，母公司应当将其全部子公司（包括母公司所控制的被投资单位可分割部分、结构化主体）纳入合并范围。如果母公司是投资性主体，则只应将那些为投资性主体的投资活动提供相关服务的子公司纳入合并范围，其他子公司不应予以合并，应按照公允价值计量且其变动计入当期损益。

一个投资性主体的母公司如果其本身不是投资性主体，则应当将其控制的全部主体，包括投资性主体以及通过投资性主体间接控制的主体，纳入合并财务报表范围。

（一）投资性主体的定义

根据本准则第二十二条，投资性主体的定义中包含了三个需要同时满足的条件：一是该公司以向投资方提供投资管理服务为目的，从一个或多个投资者获取资金；二是该公司的唯一经营目的，是通过资本增值、投资收益或两者兼有而让投资者获得回报；三是该公司按照公允价值对几乎所有投资的业绩进行计量和评价。

1. 以向投资方提供投资管理服务为目的。投资性主体的主要活动是向投资者募集资金，且其目的是为这些投资者提供投资管理服务，这是一个投资性主体与其他主体的显著区别。

2. 唯一经营目的是通过资本增值、投资收益或两者兼有而获得回报。投资性主体的经营目的一般可能通过其设立目的、投资管理方式、投资期限、投资退出战略等体现出来，例如，一个基金在募集说明书中可能说明其投资的目的是为了实现资本增值、一般情况下的投资期限较长、制定了比较清晰的投资退出战略等，这些描述与投资性主体的经营目的是一致的；反之，一个基金的经营目的如果是与被投资方合作开发、生产或销售某种产品，则说明其不是一个投资性主体。

（1）向投资方或第三方提供投资相关服务。投资性主体为实现其经营目的，可能向投资方或者第三方提供投资咨询、投资管理、投资的日常行政管理及支持等服务，这些服务并不影响该主体符合投资性主体的条件，即使这些服务构成其业务的重要部分，因为这些服务是投资性主体经营的延伸。

（2）向被投资方提供其他服务和支持。投资性主体可能向被投资方提供管理或战略建议服务，或者贷款或担保等财务方面的支持，当这些活动与其获取资本增值或者投资收益的整体目的一致，且这些活动本身并不构成一项单独的重要收入来源时，该主体的经营目的仍然可能符合投资性主体的经营目的。当投资性主体设立专门为被投资方提供投资咨询、投资管理等服务的子公司时，该投资性主体应该合并这一子公司。

（3）投资目的及回报方式。主体有时出于多种目的投资于另一个主体，例如，从事高科技产品研发、生产和销售的企业集团，发起设立了一家基金专门投资于一些尚处于研发初期的创新企业以获取资本增值。同时，企业集团与该基金签订协议，双方约定：如果其中某项高科技产品研发成功，该集团享有优先购买权。这种情况下，该基金的经营目的除了获取资本增值外，还包含了为其企业集团获取新产品开发的渠道，获取资本增值并不是该基金的唯一经营目的，因此，该基金不符合投资性主体的条件。

不符合投资性主体投资目的及回报的情况包括但不仅限于：该主体或其所在企业集团其他成员购买、使用、交换或开发被投资方的流程、资产或技术，该主体与被投资方就开发、生产、销售或提供产品或服务达成合营安排或其他协议，被投资方为该主体的借款提供财务担保或以被投资方的资产作为抵押，该主体的关联方持有的、可从所在集团其他成员处购买该主体持有的被投资方所有者权益的购买选择权，该主体或所在集团其他成员与被投资方的关联方之间的非公允交易且该交易属于被投资方或该主体经营活动的重大组成部分等。

当主体的投资战略是投资于同一个行业、地区或者市场的多个主体以在被投资方之间形成协同效应时，即使该主体存在上述非公允交易，该主体也不会仅因为被投资方之间的交易而被认定为不符合投资性主体。

（4）退出战略。投资性主体与非投资性主体的一个区别是投资性主体不打算无限期持有其投资。退出战略明确了其退出投资的时间表，没有退出战略，可能表明其计划无限期地持有相关投资。这是因为权益性投资和非金融资产投资通常是无限期持有。将有期限的债务工具持有至到期，可以视为存在退出战略，因为主体不可能无限期持有这类债务工具。没有退出战略的永续债投资，表明可能该主体计划无限期持有。仅针对违约事项的退出机制不被视为退出战略。

3. 按照公允价值对投资业绩进行计量和评价。投资性主体定义的基本要素之一是以公允价值作为其首要的计量和评价属性，因为相对于合并子公司财务报表或者按照权益法核算对联营企业或合营企业的投资而言，公允价值计量所提供的信息更具有相关性。公允价值计量体现在：在会计准则允许的情况下，在向投资方报告其财务状况和经营成果时应当以公允价值计量其投资；向其关键管理人员提供公允价值信息，以供他们据此评估投资业绩或作出投资决策。但投资性主体没有必要以公允价值计量其固定资产等非投资性资产或其负债。

（二）投资性主体的特征

本准则第二十三条规定，投资性主体通常应当具备下列四个特征：一是拥有一个以上投资；二是拥有一个以上投资者；三是投资者不是该主体的关联方；四是该主体的所有者权益以股权或类似权益存在。当主体不完全具备上述四个特征时，需要审慎评估，判断是否有确凿证据证明虽然缺少其中一个或几个特征，但该主体仍然符合投资性主体的定义。

1. 拥有一个以上投资

一个投资性主体通常会同时持有多项投资以分散风险、最大化回报，但通过直接或间接持有对另一投资性主体（该主体持有多项投资）的一项投资的主体也可能是投资性主体。当主体刚设立、尚未寻找到多个符合要求的投资项目，或者刚处置了部分投资、尚未进行新的投资，或者该主体正处于清算过程中时，即使主体仅持有一项投资，该主体仍可能为投资性主体。另外，如果某项投资要求较高的最低出资额，单个投资方很难进行如此高额的投资时，可能设立投资性主体用于募集多个投资方的资金进行集中投资。

2. 拥有一个以上投资者

投资性主体通常拥有多个投资者，拥有多个投资者使投资性主体或其所在企业集团中的其他企业获取除资本增值、投资收益外的收益的可能性减小。当主体刚刚设立、正在积极识别合格投资者，或者原持有的权益已经赎回、正在寻找新的投资者，或者处于清算过程中时，即使主体仅拥有一个投资者，该主体仍可能符合投资性主体的定义。还有一些特殊的投资性主体，其投资者只有一个，但其目的是为了代表或支持一个较大的投资者集合的利益而设立的。例如，某企业设立一个年金基金，其目的是为了支持该企业职工退休后福利，该基金的投资者虽然只有一个，但却代表了一个较大的投资者集合的利益，仍然属于投资性主体。

3. 投资者不是该主体的关联方

投资性主体通常拥有若干投资者，这些投资者既不是其关联方，也不是所在集团中的其他成员，这一情况使得投资性主体或其所在企业集团中的其他企业获取除资本增值、投资收益外的收益的可能性减小。但是，关联投资者的存在并非表明该主体一定不是投资性主体。例如，某基金的投资方之一可能是该基金的关键管理人员出资设立的企业，其目的是更好地激励基金的关键管理人员，这一安排并不影响该基金符合投资性主体的定义。

4. 该主体的所有者权益以股权或类似权益存在

投资性主体通常是单独的法律主体，但没有要求投资性主体必须是单独的法律主体。但无论其采取何种形式，其所有者权益通常采取股权或者类似权益的形式（例如，合伙权益），且净资产按照所有者权益比例份额享有。然而，拥有不同类型的投资者，并且其中一些投资者可能仅对某类或某组特定投资拥有权利，或者不同类型的投资者对净资产享有不同比例的分配权的情况，并不说明该主体不是一个投资性主体。

（三）投资性主体的转换

投资性主体的判断需要持续进行，当有事实和情况表明构成投资性主体定义的三项要素发生变化，或者任何典型特征发生变化时，应当重新评估其是否符合投资性主体。

当母公司由非投资性主体转变为投资性主体时，除仅将为其投资活动提供相关服务的子公司纳入合并财务报表范围编制合并财务报表外，企业自转变日起对其他子公司不应予以合并，其会计处理参照部分处置子公司股权但不丧失控制权的处理原则：终止确认与其他子公司相关资产（包括商誉）及负债的账面价值，以及其他子公司相关少数股东权益（包括属于少数股东的其他综合收益）的账面价值，并按照对该子公司的投资在转变日的公允价值确认一项以公允价值计量且其变动计入当期损益的金融资产，同时将对该子公司的投资在转变日的公允价值作为处置价款，其与当日合并财务报表中该子公司净资产（资产、负债及相关商誉之和，扣除少数股东权益）的账面价值之间的差额，调整资本公积（资本溢价或股本溢价），资本公积不足冲减的，调整留存收益。

当母公司由投资性主体转变为非投资性主体时，应将原未纳入合并财务报表范围的子公司于转变日纳入合并财务报表范围，将转变日视为购买日，原未纳入合并财务报表范围的子公司于转变日的公允价值视为购买的交易对价，按照非同一控制下企业合并的会计处理方法进行会计处理。

第三章 合并程序

一、合并财务报表的编制原则

合并财务报表作为财务报表，必须符合财务报表编制的一般原则和基本要求，这些基本要求包括真实可靠、内容完整、重要性等。合并财务报表的编制除了遵循财务报表编制的一般原则和要求外，还应遵循一体性原则，即合并财务报表反映的是由多个主体组成的企业集团的财务状况、经营成果和现金流量。在编制合并财务报表时应当将母公司和所有子公司作为整体来看待，视为一个会计主体，母公司和子公司发生的经营活动都应当从企业集团这一整体的角度进行考虑，包括对项目重要性的判断。

在编制合并财务报表时，对于母公司与子公司、子公司相互之间发生的经济业务，应视为同一会计主体的内部业务处理，对合并财务报表的财务状况、经营成果和现金流量不产生影响。另外，对某些特殊交易，如果站在企业集团角度的确认和计量与个别财务报表角度的确认和计量不同，还需要站在企业集团角度就同一交易或事项予以调整。

二、编制合并财务报表的前期准备工作

合并财务报表的编制涉及多个子公司，为了使编制的合并财务报表准确、全面反映企业集团的真实情况，必须做好一系列的前期准备工作，主要包括以下几个方面。

（一）统一母子公司的会计政策

会计政策是编制财务报表的基础。统一母公司和子公司的会计政策是保证母子公司财务报表各项目反映内容一致的基础。只有在财务报表各项目反映的内容一致的情况下，才能对其进行加总，编制合并财务报表。因此，在编制合并财务报表前，应统一要求子公司所采用的会计政策与母公司保持一致。对一些境外子公司，由于所在国或地区法律、会计政策等方面的原因，确实无法使其采用的会计政策与母公司所采用的会计政策保持一致，则应当要求其按照母公司所采用的会计政策，重新编报财务报表，也可以由母公司根据自身所采用的会计政策对境外子公司报送的财务报表进行调整，以重编或调整编制的境外子公司的财务报表，作为编制合并财务报表的基础。

需要注意的是，中国境内企业设在境外的子公司在境外发生的交易或事项，因受法律、法规限制等境内不存在或交易不常见，企业会计准则未做出规范的，可以将境外子公司已经进行的会计处理结果，在符合基本准则的原则下，按照国际财务报告准则进行调整后，并入境内母公司合并财务报表的相关项目。

（二）统一母子公司的资产负债表日及会计期间

母公司和子公司的个别财务报表只有在反映财务状况的日期和反映经营成果的会计期间都一致的情况下才能进行合并。为了编制合并财务报表，必须统一企业集团内母公司和所有子公司的资产负债表日和会计期间，使子公司的资产负债表日和会计期间与母公司的资产负债表日和会计期间保持一致，以便于子公司提供相同资产负债表日和会计期间的财务报表。

对于境外子公司，由于当地法律限制确实不能与母公司财务报表决算日和会计期间一致的，母公司应当按照自身的资产负债表日和会计期间对子公司的财务报表进行调整，以调整后的子公司财务报表为基础编制合并财务报表，也可以要求子公司按照母公司的资产负债表日和会计期间另行编制报送其个别财务报表。

（三）对子公司以外币表示的财务报表进行折算

对母公司和子公司的财务报表进行合并，其前提必须是母子公司个别财务报表所采用的

货币计量单位一致。对于外币业务比较多的企业应该遵循外币折算准则有关选择记账本位币的相关规定,在符合准则规定的基础上确定是否采用某一种外币作为记账本位币。在将境外经营纳入合并范围时,应该按照外币折算准则的相关规定进行处理。

(四)收集编制合并财务报表的相关资料

合并财务报表以母公司和其子公司的财务报表以及其他有关资料为依据,由母公司合并有关项目的数额编制。为编制合并财务报表,母公司应当要求子公司及时提供下列有关资料:

1. 子公司相应期间的财务报表;
2. 采用的与母公司不一致的会计政策及其影响金额;
3. 与母公司不一致的会计期间的说明;
4. 与母公司及与其他子公司之间发生的所有内部交易的相关资料,包括但不限于内部购销交易、债权债务、投资及其产生的现金流量和未实现内部销售损益的期初、期末余额及变动情况等资料;
5. 子公司所有者权益变动和利润分配的有关资料;
6. 编制合并财务报表所需要的其他资料。

三、合并财务报表格式

根据本准则规定,合并财务报表至少包括合并资产负债表、合并利润表、合并所有者权益变动表和合并现金流量表。其中,一般企业、商业银行、保险公司和证券公司等的合并资产负债表、合并利润表和合并所有者权益变动表以《企业会计准则第30号——财务报表列报》应用指南(2014)(以下简称"财务报表列报应用指南")的相关报表为基础,增加下列项目。

(一)合并资产负债表中:①在所有者权益项目下增加"归属于母公司所有者权益合计",用于反映企业集团的所有者权益中归属于母公司所有者权益的部分,包括实收资本(或股本)、资本公积、库存股、其他综合收益、盈余公积、专项储备、一般风险准备、未分配利润、其他等项目的金额;②在所有者权益项目下,增加"少数股东权益"项目,用于反映非全资子公司的所有者权益中不属于母公司的份额。

(二)合并利润表中:①在"净利润"项目下增加"归属于母公司所有者的净利润"和"少数股东损益"两个项目,分别反映净利润中由母公司所有者享有的份额和非全资子公司当期实现的净利润中归属于少数股东的份额。同一控制下企业合并增加子公司的,当期合并利润表中还应在"净利润"项目下增加"其中:被合并方在合并前实现的净利润"项目,用于反映同一控制下企业合并中取得的被合并方在合并日前实现的净利润。②在"综合收益总额"项目下增加"归属于母公司所有者的综合收益总额"和"归属于少数股东的综合收益总额"两个项目,分别反映综合收益总额中由母公司所有者享有的份额和非全资子公司当期综合收益总额中归属于少数股东的份额。

(三)合并所有者权益变动表中,应增加"少数股东权益"栏目,反映少数股东权益变动的情况。另外,参照合并资产负债表中的"专项储备""一般风险准备""资本公积""其他综合收益"等项目的列示,合并所有者权益变动表中应单列上述各栏目反映。

合并现金流量表的格式与《企业会计准则第31号——现金流量表》应用指南(2006)中现金流量报表的格式基本相同。

对于纳入合并财务报表的子公司既有一般工商企业,又有金融企业等的,如果母公司在企业集团经营中权重较大,以母公司主业是一般企业还是金融企业确定其报表类别,根据集团其他业务适当增加其他报表类别的相关项目;如果母公司在企业集团经营中权重不大,以企业集团的主业确定其报表类别,根据集团其他业务适当增加其他报表类别的相关项目;对于不符合上述情况的,合并财务报表采用一般企业报表格式,根据集团其他业务适当增加其他报表类别的相关项目。

四、合并财务报表的编制程序

合并财务报表编制的一般程序如下。

（一）设置合并工作底稿

合并工作底稿的作用是为合并财务报表的编制提供基础。在合并工作底稿中，对母公司和纳入合并范围的子公司的个别财务报表各项目的数据进行汇总、调整和抵销处理，最终计算得出合并财务报表各项目的合并数。

（二）将个别财务报表的数据过入合并工作底稿

将母公司和纳入合并范围的子公司的个别资产负债表、个别利润表、个别现金流量表及个别所有者权益变动表各项目的数据录入合并工作底稿，并在合并工作底稿中对母公司和子公司个别财务报表各项目的数据进行加总，计算得出个别资产负债表、个别利润表、个别现金流量表及个别所有者权益变动表各项目合计数额。

（三）编制调整分录和抵销分录

根据本准则第三十条、第三十四条、第四十一条和第四十五条等编制调整分录与抵销分录，进行调整抵销处理是合并财务报表编制的关键和主要内容，其目的在于将因会计政策及计量基础的差异对个别财务报表的影响进行调整，以及将个别财务报表各项目的加总数据中重复的因素等予以抵销或调整等。

（四）计算合并财务报表各项目的合并金额

在母公司和纳入合并范围的子公司个别财务报表项目加总金额的基础上，分别计算合并财务报表中各资产项目、负债项目、所有者权益项目、收入项目和费用项目等的合并金额。其计算方法如下：

1. 资产类项目，其合并金额根据该项目加总的金额，加上该项目调整分录与抵销分录有关的借方发生额，减去该项目调整分录与抵销分录有关的贷方发生额计算确定。

2. 负债类和所有者权益类项目，其合并金额根据该项目加总的金额，减去该项目调整分录与抵销分录有关的借方发生额，加上该项目调整分录与抵销分录有关的贷方发生额计算确定。

3. 有关收入、收益、利得类项目，其合并金额根据该项目加总的金额，减去该项目调整分录与抵销分录的借方发生额，加上该项目调整分录与抵销分录的贷方发生额计算确定。

4. 有关成本费用、损失类项目和有关利润分配的项目，其合并金额根据该项目加总的金额，加上该项目调整分录与抵销分录的借方发生额，减去该项目调整分录与抵销分录的贷方发生额计算确定。

5. "专项储备"和"一般风险准备"项目，由于既不属于实收资本（或股本）、资本公积，也与留存收益、未分配利润不同，在长期股权投资与子公司所有者权益相互抵销后，应当按归属于母公司所有者的份额予以恢复。

（五）填列合并财务报表

根据合并工作底稿中计算出的资产、负债、所有者权益、收入、成本费用类以及现金流量表中各项目的合并金额，填列生成正式的合并财务报表。

合并所有者权益变动表也可以根据合并资产负债表和合并利润表进行编制。

五、报告期内增减子公司的处理

（一）增加子公司

母公司因追加投资等原因控制了另一个企业即实现了企业合并，应当根据《企业会计准则第 20 号——企业合并》（以下简称"企业合并准则"）的规定编制合并日或购买日的合并财务报表。在企业合并发生当期的期末和以后会计期间，母公司应当根据本准则的规定编制合并财务报表，分别情况进行处理：

1. 同一控制下企业合并增加的子公司或业务，视同合并后形成的企业集团报告主体自最终控制方开始实施控制时一直是一体化存续下来的。编制合并资产负债表时，应当调整合并资产负债表的期初数，合并资产负债表的留存收益项目应当反映母子公司视同一直作为一个整体运行至合并日应实现的盈余公积和未分配利润的情况，同时应当对比较报表的相关项目进行调整；编制合并利润表时，应当将该子公司或业务自合并当期期初至报告期期末的收入、费用、利润纳入合并利润表，而不是从合并日开始纳入合并利润表，同时应当对比较报表的相关项目进行调整。由于这部分净利润是因企业合并准则所规定的同一控制下企业合并的编表原则所致，而非母公司管理层通过生产经营活动实现的净利润，因此，应当在合并利润表中单列"其中：被合并方在合并前实现的净利润"项目进行反映；在编制合并现金流量表时，应当将该子公司或业务自合并当期期初到报告期期末的现金流量纳入合并现金流量表，同时应当对比较报表的相关项目进行调整。

2. 非同一控制下企业合并或其他方式增加的子公司或业务，应当从购买日开始编制合并财务报表，在编制合并资产负债表时，不调整合并资产负债表的期初数，企业以非货币性资产出资设立子公司或对子公司增资的，需要将该非货币性资产调整恢复至原账面价值，并在此基础上持续编制合并财务报表；在编制合并利润表时，应当将该子公司或业务自购买日至报告期期末的收入、费用、利润纳入合并利润表；在编制合并现金流量表时，应当将该子公司购买日至报告期期末的现金流量纳入合并现金流量表。

（二）处置子公司

在报告期内，如果母公司处置子公司或业务，失去对子公司或业务的控制，被投资方从处置日开始不再是母公司的子公司，不应继续将其纳入合并财务报表的合并范围，在编制合并资产负债表时，不应当调整合并资产负债表的期初数；在编制合并利润表时，应当将该子公司或业务自当期期初至处置日的收入、费用、利润纳入合并利润表；在编制合并现金流量表时，应将该子公司或业务自当期期初至处置日的现金流量纳入合并现金流量表。

六、合并财务报表综合案例

本案例说明了合并财务报表的一般编制程序，主要包括合并资产负债表、合并利润表、合并现金流量表和合并所有者权益变动表及合并财务报表工作底稿的编制方法和过程。

【例】　A股份有限公司（以下简称"A公司"）是一家从事新能源产业开发的上市公司。2×13年1月1日，A公司以定向增发普通股股票的方式，从非关联方处购买取得了B股份有限公司（以下简称"B公司"）70%的股权，于同日通过产权交易所完成了该项股权转让程序，开完成了工商变更登记。A公司定向增发普通股股票5 000万股，每股面值为1元，每股市场价格为2.95元。A公司与B公司属于非同一控制下的企业。

1. B公司2×13年1月1日（购买日）资产负债表有关项目信息列示如下：

（1）股东权益总额为16 000万元。其中：股本为10 000万元，资本公积为4 000万元，盈余公积为600万元，未分配利润为1 400万元。

（2）应收账款账面价值为1 960万元，经评估的公允价值为1 560万元；存货的账面价值为10 000万元，经评估的公允价值为11 000万元；固定资产账面价值为9 000万元，经评估的公允价值为12 000万元，固定资产评估增值为公司办公楼增值，该办公楼采用年限平均法计提折旧，该办公楼的剩余折旧年限为15年。

2. B公司2×13年12月31日资产负债表有关项目信息列示如下：

（1）股东权益总额为19 150万元。其中，股本为10 000万元，资本公积为4 000万元、其他综合收益为150万元(可供出售金融资产公允价值变动的利得)，盈余公积为1 600万元，未分配利润为3 400万元。

（2）2×13年全年实现净利润5 250万元，当年提取盈余公积1 000万元，年末向股东宣告分配现金股利2 250万元，现金股利款项尚未支付。

（3）截至2×13年12月31日，应收账款按购买日评估确认的金额收回，评估确认的坏账已核销；购买日发生评估增值的存货当年已全部实现对外销售。

3. 2×13年，A公司和B公司内部交易和往来事项列示如下：

（1）截至2×13年12月31日，A公司个别资产负债表应收账款中有480万元为应收B公司账款，该应收账款账面余额为500万元，A公司当年计提坏账准备20万元。B公司个别资产负债表中应付账款中列示有应付A公司账款500万元。

（2）2×13年5月1日，A公司向B公司销售商品1 000万元，商品销售成本为700万元，B公司以支票支付商品价款500万元，其余价款待商品售出后支付。B公司购进的该商品本期全部未实现对外销售而形成年末存货。2×13年年末，B公司对存货进行检查时，发现该商品已经部分陈旧，其可变现净值已降至980万元。为此，B公司于2×13年年末对该存货计提存货跌价准备20万元，并在其个别财务报表中列示。

2×13年6月1日，B公司向A公司销售商品1 200万元，商品销售成本为800万元，A公司以支票支付全款。A公司购进该商品本期40%未实现对外销售。年末，A公司对剩余存货进行检查，并未发生存货跌价损失。

（3）2×13年6月20日，A公司将其资产原值为1 000万元，账面价值为600万元的某厂房，以1 200万元的价格变卖给B公司作为厂房使用，B公司以支票支付全款。该厂房预计剩余使用年限为15年，A公司和B公司均采用直线法对其计提折旧。

A公司取得B公司可辨认资产、负债和所有者权益在购买日的公允价值备查簿见表1；2×13年1月1日，A公司资产负债表、B公司资产负债表及资产负债公允价值见表2；2×13年12月31日，A公司、B公司资产负债表见表4；2×13年，A公司、B公司当年利润表、现金流量表和所有者权益变动表分别参见表5至表7。

假定A公司、B公司均是中国境内公司，A公司计划长期持有对B公司的股权，不考虑上述合并事项中所发生的审计、评估、股票发行以及法律服务等相关费用，B公司的会计政策和会计期间与A公司一致，购买日B公司资产和负债的公允价值与其计税基础之间形成的暂时性差异均符合确认递延所得税资产或递延所得税负债的条件，不考虑A公司、B公司除企业合并和编制合并财务报表之外的其他税费，两家公司适用的所得税税率均为25%。除非有特别说明，本案例中的资产和负债的账面价值与计税基础相同（本案例的会计分录以万元表示）。

（一）合并范围的确定

本例中，A公司持有B公司70%表决权股份，能够主导B公司的经营、财务等相关活动，表明A公司对B公司拥有权力。且A公司可通过参与B公司的经营、财务等相关活动而影响并享有可变回报（如，A公司可以决定B公司股利分配决策并取得B公司分配的股利等），因此A公司对B公司的财务决策和经营决策等均具有实质性权利，即A公司有能力运用对B公司的权力影响其回报金额。综上所述，A公司对B公司的权力符合本准则中的控制定义，因此A公司编制合并财务报表时，应当将B公司纳入合并范围。

（二）购买日合并资产负债表的编制

本例中，A公司购买B公司股权形成了非同一控制下的企业合并，按照企业合并准则的规定，非同一控制下的企业合并，母公司应当编制购买日的合并资产负债表，因企业合并取得的被购买方各项可辨认资产、负债应当以公允价值列示，母公司应当设置备查簿，记录企业合并中取得的子公司各项可辨认资产、负债在购买日的公允价值。

《企业会计准则第 33 号——合并财务报表》应用指南

A 公司取得 B 公司可辨认资产、负债和所有者权益在购买日的公允价值备查簿见表 1。

2×13 年 1 月 1 日，A 公司资产负债表和 B 公司资产负债表及评估确认的资产负债公允价值见表 2。

表 1 A 公司购买股权备查簿——B 公司

单位：万元

购买日：2×13 年 1 月 1 日　　　购买价：14 750 万元　　　本次交易后累计持股：70%

项目	购买日账面价值	购买日公允价值	公允价值与账面价值的差额	剩余使用年限	公允价值变动调整折旧或摊销额（年）	公允价值变动调整后余额	备注
流动资产	17 500	18 000	600				
其中：应收账款	1 960	1 560	－400				
存货	10 000	11 000	1 000				
非流动资产	11 500	14 500	3 000				
其中：固定资产——B 公司办公楼	1 000	4 000	3 000	15	200	2 800	采用年限平均法计提折旧
资产总计	29 000	32 600	3 600				
流动负债	10 500	10 500	0				
非流动负债	2 500	2 500	0				
负债合计	13 000	13 000	0				
实收资本（或股本）	10 000	10 000	0				
资本公积	4 000						
盈余公积	600	600	0				
未分配利润	1 400	1 400	0				
所有者权益合计	16 000	19 000	3 600				
负债和所有者权益总计	29 000	32 600	3 600				

表 2 资产负债表（简表）

会企 01 表

编制单位：A 公司　　　　2×13 年 1 月 1 日　　　　单位：万元

资产	A 公司	B 公司 账面价值	B 公司 公允价值	负债和所有者权益（或股东权益）	A 公司	B 公司 账面价值	B 公司 公允价值
流动资产：				流动负债：			
货币资金	4 500	2 100	2 100	短期借款	6 000	2 500	2 500
交易性金融资产	2 000	900	900	交易性金融负债	1 900	0	0

（续表）

资产	A公司	B公司 账面价值	B公司 公允价值	负债和所有者权益（或股东权益）	A公司	B公司 账面价值	B公司 公允价值
应收票据	2 350	1 500	1 500	应付票据	5 000	1 500	1 500
应收账款	2 900	1 960	1 560	应付账款	9 000	2 100	2 100
预付款项	1 000	440	440	预收款项	1 500	650	650
应收利息	0	0	0	应付职工薪酬	3 000	800	800
应收股利	2 100	0	0	应交税费	1 000	600	600
其他应收款	0	0	0	应付利息	0	0	0
存货	15 500	10 000	11 000	应付股利	2 000	2 000	2 000
其他流动资产	650	600	600	其他应付款	0	0	0
流动资产合计	31 000	17 500	18 100	其他流动负债	600	350	350
非流动资产				流动负债合计	30 000	10 500	10 500
可供出售金融资产	3 000	700	700	非流动负债：			
持有至到期投资	5 500	0	0	长期借款	2 000	1 500	1 500
长期应收款	0	0	0	应付债券	10 000	1 000	1 000
长期股权投资	16 000	0	0	长期应付款	1 000	0	0
固定资产	10 500	9 000	12 000	递延所得税负债	0	0	0
在建工程	10 000	1 000	1 000	其他非流动负债	0	0	0
无形资产	2 000	800	800	非流动负债合计	13 000	2 500	2 500
商誉	0	0	0	负债合计	43 000	13 000	13 000
长期待摊费	0	0	0	所有者权益（或股东权益）：			
递延所得税资产	0	0	0	实收资本（或股本）	20 000	10 000	10 000
其他非流动资产	0	0	0	资本公积	5 000	4 000	7 600
非流动资产合计	47 000	11 500	14 500	减：库存股	0	0	0
				其他综合收益	0	0	0
				盈余公积	5 500	600	600
				未分配利润	4 500	1 400	1 400
				所有者权益合计	35 000	16 000	19 600
资产总计	78 000	29 000	32 600	负债和所有者权益（或股东权益）总计	78 000	29 000	32 600

1. 对母子公司个别资产负债表的调整
(1) 调整母公司长期股权投资的入账价值
A公司将购买取得B公司70%的股权作为长期股权投资入账的会计处理如下：

借：长期股权投资——B公司（2.95×5 000）	14 750	（1）
贷：股本	5 000	
资本公积	9 750	

(2) 调整子公司资产和负债的公允价值

编制购买日的合并资产负债表时，根据A公司购买B公司设置的股权备查簿中登记的信息，将B公司资产和负债的评估增值或减值分别调增或调减相关资产和负债项目的金额。根据税法规定，在购买日子公司B公司的资产和负债的计税基础还是其原来的账面价值。购买日子公司资产和负债的公允价值与其计税基础之间的差异，形成暂时性差异。在符合有关原则和确认条件的情况下，编制购买日合并财务报表时，需要对该暂时性差异确认相应的递延所得税资产或递延所得税负债。

本例中，B公司应收账款的公允价值低于其计税基础的金额为400万元（1 960 − 1 560），形成可抵扣暂时性差异，应当对其确认递延所得税资产100万元（400×25%）；存货的公允价值高于其计税基础的金额为1 000万元（11 000 − 10 000），形成应纳税暂时性差异，应当对其确认递延所得税负债250万元（1 000×25%）；固定资产中的办公楼的公允价值高于其计税基础的金额为3 000万元（4 000 − 1 000），形成应纳税暂时性差异，应当对其确认递延所得税负债750万元（3 000×25%）。在合并工作底稿中的调整分录如下：

借：存货	1 000	（2）
固定资产	3 000	
递延所得税资产	100	
贷：应收账款	400	
递延所得税负债（250 + 750）	1 000	
资本公积	2 700	

2. 母公司长期股权投资与子公司所有者权益的抵销处理

经过对B公司资产和负债的公允价值调整以后，B公司所有者权益总额为18 700万元（16 000 + 2 700），A公司对B公司所有者权益中拥有的份额为13 090万元（18 700×70%），A公司对B公司长期股权投资的金额为14 750万元，因此合并商誉为1 660万元（14 750 − 13 090）。A公司购买B公司股权所形成的商誉，在A公司个别财务报表中表示对B公司长期股权投资的一部分，在编制合并财务报表时，将长期股权投资与在子公司所有者权益中所拥有的份额相抵销，其抵销差额在合并资产负债表中则表现为商誉。A公司长期股权投资与其在B公司所有者权益中拥有份额的抵销分录如下：

借：股本	10 000	（3）
资本公积	6 700	
盈余公积	600	
未分配利润	1 400	
商誉	1 660	
贷：长期股权投资——B公司	14 750	
少数股东权益	5 610	

需要注意的是，母子公司有交互持股情形的，在编制合并财务报表时，对于母公司持有的子公司股权，与通常情况下母公司长期股权投资与子公司所有者权益的合并抵销处理相

同。对于子公司持有的母公司股权,应当按照子公司取得母公司股权日所确认的长期股权投资的初始投资成本,将其转为合并财务报表中的库存股;对于子公司持有母公司股权所确认的投资收益(如利润分配或现金股利),应当进行抵销处理。子公司将所持有的母公司股权分类为可供出售金融资产的,按照公允价值计量的,同时冲销子公司累计确认的公允价值变动。

3. 编制购买日合并资产负债表工作底稿及合并资产负债表

根据上述调整分录和抵销分录,A公司编制购买日合并资产负债表工作底稿见表3。

表3 合并资产负债表工作底稿

编制单位:A公司　　　　2×13年1月1日　　　　会企01表　单位:万元

项目	A公司	B公司	合计金额	调整分录		抵销分录		合并金额
				借方	贷方	借方	贷方	
流动资产								
货币资金	4 500	2 100	6 600					6 600
交易性金融资产	2 000	900	2 900					2 900
应收票据	2 350	1 500	3 850					3 850
应收账款	2 900	1 960	4 860		(2) 400			4 460
预付款项	1 000	440	1 440					1 440
应收利息	0	0	0					0
应收股利	2 100	0	2 100					2 100
其他应收款	0	0	0					0
存货	15 500	10 000	25 500	(2) 1 000				26 500
其他流动资产	650	600	1 250					1 250
流动资产合计	31 000	17 500	48 500	1 000	400	0	0	49 100
非流动资产								
可供出售金融资产	3 000	700	3 700					3 700
持有至到期投资	5 500	0	5 500					5 500
长期应收款	0	0	0					0
长期股权投资	16 000	0	16 000	(1) 14 750			(3) 14 750	16 000
固定资产	10 500	9 000	19 500	(2) 3 000				22 500
在建工程	10 000	1 000	11 000					11 000
无形资产	2 000	800	2 800					2 800
商誉	0	0	0			(3) 1 660		1 660

（续表）

项目	A公司	B公司	合计金额	调整分录 借方	调整分录 贷方	抵销分录 借方	抵销分录 贷方	合并金额
递延所得税资产	0	0	0	（2）100				100
其他非流动资产	0	0	0					0
非流动资产合计	47 000	11 500	5 850	17 850	0	1 660	14 750	63 260
资产总计	78 000	29 000	107 000	18 850	400	1 660	14 750	112 360
流动负债								
短期借款	6 000	2 500	8 500					8 500
交易性金融负债	1 900	0	1 900					1 900
应付票据	5 000	1 500	6 500					6 500
应付账款	9 000	2 100	11 100					11 100
预收款项	1 500	650	2 150					2 150
应付职工薪酬	3 000	800	3 800					3 800
应交税费	1 000	600	1 600					1 600
应付利息	0	0	0					0
应付股利	2 000	2 000	4 000					4 000
其他应付款	0	0	0					0
其他流动负债	600	350	950					950
流动负债合计	30 000	10 500	40 500					40 500
非流动负债								
长期借款	2 000	1 500	3 500					3 500
应付债券	10 000	1 000	11 000					11 000
长期应付款	1 000	0	1 000					1 000
递延所得税负债	0	0	0		（2）1 000			1 000
其他非流动负债	0	0	0					0
非流动负债合计	13 000	2 500	15 500		1 000			16 500
负债合计	43 000	13 000	56 000		1 000			57 000
所有者权益（或股东权益）								
实收资本（或股本）	20 000	10 000	30 000			（1）5 000	（3）10 000	25 000

（续表）

项目	A公司	B公司	合计金额	调整分录 借方	调整分录 贷方	抵销分录 借方	抵销分录 贷方	合并金额
资本公积	5 000	4 000	9 000		(1) 9 750 (2) 2 700	(3) 6 700		14 750
其他综合收益	0	0	0					0
盈余公积	5 500	600	6 100			(3) 600		5 500
未分配利润	4 500	1 400	5 900			(3) 1 400		4 500
归属于母公司所有者权益合计	35 000	16 000	51 000		17 450	18 700	0	49 750
少数股东权益							(3) 5 610	5 610
所有者权益合计	35 000	16 000	51 000	0	17 450	18 700	5 610	55 360
负债和所有者权益总计	78 000	29 000	107 000	0	18 450	18 700	5 610	112 360

根据上述合并资产负债表工作底稿中各项目的合并金额，编制购买日的合并资产负债表（略）。

（三）购买日后合并财务报表的编制

根据本准则规定，母公司应当以自身和其子公司的财务报表为基础，根据其他有关资料，编制合并财务报表。

A公司和B公司2×13年12月31日资产负债表见表4。

表4　资产负债表（简表）

编制单位：A公司／B公司　　　2×13年12月31日　　　会企01表
单位：万元

资产	A公司	B公司	负债和所有者权益（或股东权益）	A公司	B公司
流动资产			流动负债：		
货币资金	2 850	3 250	短期借款	5 000	2 400
交易性金融资产	1 500	2 500	交易性金融负债	2 000	1 200
应收票据	3 600	1 800	应付票据	6 500	1 800
应收账款	4 250	2 550	应付账款	9 000	2 600
预付款项	750	1 250	预收款项	2 000	1 950
应收利息	0	0	应付职工薪酬	2 500	800
应收股利	2 400	0	应交税费	1 350	700
其他应收款	250	650	应付利息	0	0
存货	18 500	9 000	应付股利	0	2 250

《企业会计准则第 33 号——合并财务报表》应用指南

(续表)

资　产	A公司	B公司	负债和所有者权益 （或股东权益）	A公司	B公司
其他流动资产	900	500	其他应付款	2 650	200
流动资产合计	35 000	21 500	其他流动负债	1 000	450
非流动资产			流动负债合计	32 000	14 350
可供出售金融资产	4 500	900	非流动负债：		
持有至到期投资	7 000	2 000	长期借款	2 000	2 400
长期应收款	0	0	应付债券	10 000	3 500
长期股权投资	34 750	0	长期应付款	3 000	0
固定资产	14 000	13 000	递延所得税负债	0	100
在建工程	6 500	1 200	其他非流动负债	0	0
无形资产	0	0	非流动负债合计	15 000	6 000
商誉	0	0	负债合计	47 000	20 350
长期待摊费用	0	0	所有者权益（或股东权益）：		
递延所得税资产	0	0	实收资本（或股本）	25 000	10 000
其他非流动资产	0	0	资本公积	14 750	4 000
非流动资产合计	69 750	18 000	其他综合收益	0	150
			盈余公积	9 000	1 600
			未分配利润	9 000	3 400
			所有者权益合计	57 750	19 150
资产总计	104 750	39 500	负债和所有者权益 （或股东权益）总计	104 750	39 500

A 公司和 B 公司 2×13 年度利润债表见表 5。

表 5　利润表（简表）

会企 02 表

编制单位：A 公司 / B 公司　　　2×13 年 12 月 31 日　　　单位：万元

项　目	A公司	B公司
一、营业收入	75 000	47 400
二、营业总成本	55 400	41 200
其中：营业成本	48 000	36 500
税金及附加	900	500

（续表）

项　目	A公司	B公司
销售费用	2 600	1 700
管理费用	3 000	1 950
财务费用	600	400
资产减值损失	300	150
加：公允价值变动收益（损失以"—"号填列）	4 900	100
投资收益（损失以"—"号填列）	0	0
三、营业利润（亏损以"—"号填列）	24 500	6 300
加：营业外收入	800	1 200
减：营业外支出	1 300	500
四、利润总额（亏损总额以"—"号填列）	24 000	7 000
减：所得税费用	6 000	1 750
五、净利润（净亏损以"—"号填列）	18 000	5 250
六、其他综合收益的税后净额	0	150
（一）以后不能重分类进损益的其他综合收益	0	0
（二）以后将重分类进损益的其他综合收益	0	150
其中：可供出售金融资产公允价值变动的利得或损失	0	150
七、综合收益总额	18 000	5 400

A公司和B公司2×13年度现金流量表见表6。

表6　现金流量表（简表）

会企03表

编制单位：A公司/B公司　　　　2×13年度　　　　　　　　　　单位：万元

项　目	A公司	B公司
一、经营活动产生的现金流量		
销售商品、提供劳务收到的现金	53 000	45 000
收到其他与经营活动有关的现金	0	0
经营活动现金流入小计	53 000	45 000
购买商品、接受劳务支付的现金	42 400	36 600
支付给职工以及为职工支付的现金	6 000	4 500

（续表）

项　目	A公司	B公司
支付的各项税费	4 495	1 775
支付其他与经营活动有关的现金	0	0
经营活动现金流出小计	52 895	42 875
经营活动产生的现金流量净额	105	2 125
二、投资活动产生的现金流量		
取得投资收益收到的现金	125	0
处置固定资产、无形资产和其他长期资产收回的现金净额	100	0
收到其他与投资活动有关的现金	0	0
投资活动现金流入小计	225	0
购建固定资产、无形资产和其他长期资产支付的现金净额	1 030	225
投资支付的现金	0	0
支付其他与投资活动有关的现金	0	0
投资活动现金流出小计	1 030	225
投资活动产生的现金流量净额	－805	－225
三、筹资活动产生的现金流量		
吸收投资收到的现金	0	0
收到其他与筹资活动有关的现金	0	0
筹资活动现金流入小计	0	0
偿还债务支付的现金	950	750
支付其他与筹资活动有关的现金	0	0
筹资活动现金流出小计	950	750
筹资活动产生的现金流量净额	－950	－750
四、汇率变动对现金的影响	0	0
五、现金及现金等价物净增加额	－1 650	1 150
加：期初现金及现金等价物余额	4 500	2 100
六、期末现金及现金等价物余额	2 850	3 250

A公司和B公司2×13年度所有者权益变动表见表7。

表 7 所有者权益变动表

2×13 年度

编制单位：A 公司 / B 公司

会合 04 表
单位：万元

项目	A 公司							B 公司						
	实收资本（或股本）	资本（或资本溢价）	减：库存股	其他综合收益	盈余公积	未分配利润	所有者权益合计	实收资本（或股本）	资本（或资本溢价）	减：库存股	其他综合收益	盈余公积	未分配利润	所有者权益合计
一、上年年末余额	20 000	5 000		0	5 500	4 500	35 000	10 000	4 000		0	600	1 400	16 000
加：会计政策变更														
前期差错更正														
二、本年年初余额	20 000	5 000		0	5 500	4 500	35 000	10 000	4 000		0	600	1 400	16 000
三、本年增减变动金额（减少以"—"填列）														
（一）综合收益总额						18 000	18 000				150		5 250	5 400
（二）所有者投入和减少资本							14 750							
1. 所有者投入资本	5 000	9 750												
2. 股份支付计入所有者权益的金额														

项目	(1)	(2)	(3)	(4)	(5)	(6)	(7)	(8)	(9)	(10)
3. 其他										
(三) 利润分配										
1. 提取盈余公积			3 500	-3 500						0
2. 提取一般风险准备金								1 000	-1 000	
3. 对所有者 (或股东) 的分配				-10 000	-10 000				-2 250	-2 250
4. 其他										
(四) 所有者权益内部结转										
1. 资本公积转增资本 (或股本)										
2. 盈余公积转增资本 (或股本)										
3. 盈余公积弥补亏损										
4. 其他										
四、本年年末余额	25 000	14 750	9 000	57 750	10 000	4 000	150	1 600	3 400	19 150

1. 对母子公司个别财务报表的调整处理
（1）调整子公司资产和负债的公允价值
根据 A 公司购买 B 公司设置的股权备查簿中登记的信息，将 B 公司资产和负债的评估增值或减值分别调增或调减相关资产和负债项目的金额。在合并工作底稿中的调整分录如下：

借：存货　　　　　　　　　　　　　　　　　　　　　1 000　　（1）
　　固定资产　　　　　　　　　　　　　　　　　　　3 000
　　递延所得税资产　　　　　　　　　　　　　　　　　100
　贷：应付账款　　　　　　　　　　　　　　　　　　　400
　　　递延所得税负债（250 + 750）　　　　　　　　　1 000
　　　资本公积　　　　　　　　　　　　　　　　　　2 700

（2）根据子公司已实现的公允价值调整当期净利润

本例中，合并财务报表要求以子公司资产、负债的公允价值为基础进行确认，而子公司个别财务报表是按其资产、负债的原账面价值为基础编制的，其当期计算的净利润也是以其资产、负债的原账面价值为基础计算的结果。

因此，上述公允价值与原账面价值存在差额的资产或负债项目，在经营过程中因资产的折旧、摊销和减值等对子公司当期净利润的影响，需要在净利润计算中予以反映。在合并财务报表工作底稿中的调整分录如下：

借：营业成本　　　　　　　　　　　　　　　　　　　1 000　　（2）
　　管理费用　　　　　　　　　　　　　　　　　　　　200
　　应收账款　　　　　　　　　　　　　　　　　　　　400
　贷：存货　　　　　　　　　　　　　　　　　　　　　1 000
　　　固定资产　　　　　　　　　　　　　　　　　　　200
　　　资产减值损失　　　　　　　　　　　　　　　　　400

因此，经已实现公允价值调整后的 B 公司 2×13 年度净利润 = 5 250 + 400（因购买日应收账款公允价值减值的实现而调减资产减值损失）— 1 000（因购买日存货公允价值增值的实现而调增营业成本）— 200（因固定资产公允价值增值计算的折旧而调增管理费用）= 4 450（万元）。

（3）递延所得税资产或递延所得税负债的暂时性差异的转回

由于 B 公司应收账款按购买日评估的确认的金额已收回，评估确认的坏账已核销，因递延所得税资产的转回而增加当期所得税费用 100 万元（400×25%）；由于 B 公司购买日发生评估增值的存货当年已全部实现对外销售，因递延所得税负债的转回而减少当期所得税费用 250 万元（1 000×25%）；由于 B 公司购买日发生增值的办公楼 2×13 年年末应纳税暂时性差异为 2 800 万元（3 000 — 200），应确认的递延所得税负债为 700 万元（2 800×25%），因递延所得税负债的转回而减少当期所得税费用 50 万元（750 — 700）。在合并财务报表工作底稿中的调整分录如下：

借：递延所得税负债（250 + 50）　　　　　　　　　　　300　　（3）
　贷：递延所得税资产　　　　　　　　　　　　　　　　100
　　　所得税费用　　　　　　　　　　　　　　　　　　200

因此，考虑递延所得税后 B 公司当年净利润为 4 650 万元（4 450 + 200）。

（4）按照权益法调整母公司财务报表项目

编制合并财务报表时，按照权益法对母公司个别财务报表进行调整。本例中，应当调整 A 公司 2×13 年投资 B 公司取得的投资收益 3 255 万元（4 650×70%），已确认取得的 B 公司已宣告分派的现金股利1 575万元（2 250×70%），以及B公司本期其他综合收益150万元中归属于A公司的份额105万元（150×70%）。在合并财务报表工作底稿中的调整分录如下：

借：长期股权投资（3 255＋105）　　　　　　　　　　　　　　3 360　　（4）
　　投资收益　　　　　　　　　　　　　　　　　　　　　　　　1 575
　　贷：投资收益　　　　　　　　　　　　　　　　　　　　　　　　3 255
　　　　长期股权投资　　　　　　　　　　　　　　　　　　　　　　1 575
　　　　其他综合收益　　　　　　　　　　　　　　　　　　　　　　105

2. 抵销合并财务报表相关项目

（1）抵销长期股权投资与所有者权益项目

将A公司对B公司的长期股权投资与其在B公司股东权益中拥有的份额予以抵销。B公司2×13年年末经调整后的未分配利润＝1 400（年初）＋4 650（经已实现公允价值和递延所得税调整后的本年净利润）－1 000（提取盈余公积）－2 250（分派股利）＝2 800（万元）；B公司本期由于可供出售金融资产公允价值变动增加其他综合收益150万元，其中归属于A公司的份额为105万元（150×70%），归属于少数股东的份额为45万元（150－105）；A公司2×13年年末对B公司长期股权投资为16 535万元（14 750＋3 255－2 250×70%＋105）；少数股东权益为6 375万元［5 610（2×13年1月1日少数股东投入资本）＋1 395（4 650×30%，本年少数股东损益）＋45（归属于少数股东的其他综合收益）－675（2 250×30%，本年对少数股东的利润分配）］。在合并财务报表工作底稿中的抵销分录如下：

借：股本　　　　　　　　　　　　　　　　　　　　　　　　　10 000　　（5）
　　资本公积　　　　　　　　　　　　　　　　　　　　　　　　6 700
　　其他综合收益　　　　　　　　　　　　　　　　　　　　　　150
　　盈余公积　　　　　　　　　　　　　　　　　　　　　　　　1 600
　　未分配利润——年末　　　　　　　　　　　　　　　　　　　　2 800
　　商誉　　　　　　　　　　　　　　　　　　　　　　　　　　1 660
　　贷：长期股权投资　　　　　　　　　　　　　　　　　　　　　16 535
　　　　少数股东权益　　　　　　　　　　　　　　　　　　　　　6 375

（2）抵销投资收益与子公司利润分配等项目

将A公司对B公司的投资收益与B公司本年利润分配有关项目的金额予以抵销。B公司年末向股东宣告分配现金股利2 250万元，其中，归属于少数股东的现金股利为675万元（2 250－1 575）。在合并财务报表工作底稿中的抵销分录如下：

借：投资收益（4 650×70%）　　　　　　　　　　　　　　　　　3 255　　（6）
　　少数股东损益（4 650×30%）　　　　　　　　　　　　　　　　1 395
　　未分配利润——年初　　　　　　　　　　　　　　　　　　　　1 400
　　贷：未分配利润——本年提取盈余公积　　　　　　　　　　　　1 000
　　　　　　　　　——本年利润分配　　　　　　　　　　　　　　2 250
　　　　　　　　　——年末　　　　　　　　　　　　　　　　　　2 800

（3）抵销应收账款与应付账款项目

在合并财务报表工作底稿中的抵销分录如下：

借：应付账款　　　　　　　　　　　　　　　　　　　　　　　　500　　（7）
　　贷：应收账款　　　　　　　　　　　　　　　　　　　　　　　500

（4）抵销坏账准备与资产减值损失项目

A公司将与B公司往来的内部应收账款与应付账款相互抵销的同时，还应将内部应收账款计提的坏账准备予以抵销。在合并财务报表工作底稿中的抵销分录如下：

借：应收账款　　　　　　　　　　　　　　　　　　　　20　　（8）
　　贷：资产减值损失　　　　　　　　　　　　　　　　　　20

需要注意的是，在连续编制合并财务报表时，对于内部应收款项及其坏账准备，应当按照如下程序进行合并处理：首先，将内部应收款项与应付款项予以抵销，按照内部应付款项的数额，借记"应付账款""应付票据"等项目，贷记"应收账款""应收票据"等项目；其次，应将上期资产减值损失中抵销的各内部应收款项计提的相应坏账准备对本期期初未分配利润的影响予以抵销，按照上期资产减值损失项目中抵销的各内部应收款项计提的相应坏账准备的数额，借记"应收账款"等项目，贷记"未分配利润——期初"项目；最后，对于本期各内部应收款项在个别财务报表中补提或者冲销的相应坏账准备的数额也应予以抵销，按照本期期末内部应收款项在个别资产负债表中补提（或冲销）的坏账准备的数额，借记（或贷记）"应收账款"等项目，贷记（或借记）"资产减值损失"项目。

（5）抵销因抵销坏账准备与资产减值损失产生的所得税影响
在合并财务报表工作底稿中的抵销分录如下：

借：所得税费用（20×25%）　　　　　　　　　　　　　　5　　（9）
　　贷：递延所得税资产　　　　　　　　　　　　　　　　　5

（6）抵销应收股利与应付股利项目

A公司根据B公司宣告分派现金股利的公告，按照其所享有的金额已确认应收股利，并在其资产负债表中计列应收股利1 575万元。在合并财务报表工作底稿中的抵销分录如下：

借：应付股利　　　　　　　　　　　　　　　　　　　1 575　　（10）
　　贷：应收股利　　　　　　　　　　　　　　　　　　　1 575

3. 抵销内部顺流交易的存货

（1）抵销内部销售收入、成本和内部销售形成的存货价值中包含的未实现内部销售损益
在合并财务报表工作底稿中的抵销分录如下：

借：营业收入　　　　　　　　　　　　　　　　　　　1 000　　（11）
　　贷：营业成本　　　　　　　　　　　　　　　　　　　700
　　　　存货　　　　　　　　　　　　　　　　　　　　　300

需要注意的是，在连续编制合并财务报表时，对于内部销售存货，应当按照如下程序进行合并处理：首先，将上期抵销的存货价值中包含的未实现内部损益对本期期初未分配利润的影响进行抵销，按照上期内部购入存货价值中包含的未实现内部销售损益的数额，借记"未分配利润——期初"项目，贷记"营业成本"项目；其次，对于本期发生的内部销售存货，将内部销售收入、内部销售成本及内部购入存货中未实现内部销售损益予以抵销，按照销售企业内部销售收入的数额，借记"营业收入"项目，贷记"营业成本"项目；最后，将期末内部购入存货价值中包含的未实现内部销售损益予以抵销，对于期末内部销售形成的存货（包括上期结转形成的本期存货），应当按照购买企业期末内部购入存货价值中包含的未实现内部销售损益的数额，借记"营业成本"项目，贷记"存货"项目。

（2）抵销B公司本期计提的存货跌价准备
在合并财务报表工作底稿中的抵销分录如下：

借：存货　　　　　　　　　　　　　　　　　　　　　　20　　（12）
　　贷：资产减值损失　　　　　　　　　　　　　　　　　20

需要注意的是，在连续编制合并财务报表时，对于内部销售存货的存货跌价准备，应当按照如下程序进行合并处理：首先，将上期资产减值损失中抵销的存货跌价准备对本期期初

未分配利润的影响予以抵销,按照上期资产减值损失项目中抵销的存货跌价准备的数额,借记"存货"项目,贷记"未分配利润——期初"项目;其次,对于本期对内部购入存货在个别财务报表中补提(或冲销)的存货跌价准备的数额也应予以抵销,按照本期对内部购入存货在个别财务报表中补提(或冲销)的存货跌价准备的数额,借记(或贷记)"存货"项目,贷记(或借记)"资产减值损失"项目。

对于抵销存货跌价准备的数额,应当分别下列不同情况进行处理:当本期内部购入存货的可变现净值低于持有该存货企业的取得成本但高于抵销未实现内部销售损益后的取得成本(即销售企业对该存货的取得成本)时,其抵销的存货跌价准备的金额为本期存货跌价准备的增加额;当本期内部购入存货的可变现净值低于抵销未实现内部销售损益后的取得成本(即销售企业对该存货的取得成本)时,其抵销的存货跌价准备的金额为相对于购买企业该存货的取得成本高于销售企业取得成本的差额部分计提的跌价准备的数额扣除期初内部购入存货计提的存货跌价准备的金额后的余额,即本期期末存货中包含的未实现内部销售损益的金额减去期初内部购入存货计提的存货跌价准备的金额后的余额。

(3)抵销内部顺流存货交易的所得税影响

在合并财务报表工作底稿中的抵销分录如下:

借:递延所得税资产〔(300-20)×25%〕　　　　　　　　70　　(13)
　　贷:所得税费用　　　　　　　　　　　　　　　　　　　70

(4)抵销顺流存货交易中内部存货交易的现金流量

在合并财务报表工作底稿中的抵销分录如下:

借:购买商品、接受劳务支付的现金　　　　　　　　　1 000　　(14)
　　贷:销售商品、提供劳务收到的现金　　　　　　　　　1 000

4.抵销内部逆流交易的存货

(1)抵销内部销售收入、成本和内部销售形成的存货中包含的未实现内部销售损益

存货中包含的未实现内部销售损益为160万元〔(1 200-800)×40%〕。在合并财务报表工作底稿中的抵销分录如下:

借:营业收入　　　　　　　　　　　　　　　　　　　1 200　　(15)
　　贷:营业成本　　　　　　　　　　　　　　　　　　　1 040
　　　　存货　　　　　　　　　　　　　　　　　　　　　160

(2)将内部销售形成的存货中包含的未实现内部销售损益进行分摊

在存货中包含的未实现内部销售损益中,归属于少数股东的未实现内部销售损益分摊金额为48万元(160×30%)。在合并财务报表工作底稿中的抵销分录如下:

借:少数股东权益　　　　　　　　　　　　　　　　　　48　　(16)
　　贷:少数股东损益　　　　　　　　　　　　　　　　　　48

(3)抵销因逆流存货交易的所得税影响

在合并财务报表工作底稿中的抵销分录如下:

借:递延所得税资产(160×25%)　　　　　　　　　　　40　　(17)
　　贷:所得税费用　　　　　　　　　　　　　　　　　　　40

(4)抵销因抵销逆流存货交易发生的递延所得税对少数股东权益的份额

在合并财务报表工作底稿中的抵销分录如下:

借:少数股东损益(40×30%)　　　　　　　　　　　　　12　　(18)
　　贷:少数股东权益　　　　　　　　　　　　　　　　　　12

(5)抵销逆流存货交易中内部存货交易的现金流量

在合并财务报表工作底稿中的抵销分录如下:

借：购买商品、接受劳务支付的现金　　　　　　　　　　　1 200　　（19）
　　贷：销售商品、提供劳务收到的现金　　　　　　　　　　　　1 200

5. 抵销内部固定资产购销交易

（1）抵销内部固定资产购销交易

在合并财务报表工作底稿中的抵销分录如下：

借：营业外收入（1 200 − 600）　　　　　　　　　　　　　　600　　（20）
　　贷：固定资产——从 A 公司购入 × 厂房　　　　　　　　　　　600

（2）抵销内部固定资产交易计提折旧中包含的未实现内部销售损益

在合并财务报表工作底稿中的抵销分录如下：

借：固定资产——从 A 公司购入 × 厂房（600÷15×1÷2）　　20　　（21）
　　贷：管理费用　　　　　　　　　　　　　　　　　　　　　　20

需要注意的是，在连续编制合并财务报表时，对于内部销售固定资产，应当按照如下程序进行合并处理：首先，将内部交易固定资产中包含的未实现内部销售损益抵销，并调整期初未分配利润，按照内部交易固定资产中包含的未实现内部销售损益数额，借记"未分配利润——期初"项目，贷记"固定资产"项目；其次，将以前会计期间内部交易固定资产多计提的累计折旧抵销，并调整期初未分配利润，按照以前会计期间抵销该内部交易固定资产因包含未实现内部销售损益而多计提（或少计提）的累计折旧额，借记（或贷记）"固定资产"项目，贷记（或借记）"未分配利润——期初"项目；最后，将当期由于该内部交易固定资产因包含未实现内部销售损益而多计提的折旧费用予以抵销，并调整本期计提的累计折旧额，按照本期该内部交易的固定资产多计提的折旧额，借记"固定资产"项目，贷记"管理费用"等费用项目。

（3）抵销内部固定资产交易对所得税的影响

在合并财务报表工作底稿中的抵销分录如下：

借：递延所得税资产［（600 − 20）×25%］　　　　　　　　145　　（22）
　　贷：所得税费用　　　　　　　　　　　　　　　　　　　　　145

（4）抵销内部固定资产交易的现金流量

在合并财务报表工作底稿中的抵销分录如下：

借：购建固定资产、无形资产和其他长期资产支付的现金　　1 200　　（23）
　　贷：处置固定资产、无形资产和其他长期资产收回的现金净额　　1 200

根据上述资料及有关调整、抵销分录编制合并工作底稿见表8。

根据合并工作底稿，编制该集团 2×13 年合并资产负债表、合并利润表、合并现金流量表及合并所有者权益变动表见表9至表12。

表8　合并财务报表工作底稿

编制单位：A公司　　　　2×13 年 12 月 31 日　　　　　　单位：万元

项　目	A公司	B公司	合计金额	调整、抵销分录 借方	调整、抵销分录 贷方	少数股东权益	合并金额
（利润表项目）							
一、营业收入	75 000	47 400	122 400	（11）1 000 （15）1 200			120 200
减：营业成本	48 000	36 500	84 500	（2）1 000	（11）700 （15）1 040		83 760

《企业会计准则第 33 号——合并财务报表》应用指南

（续表）

项　目	A公司	B公司	合计金额	调整、抵销分录 借方	调整、抵销分录 贷方	少数股东权益	合并金额
营业税金及附加	900	500	1 400				1 400
销售费用	2 600	1 700	4 300				4 300
管理费用	3 000	1 950	4 950	（2）200	（21）20		5 130
财务费用	600	400	1 000				1 000
资产减值损失	300	150	450		（2）400 （8）20 （12）20		10
加：公允价值变动收益（损失以"－"号填列）							
投资收益（损失以"－"号填列）	4 900	100	5 000	（4）1 575 （6）3 255	（4）3 255		3 425
二、营业利润（亏损以"－"号填列）	24 500	6 300	30 800	8 230	5 455		28 025
加：营业外收入	800	1 200	2 000	（20）600			1 400
减：营业外支出	1 300	500	1 800				1 800
三、利润总额（亏损总额以"－"号填列）	24 000	7 000	31 000	8 830	5 455		27 625
减：所得税费用	6 000	1 750	7 750	（9）5	（3）200 （13）70 （17）40 （22）145		7 300
四、净利润（净亏损以"－"号填列）	18 000	5 250	23 250	8 835	5 910		20 325
少数股东损益				（6）1 395 （18）12	（16）48	1 359	1 359
归属于母公司股东的净利润	18 000	5 250	23 250	10 242	5 958		18 966
五、其他综合收益的税后净额	0	150	150	150	105	45	100
（一）以后不能重分类进损益的其他综合收益	0	0	0				0
（二）以后将重分类进损益的其他综合收益	0	150	150	150	105		105
其中：权益法核算的被投资单位以后将重分类进损益的其他综合收益中所享有的份额	0	0	0		（4）105		105
可供出售金融资产公允价值变动的利得或损失	0	150	150	（5）150		（5）45	45

297

（续表）

项 目	A公司	B公司	合计金额	调整、抵销分录 借方	调整、抵销分录 贷方	少数股东权益	合并金额
六、综合收益总额	18 000	5 400	23 400	8 985	6 015	45	20 475
归属于母公司所有者的综合收益总额							19 071
归属于子少数股东的综合收益总额						1 404	1 404
（所有者权益变动表项目）							
一、未分配利润——年初	4 500	1 400	5 900	（6）1 400			4 500
未分配利润——本期	4 500	2 000	6 500				5 471
其中：归属于母公司股东的净利润	18 000	5 250	23 250	10 242	5 958		18 966
提取盈余公积	−3 500	−1 000	−4 500		（6）1 000		−3 500
对所有者（或股东）的分配	−10 000	−2 250	−12 250		（6）2 250		−10 000
未分配利润——期末	9 000	3 400	12 400	（5）2 800 14 442	（6）2 800 12 008		9 966
（资产负债表项目）							
流动资产							
货币资金	2 850	3 250	6 100				6 100
交易性金融资产	1 500	2 500	4 000				4 000
应收票据	3 600	1 800	5 400				5 400
应收账款	4 250	2 550	6 800	（2）400 （8）20	（1）400 （7）500		6 320
预付款项	750	1 250	2 000				2 000
应收股利	2 400	0	2 400		（10）1 575		825
其他应收款	250	650	900				900
存货	18 500	9 000	27 500	（1）1 000 （12）20	（2）1 000 （11）300 （15）160		27 060
其他流动资产	900	500	1 400				1 400
流动资产合计	35 000	21 500	56 500	1 440	3 935		54 005
非流动资产							
可供出售金融资产	4 500	900	5 400				5 400
持有至到期投资	7 000	2 000	9 000				9 000
长期股权投资	34 750	0	34 750	（4）3 360	（4）1 575 （5）16 535		20 000

（续表）

项目	A公司	B公司	合计金额	调整、抵销分录 借方	调整、抵销分录 贷方	少数股东权益	合并金额
固定资产	14 000	13 000	27 000	（1）3 000 （21）20	（2）200 （22）600		29 220
在建工程	6 500	1 200	7 700				7 700
无形资产	3 000	900	3 900				3 900
商誉	0	0	0	（5）1 660			1 660
递延所得税资产	0	0	0	（1）100 （13）70 （17）40 （22）145	（3）100 （9）5		250
非流动资产合计	69 750	18 000	87 750	8 395	19 015		77 130
资产总计	104 750	39 500	144 250	9 835	22 950		131 135
流动负债							
短期借款	5 000	2 400	7 400				7 400
交易性金融负债	2 000	1 200	3 200				3 200
应付票据	6 500	1 800	8 300				8 300
应付账款	9 000	2 600	11 600	（7）500			11 100
预收款项	2 000	1 950	3 950				3 950
应付职工薪酬	2 500	800	3 300				3 300
应交税费	1 350	700	2 050				2 050
应付股利	0	2 250	2 250	（10）1 575			675
其他应付款	2 650	200	2 850				2 850
其他流动负债	1 000	450	1 450				1 450
流动负债合计	32 000	14 350	46 350	2 075			44 275
非流动负债							
长期借款	2 000	2 400	4 400				4 400
应付债券	10 000	3 500	13 500				13 500
长期应付款	3 000	0	3 000				3 000
递延所得税负债	0	100	100	（3）300	（1）1 000		800
非流动负债合计	15 000	6 000	21 000	300	1 000		21 700
负债合计	47 000	20 350	67 350	2 375	1 000		65 975
所有者权益（或股东权益）							
实收资本（或股本）	25 000	10 000	35 000	（5）10 000			25 000
资本公积	14 750	4 000	18 750	（5）6 700	（1）2 700		14 750

（续表）

项目	A公司	B公司	合计金额	调整、抵销分录 借方	调整、抵销分录 贷方	少数股东权益	合并金额
其他综合收益	0	150	150			45	105
盈余公积	9 000	1 600	10 600	（5）1 600			9 000
未分配利润	9 000	3 400	12 400	14 442	12 008		9 966
归属于母公司所有者权益合计							58 821
少数股东权益			0	（16）48	（5）6 330 （18）12	45	6 339
所有者权益合计	57 750	19 150	76 900	32 940	21 200		65 160
负债和所有者权益总计	104 750	39 500	144 250	35 315	22 200		131 135
（现金流量表项目）							
一、经营活动产生的现金流量							
销售商品、接受劳务支付的现金	53 000	45 000	98 000		（14）1 000 （19）1 200		95 800
经营活动现金流量小计	53 000	45 000	98 000		2 200		95 800
购买商品、接受劳务支付的现金	42 400	36 600	79 000	（14）1 000 （19）1 200			76 800
支付给职工以及为职工支付的现金	6 000	4 500	10 500				10 500
支付的各项税费	4 495	1 775	6 270				6 270
经营活动现金流出小计	52 895	42 875	95 770	2 200			93 570
经营活动产生的现金流量净额	105	2 125	2 230	2 200	2 200		2 230
二、投资活动产生的现金流量							
取得投资收益收到的现金	125	0	125				125
处置固定资产、无形资产和其他长期资产收回的现金净额	100	0	100		（23）1 200		－1 100
投资活动现金流入小计	225	0	225	0	1 200		－975
购建固定资产、无形资产和其他长期资产支付的现金	1 030	225	1 255	（23）1 200			55
投资活动现金流出小计	1 030	225	1 255	1 200	0		55
投资活动产生的现金流量净额	－805	－225	－1 030	1 200	1 200		－1 030
三、筹资活动产生的现金流量							
吸收投资收到的现金	0	0	0				0
取得借款收到的现金	0	0	0				0

（续表）

项　目	A公司	B公司	合计金额	调整、抵销分录 借方	调整、抵销分录 贷方	少数股东权益	合并金额
筹资活动现金流入小计	0	0	0				0
分配股利、利润或偿付利息支付的现金	950	750	1 700				1 700
筹资活动现金流出小计	950	750	1 700				1 700
筹资活动产生的现金流量净额	−950	−750	−1 700				−1 700
四、现金及现金等价物净增加额	−1 650	1 150	−500				−500
加：期初现金及现金等价物余额	4 500	2 100	6 600				6 600
五、期末现金及现金等价物余额	2 850	3 250	6 100				6 100

表9　合并资产负债表

编制单位：A公司　　　　2×13年12月31日　　　　会合01表　　单位：万元

资　产	期末余额	年初余额	负债和所有者权益（或股东权益）	期末余额	年初余额
流动资产：			流动负债：		
货币资金	6 100		短期借款	7 400	
交易性金融资产	4 000		交易性金融负债	3 200	
应收票据	5 400		应付票据	8 300	
应收账款	6 320		应付账款	11 100	
预付款项	2 000		预收款项	3 950	
应收股利	825		应付职工薪酬	3 300	
其他应收款	900		应交税费	2 050	
存货	27 060		应付股利	675	
其他流动资产	1 400		其他应付款	2 850	
流动资产合计	54 005		其他流动负债	1 450	
非流动资产：			流动负债合计	44 275	
可供出售金融资产	5 400		非流动负债：		
持有至到期投资	9 000		长期借款	4 400	
长期股权投资	20 000		应付债券	13 500	

（续表）

资　产	期末余额	年初余额	负债和所有者权益（或股东权益）	期末余额	年初余额
固定资产	29 220		长期应付款	3 000	
在建工程	7 700		递延所得税负债	800	
无形资产	3 900		非流动负债合计	21 700	
商誉	1 660		负债合计	65 975	
递延所得税资产	250		所有者权益（或股东权益）：		
非流动资产合计	77 130		实收资本（或股本）	25 000	
			资本公积	14 750	
			其他综合收益	105	
			盈余公积	9 000	
			未分配利润	9 966	
			归属于母公司所有者权益合计	58 821	
			少数股东权益	6 339	
			所有者权益（或股东权益）合计	65 160	
资产总计	131 135		负债和所有者权益（或股东权益）总计	131 135	

表10　合并利润表

会合02表

编制单位：A公司　　　　2×13年度　　　　单位：万元

项　目	本期金额	上期金额
一、营业收入	120 200	
减：营业成本	83 760	
税金及附加	1 400	
销售费用	4 300	
管理费用	5 130	
财务费用	1 000	
资产减值损失	10	
加：投资收益（损失以"—"号填列）	3 425	

（续表）

项　目	本期金额	上期金额
二、营业利润（亏损以"—"号填列）	28 025	
加：营业外收入	1 400	
减：营业外支出	1 800	
三、利润总额（亏损总额以"—"号填列）	27 625	
减：所得税费用	7 300	
四、净利润（净亏损以"—"号填列）	20 325	
少数股东损益	1 359	
归属于母公司股东的净利润	18 966	
五、其他综合收益的税后净额	150	
归属于母公司所有者的其他综合收益的税后净额	105	
以后将重分类进损益的其他综合收益	105	
其中：权益法核算的在被投资单位以后将重分类进损益的其他综合收益中所享有的份额	105	
归属于少数股东的其他综合收益的税后净额	45	
六、综合收益总额	20 475	
归属于母公司所有者的合收益总额	19 071	
归属于少数股东的合收益总额	1 404	

表 11　合并现金流量表

会合 03 表

编制单位：A 公司　　　　　2×13 年度　　　　　单位：万元

项　目	本期金额	上期金额
一、经营活动产生的现金流量		
销售商品、提供劳务收到的现金	95 800	
收到其他与经营活动有关的现金	0	
经营活动现金流入小计	95 800	
购买商品、接受劳务支付的现金	76 800	
支付给职工以及为职工支付的现金	10 500	
支付的各项税费	6 270	

（续表）

项　目	本期金额	上期金额
支付其他与经营活动有关的现金	0	
经营活动现金流出小计	93 570	
经营活动产生的现金流量净额	2 230	
二、投资活动产生的现金流量		
收回投资收到的现金	0	
取得投资收益收到的现金	125	
处置固定资产、无形资产和其他长期资产收回的现金净额	−1 100	
收到其他与投资活动有关的现金	0	
投资活动现金流入小计	−975	
购建固定资产、无形资产和其他长期资产支付的现金净额	55	
支付其他与投资活动有关的现金	0	
投资活动现金流出小计	55	
投资活动产生的现金流量净额	−1 030	
三、筹资活动产生的现金流量		
吸收投资收到的现金	0	
收到其他与筹资活动有关的现金	0	
筹资活动现金流入小计	0	
偿还债务支付的现金	1 700	
支付其他与筹资活动有关的现金	0	
筹资活动现金流出小计	1 700	
筹资活动产生的现金流量净额	−1 700	
四、现金及现金等价物净增加额	−500	
加：期初现金及现金等价物余额	6 600	
五、期末现金及现金等价物余额	6 100	

根据上述合并资产负债表和合并利润表编制集团的合并所有者权益变动表如表12。

表 12 合并所有者权益变动表

编制单位：A 公司 2×13 年度 合合 04 表 单位：万元

项目	本年金额									上年金额						
	归属于母公司所有者权益						少数股东权益	所有者权益合计		归属于母公司所有者权益						小计	少数股东权益	所有者权益合计
	实收资本（或股本）	资本公积	其他综合收益	盈余公积	未分配利润	小计			实收资本（或股本）	资本公积	其他综合收益	盈余公积	未分配利润			
一、上年年末余额	20 000	5 000	0	5 500	4 500	35 000	0	35 000								
加：会计政策变更																
前期差错更正																
二、本年年初余额	20 000	5 000	0	5 500	4 500	35 000	0	35 000								
三、本年增减变动金额（减少以"－"号填列）			105		18 966	19 071	1 404	20 475								
（一）综合收益总额						14 750	5 610	20 360								
（二）所有者投入和减少资本	5 000	9 750														
1. 所有者投入资本																
2. 其他																
（三）利润分配				3 500	－3 500											
1. 提取盈余公积																
2. 对所有者（或股东）的分配					－10 000	－10 000	－675	－10 675								
3. 其他																
（四）所有者权益内部结转																
四、本年年末余额	25 000	14 750	105	9 000	9 966	58 821	6 339	65 160								

第四章 特殊交易的会计处理

一、追加投资的会计处理

追加投资既包括母公司购买少数股东拥有的子公司股权的情况，也包括企业因追加投资等原因能够对非同一控制下的被投资方实施控制的情况。追加投资的会计处理应分别个别财务报表和合并财务报表进行会计处理，个别财务报表的会计处理，参见《企业会计准则第2号——长期股权投资》（以下简称"长期股权投资准则"）的相关内容，合并财务报表中的会计处理应当分别以下情况：

（一）母公司购买子公司少数股东拥有的子公司股权的，本准则第四十七条规定，因购买少数股权新取得的长期股权投资与按照新增持股比例计算应享有子公司自购买日（或合并日）开始持续计算的净资产份额之间的差额，应当调整资本公积（资本溢价或股本溢价），资本公积不足冲减的，调整留存收益。

（二）企业因追加投资等原因能够对非同一控制下的被投资方实施控制的，本准则第四十八条规定，对于购买日之前持有的被购买方的股权，应当按照该股权在购买日的公允价值进行重新计量，公允价值与其账面价值之间的差额计入当期投资收益；购买日之前持有的被购买方的股权涉及权益法核算下的其他综合收益以及除净损益、其他综合收益和利润分配外的其他所有者权益变动（以下简称"其他所有者权益变动"）的，与其相关的其他综合收益、其他所有者权益变动应当转为购买日所属当期收益，由于被投资方重新计量设定受益计划净负债或净资产变动而产生的其他综合收益除外。

企业通过多次交易分步实现非同一控制下企业合并的，在合并财务报表上，首先，应结合分步交易的各个步骤的协议条款，以及各个步骤中所分别取得的股权比例、取得对象、取得方式、取得时点及取得对价等信息来判断分步交易是否属于"一揽子交易"。本准则第五十一条规定，各项交易的条款、条件以及经济影响符合以下一种或多种情况的，通常应将多次交易或事项作为"一揽子交易"进行会计处理：①这些交易是同时或者在考虑了彼此影响的情况下订立的；②这些交易整体才能达成一项完整的商业结果；③一项交易的发生取决于至少一项其他交易的发生；④一项交易单独来看是不经济的，但是和其他交易一并考虑时是经济的。

如果分步取得对子公司股权投资直至取得控制权的各项交易属于"一揽子交易"，应当将各项交易作为一项取得子公司控制权的交易，并区分企业合并的类型分别进行会计处理。

如果不属于"一揽子交易"，在合并财务报表中，还应区分企业合并的类型分别进行会计处理。对于分步实现的非同一控制下企业合并，购买日之前持有的被购买方的股权，应当按照该股权在购买日的公允价值进行重新计量，公允价值与其账面价值的差额计入当期投资收益；购买日之前持有的被购买方的股权涉及权益法核算下的其他综合收益、其他所有者权益变动，应当转为购买日所属当期收益，由于被投资方重新计量设定受益计划净负债或净资产变动而产生的其他综合收益除外。

（三）通过多次交易分步实现的同一控制下企业合并对于分步实现的同一控制下企业合并，根据企业合并准则，同一控制下企业合并在编制合并财务报表时，应视同参与合并的各方在最终控制方开始控制时即以目前的状态存在进行调整，在编制比较报表时，以不早于合并方和被合并方同处于最终控制方的控制之下的时点为限，将被合并方的有关资产、负债并入合并方合并财务报表的比较报表中，并将合并而增加的净资产在比较报表中调整所有者权益项下的相关项目。

为避免对被合并方净资产的价值进行重复计算，合并方在取得被合并方控制权之前持有的股权投资,在取得原股权之日与合并方和被合并方同处于同一方最终控制之日孰晚日起至合并日之间已确认有关损益、其他综合收益以及其他净资产变动,应分别冲减比较报表期间的期初留存收益或当期损益。

二、处置对子公司投资的会计处理

处置对子公司的投资既包括母公司处置对子公司长期股权投资但不丧失控制权的情况,也包括处置对子公司长期股权投资而丧失控制权的情况。处置子公司的会计处理应分别个别财务报表和合并财务报表进行会计处理,个别财务报表的会计处理,参见长期股权投资准则的相关内容,合并财务报表中的会计处理应当分别以下情况。

(一)母公司在不丧失控制权的情况下部分处置对子公司的长期股权投资的

本准则第四十九条规定,处置价款与处置长期股权投资相对应享有子公司自购买日或合并日开始持续计算的净资产份额之间的差额,应当调整资本公积(资本溢价或股本溢价),资本公积不足冲减的,调整留存收益。

(二)母公司因处置对子公司长期股权投资而丧失控制权的

1. 一次交易的处置

本准则第五十条规定,母公司因处置部分股权投资或其他原因丧失了对原有子公司控制的,在合并财务报表中,对于剩余股权,应当按照丧失控制权日的公允价值进行重新计量。处置股权取得的对价和剩余股权公允价值之和,减去按原持股比例计算应享有原有子公司自购买日开始持续计算的净资产的份额与商誉之和的差额,计入丧失控制权当期的投资收益。

此外,与原有子公司的股权投资相关的其他综合收益、其他所有者权益变动,应当在丧失控制权时转入当期损益,由于被投资方重新计量设定受益计划净负债或净资产变动而产生的其他综合收益除外。

2. 多次交易分步处置子公司

(1)会计处理。企业通过多次交易分步处置对子公司股权投资直至丧失控制权,在合并财务报表中,首先,应结合分步交易的各个步骤的交易协议条款、分别取得的处置对价、出售股权的对象、处置方式、处置时点等信息来判断分步交易是否属于"一揽子交易"(见本章第一部分)。

如果分步交易不属于"一揽子交易",则在丧失对子公司控制权以前的各项交易,应按照本章上述"母公司在不丧失控制权的情况下部分处置对子公司的长期股权投资"的有关规定进行会计处理。

如果分步交易属于"一揽子交易",则应将各项交易作为一项处置原有子公司并丧失控制权的交易进行会计处理,其中,对于丧失控制权之前的每一次交易,处置价款与处置投资对应的享有该子公司自购买日开始持续计算的净资产账面价值的份额之间的差额,在合并财务报表中应当计入其他综合收益,在丧失控制权时一并转入丧失控制权当期的损益。

(2)所得税影响。根据我国《企业所得税法》的相关规定,符合条件的居民企业之间的股息、红利等权益性投资收益为免税收入。因此,通常情况下,当居民企业持有另一居民企业的股权意图为长期持有,通过股息、红利或者其他协同效应获取回报时,其实质所得税率为零,不存在相关所得税费用。只有当居民企业通过转让股权获取资本利得收益时,该笔资产转让利得才产生相应的所得税费用。

在实务中,由于股权投资的处置往往需要董事会和股东大会的审议,涉及重大交易还需要相关监管部门的审批核准,后续公司还要进行股权交割和工商登记变更等手续,期间涉及流程和手续较多,从公司有明确意图处置股权至实际转移之间往往存在跨期的情况。如果资产负债表日股权处置已由股东大会等权力机构审议通过,也经相关监管部门审批核准,即使尚未办理实际转移手续等,公司处置该项长期股权投资的意图已经十分清晰,将股权处置损益的所得税影响延迟到下一会计期间进行处理往往会导致低估递延所得税负债、高估利润的情况。因此，如果预期出现母公司处置股权至实际转移之间存在跨期的情况，母公司应在合并财务报表中考虑上述递延所得税的影响。

三、因子公司的少数股东增资而稀释母公司拥有的股权比例

有时，子公司的其他股东对子公司进行增资，由此稀释了母公司对子公司的股权比例，在这种情况下，应当按照增资前的母公司股权比例计算其在增资前子公司账面净资产中的份额，该份额与增资后按母公司持股比例计算的在增资后子公司账面净资产份额之间的差额计入资本公积，资本公积不足冲减的，调整留存收益。

四、其他特殊交易

本准则第五十二条规定，对于站在企业集团合并财务报表角度的确认和计量结果与其所属的母公司或子公司的个别财务报表层面的确认和计量结果不一致的，在编制合并财务报表时，应站在企业集团角度对该特殊交易或事项予以调整。

随着我国市场经济的快速发展和各类型经济交易的日益复杂化、多元化，在母、子公司个别财务报表及在母公司合并财务报表中，部分特殊交易由于会计主体假设的不同而导致对同一事项的会计处理结果存在差异。在这种情况下，仅仅通过常规的抵销分录则难以真实、全面地反映企业集团整体财务状况、经营成果和现金流量状况，需要站在企业集团合并财务报表的角度对这类交易予以调整。例如，母公司将借款作为实收资本投入子公司用于长期资产的建造，母公司应在合并财务报表层面反映借款利息的资本化金额。又如，子公司作为投资性房地产的大厦，出租给集团内其他企业使用，母公司应在合并财务报表层面作为固定资产反映。

《企业会计准则第34号——每股收益》应用指南

一、发行在外普通股加权平均数的计算

根据本准则第五条规定，计算发行在外普通股加权平均数，作为权数的已发行时间、报告期时间和已回购时间通常按天数计算；在不影响计算结果合理性的前提下，也可以采用简化的计算方法，如按月数计算。

二、稀释每股收益的计算

根据本准则第七条规定，企业存在稀释性潜在普通股的，应当计算稀释每股收益。潜在普通股主要包括：可转换公司债券、认股权证和股份期权等。

（一）可转换公司债券

对于可转换公司债券，计算稀释每股收益时，分子的调整项目为可转换公司债券当期已确认为费用的利息等的税后影响额；分母的调整项目为假定可转换公司债券当期期初或发行日转换为普通股的股数加权平均数。

（二）认股权证和股份期权

根据本准则第十条规定，认股权证、股份期权等的行权价格低于当期普通股平均市场价格时，应当考虑其稀释性。

计算稀释每股收益时，作为分子的净利润金额一般不变；分母的调整项目为按照本准则第十条中规定的公式所计算的增加的普通股股数，同时还应考虑时间权数。

公式中的行权价格和拟行权时转换的普通股股数，按照有关认股权证合同和股份期权合约确定。公式中的当期普通股平均市场价格，通常按照每周或每月具有代表性的股票交易价格进行简单算术平均计算。在股票价格比较平稳的情况下，可以采用每周或每月股票的收盘价作为代表性价格；在股票价格波动较大的情况下，可以采用每周或每月股票最高价与最低价的平均值作为代表性价格。无论采用何种方法计算平均市场价格，一经确定，不得随意变更，除非有确凿证据表明原计算方法不再适用。当期发行认股权证或股份期权的，普通股平均市场价格应当自认股权证或股份期权的发行日起计算。

（三）多项潜在普通股

根据本准则第十二条规定，稀释性潜在普通股应当按照其稀释程度从大到小的顺序计入稀释每股收益，直至稀释每股收益达到最小值。其中"稀释程度"，根据不同潜在普通股转换的增量股的每股收益大小进行衡量，即：假定稀释性潜在普通股转换为普通股时，将增加的归属于普通股股东的当期净利润除以增加的普通股股数加权平均数所确定的金额。

在确定计入稀释每股收益的顺序时，通常应首先考虑股份期权和认股权证的影响。

每次发行的潜在普通股应当视为不同的潜在普通股，分别判断其稀释性，而不能将其作为一个总体考虑。

三、计算每股收益时应考虑的其他调整因素

（一）企业派发股票股利、公积金转增资本、拆股或并股等，会增加或减少其发行在外

普通股或潜在普通股的数量,但不影响所有者权益总额,也不改变企业的盈利能力。企业应当在相关报批手续全部完成后,按调整后的股数重新计算各列报期间的每股收益。上述变化发生于资产负债表日至财务报告批准报出日之间的,应当以调整后的股数重新计算各列报期间的每股收益。

(二)企业当期发生配股的情况下,计算基本每股收益时,应当考虑配股中包含的送股因素,据以调整各列报期间发行在外普通股的加权平均数。计算公式如下:

$$每股理论除权价格 = \frac{行权前发行在外普通股的公允价值 + 配股收到的款项}{行权后发行在外的普通股股数}$$

$$调整系数 = \frac{行权前每股公允价值}{每股理论除权价格}$$

$$因配股重新计算的上年度基本每股收益 = \frac{上年度基本每股收益}{调整系数}$$

$$本年度基本每股收益 = \frac{归属于普通股股东的当期净利润}{行权前发行在外普通股股数 \times 调整系数 \times 行权前普通股发行在外的时间权数 + 行权后发行在外普通股加权平均数}$$

存在非流通股的企业可以采用简化的计算方法,不考虑配股中内含的送股因素,而将配股视为发行新股处理。

四、以合并财务报表为基础计算和列报每股收益

本准则第三条规定,合并财务报表中,企业应当以合并财务报表为基础计算和列报每股收益。其中,计算基本每股收益时,分子为归属于母公司普通股股东的合并净利润,分母为母公司发行在外普通股的加权平均数。

《企业会计准则第35号——分部报告》应用指南

一、主要报告形式和次要报告形式

根据本准则第十三条规定，企业应当区分主要报告形式和次要报告形式披露分部信息。在确定分部信息的主要报告形式和次要报告形式时，应当以企业的风险和报酬的主要来源和性质为依据，同时结合企业的内部组织结构、管理结构以及向董事会或类似机构的内部报告制度。

企业的风险和报酬的主要来源和性质，主要与其提供的产品或劳务，或者经营所在国家或地区密切相关。企业在分析其所承担的风险和报酬时，应当注意以下相关因素：①所生产产品或提供劳务的性质、过程、客户类型、销售方式等；②所生产产品或提供劳务受法律、行政法规的影响等；③所处经济、政治环境等。

企业的内部组织结构、管理结构以及向董事会或类似机构内部报告制度的安排，通常会考虑或结合企业风险和报酬的主要来源和性质等相关因素。

二、分部收入

根据本准则第十四条规定，分部收入是指可归属于分部的对外交易收入和对其他分部交易收入。分部收入主要由可归属于分部的对外交易收入构成，通常为营业收入，下列项目不包括在内：

（一）利息收入和股利收入，如采用成本法核算的长期股权投资的股利收入（投资收益）、债券投资的利息收入、对其他分部贷款的利息收入等。但是，分部的日常活动是金融性质的除外。

（二）采用权益法核算的长期股权投资在被投资单位实现的净利润中应享有的份额以及处置投资产生的净收益。但是，分部的日常活动是金融性质的除外。

（三）营业外收入，如处置固定资产、无形资产等产生的净收益。

三、分部费用

根据本准则第十四条规定，分部费用是指可归属于分部的对外交易费用和对其他分部交易费用。分部费用主要由可归属于分部的对外交易费用构成，通常包括营业成本、税金及附加、销售费用等，下列项目不包括在内：

（一）利息费用，如发行债券、向其他分部借款的利息费用等。但是，分部的日常活动是金融性质的除外。

（二）采用权益法核算的长期股权投资在被投资单位发生的净损失中应承担的份额以及处置投资发生的净损失。但是，分部的日常活动是金融性质的除外。

（三）与企业整体相关的管理费用和其他费用。但是，企业代所属分部支付的、与分部经营活动相关的、且能直接归属于或按合理的基础分配给该分部的费用，属于分部费用。

（四）营业外支出，如处置固定资产、无形资产等发生的净损失。

（五）所得税费用。

《企业会计准则第 36 号——关联方披露》重点难点说明

一、相关概念

（一）控制。控制是指有权决定企业的财务和经营政策，以从企业的经营过程中获取利润为目的的。控制可以采取不同的途径。第一，通过所有权的方式控制，直接、间接、直接和间接拥有对方半数以上的表决权资本。第二，以所有权和其他方式达到控制的目的。如通过与其他投资者协议，拥有另一方半数以上表决权的控制权，通过章程或协议，有权决定对方的财务和经营政策，有权任命董事会等权力机构的多数成员，在董事会或类似的权力机构上有半数以上的投票权。第三，以法律或协议的形式达到控制的目的。如一方虽然不拥有对方表决权资本的控制权，但是通过合同承包了该企业，则表明实际上已经控制了该企业。

（二）共同控制。共同控制的特点是两个或两个以上的合营者受同一项合同约定的约束，并且以合同的约定确定共同控制。共同控制一般分为三种类型：共同控制经营，共同控制资产和共同控制实体。

（三）重大影响。重大影响是指对一个企业的财务和经营决策只是有参与决策的权力，但并不能决定这些决策。其主要措施包括在董事会或类似的权力机构中派有代表，参与政策的制定过程，互换管理人员，使对方依附于自己的技术资料等。一般情况下，如果拥有对方20%～50%的表决权资本，或虽然不到20%，但是实际上参与财务和经营决策的制定，就认定为施加重大影响。

二、关联方关系确认

关联方关系，包括横向的关系和纵向的关系两种。从纵向上讲，控制、共同控制和重大影响的企业之间都是关联方，企业和其主要的投资者和关键的管理人员以及这些人的家庭成员之间也构成关联方。而从横向上讲，我国会计准则只把同受一个企业控制的企业之间的关系认定为关联关系，而同受共同控制和同受重大影响的企业不作为关联方，同样，共同控制者之间，能施加重大影响的各方也不作为关联方。但是，把该企业主要投资者个人、关键管理人员或与其关系密切的家庭成员控制、共同控制或施加重大影响的其他企业与该企业作为关联企业。

关系密切的家庭成员是指在处理与企业的交易时有可能影响某人或受其影响的家庭成员，包括父母、配偶、兄弟、姐妹和子女。

关联关系只存在企业与企业之间、企业和个人之间、企业和部门之间，而不包括部门和部门之间。

三、关联交易确认

关联方交易是指在关联方之间转移资源和义务的事项，而不论是否收取价款。所以资源和义务的转移是关联交易的主要特征，而在此同时，风险和报酬也随之转移。在此过程中，关联交易价格是了解关联交易实质的关键。下面主要对关联交易的类型作一些解释。

（一）购买或销售商品。这是最常见的关联企业交易，通常以低于或高于正常的价格在企业之间销售，从而导致关联企业之间风险和报酬的转移。

（二）购买或销售商品以外的其他资产。例如，固定资产和原材料、半成品的关联交易等，这些也是在关联交易中常见的类型。

（三）提供或接受劳务。例如，企业为其关联企业提供咨询和技术服务等。

（四）担保和抵押。担保和抵押主要是指在借贷和大额的交易合同当中，为了保证关联企业债权债务关系的实现而提供担保或抵押。

（五）提供资金（贷款或权益性投资）。提供资金是指对关联企业的实物或货币贷款以及对关联企业权益性投资的变化。

（六）租赁。关联企业之间的租赁和一般企业之间的租赁一样包括经营性租赁和融资性租赁两种，关联企业之间的租赁也是常见的关联方交易。

（七）代理。代理是指按照合同或协议的规定，为对方提供代理服务。例如，代理采购原材料或代理销售商品等。

（八）研究与开发项目的转移。当企业之间存在关联关系的时候，有时某一企业所研究或开发的项目会由于一方的要求而放弃或转移给关联企业。

（九）许可协议。许可协议是指关联企业之间通过合同或协议的约定，承诺给关联企业的某种许可，如使用自己的品牌等。

（十）代表企业或由企业代表另一方进行债务结算。此类关联交易是一种典型的在关联企业之间转移义务的情况，从而在关联企业之间转移风险。

（十一）关键管理人员报酬。我国一般只披露报告期和前一期的报酬总额（包括以货币、实物形式和其他形式的工资、福利、奖金、特殊待遇及有价证券等），一般不再按照类别详细披露。

四、关联披露

（1）关联关系的披露

当存在控制关系时，不论母公司和子公司之间有没有关联交易，都需要披露母公司和子公司的名称，母公司不是该企业最终控制方的，还应当披露最终控制方名称，母公司和最终控制方均不对外提供财务报表的，还应当披露母公司之上与其最相近的对外提供财务报表的母公司名称。母公司和子公司的业务性质、注册地、注册资本（或实收资本、股本）及其变化。母公司对该企业或者该企业对子公司的持股比例和表决权比例。

当存在控制、重大影响的时候，在没有关联交易的情况下，可以不披露关联关系，但当交易发生时，应当披露关联方关系的性质。也就是说，关联方与本企业的关系，关联方是本企业的子公司、合营企业、联营企业、主要投资人、关键的管理人员，或者是与主要投资人或关键的管理人员关系密切的家庭成员等。

（2）关联交易的披露

第一，需要披露的内容，对企业财务状况和经营成果有影响的关联方交易，如属于重大交易（主要指交易金额较大的，如销售给关联企业的产品的销售收入占企业总的销售收入的10%以上），就要分别关联方以及交易的类型进行披露。但是如果属于非重大交易，类型相同的非重大交易可以合并披露，但以不影响财务会计报告使用者正确地理解企业的财务状况和经营成果为前提。

关联方之间签订的交易协议或者合同如果涉及当期和以后各期的，应当在签订协议或合同的当期和以后各期披露协议或合同的主要内容、交易总额以及当期交易的数量和金额。

对于因关联交易产生的资本公积期末余额中的关联交易差价，应当分别说明其性质、产生的原因和金额。

第二，不需要披露的内容。关联企业之间零星的交易，如果对企业的财务状况和经营成果影响较小的或者几乎没有影响的，可以不予披露。

在合并会计报表中不需要披露包括在合并范围之内的企业集团成员之间的交易。但是与合并报表一起提供的母公司的会计报表需要披露其关联方交易。

五、关联方关系及交易披露应遵循实质重于形式原则

（1）修订后的准则正文强调了实质重于形式原则，即判断是否为关联方关系，财务报表披露关注的是实质而不仅是法律形式。财务报表披露应根据一方对另一方实质上的直接或间接控制、共同控制或施加重大影响关系，或根据两方或多方实质上同受另一方控制关系确认关联方。

（2）不能仅因为两个或多个企业有同一名关键管理人员，即将其作为关联方，除非该关键管理人员能同时对这些企业实施控制、共同控制或重大影响；不能仅因为共同控制某合营企业，就将各合营者作为关联方，应根据各合营方之间的经济业务关联实质和共同控制某合营企业的相互影响力确认合营各方的关联方关系，例如A企业、B企业共同合营C企业。若A、B企业之间不存在经济业务关联或不能通过合营企业C建立业务关联的，则A、B企业间不确认为关联方。

（3）关联方交易的披露仍应遵循重要性原则，并区别情况处理。

第一，取消对企业财务状况和经营成果影响较小的或几乎没有影响的零星关联方交易可以不予披露的规定，所有关联方交易行为均应披露交易类别和金额，但零星关联方交易可合并披露。

第二，对企业财务状况和经营成果有影响的关联方交易，如果属于重大交易（主要指交易金额较大的，如销售给关联方产品的营业收入占本企业营业收入10%及以上），应当分别关联方以及交易类型披露交易金额及相应比例；如果属于非重大交易，可按类型相同的非重大交易合并披露交易金额，但列述主要交易内容，以不影响会计报表阅读者正确理解企业财务状况、经营成果为前提。

第三，判断关联方交易是否需要披露，不以交易金额的大小作为判断标准，而应以交易对企业财务状况和经营成果的影响程度来确定。例如，关联方之间有一项很重要的交易，即使这项交易没有金额，但是它对当期或后期企业财务状况和经营成果影响很大，应披露与这项交易有关的信息。

（4）关于关联方关系的说明。修订后的准则扩展了关联方的外延。

第一，直接或间接地对企业实施共同控制或施加重大影响的各方属于关联方。例如，A企业通过B企业、C企业直接对D企业实施共同控制，A企业和C企业间接或直接对D企业的财务和经营政策共同决定，且A企业和C企业之间存在经济业务关联的，确认为关联方。

第二，母公司的关键管理人员或与其关系密切的家庭成员属于关联方。例如，A企业总经理王某的配偶与A企业为关联方,其配偶拥有A企业股份及取得股权收益的,属关联交易,应予以披露。

第三，受主要投资者个人、关键管理人员或与其关系密切的家庭成员直接、间接地控制、共同控制、重大影响的其他企业属于关联方。例如，A企业董事长张某的子女拥有B企业20%的股权，则A企业与B企业为关联方关系，双方交易须披露。

（5）关联方关系及交易披露的说明。

第一，无论是否发生关联方交易，存在直接或间接控制关系的关联方企业应当在报表附注中披露母、子公司的关系，包括关联方企业的基本信息、主营业务、所持股权金额、直接或间接控制比例及其变化等信息，考虑某些企业关联关系的复杂性，企业至少应披露母公司、

最终控制方、对外公开提供财务报表的最低中间控股公司。例如，

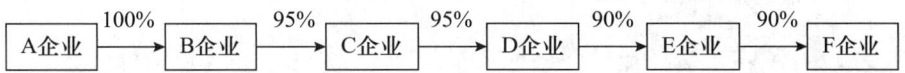

则 F 企业披露关联方关系，至少应披露 A 企业、D 企业、E 企业的关联方信息。

第二，修订后准则取消了关联方交易金额或比例的披露选择，企业必须披露交易金额，重大交易须同时披露交易金额和交易额占该类总交易额的比例。

第三，准则强调对未结算项目的信息披露。应披露关联方间未结算项目的条款和条件，以及有关提供或取得担保的详细信息；未结算项目的坏账准备金额（当期计提额、转销额以及余额）等对企业财务状况和经营成果已确定或可能有影响的事项。例如，A 企业是对 B 企业施加重大影响的，为 B 企业提供贷款担保，双方均应在个别报表详细披露担保事项、担保金额、合同条款等详细信息。

第四，准则强调关联方交易的公允原则。企业应披露关联交易定价政策，在提供充分证据的情况下，企业才能披露关联方交易采用了与公平交易相同的条款。例如，A 企业与其直接控制的 B 企业发生商品交易，若其交易价格制定原则是参照同类商品的市场价格，企业对非关联方同期销售同类商品 20% 以上的，以对非关联方交易价格为依据；企业对非关联方企业销售比例较低的（20% 以下），则企业应提供市场同类商品同期价格的可靠外部依据，或在由注册会计师对其交易的真实、合法、有效和交易价格的公允性发表肯定意见的情况下方可披露其交易为公平交易。

六、新旧会计准则衔接

新旧会计准则衔接是指修订后新准则执行的第 1 年。

（一）修订后新准则执行后第 1 年，企业应按照关联方关系类型分别详细披露关联方基本情况、交易类型、交易金额及相应比例。

（二）企业在个别报表附注中应披露执行当期和上年同期两年的间接或直接存在控制关系的关联方企业信息，即上年度应追溯补充最终控制方、最低中间控股公司的基本信息，以及 2 年的关联方权益关系变化。

（三）企业在个别报表附注中应披露 2 年即执行当期和上年同期的关联方交易，即上年度应追溯补充披露新增的关联方关系的交易相关信息，对企业财务状况和经营成果影响较小的或几乎没有影响的零星关联方交易，或属上年度非重大交易且执行当期未发生关联方交易的关联方可不予追溯披露。

（四）企业在合并报表中应根据重要性原则补充披露上年度集团成员间的关联交易信息。对企业财务状况和经营成果影响较小的或几乎没有影响的零星关联方交易，或属上年度非重大交易且执行当期未发生关联交易的关联方可不予追溯披露。

七、执行本准则对财务报表信息披露的影响

（一）关联交易关系及其交易的信息披露更反映实质，披露内容更加客观，为报表使用者提供更加真实、全面、可靠的企业关联交易信息。

（二）强调提供充分证据披露关联方交易采用公平交易的条款，使企业的报表信息更加公允，但同时给企业带来取得证据的难度和披露成本。

（三）关联交易范围的扩大，如由按照重要性原则披露关联交易改为披露全部关联交易信息，合并报表增加关联交易披露信息；由披露直接控制关系的企业改为披露直接和间接控制关系的企业信息，将给企业带来较大的工作量和难度，尤其是多层组织体系的集团企业。披露全部关联交易也可能分散对重要关联方交易的关注程度。

《企业会计准则第 37 号——金融工具列报》应用指南

一、总体要求

《企业会计准则第 37 号——金融工具列报》（以下简称"本准则"）规范了金融负债和权益工具的区分，企业发行的金融工具相关利息、股利、利得和损失的会计处理，金融资产和金融负债的抵销，金融工具在财务报表中的列示和披露以及金融工具相关风险的披露。

金融工具相关披露的目标，是有助于财务报表使用者了解企业所发行金融工具的分类、计量和列示，以及企业所持有的金融资产和承担的金融负债的情况，并就金融工具对企业财务状况和经营成果影响的重要程度、金融工具使企业在报告期间和期末所面临风险的性质和程度，以及企业如何管理这些风险作出合理评价。

企业应当按照《企业会计准则第 30 号——财务报表列报》（以下简称"财务报表列报准则"）的规定列报财务报表信息。由于金融工具交易相对于企业的其他经济业务更具特殊性，具有与金融市场结合紧密、风险敏感性强、对企业财务状况和经营成果影响大等特点，对于与金融工具相关的信息，除按照财务报表列报准则的规定列报外，还应当按照本准则的规定列报。

企业应当按照计量属性并结合自身实际情况对金融工具进行分类，在此基础上在资产负债表和利润表中列报其对财务状况和经营成果的影响，并披露金融资产和金融负债的公允价值信息。企业应当披露套期活动对企业风险敞口的影响，以及采用套期会计对财务报表的影响。

企业应当按照本准则规定，根据合同条款所反映的经济实质将所发行的金融工具或其组成部分划分为金融负债或权益工具，并以此确定相关利息、股利、利得或损失的会计处理。与金融负债或复合金融工具负债成分相关的利息、股利、利得或损失，应当计入当期损益；与权益工具或复合金融工具权益成分相关的利息、股利，应当作为权益的变动处理。发行方不应当确认权益工具的公允价值变动。

企业应当正确把握金融资产和金融负债的抵销原则。满足本准则规定抵销条件的金融资产和金融负债应当以相互抵销后的净额在资产负债表内列示。企业应当充分考虑相关法律法规要求、合同或协议约定等各方面因素以及自身以总额还是净额结算的意图，对金融资产和金融负债是否符合抵销条件进行评估。

企业应当按风险类别（信用风险、市场风险和流动性风险）披露金融工具的定性和定量信息，包括风险敞口的来源、风险管理目标、政策和程序、风险敞口的汇总数据、风险集中度信息等，以便于财务报表使用者评估企业所面临风险的性质、程度以及企业风险管理活动的效果。

本准则对于"金融资产转移"和"已转移金融资产的继续涉入"的定义不同于《企业会计准则第 23 号——金融资产转移》（以下简称"金融资产转移准则"）。企业应当按照本准则要求，对于已转移尚未终止确认的金融资产，以及已终止确认但继续涉入的金融资产披露相关信息。

二、适用范围

通常情况下，符合《企业会计准则第 22 号——金融工具确认和计量》（以下简称"金融工具确认计量准则"）中金融工具定义的项目，应当按照该准则核算，并按照本准则列报。但一些符合金融工具定义的项目不按照金融工具确认计量准则核算，也不按照本准则列报，或者不按照金融工具确认计量准则核算但应按照本准则列报。同时，一些非金融项目合同有可能按照金融工具确认计量准则核算并按照本准则列报。

具体而言，本准则适用于所有企业发行或持有的各种类型的金融工具的列报，但以下情况例外。

（一）《企业会计准则第 41 号——在其他主体中权益的披露》（以下简称"其他主体中权益准则"）要求企业对子公司、合营安排和联营企业的投资按照该准则在财务报表附注中进行披露。但是，涉及与在子公司、合营安排或联营企业中的权益相联系的衍生工具的，该衍生工具的列报适用本准则。

（二）《企业会计准则第 33 号——合并财务报表》规定，符合投资性主体定义的企业对为其投资活动提供相关服务的子公司以外的其他子公司不予合并，并且对这类其他子公司的投资按照公允价值计量且其变动计入当期损益。投资性主体对于为其活动提供相关服务的子公司以外的其他子公司的投资的核算，适用金融工具确认计量准则，相关的披露要求同时适用本准则和其他主体中权益准则。

（三）根据《企业会计准则第 2 号——长期股权投资》的规定，风险投资机构、共同基金以及类似主体持有的对联营企业或合营企业的投资，可以在初始确认时按照金融工具确认计量准则规定以公允价值计量且其变动计入当期损益。如果企业选择按照金融工具确认计量准则核算该类投资，则相关的披露要求同时适用本准则和其他主体中权益准则。

对于通过风险投资机构、共同基金、信托公司或包括投连险基金在内的类似主体间接持有的对联营企业或合营企业的投资，企业选择按照金融工具确认计量准则规定以公允价值计量且其变动计入当期损益的，其相关的披露要求同时适用本准则和其他主体中权益准则。

（四）企业在结构化主体（包括纳入和未纳入合并财务报表范围的结构化主体）中权益的披露，适用其他主体中权益准则。但企业对结构化主体不实施控制或共同控制，且无重大影响的，企业在该结构化主体中权益的披露应当同时适用本准则和其他主体中权益准则。

（五）以股份为基础的支付合同虽然符合金融工具的定义，但其核算和列报由《企业会计准则第 11 号——股份支付》规范。但是，按照本准则第四条，股份支付合同可能适用本准则。此外，股份支付中涉及企业发行、回购、出售或注销库存股适用本准则。

（六）《企业会计准则第 14 号——收入》规范的属于金融工具的合同权利和义务，其披露适用该准则。但是，确认和计量相关减值损失和利得时应当适用金融工具确认计量准则的合同权利，应当遵循本准则有关信用风险披露的要求。

（七）债务重组中涉及的相关权利、义务的核算和列报，适用《企业会计准则第 12 号——债务重组》。对于债务重组中涉及的金融资产转移（例如以金融资产清偿债务），应当按本准则要求进行披露。

（八）保险合同符合金融工具的定义，但因保险合同所涉及的保险负债的计量具有一定的特殊性，其核算和列报由保险合同相关会计准则进行规范，不适用本准则。

具有相机分红特征而适用保险合同相关会计准则的金融工具，实质上具有与所有者权益类似的参与分享企业剩余收益的权利。该类金融工具不适用本准则关于金融负债和权益工具区分的规定。

对于保险合同中嵌入的、按照金融工具确认计量准则规定予以分拆后单独核算的衍生工具，应按照金融工具确认计量准则进行核算，其列报适用本准则。如果保险合同中嵌入的衍生工具本身就是一项保险合同，则该嵌入衍生工具的核算和列报适用保险合同相关会计准则。企业选择按照金融工具确认计量准则核算的财务担保合同，其列报适用本准则；企业选择按照保险合同相关会计准则进行会计处理的财务担保合同，适用保险合同相关会计准则。

（九）因职工薪酬计划形成的企业的义务，符合金融工具的定义。但由于职工薪酬相关义务的计量具有一定的特殊性，其核算和列报由《企业会计准则第9号——职工薪酬》规范，不适用本准则。

（十）买入或卖出非金融项目的合同，如果能够以现金或其他金融工具净额结算或通过交换金融工具结算，且不是为预定的购买、销售或使用要求而签订和持有（即交易目的本身不是为了购买、销售或使用非金融项目），适用本准则。但是，即使上述合同是为预定的购买、销售或使用要求而签订和持有，如果企业根据金融工具确认计量准则第八条的规定将该合同指定为以公允价值计量且其变动计入当期损益的金融资产或金融负债（例如，为消除与商品套期工具的计量错配），该合同仍适用本准则。

（十一）指定为以公允价值计量且其变动计入当期损益的金融负债的贷款承诺，能够以现金净额结算，或通过交换或发行其他金融工具结算的贷款承诺，以及以低于市场利率贷款的贷款承诺，应当按照金融工具确认计量准则的规定进行核算。对于适用金融工具确认计量准则已确认的贷款承诺的列报，应当适用本准则；对于金融工具确认计量准则未规范的贷款承诺，以及其他未确认的金融工具的披露，也适用本准则。例如，银行向某公司作出一项不可撤销货款承诺，相关合同规定，公司以正在建设中的工程为抵押向银行贷款，银行将根据工程完工进度分期提供贷款，贷款利率按照市场利率确定。本例中，这是一项确定承诺，但不存在净额结算，贷款利率也不低于市场利率。如果银行没有将这项贷款承诺指定为以公允价值计量且其变动计入当期损益的金融负债，那么该项贷款承诺除减值外，在金融工具确认计量准则范围之外，但其披露适用本准则。

（十二）对于与金融工具相关的交易或事项涉及所得税的，应当按照《企业会计准则第18号——所得税》进行会计处理。

三、应设置的会计科目和主要账务处理

执行本准则的企业在不违反相关会计准则中确认、计量和报告规定的前提下，可以根据其实际情况设立会计科目（包括一级科目）。对于企业不存在的交易或者事项，可不设置相关会计科目。这里仅就本准则涉及的重要会计科目及相关账务处理提供参考。

（一）"应付债券"

1. 本科目核算企业为筹集（长期）资金而发行的以摊余成本计量的债券。企业发行的可转换公司债券，应将负债和权益成分进行分拆，分拆后形成的负债成分在本科目核算。

2. 本科目可按照发行的债券种类进行明细核算，并在各类债券中按"面值""利息调整""应计利息"设置明细科目，进行明细核算。

3. 主要账务处理：

（1）企业发行债券，应当按实际收到金额，借记"银行存款"或"存放中央银行款项"等科目，按债务工具的面值，贷记"应付债券——面值"科目，按其差额，贷记或借记"应付债券——利息调整"科目。

（2）在该工具存续期间，计算应付利息并按照实际利率进行摊销时，应按照金融工具确认计量准则中有关金融负债按摊余成本后续计量的规定进行会计处理。

（二）"4401 其他权益工具"

1. 本科目核算企业发行的除普通股以外的归类为权益工具的各种金融工具。

2. 本科目可按照发行金融工具的种类等进行明细核算。

3. 主要账务处理：

《企业会计准则第37号——金融工具列报》应用指南

（1）企业发行的金融工具归类为其他权益工具的，应按实际收到的金额，借记"银行存款"或"存放中央银行款项"等科目，贷记本科目。

（2）分类为其他权益工具的金融工具，在存续期间分派股利（含分类为权益工具的工具所产生的"利息"，下同）的，作为利润分配处理。发行方应根据经批准的股利分配方案，按应分配给金融工具持有方的股利金额，借记"利润分配"科目，贷记"应付股利"科目。

（3）发行方发行的金融工具为既有负债成分又有权益工具成分的复合金融工具的，应按实际收到的金额，借记"银行存款"或"存放中央银行款项"等科目，按金融工具的面值，贷记"应付债券——面值"等科目，按负债成分的公允价值与金融工具面值之间的差额，借记或贷记"应付债券——利息调整"等科目，按实际收到的金额扣除负债成分的公允价值后的金额，贷记本科目。

发行复合金融工具发生的交易费用，应当在负债成分和权益成分之间按照各自占总发行价款的比例进行分摊。与多项交易相关的共同交易费用，应当在合理的基础上，采用与其他类似交易一致的方法，在各项交易之间进行分摊。对于分摊至负债成分的交易费用，应当计入该负债成分的初始计量金额（若该负债成分按摊余成本进行后续计量）或计入当期损益（若该负债成分按公允价值进行后续计量且其变动计入当期损益）；对于分摊至权益成分的交易费用，应当从权益中扣除。

（4）由于发行的金融工具原合同条款约定的条件或事项随着时间的推移或经济环境的改变而发生变化，导致原归类为权益工具的金融工具重分类为金融负债的，应当于重分类日，按该工具的账面价值，借记本科目，按该工具的面值，贷记"应付债券——面值"等科目，按该工具的公允价值与面值之间的差额，借记或贷记"应付债券——利息调整"等科目，按该工具的公允价值与账面价值的差额，贷记或借记"资本公积——资本溢价（或股本溢价）"科目，如资本公积不够冲减的，依次冲减盈余公积和未分配利润。发行方以重分类日计算的实际利率作为应付债券后续计量利息调整等的基础。

因发行的金融工具原合同条款约定的条件或事项随着时间的推移或经济环境的改变而发生变化，导致原归类为金融负债的金融工具重分类为权益工具的，应于重分类日，按金融负债的账面价值，贷记本科目，按金融负债的面值，借记"应付债券——面值"等科目，按其差额，借记或贷记"应付债券——利息调整"等科目。

（5）发行方按合同条款约定赎回所发行的除普通股以外的分类为权益工具的金融工具，按赎回价格，借记"库存股——其他权益工具"科目，贷记"银行存款"或"存放中央银行款项"等科目；注销所购回的金融工具，按该工具对应的其他权益工具的账面价值，借记本科目，按该工具的赎回价格，贷记"库存股——其他权益工具"科目，按其差额，借记或贷记"资本公积——资本溢价（或股本溢价）"等科目，如资本公积不够冲减的，依次冲减盈余公积和未分配利润。

（6）发行方按合同条款约定将发行的除普通股以外的金融工具转换为普通股的，按该工具对应的其他权益工具或金融负债的账面价值，借记本科目、"应付债券"等科目，按普通股的面值，贷记"实收资本（或股本）"等科目，按其差额，贷记"资本公积——资本溢价（或股本溢价）"等科目（如转股时金融工具的账面价值零头不足转换为1股普通股，发行方以现金或其他金融资产退换零头时，还需按支付的现金或其他金融资产的金额，贷记"银行存款"或"存放中央银行款项"等科目）。

四、金融负债和权益工具的区分

（一）金融负债和权益工具区分的总体要求

本准则规定，企业发行金融工具，应当按照该金融工具的合同条款及其所反映的经济实质而非法律形式，以及金融资产、金融负债和权益工具的定义，在初始确认时将该金融工具或其组成部分分类为金融资产、金融负债或权益工具。

1. 金融负债和权益工具的定义

金融负债,是指企业符合下列条件之一的负债:

(1)向其他方交付现金或其他金融资产的合同义务,例如发行的承诺支付固定利息的公司债券。

(2)在潜在不利条件下,与其他方交换金融资产或金融负债的合同义务,例如签出的外汇期权。

(3)将来须用或可用企业自身权益工具进行结算的非衍生工具合同,且企业根据该合同将交付可变数量的自身权益工具。例如企业取得一项金融资产,并承诺两个月后向卖方交付本企业发行的普通股,交付的普通股数量根据交付时的股价确定,则该项承诺是一项金融负债。

(4)将来须用或可用企业自身权益工具进行结算的衍生工具合同(以固定数量的自身权益工具交换固定金额的现金或其他金融资产的衍生工具合同除外),例如以普通股净额结算的股票期权。企业对全部现有同类别非衍生自身权益工具的持有方(例如普通股东)同比例发行配股权、期权或认股权证,使之有权按比例以固定金额的任何货币换取固定数量的该企业自身权益工具的,该类配股权、期权或认股权证应当分类为权益工具。其中,企业自身权益工具不包括应按照本准则第三章分类为权益工具的金融工具,也不包括本身就要求在未来收取或交付企业自身权益工具的合同。

权益工具,是指能证明拥有某个企业在扣除所有负债后的资产中的剩余权益的合同。在同时满足下列条件的情况下,企业应当将发行的金融工具分类为权益工具:

(1)该金融工具应当不包括交付现金或其他金融资产给其他方,或在潜在不利条件下与其他方交换金融资产或金融负债的合同义务。

(2)将来须用或可用企业自身权益工具结算该金融工具。如为非衍生工具,该金融工具应当不包括交付可变数量的自身权益工具进行结算的合同义务;如为衍生工具,企业只能通过以固定数量的自身权益工具交换固定金额的现金或其他金融资产结算该金融工具。企业自身权益工具不包括应按照本准则第三章分类为权益工具的金融工具,也不包括本身就要求在未来收取或交付企业自身权益工具的合同。

2. 区分金融负债和权益工具需考虑的因素

(1)合同所反映的经济实质。在判断一项金融工具是否应划分为金融负债或权益工具时,应当以相关合同条款及其所反映的经济实质而非仅以法律形式为依据,运用金融负债和权益工具区分的原则,正确地确定该金融工具或其组成部分的会计分类。对金融工具合同所反映经济实质的评估应基于合同的具体条款。企业不应仅依据监管规定或工具名称进行划分。

(2)工具的特征。有些金融工具(如企业发行的某些优先股)可能既有权益工具的特征,又有金融负债的特征。因此,企业应当全面细致地分析此类金融工具各组成部分的合同条款,以确定其显示的是金融负债还是权益工具的特征,并进行整体评估,以判定整个工具应划分为金融负债或权益工具,还是既包括负债成分又包括权益工具成分的复合金融工具。

(二)金融负债和权益工具区分的基本原则

1. 是否存在无条件地避免交付现金或其他金融资产的合同义务

(1)如果企业不能无条件地避免以交付现金或其他金融资产来履行一项合同义务,则该合同义务符合金融负债的定义。实务中,常见的该类合同义务情形包括:

①不能无条件避免的赎回,即金融工具发行方不能无条件地避免赎回此金融工具。如果一项合同(根据本准则第三章分类为权益工具的特殊金融工具除外)使发行方承担了以现金或其他金融资产回购自身权益工具的义务,即使发行方的回购义务取决于合同对手是否行使

回售权，发行方应当在初始确认时将该义务确认为一项金融负债，其金额等于回购所需支付金额的现值（如远期回购价格的现值、期权行权价格的现值或其他回售金额的现值）。如果发行方最终无须以现金或其他金融资产回购自身权益工具，应当在合同对手回售权到期时将该项金融负债按照账面价值重分类为权益工具。

②强制付息，即金融工具发行方被要求强制支付利息。例如，一项以面值人民币1亿元发行的优先股要求每年按6%的股息率支付优先股息，则发行方承担了未来每年支付6%股息的合同义务，应当就该强制付息的合同义务确认金融负债。又如，企业发行的一项永续债，无固定还款期限且不可赎回、每年按8%的利率强制付息。尽管该项工具的期限永续且不可赎回，但由于企业承担了以利息形式永续支付现金的合同义务，因此符合金融负债的定义。

需要说明的是，对企业履行交付现金或其他金融资产的合同义务能力的限制（如无法获得外币、需要得到有关监管部门的批准才能支付或其他法律法规的限制等），并不能解除企业就该金融工具所承担的合同义务，也不能表明该企业无须承担该金融工具的合同义务。

（2）如果企业能够无条件地避免交付现金或其他金融资产，例如能够根据相应的议事机制自主决定是否支付股息（即无支付股息的义务），同时所发行的金融工具没有到期日且合同对手没有回售权，或虽有固定期限但发行方有权无限期递延（即无支付本金的义务），则此类交付现金或其他金融资产的结算条款不构成金融负债。如果发放股利由发行方根据相应的议事机制自主决定，则股利是累积股利还是非累积股利本身不影响该金融工具被分类为权益工具。

实务中，优先股等金融工具发行时还可能会附有与普通股利支付相连结的合同条款。这类工具常见的连结条款包括"股利制动机制""股利推动机制"等。"股利制动机制"的合同条款要求企业如果不宣派或支付（视具体合同条款而定，下同）优先股等金融工具的股利，则其也不能宣派或支付普通股利。"股利推动机制"的合同条款要求企业如果宣派或支付普通股利，则其也须宣派或支付优先股等金融工具的股利。如果优先股等金融工具所连结的是诸如普通股的股利，发行方根据相应的议事机制能够自主决定普通股利的支付，则"股利制动机制"及"股利推动机制"本身均不会导致相关金融工具被分类为金融负债。对于本段所述判断依据，企业应谨慎地将其适用范围限制在普通股利支付相连结的情形，不能推广适用到其他情形，例如与交叉保护条款或其他投资者保护条款相连结。

除上述相关条款外，企业还应当注意其他投资者保护条款。例如，一旦发行人破产或视同清算、发生超过净资产10%以上重大损失、财务指标承诺未达标、财务状况发生重大变化、控制权变更或信用评级被降级、发生其他投资者认定足以影响债权实现的事项等情形，那么该永续债一次到期应付，除非持有人大会通过豁免的决议。在这些合同中，破产往往是指无力偿债、拖欠到期应付款项、停止或暂停支付所有或大部分债务或终止经营其业务，或根据《破产法》规定进入破产程序，因此，由于发行人不能控制能否按时偿债、是否会发生超过净资产10%以上重大损失、财务指标承诺能否达标、财务状况是否发生重大变化、控制权是否会变更或信用等级是否会被降级、是否会发生其他投资者认定足以影响债权实现的事项等情形，进而无法无条件地避免以交付现金或其他金融资产来履行一项合同义务。因此，包含此类条款的永续债也应当被分类为金融负债。

企业应当基于真实、完整的合同进行相关分析和判断。在实务中，有时存在部分条款措辞不够严谨或不够明确的情况，企业应当进一步明确合同条款是否会导致发行人存在交付现金或其他金融资产的义务。企业应当确保合同措辞明确，能够以此为基础作出合理的会计判断。另外，某些永续债条款可能也会约定永续债债权人破产清算时的清偿顺序等同于其他债务。在此类情况下，企业应当考虑这些条款是否会导致该永续债分类为金融负债。

（3）判断一项金融工具是划分为权益工具还是金融负债，不受下列因素的影响：

①以前实施分配的情况；

②未来实施分配的意向；
③相关金融工具如果没有发放股利对发行方普通股的价格可能产生的负面影响；
④发行方的未分配利润等可供分配权益的金额；
⑤发行方对一段期间内损益的预期；
⑥发行方是否有能力影响其当期损益。

（4）有些金融工具虽然没有明确地包含交付现金或其他金融资产义务的条款和条件，但有可能通过其他条款和条件间接地形成合同义务。例如，企业可能在显著不利的条件下选择交付现金或其他金融资产，而不是选择履行非金融合同义务，或选择交付自身权益工具。在实务中，相关合同可能包含利率跳升等特征，往往可能构成发行方交付现金或其他金融资产的间接义务。企业须借助合同条款和相关信息，全面分析判断。

2. 是否通过交付固定数量的自身权益工具结算

根据本准则，权益工具是证明拥有企业的资产扣除负债后的剩余权益的合同。因此，对于将来须交付企业自身权益工具的金融工具，如果未来结算时交付的权益工具数量是可变的，或者收到的对价的金额是可变的，则该金融工具的结算将对其他权益工具所代表的剩余权益带来不确定性（通过影响剩余权益总额或者稀释其他权益工具），也就不符合权益工具的定义。

实务中，一项须用或可用企业自身权益工具结算的金融工具是否对其他权益工具的价值带来不确定性，通常与该工具的交易目的相关。如果该自身权益工具是作为现金或其他金融资产的替代品（例如作为商品交易中的支付手段），则该自身权益工具的接收方一般而言需要该工具在交收时具有确定的公允价值，以便得到与接受现金或其他金融资产的同等收益，因此企业所交付的自身权益工具数量是根据交付时的公允价值计算的，是可变的；反之，如果该自身权益工具是为了使持有方作为出资人享有企业（发行人）资产扣除负债的剩余权益，那么需要交付的自身权益工具数量通常在一开始就已商定，而不是在交付时计算确定。

将来须用或可用企业自身权益工具结算的金融工具应当区分为衍生工具和非衍生工具。例如，甲公司发行了一项无固定期限、能够自主决定支付本息的可转换优先股。按合同规定，甲公司将在第5年年末将发行的该工具强制转换为可变数量的普通股，则该可转换优先股是一项非衍生工具。又如，甲公司发行一项5年期分期付息到期还本，同时到期可转换为固定数量普通股的可转换债券，则该可转换债券中嵌入的转换权是一项衍生工具。

（1）基于自身权益工具的非衍生工具

对于非衍生工具，如果发行方未来有义务交付可变数量的自身权益工具进行结算，则该非衍生工具是金融负债；否则，该非衍生工具是权益工具。

某项合同并不仅仅因为其可能导致企业交付自身权益工具而成为一项权益工具。企业可能承担交付一定数量的自身权益工具的合同义务，如果将交付的企业自身权益工具数量是变化的，使得将交付的企业自身权益工具的数量乘以其结算时的公允价值等于合同义务的金额，则无论该合同义务的金额是固定的，还是完全或部分地基于除企业自身权益工具的市场价格以外变量（例如利率、某种商品的价格或某项金融工具的价格）的变动而变化，该合同应当分类为金融负债。

（2）基于自身权益工具的衍生工具

对于衍生工具，如果发行方只能通过以固定数量的自身权益工具交换固定金额的现金或其他金融资产进行结算（即"固定换固定"），则该衍生工具是权益工具；如果发行方以固定数量自身权益工具交换可变金额现金或其他金融资产，或以可变数量自身权益工具交换固定金额现金或其他金融资产，或在转换价格不固定的情况下以可变数量自身权益工具交换可变金额现金或其他金融资产，则该衍生工具应当确认为衍生金融负债或衍生金融资产。例如，发行在外的股票期权赋予了工具持有方以固定价格购买固定数量的发行方股票的权利。该合同的公允价值可能会随着股票价格以及市场利率的波动而变动。但是，只要该合同的公允价值变动不影响结算时发行方可收取的现金或其他金融资产的金额，也不影响需交付的权益工具的数量，则发行方应将该股票期权作为一项权益工具处理。

运用上述"固定换固定"原则来判断会计分类的金融工具常见于可转换债券，具备转股条款的永续债、优先股等。如果发行的金融工具合同条款中包含在一定条件下转换成发行方普通股的约定且存在交付现金或其他金融资产的义务（例如每年支付固定股息的可转换优先股中的转换条款），该转股权将涉及发行方是否需要交付可变数量自身权益工具或者是否"固定换固定"的判断。在实务中，转股条款呈现的形式可能纷繁复杂，发行方应审慎确定其合同条款及所反映的经济实质是否能够满足"固定换固定"原则。

需要说明的是，在实务中，对于附有可转换为普通股条款的可转换债券等金融工具，在其转换权存续期内，发行方可能发生新的融资或者与资本结构调整有关的经济活动，例如，股份拆分或合并、配股、转增股本、增发新股、发放现金股利等。通常情况下，即使转股价初始固定，但为了确保此类金融工具持有方在发行方权益中的潜在利益不会被稀释，合同条款会规定在此类事项发生时，转股价将相应进行调整。此类对转股价格以及相应转股数量的调整通常称为"反稀释"调整。原则上，如果按照转股价格调整公式进行调整，可使得稀释事件发生之前和之后，每一份此类金融工具所代表的发行方剩余利益与每一份现有普通股所代表的剩余利益的比例保持不变，即此类金融工具持有方相对于现有普通股东所享有的在发行方权益中的潜在相对利益保持不变，则可认为这一调整并不违背"固定换固定"原则。如果不做任何调整，也可认为合同双方在此类工具发行时已在其估值中考虑了上述活动的预期影响。但如果做了调整且调整公式无法体现此类工具持有人与普通股东在相关事件发生前后"同进同退"的原则，则不能认为这一调整符合"固定换固定"原则。

（三）以外币计价的配股权、期权或认股权证

一般来说，如果企业的某项合同是通过固定金额的外币（即企业记账本位币以外的其他货币）交换固定数量的自身权益工具进行结算，由于固定金额的外币代表的是以企业记账本位币计价的可变金额，因此不符合"固定换固定"原则。但是，本准则在"固定换固定"原则下对以外币计价的配股权、期权或认股权证规定了一类例外情况：企业对全部现有同类别非衍生自身权益工具的持有方同比例发行配股权权、期权或认股权证，使之有权按比例以固定金额的任何货币交换固定数量的该企业自身权益工具的，该类配股权、期权或认股权证应当分类为权益工具。这是一类范围很窄的例外情况，不能以类推方式适用于其他工具（如以外币计价的可转换债券）。

（四）或有结算条款

附有或有结算条款的金融工具，指是否通过交付现金或其他金融资产进行结算，或者是否以其他导致该金融工具成为金融负债的方式进行结算，需要由发行方和持有方均不能控制的未来不确定事项（如股价指数、消费价格指数变动，利率或税法变动，发行方未来收入、净收益或债务权益比率等）的发生或不发生（或发行方和持有方均不能控制的未来不确定事项的结果）来确定的金融工具。

对于附有或有结算条款的金融工具，发行方不能无条件地避免交付现金、其他金融资产或以其他导致该工具成为金融负债的方式进行结算的，应当分类为金融负债。但是，满足下列条件之一的，发行方应当将其分类为权益工具：

（1）要求以现金、其他金融资产或以其他导致该工具成为金融负债的方式进行结算的或有结算条款几乎不具有可能性，即相关情形极端罕见、显著异常且几乎不可能发生。

（2）只有在发行方清算时，才需以现金、其他金融资产或以其他导致该工具成为金融负债的方式进行结算。

（3）按照本准则第三章分类为权益工具的可回售工具。实务中，出于对自身商业利益的保障和公平原则考虑，合同双方会对一些不能由各自控制的情况下是否要求支付现金（包括股票）作出约定，这些"或有结算条款"可以包括与外部市场有关的或者与发行方自身情况有关的事项。出于防止低估负债和防止通过或有条款的设置来避免对复合工具中负债成分进行确认的目的，本准则规定，发行方需要针对这些条款确认金融负债，除非能够证明或有事件是极端罕见、显著异常且几乎不可能发生的情况或者仅限于清算事件。例如，甲公司发行了一项永续债，每年按照合同条款支付利息，但同时约定其利息只在发行方有可供分配利润时才需支付，如果发行方可供分配利润不足则可能无法履行该项支付义务。虽然利息的支付取决于是否有可供分配利润，使得利息支付义务成为或有情况下的义务，但是甲公司并不能无条件地避免支付现金的合同义务，因此该公司应当将该永续债划分为一项金融负债。

如果合同的或有结算条款要求只有在发生了极端罕见、显著异常且几乎不可能发生的事件时才会以现金、其他金融资产或以其他导致该工具成为金融负债的方式进行结算，那么可将该或有结算条款视为一项不具有可能性的条款。如果一项合同只有在上述不具有可能性的事件发生时才须以现金、其他金融资产或以其他导致该工具成为金融负债的方式进行结算，在对该金融工具进行分类时，不需要考虑这些或有结算条款，应将该合同确认为一项权益工具。

（五）结算选择权

对于存在结算选择权的衍生工具（例如，合同规定发行方或持有方能选择以现金净额或以发行股份交换现金等方式进行结算的衍生工具），发行方应当将其确认为金融负债或金融资产；如果可供选择的结算方式均表明该衍生工具应当确认为权益工具，则应当确认为权益工具。

例如，为防止附有转股权的金融工具的持有方行使转股权而导致发行方的普通股股东的股权被稀释，发行方会在衍生工具合同中加入一项现金结算选择权：发行方有权以等值于所应交付的股票数量乘以股票市价的现金金额支付给工具持有方，而不再发行新股。按照本准则规定，发行方应当将这样的转股权确认为衍生金融负债或衍生金融资产。

（六）复合金融工具

本准则规定，企业应对发行的非衍生工具进行评估，以确定所发行的工具是否为复合金融工具。企业所发行的非衍生工具可能同时包含金融负债成分和权益工具成分。对于复合金融工具，发行方应于初始确认时将各组成部分分别分类为金融负债、金融资产或权益工具。企业发行的一项非衍生工具同时包含金融负债成分和权益工具成分的，应于初始计量时先确定金融负债成分的公允价值（包括其中可能包含的非权益性嵌入衍生工具的公允价值），再从复合金融工具公允价值中扣除负债成分的公允价值，作为权益工具成分的价值。

可转换债券等可转换工具可能被分类为复合金融工具。发行方对该类可转换工具进行会计处理时，应当注意以下方面：

1.在可转换工具转换时，应终止确认负债成分，并将其确认为权益。原来的权益成分仍旧保留为权益（从权益的一个项目结转到另一个项目，如从"其他权益工具"转入"资本公积——资本溢价或股本溢价"）。可转换工具转换时不产生损益。

2.企业通过在到期日前赎回或回购而终止一项仍具有转换权的可转换工具时，应在交易日将赎回或回购所支付的价款以及发生的交易费用分配至该工具的权益成分和负债成分。分配价款和交易费用的方法应与该工具发行时采用的分配方法一致。价款和交易费用分配后，所产生的利得或损失应分别根据权益成分和负债成分所适用的会计原则进行处理，分配至权益成分的款项计入权益，与债务成分相关的利得或损失计入当期损益。

3.企业可能修订可转换工具的条款以促成持有方提前转换。例如，提供更有利的转换比

《企业会计准则第37号——金融工具列报》应用指南

率或在特定日期前转换则支付额外的对价。在条款修订日,对于持有方根据修订后的条款进行转换所能获得的对价的公允价值与根据原有条款进行转换所能获得的对价的公允价值之间的差额,企业(发行方)应将其确认为一项损失。

4. 企业发行认股权和债权分离交易的可转换公司债券,所发行的认股权符合本准则有关权益工具定义的,应当确认为一项权益工具(其他权益工具),并以发行价格减去不附认股权且其他条件相同的公司债券公允价值后的净额进行计量。认股权持有方到期没有行权的,企业应当在到期时将原计入其他权益工具的部分转入资本公积(股本溢价)。

(七)合并财务报表中金融负债和权益工具的区分

在合并财务报表中对金融工具(或其组成部分)进行分类时,企业应考虑集团成员和金融工具的持有方之间达成的所有条款和条件,以确定集团作为一个整体是否由于该工具而承担了交付现金或其他金融资产的义务,或者承担了以其他导致该工具分类为金融负债的方式进行结算的义务。例如,某集团一子公司发行一项权益工具,同时其母公司或集团其他成员与该工具的持有方达成了其他附加协议,母公司或集团其他成员可能对相关的支付金额(如股利)作出担保;或者集团另一成员可能承诺在该子公司不能支付预期款项时购买这些股份。在这种情形下,尽管集团子公司(发行方)在没有考虑这些附加协议的情况下,在其个别财务报表中将这项工具分类为权益工具,但是在合并财务报表中,集团与该工具的持有方之间的附加协议的影响意味着集团作为一个整体无法避免经济利益的转移,导致其分类为金融负债。因此,合并财务报表应当考虑这些附加协议或条款,以确保从集团整体的角度反映所签订的所有合同和相关交易。

五、特殊金融工具的区分

(一)可回售工具

可回售工具,是指根据合同约定,持有方有权将该工具回售给发行方以获取现金或其他金融资产的权利,或者在未来某一不确定事项发生或者持有方死亡或退休时,自动回售给发行方的金融工具。例如,某些合作制法人的可随时回售的"权益"或者某些开放式基金的可随时赎回的基金份额。

根据本准则,符合金融负债定义,但同时具有一定特征的可回售工具,应当分类为权益工具。

企业在认定可回售工具是否应分类为权益工具时,应当注意以下三点:

1. 在企业清算时具有优先要求权的工具不是有权按比例份额获得企业净资产的工具。例如,如果一项工具使持有方有权在企业清算时享有除企业净资产份额之外的固定股利,而类别次于该工具的其他工具在企业清算时仅仅享有企业净资产份额,则该工具所属类别中所有工具均不属于在企业清算时有权按比例份额获得企业净资产的工具。

2. 在确定一项工具是否属于最次级类别时,应当评估若企业在评估日发生清算时该工具对企业净资产的要求权。同时,应当在相关情况发生变化时重新评估对该工具的分类。例如,如果企业发行或赎回了另一项金融工具,可能会影响对该工具是否属于最次级类别的评估结果。如果企业只发行一类金融工具,则可视为该工具属于最次级类别。

3. 除了发行方应当以现金或金融资产回购或赎回该工具的合同义务外,该工具应当不包括其他符合金融负债定义的合同义务。本准则对于符合条件的可回售工具的特殊规定,是仅针对回售权规定的一项债务与权益区分的例外。如果可回售工具中包含了回售权以外的其他构成发行方交付现金或其他金融资产的合同义务,则该可回售工具不能适用这一例外。

例如,企业发行的工具是可回售的,除了这一回售特征外,还在合同中约定每年必须向工具持有方按照净利润的一定比例进行分配,这一约定构成了一项交付现金的义务,因此企业发行的这项可回售工具不应分类为权益工具。

（二）发行方仅在清算时才有义务向另一方按比例交付其净资产的金融工具

根据本准则，符合金融负债定义，但同时具有一定特征的、发行方仅在清算时才有义务向另一方按比例交付其净资产的金融工具（例如封闭式基金、理财产品的份额、信托计划等寿命固定的结构化主体的份额，实务中也称有限寿命工具），应当分类为权益工具。

针对仅在清算时才有义务向另一方按比例交付其净资产的金融工具的特征要求，与针对可回售工具的其中几条特征要求是类似的，但特征要求相对较少。原因在于清算是触发该合同支付义务的唯一条件，因此可以不必考虑其他特征，包括：不要求考虑除清算以外的其他的合同支付义务（如股利分配）；不要求考虑存续期间预期现金流量的确定方法（如根据净利润或净资产）；不要求该类别工具的所有特征均相同，仅要求清算时按比例支付净资产份额的特征相同。

（三）特殊金融工具分类为权益工具的其他条件

分类为权益工具的可回售工具，或发行方仅在清算时才有义务向另一方按比例交付其净资产的金融工具，除应当具有本准则第十六条或第十七条所述特征外，其发行方应当没有同时具备下列特征的其他金融工具或合同：①现金流量总额实质上基于企业的损益、已确认净资产的变动、已确认和未确认净资产的公允价值变动（不包括该工具或合同的任何影响）；②实质上限制或固定了本准则第十六条或第十七条所述工具持有方所获得的剩余回报。

在实务中的一些安排下，股东将实质上的企业控制权和利润转让给非股东方享有。例如，甲企业可能与乙企业签订包括资产运营控制协议（乙企业承包甲企业的运营管理）、知识产权的独家服务协议（甲企业经营所需知识产权由乙企业独家提供）、借款合同（甲企业向乙企业借款满足营运需要）等系列协议，将经营权和收益转移到乙企业；同时，甲企业股东还可能与乙企业签订股权质押协议和投票权委托协议等，将甲企业股东权利转移给乙企业。这种情况下，甲企业形式上的股份已经不具有权益工具的实质。因此，本准则第十六条、第十七条规定的特殊权益工具，应当排除存在上述安排的情形。

当然，实务中的情况比较复杂。例如，合伙企业的合伙人除了作为企业所有者外，通常也作为企业雇员参与经营，并获取劳动报酬。这类劳动合同也可能形成对企业剩余回报的限制。为避免企业误判，准则又作出规定：在运用上述条件时，对于发行方与本准则第十六条或第十七条所述工具持有方签订的非金融合同，如果其条款和条件与发行方和其他方之间可能订立的同等合同类似，不应考虑该非金融合同的影响。但如果不能作出此判断，则不得将该工具分类为权益工具。

下列按照涉及非关联方的正常商业条款订立的工具，不大可能导致满足本准则特征要求的可回售工具或发行方仅在清算时才有义务向另一方按比例交付其净资产的金融工具无法被分类为权益工具：①现金流量总额实质上基于企业的特定资产；②现金流量总额基于企业收入的一定比例；③就职工为企业提供的服务给予报酬的合同；④要求企业为其所提供的产品或服务支付一定报酬（占利润的比例非常小）的合同。

（四）特殊金融工具在母公司合并财务报表中的处理

由于将某些可回售工具以及仅在清算时才有义务向另一方按比例交付其净资产的金融工具分类为权益工具而不是金融负债是本准则原则的一个例外，本准则不允许将该例外扩大到发行方母公司合并财务报表中少数股东权益的分类。因此，子公司在个别财务报表中作为权益工具列报的特殊金融工具，在其母公司合并财务报表中对应的少数股东权益部分，应当分类为金融负债。

六、金融负债和权益工具之间的重分类

由于发行的金融工具原合同条款约定的条件或事项随着时间的推移或经济环境的改变而

发生变化,可能会导致已发行金融工具(含本准则第三章规定的特殊金融工具)的重分类。例如,企业拥有可回售工具和其他工具,可回售工具并非最次级类别,并不符合分类为权益工具的条件。如果企业赎回其已发行的全部其他工具后,发行在外的可回售工具符合了分类为权益工具的全部特征和全部条件,那么企业应从其赎回全部其他工具之日起将可回售工具重分类为权益工具;反之,如果原来被分类为权益工具的可回售工具因为更次级的新工具的发行,而不再满足分类为权益工具的条件,则企业应在新权益工具的发行日将可回售工具重分类为金融负债。

发行方原分类为权益工具的金融工具,自不再被分类为权益工具之日起,发行方应当将其重分类为金融负债,以重分类日该工具的公允价值计量,重分类日权益工具的账面价值和金融负债的公允价值之间的差额确认为权益。发行方原分类为金融负债的金融工具,自不再被分类为金融负债之日起,发行方应当将其重分类为权益工具,以重分类日金融负债的账面价值计量。

七、收益和库存股

(一)发行方对利息、股利、利得或损失的处理

将金融工具或其组成部分划分为金融负债还是权益工具,决定了发行方对相关利息、股利、利得或损失的会计处理方法。金融工具或其组成部分属于金融负债的,相关利息、股利、利得或损失,以及赎回或再融资产生的利得或损失等,应当计入当期损益。金融工具或其组成部分属于权益工具的,其发行(含再融资)、回购、出售或注销时,发行方应当作为权益的变动处理;发行方不应当确认权益工具的公允价值变动;发行方对权益工具持有方的分配应作利润分配处理,发放的股票股利不影响所有者权益总额。

与权益性交易相关的交易费用应当从权益中扣减。交易费用是指可直接归属于购买、发行或处置金融工具的增量费用。只有那些可直接归属于发行新的权益工具或者购买此前已经发行在外的权益工具的增量费用才是与权益交易相关的费用。例如,在企业首次公开募股的过程中,除了会新发行一部分可流通的股份之外,也往往会将已发行的股份进行上市流通,在这种情况下,企业需运用专业判断以确定哪些交易费用与权益交易(发行新股)相关,应计入权益核算;哪些交易费用与其他活动(将已发行的股份上市流通)相关,尽管也是在发行权益工具的同时发生的,但是应当计入损益。与多项交易相关的共同交易费用,应当在合理的基础上,采用与其他类似交易一致的方法,在各项交易间进行分摊。

利息、股利、利得或损失的会计处理原则同样也适用于复合金融工具。任何与负债成分相关的利息、股利、利得或损失应计入当期损益,任何与权益成分相关的利息、股利、利得或损失应计入权益。发行复合金融工具发生的交易费用,也应当在负债成分和权益成分之间按照各自占总发行价款的比例进行分摊。例如,企业发行一项5年后以现金强制赎回的非累积优先股。在优先股存续期期间内,企业可以自行决定是否支付股利。这一非累积可赎回优先股是一项复合金融工具,其中的负债成分为赎回金额的折现值。负债成分采用实际利率法确认的利息支出应计入当期损益,而与权益成分相关的股利支付应确认为利润分配。如果该优先股的赎回不是强制性的而是取决于持有方是否要求企业进行赎回,或者该优先股需转换为可变数量的普通股,则仍然适用前述会计处理。但是,如果该优先股赎回时所支付的金额还包括未支付的股利,则整个工具是一项金融负债。在这种情况下,支付的所有股利都应计入当期损益。

(二)库存股

回购自身权益工具(库存股)支付的对价和交易费用,应当减少所有者权益,不得确认金融资产。库存股可由企业自身购回和持有,也可由集团合并范围内的其他成员购回和持有。其他成员包括子公司,但是不包括集团的联营和合营企业。此外,如果企业是替他人持有自身权益工具,例如,金融机构作为代理人代其客户持有该金融机构自身的股票,那么所

持有的这些股票不是金融机构自身的资产,也不属于库存股。

如果企业持有库存股之后又将其重新出售,反映的是不同所有者之间的转让,而非企业本身的利得或损失。因此,无论这些库存股的公允价值如何波动,企业应直接将支付或收取的所有对价在权益中确认,而不产生任何损益。

(三)对每股收益计算的影响

企业应当按照《企业会计准则第34号——每股收益》的规定计算每股收益。企业存在发行在外的除普通股以外的金融工具的,在计算每股收益时,应当按照以下原则处理。

1. 基本每股收益的计算

在计算基本每股收益时,基本每股收益中的分子,即归属于普通股股东的净利润,不应包含其他权益工具的股利或利息。其中对于发行的不可累积优先股等其他权益工具应扣除当期宣告发放的股利,对于发行的累积优先股等其他权益工具,无论当期是否宣告发放股利,均应予以扣除。

基本每股收益计算中的分母,为发行在外普通股的加权平均股数。

对于同普通股东一起参加剩余利润分配的其他权益工具,在计算普通股每股收益时,归属于普通股东的净利润不应包含根据可参加机制计算的应归属于其他权益工具持有者的净利润。

2. 稀释每股收益的计算

企业发行的金融工具中包含转股条款的,即存在潜在稀释性的,在计算稀释每股收益时考虑的因素与企业发行可转换公司债券、认股权证相同。

八、金融资产和金融负债的抵销

(一)金融资产和金融负债相互抵销的条件

本准则规定,金融资产和金融负债应当在资产负债表内分别列示,不得相互抵销。但是,同日时满足下列条件的,应当以相互抵销后的净额在资产负债表内列示。

1. 企业具有抵销已确认金额的法定权利,且该种法定权利是当前可执行的

本准则第二十九条至第三十一条对抵销权进行了解释。需要说明的是,抵销协议中将支付或将收取的金额的不确定性并不妨碍企业的抵销权成为当前可执行的法定权利。同样地,抵销时间的不确定性也不妨碍抵销权成为当前可执行的法定权利,因为时间的推移并不意味着该抵销权取决于未来事件。但是,在某些未来事件发生之后则消失或成为不可执行的抵销权不满足抵销条件。例如,如果交易双方约定,在任何一方出现信用评级下降后,抵销条款不再适用或变为不可执行,则该抵销权自始至终都不满足抵销条件。

2. 企业计划以净额结算,或同时变现该金融资产和清偿该金融负债

当企业分别通过收取和支付总额来结算两项金融工具时,即使该两项工具结算的间隔期很短,但企业需承受的可能是重大的资产信用风险和负债流动性风险,在这种情况下,以净额列报并不适合。但是,金融市场中的清算机构的运作机制可能有助于两项金融工具达到同时结算。在这种情况下,若符合本准则第三十二条相关条件,相关的现金流量实际上等于一项净额,企业所承受的信用风险或流动性风险并非针对总额,因而满足净额结算的条件。

(二)金融资产和金融负债不能相互抵销的情形

本准则规定,在下列情况下,通常认为不满足抵销条件,不得抵销相关金融资产和金融负债:

1. 使用多项不同金融工具来仿效单项金融工具的特征,即"合成工具"。例如,利用浮动利率长期债券与收取浮动利息且支付固定利息的利率互换,合成一项固定利率长期负债。

2. 金融资产和金融负债虽然具有相同的主要风险敞口(例如远期合同或其他衍生工具组合中的资产和负债),但涉及不同的交易对手。

3. 无追索权金融负债与作为其担保物的金融资产或其他资产。

4. 债务人为解除某项负债而将一定的金融资产进行托管（例如偿债基金或类似安排），但债权人尚未接受以这些资产清偿负债。

5. 因某些导致损失的事项而产生的义务与预计通过保险合同向第三方索赔而得到的补偿。

（三）总互抵协议

企业与同一交易对手进行多项金融工具交易时，可能与该交易对手签订涵盖其所有交易的"总互抵协议"。这些总互抵协议形成的法定抵销权利只有在出现特定的违约事项时，或出现在正常经营过程中不会发生的其他情况时，才会生效并影响单项金融资产的变现和单项金融负债的结算。这种协议常常被金融机构用于在交易对手破产或发生其他导致交易对手无法履行义务的情况时保护金融机构免受损失。一旦发生触发事件，这些协议通常规定对协议涵盖的所有金融工具按单一净额进行结算。例如，进行金融衍生品交易的金融机构间可能签订由国际掉期与衍生工具协会（ISDA）制定的衍生品交易主协议，国内金融机构间开展衍生品交易，也可能签订由中国银行间市场交易商协会（NAFMII）制定的衍生品交易主协议，这些协议中可能含有上述互抵条款。

总互抵协议的存在本身并不一定构成协议所涵盖的资产和负债相互抵销的依据。如果总互抵协议仅形成抵销已确认金额的有条件权利，这不符合企业必须拥有当前可执行的抵销已确认金额的法定权利的要求；同时，企业可能没有以净额为基础进行结算或同时变现资产和清偿负债的意图。

九、金融工具对财务状况和经营成果影响的列报

（一）一般性规定

1. 企业在对金融工具各项目进行列报时，应当根据金融工具的特点及相关信息的性质对金融工具进行归类，充分披露与金融工具相关的信息，使得财务报表附注中的披露与财务报表列示的各项目相互对应。例如，对衍生工具进行披露时，将其分为外汇衍生工具、利率衍生工具、信用衍生工具等。

2. 企业应当按照本准则规定，并根据自身实际情况，合理确定列报金融工具的详细程度，既不应列报大量过于详细的信息从而掩盖了真正重要的信息，也不得列报过于汇总的信息从而难以区分各项交易或相关风险之间的重要差异。

3. 在确定列报类型时，应当至少按计量属性将金融工具分为以摊余成本计量和以公允价值计量两种类型。企业应在此基础上做进步分类。例如，以公允价值计量的金融工具可以进一步分为以公允价值计量且其变动计入当期损益的金融工具和以公允价值计量且其变动计入其他综合收益的金融工具。

4. 企业应当披露编制财务报表时对金融工具所采用的重要会计政策、计量基础和与理解财务报表相关的其他会计政策等信息，包括企业将金融资产和金融负债指定为以公允价值计量且其变动计入当期损益的相关信息。

本准则第三十八条第（一）项以及第（二）项中的"企业如何满足运用指定的标准"，是指关于该项资产或者负债为什么满足金融工具确认计量准则中指定公允价值计量有关规定（例如该准则第二十条或第二十二条）的说明。

本准则第三十八条第（二）项中的"初始确认时对上述金融负债作出指定的标准"，是指企业是根据金融工具确认计量准则哪项规定［例如第二十二条第（一）项、第（二）项或第二十六条］作出该指定。

（二）资产负债表中的列示及相关披露

1. 部分金融资产的信用风险披露

按照金融工具确认计量准则，以摊余成本计量以及以公允价值计量且其变动计入其他

综合收益的金融资产应当进行减值会计处理并按照本准则第七章第二节披露信用风险相关信息。企业应当设置专门的备抵账户，按类别记录相关金融资产因信用损失发生的减值，并披露减值准备的期初余额、本期计提、转回、转销、核销及其他变动的金额和期末余额等信息。若企业将原本分类为以摊余成本计量以及以公允价值计量且其变动计入其他综合收益的金融资产（债务工具投资）指定为以公允价值计量且其变动计入当期损益，则不用对其进行减值会计处理，也不适用本准则第七章第二节规定。但是，这些资产仍然面临信用风险问题，因此企业须按照本准则第四十条披露相关信息。

2. 以公允价值计量的金融负债的披露

企业将某项金融负债指定为以公允价值计量且其变动计入当期损益的，应当按本准则第四十一条或第四十二条的规定披露。第四十一条针对的是因自身信用风险变动引起的公允价值变动计入其他综合收益的金融负债；第四十二条针对的是根据金融工具确认计量准则第六十八条第二款将全部利得和损失（包括自身信用风险变动引起的部分）计入当期损益的金融负债。由于前者涉及其他综合收益在负债终止确认时转入留存收益的情形，因此相比后者多一项披露要求。

3. 金融资产和金融负债互抵协议的影响

为使财务报表使用者了解企业所签订的总互抵协议对企业财务状况的影响，企业需要披露总互抵协议（或类似协议）下的金融资产和金融负债的总额、已抵销金额、列示净额、潜在可能抵销金额以及扣除已抵销和潜在可能抵销金额后的净额。上述 5 项金额分别对应本准则第四十七条第一款第（一）至（五）项要求。

企业应注意以下几点：

（1）本准则第四十七条所指的"类似协议"，包括所有可能导致金融资产和金融负债相抵销的协议，例如衍生工具清算协议、总回购协议、证券借贷总协议以及与财务担保物相关的协议等。总互抵协议或类似协议下的已确认金融工具，可能包括衍生工具、买入返售、卖出回购和证券借贷协议等。不属于第四十七条范围的金融工具包括同一机构内的贷款或客户存款（除非其在资产负债表中予以抵销）和仅作为抵押担保协议项下的金融工具等。

（2）本准则第四十七条（二）要求披露按本准则第二十八条规定抵销的金额。在同一安排下予以抵销的已确认金融资产和已确认金融负债的金额将同时在金融资产和金融负债抵销的披露中反映。但是，所披露的金额仅限于予以抵销的金额。例如，企业可能拥有满足第二十八条抵销条件的已确认衍生金融资产和已确认衍生金融负债，如果衍生金融资产的总额大于衍生金融负债的总额，则在金融资产的披露和金融负债的披露中的可予以抵销的金额都应当是衍生金融负债的总额。

（3）如果企业拥有属于本准则第四十七条所要求披露的工具，但该工具不满足第二十八条规定的抵销条件，则该工具根据第四十七条（三）要求披露的金额等于（一）要求披露的金额。同时，（三）披露的金额与资产负债表中的单列项目金额应可以钩稽对应。如果企业确定将单列项目金额予以合并或分解可提供更相关的信息，则必须将披露的已合并或分解金额与资产负债表中的单列项目金额相钩稽。

（4）本准则第四十七条（四）2 要求企业披露收到或抵押出的作为财务担保物的金融工具的公允价值，披露的金额应当为实际收到或抵押出的担保物公允价值，而不是因返还或收回担保物而确认的应付款项或应收款项的公允价值。

对于单项金融工具，其潜在可能抵销的金额不可能超过列示净额。因此对于每一项金融工具，本准则第四十七条（四）披露的总额不能超过（三）披露的金额。因此，如果一项金融工具既存在不满足抵销条件的情况（将来可能满足抵销条件，如因一方发生违约而触发），也存在担保的情况，且两者涉及的金额之和大于当前列示净额，则企业应当调低担保相关金额，使得该工具的潜在可能抵销金额不超过列示净额。

（5）企业应当披露与本准则第四十七条（四）中所述的可执行的总互抵协议或类似协议下相关的抵销权利的信息，以及对权利性质的描述。例如，企业应当描述其附带条件的抵销权利。对于当前不符合本准则抵销要求的金融工具，企业应当描述其不符合要求的原因。对于所有收到或抵押出的财务担保物，企业应当披露抵押担保协议的相关条款（例如担保物受到限制的情形）。

（6）根据本准则第四十七条（一）至（五）所进行的定量披露，可以分别按金融工具或交易的类型（例如，衍生工具、回购和逆回购协议或证券借贷安排）提供。企业也可以按金融工具或交易的类型提供（一）至（三）所要求的信息，按交易对手提供（三）至（五）所要求的信息。如果企业按交易对手提供要求披露的信息，无需列明交易对手的具体名称。为保持可比性，各年度内对交易对手的指定应当保持一致。企业还应当考虑提供有关交易对手的进一步定性信息。在按交易对手披露（三）至（五）所要求的有关金额时，相对于所有交易对手而言单项重要的金额应当单独披露，其余单项不重要的金额可以汇总为一个单列项目披露。

（7）为满足财务报表使用者评估净额结算安排对企业财务状况现实及潜在影响的需要，除按照本准则第四十七条要求披露金融资产和金融负债抵销相关信息之外，企业还应根据总互抵协议或类似协议的条款提供其他补充信息，如抵销权的条款及其性质等信息。此外，根据本准则第四十七条披露的金融工具可能遵循不同的计量要求（例如，与回购协议相关的应付款项以摊余成本计量，而衍生工具以公允价值计量），因此企业应当披露计量差异的情况。

（三）利润表中的列示及相关披露

本准则第五十五条对利润表中的列示及相关披露作出了规范，有关说明如下：

1. 企业至少应当按金融工具的不同计量基础分别披露利得或损失。由于金融工具按不同计量基础分类计量，这一披露要求有助于财务报表使用者更好地理解企业金融工具的经营成果。

2. 企业应披露的利息收入或利息费用为：按实际利率法计算的金融资产或金融负债产生的利息收入或利息费用总额。

3. 企业应分别披露下列手续费收入或支出：

（1）金融资产和金融负债（不含以公允价值计量且其变动计入当期损益的金融资产和金融负债）产生的直接计入当期损益（即在确定实际利率时未包括）的手续费收入或支出；

（2）企业通过信托和其他托管活动代他人持有资产或进行投资而形成的，直接计入当期损益的手续费收入或支出。

对应上述（1）所要求的披露范围取决于企业的业务性质。例如，对于银行发放信用卡的业务，手续费可能包括信用卡的年费收入、处理借贷交易的商户服务佣金、透支手续费等。

（四）套期会计相关披露

套期活动属于企业风险管理活动，在符合套期会计应用条件的前提下，企业可以选择应用套期会计。企业应当按照《企业会计准则第24号——套期会计》（以下简称"套期会计准则"）的规定对符合条件并选择应用套期会计的套期活动，分别按公允价值套期、现金流量套期及境外经营净投资套期三种类型进行会计处理，同时按照本准则第五十七条至第七十条规定进行披露，以便财务报表使用者理解企业套期关系的性质和这些套期关系对企业当期及未来期间经营成果的影响。

企业应当按照风险类型披露相关定量信息，从而有助于财务报表使用者评价套期工具的条款和条件及这些条款和条件如何影响企业未来现金流量的金额、时间和不确定性。这些要求披露的明细信息应当包括：

1. 套期工具名义金额的时间分布。
2. 套期工具的平均价格或利率（如适用）。

对于公允价值套期，企业应当以表格形式、按风险类型分别披露与被套期项目相关的下列金额：

1. 资产负债表中已确认的被套期项目账面价值，资产项目和负债项目应分别列示；
2. 已确认的被套期项目账面价值中所包含的被套期项目累计公允价值套期调整，资产项目和负债项目应分别列示；
3. 被套期项目所属的资产负债表项目（即被套期项目在资产负债表中列示在哪个项目下，如"存货""应付债券""其他流动资产"）；
4. 本期用作确认套期无效部分基础的被套期项目价值变动；
5. 对于以摊余成本计量的金融工具作为被套期项目的情况，企业应当根据套期会计准则第二十三条要求对被套期项目价值调整进行摊销。若套期关系先于被套期项目终止（例如由于企业风险管理政策变化），则未摊销的价值调整还将保留在资产负债表中直至摊销完。该情况下，企业应当披露保留在资产负债表中的公允价值套期累计调整额。

对于现金流量套期和境外经营净投资套期，企业应当以表格形式、按风险类型分别披露与被套期项目相关的下列金额：

1. 本期用作确认套期无效部分基础的被套期项目价值变动；
2. 根据套期会计准则第二十四条的规定继续按照套期会计处理的现金流量套期储备的余额；
3. 根据套期会计准则第二十七条的规定继续按照套期会计处理的境外经营净投资套期计入其他综合收益的余额；
4. 不再适用套期会计的套期关系所导致的现金流量套期储备和境外经营净投资套期中计入其他综合收益的利得和损失的余额。

企业可以按照表1披露此类信息。

表 1

2×18 年 12 月 31 日　　　　　　　　　　　　　单位：万元

	被套期项目的账面价值		被套期项目公允价值套期调整的累计金额（计入被套期项目的账面价值）		包含被套期项目的资产负债表列示项目	2×18 年用作确认套期无效部分基础的被套期项目公允价值变动	现金流量套期储备
	资产	负债	资产	负债			
现金流量套期							
商品价格风险 ——预期销售 ——终止的套期（预期销售）	不适用 不适用	不适用 不适用	不适用 不适用	不适用 不适用	不适用 不适用	×× 不适用	×× ××
公允价值套期							
利率风险 ——应付债券 ——终止的套期（应付债券）	— —	×× ××	— —	×× ××	应付债券 应付债券	×× 不适用	不适用 不适用
外汇风险 ——确定承诺	××	××	××	××	其他流动资产	××	不适用

对于每类套期类型，企业应当按照本准则第六十六条的规定以表格形式、按风险类型分别披露与套期工具相关金额。企业可以按照表2披露此类信息。

表2

2×18年12月31日　　　　　　　　　　　　　　单位：万元

	套期工具的名义金额	套期工具的账面价值		包含被套期项目的资产负债表列示项目	2×18年用作确认套期无效部分基础的被套期项目公允价值变动
		资产	负债		
现金流量套期					
商品价格风险 ——远期销售合同	××	××	××	衍生金融资产/负债	××
公允价值套期					
利率风险 ——利率互换合同	××	××	××	衍生金融资产/负债	××
外汇风险 ——外币贷款	××	××	××	衍生金融资产/负债	××

对于每类套期类型，企业应当按照本准则第六十七条、第六十八条的规定，以表格形式、按风险类型分别披露因采用套期会计所影响的利润表的相关金额。企业可以按照表3和表4披露此类信息。

表3

单位：万元

公允价值套期	计入当期损益的套期无效部分	计入其他综合收益的套期无效部分	计入当期损益的利润表列示项目（包括套期无效部分）
利率风险	××	不适用	公允价值变动收益
权益价格风险	××	××	公允价值变动收益

表4

单位：万元

现金流量套期	计入其他综合收益的套期工具的公允价值	计入当期损益的套期无效部分	包含已确认的套期无效部分的利润表列示项目	从现金流量套期储备重分类至当期损益的金额	包含重分类调整的利润表列示项目
商品价格风险 ——商品 ——终止的套期	×× 不适用	×× 不适用	公允价值变动收益 不适用	×× ××	营业成本 营业成本

企业因使用信用衍生工具管理金融工具的信用风险敞口而将金融工具（或其一定比例）指定为以公允价值计量且其变动计入当期损益的，应当按照本准则第七十条的规定进行披露。对于用于管理根据套期会计准则第三十四条的规定被指定为以公允价值计量且其变动计入当期损益的金融工具信用风险敞口的信用衍生工具，企业应当披露每一项工具的名义金额以及当期期初和期末公允价值的调节表。企业可以按照表5披露此类信息。

表5

单位：万元

信用衍生工具	名义金额	期初公允价值	本期公允价值变动	除公允价值变动外的影响		期末公允价值
				本期增加	本期减少	
信用衍生工具A						
信用衍生工具B						
……						

（五）公允价值披露

1. 公允价值与账面价值的比较

除了本准则第七十三条规定情况外，企业应当披露每一类金融资产和金融负债的公允价值，并与账面价值进行比较，无论其是否按公允价值计量。此处的披露类别应当与在资产负债表中列示的类别相一致。对于在资产负债表中相互抵销的金融资产和金融负债，其公允价值应当以抵销后的金额披露。

2. 金融资产或金融负债初始确认时交易价格与公允价值差异产生利得或损失的信息披露

根据金融工具确认计量准则第三十四条第（二）项，金融资产或金融负债初始确认的公允价值与交易价格存在差异时，如果其公允价值并非基于相同资产或负债在活跃市场中的报价，也非基于仅使用可观察市场数据的估值技术，企业在初始确认金融资产或金融负债时不应将该差异确认为利得或损失，而应当将其递延，在后续期间根据相关因素的变动确认利得或损失。

在此情况下，企业应当按金融资产或金融负债的类型披露相关信息，这些信息包括：初始确认后续期间在损益中确认交易价格与初始确认的公允价值之间差额时所采用的会计政策，以反映市场参与者对资产或负债进行定价时所考虑的因素（包括时间因素）的变动；该项差异期初和期末尚未在损益中确认的金额和本期变动额；认定交易价格并非公允价值的最佳证据，以及确定公允价值的证据。

3. 金融工具公允价值信息披露的豁免

本准则第七十三条提供了对金融工具公允价值披露的有限豁免，包括：账面价值与公允价值差异很小的金融资产或金融负债（如短期应收、应付账款）；包含相机分红特征且其公允价值无法可靠计量的合同；租赁负债。针对包含相机分红特征且其公允价值无法可靠计量的合同，企业需要披露额外信息以帮助财务报表使用者判断其账面价值和公允价值之间的可能差异：

（1）对金融工具的描述及其账面价值，以及因公允价值无法可靠计量而未披露其公允价值的事实和说明。

（2）金融工具的相关市场信息。

(3)企业是否有意图处置及如何处置这些金融工具。
(4)之前公允价值无法可靠计量的金融工具终止确认的,应当披露终止确认的事实,终止确认时该金融工具的账面价值和所确认的利得或损失金额。

十、与金融工具相关的风险披露

(一)定性和定量信息

1. 定性信息

提供定性披露有助于财务报表使用者将相关披露联系起来,从而了解金融工具所产生风险的性质和程度的全貌。定性披露和定量披露的相互补充使企业披露的信息能够更好地帮助财务报表使用者评估企业所面临的风险敞口。

本准则规定,对金融工具产生的各类风险,企业应当披露下列定性信息:

(1)风险敞口及其形成原因。
(2)风险管理目标、政策和程序。
①企业风险管理的目标和风险偏好设定。
②企业风险管理的组织架构。
③风险识别、评价、规避和报告流程。
④企业的风险报告或计量系统的范围和性质。
⑤企业对风险进行套期或降低风险的政策,包括接受担保物的政策和程序。
⑥企业对这种套期或降低风险的方法的持续有效性进行监控的流程。
⑦企业避免风险过度集中的政策和程序。
(3)计量风险的方法。

企业应当披露定性信息与前期相比的所有变化。这些变化可能是企业面临的风险敞口改变或企业管理风险敞口的方式改变。披露这些信息有助于财务报表使用者了解这些变化对未来现金流量的性质、时间和不确定性的影响。

2. 定量信息

对金融工具产生的各类风险,企业应当按类别披露期末风险敞口的汇总数据。该数据应当以向内部关键管理人员提供的相关信息为基础。企业运用多种方法管理风险的,披露的信息应当以最相关和可靠的方法为基础。根据《企业会计准则第36号——关联方披露》,关键管理人员是指有权力并负责计划、指挥和控制企业活动的人员。

除上述基于向关键管理人员提供的信息披露的数据外,本准则还要求企业按照本准则的具体要求披露有关信用风险、流动性风险和市场风险的信息。

企业可以按总额和已扣除风险转移或其他分散风险交易后的净额进行披露。由于这些信息强调金融工具之间的联系,有助于财务报表使用者了解这些联系如何影响企业未来现金流量的性质、时间和不确定性。

企业还应当披露期末风险集中度信息。风险集中度来自具有相似特征并且受相似经济或其他条件变化影响的金融工具。识别风险集中度需要运用判断并应考虑企业的具体情况。风险集中度的披露可能包括:

(1)管理层确定风险集中度的说明
(2)管理层确定风险集中度的参考因素(例如交易对手的信用评级、地理区域、货币种类、市场类型和所处的行业)。
(3)各风险集中度相关的风险敞口金额。

(二)信用风险披露

信用风险,是指金融工具的一方不履行义务,造成另一方发生财务损失的风险。

本准则对信用风险披露要求的结构如下：

信用风险披露的总体要求（第七十九条），包括：

1. 定性披露

    1.1　信用风险管理实务（第八十一条），主要包括：

        1.1.1　信用风险的评价方法

        1.1.2　对违约的界定

        1.1.3　对已发生减值的判定

    1.2　预期信用损失相关会计政策、估计和判断（第八十二条），主要包括：

        1.2.1　确定信用风险、预期信用损失、实际减值的方法、假设和参数

        1.2.2　计算预期信用损失时对前瞻性信息（如经济预测信息）的使用

        1.2.3　上述方法、假设的变动

2. 预期信用损失金额相关信息

    2.1　预期信用损失金额本期变动（期初期末余额调节表）（第八十三条）

    2.2　计提预期信用损失的金融工具的账面余额本期变动（第八十四条，作为对第八十三条披露内容的补充）

    2.3　合同现金流量修改对预期信用损失的影响（第八十五条）

    2.4　担保物和其他信用增级对预期信用损失的影响（第八十六条），主要包括：

        2.4.1　企业总信用风险敞口（不考虑信用增级）

        2.4.2　信用增级的情况

        2.4.3　信用增级降低信用损失的量化信息

3. 信用风险敞口相关信息

    3.1　不同信用等级资产的风险敞口、不同信用等级上的风险集中度（第八十七条）

    3.2　不适用本准则减值规定的金融工具信用风险敞口（第十八条）

4. 其他有用信息

    通过信用增级所确认资产（如担保物）相关信息（第八十九条）

下面对部分披露要求进行说明：

1. 信用风险管理实务

企业应当披露与信用风险管理实务有关的下列信息：

（1）企业评估信用风险自初始确认后是否已显著增加的方法，以及下列信息：①根据金融工具确认计量准则第五十五条的规定，在资产负债表日只具有较低的信用风险的金融工具及其确定依据（包括适用该情况的金融工具类别）；②逾期超过30日，而信用风险自初始确认后未被认定为显著增加的金融资产及其确定依据。

（2）企业对违约的界定及其原因。企业披露内容可包括：①在定义违约时所考虑的定性和定量因素；②是否针对不同类型的金融工具应用不同的定义；③在金融资产发生违约后，关于"恢复率"（即恢复到正常状态的金融资产的数量）的假设。

（3）以组合为基础评估预期信用风险的金融工具的组合方法。

（4）确定金融资产已发生信用减值的依据。

（5）企业直接减记金融工具的政策，包括没有合理预期金融资产可以收回的迹象和已经直接减记但仍受执行活动影响的金融资产相关政策的信息。

（6）根据金融工具确认计量准则第五十六条的规定评估合同现金流量修改后金融资产的信用风险的，企业应当披露其信用风险的评估方法以及下列信息：①对于损失准备为整个存续期预期信用损失的金融资产，在发生合同现金流修改时，评估信用风险是否已下降，从而企业可以按照该金融资产未来12个月内预期信用损失金额确认计量其损失准备的

《企业会计准则第 37 号——金融工具列报》应用指南

情况；②对于上述金融资产，企业应当披露其如何监控后续该金融资产的信用风险是否显著增加，从而按照整个存续期预期信用损失的金额重新计量损失准备。

实务中，对于不同的产品或组合，信用风险显著增加的标准可能不同。在这种情况下，应根据实际情况进行披露。

另外，根据财务报表列报准则第三十九条规定，企业应当披露采用的重要会计政策和会计估计，并结合企业的具体实际披露其重要会计政策的确定依据和财务报表项目的计量基础，及其会计估计所采用的关键假设和不确定因素。考虑到金融工具从 12 个月预期信用损失转为整个存续期预期信用损失对于减值结果的潜在影响重大，如何定义信用风险显著增加在整个预期信用损失估计中是一个尤其重要的部分。因此，企业应按照财务报表列报准则的要求作出适当的披露。披露的性质取决于企业确定信用风险显著增加时采用的具体方法。对各种类型的组合产生的不同影响，需要不同程度的披露。

2. 输入值、假设和估值技术

企业应当披露金融工具确认计量准则第八章有关金融工具减值所采用的输入值、假设和估值技术等相关信息，具体包括：

（1）用于确定下列各事项或数据的输入值、假设和估计技术：①金融工具的信用风险自初始确认后是否已显著增加；②未来 12 个月内预期信用损失和整个存续期的预期信用损失的计量；③金融资产是否已发生信用减值。

（2）确定预期信用损失时如何考虑前瞻性信息，包括宏观经济信息的使用。

（3）报告期估计技术或重大假设的变更及其原因。企业用于确定信用风险自初始确认后增加程度或衡量金融工具预期信用损失的假设和输入值，可能包括从企业内部历史信息或外部评级报告获得的信息以及关于金融工具的预期寿命和出售抵押品的时间的假设。

在实务中，企业须根据实际情况为每一个重大资产组合确定情景的数量和具体内容。

另外，根据财务报表列报准则第三十九条的规定，企业应当披露采用的重要会计政策和会计估计，并结合企业的具体实际披露其重要会计政策的确定依据和财务报表项目的计量基础，及其会计估计所采用的关键假设和不确定因素。因此，企业应考虑披露影响预期信用损失准备的重要假设及其敏感性分析。

企业应当分析自身实际情况，确定相关参数进行敏感性分析。尤其应当注意的是，企业可能需要分析预期信用损失对各项经济情景权重变动的敏感性。

此外，企业还应当考虑该披露的详细程度是否适宜，并可以根据不同组合的特点以及预期信用损失计算中各因素的影响程度来调整披露的详细程度。

3. 损失准备期初余额与期末余额的调节表

企业应当以表格形式按金融工具的类别编制损失准备期初余额与期末余额的调节表，分别说明下列项目的变动情况：

（1）按相当于未来 12 个月预期信用损失的金额计量的损失准备。

（2）按相当于整个存续期预期信用损失的金额计量的下列各项的损失准备：①自初始确认后信用风险已显著增加但并未发生信用减值的金融工具；②对于资产负债表日已发生信用减值但并非购买或源生的已发生信用减值的金融资产；③根据金融工具确认计量准则第六十三条的规定计量减值损失准备的应收账款、合同资产和租赁应收款。

（3）购买或源生的已发生信用减值的金融资产的变动。除调节表外，企业还应当披露本期初始确认的该类金融资产在初始确认时未折现的预期信用损失总额。

4. 金融工具账面余额变动情况

为帮助财务报表使用者了解企业按照本准则第八十三条规定披露的损失准备变动信息，企业应当对本期发生损失准备变动的金融工具账面余额显著变动情况作出说明。这些说明信息应当包括定性和定量信息，并应当对按照本准则第八十三条规定披露损失准备的各项目分别单独披露，具体可包括下列情况下发生损失准备变动的金融工具账面余额显著变动信息：

（1）本期因购买或源生的金融工具所导致的变动。

（2）未导致终止确认的金融资产的合同现金流量修改所导致的变动。

（3）本期终止确认的金融工具（包括直接减记的金融工具）所导致的变动。对于当期已直接减记但仍受催收活动影响的金融资产，还应当披露尚未结算的合同金额。

（4）因金融资产在"未来12个月预期信用损失"和"整个存续期内预期信用损失"两个类别之间转换而导致的在每个类别内的账面余额变动。

5.未导致终止确认的金融资产合同现金流量修改

为有助于财务报表使用者了解未导致终止确认的金融资产合同现金流量修改的性质和影响，及其对预期信用损失计量的影响，企业应当披露下列信息：①企业在本期修改了金融资产合同现金流量，且修改前损失准备是按整个存续期预期信用损失金额计量的，应当披露修改或重新议定合同前的摊余成本及修改合同现金流量的净利得或净损失；②对于之前按照整个存续期内预期信用损失的金额计量了损失准备的金融资产，而当期按照相当于未来12个月内预期信用损失的金额计量该金融资产的损失准备的，应当披露该金融资产在资产负债表日的账面余额。

6.担保物或其他信用增级

为有助于财务报表使用者了解担保物或其他信用增级对预期信用损失金额的影响，对于适用金融工具确认计量准则减值规定的金融工具，企业应当按照金融工具的类别，遵循本准则第八十六条的规定披露下列信息：

（1）在不考虑可利用的担保物或其他信用增级的情况下，企业在资产负债表日的最大信用风险敞口。

（2）作为抵押持有的担保物和其他信用增级的描述，包括：

①所持有担保物的性质和质量的描述；

②本期由于对方信用恶化或担保政策变更，导致担保物或信用增级的质量发生显著变化的说明；

③由于存在担保物而未确认损失准备的金融工具的信息。

（3）企业在资产负债表日持有的担保物和其他信用增级为已发生信用减值的金融资产作抵押的定量信息（例如，对担保物和其他信用增级降低信用风险程度的量化信息）。

企业既无须披露关于担保物和其他信用增级公允价值的信息，也无须对预期信用损失计算中包含的担保物的价值准确地量化。

担保物和其他信用增级的描述可以包含以下信息：

①担保物和其他信用增级的主要类型；

②持有的担保物和其他信用增级的数量及其在损失准备方面的作用；

③评估和管理担保物和其他信用增级的政策和流程；

④担保物和其他信用增级交易对手的主要类型及其信用等级。

7.最大信用风险敞口

对于每一类别的金融工具，企业应当披露在不考虑可利用的担保物或其他信用增级的情况下，企业在资产负债表日的最大信用风险敞口的金额。金融工具的账面价值能代表最大信用风险敞口的，无需提供此项披露。最大信用风险敞口的来源也包括企业未在资产负债表中确认的金融工具（如不可撤销的贷款承诺、财务担保）的信用风险敞口。

产生信用风险的交易，以及相应的最大信用风险敞口的某些情况示例如下：

（1）向客户提供信用或在其他机构中存放款项，其最大信用风险敞口为相关金融资产的账面价值。

（2）签订衍生工具合同，例如外汇远期、利率互换以及信用衍生工具。对于以公允价值计量的衍生工具，企业在资产负债表日面临的最大信用风险敞口等于其账面价值。

（3）提供财务担保。已提供财务担保的最大信用风险敞口等于须履行担保时企业必须支付的最大金额（无论履行担保的可能性如何）。该金额可能显著大于已作为负债确认的金额。

（4）对于在融资额度提供期内不可撤销的或只有当重大不利变化出现时才可撤销的贷款承诺，如果该贷款承诺不能以现金或其他金融资产进行净额结算（例如，银行必须提供贷款全额，而不是仅向企业支付承诺利率和市场利率的差异），则其最大信用风险敞口是承诺的全部金额。这是因为任何未支取的金额在未来是否支取具有不确定性。因此，贷款承诺的最大信用风险敞口金额可能显著大于已确认的负债金额。

8. 重大信贷风险集中度

本准则第八十七条要求披露关于资产负债表日企业的信用风险敞口及重大信用风险集中度的信息。当一系列交易对手位于同一地理区域或从事类似活动且具有类似的经济特征，从而导致其履行合同义务的能力受到经济或其他状况变化的类似影响时，则存在信用风险集中。企业应当提供有关信息，以便财务报表使用者能够了解企业是否存在具有某种共同特征、对企业整体具有重大影响的金融工具组合（如同一地区、行业或发行人类型的金融资产）。

如果企业根据金融工具确认计量准则第四十八条，以组合为基础评估信用风险是否显著增加，则可能无法将确认整个存续期预期信用损失的单项金融资产的账面余额或者贷款承诺和财务担保合同的信用风险敞口分配至各个信用风险等级。在该情况下，企业应将本准则第八十七条要求应用于能够直接分配至某一信用风险等级的金融工具，并将在组合基础上计量整个存续期预期信用损失的金融工具的账面余额单独披露（即不分配至某一等级）。

按照本准则第八十七条所披露信息的风险等级，应与企业为内部信用风险管理目的而向关键管理人员内部报告时所使用的风险等级一致。但是，获取信用风险等级信息不可行或者成本过高，并且企业按照金融工具确认计量准则第五十三条规定采用逾期信息评估初始确认后信用风险是否显著增加时，企业应提供对这些金融资产基于逾期情况的分析。

9. 贷款承诺和财务担保合同

对于贷款承诺和财务担保合同，损失准备应确认为一项负债。企业应将关于金融资产损失准备变动的信息披露与关于贷款承诺和财务担保合同损失准备变动的信息披露区分开来。但是，如果一项金融工具同时包含贷款（即金融资产）和未使用的承诺（即贷款承诺）部分，则企业将无法把贷款承诺成分产生的预期信用损失与金融资产成分产生的预期信用损失单独区分开来。据此，贷款承诺的预期信用损失应与金融资产的损失准备一同确认。如果该两项预期信用损失的合计数超过金融资产的账面余额，则预期信用损失应当确认为一项准备（负债）。

（三）流动性风险披露

流动性风险，是指企业在履行以交付现金或其他金融资产的方式结算的义务时发生资金短缺的风险。

1. 到期期限分析

（1）总体要求。

本准则规定，企业应当披露金融负债按剩余到期期限进行的到期期限分析，以及管理这些金融负债流动性风险的方法：①对于非衍生金融负债（包括财务担保合同），到期期限分析应当基于合同剩余到期期限；②对于衍生金融负债，如果合同到期期限是理解现金流量时间分布的关键因素（如剩余期限为5年的利率互换），到期期限分析应当基于合同剩余到期期限。

对于包含嵌入衍生工具的混合金融工具，尽管应当按照金融工具确认计量准则确定是否需要将嵌入衍生工具进行分拆，但在披露上述到期期限分析时，应当将包含嵌入衍生工具的混合金融工具整体视为非衍生金融负债进行披露。

如果有关衍生金融负债合同到期日的信息对了解现金流量的时间分布并非至关重要，则无需披露其合同到期期限分析。例如，企业经常买卖衍生工具（如金融机构交易账户内的衍生金融负债），反映合同的到期日可能对了解现金流量的时间分布并非至关重要，因为衍生金融负债可能被转让（例如买入的期货合约在亏损状态下平仓），而不是在合同到期时通过支付或收取工具规定的合同现金流量结算。在这种情况下，企业仍须提供衍生金融负债的到期期限分析，但该分析可按另外的基础列报。例如，可以基于预计的交易日，或者基于企业预计将在资产负债表日后的短时间内进行处置时需要支付的账面价值（即公允价值），或者基于其在资产负债表日列报的公允价值。

（2）时间段的确定。

企业在披露到期期限分析时，应当运用职业判断划分适当的时间段。企业可以但不限于按下列时间段进行到期期限分析：①1个月以内（含本数，下同）；②3个月至3个月以内；③3个月至1年内；④1年至5年以内；⑤5年以上。

由于定量披露应基于企业向关键管理人员提供的信息，因此所披露的时间段应与内部报告的时间段相一致。某些企业可能需要采用比其他企业更多的时间段。但无论如何划分时间段，企业均应通过考虑其流动性需求的相应时间，来评价其流动性披露是否提供了有关流动性需求的充分信息。例如，企业可能有在1个月之内到期的重大支付义务，在这种情况下，将第一年内所有支付义务归总至一个时间段并不恰当。

债权人可以选择收回债权时间的，债务人应当将相应的金融负债列入债权人可以要求收回债权的最早时间段内。例如，对于银行来说，活期存款应包括在存款持有方可要求银行进行偿付的最早时间段内。对于期权来说，持有方可随时行使的美式签出期权应在持有方可行使该期权的最早时间段内披露，而持有方仅在到期日才可行使的欧式期权则应归入到期日所在的时间段。当交易对手对何时支付具有选择权时，流动性披露应当基于对企业来说"最坏"的情况，即交易对手可要求企业进行偿付的最早日期。例如，未使用的贷款承诺应归入可被要求支取的最早日期的时间段内。同样，相对于财务担保合同形成的金融负债，担保人应当将最大担保金额列入相关方可以要求支付的最早时间段内。金融工具如要求分期付款，债务人应当把每期将支付的款项列入相应的最早时段内。

如果企业发行被分类为金融负债的永续债务，企业应当考虑如将期限为永续的现金流量纳入到期期限分析。企业还应当通过额外披露说明在永续工具下负有永续支付利息现金流量的义务，并对该永续工具的关键条款（如利率和名义金额）进行描述，以便于财务报表使用者更好地了解企业的流动性风险敞口。

（3）披露金额的确定。

企业在披露金融负债到期期限分析时，应将按照本准则规定所披露的金额列入各时间段。列入各时间段内的金融负债金额，应当是未经折现的合同现金流量。例如，通过支付现金方式购买金融资产的远期协议中约定的价格、"付浮动一收固定"且以净现金结算的利率互换形成的净额、预付以总现金流量结算的衍生金融工具合同金额（如货币互换）、贷款承诺总额等。这些未折现的现金流量可能不同于资产负债表所列示的金额。

当应付金额不固定时，应当根据资产负债表日存在的情况确定披露的金额。如果应付金额随着指数的变化而变化，披露的金额可基于资产负债表日指数的水平来确定。

2. 流动性风险管理

本准则并不要求企业在所有情况下披露金融资产的到期期限分析。有关到期期限分析披露的要求仅适用于金融负债。但是，当企业将所持有的金融资产作为流动性风险管理的一部分（例如，根据企业的流动性需求持有一部分金融资产，这部分金融资产易于出售变现，以满足企业偿付金融负债现金流出的需求），且披露金融资产的到期期限分析使财务报表使用者能够恰当地评估企业流动性风险的性质和范围时，企业应当披露金融资产的到期期限分析。

企业在披露如何管理流动性风险时，也应披露可能考虑的其他因素。这些因素包括但不限于以下方面：企业是否拥有已承诺的贷款额度或其他授信额度；是否在中央银行有存款以备流动性之需；是否有多样化的资金来源；是否有资产或筹资来源方面的重大流动性集中情况；是否就管理流动性风险建立了内部控制程序和应急方案；是否有包含加速偿还（如在企业信用评级下降时）条款的工具；是否有协议约定必要时追加担保物（如为衍生交易追加保证金）；是否有协议约定允许企业选择以交付现金、其他金融资产或其自身权益工具来结算负债；是否约定交易结算遵循"总互抵协议"等。

（四）市场风险披露

金融工具的市场风险，是指金融工具的公允价值或未来现金流量因市场价格变动而发生波动的风险，包括汇率风险、利率风险和其他价格风险。

汇率风险，是指金融工具的公允价值或未来现金流量因外汇汇率变动而发生波动的风险。汇率风险可源于以记账本位币之外的外币进行计价的金融工具。

利率风险，是指金融工具的公允价值或未来现金流量因市场利率变动而发生波动的风险。利率风险可源于已确认的计息金融工具和未确认的金融工具（如某些贷款承诺）。

其他价格风险，是指汇率风险和利率风险以外的市场价格变动而发生波动的风险，无论这些变动是由与单项金融工具或其发行方有关的因素引起的，还是由与市场内交易的所有类似金融工具有关的因素引起的。其他价格风险可源于商品价格、股票市场指数、权益工具价格以及其他风险变量的变化。

编制市场风险敏感性分析的披露信息可以遵循下列步骤。

1. 识别风险来源

需要识别企业面临的所有市场风险，包括汇率风险、利率风险和其他价格风险。

2. 确定资产负债表日的风险敞口及其影响

本准则要求识别在资产负债表日其公允价值或现金流量受风险因素变化影响的所有金融工具。对于在资产负债表日已确认的金融工具，如果其现金流量根据合同规定与某一变量相连结，或者其公允价值取决于某一变量，且该变量的变化会影响损益或所有者权益的，企业应将该已确认金融工具纳入敏感性分析。

某些金融工具既不影响损益也不影响所有者权益。例如，以企业记账本位币计价、以摊余成本计量的固定利率债务工具，该工具相关利率的变动不会影响损益或所有者权益。又如，根据本准则的规定分类为权益工具的金融工具发行方不再重新计量，既不会影响损益也不会影响所有者权益。这些金融工具无需纳入敏感性分析。

3. 确定相关风险变量的合理可能变动

企业确定何为相关风险变量的合理可能变动，应考虑企业经营所处的经济环境以及进行评估的时间段。在某一环境下相关风险变量的合理可能变动可能不同于在另一环境下的变动。企业须判断变动的合理范围，且合理可能变动不应包括罕见的"最坏的情况"或"压力测试"。对于相关风险变量的合理可能变动，企业应以本次披至下一次披露（通常是下一个年度资产负债表日）的期间为时间框架进行评估。

由于合理可能变动的范围较广，因此企业无须披露该范围内的每一变动，仅披露在合理可能变动范围上下限内的变动的影响即可。

4. 确定披露中的适当汇总水平

企业应汇总敏感性分析的结果以在更大程度上反映企业对市场风险的整体敏感性，但不应将来自重大不同经济环境的风险敞口的不同特征的信息汇总。例如，对面临恶性通货膨胀地区和低通货膨胀地区的市场风险敞口，企业应当分地区进行敏感性分析。对具有重大汇率风险敞口的每一种货币，应当分币种进行敏感性分析。

企业应当提供整个企业业务的敏感性分析，但是对不同类型的金融工具应当提供不同类型的敏感性分析。例如，以本币计价的金融工具和以外币计价的金融工具由于面对的风险敞口不同，应当分别进行敏感性分析。

企业可以根据内部管理风险的方式对业务的不同部分提供不同类型的敏感性分析。例如，一家金融机构可能包括零售银行分部和投资银行分部，并在投资银行分部使用风险价值分析（VaR）进行内部风险管理。企业可以选择对零售银行分部提供传统敏感性分析，对投资银行分部提供风险价值分析。但是，在这种情况下，企业需要审慎考虑如何处理这两个分部之间的交易和风险敞口，以避免披露产生误导。

5. 计算和列报敏感性分析

企业应披露，假设相关风险变量的合理可能变动应用于资产负债表日的风险敞口时，这些变动对损益和所有者权益的影响。企业无须确定在相关风险变量的所有假设情况下对当期损益和所有者权益的影响金额。但是，企业应当就资产负债表日存在的风险敞口，披露如果相关风险变量在该日发生了合理可能变动而对损益和所有者权益的影响。例如，如果年末企业有一项浮动利率债务，企业应当假定利率在合理可能的范围内变动，并披露其对当期损益（即利息费用）的影响。

企业可以对损益以及所有者权益中的不同项目分别披露敏感性分析。企业也可针对对其具有重大利率风险敞口的每种货币分别披露利率风险的敏感性分析。损益的敏感性分析应与所有者权益的敏感性分析分开披露。

6. 提供额外披露

本准则第九十七条规定，按照第九十五条或第九十六条对敏感性分析的披露不能反映金融工具市场风险的（例如，期末的风险敞口不能反映当期的风险状况），企业应当披露这一事实及其原因。例如：

（1）金融工具包含了其影响不能由敏感性分析明显反映出来的条款和条件（如金融工具的价值不仅由敏感性分析所选风险变量决定，还由其他变量决定）。在这种情况下，额外的披露可能包括金融工具的条款和条件、期权被行权后对损益的影响以及企业如何对风险进行管理。

（2）金融资产的流动性低，在交易量少或缺少交易对手的情况下，所计算的损益变动很难实现。在这种情况下，额外的披露可能包括金融资产缺乏流动性的原因以及企业如何对风险进行管理。

（3）企业对某项资产持有量大，可按照市场报价的折价或溢价进行出售。在这种情况下，额外的披露可能包括证券的性质、持有比例、对损益的影响以及企业如何对风险进行管理。

十一、金融资产转移披露

（一）披露范围

出于不同的目标，本准则中有关金融资产转移的披露中涉及的"金融资产转移"和"继续涉入"的概念不同于金融资产转移准则中的概念。

1. 金融资产转移

本准则所述的"金融资产转移"包含两种情形：①企业将收取金融资产现金流量的合同权利转移给另一方；②企业保留了收取金融资产现金流量的合同权利，并承担将收取的现金流量支付给一个或多个收款方的合同义务。这种情形通常被称为"过手协议"。

金融资产转移准则第六条中定义的"金融资产转移"也包含两种情形：第一种情形与本准则中的要求一致，但是对于第二种情形，还要求该"过手协议"若作为金融资产转移处理，必须同时满足该条第（二）项规定的三个条件。

可以看出，本准则对于"金融资产转移"的定义比金融资产转移准则更为宽泛。对于未满足三个条件的"过手协议"，尽管不是金融资产转移准则定义的"金融资产转移"，但属于本准则定义的金融资产转移，需进行相应的披露。这是因为金融资产转移准则规范的是终止确认问题，要防止形式上被转移而实质上未转移的资产出表；而本准则规范的是披露问题，要通过充分的披露让报表使用者了解转移（包括形式上的转移）的金融资产和确认的相关负债的关系。

2. 继续涉入

本准则所述的"继续涉入"，是指企业保留了已转移金融资产中内在的合同权利或义务，或者取得了与已转移金融资产相关的新合同权利或义务。常规声明和保证、以公允价值回购已转移金融资产的合同，以及同时满足金融资产转移准则中三个条件的"过手协议"不构成继续涉入。常规声明和保证是指企业为避免转让无效而作出的陈述，包括转移的真实性以及合理、诚信和公平交易等原则方面的陈述。例如，企业在合同中承诺：其向资产接收方提供的资料、单据及信息是有效、真实、准确且完整的，没有遗漏任何重要信息。

而在金融资产转移准则中，对于既没有转移也没有保留金融资产所有权上几乎所有的风险和报酬，且保留了对该金融资产控制的情形，属于该准则所指的"继续涉入"。

本准则定义的"继续涉入"情形（企业保留了已转移金融资产中内在的合同权利或义务，或者取得了与已转移金融资产相关的新合同权利或义务）在金融资产转移准则中可能被认定为转移了金融资产所有权上几乎所有风险和报酬、保留了几乎所有风险和报酬、既没有转移也没有保留几乎所有风险和报酬三种情况。而只有第三种情况才有可能符合该准则的"继续涉入"定义。因此本准则定义的"继续涉入"也比金融资产转移准则的定义更为宽泛。这是因为本准则的目的是让报表使用者了解企业保留的风险敞口。企业只要保留了已转移金融资产中内在的合同权利或义务，或者取得了与已转移金融资产相关的新合同权利或义务，就可能有风险敞口。

本准则所述的"继续涉入"是以企业自身财务报告为基础进行考虑的。例如，子公司向非关联的第三方转让一项金融资产而其母公司对该金融资产存在继续涉入，则子公司在自身财务报表中确定是否继续涉入已转移金融资产时，不应当考虑母公司的涉入；母公司在合并财务报表中确定是否继续涉入已转移金融资产时，应当考虑自身以及集团其他成员对子公司已转移金融资产的继续涉入情况。"继续涉入"可能是源自转出方与转入方签订的转让协议，也可能是源于与第三方单独签订的与转让相关的协议。但是，如果企业对已转移金融资产的未来业绩不享有任何利益，也不承担与已转移金融资产相关的任何未来支付义务，则不形成继续涉入。

企业，尤其是金融机构，在金融资产转移中，往往还会就被转移金融资产提供相应的服务，收取一定的服务费。在这种情况下，企业应当分析该服务合同是否构成本准则定义的继续涉入。例如银行转让贷款后因提供后续贷款回收及转付服务而收取服务费的情形。如果该服务费的收取金额是以贷款实际回收和转付的金额为依据计算，则该项新的合同权利与已转移贷款相关，构成继续涉入。如果服务费的收取与是否成功回收和转付贷款以及回收和转付的金额和时间无关，则该项新的合同权利与已转移贷款无关，不构成继续涉入。

从本准则关于"金融资产转移"和"继续涉入"的定义，以及金融资产转移准则关于金融资产终止确认的条件可以看出，尚在资产负债表中的金融资产可能因为转移而引起负债，而已经终止确认的金融资产可能因为继续涉入而引起风险敞口。对这两种情形，企业都需要提供相关信息帮助报表使用者判定其影响。

（二）已转移但未整体终止确认的金融资产的披露

本准则第一百零一条对已转移但未整体终止确认的金融资产的披露要求进行了规范。

该条第（四）项所说的"交易对手仅对已转移资产有追索权"，是指交易对手仅能对该资产所产生的现金流向企业（转移方）进行追索，而不能对企业其他资产提出权利主张，即"有限追索权"的概念。有限追索权相关资产和负债的公允价值的差额（净头寸），代表着企业在该资产转移后仍保留的经济利益。

关于该条第（四）项和第（五）项的披露要求，企业可以参考表6进行披露。

表6

单位：万元

	以公允价值计量且其变动计入当期损益的金融资产		以摊余成本计量的金融资产		以公允价值计量且其变动计入其他综合收益的金融资产
	交易性金融资产	衍生工具	抵押贷款	消费贷款	债权投资
已转移金融资产的账面价值	×	×	×	×	×
相关负债的账面价值	(×)	(×)	(×)	(×)	(×)
仅对已转移资产有追索权的交易：					
已转移金融资产的公允价值	×	×	×	×	×
相关负债的公允价值	(×)	(×)	(×)	(×)	(×)
净头寸	×	×	×	×	×

无论是金融资产整体转移，还是金融资产部分转移，只要不满足终止确认的条件，均应按照以上要求进行披露。金融资产部分转移，是指金融资产转移准则中第四条所规范的情形。例如，企业只转移了一项金融资产所产生现金流量的40%部分，则企业应该针对该40%部分的金融资产按照金融资产转移准则判断是否满足终止确认的条件。假设该40%部分的金融资产不满足终止确认的条件，因而未全部终止确认该部分金融资产，那么在这种情况下，这40%部分的金融资产需要按照本准则对于已转移但未整体终止确认的金融资产的披露要求进行相应的披露。如果该40%部分的金融资产满足终止确认的条件，可以被终止确认，则这40%部分的金融资产不需要按照本准则对于已转移但未整体终止确认的金融资产的披露要求进行相应的披露，但是要考虑企业是否继续涉入该部分已转移金融资产，并按照本准则对于已整体终止确认但转出方继续涉入已转移金融资产的披露要求进行披露。对于剩余的60%部

分的金融资产，无论是在以上哪种假设情况下，都不涉及金融资产的转移，因而也无需按照本准则进行披露。

（三）已整体终止确认但转出方继续涉入已转移金融资产的披露

在很多情况下，如果企业对于已转移的金融资产仍然继续涉入，则可能意味着该金融资产转移不满足终止确认的条件。但有时也存在尽管企业继续涉入已转移的金融资产，但是该金融资产仍满足整体终止确认条件的情况。例如，附带转入方持有重大价外看跌期权（或转出方持有重大价外看涨期权）的金融资产出售，由于期权为重大价外期权，致使到期时或到期前行权的可能性极小，可以认定企业已经转移了该项金融资产所有权上几乎所有的风险和报酬，应当终止确认这一金融资产。但是由于期权的存在形成了企业对该金融资产的继续涉入。

针对这一情况，在每个资产负债表日，企业应按照类别披露相关信息。各披露类别应当按照企业继续涉入面临的风险敞口类型进行划分。例如，企业可以按照金融工具类别，如担保或看涨期权等进行分类；也可以按照转让类型，如应收账款保理、资产证券化、融券业务等进行分类。企业对某项终止确认的金融资产存在多种继续涉入方式的，可按其中一类进行汇总披露。

本准则第一百零二条对整体终止确认但转出方继续涉入已转移金融资产的披露要求进行了规范。其第一款第（一）项至第（三）项的披露要求，企业可以参考表7和表8进行披露。

表7

单位：万元

继续涉入的类型	因继续涉入确认的资产和负债的账面价值			因继续涉入确认的资产和负债的公允价值		损失的最大风险敞口	回购已转移（已终止确认）资产需要的未折现现金流量
	以公允价值计量且期变动计入当期损益的金融资产	以公允价值计量且其变动计入其他综合收益的金融资产	以公允价值计量且其变动计入当期损益的金融负债	资产	负债		
签出的看跌期权			(×)		(×)	×	(×)
购入的看涨期权	×			×			(×)
融券业务		(×)		×	(×)	×	(×)
……							
合计	×		(×)	×	(×)	×	

表 8

单位：万元

继续涉入的类型	回购已转移金融资产需要支付的未折现现金流量						
	合计	继续涉入的到期期限					
		1个月之内	1～3个月	3～6个月	6个月至1年	1～3年	3～5年	5年以上
签出的看跌期权	×		×	×	×	×		
购入的看涨期权	×			×	×	×		×
融券业务	×	×	×					

企业按照本准则第一百零二条第一款第（三）项披露到期期限时，应当合理确定适当数量的时间段。

企业按照本准则第一百零二条第一款第（五）项披露相关的终止确认利得或损失时，应当披露利得或损失是否是由于该资产各组成部分（例如终止确认的部分和企业保留的部分）的公允价值和该资产整体的公允价值不同造成。如果是，企业还应披露该资产的公允价值计量是否包含可观察市场数据以外的重大输入值。

十二、衔接规定

自本准则执行日起，企业应当按照本准则的规定列报金融工具相关信息。企业比较财务报表列报的信息与本准则规定不一致的，不需要按照本准则的规定进行调整。

企业首次执行金融工具确认计量准则、金融资产转移准则和套期会计准则（本部分除特别指明外，以上准则均指 2017 修订版），应当披露下列内容：

1.企业应当在首次执行日，用表格形式对每一类别的金融资产和金融负债披露下列信息：

（1）执行金融工具确认计量准则之前存在的金融工具的原计量类别和账面价值；

（2）根据金融工具确认计量准则确定的新计量类别和账面价值；

（3）资产负债表中之前被指定为以公允价值计量且其变动计入当期损益但不再作出这一指定的所有金融资产和金融负债的金额，并分别根据该准则规定作出重分类，以及企业选择在首次执行日进行重分类两种情况进行披露。

对于上述的披露要求，企业可以参考以下披露表格（如表 9）所示。

表 9

单位：万元

金融资产类别	修订前的金融工具确认计量准则		修订后的金融工具确认计量准则	
	计量类别	账面价值	计量类别	账面价值
现金及存放中央银行款项	摊余成本（贷款和应收款项）		摊余成本	
存放同业	摊余成本（贷款和应收款项）		摊余成本	

《企业会计准则第37号——金融工具列报》应用指南

（续表）

金融资产类别	修订前的金融工具确认计量准则		修订后的金融工具确认计量准则	
	计量类别	账面价值	计量类别	账面价值
客户贷款及垫款	摊余成本（贷款和应收款项）		摊余成本	
			以公允价值计量且其变动计入当期损益（准则要求）	
交易性金融资产	以公允价值计量且其变动计入当期损益（交易性）		以公允价值计量且其变动计入当期损益（准则要求）	
套期衍生工具	以公允价值计量且其变动计入当期损益（套期工具）（注）		以公允价值计量且其变动计入当期损益（准则要求）（注）	
证券投资	以公允价值计量且其变动计入其他综合收益（可供出售类资产）		以公允价值计量且其变动计入其他综合收益	
	摊余成本（贷款和应收款项）		摊余成本	
	摊余成本（持有至到期）			
	以公允价值计量且其变动计入当期损益		以公允价值计量且其变动计入当期损益（指定）	
	以公允价值计量且其变动计入当期损益（嵌入衍生工具）		以公允价值计量且其变动计入当期损益（准则要求）	

注：指定为现金流量套期关系的衍生工具，公允价值变动的有效部分通过其他综合收益计入套期储备，无效部分计入当期损益。

2. 在包含首次执行日的报告期间内，企业应当披露下列定性信息：
（1）企业应用金融工具确认计量准则的规定对金融资产进行重分类的情况；
（2）金融资产或金融负债在首次执行日被指定或被取消指定为以公允价值计量且其变动计入当期损益的原因。

3. 对于首次执行金融工具确认计量准则的报告期间，企业应当披露金融工具确认计量准则的首次执行日金融资产和金融负债分类的变化，并分别列示：
（1）在重分类前计量类别下的账面价值变动；
（2）因采用金融工具确认计量准则而产生的计量变更所导致的账面价值变动。

4. 对于企业在首次执行金融工具确认计量准则的报告期间，因采用金融工具确认计量准则重分类为以摊余成本计量的金融资产或金融负债，或者将以公允价值计量且其变动计入当期损益的金融资产重分类为以公允价值计量且其变动计入其他综合收益的金融资产应当披露下列信息：
（1）金融资产或金融负债在报告期末的公允价值；
（2）若金融资产或金融负债未作出重分类，应在报告期内计入当期损益或其他综合收益的公允价值变动金额。

在企业首次执行金融工具确认计量准则的年度报告期间之后，无需提供本段所规定的披露。

5. 对于企业在首次执行金融工具确认计量准则的报告期间，因采用金融工具确认计量准则将以公允价值计量且其变动计入当期损益类别的金融资产和金融负债重分类为其他类别时，企业应当披露下列信息：

（1）在首次执行日确定的实际利率；

（2）已确认的利息收入或费用。

如果企业根据金融工具确认计量准则第八十条规定将金融资产或金融负债的公允价值作为首次执行日的新账面余额或新摊余成本，则应在直至终止确认之前（含终止确认时）的每一报告期间进行上述披露。

6. 企业在按照上述（三）至（五）进行披露时，一般无需重述前期报告。企业只有在仅根据重述期间所获取的信息就能重述前期报告的情况下（即重述不依赖于重述期间的后续期间所获取的信息），才可以重述。如果企业不进行重述，则应当将原账面价值和首次执行日所属的年度报告期间期初账面价值之间的差额确认为该期间的期初留存收益或其他综合收益。但是如果企业进行重述，重述的财务报告必须遵循金融工具确认计量准则的所有要求。

7. 企业在按照上述（三）至（五）进行披露时，以及根据本准则第七十一条进行披露时，必须提供下列两项在首次执行日前后的对照信息：

（1）列报的计量类别；

（2）金融工具的类别。

8. 在金融工具确认计量准则的首次执行日，企业需要披露对下列两项进行调节的信息：

（1）根据金融工具确认计量准则（2006版）的相关规定计量的期末损失准备和根据《企业会计准则第13号——或有事项》计提的准备；

（2）根据金融工具确认计量准则确定的期初损失准备。

对于金融资产，企业应当按照首次执行前和首次执行后的计量类别分别提供上述披露，并且应单独列示计量类别的变化对首次执行日损失准备的影响。

9. 在金融工具确认计量准则首次执行日所属的报告期间内，企业无需披露根据金融工具确认计量准则（2006版）的分类和计量要求对本期项目进行列报的金额，也无需披露根据金融工具确认计量准则的分类和计量要求对前期项目进行列报的金额。

10. 如果企业按照金融工具确认计量准则第七十五条规定，在评估金融资产合同现金流量特征时不考虑关于时间价值要素修正的规定，则在该金融资产终止确认之前，企业均应披露该金融资产在资产负债表日的账面价值。

11. 如果企业按照金融工具确认计量准则第七十六条规定，在评估金融资产合同现金流量特征时不考虑关于提前还款特征的规定，则在该金融资产终止确认之前，企业均应披露该金融资产在资产负债表日的账面价值。

《企业会计准则第 38 号——首次执行企业会计准则》应用指南

一、首次执行日采用追溯调整法有关项目的处理

（一）预计的资产弃置费用

根据本准则第七条规定，企业在预计首次执行日前尚未计入资产成本的弃置费用时，应当满足预计负债的确认条件，选择该项资产初始确认时适用的折现率，以该项预计负债折现后的金额增加资产成本，据此计算确认应补提的固定资产折旧（或油气资产折耗），同时调整期初留存收益。

折现率的选择应当考虑货币时间价值和相关期间通货膨胀等因素的影响。

预计弃置费用的范围，适用《企业会计准则第 4 号——固定资产》《企业会计准则第 27 号——石油天然气开采》等限定的资产范围。

（二）可行权日在首次执行日或之后的股份支付

根据本准则第十条规定，授予职工以权益结算的股份支付，应当按照权益工具在授予日的公允价值调整期初留存收益，相应增加资本公积；授予日的公允价值不能可靠地计量的，应当按照权益工具在首次执行日的公允价值计量。

授予职工以现金结算的股份支付，应当按照权益工具在等待期内首次执行日之前各资产负债表日的公允价值调整期初留存收益，相应增加应付职工薪酬。上述各资产负债表日的公允价值不能可靠地计量的，应当按照权益工具在首次执行日的公允价值计量。

授予其他方的股份支付，在首次执行日比照授予职工的股份支付处理。

（三）所得税

根据本准则第十二条规定，在首次执行日，企业应当停止采用应付税款法或原纳税影响会计法，改按《企业会计准则第 18 号——所得税》规定的资产负债表债务法对所得税进行处理。

原采用应付税款法核算所得税费用的，应当按照企业会计准则相关规定调整后的资产、负债账面价值与其计税基础进行比较，确定应纳税暂时性差异和可抵扣暂时性差异，采用适用的税率计算递延所得税负债和递延所得税资产的金额，相应调整期初留存收益。

原采用纳税影响会计法核算所得税费用的，应当根据《企业会计准则第 18 号——所得税》的相关规定，计算递延所得税负债和递延所得税资产的金额，同时冲销递延税款余额，根据上述两项金额之间的差额调整期初留存收益。

在首次执行日，企业对于能够结转以后年度的可抵扣亏损和税款抵减，应以很可能获得用来抵扣可抵扣亏损和税款抵减的未来应纳税所得额为限，确认相应的递延所得税资产，同时调整期初留存收益。

（四）金融工具的分拆

根据本准则第十七条规定，对于嵌入衍生金融工具，按照《企业会计准则第 22 号——金融工具确认和计量》规定应从混合工具中分拆的，应当在首次执行日按其在该日的公允价值，将其从混合工具中分拆并单独处理。首次执行日嵌入衍生金融工具的公允价值难以合理

确定的,应当将该混合工具整体指定为以公允价值计量且其变动计入当期损益的金融资产或金融负债。

企业发行的包含负债和权益成分的非衍生金融工具,在首次执行日按照《企业会计准则第 37 号——金融工具列报》进行分拆时,先按该项负债在首次执行日的公允价值作为其初始确认金额,再按该项金融工具的账面价值扣除负债公允价值后的金额,作为权益成分的初始确认金额。首次执行日负债成分的公允价值难以合理确定的,不应对该项金融工具进行分拆,仍然作为负债处理。

二、首次执行日采用未来适用法有关项目的处理

根据本准则第四条规定,除本准则第五条至第十九条规定要求追溯调整的项目外,其他项目不应追溯调整,应当自首次执行日起采用未来适用法。

(一)借款费用

对于处于开发阶段的内部开发项目、处于生产过程中的需要经过相当长时间才能达到预定可销售状态的存货(如飞机和船舶),以及营造、繁殖需要经过相当长时间才能达到预定可使用或可销售状态的生物资产,首次执行日之前未予资本化的借款费用,不应追溯调整。上述尚未完成开发或尚未完工的各项资产,首次执行日及以后发生的借款费用,符合《企业会计准则第 17 号——借款费用》规定的资本化条件的部分,应当予以资本化。

(二)超过正常信用条件延期付款(或收款)、实质上具有融资性质的购销业务

对于首次执行日处于收款过程中的采用递延收款方式、实质上具有融资性质的销售商品或提供劳务收入,比如,采用分期收款方式的销售,首次执行日之前已确认的收入和结转的成本不再追溯调整。首次执行日后的第一个会计期间,企业应当将尚未确认但符合收入确认条件的合同或协议剩余价款部分确认为长期应收款,按其公允价值确认为营业收入,两者的差额作为未实现融资收益,在剩余收款期限内采用实际利率法进行摊销。在确认收入的同时,应当相应地结转成本。

首次执行日之前购买的固定资产、无形资产在超过正常信用条件的期限内延期付款、实质上具有融资性质的,首次执行日之前已计提的折旧和摊销额,不再追溯调整。在首次执行日,企业应当以尚未支付的款项与其现值之间的差额,减少资产的账面价值,同时确认为未确认融资费用。首次执行日后,企业应当以调整后的资产账面价值作为认定成本并以此为基础计提折旧,未确认融资费用应当在剩余付款期限内采用实际利率法进行摊销。

(三)无形资产

首次执行日处于开发阶段的内部开发项目,首次执行日之前已经费用化的开发支出,不应追溯调整;根据《企业会计准则第 6 号——无形资产》规定,首次执行日及以后发生的开发支出,符合无形资产确认条件的,应当予以资本化。

企业持有的无形资产,应当以首次执行日的摊余价值作为认定成本,对于使用寿命有限的无形资产,应当在剩余使用寿命内根据《企业会计准则第 6 号——无形资产》的规定进行摊销。对于使用寿命不确定的无形资产,在首次执行日后应当停止摊销,按照《企业会计准则第 6 号——无形资产》的规定处理。

首次执行日之前已计入在建工程和固定资产的土地使用权,符合《企业会计准则第 6 号——无形资产》的规定应当单独确认为无形资产的,首次执行日应当进行重分类,将归属于土地使用权的部分从原资产账面价值中分离,作为土地使用权的认定成本,按照《企业会计准则第 6 号——无形资产》的规定处理。

(四)开办费

首次执行日企业的开办费余额,应当在首次执行日后第一个会计期间内全部确认为管理费用。

（五）职工福利费

首次执行日企业的职工福利费余额，应当全部转入应付职工薪酬（职工福利）。首次执行日后第一个会计期间，按照《企业会计准则第9号——职工薪酬》规定，根据企业实际情况和职工福利计划确认应付职工薪酬（职工福利），该项金额与原转入的应付职工薪酬（职工福利）之间的差额调整管理费用。

三、首份中期财务报告和首份年度财务报表的列报

根据本准则第二十条和第二十一条规定，企业应当按照《企业会计准则第30号——财务报表列报》《企业会计准则第31号——现金流量表》《企业会计准则第32号——中期财务报告》和《企业会计准则第33号——合并财务报表》等准则及其应用指南的规定，编制首份中期财务报告和首份年度财务报表。

（一）首份中期财务报告和首份年度财务报表

1. 首份中期财务报告至少应当包括资产负债表、利润表、现金流量表和附注，上年度可比中期的财务报表也应当按照企业会计准则列报。

2. 首份年度财务报表应当是一套完整的财务报表，至少包括资产负债表、利润表、现金流量表、所有者权益变动表和附注。在首份年度财务报表中，至少应当按照企业会计准则列报上年度全部比较信息。

3. 母公司执行企业会计准则、但子公司尚未执行企业会计准则的，母公司在编制合并财务报表时，应当按照企业会计准则的规定调整子公司的财务报表。

母公司尚未执行企业会计准则、而子公司已执行企业会计准则的，母公司在编制合并财务报表时，可以将子公司的财务报表按照母公司的会计政策进行调整后合并，也可以将子公司按照企业会计准则编制的财务报表直接合并。

（二）首份中期财务报告和首份年度财务报表的附注

企业在首份中期财务报告和首份年度财务报表的附注中，应当以列表形式详细披露下列数据的调节过程：

1. 按原会计制度或准则列报的比较报表最早期间的期初所有者权益，调整为按企业会计准则列报的所有者权益。

2. 按原会计制度或准则列报的最近年度年末所有者权益，调整为按企业会计准则列报的所有者权益。

3. 按原会计制度或准则列报的最近年度损益，调整为按企业会计准则列报的损益。

4. 比较中期期末按原会计制度或准则列报的所有者权益，调整为按企业会计准则列报的所有者权益。

5. 比较中期按原会计制度或准则列报的损益（可比中期和上年年初至可比中期期末累计数），调整为同一期间按企业会计准则列报的损益。

执行企业会计准则后首份季报（或首份半年报），需要披露上述①~⑤项数据的调节过程，其他季度季报（或半年报）只需提供上述④⑤项数据的调节过程。首份年度财务报表中只需提供上述①~③项数据的调节过程。

《企业会计准则第 39 号——公允价值计量》应用指南

一、总体要求

《企业会计准则第 39 号——公允价值计量》（以下简称"本准则"）明确了公允价值的定义，规定了统一的公允价值计量要求，并改进了公允价值相关信息的披露。

本准则主要规范企业应当如何计量相关资产或负债的公允价值，以及应当披露哪些公允价值相关信息，但企业是否应当以公允价值计量相关资产或负债、何时进行公允价值计量、公允价值变动应当计入当期损益还是其他综合收益等会计处理问题，由要求或允许企业采用公允价值进行计量或披露的其他相关会计准则规范。

本准则明确了公允价值定义。公允价值，是指市场参与者在计量日发生的有序交易中，出售一项资产所能收到或者转移一项负债所需支付的价格即脱手价格。企业应当严格按照公允价值定义对相关资产或负债进行公允价值计量。在计量日，企业无论是否能够观察到相关资产或负债的交易价格或者其他市场信息（如类似资产或负债的报价、市场利率或其他输入值等），其公允价值计量的目标应当保持一致，即估计市场参与者在计量日的有序交易中出售一项资产或者转移一项负债的价格。

本准则规范的公允价值计量要求适用于相关资产或负债的初始计量和后续计量。企业应当从市场参与者角度计量相关资产或负债的公允价值，而不应考虑企业自身持有资产、清偿或者以其他方式履行负债的意图和能力。企业以公允价值计量相关资产或负债，应当假定计量日出售资产或转移负债的有序交易发生在主要市场（或者在不存在主要市场情况下的最有利市场）中，并且使用在当前情况下适用并且有足够可利用数据和其他信息支持的估值技术，如市场法、收益法和成本法等。企业应当优先使用相同资产或负债在活跃市场的公开报价（第一层次输入值），最后再使用不可观察输入值（第三层次输入值）。企业应当根据对公允价值计量整体而言具有重要意义的输入值所属的最低层次，将公允价值计量划分为三个层次。

企业以公允价值计量非金融资产，还应当考虑该非金融资产的最佳用途和估值前提。企业以公允价值计量负债（包括金融负债和非金融负债）、企业自身权益工具，应当假定该负债、企业自身权益工具在计量日转移给市场参与者，而非与对方结清或以其他方式消除该负债或企业自身权益工具，并考虑不履约风险。企业以公允价值计量市场风险或信用风险可抵销的金融资产和金融负债，应当基于市场参与者在计量日有序交易中出售净多头（即资产）或转移净空头（即负债）的价格。

企业披露相关资产或负债的公允价值信息，应当对资产或负债进行恰当分组，区分持续的公允价值计量和非持续的公允价值计量，并按照公允价值计量的三个层次进行披露。企业应当披露公允价值计量所使用的估值技术和输入值，以及重大不可观察输入值在持续的公允价值计量中对当期损益或其他综合收益的影响，以使财务报表使用者合理评价公允价值相关信息。

二、关于适用范围

企业应当遵循本准则的要求对相关资产或负债的公允价值进行计量或披露。但企业对哪些资产或负债进行公允价值计量，应当由其他相关会计准则进行规范。

《企业会计准则第 39 号——公允价值计量》应用指南

对于《企业会计准则第 1 号——存货》规范的可变现净值、《企业会计准则第 8 号——资产减值》规范的预计未来现金流量现值等与公允价值类似的其他计量属性、股份支付业务以及租赁业务等，企业应当遵循其他相关会计准则进行计量和披露。

对于以公允价值减去处置费用后的净额确定可收回金额的资产、职工离职后福利计划资产、企业年金基金投资等，企业应当遵循本准则进行计量但应当遵循其他相关企业会计准则对这些资产进行披露。

三、关于公允价值计量的基本要求

（一）相关资产或负债

本准则中相关资产或负债，是指其他相关会计准则要求或允许企业以公允价值计量的资产或负债，也包括企业自身权益工具，例如，《企业会计准则第 3 号——投资性房地产》中规范的采用公允价值模式进行后续计量的投资性房地产，《企业会计准则第 5 号——生物资产》中规范的采用公允价值进行后续计量的生物资产，《企业会计准则第 8 号——资产减值》中规范的使用公允价值确定可收回金额的资产，《企业会计准则第 10 号——企业年金基金》中规范的以公允价值计量的企业年金基金投资，《企业会计准则第 16 号——政府补助》中规范的以非货币性资产形式取得的政府补助，《企业会计准则第 20 号——企业合并》中规范的非同一控制下企业合并中取得的可辨认资产和负债以及作为合并对价发行的权益工具，《企业会计准则第 22 号——金融工具确认和计量》中规范的以公允价值计量且其变动计入当期损益的金融资产以及可供出售金融资产等。

企业以公允价值计量相关资产或负债，应当考虑该资产或负债的特征以及该资产或负债是以单项还是以组合的方式进行计量等因素。

1. 相关资产或负债的特征

企业以公允价值计量相关资产或负债，应当考虑该资产或负债所具有的特征，例如，资产的状况及所在位置、出售或使用资产的限制等。如果市场参与者在计量相关资产或负债公允价值时会考虑这些资产或负债的特征，企业在计量该资产或负债公允价值时，也应当考虑这些特征因素。

（1）资产状况和所在位置。市场参与者以公允价值计量一项非金融资产时，通常会考虑该资产的地理位置和环境、使用功能、结构、新旧程度、可使用状况等。因此，企业计量其公允价值时，也应考虑这些特征，对类似资产的可观察市场价格或其他交易信息进行调整，以确定该资产的公允价值。

（2）对资产出售或使用的限制。企业以公允价值计量相关资产，应当考虑出售或使用该资产所存在的限制因素。企业为合理确定相关资产的公允价值，应当区分该限制是针对资产持有者的，还是针对该资产本身的。

如果该限制是针对相关资产本身的，那么此类限制是该资产具有的一项特征，任何持有该资产的企业都会受到影响，市场参与者在计量日对该资产进行定价时会考虑这一特征。因此，企业以公允价值计量该资产，应当考虑该限制特征。

如果该限制是针对资产持有者的，那么此类限制并不是该资产的特征，只会影响当前持有该资产的企业，而其他企业可能不会受到该限制的影响，市场参与者在计量日对该资产进行定价时不会考虑该限制因素。因此，企业以公允价值计量该资产时，也不应考虑针对该资产持有者的限制因素。

2. 计量单元

企业以公允价值计量相关资产或负债，该资产或负债可以是单项资产或负债，比如，一台机器设备、一项专利权或者一项金融资产或负债，也可以是资产组合、负债组合或者资产和负债的组合，比如，由多台设备构成的一条生产线、《企业会计准则第 20 号——企业合并》中规范的业务等。

企业是以单项还是以组合的方式对相关资产或负债进行公允价值计量,取决于该资产或负债的计量单元。计量单元,是指相关资产或负债以单独或者组合方式进行计量的最小单位。企业在确认相关资产或负债时就已经确定了该资产或负债的计量单元。因此,企业以公允价值计量相关资产或负债,应当按照《企业会计准则第8号——资产减值》《企业会计准则第22号——金融工具确认与计量》《企业会计准则第20号——企业合并》等其他相关会计准则规定的计量单元进行计量。

对于市场风险或信用风险可抵销的金融资产、金融负债和其他合同,在符合本准则要求的情况下,企业可以将该金融资产、金融负债和其他合同的组合作为计量单元。

(二)有序交易

企业以公允价值计量相关资产或负债,应当假定市场参与者在计量日出售资产或者转移负债的交易,是当前市场情况下的有序交易。企业应用于相关资产或负债公允价值计量的有序交易,是在计量日前一段时期内该资产或负债具有惯常市场活动的交易,不包括被迫清算和抛售。

1. 相关资产或负债有序交易的识别

企业在确定一项交易是否为有序交易时,应当全面理解交易环境和有关事实。企业应当基于可获取的信息,如市场环境变化、交易规则和习惯、价格波动幅度、交易量波动幅度、交易发生的频率、交易对手信息、交易原因、交易场所和其他能够获得的信息,运用专业判断对交易行为和交易价格进行分析,以判断该交易是否为有序交易。

企业不必为确定一项交易是否为有序交易而不计成本,但不能忽视可合理获得的信息。当企业成为交易一方时,通常假定该企业有充分的信息来判断该交易是否为有序交易。

当企业遇到下列情况时,相关资产或负债的交易活动通常不应作为有序交易:

(1)在当前市场情况下,市场在计量日之前一段时间内不存在相关资产或负债的惯常市场交易活动。

(2)在计量日之前,相关资产或负债存在惯常的市场交易,但资产出售方或负债转移方仅与单一的市场参与者进行交易。

(3)资产出售方或负债转移方处于或者接近于破产或托管状态,即资产出售方或负债转移方已陷入财务困境。

(4)资产出售方为满足法律或者监管规定而被要求出售资产,即被迫出售。

(5)与相同或类似资产或负债近期发生的其他交易相比,出售资产或转移负债的价格是一个异常值。

2. 相关资产或负债有序交易价格的应用

企业判定相关资产或负债的交易是有序交易的,在以公允价值计量该资产或负债时,应当考虑该交易的价格,即以该交易价格为基础确定该资产或负债的公允价值。企业在公允价值计量过程中赋予有序交易价格的权重时,应当考虑交易量、交易的可比性、交易日与计量日的临近程度等因素。

企业判定相关资产或负债的交易不是有序交易的,在以公允价值计量该资产或负债时,不应考虑该交易的价格,或者赋予该交易价格较低权重。

企业根据现有信息不足以判定该交易是否为有序交易的,在以公允价值计量该资产或负债时,应当考虑该交易的价格,但不应将该交易价格作为计量公允价值的唯一依据或者主要依据。相对于其他已知的有序交易价格,企业应赋予该交易较低权重。

(三)主要市场或最有利市场

企业以公允价值计量相关资产或负债,应当假定出售资产或者转移负债的有序交易在该资产或负债的主要市场进行。不存在主要市场的,企业应当假定该交易在相关资产或负债的最有利市场进行。

主要市场，是指相关资产或负债交易量最大和交易活跃程度最高的市场。最有利市场，是指在考虑交易费用和运输费用后，能够以最高金额出售相关资产或者以最低金额转移相关负债的市场。

1. 主要市场或最有利市场的识别

企业根据可合理取得的信息，能够在交易日确定相关资产或负债交易量最大和交易活跃程度最高的市场的，应当将该市场作为相关资产或负债的主要市场。

企业根据可合理取得的信息，无法在交易日确定相关资产或负债交易量最大和交易活跃程度最高的市场的，应当在考虑交易费用和运输费用后能够以最高金额出售该资产或者以最低金额转移该负债的市场作为最有利市场。

企业在识别相关资产或负债的主要市场（或者在不存在主要市场情况下的最有利市场）时，应当考虑所有可以合理取得的信息，但不必不计成本地考察所有可能的市场。通常情况下，如果不存在相反的证据，企业正常进行资产出售或者负债转移的市场可以视为主要市场或最有利市场。

相关资产或负债的主要市场（或者在不存在主要市场情况下的最有利市场）应当是企业可进入的市场，但不要求企业于计量日在该市场上实际出售资产或者转移负债。企业应当从自身角度，而非市场参与者角度，判定相关资产或负债的主要市场（或者在不存在主要市场情况下的最有利市场）。

不同的企业可以进入不同的市场，对相同资产或负债而言，不同企业可能具有不同的主要市场（或者在不存在主要市场情况下的最有利市场）。例如，某企业与银行签订了一项初始交易价格为零的利率互换。该企业只能进入利率互换的零售市场，而银行则能够同时进入利率互换的零售市场和做市商市场，并且其主要业务发生在做市商市场。因此，该企业与银行就存在不同的主要市场，该企业应当以零售市场为主要市场，该银行应当以做市商市场为主要市场。

2. 主要市场或最有利市场的应用

企业应当以主要市场上相关资产或负债的价格为基础，计量该资产或负债的公允价值。主要市场是资产或负债流动性最强的市场，能够为企业提供最具代表性的参考信息。因此，无论相关资产或负债的价格能够直接从市场观察到，还是通过其他估值技术获得，企业都应当以主要市场上相关资产或负债的价格为基础，计量该资产或负债的公允价值。即使企业能够于计量日在主要市场以外的另一个市场上，获得更高的出售价格或更低的转移价格，企业也仍应当以主要市场上相关资产或负债的价格为基础，计量该资产或负债的公允价值。

不存在主要市场或者无法确定主要市场的，企业应当以相关资产或负债最有利市场的价格为基础，计量其公允价值。企业在确定最有利市场时，应当考虑交易费用、运输费用等。交易费用不属于相关资产或负债的特征，只与特定交易有关，取决于企业参与该资产或负债交易的不同方式（例如，零售交易或者批发交易，交易所交易或者场外交易等）。交易费用是指企业发生的可直接归属于资产出售或者负债转移的费用。交易费用在进行相关资产或负债交易时不可避免。交易费用直接由交易引起，并且是企业进行交易所必需的，如果企业未决定出售资产或转移负债，该费用将不会产生。企业应当根据其他相关会计准则对交易费用进行会计处理。

企业在根据主要市场或最有利市场的交易价格确定相关资产或负债的公允价值时，不应根据交易费用对该价格进行调整。

交易费用不包括运输费用。相关资产所在地理位置是该资产的特征，企业应当根据使该资产从当前位置转移到主要市场（或者在不存在主要市场情况下的最有利市场）的运输费用调整主要市场（或者在不存在主要市场情况下的最有利市场）的价格。

企业以公允价值计量相关资产或负债,即使在计量日不存在提供出售资产或转移负债价格信息的可观察市场,企业仍应当从持有资产或承担负债的市场参与者的角度进行考虑,并假设当日发生了交易。该假设的交易是估计出售资产或转移负债价格的基础。

（四）市场参与者

企业以公允价值计量相关资产或负债,应当充分考虑市场参与者之间的交易,采用市场参与者在对该资产或负债定价时为实现其经济利益最大化所使用的假设。

1. 市场参与者的特征

市场参与者,是指在相关资产或负债的主要市场（或者在不存在主要市场情况下的最有利市场）中,相互独立的、熟悉资产或负债情况的、能够且愿意进行资产或负债交易的买方和卖方。市场参与者应当具备下列特征：

（1）市场参与者应当相互独立,不存在《企业会计准则第36号——关联方披露》所述的关联方关系。但如果企业有证据表明,关联方之间的交易是按市场条款达成的,则关联方之间的交易可以作为市场参考者之间的交易,交易价格可作为公允价值计量的基础。

（2）市场参与者应当熟悉情况,根据可获得的信息,包括通过正常的尽职调查获取的信息,对相关资产或负债以及交易具备合理认知。

（3）市场参与者应当有能力并自愿进行相关资产或负债的交易,而非被迫或以其他强制方式进行交易。

2. 市场参与者的确定

企业在确定市场参与者时,应当考虑所计量的相关资产或负债、该资产或负债的主要市场（或者在不存在主要市场情况下的最有利市场）以及在该市场上与企业进行交易的市场参与者等因素,从总体上识别市场参与者。例如,某一市场参与者愿意为一项业务支付更高的价格,因为该市场参与者能从该业务中获得协同效应,而其他市场参与者无法获得相同的协同效用。企业在确定该业务的公允价值时,不应以该特定市场参与者的报价为基础,而是应当以大多数市场参与者愿意支付的价格为基础。

企业在确定市场参与者时至少应当考虑下列因素：

（1）所计量的相关资产或负债。例如,金融资产的市场参与者与非金融资产的市场参与者之间将存在较大差别。

（2）该资产或负债的主要市场（或者在不存在主要市场情况下的最有利市场）。主要市场（或者在不存在主要市场情况下的最有利市场）是基于企业角度确定的。因此,与企业在同一行业的其他企业有可能是市场参与者,但市场参与者也可能来自其他行业,例如,在计量制造业企业拥有的土地使用权的公允价值时,房地产开发企业也可能作为市场参与者。

（3）企业将在主要市场或最有利市场进行交易的市场参与者。

3. 市场参与者的应用

企业以公允价值计量相关资产或负债,应当基于市场参与者之间的交易确定该资产或负债的公允价值。如果市场参与者在交易中考虑了相关资产或负债的特征以及相关风险等,并根据这些特征或风险对该资产或负债的交易价格进行了调整,那么企业也应当采用市场参与者在对该资产或负债定价时所使用的这些假设。

企业应当从市场参与者角度计量相关资产或负债的公允价值,而不应考虑企业自身持有资产、清偿或者以其他方式履行负债的意图和能力。

（五）公允价值初始计量

企业应当根据交易性质和相关资产或负债的特征等,判断初始确认时的公允价值是否与其交易价格相等。企业在取得资产或者承担负债的交易中,交易价格是取得该资产所支付或者承担该负债所收到的价格,即进入价格。而相关资产或负债的公允价值是脱手价格,即出售该资产所能收到的价格或者转移该负债所需支付的价格。

《企业会计准则第39号——公允价值计量》应用指南

企业未必以取得资产时所支付的价格出售该资产,同样,也未必以承担负债时所收取的价格转移该负债。虽然企业取得资产或承担负债的进入价格不一定等于该资产或负债的脱手价格。但在大多数情况下,相关资产或负债的进入价格等于其脱手价格。例如,在交易日,企业购买一项资产的交易发生在出售该项资产主要市场(或者在不存在主要市场情况下的最有利市场)上的,取得该资产的交易价格与其脱手价格相等。

但在下列情况中,企业以公允价值对相关资产或负债进行初始计量的,不应将取得资产或者承担负债的交易价格作为该资产或负债的公允价值:

1. 关联方之间的交易。但企业有证据表明关联方之间的交易是按照市场条款进行的该交易价格可作为确定其公允价值的基础。

2. 被迫进行的交易,或者资产出售方(或负债转移方)在交易中被迫接受价格的交易。例如,资产出售方或负债转移方为满足监管或法律的要求而被迫出售资产或转移负债,或者资产出售方或负债转移方正陷于财务困境。

3. 交易价格所代表的计量单元不同于以公允价值计量的相关资产或负债的计量单元。例如,以公允价值计量的相关资产或负债仅是交易(例如,企业合并)中的一部分,而交易除该资产或负债外,还包括按照其他会计准则应单独计量但未确认的无形资产。

4. 进行交易的市场不是该资产或负债的主要市场(或者在不存在主要市场情况下的最有利市场)。例如,某商业银行是银行间债券市场的做市商,既可以与其他做市商在银行间债券市场进行交易,也可以与客户在交易所市场进行交易,但对于该银行而言债券交易的主要市场(或者在不存在主要市场情况下的最有利市场)是与其他做市商进行交易的银行间债券市场,交易所市场上的交易价格则有可能不同于银行间债券市场上的交易价格。

其他相关会计准则要求或允许企业以公允价值对相关资产或负债进行初始计量,并且交易价格与公允价值不相等的,交易价格与公允价值的差额应当按照其他相关会计准则的要求进行处理。如果其他相关会计准则对此未作出明确规定的,企业应当将该差额计入当期损益。

(六)估值技术

企业以公允价值计量相关资产或负债,应当使用在当前情况下适用并且有足够可利用数据和其他信息支持的估值技术。企业使用估值技术的目的是,估计市场参与者在计量日当前市场情况下的有序交易中出售资产或者转移负债的价格。

估值技术通常包括市场法、收益法和成本法。企业应当根据实际情况从市场法、收益法和成本法中选择一种或多种估值技术,用于估计相关资产或负债的公允价值。本准则未规定企业应当优先使用何种估值技术,除非在活跃市场上存在相同资产或负债的公开报价。相关资产或负债存在活跃市场公开报价的,企业应当优先使用该报价确定该资产或负债的公允价值。

企业在应用估值技术估计相关资产或负债的公允价值时,应当根据可观察的市场信息定期校准估值模型,以确保所使用的估值模型能够反映当前市场状况,并识别估值模型本身可能存在的潜在缺陷。

如果企业所使用的估值技术未能考虑市场参与者在对相关资产或负债估值时所考虑的所有因素,那么企业通过该估值技术获得的金额不能作为对计量日当前交易价格的估计。

1. 市场法

市场法是利用相同或类似的资产、负债或资产和负债组合的价格以及其他相关市场交易信息进行估值的技术。

企业应用市场法估计相关资产或负债公允价值的,可利用相同或类似的资产、负债或资产和负债的组合(例如,一项业务)的价格和其他相关市场交易信息进行估值。

企业在使用市场法时,应当以市场参与者在相同或类似资产出售中能够收到或者转移相同或类似负债需要支付的公开报价为基础。企业在市场价格或其他相关市场交易信息基础上,应当根据该资产或负债的特征,例如,当前状况、地理位置、出售和使用的限制等,对相同或类似资产或负债的市场价格进行调整,以确定该资产或负债的公允价值。

企业在应用市场法时,除直接使用相同或类似资产或负债的公开报价外,还可以使用市场乘数法等估值方法。市场乘数法是一种使用可比企业市场数据估计公允价值的方法,包括上市公司比较法、交易案例比较法等。企业采用上市公司比较法时,可使用的市场乘数包括市盈率、市净率、企业价值/税息折旧及摊销前利润乘数等。企业应当进行职业判断,考虑与计量相关的定性和定量因素,选择恰当的市场乘数。

2. 收益法

收益法是企业将未来金额转换成单一现值的估值技术。企业使用收益法时,应当反映市场参与者在计量日对未来现金流量或者收入费用等金额的预期。企业使用的收益法包括现金流量折现法、多期超额收益折现法、期权定价模型等估值方法。

(1)现金流量折现法。现金流量折现法是企业在收益法中最常用到的估值方法,包括传统法(即折现率调整法)和期望现金流量法。

现值是企业运用折现率将未来金额与现在金额联系起来所使用的工具。企业使用现金流量折现法估计相关资产或负债的公允价值时,需要在计量日从市场参与者角度考虑相关资产或负债的未来现金流量、现金流量金额和时间的可能变动、货币时间价值、因承受现金流量固有不确定性而要求的补偿(即风险溢价)、与负债相关的不履约风险(包括企业自身信用风险)、市场参与者在当前情况下可能考虑的其他因素等。

企业采用的现金流量折现法因其中所包含的上述因素的不同而有可能不同。企业以现金流量折现法估计相关资产或负债的公允价值.为避免重复计算或忽略风险因素的影响,折现率与现金流量应当保持一致。例如,企业使用了合同现金流量的,应当采用能够反映预期违约风险的折现率;使用了概率加权现金流量的,应当采用无风险利率;使用了包含通货膨胀影响的现金流量的,应当采用名义折现率;使用了排除通货膨胀影响的现金流量的,应当采用实际利率;使用税后现金流量的,应当采用税后折现率;使用税前现金流量的,应当采用税前折现率;使用人民币现金流量的,应当使用与人民币相关的利率等。

企业在现金流量折现法中所使用的现金流量是估计金额,而非确定的已知金额。当存在违约风险时,即使是合同约定的金额(例如,贷款承诺中约定的贷款金额)也是不确定的,所以,企业使用现金流量折现法时,将面临较多不确定性。

企业在以公允价值计量该资产或负债时应当考虑风险溢价。企业在某些情况下确定合适的风险溢价可能会存在较大的困难,但企业不能仅仅因为难以确定风险溢价而在公允价值计量中不考虑风险调整因素。

根据对风险的调整方式和采用现金流量类型,可以将现金流量折现法区分为两种方法,传统法和期望现金流量法。

①传统法。传统法是使用在估计金额范围内最有可能的现金流量和经风险调整的折现率的一种折现方法。

企业在传统法中所使用的现金流量,包括合同现金流量、承诺现金流量或者最有可能的现金流量等。这些现金流量都以特定事项为前提条件,例如,债券中包含的合同现金流量或承诺现金流量是以债务人不发生违约为前提条件。

企业所使用的经风险调整的折现率,应当来自市场上交易的类似资产或负债的可观察回报率。在不存在可观察的市场回报率情况下,企业也可以使用估计的市场回报率。

企业在确定资产或负债是否类似时,需要考虑现金流量的性质(例如,现金流量是合同现金流量还是非合同现金流量、现金流量是否会对经济条件的改变做出类似反应)以及可言用状况、抵押品、期限、限制性合同和流动性等其他因素。

②期望现金流量法。是使用风险调整的期望现金流量和无风险利率,或者使用未经风险

调整的期望现金流量和包含市场参与者要求的风险溢价的折现率的一种折现方法。

企业应当以概率为权重计算的期望现金流量反映未来所有可能的现金流量。企业在期望现金流量法中使用的现金流量是对所有可能的现金流量进行了概率加权，最终得到的期望现金流量不再以特定事项为前提条件，这不同于企业在传统法中所使用的现金流量。

企业在应用期望现金流量法时，有两种方法调整相关资产或负债期望现金流量的风险溢价：

第一种方法是，企业从以概率为权重计算的期望现金流量中扣除风险溢价，得到确定等值现金流量，并按照无风险利率对确定等值现金流量折现，从而估计出相关资产或负债的公允价值。当市场参与者对于以确定的现金流量交换期望现金流量无偏好时，该确定的现金流量即为确定等值现金流量。

第二种方法是，企业在无风险利率之上增加风险溢价，得到期望回报率，并使用该期望回报率对以概率为权重计算的现金流量进行折现，从而估计出相关资产或负债的公允价值。企业可以使用对风险资产进行计价的模型估计期望回报率，例如资本资产定价模型。

企业使用期望现金流量法的上述两种方法，得到的现金流量现值应当是相同的。因此，企业在使用期望现金流量法估计相关资产或负债的公允价值时，期望现金流量法的上述两种方法均可使用。企业对期望现金流量法第一种方法或第二种方法的选择，取决于被计量资产或负债的特征和环境因素，企业是否可获取足够多的数据，以及企业运用判断的程度等。

（2）期权定价模型。企业可以使用布莱克-斯科尔斯模型、二叉树模型、蒙特卡洛模拟法等期权定价模型估计期权的公允价值。其中，布莱克-斯科尔斯期权定价模型可以用于认股权证和具有转换特征的金融工具的简单估值。布莱克-斯科尔斯期权定价模型中的输入值包括：即期价格、行权价格、合同期限、预计或内含波动率、无风险利率、期望股息率等。

蒙特卡洛模拟法适用于包含复杂属性（如包括可变行权价格或转换价格、对行权时间具有限制条款等）的认股权证或具有转换特征的金融工具。蒙特卡洛模拟法将根据认股权证或具有转换特征的金融工具的条款、条件以及其他假设，随机生成数千甚至数百万的可能结果，计算每种可能情形的相关回报，这些回报用概率加权并折现以计算相关资产或负债的公允价值。

3. 成本法

成本法是反映当前要求重置相关资产服务能力所需金额的估值技术，通常是指现行重置成本法。在成本法下，企业应当根据折旧贬值情况，对市场参与者获得或构建具有相同服务能力的替代资产的成本进行调整。折旧贬值包括实体性损耗、功能性贬值以及经济性贬值。企业主要使用现行重置成本法估计与其他资产或其他资产和负债一起使用的有形资产的公允价值。

4. 估值技术的选择

企业在某些情况下使用单项估值技术是恰当的，如企业使用相同资产或负债在活跃市场上的公开报价计量该资产或负债的公允价值。但在有些情况下，企业可能需要使用多种估值技术，如企业对未上市企业股权投资的估值，将采用市场法和收益法。企业应当运用更多职业判断，确定恰当的估值技术。企业至少应当考虑下列因素：

一是根据企业可获得的市场数据和其他信息，其中一种估值技术是否比其他估值技术更恰当；

二是其中一种估值技术所使用的输入值是否更容易在市场上观察到或者只需作更少的调整；

三是其中一种估值技术得到的估值结果区间是否在其他估值技术的估值结果区间内；

四是市场法和收益法结果存在较大差异的，进一步分析存在较大差异的原因，例如其中一种估值技术可能使用不当，或者其中一种估值技术所使用的输入值可能不恰当等。

企业在公允价值后续计量中使用了估值技术，并且运用了不可观察输入值的，应当确保该估值技术反映了计量日可观察的市场数据，例如，类似资产或负债的最近交易价格等。企业以相关资产或负债的交易价格作为其初始确认时的公允价值，并在公允价值后续计量中使用了不可观察输入值的，应当校正后续计量中运用的估值技术，以使得该估值技术确定的初始确认结果与初始确认时的交易价格相等。企业通过校准估值技术，能够确保估值技术反映当前市场情况，避免发生估值技术未反映相关资产或负债的特征。

企业在估计不存在活跃市场的权益工具的公允价值时，如果自权益工具购买日至计量日之间的间隔较短，并且在此期间没有发生对该权益工具价值产生重大影响的事件，企业可采用近期交易价格作为无公开报价权益工具的公允价值；如果权益工具非近期购买，或者自购买日至计量日之间发行权益工具的企业（发行人）发生了重大变化，企业可能不应按照近期交易价格确定权益工具的公允价值，应当根据发行人所处的发展阶段，选用恰当的估值方法进行估值。

例如，对于成熟的被投资企业，企业可采用市场法计量其无公开报价权益工具的公允价值。企业选择可比公司作为基准公司时，应当重点考虑业务的性质、业务的盈利能力及所在地。企业无法找到与被投资企业在同一行业的上市公司时，可选择最相近行业和具有相似经营风险和利润率的公司作为替代。企业选定可比公司后，应当对关键指标的差异进行调整，从而增强市场法的适用性和可靠性。这些所需调整的关键指标差异包括可比公司所在不同市场的估值水平，可比公司与被投资企业之间增长性、盈利能力、股本回报率、流动性差异等。另外，企业也可使用行业特定的一些业务驱动因素进行比较（如股价／页面浏览量、股价／床位）。

又如，对于迅速成长的被投资企业，企业可采用收益法计量其无公开报价权益工具的公允价值。企业使用该方法时，需要进行一系列的财务预测，预测时间至少包括企业一个业务周期，一般不少于5年。如果被投资企业已经确定在近期能够实现上市流通，并且相应的股价已大致确定，企业可采用投资收益折现法来确定被投资企业发行的权益工具的公允价值，使用较低的风险回报率确定计量日的现值。企业应当采用市场法对收益法的结果进行交叉检验。

企业在公允价值计量中使用的估值技术一经确定，不得随意变更。企业公允价值计量中应用的估值技术应当在前后各会计期间保持一致，除非变更估值技术或其应用方法能使计量结果在当前情况下同样或者更能代表公允价值，包括但不限于下列情况：

（1）出现新的市场；
（2）可以取得新的信息；
（3）无法再取得以前使用的信息；
（4）改进了估值技术；
（5）市场状况发生变化等。

企业变更估值技术及其应用方法的，应当按照《企业会计准则第28号——会计政策、会计估计变更和差错更正》的规定作为会计估计变更处理，并根据本准则的披露要求对估值技术及其应用方法的变更进行披露，而不需要按照《企业会计准则第28号——会计政策、会计估计变更和差错更正》的规定对相关会计估计变更进行披露。

企业无论使用何种估值技术，都应当考虑当前市场状况并做出市场参与者可能进行的风险调整，如对信用风险和流动性风险的调整。

（七）输入值

企业以公允价值计量相关资产或负债，应当考虑市场参与者在对相关资产或负债进行定价时所使用的假设，包括有关风险的假设，例如，所用特定估值技术的内在风险等。市场参与者所使用的假设即为输入值，可分为可观察输入值和不可观察输入值。

企业使用估值技术时，应当优先使用可观察输入值，仅当相关可观察输入值无法取得或取得不切实可行时才使用不可观察输入值。企业通常可以从交易所市场、做市商市场、经纪人市场、直接交易市场获得可观察输入值。在交易所市场上，企业可直接获得相关资产或负债的收盘价。在做市商市场上，做市商随时准备用自有资本买入或者卖出做市项目，以此提供流动性并形成市场,所以出价和要价比收盘价更容易获得。但在直接交易市场上,买卖双方独立协商,无中介参与,所以难以获得这些交易。

企业为估计相关资产或负债公允价值必须使用一些不可观察输入值的,如果市场参与者在对该资产或负债的公允价值计量会用到这些不可观察输入值,那么企业也应当使用这些不可观察输入值。

无论企业在以公允价值计量相关资产或负债过程中是否使用不可观察输入值,其公允价值计量的目的仍是基于市场参与者角度确定在当前市场条件下计量日有序交易中该资产或负债的脱手价格。

1. 公允价值计量中相关的溢价和折价

企业应当选择与市场参与者在相关资产或负债交易中会考虑的、并且与该资产或负债特征相一致的输入值。在企业能够获得相同或类似资产或负债在活跃市场的报价、市场参与者将考虑与相关资产或负债的特征相关的溢价或折价的情况下,企业应当根据这些溢价或折价,如控制权溢价、少数股东权益折价、流动性折价等,对相同或类似资产或负债的市场交易价格进行调整。

企业不应考虑与要求或允许公允价值计量的其他相关会计准则中规定的计量单元不一致的溢价或折价,如反映企业持有规模特征(即大宗持有因素)的溢价或折价。例如,某企业持有一家上市公司15 000万股普通股股票。该上市公司在资本市场上一般平均日交易量约为12 000万股普通股股票。如果该企业全部出售其持有的上市公司股份,将会造成流动性问题,该上市公司每股普通股股价将发生严重下跌。大宗持有因素是与交易相关的特定因素,因企业交易该资产的方式不同而有所不同。该因素与企业持有股份数量(即持有规模)有关,不是该资产(上市公司普通股股票)的特征。

2. 以出价和要价为基础的输入值

当相关资产或负债具有出价和要价时,企业可以使用出价要价价差中在当前市场情况下最能代表该资产或负债公允价值的价格计量该资产或负债。出价是经纪人或做市商购买一项资产或处置一项负债所愿意支付的价格,要价是经纪人或做市商出售一项资产或承担一项负债所愿意收取的价格。

企业可使用出价计量资产头寸、使用要价计量负债头寸,也可使用市场参与者在实务中使用的在出价和要价之间的中间价或其他定价惯例计量相关资产或负债。其他方法可作为权宜之计使用。但是,企业不应使用与公允价值计量假定不一致的权宜之计,如对资产使用要价,对负债使用出价。

(八)公允价值层次

为提高公允价值计量和相关披露的一致性和可比性,企业应当将估值技术所使用的输入值划分为三个层次,并最优先使用活跃市场上相同资产或负债未经调整的报价(第一层次输入值),最后使用不可观察输入值(第三层次输入值)。

1. 第一层次输入值

第一层次输入值是企业在计量日能够取得的相同资产或负债在活跃市场上未经调整的报价。

活跃市场,是指相关资产或负债交易量及交易频率足以持续提供定价信息的市场。在活跃市场,交易对象具有同质性,可随时找到自愿交易的买方和卖方,并且市场价格信息是公开的。当交易量和交易活动显著下降、可获得的价格因时间或市场参与者不同存在显著差异、可获得的价格并非当前价格时,当前市场可能不是活跃市场。

在活跃市场中,企业应当能够易于且可定期从交易所、交易商、经纪人、行业集团、定价机构或监管机构等获得相关资产或负债的报价。企业从活跃市场获得的这些报价,应当能够代表在公平交易基础上实际并经常发生的市场交易。异常的市场报价不应作为第一层次输入值。例如，债券交易中出现的频繁对敲交易形成的市场价格。

企业使用相同资产或负债在活跃市场的公开报价对该资产或负债进行公允价值计量时，通常不应进行调整。但下列情况除外：

（1）企业持有大量类似但不相同的以公允价值计量的资产或负债，这些资产或负债存在活跃市场报价，但难以获得每项资产或负债在计量日单独的定价信息。例如，银行等金融机构持有大量的类似债券，可能在计量日较难取得每一债券的价格信息，而使用其中一些债券的报价确定其他类似债券的公允价值。在这种情况下，企业可使用不完全依赖于单个报价的备选定价方法作为权宜之计，但公允价值计量应当划入较低层次。

（2）因发生影响公允价值计量的重大事件等导致活跃市场的报价不代表计量日的公允价值。例如，在证券市场闭市之后但在计量日之前发生的买卖双方直接交易、经纪人交易或公告等重大事项。企业应当制定相应会计政策并一致应用，以识别那些可能影响公允价值计量的重大事项。企业根据该新信息而对报价有所调整的，公允价值计量应当划入较低层次。

（3）不存在相同或类似负债或企业自身权益工具报价但其他方将其作为资产持有的负债或自身权益工具的公允价值。如果无需对资产报价进行调整公允价值计量结果为第一层次，但企业对资产报价进行调整的，公允价值计量应当划入较低层次。

在活跃市场中，企业应当以单项资产或负债的市场报价（第一层次输入值）与企业，持有数量的乘积确定其持有的金融资产或金融负债的公允价值。即使市场正常日交易量不足以吸收企业的持有量，以致在市场交易中出售该金融资产或转移该金融负债可能影响市场报价的情况下，企业也应如此。

2. 第二层次输入值

第二层次输入值是除第一层次输入值外相关资产或负债直接或间接可观察的输入值。对于具有特定期限（如合同期限）的相关资产或负债，第二层次输入值必须在其几乎整个期限内是可观察的。第二层次输入值包括：

（1）活跃市场中类似资产或负债的报价。

（2）非活跃市场中相同或类似资产或负债的报价。

（3）除报价以外的其他可观察输入值，包括在正常报价间隔期间可观察的利率和收益率曲线等。

（4）市场验证的输入值等。市场验证的输入值，是指通过相关性分析或其他手段，主要来源于可观察市场数据的输入值或者经过可观察市场数据验证的输入值。

企业以公允价值计量相关资产或负债的，类似资产或负债在活跃市场或非活跃市场的报价为该资产或负债的公允价值计量提供了依据，但企业需要对该报价进行调整。企业在确定哪些资产或负债与相关资产或负债类似时，需要进行判断。

在非有序交易情况下，企业确定相关资产或负债的交易价格或报价不能完全代表计量日该资产或负债的公允价值，却又以该交易价格或报价为基础计量其公允价值的，则应当对该交易价格或报价进行调整。如在非活跃市场上，相同资产或负债的最近交易日不是该资产或负债的公允价值计量日，企业应当考虑两个日期的间隔期间内市场状况是否发生变动，如金融工具发行人信用评级的变动，与市场风险相关的信用利差变动等。

企业应当根据相关资产或负债的特征，对第二层次输入值进行调整。这些特征包括资产状况或所在位置、输入值与可比资产或负债的相关程度、可观察输入值所在市场的交易量和活跃程度等。企业使用重要的不可观察输入值对第二层次输入值进行调整，且该调整对公允价值计量整体而言是重大的，公允价值计量结果应当划分为第三层次。

3. 第三层次输入值

第三层次输入值是相关资产或负债的不可观察输入值。第三层次输入值包括不能直接观察和无法由可观察市场数据验证的利率、股票波动率、企业合并中承担的弃置义务的未来现

《企业会计准则第39号——公允价值计量》应用指南

金流量、企业使用自身数据做出的财务预测等。

企业只有在相关资产或负债几乎很少存在市场交易活动,导致相关可观察输入值无法取得或取得不切实可行的情况下,才能使用第三层次输入值,即不可观察输入值。但企业计量公允价值的目标仍应当保持不变,即从持有资产或承担负债的市场参与者角度确定资产或负债在计量日有序交易中的脱手价格。因此,企业使用不可观察输入值仍应当反映市场参与者给资产或负债定价时使用的假设,包括有关风险的假设,例如,特定估值技术及其输入值的固有风险的假设等。

企业在确定不可观察输入值时,应当使用在当前情况下可以合理取得的最佳信息,包括所有可合理取得的市场参与者假设。企业可在内部数据的基础上确定不可观察输入值,但如果有证据表明其他市场参与者将使用不同于企业内部数据的其他数据,或者这些企业内部数据是企业特定数据、其他市场参与者不具备企业相关特征(例如企业的协同效应)时,企业应当对其内部数据作出相应调整。

企业不必为获取关于市场参与者假设的信息而不计成本,但应当考虑所有可合理获得的有关市场参与者假设的信息。

如果市场参与者在对相关资产或负债定价时考虑了风险调整,则企业在公允价值计量时如果没有考虑该风险调整,那么该计量就不能代表公允价值。例如,当相关资产或负债(或类似资产或负债)的交易量或交易活动比正常市场交易活动显著下降,交易价格或报价无法代表该资产或负债的公允价值时,企业应当考虑风险调整。

企业遇到下列情形时,应当确定相关资产或负债的交易量或交易活跃程度是否出现大幅下降:

(1)最近几乎没有发生该资产或负债的交易;

(2)该资产或负债的报价信息不是基于当前信息;

(3)报价信息在一段时间内或在做市商之间(例如一些经纪人市场)变化极大;

(4)以往与该资产或负债公允价值高度相关的指数被证明与该资产或负债近期公允价值的指导价格不相关;

(5)与企业对期望现金流量的估计相比,在考虑了关于该资产或负债信用风险和其他不履约风险可获得的所有市场数据后,可观察交易或报价的隐含流动性风险溢价、收益率或业绩指标(如拖欠率或损失严重程度)大幅增加;

(6)出价和要价之间的价差很大或者大幅增加;

(7)该资产或负债(或者类似资产或负债)一级市场的交易活动大幅降低或不存在此类市场;

(8)几乎没有公开可获得的信息,例如一些交易活动由买卖双方直接进行。

相关资产或负债的交易量或交易活跃程度大幅下降的,企业可能需要改变估值技术或者使用多种估值技术,例如使用市场法和收益法。当权衡使用不同估值技术取得的公允价值计量结果时,企业应当考虑公允价值计量各种结果的合理性。即使相关资产或负债的交易量或活跃程度出现大幅下降,企业计量公允价值的目标仍应保持不变。如果资产或负债的交易量或交易活跃程度大幅下降,估计市场参与者在计量日按照当前市场情况愿意进行交易的价格,依赖于计量日的事实和环境,这需要企业进行判断。

4. 公允价值计量结果所属的层次

公允价值计量结果所属的层次,由对公允价值计量整体而言重要的输入值所属的最低层次决定。企业应当在考虑相关资产或负债特征的基础上判断输入值的重要性。企业在进行重要性评估时,应当考虑公允价值计量本身,而不是考虑公允价值的变动以及这些变动的会计处理。企业应当在书面文件中记录其如何评估输入值对于公允价值计量的重要性,并一致应用该政策。

公允价值计量结果所属的层次,取决于估值技术的输入值,而不是估值技术本身。当企业使用的所有输入值都属于同一层次时,例如,企业使用未经调整的活跃市场的报价计量公允价值,公允价值计量结果所属的层次就比较容易确定,但企业在公允价值计量中所使用的输入值可能会属于不同层次。在这种情况下,企业评价某一输入值对公允价值计量整体的重要性,需要职业判断,考虑与相关资产或负债有关的特定因素。

如果企业在公允价值计量中需要使用不可观察输入值对可观察输入值进行调整,并且该调整引起相关资产或负债公允价值计量结果显著增加或显著减少,则公允价值计量结果应当划入第三层次的公允价值计量。例如,企业拥有一家非上市公司100万股普通股股票,并将其作为可供出售金融资产持有。企业以市场法估计该金融资产的公允价值,如可从可比上市公司获得可观察的市场乘数,并在此基础上考虑一个流动性折价的调整因素。由于流动性折价为不可观察输入值,企业使用该流动性折价对可观察的企业价值/税息折旧及摊销前利润乘数进行调整,如果该调整对该金融资产的公允价值计量具有重大影响,那么公允价值计量结果应当被划入第三层次的公允价值计量。

企业在确定公允价值计量所属的层次时,不应考虑为取得基于公允价值的其他计量所作的调整,例如计量公允价值减去处置费用时的处置费用。

5. 第三方报价机构的估值

企业使用第三方报价机构(例如经纪人、做市商等)提供的出价或要价计量相关资产或负债公允价值的,应当确保该第三方报价机构提供的出价或要价遵循了本准则要求。企业应当综合考虑相关资产或负债所处市场的特点、交易是否活跃、是否有足够数量的报价方、报价方是否权威、报价是否持续等因素,对出价和要价的质量进行判断。

企业即使使用了第三方报价机构提供的估值,也不应简单地将该公允价值计量结果划入第三层次输入值。企业应当了解估值服务中应用到的输入值,并根据该输入值的可观察性和重要性,确定相关资产或负债公允价值计量结果的层次。例如,第三方报价机构提供了相同资产或负债在活跃市场报价的,企业应当将该资产或负债的公允价值计量划入第一层次。

如果相关资产或负债的交易量或交易活跃程度出现大幅下降,企业应当评估第三方报价机构在形成报价过程中是否使用了反映有序交易的当前信息或是反映市场参与者假定(包括有关风险的假定)的估值技术。

企业在权衡作为公允价值计量输入值的报价时,应当考虑报价的性质,例如报价是参考价格还是具有约束性的要约,对第三方报价机构提供的具有约束性要约的报价应赋予更多权重,并对不能反映交易结果的报价赋予较少权重。

四、关于非金融资产的公允价值计量

(一)非金融资产的最佳用途

企业以公允价值计量非金融资产,应当考虑市场参与者通过直接将该资产用于最佳用途产生经济利益的能力,或者通过将该资产出售给能够用于最佳用途的,其他市场参与者产生经济利益的能力。

最佳用途,是指市场参与者实现一项非金融资产或其所属的一组资产和负债的价值最大化时该非金融资产的用途。最佳用途是评估行业在非金融资产(例如,房地产等)评估中所使用的估值概念,也称为最高最佳使用。企业判定非金融资产的最佳用途,应当考虑该用途是否为法律上允许、实物上可能以及财务上可行的使用方式。

企业判断非金融资产的用途在法律上是否允许,应当考虑市场参与者在对该非金融资产定价时所考虑的资产使用在法律上的限制。企业在计量日对非金融资产的使用必须未被法律禁止,例如,如果政府禁止在生态保护区内进行房地产开发和经营,则该保护区内土地的最佳用途不可能是工业或商业用途的开发。

企业判断非金融资产的用途在实物上是否可能,应当考虑市场参与者在对该非金融资产定价时所考虑的资产实物特征，例如，一栋建筑物是否能够作为仓库使用。

企业判断非金融资产的用途在财务上是否可行，应当考虑在法律上允许且实物上可能的情况下，市场参与者通过使用该非金融资产能否产生足够的收益或现金流量，从而在补偿将该非金融资产用于这一用途所发生的成本之后，仍然能够满足市场参与者所要求的投资回报。

企业应当从市场参与者的角度确定非金融资产的最佳用途，即使企业已经或者计划将非金融资产用于不同于市场参与者的用途。通常情况下，企业对非金融资产的当前用途可视为最佳用途，除非市场因素或者其他因素表明市场参与者按照其他用途使用该非金融资产可以实现价值最大化。

（二）非金融资产的估值前提

企业以公允价值计量非金融资产，应当在最佳用途的基础上确定该非金融资产的估值前提，即单独使用该非金融资产还是将其与其他资产或负债组合使用：

1. 通过单独使用实现非金融资产最佳用途的，该非金融资产的公允价值应当是将该资产出售给同样单独使用该资产的市场参与者的当前交易价格。

2. 通过与其他资产或负债组合使用实现非金融资产最佳用途的，该非金融资产的公允价值应当是将该资产出售给以同样组合方式使用资产的市场参与者的当前交易价格，并且假定市场参与者可以取得组合中的其他资产或负债。其中，负债包括企业为筹集营运资金产生的负债，但不包括企业为组合之外的资产筹集资金所产生的负债。最佳用途假定应当一致地应用于组合中所有与最佳用途相关的资产。

企业以公允价值计量非金融资产时，即使通过与其他资产或负债组合使用实现该非金融资产最佳用途的，该资产也必须按照与其他会计准则规定的计量单元相一致的方式（可能是单项资产）出售。因为假定市场参与者已取得使该资产正常运作的组合中其他资产和负债。例如，甲公司在非同一控制下的企业合并中取得一台精密设备，该设备是被并购方生产流水线上的专用设备。该设备需要与流水线上其他设备一起组合使用实现最佳用途，在此基础上，甲公司采用收益法对整个流水线进行估值。甲公司按照一定标准，将该公允价值分配到各组成部分，最终确定该精密设备的公允价值。该精密设备作为单项资产，是其他准则所规定的计量单元，因此，甲公司遵循最佳用途，以组合为基础进行估值但在计量时按照计量单元，将组合的估值分配至各单项资产，以确定该精密设备的公允价值。

企业以公允价值计量与其他资产（如安装或配置）或与其他资产及负债（如一项业务）组合使用的非金融资产时，估值前提对该非金融资产公允价值的影响因下列情况而有所不同：

1. 非金融资产与其他资产或负债组合使用前提下的公允价值，与该非金融资产单独使用前提下的公允价值可能相等。例如，企业以公允价值对持续运营的业务进行计量时，需要对业务的整体进行估值。由于市场参与者都能获得业务中每一项资产或负债的协同效应，所以无论资产单独使用还是与其他资产或负债组合使用，协同效应都会影响各项资产和负债的公允价值。

2. 非金融资产与其他资产或负债组合使用前提下的公允价值，可通过对单独使用的该非金融资产价值进行调整反映。例如，非金融资产是一台机器设备，其公允价值计量基于类似机器（没有为使用进行安装或配置）的可观察价格确定，并就运输和安装成本进行调整，从而在公允价值计量中反映了机器的当前状况和位置。

3. 非金融资产与其他资产或负债组合使用前提下的公允价值，可通过市场参与者在资产公允价值计量中采用的假设反映。例如，非金融资产是特殊的存货（在产品），市场参与者会将存货转化为产成品，该存货的公允价值将假设市场参与者已经获取或能够获取将存货转化为产成品所需的任何特殊机器设备。

4. 非金融资产与其他资产或负债组合使用前提下的公允价值，可通过估值技术反映。例如，在使用多期超额收益法计量无形资产的公允价值时，该估值技术特别考虑了无形资产所在组合中的其他配套资产和相关负债的贡献。

5. 在少数情况下，非金融资产与其他资产或负债组合使用前提下的公允价值，通过分配资产组合的公允价值，获得近似于公允价值的金额。如某电力集团拟处置其拥有的一家电厂及其输电系统，对于该输电系统，难以脱离该电厂等其他相关资产而单独产生现金流入，因此该电力集团须将电厂和输电系统组合在一起，先确定该资产组合的公允价值，然后从资产组合的公允价值中减去电厂的公允价值来确定输电系统的公允价值。

五、关于负债和企业自身权益工具的公允价值计量

企业以公允价值计量负债，应当假定在计量日将该负债转移给市场参与者，而且该负债在转移后继续存在，由作为受让方的市场参与者履行相关义务。同样，企业以公允价值计量自身权益工具，应当假定在计量日将该自身权益工具转移给市场参与者，而且该自身权益工具在转移后继续存在，并由作为受让方的市场参与者取得与该工具相关的权利承担相应的义务。

在任何情况下，企业都应当最优先使用相关的可观察输入值，只有在相关可观察输入值无法取得或取得不切实可行的情况下，才可以使用不可观察输入值，用于估计在计量日市场参与者之间按照当前市场情况转移一项负债或权益工具的有序交易中的价格。

（一）确定负债或企业自身权益工具公允价值的方法

1. 具有可观察市场报价的相同或类似负债或企业自身权益工具

如果存在相同或类似负债或企业自身权益工具可观察市场报价，企业应当以该报价为基础确定负债或企业自身权益工具的公允价值。但在很多情况下，由于法律限制或企业未打算转移负债或企业自身权益工具等原因，企业可能无法获得转移相同或类似负债或企业自身权益工具的公开报价。

在上述情形下，企业应当确定该负债或自身权益工具是否被其他方作为资产持有。相关负债或企业自身权益工具被其他方作为资产持有的，企业应当在计量日从持有对应资产的市场参与者角度，以对应资产的公允价值为基础，确定该负债或自身权益工具的公允价值；相关负债或企业自身权益工具没有被其他方作为资产持有的，企业应当从承担负债或者发行权益工具的市场参与者角度，采用估值技术确定该负债或企业自身权益工具的公允价值。

2. 被其他方作为资产持有的负债或企业自身权益工具

对于不存在相同或类似负债或企业自身权益工具报价但其他方将其作为资产持有的负债或企业自身权益工具，企业应当根据下列方法估计其公允价值：

（1）如果对应资产存在活跃市场的报价，并且企业能够获得该报价，企业应当以对应资产的报价为基础确定该负债或企业自身权益工具的公允价值。

（2）如果对应资产不存在活跃市场的报价，或者企业无法获得该报价，企业可使用其他可观察的输入值，例如对应资产在非活跃市场中的报价。

（3）如果（1）和（2）中的可观察价格都不存在,企业应使用收益法、市场法等估值技术。企业使用收益法的，应当考虑市场参与者将该负债或企业自身权益工具作为资产持有时预期收到的现金流量现值。企业使用市场法的，应当考虑其他市场参与者作为资产持有的类似负债或企业自身权益工具的报价。

对应资产的某些特征不适用于负债或企业自身权益工具的，企业应当对该资产的市场报价进行调整，以调整后的价格确定该负债或企业自身权益工具的公允价值。这些调整因素包括：

①对资产的出售受到限制。

②与对应资产相关的负债或企业自身权益工具与所计量负债或企业自身权益工具类似但不相同。负债或权益工具可能具有一些特征，例如发行方的信用质量，与被作为资产持有的类似负债或权益工具的公允价值中反映的特征不同。

③对应资产的计量单元与负债或企业自身权益工具的计量单元不完全相同。如果对应资

产的价格反映了相关债权和第三方信用增级,而负债的计量单元不包括第三方的信用增级,则企业在以公允价值计量该负债时,应当调整对应资产的可观察价格,剔除第三方信用增级的影响。

④其他需要调整的因素。

3. 未被其他方作为资产持有的负债或企业自身权益工具

不存在相同或类似负债或企业自身权益工具报价,并且其他方未将其作为资产持有的,企业应当从承担负债或者发行权益工具的市场参与者角度,采用估值技术确定该负债或企业自身权益工具的公允价值。即使不存在对应资产(如弃置义务),企业也可使用估值技术计量该负债的公允价值,例如,市场参与者预期在履行义务时将发生的未来现金流出的现值。

企业使用现金流量折现法计量未被其他方作为资产持有的负债的公允价值时,应当估计市场参与者为履行相关义务预期流出的未来现金流量。这些流出的未来现金流量应当包括市场参与者关于履行义务成本的预期以及市场参与者为承担义务所要求的补偿。该补偿包括市场参与者承担履约义务(即履行义务的价值,例如,使用了本可用于其他用途的资源)所要求的回报,以及承担与该义务相关风险(即反映实际现金流出可能不同于预期现金流出风险的风险溢价)所要求的回报。企业可通过增加现金流出金额,或者通过降低用于将未来现金流量折现到现值的折现率,将风险溢价反映在未被其他方作为资产持有的负债或企业自身权益工具的公允价值计量中。企业应确保不重复计算或忽略对风险的调整,例如,企业已考虑与承担义务相关的风险补偿,并增加了预计现金流量,则不应再为反映该风险而调整折现率。

企业采用现金流量折现法计量公允价值时,还应当考虑市场参与者在主要的市场(或者最有利的市场)中发行相同合同条款的负债或权益工具时对相同项目(如具有相同信用特征的项目)进行定价时使用的假设,承担相同负债或发行相同权益工具所取得的金额。

(二)不履约风险

企业以公允价值计量相关负债,应当考虑不履约风险,并假定不履约风险在负债转移前后保持不变。不履约风险,是指企业不履行义务的风险,包括但不限于企业自身信用风险。

企业以公允价值计量相关负债时,应该考虑其信用风险(信用状况)的影响,以及其他可能影响负债履行的因素。这些因素的影响会因不同负债而有所不同,例如,该负债是否是一项偿付现金的义务(金融负债)或者一项提供商品或服务的义务(非金融负债),或者存在与该负债相关的信用增级条款。

企业以公允价值计量相关负债,应当基于该负债计量单元考虑不履约风险对负债公允价值的影响。负债附有不可分割的第三方信用增级(例如第三方的债务担保),并且该信用增级与负债是分别进行会计处理的,企业估计该负债公允价值时不应考虑该信用增级的影响,而仅应当考虑企业自身的信用状况。

(三)负债或企业自身权益工具转移受限

企业以公允价值计量负债或自身权益工具,并且该负债或自身权益工具存在限制转移因素的,如果企业在公允价值计量的输入值中已经考虑了这些因素,则不应再单独设置相关输入值,也不应对其他输入值进行相关调整。

例如,债权人和债务人在交易日完全了解相关义务包含转移限制的情况,并接受负债的交易价格。由于交易价格已包含转移限制,企业不需要在交易日或后续计量日通过重新设立单独输入值或者对现有输入值的调整来反映转移限制的影响。

但对于负债转移的限制未反映在交易价格或用于计量公允价值的其他输入值中的,企业应当对输入值进行调整,以反映该限制。

(四)具有可随时要求偿还特征的金融负债

具有可随时要求偿还特征的金融负债的公允价值,不应低于债权人要求偿还时的应付金额，即从可要求偿还的第一天起折现的现值。

例如，对于银行而言，其吸收的客户活期存款是具有可随时要求偿还特征的金融负债，反映了银行需根据存款人需求随时偿还现金给存款人或者存款人指定的第三方的合同义务。

在许多情况下，此类金融负债可观察的市场价格是客户与银行之间产生此类负债时所使用的价格，即要求偿还的金额。企业不应将具有可随时要求偿还特征的金融负债的公允价值确认为低于要求偿还时的应付金额，否则，这一做法将使此类金融负债因在初始确认时以低于随时要求偿还的金额计量而立即产生一项利得。该结果显然不合理。因此，本准则规定，具有可随时要求偿还特征的金融负债的公允价值，不应低于债权人要求偿还时的应付金额。

六、关于市场风险或信用风险可抵销的金融资产和金融负债的公允价值计量

企业持有一组金融资产和金融负债时，将会面临市场风险（包括利率风险、货币风险和其他价格风险等）和交易对手的信用风险。通常情况下，企业不是通过"出售"金融资产或"转移"金融负债来管理其面临的市场风险及信用风险敞口，而是基于一个或多个特定市场风险或特定交易对于信用风险的净敞口管理这些金融工具。

企业基于其市场风险或特定交易对于信用风险的净敞口来管理其金融资产和金融负债时，在满足本准则要求的情况下，可以在当前市场情况下市场参与者之间于计量日进行的有序交易中，以出售特定风险敞口的净多头（即资产）所能收到的价格或转移特定风险敞口的净空头（即负债）所需支付的价格为基础，计量该组金融资产和金融负债的公允价值。企业应当以与市场参与者在计量日对净风险敞口定价相一致的方式，计量一组金融资产和金融负债的公允价值。

关于组合管理的金融资产和金融负债的列报，企业应当遵循其他相关会计准则。例如，如果相关会计准则不允许金融工具以净额为基础列报，企业在资产负债表中应当分别列报金融资产和金融负债。在这种情况下，企业需要将以净风险敞口为基础组合管理的金融资产和金融负债组合的公允价值分配至各金融资产和金融负债。企业应当合理、一贯地采用适合于当前情况的方法进行分配。

（一）金融资产和金融负债组合计量的条件

企业按照本准则的例外规定以公允价值计量金融资产和金融负债组合的，应当同时满足下列条件：

1. 企业在风险管理或投资策略的正式书面文件中已载明，以特定市场风险或特定对于信用风险的净敞口为基础，管理金融资产和金融负债的组合。企业应当提供证据，以证明其一致地基于市场风险或信用风险的净敞口管理金融工具。因为企业可能在各期间针对特定投资组合保持一致的管理，也可能在有些期间针对该投资组合运用净额基础，而在其他期间运用总额基础。

2. 企业以特定市场风险或特定对于信用风险的净敞口为基础，向企业关键管理人员报告金融资产和金融负债组合的信息。

3. 企业在每个资产负债表日持续以公允价值计量组合中的金融资产和金融负债。企业应当（或者已选择，例如应用公允价值选择权）持续以公允价值计量这些金融工具。企业并未以净额基础管理风险敞口，或并未基于公允价值管理这些金融工具的，不应基于企业的净风险敞口来计量这些金融工具的公允价值。

本准则的例外要求仅适用于符合上述条件的、并由《企业会计准则第22号——金融工具确认和计量》规范的金融资产、金融负债和其他合同的公允价值计量。

（二）金融资产和金融负债的市场风险敞口

企业以公允价值计量基于特定市场风险的净敞口管理的金融资产和金融负债的，应当对市场风险净敞口使用价差（出价—要价）内最能代表当前市场环境下公允价值的价格。

企业以公允价值计量基于特定市场风险的净敞口管理的金融资产和金融负债的，金融资产和金融负债应当具有实质上相同的特定市场风险敞口。例如，企业不会对与金融资产相关的利率风险和与金融负债相关的商品价格风险进行结合管理，因为这样的做法不会减小企业利率风险或商品价格风险的敞口。企业运用该规定的，应当考虑由于市场风险参数不完全相同所引起的基差风险。企业会因基差风险不同而选择不同的市场风险输入值。因此，企业对金融资产和该金融负债进行组合管理的，如果不能缓解金融资产面临的市场风险和金融负债面临的其他市场风险，则不应运用该规定。

类似地，企业以公允价值计量基于特定市场风险的净敞口管理的金融资产和金融负债的，金融资产和金融负债应当具有实质上相同的特定市场风险的期限。因期限不同而导致在一段时期市场风险未被抵销的，企业应当分别计量其在市场风险被抵销时期的市场风险净敞口，以及在其他时期（即市场风险未被抵销的时期）的市场风险总敞口。例如，企业使用12个月的期货合同对应5年期金融工具中与12个月利率风险敞口价值相关的现金流量，对于由这些金融资产和金融负债组成的组合，企业以净额为基础计量12个月利率风险敞口的公允价值，以总额为基础计量剩余利率风险敞口（即第2年至第5年）的公允价值。

（三）金融资产和金融负债的信用风险敞口

企业以公允价值计量相关资产或负债，如果已与交易对手达成了在出现违约情况下将考虑所有能够缓释信用风险敞口的安排（例如，与交易对手订立的总互抵协议，或者要求基于各方对另一方信用风险的净敞口交换担保品的协议），则应在公允价值计量中考虑交易对于信用风险的净敞口或者该交易对于对企业信用风险的净敞口。企业以公允价值计量相关资产或负债，应当反映市场参与者对这些安排在出现违约情况下能够依法强制执行的可能性的预期。

企业为管理一个或多个特定市场风险净敞口而进行组合管理的金融资产和金融负债，可以不同于企业为管理其特定交易对手信用风险净敞口而进行组合管理的金融资产和金融负债，因为企业所有合同不可能均与相同的交易对手订立。

七、关于公允价值披露

企业应当披露在公允价值计量中所使用的估值技术和输入值，以及在持续的公允价值计量中使用的重大不可观察输入值及其对当期损益或其他综合收益的影响，以使财务报表使用者能够做出合理评价。

企业应当根据所处的市场环境，考虑公允价值披露的详尽程度、重要程度、汇总或细化程度，以及是否需要向报表使用者提供额外信息，以帮助这些使用者评价公允价值披露的量化信息。

企业在进行公允价值披露时，应当区分持续的公允价值计量和非持续的公允价值计量，并适用不同的披露要求。持续的公允价值计量，是指其他相关会计准则要求或允许企业在每个资产负债表日持续以公允价值进行的计量，例如，对交易性金融资产公允价值的计量。非持续的公允价值计量，是指其他相关会计准则要求或允许企业在特定情况下的资产负债表中以公允价值进行的计量，例如对持有待售的非流动资产公允价值的计量。

企业以公允价值计量市场风险或信用风险可抵销的金融资产和金融负债组合的，应当披露该事实。对于以公允价值计量并且附有不可分割的第三方信用增级的负债，企业应当披露该信用增级，并说明该负债的公允价值计量中是否已反映该信用增级。企业应当以表格形式披露本准则要求的量化信息，除非其他形式更恰当。

（一）对相关资产或负债进行分组

企业应当根据相关资产或负债的性质、特征、风险以及公允价值计量的层次，对相关资产或负债进行恰当分组，并按照组别披露公允价值计量的相关信息。

相关资产或负债的组别通常是在资产负债表列报项目基础上根据相关资产或负债的性质、特征、风险以及公允价值计量的层次（如估值技术、输入值或其他事项等）进一步细化。企业应当披露各组别与资产负债表列报项目之间的调节信息。对于第三层次公允价值计量，企业应当更加细化地披露，以充分反映第三层次公允价值计量涉及的不确定性和主观性。

其他相关会计准则明确规定了相关资产或负债组别且其分组原则符合本准则规定的，企业可直接使用该组别提供相关信息。

公允价值计量准则对已确认的公允价值计量有不同的披露要求，这取决于这些公允价值计量是持续的还是非持续的。因此，企业在进行公允价值披露时，应当区分持续的公允价值计量和非持续的公允价值计量，并适用不同的披露要求。

对于持续和非持续的公允价值计量，企业至少应提供各组资产或负债的定量信息，具体披露格式如表1所示。

（二）第一层次公允价值计量信息的披露要求

对于持续和非持续的公允价值计量，企业应当披露第一层次公允价值计量中所属项目及其金额。具体披露参见表1。

表1　公允价值计量披露格式

项　目	20××年12月31日	第一层次公允价值计量	第二层次公允价值计量	第三层次公允价值计量	合计
一、持续公允价值计量					
（一）以公允价值计量且其变动计入当期损益的金融资产					
1. 交易性金融资产					
（1）债务工具投资					
（2）权益工具投资					
（3）衍生金融资产					
2. 指定为以公允价值计量且其变动计入当期损益的金融资产					
（1）债务工具投资					
（2）权益工具投资					
（二）可供出售金融资产					
1. 债务工具投资					
2. 权益工具投资					
3. 其他					
（三）投资性房地产					
1. 出租的土地使用权					
2. 出租的建筑物					

(续表)

项　目	20××年12月31日	第一层次公允价值计量	第二层次公允价值计量	第三层次公允价值计量	合计
3.持有并准备增值后转让的土地使用权					
（四）生物资产					
1.消耗性生物资产					
2.生产性生物资产持续以公允价值计量的资产总额					
二、非持续的公允价值计量					
持有待售资产					
非持续的公允价值计量的资产总额					

注：企业可以根据本准则的规定，并结合自身实际情况，对具体项目作相应调整。除非存在企业认为更适合的格式，否则负债将采用类似的表格列报。

（三）第二层次公允价值计量信息的披露要求

对于持续和非持续的第二层次公允价值计量，企业应当披露第二层次公允价值计量中所属项目及其金额，以及在公允价值计量中使用的估值技术和输入值的描述性信息。当变更估值技术时，企业还应当披露这一变更以及变更的原因。关于第二层次公允价值计量中所属项目及其金额，具体披露参见表1。

企业披露的估值技术和输入值的描述性信息通常包括：

1.是否存在可供企业选择的其他估值技术，如果存在，企业是如何在这些估值技术中进行选择的。

2.企业所选估值技术可能存在的风险或缺陷。

3.根据市场价格校准估值模型的方法和频率。

4.对使用第三方报价机构估值的描述，如获得多少个报价、使用了哪一个第三方报价机构的估值、为何选择该报价机构等。

5.企业采用类似资产或负债的报价对相关资产或负债进行公允价值计量的，如何根据相关资产或负债的特征调整该报价。

6.企业使用估值模型以外因素对模型进行调整的，描述这些因素是什么，以及如何进行调整。

（四）第三层次公允价值计量信息的披露要求

1.对于持续和非持续的第三层次公允价值计量，企业应当披露第三层次公允价值计量中所属项目及其金额。具体披露参见表1。

2.对于持续和非持续的第三层次公允价值计量，企业应当披露在公允价值计量中使用的估值技术和输入值的描述性信息。当变更估值技术时，企业还应当披露这一变更以及变更的原因。

由于第三层次公允价值计量相比第二层次公允价值计量主观性更强，企业应当参照第二层次公允价值计量对估值技术和输入值的描述性要求，披露更多信息，以帮助财务报表使用者更好地理解企业在公允价值计量中所做的判断和假设。

企业应当披露公允价值计量中使用的重要的、可合理取得的不可观察输入值的量化信息。在公开信息无法获取或获取不切实可行的情况下，企业披露这些信息，将有助于财务报表使用者了解公允价值计量所隐含的不确定性。

如果企业是直接应用第三方报价机构提供的报价或以前交易的实际交易价格，并且未进行任何调整，考虑到企业未参与设定该数量化的不可观察输入值，企业可以不披露相关不可观察输入值的定量信息。但企业不能忽略在公允价值计量中使用的、并且可合理取得的数量化的不可观察输入值。

为帮助财务报表使用者评价所披露的定量信息，企业可考虑披露以公允价值计量的项目的性质，包括在确定相关输入值时所考虑的相关资产或负债的特征，以及在计量公允价值时如何考虑经纪人或定价服务机构报价等第三方信息。

对于持续和非持续的公允价值计量，对于重要的、可合理取得的不可观察输入值的量化信息，企业可以采用表格形式披露相关信息，具体披露格式如表2所示。

表2　第三层次公允价值计量的定量信息

	20××年12月31日的公允价值	估值技术	不可观察输入值	范围区间（加权平均值）
权益工具投资		现金流量折现法	加权平均资本成本	
			长期收入增长率	
			长期税前营业利润	
			流动性折价	
			控制权溢价	
权益工具投资		上市公司比较法	流动性折价	
			控制权溢价	
债务工具投资		现金流量折现法	提前偿付率	
			违约概率	
			违约损失率	
衍生金融资产		期权定价模型	波动率	
			交易对手信用风险	
			自身信用风险	
出租的建筑物		现金流量折现法	长期净营业收入利润率	
			计算资产余值所使用的利率	

注：企业可以根据本准则的规定，并结合自身的实际情况，对具体项目作相应调整。除非存在企业认为更适合的格式，否则负债将采用类似的表格列报。

3.对于持续和非持续的第三层次公允价值计量，企业应当披露估值流程的描述性信息，例如企业如何确定其估值政策、估值程序以及分析各期间公允价值计量的变动等。企业在披露估值流程的描述性信息时，通常包括下列信息：

《企业会计准则第 39 号——公允价值计量》应用指南

第一,企业内部有专门的团队负责估值政策和估值流程的,应当披露企业内部如何决定估值政策以及估值流程的描述性信息。

第二,风险管理部门或审计委员会等是否定期讨论和评估公允价值计量,并且这些讨论和评估是如何进行的。

第三,各期间公允价值计量变动分析等。

4. 对于持续的第三层次公允价值计量,企业应当披露期初余额与期末余额之间的调节信息,包括计入当期损益的已实现利得或损失总额,以及确认这些利得或损失时的损益项目;期末持有资产或负债计入当期损益的未实现利得或损失总额,以及确认这些未实现利得或损失时的损益项目;计入当期其他综合收益的利得或损失总额,以及确认这些利得或损失时的其他综合收益项目;购买、出售、发行和结算以及转入、转出等情况。

对于划入第三层次的持续的公允价值计量,企业应当披露每组资产或负债如何从期初余额调节至期末余额。企业可以采用表格形式披露相关信息,具体披露格式如表 3 所示。

表 3　第三层次公允价值计量

项　目	期初余额	转入第三层次	转出第三层次	当期利得或损失总额		购买、发行、出售和结算				期末余额	对于在报告期末持有的资产,计入损益的当期未实现利得或损失的变动
				计入损益	计入其他综合收益	购买	发行	出售	结算		
交易性金融资产											
债务工具投资											
权益工具投资											
衍生净融资产											
指定为以公允价值计量且其变动计入当期损益的金融资产											
债务工具投资											
权益工具投资											
可供出售金融资产											
债务工具投资											
权益工具投资											
其他											
投资性房地产											
出租的土地使用权											
出租的建筑物											
持有并准备增值后转让的土地使用权											

（续表）

项　目	期初余额	转入第三层次	转出第三层次	当期利得或损失总额		购买、发行、出售和结算				期末余额	对于在报告期末持有的资产，计入损益的当期未实现利得或损失的变动
				计入损益	计入其他综合收益	购买	发行	出售	结算		
生物资产											
消耗性生物资产											
生产性生物资产											
合　计											

注：企业可以根据本准则的规定，并结合自身的实际情况，对具体项目作相应调整，除非存在企业认为更适合的格式，否则负债将采用类似的表格列报。

其中，计入当前损益的利得和损失中与金融资产和非金融资产有关的损益信息的披露如表4所示。

表4　与金融资产和非金融资产有关损益信息的披露

	与金融资产有关的损益	与非金融资产有关的损益
计入损益的当期利得或损失总额		
对于在报告期末持有的资产，计入损益的当期期未实现利得或损失的变动		

5.对于持续的第三层次公允价值计量，企业改变不可观察输入值可能导致公允价值显著变化的，应当按照相关资产或负债的类别披露有关敏感性分析的描述性信息。企业应当根据净利润、总资产或总负债或者公允价值变动在其他综合收益中确认情况下的所有者权益判断该变化的显著性。

当这些可能导致公允价值显著变化的输入值与企业使用的其他不可观察输入值之间具有相关关系时，企业应当描述这种相关关系及其影响，其中不可观察输入值至少应当包括对公允价值计量而言重要的不可观察输入值。

对于金融资产和金融负债，企业为反映合理、可能的其他假设而变更一个或多个不可观察输入值导致公允价值显著变化的，还应当披露这一事实、变更的影响金额及其计算方法。为此，企业应当根据净利润、总资产或总负债或者公允价值变动在其他综合收益中确认情况下的所有者权益判断该变化的显著性。

例如，对于以公允价值计量的住房抵押贷款证券，企业将会用到提前偿付率、违约率和违约损失率等重大不可观察输入值。每一项输入值的变动将导致该证券公允价值计量值显著变化。通常，企业关于违约率假设的变动将会导致有关违约损失率假设的同方向变动，并导致有关提前偿付率假设的反方向变动。

（五）公允价值计量各层次之间转换的披露要求

对于持续的公允价值计量，企业应当披露在公允价值计量各层次之间转换的金额和原因。无论各层次之间转换的金额是否重大，企业都应当披露转入或转出第一、第二、第三层次的金额，以有助于财务报表使用者分析企业未来的流动性风险和企业对公允价值计量相对主观性的风险敞口，并且每一层次的转入与转出应当分别披露。

企业应当披露确定各层次之间转换时点的政策。企业确定转换时点的政策应至少包括以下内容：

1. 导致各层次发生转换的事件或情况变化的日期。
2. 报告期期初。
3. 报告期期末。

企业调整公允价值计量层次转换时点的相关会计政策，应当一致地应用于转出的公允价值计量层次和转入的公允价值计量层次，并在前后各会计期间保持一致。

（六）非金融资产最佳用途不同于当前用途的披露要求

对于持续和非持续的公允价值计量，非金融资产的最佳用途与其当前用途不同的，企业应当披露这一事实及其原因。企业披露该信息有助于报表使用者了解企业有关该非金融资产的使用方式以及与企业战略和经营计划的契合方式，能够为财务报表使用者提供预测未来现金流量的有用信息。

（七）不以公允价值计量但以公允价值披露项目的披露要求

对于不以公允价值计量但以公允价值披露的资产和负债，企业应当披露下列信息：

1. 公允价值计量结果所属的层次。
2. 对于第二层次公允价值计量，披露使用的估值技术和输入值的描述性信息。当变更估值技术时，披露这一变更以及变更的原因。
3. 对于第三层次公允价值计量，披露使用的估值技术和输入值的描述性信息。当变更估值技术时，披露这一变更以及变更的原因。
4. 非金融资产最佳用途与其当前用途不同的，披露这一事实及其原因。

八、关于衔接规定

本准则施行日之前的公允价值计量与本准则要求不一致的，企业不作追溯调整。比较财务报表中披露的本准则施行日之前的信息与本准则要求不一致的，企业不需要按照本准则的规定进行调整。

《企业会计准则第 40 号——合营安排》应用指南

一、总体要求

《企业会计准则第 40 号——合营安排》（以下简称"本准则"）明确提出了合营安排的定义，规定了合营安排的认定与分类的原则和方法、并规范了各参与方在合营安排中利益份额的会计处理。

本准则明确提出了合营安排的定义。合营安排是一项由两个或两个以上的参与方共同控制的安排。合营安排具有两个特征：一是各参与方均受到该安排的约束；二是两个或两个以上的参与方对该安排实施共同控制，即任何一个参与方都不能够单独控制该安排，对该安排具有共同控制的任何一个参与方均能够阻止其他参与方或参与方组合单独控制该安排。

本准则规定了合营安排的认定与分类的原则和方法。是否存在共同控制是判断一项安排是否为合营安排的关键。共同控制是按照相关约定等分享对一项安排的控制权，并且仅在对相关活动（即对该安排的回报具有重大影响的活动）的决策要求分享控制权的参与方一致同意时才存在。

合营安排分为两类——共同经营和合营企业。共同经营，是指共同控制一项安排的参与方享有与该安排相关资产的权利，并承担与该安排相关负债的合营安排。合营企业是共同控制一项安排的参与方仅对该安排的净资产享有权利的合营安排。认定一项安排是合营安排后，应当根据合营方获得回报的方式这一经济实质，来判断该合营安排应当被划分为共同经营还是合营企业。即如果合营方通过对合营安排的资产享有权利，并对合营安排的义务承担责任来获得回报，则该合营安排应当被划分为共同经营；如果合营方仅对合营安排的净资产享有权利，则该合营安排应当被划分为合营企业。

本准则规范了各参与方在共同经营和合营企业中利益份额的会计处理原则，在会计处理上适用其他准则的，本准则作了相应说明。

合营方在合营安排中权益的披露，适用《企业会计准则第 41 号——在其他主体中权益的披露》（以下简称"在其他主体中权益的披露准则"）及其应用指南（2014）。

二、关于适用范围

本准则适用于符合合营安排定义的各项安排，包括共同经营和合营企业。

值得注意的是，《中外合资经营企业法》中的"合营企业"，是指在中国境内，外方投资者与中国投资者共同举办的企业。该"合营企业"与本准则中所指的"合营企业"并不是一个概念，企业在执行本准则时，应注意避免混淆。

另外，当认定风险资本组织、共同基金、信托公司或包括投连险基金在内的类似主体在合营企业中拥有权益时，考虑到对这些主体所持有的投资以公允价值计量比采用权益法核算能够为财务报表使用者提供更有用的信息，允许这些主体对持有的在合营企业中的权益，按照《企业会计准则第 22 号——金融工具确认和计量》（以下简称"金融工具确认和计量准则"）以公允价值计量，且其变动计入损益。这种例外规定是计量方面的豁免，而不是将这些主体拥有在合营企业中的权益排除在本准则的范围之外。

《企业会计准则第 40 号——合营安排》应用指南

三、关于本准则与其他相关准则的关系

当一项安排因不存在共同控制，从而被排除在本准则范围之外时，主体应根据相关企业会计准则，例如，《企业会计准则第 2 号——长期股权投资》（以下简称"长期股权投资准则"）《企业会计准则第 33 号——合并财务报表》（以下简称"合并财务报表准则"）、金融工具确认和计量准则等相关准则，对其在安排中的权益进行会计处理。

四、关于合营安排的认定

（一）合营安排的定义和特征

合营安排是一项由两个或两个以上的参与方共同控制的安排。

合营安排同时具有以下特征：一是各参与方受到该安排的约束；二是两个或两个以上的参与方对该安排实施共同控制。

1. 各参与方受到该安排的约束

合营安排通过相关约定对各参与方予以约束。相关约定，是指据以判断是否存在共同控制的一系列具有执行力的合约。

在形式上，相关约定通常包括合营安排各参与方达成的合同安排，如合同、协议、会议纪要、契约等，也包括对该安排构成约束的法律形式本身。

在内容上，相关约定包括但不限于对以下内容的约定：一是对合营安排的目的、业务活动及期限的约定；二是对合营安排的治理机构（如董事会或类似机构）成员的任命方式的约定；三是对合营安排相关事项的决策方式的约定，包括哪些事项需要参与方决策、参与方的表决权情况、决策事项所需的表决权比例等内容，合营安排相关事项的决策方式是分析是否存在共同控制的重要因素；四是对参与方需要提供的资本或其他投入的约定；五是对合营安排的资产、负债、收入、费用、损益在参与方之间的分配方式的约定。

当合营安排通过单独主体达成时（本指南第五部分将对单独主体进行详细说明），该单独主体所制定的条款、章程或其他法律文件有时会涵盖相关约定的全部或部分内容。

2. 两个或两个以上的参与方对该安排实施共同控制

共同控制不同于控制，共同控制由两个或两个以上的参与方实施，而控制由单一参与方实施。共同控制也不同于重大影响，享有重大影响的参与方只拥有参与安排的财务和经营政策的决策的权力，但并不能够控制或者与其他方一起共同控制这些政策的制定。

（二）合营安排的认定

要认定一项安排是否为合营安排，需要准确把握"共同控制""参与方"等概念。其中，是否存在共同控制是判断一项安排是否为合营安排的关键。

1. 共同控制

共同控制，是指按照相关约定对某项安排所共有的控制，并且该安排的相关活动必须经过分享控制权的参与方一致同意后才能决策。在判断是否存在共同控制时，应当按照本准则，首先判断是否由所有参与方或参与方组合集体控制该安排，其次再判断该安排相关活动的决策是否必须经过这些参与方一致同意。

相关活动是指对某项安排的回报产生重大影响的活动。某项安排的相关活动应当根据具体情况进行判断，通常包括商品或劳务的销售和购买、金融资产的管理、资产的购买和处置、研究与开发活动以及融资活动等。

（1）集体控制

如果所有参与方或一组参与方必须一致行动才能决定某项安排的相关活动，则称所有参与方或一组参与方集体控制该安排。在判断集体控制时，需要注意以下几点：

①集体控制不是单独一方控制。为了确定相关约定是否赋予参与方对该安排的共同

控制，主体首先识别该安排的相关活动，然后确定哪些权利赋予参与方主导相关活动的权力。

值得注意的是，"参与方组合"仅泛指参与方的不同联合方式，并不是一个专门的术语。如果某一个参与方能够单独主导该安排中的相关活动，则可能为控制。如果一组参与方或所有参与方联合起来才能够主导该安排中的相关活动，则为集体控制。即，在集体控制下，不存在任何一个参与方能够单独控制某安排的情况，而是由一组参与方或所有参与方联合起来才能控制该安排。

②尽管所有参与方联合起来一定能够控制该安排，但集体控制下，集体控制该安排的组合指的是那些既能联合起来控制该安排，又使得参与方数量最少的一个或几个参与方组合。

（2）有关相关活动的决策

主体应当在确定是由参与方组合集体控制该安排，而不是某一参与方单独控制该安排后，再判断这些集体控制该安排的参与方是否共同控制该安排。当且仅当相关活动的决策要求集体控制该安排的参与方一致同意时，才存在共同控制。

存在共同控制时，有关合营安排相关活动的所有重大决策必须经分享控制权的各方一致同意。一致同意的规定保证了对合营安排具有共同控制的任何一个参与方均可以阻止其他参与方在未经其同意的情况下就相关活动单方面作出决策。

"一致同意"中，并不要求其中一方必须具备主动提出议案的权力，只要具备对合营安排相关活动的所有重大决策予以否决的权力即可；也不需要该安排的每个参与方都一致同意，只要那些能够集体控制该安排的参与方意见一致，就可以达成一致同意。

在实务中，各参与方不乏采取签署"一致行动协议"的方式，以实现共同控制。

在判断"一致行动协议"是否构成共同控制时，还需要考虑其他投资方持有表决权的分散程度。

值得注意的是，"一致行动协议"并不一定表明存在共同控制，在某些情况下可能是某一参与方实际获得了控制权。

有时，相关约定中设定的决策方式也可能暗含需要达成一致同意。例如，假定两方建立一项安排，在该安排中双方各持有50%的表决权。双方约定，对相关活动作出决策至少需要51%的表决权。在这种情况下，意味着双方同意共同控制该安排，因为如果没有双方的一致同意，就无法对相关活动作出决策。

当相关约定中设定了就相关活动作出决策所需的最低表决权比例时，若存在多种参与方的组合形式均能满足最低表决权比例要求的情形，则该安排就不是合营安排；除非相关约定明确指出，需要其中哪些参与方一致同意才能就相关活动作出决策。

如果存在两个或两个以上的参与方组合能够集体控制某项安排的，不构成共同控制，即共同控制合营安排的参与方组合是唯一的。

存在集体控制仅说明该安排中，不存在任何一方单独控制该安排的情况。要想达到共同控制，还需要在集体控制的基础上，判断该安排相关活动的决策是否必须经过这些集体控制该安排的参与方一致同意才可作出。一般而言，如果一项安排仅存在一组参与方能够集体控制，该集体控制为共同控制。

在一项安排中，某一参与方可能被任命来管理该安排的日常运行。如果该安排的相关活动需要由各参与方共同作出决定，而且管理方在这一决定的框架内行事，则任何一个参与方作为管理方均不会影响该安排是合营安排的判断。但是，如果管理方能够单方面就该安排的相关活动作出决定，从而拥有对该安排的权力，通过参与该安排的相关活动而享有可变回报，并且有能力运用对该安排的权力影响其回报金额，则该管理方单方控制该安排，而不是和其他参与方共同控制该安排，该安排不是合营安排。

（3）争议解决机制

在分析合营安排的各方是否共同分享控制权时，要关注对于争议解决机制的安排。相关约定可能包括处理纠纷的条款，例如仲裁。这些条款可能允许具有共同控制权的各参与方在没有达成一致意见的情况下进行决策。这些条款的存在不会妨碍该安排构成共同控制的判断，因此，也不会妨碍该安排成为合营安排。但是，值得注意的是，如果在各方未就相关活动的重大决策达成一致意见的情况下，其中一方具备"一票通过权"或者潜在表决权等特殊权力，则需要仔细分析，很可能具有特殊权力的一方实质上具备控制权。

在分析争议解决机制时，还需要关注参与方是否拥有期权等潜在表决权。

有时，协议中可能约定，各参与方意见均不一致时，哪个参与方拥有最终决策权。在判断合营安排的合营方时，也需要考虑最终决策者，但最终决策者未必就是控制方。

（4）仅享有保护性权利的参与方不享有共同控制

保护性权利，是指仅为了保护权利持有人利益却没有赋予持有人对相关活动进行决策的一项权利。保护性权利通常只能在合营安排发生根本性改变或某些例外情况发生时才能够行使，它既没有赋予其持有人对合营安排拥有权力，也不能阻止其他参与方对合营安排拥有权力。值得注意的是，对于某些安排，相关活动仅在特定情况或特定事项发生时开展，例如，某些安排在设计时就确定了安排的活动及其回报，在特定情况或特定事项发生之前不需要进行重大决策。这种情况下，权利在特定情况或特定事项发生时方可行使并不意味该权利是保护性权利。

如果一致同意的要求仅仅与向某些参与方提供保护性权利的决策有关，而与该安排的相关活动的决策无关，那么拥有该保护性权利的参与方不会仅仅因为该保护性权利而成为该项安排的合营方。因此，在评估参与方能否共同控制合营安排时，必须具体区别参与方持有的权利是否为保护性权利，该权利不影响其他参与方控制或共同控制该安排。

（5）一项安排的不同活动可能分别由不同的参与方或参与方组合主导在不同阶段，一项安排可能发生不同的活动，从而导致不同参与方可能主导不同相关活动，或者共同主导所有相关活动。

不同参与方分别主导不同相关活动时，相关的参与方需要分别评估自身是否拥有主导对回报产生最重大影响的活动的权利，从而确定是否能够控制该项安排，而不是与其他参与方共同控制该项安排。

（6）综合评估多项相关协议

有时，一项安排的各参与方之间可能存在多项相关协议。在单独考虑一份协议时，某参与方可能对合营安排具有共同控制，但在综合考虑该安排的目的和设计的所有情况时，该参与方实际上不一定对该安排并不具有共同控制。因此，在判断是否存在共同控制时，需要综合考虑该多项相关协议。

2. 合营安排中的不同参与方

只要两个或两个以上的参与方对该安排实施共同控制，一项安排就可以被认定为合营安排，并不要求所有参与方都对该安排享有共同控制。对合营安排享有共同控制的参与方（分享控制权的参与方）被称为"合营方"；对合营安排不享有共同控制的参与方被称为"非合营方"。

五、关于合营安排的分类

合营安排分为共同经营和合营企业。共同经营，是指合营方享有该安排相关资产且承担该安排相关负债的合营安排。合营企业,是指合营方仅对该安排的净资产享有权利的合营安排。合营方应当根据其在合营安排的正常经营中享有的权利和承担的义务,来确定合营安排的分类。对权利和义务进行评价时,应当考虑该合营安排的结构、法律形式以及合营安排中约定的条款、其他相关事实和情况等因素。

合营安排是为不同目的而设立的(例如,参与方为了共同承担成本和风险,或者参与方为了获得新技术或新市场),可以采用不同的结构和法律形式。一些安排不要求采用单独主体的形式开展其活动,另一些安排则涉及构造单独主体。在实务中主体可以从合营安排是否通过单独主体达成为起点,判断一项合营安排是共同经营还是合营企业。

(一)单独主体

本准则中的单独主体(下同),是指具有单独可辨认的财务架构的主体,包括单独的法人主体和不具备法人主体资格但法律所认可的主体。单独主体并不一定要具备法人资格,但必须具有法律所认可的单独可辨认的财务架构,确认某主体是否属于单独主体必须考虑适用的法律、法规。

具有可单独辨认的资产、负债、收入、费用、财务安排和会计记录,并且具有一定法律形式的主体,构成法律认可的单独可辨认的财务架构。合营安排最常见的形式包括有限责任公司、合伙企业、合作企业等。在某些情况下,信托、基金也可被视为单独主体。

(二)合营安排未通过单独主体达成

当合营安排未通过单独主体达成时,该合营安排为共同经营。在这种情况下,合营方通常通过相关约定享有与该安排相关资产的权利,并承担与该安排相关负债的义务,同时,享有相应收入的权利、并承担相应费用的责任,因此该合营安排应当划分为共同经营。

(三)合营安排通过单独主体达成

如果合营安排通过单独主体达成,在判断该合营安排是共同经营还是合营企业时,通常首先分析单独主体的法律形式,法律形式不足以判断时,将法律形式与合同安排结合进行分析,法律形式和合同安排均不足以判断时,进一步考虑其他事实和情况。

1. 分析单独主体的法律形式

各参与方应当根据该单独主体的法律形式,判断该安排是赋予参与方享有与安排相关资产的权利、并承担与安排相关负债的义务,还是赋予参与方享有该安排的净资产的权利。也就是说,各参与方应当依据单独主体的法律形式判断是否能将参与方和单独主体分离。例如,各参与方可能通过单独主体执行合营安排,单独主体的法律形式决定在单独主体中的资产和负债是单独主体的资产和负债,而不是各参与方的资产和负债。在这种情况下,基于单独主体的法律形式赋予各参与方的权利和义务,可以初步判定该项安排是合营企业。

在各参与方通过单独主体达成合营安排的情形下,当且仅当单独主体的法律形式没有将参与方和单独主体分离(即单独主体持有的资产和负债是各参与方的资产和负债)时,基于单独主体的法律形式赋予参与方权利和义务的判断,足以说明该合营安排是共同经营。

通常,单独主体的资产和负债很可能与参与方在法律形式上明显分割开来。例如,根据《中华人民共和国公司法》(以下简称"公司法")的有关规定,"公司是企业法人,有独立的法人财产,享有法人财产权。公司以其全部财产对公司的债务承担责任。有限责任公司的股东以其认缴的出资额为限对公司承担责任;股份有限公司的股东以其认购的股份为限对公司承担责任。"因此,当一项合营安排是按照公司法设立的有限责任公司或者股份有限公司时,其法律形式将合营安排对资产的权利和对负债的义务与该安排的参与方明显分割开来。

2. 分析合同安排

当单独主体的法律形式并不能将合营安排的资产的权利和对负债的义务授予该安排的

参与方时,还需要进一步分析各参与方之间是否通过合同安排赋予该安排的参与方对合营安排资产的权利和对合营安排负债的义务。合同安排中常见的某些特征或者条款可能表明该安排为共同经营或者合营企业。共同经营和合营企业的一些普遍特征的比较包括但不限于表1所示:

表1 共同经营和合营企业对比表

对比项目	共同经营	合营企业
合营安排的条款	参与方对合营安排的相关资产享有权利并对相关负债承担义务	参与方对合营安排有关的净资产享有权利,即单独主体(而不是参与方),享有与安排相关资产的权利,并承担与安排相关负债的义务
对资产的权利	参与方按照约定的比例分享合营安排的相关资产的全部利益(例如,权利、权属或所有权等)	资产属于合营安排自身,参与方并不对资产享有权利
对负债的义务	参与方按照约定的比例分担合营安排的成本、费用、债务及义务。第三方对该安排提出的索赔要求,参与方作为义务人承担赔偿责任	合营安排对自身的债务或义务承担责任。参与方仅以其各自对该安排认缴的投资额为限对该安排承担相应的义务。合营安排的债务对参与方进行追索
收入、费用及损益	合营安排建立了各参与方按照约定的比例(例如按照各自所耗用的产能比例)分配收入和费用的机制。某些情况下,参与方按约定的份额比例享有合营安排产生的净损益不会必然使其被分类为合营企业,仍应当分析参与方对该安排相关资产的权利以及对该安排相关负债的义务	各参与方按照约定的份额比例享有合营安排产生的净损益
担保	参与方为合营安排提供担保(或提供担保的承诺)的行为本身并不直接导致一项安排被分类为共同经营	

有时,法律形式和合同安排均表明一项合营安排中的合营方反对该安排的净资产享有权利,此时,若不存在相反的其他事实和情况,该合营安排应当被划分为合营企业。

有时,仅从法律形式判断,一项合营安排符合共同经营的特征,但是,综合考虑合同安排后,合营方享有该合营安排相关资产并且承担该安排相关负债,此时,该合营安排应当被划分为共同经营。

合营安排各参与方可能为合营安排提供担保。例如,合营安排的某个参与方可能向第三方承诺以下事项:合营安排向第三方提供的服务将满足一定质量或性质要求;合营安排将偿还从第三方获取的资金;该参与方在合营安排处于困境时向该安排提供支持。

值得注意的是,不能仅凭合营方对合营安排提供债务担保即将其视为合营方承担该安排相关负债。担保所赋予担保人的是对被担保人债务的次级义务,而非首要义务,因此,担保不是承担债务义务的决定性因素。如果担保提供方在被担保人违约时须付款或履行责任,这可能表明相关事实和情况发生了变化,或者可能伴随该安排的合同条款发生了变化。这些变化可能引起对该安排是否仍具有共同控制的重新评估。另外,合营方承担向合营安排支付认缴出资义务的,不视为合营方承担该安排相关负债。

3. 分析其他事实和情况

如果一项安排的法律形式与合同安排均没有将该安排的资产的权利和对负债的义务授予该安排的参与方，则应考虑其他事实和情况，包括合营安排的目的和设计，其与参与方的关系及其现金流的来源等。在某些情况下，合营安排设立的主要目的是为参与方提供产出，这表明参与方可能按照约定实质上享有合营安排所持资产几乎全部的经济利益。这种安排下，参与方根据相关合同或法律约定有购买产出的义务，并往往通过阻止合营安排将其产出出售给其他第三方的方式来确保参与方能获得产出。这样，该安排产生的负债实质上是由参与方通过购买产出支付的现金流量而得以清偿。因此，如果参与方实质上是该安排持续经营和清偿债务所需现金流的唯一来源，这表明参与方承担了与该安排相关的负债。综合考虑该合营安排的其他相关事实和情况，表明参与方实质上享有合营安排所持资产几乎全部的经济利益，合营安排所产生的负债的清偿实质上也持续依赖于向参与方收取的产出的销售现金流，该合营安排的实质为共同经营。

在区分合营安排的类型时，需要了解该安排的目的和设计。如果合营安排同时具有以下特征，则表明该安排是共同经营：①各参与方实质上有权享有，并有义务接受由该安排资产产生的几乎所有经济利益（从而承担了该经济利益的相关风险，如价格风险、存货风险、需求风险等），如该安排所从事的活动主要是向合营方提供产出等；②持续依赖于合营方清偿该安排活动产生的负债，并维持该安排的运营。

参与方在合营安排中的产出分配比例与表决权比例不同，并不影响对该安排是共同经营还是合营企业的判断。

参与方将获得的合营安排产出份额用于生产经营还是对外出售，并不影响对该安排是共同经营还是合营企业的判断。

如果合营安排有权自主决定销售价格和客户，参与方没有义务购买合营安排的产出，则表明该合营安排自身承担了价格风险、存货风险、需求风险等，合营方并不直接享有该合营安排相关资产并承担该合营安排相关负债。

值得注意的是，在考虑"其他事实和情况"时，只有当该安排产生的负债的清偿持续依赖于合营方的支持时，该安排才为共同经营。即强调参与方实质上是该安排持续经营所需现金流的唯一来源。

有时各参与方可能设立一个框架协议，该框架协议规定了参与方从事一项或多项活动需遵守的一般性合同条款，并可能要求各参与方设立多项合营安排，以分别处理构成框架协议组成部分的特定活动。即使这些合营安排与同一框架协议相关联，如果参与方在从事框架协议涉及的不同活动中具有不同的权利和义务，那么，这些合营安排的类型也可能有所不同。因此，当参与方从事同一框架协议中的不同活动时，共同经营和合营企业可能同时存在。在这种情况下，作为参与方之一的企业应当分别判断各项合营安排的分类。

值得注意的是，参与方判断其在合营安排中享有的权利和承担的义务均是在正常经营的情况下，非正常经营（例如破产、清算）时的法律权利和义务的相关性是比较低的。例如，某合营安排通过合伙企业构建，合伙人之间的相关合同约定赋予了合伙人在合伙企业正常经营时享有该合伙企业资产的权利和承担其负债的义务。而在合伙企业清算阶段，合伙人不享有合伙企业的资产，而只能享有合伙企业清偿第三方债务之后应分得的剩余资产。这种情况下，该合伙企业（即合营安排）仍然可以被分类为共同经营，因为在正常经营中，合伙人对于合伙企业的资产和负债是享有权利和承担义务的。

六、关于重新评估

企业对合营安排是否拥有共同控制权，以及评估该合营安排是共同经营还是合营企业，这需要企业予以判断并持续评估。在进行判断时，企业需要对所有的相关事实和情况加以考虑。

如果法律形式、合同条款等相关事实和情况发生变化，合营安排参与方应当对合营安排进行重新评估：一是评估原合营方是否仍对该安排拥有共同控制权；二是评估合营安排的类型是否发生变化。相关事实和情况的变化有时可能导致某一参与方控制该安排，从而使该安排不再是合营安排。

由于相关事实和情况发生变化，合营安排的分类可能发生变化，可能由合营企业转变为共同经营，或者由共同经营转为合营企业。应根据具体事实和情况进行判断。例如，经重新协商，修订后的合营安排的合同条款约定参与方拥有对资产的权利，并承担对负债的义务，这种情况下，该安排的分类可能发生了变化，应重新评估该安排是否由合营企业转为共同经营。

七、关于共同经营参与方的会计处理

（一）共同经营中，合营方的会计处理

1. 一般会计处理原则

合营方应当确认其与共同经营中利益份额相关的下列项目，并按照相关企业会计准则的规定进行会计处理：一是确认单独所持有的资产，以及按其份额确认共同持有的资产；二是确认单独所承担的负债，以及按其份额确认共同承担的负债；三是确认出售其享有的共同经营产出份额所产生的收入；四是按其份额确认共同经营因出售产出所产生的收入；五是确认单独所发生的费用，以及按其份额确认共同经营发生的费用。

合营方可能将其自有资产用于共同经营，如果合营方保留了对这些资产的全部所有权或控制权，则这些资产的会计处理与合营方自有资产的会计处理并无差别。

合营方也可能与其他合营方共同购买资产来投入共同经营，并共同承担共同经营的负债，此时，合营方应当按照企业会计准则相关规定确认在这些资产和负债中的利益份额。如按照《企业会计准则第4号——固定资产》来确认在相关固定资产中的利益份额，按照"金融工具确认和计量准则"来确认在相关金融资产和金融负债中的份额。

共同经营通过单独主体达成时，合营方应确认按照上述原则单独所承担的负债，以及按本企业的份额确认共同承担的负债。但合营方对于因其他股东未按约定向合营安排提供资金，按照我国相关法律或相关合同约定等规定而承担连带责任的，从其规定，在会计处理上应遵循《企业会计准则第13号——或有事项》。

合同安排通常描述了该安排所从事活动的性质，以及各参与方打算共同开展这些活动的方式。例如，合营安排各参与方可能同意共同生产产品，每一参与方负责特定的任务，使用各自的资产，承担各自的负债。合同安排也可能规定了各参与方分享共同收入和分担共同费用的方式。在这种情况下，每一个合营方在其资产负债表上确认其用于完成特定任务的资产和负债，并根据相关约定确认相关的收入和费用份额。

当合营安排各参与方可能同意共同拥有和经营一项资产时，相关约定规定了各参与方对共同经营资产的权利，以及来自该项资产的收入或产出和相应的经营成本在各参与方之间分配的方式。每一个合营方对其在共同资产中的份额、同意承担的负债份额进行会计处理，并按照相关约定确认其在产出、收入和费用中的份额。

2. 合营方向共同经营投出或者出售不构成业务的资产的会计处理

合营方向共同经营投出或出售资产等（该资产构成业务的除外），在共同经营将相关资产出售给第三方或相关资产消耗之前（即，未实现内部利润仍包括在共同经营持有的资产账面价值中时），应当仅确认归属于共同经营其他参与方的利得或损失。交易表明投出或出售的资产发生符合《企业会计准则第8号——资产减值》（以下简称"资产减值损失准则"）等规定的资产减值损失的，合营方应当全额确认该损失。

3. 合营方自共同经营购买不构成业务的资产的会计处理

合营方自共同经营购买资产等（该资产构成业务的除外），在将该资产等出售给第三方之前（即，未实现内部利润仍包括在合营方持有的资产账面价值中时），不应当确认因该交易产生的损益中该合营方应享有的部分，即此时应当仅确认因该交易产生的损益中归属于共同经营其他参与方的部分。

当这类交易提供证据表明购入的资产发生符合资产减值损失准则等规定的资产减值损失的，合营方应当按其承担的份额确认该部分损失。

4. 合营方取得构成业务的共同经营的利益份额的会计处理

合营方取得共同经营中的利益份额，且该共同经营构成业务时，应当按照企业合并准则等相关准则进行相应的会计处理，但其他相关准则的规定不能与本准则的规定相冲突。企业应当按照企业合并准则的相关规定判断该共同经营是否构成业务。该处理原则不仅适用于收购现有的构成业务的共同经营中的利益份额，也适用于与其他参与方一起设立共同经营，且由于有其他参与方注入既存业务，使共同经营设立时即构成业务。

合营方增加其持有的一项构成业务的共同经营的利益份额时，如果合营方对该共同经营仍然是共同控制，则合营方之前持有的共同经营的利益份额不应按照新增投资日的公允价值重新计量。

（二）对共同经营不享有共同控制的参与方的会计处理原则

对共同经营不享有共同控制的参与方（非合营方），如果享有该共同经营相关资产且承担该共同经营相关负债的，比照合营方进行会计处理。即，共同经营的参与方，不论其是否具有共同控制，只要能够享有共同经营相关资产的权利、并承担共同经营相关负债的义务，对在共同经营中的利益份额采用与合营方相同的会计处理。否则，应当按照相关企业会计准则的规定对其利益份额进行会计处理。例如，如果该参与方对于合营安排的净资产享有权利并且具有重大影响，则按照长期股权投资准则等相关规定进行会计处理；如果该参与方对于合营安排的净资产享有权利并且无重大影响，则按照金融工具确认和计量准则等相关规定进行会计处理；向共同经营投出构成业务的资产的，以及取得共同经营的利益份额的，则按照合并财务报表及企业合并等相关准则进行会计处理。

八、关于合营企业参与方的会计处理

在合营企业中，合营方应当按照《企业会计准则第2号——长期股权投资》的规定核算其对合营企业的投资。

对合营企业不享有共同控制的参与方（非合营方）应当根据其对该合营企业的影响程度进行相关会计处理：对该合营企业具有重大影响的，应当按照长期股权投资准则的规定核算其对该合营企业的投资；对该合营企业不具有重大影响的，应当按照金融工具确认和计量准则的规定核算其对该合营企业的投资。

《企业会计准则第41号——在其他主体中权益的披露》应用指南

一、总体要求

《企业会计准则第41号——在其他主体中权益的披露》（以下简称"本准则"）对企业在其他主体中权益的披露要求进行了规定。企业应当按照本准则的要求在财务报表附注中对其在子公司、合营安排、联营企业，以及未纳入合并财务报表范围的结构化主体中的权益进行信息披露。

企业披露的在其他主体中权益的信息，应当有助于财务报表使用者评估企业在其他主体中权益的性质和相关风险，以及该权益对企业财务状况、经营成果和现金流量的影响。

按照本准则要求披露的信息，应当能够使财务报表使用者更好地了解下列内容：企业在确定能够对其他主体实施控制、共同控制或重大影响时所作的重大判断和假设；企业集团的少数股东权益对企业集团业务活动和现金流量的影响。

同时，按照本准则要求披露的信息也有助于财务报表使用者对下列情形进行评估：使用企业集团资产和清偿企业集团债务存在重大限制的，该重大限制的性质和程度；企业存在纳入合并财务报表范围的结构化主体的，与企业在该主体中的权益相关的风险；企业在未纳入合并财务报表范围的结构化主体中有权益的，该权益的性质和风险；企业在合营安排或联营企业中的权益的性质和风险；企业在其子公司所有者权益份额发生变化的，该变化的财务影响。

企业应当应用重要性原则，从定性和定量两方面综合考虑各项权益的风险特征和回报特征，判断各项信息披露的详细程度。对企业或企业集团而言重要的权益，需要单独且详尽地披露；对企业或企业集团而言重要性程度不足以单独披露的权益，可以汇总披露。对汇总披露的信息，企业需要明确分类汇总的依据，例如，按照其他主体的业务性质、所在行业，以及所在国家和地区等进行分类。

二、关于适用范围

本准则适用于企业在子公司、合营安排、联营企业和未纳入合并财务报表范围的结构化主体中权益的披露。其中，合营安排包括共同经营和合营企业。需要说明的是，企业同时提供合并财务报表和母公司个别财务报表的，应当在合并财务报表附注中披露本准则要求的信息，不需要在母公司个别财务报表附注中重复披露相关信息。

对于离职后福利计划或其他长期职工福利计划，其信息披露适用《企业会计准则第9号——职工薪酬》。即使有些离职后福利计划通过结构化主体开展相关活动，其信息披露也不适用本准则，而适用《企业会计准则第9号——职工薪酬》。

对于企业在其参与的但不享有共同控制的合营安排中的权益，适用《企业会计准则第37号——金融工具列报》（以下简称"金融工具列报准则"）。但是，企业对该合营安排具有重大影响或该合营安排是结构化主体的，适用本准则。企业作为对合营安排不享有共同控制的参与方，对其在合营安排中的权益的披露，分以下几种情况：①企业对合营安排不享有共同控制，但具有重大影响的，应当适用本准则；②企业对合营安排不享有共同控制也不具有重大影响，但合营安排是结构化主体的，在遵循金融工具列报准则相关要求的同时，还应当遵循本准则关于未纳入合并财务报表范围的结构化主体的披露要求；③企业对合营安排不享有共同控制也不具有重大影响，且合营安排不是结构化主体的，应当适用金融工具列报准则。

对于企业持有的由《企业会计准则第22号——金融工具确认和计量》规范的在其他主体中的权益，适用金融工具列报准则。但是，企业在未纳入合并财务报表范围的结构化主体中的权益，以及根据其他相关会计准则以公允价值计量且其变动计入当期损益的在联营企业或合营企业中的权益，适用本准则。根据《企业会计准则第2号——长期股权投资》等准则，部分股权投资可以按照《企业会计准则第22号——金融工具确认和计量》进行会计处理。由于会计处理方法的选择权并不改变权益的性质，所以对于这部分权益（包括在未纳入合并财务报表范围的结构化主体中的权益，以及以公允价值计量且其变动计入当期损益的在联营企业或合营企业中的权益），应当在遵循金融工具列报准则相关要求的同时，遵循本准则的相关披露要求。

三、关于在其他主体中权益的定义

（一）在其他主体中的权益

本准则所指的在其他主体中的权益，是指通过合同或其他形式能够使企业参与其他主体的相关活动并因此享有可变回报的权益。

在本准则中，其他主体包括企业的子公司、合营安排（包括共同经营和合营企业）、联营企业以及未纳入合并财务报表范围的结构化主体等。

企业在其他主体中的权益能够使其参与其他主体的相关活动，并因此享有可变回报。《企业会计准则第33号——合并财务报表》（以下简称"合并财务报表准则"）对"相关活动"和"可变回报"进行了界定。相关活动是指对被投资方的回报产生重大影响的活动。可变回报是指投资方自被投资方取得的回报可能会随着被投资方业务而变动。根据上述定义，企业因其在其他主体中的权益承受了其他主体经营业绩变动的风险。企业的参与方式不仅包括持有其他主体的股权，还包括持有其他主体的债权，或向其他主体提供资金、流动性支持、信用增级和担保等。企业通过这些参与方式实现对其他主体的控制、共同控制或重大影响。

（二）结构化主体

结构化主体，是指在确定其控制方时没有将表决权或类似权利作为决定因素而设计的主体。通常情况下，结构化主体在合同约定的范围内开展业务活动，表决权或类似权利仅与行政性管理事务相关。

在判断某一主体是否为结构化主体，以及判断该主体与企业的关系时，应当综合考虑结构化主体的定义和特征。结构化主体通常具有下列特征中的多项或全部特征：

1. 业务活动范围受限。通常情况下，结构化主体在合同约定的范围内开展业务活动，业务活动范围受到了限制。例如，从事信贷资产证券化业务的结构化主体，在发行资产支持证券募集资金和购买信贷资产后，根据相关合同，其业务活动是将来源于信贷资产的现金向资产支持证券投资者分配收益。

2. 有具体明确的目的，而且目的比较单一。结构化主体通常是为了特殊目的而设立的主体。例如，有的企业发起结构化主体是为了将企业的资产转让给结构化主体以迅速回收资金，并改变资产结构来满足资产负债管理的需要；有的企业发起结构化主体是为了满足客户特定的投资需求，吸引更多的客户；还有的企业发起结构化主体是为了专门从事研究开发活动,或开展租赁业务等。

3. 股本(如有)不足以支撑其业务活动,必须依靠其他次级财务支持。次级财务支持,是指承受结构化主体部分或全部预计损失的可变权益,其中的"次级"代表受偿顺序在后。股本本身就是一种次级财务支持,其他次级财务支持包括次级债权、对承担损失做出的承诺或担保义务等。通常情况下,结构化主体的股本占资产规模的份额较小,甚至没有股本。当股本很少或没有股本,不足以支撑结构化主体的业务活动时,通常需要依靠其他次级财务支持来为结构化主体注入资金,支撑结构化主体的业务活动。

4. 通过向投资者发行不同等级的证券(如分级产品)等金融工具进行融资,不同等级的证券,信用风险及其他风险的集中程度也不同。例如,以发行分级产品的方式融资是对各级产品的受益权进行了分层配置。购买优先级的投资者享有优先受益权,购买次级的投资者享有次级受益权。投资期满后,投资收益在逐级保证受益人本金、预期收益及相关费用后的余额归购买次级的投资者,如果出现投资损失,先由购买次级的投资者承担。由于不同等级的证券具有不同的信用风险、利率风险或流动性风险,发行分级产品可以满足不同风险偏好投资者的投资需求。

四、关于重大判断和假设的披露

(一)对控制、共同控制、重大影响的判断

企业应当披露对其他主体实施控制、共同控制或重大影响的重大判断和假设,以及这些判断和假设变更的情况。

企业在其他主体中持有权益的,应当判断通过持有该权益企业能否对其他主体实施控制、共同控制或重大影响,并在财务报表附注中披露对控制、共同控制和重大影响的总体判断依据,针对某些具体情况做出的重大判断和假设,以及权益性质改变导致企业得出与原先不同的结论时所作的重大判断和假设。具体情况包括但不限于下列各项:

1. 企业持有其他主体半数或以下的表决权但仍控制该主体的判断和假设,或者持有其他主体半数以上的表决权但并不控制该主体的判断和假设。

2. 企业持有其他主体 20% 以下的表决权但对该主体具有重大影响的判断和假设,或者持有其他主体 20% 或以上的表决权但对该主体不具有重大影响的判断和假设。

3. 企业通过单独主体达成合营安排的,确定该合营安排是共同经营还是合营企业的判断和假设。

4. 确定企业是代理人还是委托人的判断和假设。企业应当根据合并财务报表准则的规定,判断企业是代理人还是委托人。

(二)对投资性主体的判断及主体身份的转换

企业应当披露按照合并财务报表准则被确定为投资性主体的重大判断和假设,以及虽然不符合合并财务报表准则有关投资性主体的一项或多项特征但仍被确定为投资性主体的原因。合并财务报表准则规定了投资性主体的判断依据。企业被确定为投资性主体时,根据本准则,企业应当披露与这一认定相关的重大判断和假设。如果企业不具备合并财务报表准则中所列举的投资性主体特征中的一项或多项特征,但仍被确定为投资性主体的,企业应当披露作出这一认定的原因。

企业(母公司)由非投资性主体转变为投资性主体的,应当披露该变化及其原因,并披露该变化对财务报表的影响。企业被认定为投资性主体,根据合并财务报表准则,企业应当仅将为其投资活动提供相关服务的子公司(如有)纳入合并范围并编制合并财务报表;其他子公司不应当予以合并,母公司对其他子公司的投资应当按照公允价值计量且其变动计入当

期损益。对停止纳入合并财务报表范围的子公司,相关权益的会计处理方法由成本法转为以公允价值计量且其变动计入当期损益,会计处理方法的转变会对企业的财务报表产生影响。针对这项变化,企业应当在变化当期的财务报表附注中披露下列信息:①对其主体身份变化这一情况及其原因予以说明;②对变化当日不再纳入合并财务报表范围子公司的投资的公允价值,以及按照公允价值重新计量产生的利得或损失以及相应的列报项目。

企业(母公司)由投资性主体转变为非投资性主体的,应当披露该变化及其原因。

五、关于在子公司中权益的披露

(一)企业集团的构成情况

企业应当在合并财务报表附注中披露企业集团的构成,包括子公司的名称、主要经营地及注册地(一般指国家或地区)、业务性质、企业的持股比例(或类似权益比例,下同)等。企业对子公司的持股比例不同于企业持有的表决权比例的,还应当披露该表决权比例。企业可以采用表1的格式来反映企业集团的构成情况。

表 1　企业集团构成情况

子公司名称	主要经营地	注册地	业务性质	持股比例

(二)重要的非全资子公司的相关信息

子公司少数股东持有的权益对企业集团重要的,企业还应当在合并财务报表附注中披露下列信息:①子公司少数股东的持股比例。子公司少数股东的持股比例不同于其持有的表决权比例的,企业还应当披露该表决权比例;②当期归属于子公司少数股东的损益以及向少数股东支付的股利;③子公司在当期期末累计的少数股东权益余额;④子公司的主要财务信息。如果单个非全资子公司的少数股东权益对企业集团而言并不重要,则不需要披露上述信息。

除子公司的主要财务信息外,企业可以采用表2的格式来披露上述①至③项要求的信息。

表 2　子公司少数股东权益情况

子公司名称	少数股东的持股比例	当期归属于少数股东的损益	当期向少数股东支付的股利	期末累计少数股东权益

本准则要求企业披露重要非全资子公司的主要财务信息,以帮助财务报表使用者了解重要的少数股东权益对整个企业集团的业务活动和现金流量的影响。重要非全资子公司的主要财务信息包括:流动资产、非流动资产、流动负债、非流动负债、营业收入、净利润、综合收益等。企业可以采用表3的格式来披露重要非全资子公司的主要财务信息。

表3 重要非全资子公司的主要财务信息

	本期数			上期数		
	A公司	B公司	……	A公司	B公司	……
流动资产						
非流动资产						
资产合计						
流动负债						
非流动负债						
负债合计						
营业收入						
净利润						
综合收益总额						
经营活动现金流量						

本表数据来源于重要非全资子公司的财务报表，不是根据少数股东的持股比例计算出来的金额。本表数据还需要经过一定调整，包括以合并日子公司可辨认资产和负债的公允价值为基础进行的调整，以及因母公司与子公司会计政策不一致而按照母公司会计政策对子公司财务报表进行的调整等，但不需要抵销企业集团成员企业之间的内部交易。

企业在子公司中的权益（或权益的一部分）按照《企业会计准则第30号——财务报表列报》划分为持有待售资产的，不需要披露该子公司的上述主要财务信息。

（三）对使用企业集团资产和清偿企业集团债务的重大限制

使用企业集团资产和清偿企业集团债务存在重大限制的，企业应当在合并财务报表附注中披露下列信息：①该限制的内容，包括对母公司或其子公司与企业集团内其他主体相互转移现金或其他资产的限制，以及对企业集团内主体之间发放股利或进行利润分配、发放或收回贷款或垫款等的限制；②子公司少数股东享有保护性权利，并且该保护性权利对企业使用企业集团资产或清偿企业集团负债的能力存在重大限制的，该限制的性质和程度；③该限制涉及的资产和负债在合并财务报表中的金额。

企业集团成员企业使用企业集团资产和清偿企业集团债务可能因法律、行政法规的规定以及合同协议的约定而受到重大限制。本准则要求企业根据重要性原则判断限制是否重大，并在合并财务报表附注中披露对使用企业集团资产和清偿企业集团债务存在的重大限制。

此外，子公司的少数股东可能享有保护性权利。根据合并财务报表准则，保护性权利，是指仅为了保护权利持有人利益却没有赋予持有人对相关活动决策权的一项权利。例如，根据协议，母公司动用子公司资产、清偿子公司债务必须经过子公司少数股东的批准。保护性权利对企业使用企业集团资产或清偿企业集团负债的能力存在重大限制的，企业应当披露该限制的性质和程度。

上述重大限制对企业集团的资产和负债产生一定影响，企业应当在合并财务报表附注中披露该限制涉及的资产和负债在合并财务报表中的金额。

（四）纳入合并财务报表范围的结构化主体的相关信息

企业存在纳入合并财务报表范围的结构化主体的，应当在合并财务报表附注中披露与该结构化主体相关的风险信息。与结构化主体相关的风险主要是指企业或其子公司需要依合同约定或因其他原因向结构化主体提供财务支持或其他支持，包括帮助结构化主体取得财务支持。

本准则所指的支持不属于企业日常的经营活动，通常是由特定事项触发的交易。例如，当纳入合并财务报表范围的结构化主体流动性紧张或资产信用评级被降低时，企业作为母公司可能需要向结构化主体提供流动性支持，或与结构化主体进行资产置换来提高结构化主体的资产信用评级，使结构化主体恢复到正常的经营状态。本准则所指的"财务支持"（即直接或间接地向结构化主体提供经济资源）通常包括：向结构化主体无偿提供资金；增加对结构化主体的权益投资；向结构化主体提供长期贷款；豁免结构化主体所欠的债务；从结构化主体购入资产，或购买结构化主体发行的证券；按照偏离市场公允价值的价格与结构化主体进行交易，造成企业资源的净流出；企业就结构化主体的经营业绩向第三方提供保证或承诺；其他情形。本准则所指的"其他支持"通常是非财务方面的支持，例如提供人力资源管理或其他管理服务等。

1. 有合同约定的情况

本准则规定，对纳入合并财务报表范围的结构化主体，合同约定企业或其子公司向该结构化主体提供财务支持的，应当披露提供财务支持的合同条款，包括可能导致企业承担损失的事项或情况。

2. 没有合同约定的情况

本准则规定，对纳入合并财务报表范围的结构化主体，在没有合同约定的情况下，企业或其子公司当期向该结构化主体提供了财务支持或其他支持，企业应当披露所提供支持的类型、金额及原因，包括帮助该结构化主体获得财务支持的情况。其中，企业或其子公司当期对以前未纳入合并财务报表范围的结构化主体提供了财务支持或其他支持并且该支持导致企业控制了该结构化主体的，企业还应当披露决定提供支持的相关因素。

3. 向结构化主体提供支持的意图

本准则规定，对纳入合并财务报表范围的结构化主体，企业存在向该结构化主体提供财务支持或其他支持的意图的，应当披露该意图，包括帮助该结构化主体获得财务支持的意图。本准则所指的"意图"是指企业基本决定将在未来期间向结构化主体提供财务支持或其他支持，具体表现为适当级别的企业高管批准了企业向结构化主体提供支持的计划或者方案。如果计划或者方案仅处于酝酿阶段，尚未获得企业高管批准，则不属于本准则所称的意图，也不需要进行披露。

（五）企业在其子公司的所有者权益份额发生变化的情况

1. 不丧失控制权的情况

企业在其子公司所有者权益份额发生变化且该变化未导致企业丧失对子公司控制权的，应当在合并财务报表附注中披露该变化对本企业所有者权益的影响。在不丧失控制权的情况下，子公司仍纳入合并财务报表范围，但这一交易会影响合并财务报表中少数股东权益等金额，对本企业所有者权益产生影响，本准则要求企业在合并财务报表附注中披露该变化对本企业所有者权益的影响。

2. 丧失控制权的情况

企业丧失对子公司控制权的，如果企业还有其他子公司并需要编制合并财务报表，应当在合并财务报表附注中披露按照合并财务报表准则计算的下列信息：①由于丧失控制权而产生的利得或损失以及相应的列报项目；②剩余股权在丧失控制权日按照公允价值重新计算而产生的利得或损失。

（六）投资性主体的相关信息

企业按照合并财务报表准则被确定为投资性主体，且存在未纳入合并财务报表范围的子公司,并对该子公司权益按照公允价值计量且其变动计入当期损益的,应当在财务报表附注中对该情况予以说明。同时,应当披露该子公司的基础信息和与权益相关的风险信息。

1. 未纳入合并财务报表范围的子公司的基础信息

企业(母公司)是投资性主体的,对未纳入合并财务报表范围的子公司,企业应当披露下列基础信息:

(1)子公司的名称、主要经营地及注册地(一般指国家或地区)。

(2)企业对子公司的持股比例。持股比例不同于企业持有的表决权比例的,企业还应当披露该表决权比例。

企业的子公司也是投资性主体且该子公司存在未纳入合并财务报表范围的下属子公司的,企业应当按照上述要求披露该下属子公司的相关信息。

2. 与权益相关的风险信息

企业是投资性主体的,对其在未纳入合并财务报表范围的子公司中的权益,应当披露与该权益相关的风险信息:

(1)该未纳入合并财务报表范围的子公司以发放现金股利、归还贷款或垫款等形式向企业转移资金的能力存在重大限制的,企业应当披露该限制的性质和程度。

(2)企业存在向未纳入合并财务报表范围的子公司提供财务支持或其他支持的承诺或意图的,企业应当披露该承诺或意图,包括帮助该子公司获得财务支持的承诺或意图。在没有合同约定的情况下,企业或其子公司当期向未纳入合并财务报表范围的子公司提供财务支持或其他支持的,企业应当披露提供支持的类型、金额及原因。

(3)合同约定企业或未纳入合并财务报表范围的子公司向未纳入合并财务报表范围,但受企业控制的结构化主体提供财务支持的,企业应当披露相关合同条款,以及可能导致企业承担损失的事项或情况。在没有合同约定的情况下,企业或其未纳入合并财务报表范围的子公司当期向原先不受企业控制且未纳入合并财务报表范围的结构化主体提供财务支持或其他支持,并且所提供的支持导致企业控制该结构化主体的,企业应当披露决定提供上述支持的相关因素。

六、关于在合营安排或联营企业中权益的披露

(一)合营安排和联营企业的基础信息

存在重要的合营安排或联营企业的,企业应当披露下列信息:①合营安排或联营企业的名称、主要经营地及注册地;②企业与合营安排或联营企业的关系的性质,包括合营安排或联营企业活动的性质,以及合营安排或联营企业对企业活动是否具有战略性等;③企业的持股比例。持股比例不同于企业持有的表决权比例的,企业还应当披露该表决权比例。

对于重要的合营安排或联营企业,企业可以采用表 4 的格式披露合营安排或联营企业的基础信息。

表 4 重要合营安排或联营企业的基础信息

企业名称	主要经营地	注册地	持股比例	业务性质	对企业活动是否具有战略性

（二）重要的合营企业和联营企业的主要财务信息

对于重要的合营企业或联营企业，企业除了应当披露基础信息外，还应当披露对合营企业或联营企业投资的会计处理方法，从合营企业或联营企业收到的股利，以及合营企业或联营企业在其自身财务报表中的主要财务信息。合营企业或联营企业的主要财务信息，包括流动资产、非流动资产、流动负债、非流动负债、营业收入、净利润、终止经营的净利润、其他综合收益、综合收益总额等。由于企业对合营企业相关活动的参与程度更高，对于重要的合营企业，除披露上述信息外，还需要披露的信息有：现金和现金等价物；财务费用（能够区分利息收入和利息费用的，分别披露利息收入和利息费用）；所得税费用。

企业对重要的合营企业或联营企业投资采用权益法进行会计处理的，上述主要财务信息应当是按照权益法对合营企业或联营企业相关财务信息调整后的金额。同时，企业应当披露将上述主要财务信息按照权益法调整至企业对合营企业或联营企业投资账面价值的调节过程。企业对上述合营企业或联营企业投资采用权益法进行会计处理但该投资存在公开报价的，还应当披露其公允价值。

对于重要的合营企业，企业对其投资按照权益法进行会计处理的，可以采用表5的格式披露合营企业的主要财务信息和相关信息。

表5 重要合营企业的主要财务信息

	本期数			上期数		
	A企业	B企业	……	A企业	B企业	……
流动资产						
其中：现金和现金等价物						
非流动资产						
资产合计						
流动负债						
非流动负债						
负债合计						
净资产						
按持股比例计算的净资产份额						
调整事项						
对合营企业权益投资的账面价值						
存在公开报价的权益投资的公允价值营业收入						
财务费用						
所得税费用						
净利润						
其他综合收益						

《企业会计准则第41号——在其他主体中权益的披露》应用指南

（续表）

	本期数			上期数		
	A企业	B企业	……	A企业	B企业	……
综合收益总额						
企业本期收到的来自合营企业的股利						

注：存在终止经营的净利润的，还应当在本表中单列项目披露。

表5数据来源于重要合营企业的财务报表，不是根据持股比例计算出来的金额。来源于合营企业财务报表的数据还需要经过一定调整，例如，以取得投资时被投资方可辨认资产和负债的公允价值为基础进行的调整，或者因被投资方与企业的会计政策不一致而对被投资方财务信息进行的调整等，但不需要抵销企业与合营企业之间的内部交易。假设甲公司是对乙企业享有共同控制的合营方，在取得对乙企业的投资时，乙企业一项固定资产的账面价值为500万元，公允价值为600万元，剩余摊销年限为10年。在编制上表时，甲公司应当以600万元为基础调整乙企业财务报表的金额，按调整后的金额填列"非流动资产"项目、"净利润"项目，以及"综合收益"项目等。

表5还包括企业当期从合营企业收到的股利、存在公开报价的投资的公允价值等信息，以及按照权益法调整至企业对合营企业投资账面价值的调节过程。表5中的"调整事项"包括取得投资时形成的商誉，即取得投资时企业的初始投资成本大于投资时应享有合营企业可辨认净资产公允价值份额的金额，还包括抵销企业与合营企业之间的内部交易、减值准备等其他事项。

对于重要的联营企业，企业对其投资按照权益法进行会计处理的，可以采用表6的格式披露联营企业的主要财务信息。除了在披露项目上简化外，表6的内容和编制方法与表5一致。

表6 重要联营企业的主要财务信息

	本期数			上期数		
	A企业	B企业	……	A企业	B企业	……
流动资产						
非流动资产						
资产合计						
流动负债						
非流动负债						
负债合计						
净资产						
按持股比例计算的净资产份额						
调整事项						
对联营企业权益投资的账面价值						

（续表）

	本期数			上期数		
	A企业	B企业	……	A企业	B企业	……
存在公开报价的权益投资的公允价值营业收入						
净利润						
其他综合收益						
综合收益总额						
企业本期收到的来自联营企业的股利						

注：存在终止经营的净利润的，还应当在本表中单列项目披露。

企业根据其他相关会计准则，对重要的合营企业或联营企业投资采用权益法以外的其他方法进行会计处理的，需要区分两种情况：①企业是投资性主体的，不需要披露合营企业或联营企业的主要财务信息；②企业不是投资性主体的，在财务报表附注中所披露的合营企业或联营企业的主要财务信息直接来源于合营企业或联营企业的财务报表，不需要经过调整，也不包括调节过程。

企业在合营企业或联营企业中的权益（或权益的一部分）按照《企业会计准则第30号——财务报表列报》划分为持有待售资产的，不需要披露合营企业或联营企业的上述主要财务信息。

（三）不重要的合营企业和联营企业的汇总财务信息

企业在单个合营企业或联营企业中的权益不重要的，应当分别就合营企业和联营企业两类披露下列信息：①按照权益法进行会计处理的对合营企业或联营企业投资的账面价值合计数；②对合营企业或联营企业的净利润、终止经营的净利润、其他综合收益、综合收益总额等项目，企业按照其持股比例计算的金额的合计数。企业是投资性主体的，不需要披露上述信息。

对于不重要的合营企业或联营企业，企业可以采用表7的格式披露汇总财务信息。

表7　不重要合营企业和联营企业的汇总信息

项　　目	本期数	上期数
合营企业：		
投资账面价值合计		
下列各项按持股比例计算的合计数		
净利润		
其他综合收益		
综合收益总额		
联营企业：		
投资账面价值合计		
下列各项按持股比例计算的合计数		
净利润		

（续表）

项　　目	本期数	上期数
其他综合收益		
综合收益总额		

注：在存在终止经营的净利润的，还应当在本表中单列项目披露。

（四）与企业在合营企业和联营企业中权益相关的风险信息

1. 对转移资金能力的重大限制

合营企业或联营企业以发放现金股利、归还贷款或垫款等形式向企业转移资金的能力存在重大限制的，企业应当披露该限制的性质和程度。例如，某联营企业与银行（银行是独立第三方，不是联营企业的投资方）签订借款合同，合同约定：如果联营企业未能清偿到期债务，就不能向其投资方支付股利。在这种情况下，联营企业向企业（投资方）转移资金的能力就受到了限制，如果该项限制属于重大限制，企业应当在其财务报表附注中披露该项限制的性质和程度。

2. 超额亏损

企业对合营企业或联营企业投资采用权益法进行会计处理，被投资方发生超额亏损且投资方不再确认其应分担合营企业或联营企业损失份额的，应当披露未确认的合营企业或联营企业损失份额，包括当期份额和累积份额。在合营企业或联营企业发生超额亏损的情况下，企业可以采用表 8 的格式披露企业应分担的超额亏损，也可以用文字形式披露相关信息。

表 8　企业对合营企业或联营企业发生超额亏损的分担额

被投资单位名称	前期累积未确认的损失份额	本期未确认的损失份额（或本期实现净利润的分享额）	本期末累积未确认的损失份额
合营企业			
（1）			
……			
小计			
联营企业			
（1）			
……			
小计			
合计			

3. 与对合营企业投资相关的未确认承诺

企业应当单独披露与其对合营企业投资相关的未确认承诺。未确认承诺是指企业已做出但未确认的各项承诺，既包括企业单独做出的未确认承诺，又包括企业与其他参与方共同做出的未确认承诺中企业所承担的份额。

未确认承诺的具体内容包括但不限于：①企业因下列事项而做出的提供资金或资源的未

确认承诺。例如，企业对合营企业的出资承诺，对于合营企业承担的资本性支出企业将提供支持的承诺，企业承诺从合营企业购买或代表合营企业购买设备、存货或服务等无条件购买义务，企业向合营企业承诺提供贷款或其他财务支持，以及企业作出的与对合营企业投资相关的其他不可撤销的承诺。②企业购买合营企业其他参与方在合营企业的全部或部分权益的未确认承诺。企业是否需要履行这一承诺通常取决于特定事件是否在未来期间发生。

4. 或有负债

企业应当单独披露与其对合营企业或联营企业投资相关的或有负债，但不包括极小可能导致经济利益流出企业的或有负债。企业应当按照《企业会计准则第13号——或有事项》来判断某一事项是否属于或有负债。如果企业与合营企业的其他参与方、联营企业的其他投资方共同承担某项或有负债，企业应当在财务报表附注中披露在该项或有负债中企业所承担的份额。在或有负债较多的情况下，企业可以按照或有负债的类别进行汇总披露。

七、关于在未纳入合并财务报表范围的结构化主体中权益的披露

（一）未纳入合并财务报表范围的结构化主体的基础信息

对于未纳入合并财务报表范围的结构化主体，企业应当披露该结构化主体的性质、目的、规模、活动及融资方式，包括与之相关的定性信息和定量信息。其中，结构化主体的规模通常以资产总额或者所发行证券的规模来表示，融资方式包括股权融资、债权融资以及其他融资方式。本准则不要求逐个披露结构化主体的信息，企业应当按照重要性原则来确定信息披露的详细程度，只要不影响财务报表使用者评价企业与结构化主体之间的关系及企业因涉入结构化主体业务活动而面临的风险，企业可以根据需要汇总披露相关信息。

（二）与权益相关资产负债的账面价值和最大损失敞口

企业在未纳入合并财务报表范围的结构化主体中有权益的，还应当披露下列信息：①在财务报表中确认的与企业在未纳入合并财务报表范围的结构化主体中权益相关的资产和负债的账面价值及其资产负债表中的列报项目。②在未纳入合并财务报表范围的结构化主体中权益的最大损失敞口及其确定方法。最大损失敞口应当是企业因在结构化主体中持有权益而可能发生的最大损失。在确定最大损失敞口时，不需要考虑损失发生的可能性，因为最大损失敞口并不是企业的预计损失。企业不能量化最大损失敞口的，应当披露这一事实及其原因。③在财务报表中确认的与企业在未纳入合并财务报表范围的结构化主体中权益相关的资产和负债的账面价值与其最大损失敞口的比较。

（三）企业是结构化主体的发起人但在结构化主体中没有权益的情况

企业发起设立未纳入合并财务报表范围的结构化主体，资产负债表日在该结构化主体中没有权益的，企业不披露与权益相关的资产负债的账面价值及最大损失敞口。但作为发起人，企业通常与其发起的结构化主体之间保持着业务联系，仍可能通过涉入结构化主体的相关活动而承担风险。本准则要求此类企业披露下列信息：

1. 企业作为该结构化主体发起人的认定依据，即如何判断企业是该结构化主体的发起人。企业的发起人身份可能给企业带来一定风险。例如，当结构化主体的经营遇到困难时，企业作为发起人很可能向结构化主体提供财务支持或其他支持，在帮助结构化主体渡过难关的同时维护企业的声誉。存在下列情况的，可能说明企业是结构化主体的发起人：①企业单独创建了结构化主体；②企业参与创建结构化主体，并参与结构化设计的过程；③企业是结构化主体的最主要的服务对象，例如，结构化主体为企业提供资金，或者结构化主体所从事的业务活动是企业主要业务活动的组成部分，企业即使没有发起结构化主体，自身也要开展这些业务活动；④企业的名称出现在结构化主体的名称或结构化主体发行的证券的名称中；⑤其他能够说明企业是结构化主体发起人的情形。

2. 分类披露企业当期从该结构化主体获得的收益及收益类型。企业作为发起人，即使在

结构化主体中没有权益，也可能取得来自结构化主体的收益。例如，向结构化主体提供管理或咨询服务并收取服务费；向结构化主体转移资产而取得收益，以及原先在结构化主体中持有权益，当期处置了相关权益，虽然资产负债表日企业不再持有权益，但当期取得了处置收益。对当期从结构化主体获得的收益及其类型，企业应当分类披露。

3. 当期转移至该结构化主体的所有资产在转移时的账面价值。

（四）向未纳入合并财务报表范围的结构化主体提供支持的情况

企业应当披露其向未纳入合并财务报表范围的结构化主体提供财务支持或其他支持的意图，包括帮助该结构化主体获得财务支持的意图。

在没有合同约定的情况下，企业当期向结构化主体（包括企业前期或当期持有权益的结构化主体）提供财务支持或其他支持的，还应当披露提供支持的类型、金额及原因，包括帮助该结构化主体获得财务支持的情况。

（五）未纳入合并财务报表范围结构化主体的额外信息披露

如果企业按照本准则要求披露的有关未纳入合并财务报表范围的结构化主体的信息，仍不能充分反映相关风险及其对企业的影响，企业还应当额外披露信息。

1. 合同约定企业在特定情况下需要向未纳入合并财务报表范围的结构化主体提供财务支持或其他支持的，企业应当披露相关的合同条款及有关信息，有关信息包括在何种情况下企业需要向结构化主体提供支持并可能因此遭受损失，是否存在其他约定对企业向结构化主体履行支持义务产生约束，在多方向结构化主体提供支持的情况下各方提供支持的先后顺序等。

2. 企业因在未纳入合并财务报表范围的结构化主体中持有权益而当期遭受损失的，企业应当披露损失的金额，包括计入当期损益的金额和计入其他综合收益的金额。

3. 企业在未纳入合并财务报表范围的结构化主体中持有权益，如果企业当期取得与该权益相关的收益，企业应当披露收益的类型。收益类型主要包括：服务收费；利息收入；利润分配收入；处置债权或股权的收益，以及企业向结构化主体转移资产取得的收益等。

4. 在合同约定企业和其他主体需要承担未纳入合并财务报表范围结构化主体的损失的情况下，企业应当披露企业和其他主体需要承担损失的最大限额以及承担损失的先后顺序。

5. 企业应当披露第三方提供的、对企业在未纳入合并财务报表范围的结构化主体中权益的公允价值或风险可能产生影响的流动性支持、担保和承诺等。

6. 企业应当披露当期未纳入合并财务报表范围的结构化主体在融资活动中遇到的困难，主要是指债务融资或股权融资遇到的困难。

7. 企业应当披露与未纳入合并财务报表范围的结构化主体融资业务有关的信息，包括融资形式（例如商业票据、中长期票据）及其加权平均期限。特别是当结构化主体投资长期资产但资金来源于短期负债时，企业需要分析该结构化主体资产和负债的期限结构，并披露这一情况。

八、关于衔接规定

本准则规定，企业比较财务报表中披露的本准则施行日之前的信息与本准则要求不一致的，应当按照本准则的规定进行调整，但有关未纳入合并财务报表范围的结构化主体的披露要求除外。

为了确保企业比较财务信息具有可比性，在本准则施行日当年的年报中，企业应当按照本准则的规定对以前年度的相关信息进行调整，将调整后的信息作为比较信息披露在年报中。但是，由于对企业在未纳入合并财务报表范围的结构化主体中权益的披露要求是本准则新增的披露要求，企业对这部分权益只需要提供本准则施行日当年的信息，不需要提供以前年度的比较信息。

《企业会计准则第 42 号——持有待售的非流动资产、处置组和终止经营》应用指南

一、总体要求

《企业会计准则第 42 号——持有待售的非流动资产、处置组和终止经营》（以下简称"本准则"）规范了持有待售的非流动资产或处置组的分类、计量和列报，以及终止经营的列报。

本准则明确了持有待售类别的基本划分原则，即如果企业主要通过出售而非持续使用一项非流动资产或处置组收回其账面价值，应当将其划分为持有待售类别。

本准则规定，持有待售的非流动资产或处置组的账面价值高于公允价值减去出售费用后的净额的，应当将账面价值减记至公允价值减去出售费用后的净额，同时确认资产减值损失和计提持有待售资产减值准备。公允价值减去出售费用后的净额后续增加的，以前减记的金额应当予以恢复，但已抵减的商誉账面价值和适用本准则计量规定的非流动资产在划分为持有待售类别前确认的资产减值损失不得转回。持有待售的非流动资产或处置组中的非流动资产不应计提折旧或摊销。

本准则规定，企业应当在资产负债表中单独列示持有待售资产和持有待售负债，两者不能抵销；在利润表中分别列示持续经营损益和终止经营损益；在附注中进一步披露有关持有待售的非流动资产、处置组和终止经营的详尽信息。

企业应当设置以下科目，正确记录和反映持有待售的非流动资产和处置组的相关交易或事项：

（一）"1481 持有待售资产"科目。本科目核算持有待售的非流动资产和持有待售的处置组中的资产。本科目按照资产类别进行明细核算。企业将相关非流动资产或处置组划分为持有待售类别时，按各类资产的账面价值或账面余额，借记本科目，按已计提的累计折旧、累计摊销等，借记"累计折旧""累计摊销"等科目，按各项资产账面余额，贷记"固定资产""无形资产""长期股权投资""应收账款""商誉"等科目，适用本准则计量规定的非流动资产已计提减值准备的，还应同时结转已计提的减值准备。本科目期末借方余额，反映企业持有待售的非流动资产和持有待售的处置组中资产的账面余额。

（二）"1482 持有待售资产减值准备"科目。本科目核算适用本准则计量规定的持有待售的非流动资产和持有待售的处置组计提的允许转回的资产减值准备和商誉的减值准备。本科目按照资产类别进行明细核算。初始计量或资产负债表日，持有待售的非流动资产或处置组中的资产发生减值的，按应减记的金额，借记"资产减值损失"科目，贷记本科目。后续资产负债表日持有待售的非流动资产或处置组中的资产减值转回的，按允许转回的金额，借记本科目，贷记"资产减值损失"科目。本科目期末贷方余额，反映企业已计提但尚未转销的持有待售资产减值准备。

（三）"2245 持有待售负债"科目。本科目核算持有待售的处置组中的负债。本科目按照负债类别进行明细核算。企业将相关处置组划分为持有待售类别时，按相关负债的账面余额，借记"应付账款""应付职工薪酬"等科目，贷记本科目。本科目期末贷方余额，反映企业持有待售的处置组中负债的账面余额。

（四）"6115 资产处置损益"科目。本科目核算企业出售划分为持有待售的非流动资产（金融工具、长期股权投资和投资性房地产除外）或处置组（子公司和业务除外）时确认的处置利得或损失，以及处置未划分为持有待售的固定资产、在建工程、生产性生物资产及无形资产而产生的处置利得或损失。本科目按照处置的资产类别或处置组进行明细核算。债务重组中因处置非流动资产产生的利得或损失和非货币性资产交换中换出非流动资产产生的利得或损失也在本科目核算。企业处置持有待售的非流动资产或处置组时，按处置过程中收到的价款，借记"银行存款"等科目，按相关负债的账面余额，借记"持有待售负债"科目，按相关资产的账面余额，贷记"持有待售资产"科目，按其差额借记或贷记本科目，已计提减值准备的，还应同时结转已计提的减值准备；按处置过程中发生的相关税费，借记本科目，贷记"银行存款""应交税费"等科目。期末，应将本科目余额转入"本年利润"科目，本科目结转后应无余额。

二、关于适用范围

本准则规范了持有待售的非流动资产或处置组的分类、计量和列报，以及终止经营的列报。除特别说明外，本准则有关持有待售非流动资产或处置组分类、计量和列报的规定同样适用于持有待分配给所有者的非流动资产或处置组。

（一）持有待售的非流动资产或处置组的分类、计量和列报

1. 持有待售的非流动资产的分类、计量和列报

非流动资产是流动资产以外的资产。按照《企业会计准则第 30 号——财务报表列报》的规定，流动资产，是指满足下列条件之一的资产：①预计在一个正常营业周期中变现、出售或耗用；②主要为交易目的而持有；③预计在资产负债表日起 1 年内变现；④自资产负债表日起 1 年内，交换其他资产或清偿负债的能力不受限制的现金或现金等价物。

对于持有待售的非流动资产的分类和列报，应当按照本准则规定进行会计处理。对于持有待售的非流动资产（包括处置组中的非流动资产）的计量，应当区分不同情况：①采用公允价值模式进行后续计量的投资性房地产，适用《企业会计准则第 3 号——投资性房地产》；②采用公允价值减去出售费用后的净额计量的生物资产，适用《企业会计准则第 5 号——生物资产》；③职工薪酬形成的资产，适用《企业会计准则第 9 号——职工薪酬》；④递延所得税资产，适用《企业会计准则第 18 号——所得税》；⑤由金融工具相关会计准则规范的金融资产，适用金融工具相关会计准则；⑥由保险合同相关会计准则规范的保险合同所产生的权利，适用保险合同相关会计准则；⑦除上述各项外的其他持有待售的非流动资产，适用本准则。

2. 持有待售的处置组的分类、计量和列报

处置组，是指在一项交易中作为整体通过出售或其他方式一并处置的一组资产，以及在该交易中转让的与这些资产直接相关的负债。处置组中可能包含企业的任何资产和负债，如流动资产、流动负债、适用本准则计量规定的固定资产、无形资产等非流动资产、不适用本准则计量规定的采用公允价值模式进行后续计量的投资性房地产、采用公允价值减去出售费用后的净额计量的生物资产、金融工具等非流动资产，以及非流动负债。按照《企业会计准则第 8 号——资产减值》的规定，企业合并中取得的商誉应当按照合理的方法分摊至相关的资产组或资产组组合，如果处置组即为该资产组或者包括在该资产组或资产组组合中，处置组也应当包含分摊的商誉。

按照《企业会计准则第 8 号——资产减值》的规定，资产组，是指企业可以认定的最小资产组合，其产生的现金流入应当基本上独立于其他资产或者资产组产生的现金流入。处置组可能是一组资产组组合、一个资产组或某个资产组的一部分。如果企业在决定对某处置组进行处置前，该处置组的相关资产或负债本属于某资产组的部分，在作为处置组后，由于该

处置组将主要通过出售而非持续使用产生现金流入，对原资产组内其他资产产生现金流入的依赖减小，此时该处置组重新成为可以认定的最小资产组合，应当作为单独的资产组看待。

对于持有待售的处置组的分类和列报，应当按照本准则规定进行会计处理。对于持有待售的处置组的计量，只要处置组中包含了适用本准则计量规定的非流动资产，本准则的计量规定就适用于整个处置组。处置组中的流动资产、不适用本准则计量规定的非流动资产和所有负债的计量适用相关会计准则。

（二）终止经营的列报

本准则规定，终止经营，是指企业满足下列条件之一的、能够单独区分的组成部分，且该组成部分已经处置或划分为持有待售类别：①该组成部分代表一项独立的主要业务或一个单独的主要经营地区；②该组成部分是拟对一项独立的主要业务或一个单独的主要经营地区进行处置的一项相关联计划的一部分；③该组成部分是专为转售而取得的子公司。

终止经营的定义包含以下三方面含义：

1.终止经营应当是企业能够单独区分的组成部分。该组成部分的经营和现金流量在企业经营和编制财务报表时是能够与企业的其他部分清楚区分的。企业组成部分可能是一个资产组，也可能是一组资产组组合，通常是企业的一个子公司、一个事业部或事业群。

2.终止经营应当具有一定的规模。终止经营应当代表一项独立的主要业务或一个单独的主要经营地区，或者是拟对一项独立的主要业务或一个单独的主要经营地区进行处置的一项相关联计划的部分。并非所有处置组都符合终止经营定义中的规模条件，企业需要运用职业判断加以确定。当然，如果企业主要经营一项业务或主要在一个地理区域内开展经营，企业的一个主要产品或服务线就可能满足终止经营定义中的规模条件。对于专为转售而取得的子公司，本准则对其规模不作要求，只要是单独区分的组成部分且满足时点要求，即构成终止经营。有些专为转售而取得的重要的合营企业或联营企业，也可能因为符合终止经营定义中的规模等条件而构成终止经营。

3.终止经营应当满足一定的时点要求。符合终止经营定义的组成部分应当属于以下两种情况之一：

（1）该组成部分在资产负债表日之前已经处置，包括已经出售和结束使用（如关停或报废等）。多数情况下，如果组成部分的所有资产和负债均已处置，产生收入和发生成本的来源消失，这时确定组成部分"处置"的时点是较为容易的。但在有些情况下，组成部分的资产仍处于出售或报废过程中，仍可能发生清理费用，企业需要根据实际情况判断组成部分是否已经处置从而符合终止经营的定义。

（2）该组成部分在资产负债表日之前已经划分为持有待售类别。有些情况下，企业对一项独立的主要业务或一个单独的主要经营地区进行处置的一项相关联计划持续数年，组成部分中的资产组或资产组组合无法同时满足持有待售类别的划分条件。随着处置计划的进行，组成部分中的一些资产组或资产组组合可能先满足持有待售类别划分条件且构成企业的终止经营，其他资产组或资产组组合可能在未来满足持有待售类别的划分条件，应当适时将其作为终止经营处理。

不是所有划分为持有待售类别的处置组都符合终止经营的定义，因为有些处置组可能不是"能够单独区分的组成部分"或不符合终止经营定义中的规模条件；也不是所有终止经营都划分为持有待售类别，因为有些终止经营在资产负债表日前已经处置。

三、关于持有待售类别的分类

（一）持有待售类别分类的基本要求

1.分类原则

本准则规定，企业主要通过出售而非持续使用一项非流动资产或处置组收回其账面价值

《企业会计准则第42号——持有待售的非流动资产、处置组和终止经营》应用指南

的,应当将其划分为持有待售类别。根据这一原则判断,企业不应当因持有待售的非流动资产或处置组仍在产生零星收入而不将其划分为持有待售类别。因为在这种情况下,通过该资产或处置组的使用收回的价值相对于通过出售收回的价值是微不足道的,资产的账面价值仍然主要通过出售收回。

本准则规定,非流动资产或处置组划分为持有待售类别,应当同时满足两个条件:

(1)可立即出售。

根据类似交易中出售此类资产或处置组的惯例,在当前状况下即可立即出售。为满足该条件,企业应当具有在当前状态下出售该非流动资产或处置组的意图和能力。为了符合类似交易中出售此类资产或处置组的惯例,企业应当在出售前做好相关准备。例如,按照惯例允许买方在报价和签署合同前对资产进行尽职调查等。

需要特别指出的是,上文所述"出售"包括具有商业实质的非货币性资产交换。如果企业以非货币性资产交换形式换出非流动资产或处置组,且该交易具有商业实质,那么企业应当考虑相关非流动资产或处置组是否符合划分为持有待售类别的条件。同样地,如果企业以非流动资产或处置组作为换出资产进行债务重组,也可能符合划分为持有待售类别的条件。

(2)出售极可能发生。

本准则规定,出售极可能发生,即企业已经就一项出售计划作出决议且获得确定的购买承诺,预计出售将在1年内完成。有关规定要求企业相关权力机构或者监管部门批准后方可出售的,应当已经获得批准。具体来说,"出售极可能发生"应当包含以下几层含义:一是企业出售非流动资产或处置组的决议一般需要由企业相应级别的管理层作出,如果有关规定要求企业相关权力机构或者监管部门批准后方可出售,应当已经获得批准。二是企业已经获得确定的购买承诺,确定的购买承诺是企业与其他方签订的具有法律约束力的购买协议,该协议包含交易价格、时间和足够严厉的违约惩罚等重要条款,使协议出现重大调整或者撤销的可能性极小。三是预计自划分为持有待售类别起1年内,出售交易能够完成。

非流动资产或处置组划分为持有待分配给所有者类别,应当同时满足下列条件:①在当前状况下即可立即分配;②分配很可能发生,即企业已经开展与分配相关的工作,分配出现重大调整或撤销的可能性极小,预计分配将在1年内完成。有关规定要求企业相关权力机构或者监管部门批准后方可分配的,应当已经获得批准。

2.延长1年期限的例外条款

有些情况下,可能由于发生一些企业无法控制的原因导致出售未能在一年内完成。如果涉及的出售是关联方交易,本准则不允许放松1年期限条件。如果涉及的出售不是关联方交易,且有充分证据表明企业仍然承诺出售非流动资产或处置组,本准则允许放松一年期限条件,企业可以继续将非流动资产或处置组划分为持有待售类别。企业无法控制的原因包括:

(1)意外设定条件。

买方或其他方意外设定导致出售延期的条件,企业针对这些条件已经及时采取行动,且预计能够自设定导致出售延期的条件起一年内顺利化解延期因素。即企业在初始对非流动资产或处置组进行分类时,能够满足划分为持有待售类别的所有条件,但此后买方或其他方提出一些意料之外的条件,且企业已经采取措施加以应对,预计能够自设定这些条件起1年内满足条件并完成出售,那么即使出售无法在最初1年内完成,企业仍然可以维持原持有待售类别的分类。

(2)发生罕见情况。

因发生罕见情况,导致持有待售的非流动资产或处置组未能在1年内完成出售,企业在最初1年内已经针对这些新情况采取必要措施且重新满足了持有待售类别的划分条件。即非流动资产或处置组在初始分类时满足了持有待售类别的所有条件,但在最初1年内,出现罕

见情况导致出售将被延迟至1年之后。如果企业针对这些新情况在最初1年内已经采取必要措施,而且该非流动资产或处置组重新满足了持有待售类别的划分条件,也就是在当前状况下可立即出售且出售极可能发生,那么即使原定的出售计划无法在最初1年内完成,企业仍然可以维持原持有待售类别的分类。这里的"罕见情况"主要指因不可抗力引发的情况、宏观经济形势发生急剧变化等不可控情况。

3. 不再继续满足划分条件的处理

持有待售的非流动资产或处置组不再继续满足持有待售类别划分条件的,企业不应当继续将其划分为持有待售类别。部分资产或负债从持有待售的处置组中移除后,如果处置组中剩余资产或负债新组成的处置组仍然满足持有待售类别划分条件,企业应当将新组成的处置组划分为持有待售类别,否则应当将满足持有待售类别划分条件的非流动资产单独划分为持有待售类别。

(二)某些特定持有待售类别分类的具体应用

1. 专为转售而取得的非流动资产或处置组

对于企业专为转售而新取得的非流动资产或处置组,如果在取得日满足"预计出售将在一年内完成"的规定条件,且短期(通常为3个月)内很可能满足划分为持有待售类别的其他条件,企业应当在取得日将其划分为持有待售类别。这些"其他条件"包括:根据类似交易中出售此类资产或处置组的惯例,在当前状况下即可立即出售;企业已经就一项出售计划作出决议且获得确定的购买承诺。有关规定要求企业相关权力机构或者监管部门批准后方可出售的,应当已经获得批准。

2. 持有待售的长期股权投资

有些情况下,企业出售对子公司投资但并不丧失对其的控制权,企业不应当将拟出售的部分对子公司投资或对子公司投资整体划分为持有待售类别。

有些情况下,企业因出售对子公司的投资等原因导致其丧失对子公司的控制权,出售后企业可能保留对原子公司的部分权益性投资,也可能丧失全部权益,企业应当在拟出售的部分对子公司投资满足持有待售类别划分条件时,在母公司个别财务报表中将对子公司投资整体划分为持有待售类别,而不是仅将拟处置的部分投资划分为持有待售类别;在合并财务报表中将子公司所有资产和负债划分为持有待售类别,而不是仅将拟处置的部分投资对应的资产和负债划分为持有待售类别。但是,无论对子公司的投资是否划分为持有待售类别,企业始终应当按照《企业会计准则第33号——合并财务报表》的规定确定合并范围、编制合并财务报表。

企业出售对子公司投资后保留的部分权益性投资,应当区分以下情况处理:①如果企业对被投资单位施加共同控制或重大影响,在编制母公司个别财务报表时,应当按照《企业会计准则第2号——长期股权投资》有关成本法转权益法的规定进行会计处理,在编制合并财务报表时,应当按照《企业会计准则第33号——合并财务报表》的有关规定进行会计处理;②如果企业对被投资单位不具有控制、共同控制或重大影响,在编制母公司个别财务报表时,应当按照《企业会计准则第22号——金融工具确认和计量》进行会计处理,在编制合并财务报表时,应当按照《企业会计准则第33号——合并财务报表》的有关规定进行会计处理。

按照《企业会计准则第2号——长期股权投资》规定,对联营企业或合营企业的权益性投资全部或部分分类为持有待售资产的,应当停止权益法核算;对于未划分为持有待售类别的剩余权益性投资,应当在划分为持有待售的那部分权益性投资出售前继续采用权益法进行会计处理。原权益法核算的相关其他综合收益等应当在持有待售资产终止确认时,按照《企业会计准则第2号——长期股权投资》有关处置长期股权投资的规定进行会计处理。

3. 拟结束使用而非出售的非流动资产或处置组

企业不应当将拟结束使用而非出售的非流动资产或处置组划分为持有待售类别。原因是企业对该非流动资产或处置组的使用实质上几乎贯穿了其整个经济使用寿命期，其账面价值并非主要通过出售收回，而是主要通过持续使用收回。例如，因已经使用至经济寿命期结束而将某机器设备报废，并收回少量残值。对于暂时停止使用的非流动资产，企业不应当认为其拟结束使用，也不应当将其划分为持有待售类别。

对于拟结束使用而非出售的处置组，在停止使用前不应当划分为持有待售类别，也不应当作为终止经营列报；在停止使用后，不应当划分为持有待售类别，如果该处置组满足终止经营中有关单独区分的组成部分的条件，应当作为终止经营列报。对于拟结束使用而非出售的非流动资产，无论在停止使用之前或之后，均不应当划分为持有待售类别，也不应当作为终止经营列报。

四、关于持有待售类别的计量

（一）初始计量

企业将非流动资产或处置组首次划分为持有待售类别前，应当按照相关会计准则规定计量非流动资产或处置组中各项资产和负债的账面价值。例如，按照《企业会计准则第4号——固定资产》的规定，对固定资产计提折旧；按照《企业会计准则第6号——无形资产》的规定，对无形资产进行摊销。按照《企业会计准则第8号——资产减值》的规定，企业应当判断资产是否存在可能发生减值的迹象，如果资产已经或者将被闲置、终止使用或者计划提前处置，表明资产可能发生了减值。对于拟出售的非流动资产或处置组，企业应当在划分为持有待售类别前考虑进行减值测试。

企业初始计量持有待售的非流动资产或处置组时，如果其账面价值低于其公允价值减去出售费用后的净额，企业不需要对账面价值进行调整；如果账面价值高于其公允价值减去出售费用后的净额，企业应当将账面价值减记至公允价值减去出售费用后的净额，减记的金额确认为资产减值损失，计入当期损益，同时计提持有待售资产减值准备，但不应当重复确认不适用本准则计量规定的资产和负债按照相关准则规定已经确认的损失。

企业应当按照《企业会计准则第39号——公允价值计量》的有关规定确定非流动资产或处置组的公允价值。具体来说，如果企业已经获得确定的购买承诺，应当参考交易价格确定持有待售的非流动资产或处置组的公允价值，交易价格应当考虑可变对价、非现金对价、应付客户对价等因素的影响。如果企业尚未获得确定的购买承诺，例如，对于专为转售而取得的非流动资产或处置组，企业应当对其公允价值作出估计，优先使用市场报价等可观察输入值。

出售费用是企业发生的可以直接归属于出售资产或处置组的增量费用，出售费用直接由出售引起，并且是企业进行出售所必需的，如果企业不出售资产或处置组，该费用将不会产生。出售费用包括为出售发生的特定法律服务、评估咨询等中介费用，也包括相关的消费税、城市维护建设税、土地增值税和印花税等，但不包括财务费用和所得税费用。有些情况下，公允价值减去出售费用后的净额可能为负值，持有待售的非流动资产或处置组中资产的账面价值应当以减记至零为限。是否需要确认相关预计负债，应当按照《企业会计准则第13号——或有事项》的规定进行会计处理。

对于取得日划分为持有待售类别的非流动资产或处置组，企业应当在初始计量时比较假定其不划分为持有待售类别情况下的初始计量金额和公允价值减去出售费用后的净额，以两者孰低计量。按照上述原则，在合并报表中，非同一控制下的企业合并中新取得的非流动资产或处置组划分为持有待售类别的，应当按照公允价值减去出售费用后的净额计量；同一控制下的企业合并中非流动资产或处置组划分为持有待售类别的，应当按照合并日在被合并方的账面价值与公允价值减去出售费用后的净额孰低计量。除企业合并中取得的非流动资产或处置组外，由以公允价值减去出售费用后的净额作为非流动资产或处置组初始计量金额而产生的差额，应当计入当期损益。

（二）后续计量

1. 持有待售的非流动资产的后续计量

企业在资产负债表日重新计量持有待售的非流动资产时，如果其账面价值高于公允价值减去出售费用后的净额，应当将账面价值减记至公允价值减去出售费用后的净额，减记的金额确认为资产减值损失，计入当期损益，同时计提持有待售资产减值准备。

如果后续资产负债表日持有待售的非流动资产公允价值减去出售费用后的净额增加，以前减记的金额应当予以恢复，并在划分为持有待售类别后非流动资产确认的资产减值损失金额内转回，转回金额计入当期损益，划分为持有待售类别前确认的资产减值损失不得转回。

持有待售的非流动资产不应计提折旧或摊销。

2. 持有待售的处置组的后续计量

企业在资产负债表日重新计量持有待售的处置组时，应当首先按照相关会计准则规定计量处置组中不适用本准则计量规定的资产和负债的账面价值，这些资产和负债可能包括采用公允价值模式进行后续计量的投资性房地产、采用公允价值减去出售费用后的净额计量的生物资产、金融工具等不适用本准则计量规定的非流动资产，也可能包括流动资产、流动负债和非流动负债。例如，处置组中的金融工具，应当按照《企业会计准则第22号——金融工具确认和计量》的规定计量。

在进行上述计量后，企业应当比较持有待售的处置组整体账面价值与公允价值减去出售费用后的净额，如果账面价值高于其公允价值减去出售费用后的净额，应当将账面价值减记至公允价值减去出售费用后的净额，减记的金额确认为资产减值损失，计入当期损益，同时计提持有待售资产减值准备，但不应当重复确认不适用本准则计量规定的资产和负债按照相关准则规定已经确认的损失。

对于持有待售的处置组确认的资产减值损失金额，如果该处置组包含商誉，应当先抵减商誉的账面价值，再根据处置组中适用本准则计量规定的各项非流动资产账面价值所占比重，按比例抵减其账面价值。确认的资产减值损失金额应当以适用本准则计量规定的各项资产的账面价值为限，不应分摊至处置组中不适用本准则计量规定的其他资产。

如果后续资产负债表日持有待售的处置组公允价值减去出售费用后的净额增加，以前减记的金额应当予以恢复，并在划分为持有待售类别后适用本准则计量规定的非流动资产确认的资产减值损失金额内转回，转回金额计入当期损益，且不应当重复确认不适用本准则计量规定的资产和负债按照相关准则规定已经确认的利得。已抵减的商誉账面价值，以及适用本准则计量规定的非流动资产在划分为持有待售类别前确认的资产减值损失不得转回。对于持有待售的处置组确认的资产减值损失后续转回金额，应当根据处置组中除商誉外适用本准则计量规定的各项非流动资产账面价值所占比重，按比例增加其账面价值。

持有待售的处置组中的非流动资产不应计提折旧或摊销，持有待售的处置组中的负债和不适用本准则计量规定的金融资产、以公允价值计量的投资性房地产等的利息或租金收入、支出以及其他费用应当继续予以确认。

（三）不再继续划分为持有待售类别的计量

非流动资产或处置组因不再满足持有待售类别划分条件而不再继续划分为持有待售类别或非流动资产从持有待售的处置组中移除时，应当按照以下两者孰低计量：①划分为持有待售类别前的账面价值，按照假定不划分为持有待售类别情况下本应确认的折旧、摊销或减值等进行调整后的金额；②可收回金额。由此产生的差额计入当期损益，可以通过"资产减值损失"科目进行会计处理。这样处理的结果是，原来划分为持有待售的非流动资产或处置组重新分类后的账面价值，与其从未划分为持有待售类别情况下的账面价值相一致。

企业将非流动资产或处置组由持有待售类别重分类为持有待分配给所有者类别，或者由持有待分配给所有者类别重分类为持有待售类别，原处置计划没有发生本质改变，不应当按照上述不再继续划分为持有待售类别的计量要求处理，而应当按照重分类后所属类别的计量要求处理。分类为持有待售类别或持有待分配给所有者类别的日期不因重分类而发生改变，在适用延长一年期的例外条款时，应当以该最初分类日期为准。

（四）终止确认

企业终止确认持有待售的非流动资产或处置组，应当将尚未确认的利得或损失计入当期损益。

按照《企业会计准则第 19 号——外币折算》的规定，企业在处置持有待售的境外经营时，应当将与该境外经营相关的外币财务报表折算差额，自其他综合收益转入处置当期损益，部分处置境外经营的，应当按处置的比例计算处置部分的外币财务报表折算差额转入处置当期损益。

五、关于持有待售类别和终止经营的列报

（一）资产负债表列示

1. 持有待售的非流动资产或处置组的列示

持有待售资产和负债不应当相互抵销。"持有待售资产"和"持有待售负债"应当分别作为流动资产和流动负债列示。具体来说，企业应当在资产负债表资产项下"一年内到期的非流动资产"项目之上增设"持有待售资产"项目，反映资产负债表日划分为持有待售类别的非流动资产及划分为持有待售类别的处置组中的流动资产和非流动资产的期末账面价值。"持有待售资产"项目应当根据"持有待售资产"科目的期末余额，减去"持有待售资产减值准备"科目的期末余额后的金额填列。企业应当在资产负债表负债项下"一年内到期的非流动负债"项目之上增设"持有待售负债"项目，反映资产负债表日处置组中与划分为持有待售类别的资产直接相关的负债的期末账面价值。"持有待售负债"项目应当根据"持有待售负债"科目的期末余额填列。

资产负债表的部分格式见表 1。

表 1　资产负债表

会企 01 表

编制单位：　　　　　　　　　　年　月　日　　　　　　　　　单位：元

资　产	期末余额	年初余额	负债和所有者权益（或股东权益）	期末余额	年初余额
流动资产			流动负债		
……			……		
持有待售资产			持有待售负债		
一年内到期的非流动资产			一年内到期的非流动负债		
……			……		

对于当期首次满足持有待售类别划分条件的非流动资产或划分为持有待售类别的处置组中的资产和负债，不应当调整可比会计期间资产负债表，即不对其符合持有待售类别划分条

件前各个会计期间的资产负债表进行项目的分类调整或重新列报。因此，在可比会计期间资产负债表中列报的持有待售资产和持有待售负债都是在可比会计期末即符合持有待售类别划分条件的非流动资产或处置组。

2. 终止经营的列示

如果终止经营划分为持有待售类别，应当按照上述持有待售类别的列报要求处理。如果终止经营没有划分为持有待售类别，而是被处置，无论当期或是可比会计期间的资产负债表中都不应当列报与之相关的持有待售资产或负债。

（二）利润表列示

企业应当在利润表中"营业利润"项目之上单设"资产处置收益"项目，反映企业出售划分为持有待售的非流动资产（金融工具、长期股权投资和投资性房地产除外）或处置组（子公司和业务除外）时确认的处置利得或损失。"资产处置收益"项目应根据"资产处置损益"科目的发生额分析填列；如为处置损失，以"—"号填列。

企业应当分别列示持续经营损益和终止经营损益，在利润表"净利润"项下增设"持续经营净利润"和"终止经营净利润"项目，以税后净额分别反映持续经营相关损益和终止经营相关损益。合并利润表的部分格式见表2。

表2　合并利润表

编制单位：　　　　　　　年　月　日　　　　　　　　会企02表
　　　　　　　　　　　　　　　　　　　　　　　　　单位：元

项　　目	本期金额	上期金额
一、营业收入		
……		
资产处置收益（损失以"—"号填列）		
二、营业利润（亏损以"—"号填列）		
……		
四、净利润（净亏损以"—"号填列）		
（一）按经营持续性分类		
1.持续经营净利润（净亏损以"—"号填列）		
2.终止经营净利润（净亏损以"—"号填列）		
……		

1. 持有待售的非流动资产或处置组的列示

不符合终止经营定义的持有待售的非流动资产或处置组所产生的下列相关损益，应当在利润表中作为持续经营损益列报：①企业初始计量或在资产负债表日重新计量持有待售的非流动资产或处置组时，因账面价值高于其公允价值减去出售费用后的净额而确认的资产减值损失；②后续资产负债表日持有待售的非流动资产或处置组公允价值减去出售费用后的净额增加，因恢复以前减记的金额而转回的资产减值损失；③持有待售的非流动资产或处置组的处置损益。

2. 终止经营的列示

终止经营的相关损益应当作为终止经营损益列报，列报的终止经营损益应当包含整个报告期间，而不仅包含认定为终止经营后的报告期间。相关损益具体包括：①终止经营的经营活动损益，如销售商品、提供服务的收入、相关成本和费用等；②企业初始计量或在资产负债表日重新计量符合终止经营定义的持有待售的处置组时，因账面价值高于其公允价值减去出售费用后的净额而确认的资产减值损失；③后续资产负债表日符合终止经营定义的持有待售处置组的公允价值减去出售费用后的净额增加，因恢复以前减记的金额而转回的资产减值损失；④终止经营的处置损益。⑤终止经营处置损益的调整金额，可能引起调整的情形包括：最终确定处置条款，如与买方商定交易价格调整额和补偿金；消除与处置相关的不确定因素，如确定卖方保留的环保义务或产品质量保证义务；履行与处置相关的职工薪酬支付义务等。

企业在处置终止经营的过程中可能附带产生一些增量费用，如果不进行该项处置就不会产生这些费用，企业应当将这些增量费用作为终止经营损益列报。

拟结束使用而非出售的处置组满足终止经营定义中有关组成部分的条件的，应当自停止使用日起作为终止经营列报。列报的终止经营损益应当包含整个报告期间，而不仅包含认定为终止经营后的报告期间。如果因出售对子公司的投资等原因导致企业丧失对子公司的控制权，且该子公司符合终止经营定义的，应当在合并利润表中列报相关终止经营损益。

从财务报表可比性出发，对于当期列报的终止经营，企业应当在当期财务报表中，将原来作为持续经营损益列报的信息重新作为可比会计期间的终止经营损益列报。这意味着对于可比会计期间的利润表，作为终止经营列报的不仅包括在可比会计期间即符合终止经营定义的处置组，还包括在当期首次符合终止经营定义的处置组。由于后者的存在，处置组在可比会计期间销售商品、提供服务的收入和相关成本、费用，以及相关资产按照《企业会计准则第8号——资产减值》的规定确认的资产减值损失等也应当作为终止经营损益列报。

（三）附注披露

1. 持有待售的非流动资产或处置组的披露

企业应当在附注中披露有关持有待售的非流动资产或处置组的下列信息：①持有待售的非流动资产或处置组的出售费用和主要类别，以及每个类别的账面价值和公允价值；②持有待售的非流动资产或处置组的出售原因、方式和时间安排；③列报持有待售的非流动资产或处置组的分部；④持有待售的非流动资产或持有待售的处置组中资产确认的减值损失及其转回金额；⑤与持有待售的非流动资产或处置组有关的其他综合收益累计金额，例如，与境外经营相关的外币财务报表折算差额等。

如果处置组中包含不适用本准则计量规定的资产或负债，且有关这些资产或负债的披露已经包括在附注的其他部分，企业不需要在有关持有待售的非流动资产或处置组的附注部分重复披露，除非企业认为这样披露有助于报表使用者评估相关信息。

非流动资产或处置组在资产负债表日至财务报告批准报出日之间满足持有待售类别划分条件的，应当作为资产负债表日后非调整事项进行会计处理，并在附注中披露下列信息：①资产负债表日后划分为持有待售类别的非流动资产或处置组的出售费用和主要类别，以及每个类别的账面价值和公允价值；②持有待售的非流动资产或处置组的出售原因、方式和时间安排；③列报持有待售的非流动资产或处置组的分部。

2. 终止经营的披露

企业应当在附注中披露有关终止经营的下列信息：①终止经营的收入、费用、利润总额、所得税费用（收益）和净利润，即利润表中"终止经营净利润"项目信息的进一步分解；②终止经营的资产或处置组确认的减值损失及其转回金额；③终止经营的处置损益总额、所得税费用（收益）和处置净损益；④终止经营的经营活动、投资活动和筹资活动现金流量净额；⑤归属于母公司所有者的持续经营损益和终止经营损益；⑥终止经营处置损益调整的性质和金额。

如果企业因出售对子公司的投资等原因导致其丧失对子公司的控制权，且该子公司符合终止经营定义，应当在附注中披露上述信息。

对于当期首次列报的终止经营，企业应当在附注中披露可比会计期间与该终止经营有关的下列信息：①终止经营的收入、费用、利润总额、所得税费用（收益）和净利润；②终止经营的资产或处置组确认的减值损失及其转回金额；③终止经营的经营活动、投资活动和筹资活动现金流量净额；④归属于母公司所有者的持续经营损益和终止经营损益。

（四）特殊事项的列报

1. 企业专为转售而取得的持有待售子公司的列报

本准则规定，如果企业专为转售而取得的子公司符合持有待售类别的划分条件，应当按照持有待售的处置组和终止经营的有关规定进行列报，相对于不符合持有待售类别划分条件的子公司，其资产负债表列示和附注披露都得到适当简化。但是，除非企业是投资性主体并将该子公司按照公允价值计量且其变动计入当期损益，否则仍然应当按照《企业会计准则第33号——合并财务报表》的规定，将该子公司纳入合并范围。

在合并资产负债表中，企业专为转售而取得的持有待售子公司的全部资产和负债应当分别作为持有待售资产和持有待售负债项目列示。

在合并利润表中，符合终止经营定义的专为转售而取得的持有待售子公司的净利润与其他终止经营净利润应当合并列示在"终止经营净利润"项目中。

在附注中，企业应当披露下列信息：①企业专为转售而取得的持有待售子公司的出售原因、方式和时间安排；②列报该子公司的分部；③该子公司确认的减值损失及其转回金额；④与该子公司有关的其他综合收益累计金额；⑤归属于母公司所有者的持续经营损益和终止经营损益。

2. 不再继续划分为持有待售类别的列报

对于非流动资产或处置组，如果其不再继续划分为持有待售类别或非流动资产从持有待售的处置组中移除，在资产负债表中，企业应当将原来分类为持有待售类别的非流动资产或处置组重新作为固定资产、无形资产等列报，并调整其账面价值。在当期利润表中企业应当将账面价值调整金额作为持续经营损益列报。在附注中，企业应当披露下列信息：①企业改变非流动资产或处置组出售计划的原因；②可比会计期间财务报表中受影响的项目名称和影响金额。

对于企业的子公司、共同经营、合营企业、联营企业以及部分对合营企业或联营企业的投资，按照《企业会计准则第2号——长期股权投资》的规定，持有待售的对联营企业或合营企业的权益性投资不再符合持有待售类别划分条件的，应当自划分为持有待售类别日起采用权益法进行追溯调整。持有待售的对子公司、共同经营的权益性投资不再符合持有待售类别划分条件的，同样应当自划分为持有待售类别日起追溯调整。上述情况下，划分为持有待售类别期间的财务报表应当作相应调整。

终止经营不再满足持有待售类别划分条件的，企业应当在当期财务报表中，将原来作为终止经营损益列报的信息重新作为可比会计期间的持续经营损益列报，并在附注中说明这一事实。

六、衔接规定

本准则规定，对于本准则施行日存在的持有待售的非流动资产、处置组和终止经营，应当采用未来适用法处理。本准则施行日之后符合终止经营定义的，应当按照本准则规定，对可比会计期间的比较数据进行调整，在财务报表中列示和披露该终止经营当期和可比会计期间的有关信息。

附录一

会计科目和主要账务处理

一、会计科目

会计科目和主要账务处理依据企业会计准则中确认和计量的规定制定,涵盖了各类企业的交易或者事项。企业在不违反会计准则中确认、计量和报告规定的前提下,可以根据本单位的实际情况自行增设、分拆、合并会计科目。企业不存在的交易或者事项,可不设置相关会计科目。对于明细科目,企业可以比照本附录中的规定自行设置。会计科目编号供企业填制会计凭证、登记会计账簿、查阅会计账目、采用会计软件系统作参考,企业可结合实际情况自行确定会计科目编号。相关信息如表1所示。

表1 会 计 科 目 表

顺序号	编号	会计科目名称
一、资产类		
1	1001	库存现金
2	1002	银行存款
3	1003	存放中央银行款项
4	1011	存放同业
5	1012	其他货币资金
6	1021	结算备付金
7	1031	存出保证金
8	1101	交易性金融资产
9	1111	买入返售金融资产
10	1121	应收票据
11	1122	应收账款
12	1123	预付账款
13		合同资产*
14		合同资产减值准备*
15	1131	应收股利
16	1132	应收利息
17	1201	应收代位追偿款
18	1211	应收分保账款
19	1212	应收分保合同准备金
20		应收融资租赁款*
21		应收融资租赁款减值准备*
22	1221	其他应收款
23	1231	坏账准备

（续表）

顺序号	编号	会计科目名称
24	1301	贴现资产
25	1302	拆出资金
26	1303	贷款
27	1304	贷款损失准备
28	1311	代理兑付证券
29	1321	代理业务资产
30	1401	材料采购
31	1402	在途物资
32	1403	原材料
33	1404	材料成本差异
34	1405	库存商品
35	1406	发出商品
36	1407	商品进销差价
37	1408	委托加工物资
38	1411	周转材料
39		应收退货成本*
40	1421	消耗性生物资产
41	1431	贵金属
42	1441	抵债资产
43	1451	损余物资
44	1461	融资租赁资产
45		使用权资产*
46		使用权资产累计折旧*
47		使用权资产减值准备*
48	1471	存货跌价准备
49	1481	持有待售资产
50	1482	持有待售资产减值准备
51	1501	债权投资
52	1502	债权投资减值准备
53	1503	其他债权投资
54	1504	其他权益工具投资
55	1511	长期股权投资
56	1512	长期股权投资减值准备
57	1518	继续涉入资产
58	1521	投资性房地产
59	1531	长期应收款
60	1532	未实现融资收益
61	1541	存出资本保证金

（续表）

顺序号	编号	会计科目名称
62	1601	固定资产
63	1602	累计折旧
64	1603	固定资产减值准备
65	1604	在建工程
66	1605	工程物资
67	1606	固定资产清理
68	1611	未担保余值
69	1621	生产性生物资产
70	1622	生产性生物资产累计折旧
71	1623	公益性生物资产
72	1631	油气资产
73	1632	累计折耗
74	1701	无形资产
75	1702	累计摊销
76	1703	无形资产减值准备
77	1711	商誉
78	1801	长期待摊费用
79	1811	递延所得税资产
80	1821	独立账户资产
81	1901	待处理财产损溢
		二、负债类
82	2001	短期借款
83	2002	存入保证金
84	2003	拆入资金
85	2004	向中央银行借款
86	2011	吸收存款
87	2012	同业存放
88	2021	贴现负债
89	2101	交易性金融负债
90	2111	卖出回购金融资产款
91	2201	应付票据
92	2202	应付账款
93	2203	预收账款
94	2204	合同负债
95		租赁负债*
96	2211	应付职工薪酬
97	2221	应交税费
98	2231	应付利息

（续表）

顺序号	编号	会计科目名称
99	2232	应付股利
100	2241	其他应付款
101	2245	持有待售负债
102	2251	应付保单红利
103	2261	应付分保账款
104	2311	代理买卖证券款
105	2312	代理承销证券款
106	2313	代理兑付证券款
107	2314	代理业务负债
108	2401	递延收益
109	2501	长期借款
110	2502	应付债券
111	2504	继续涉入负债
112	2601	未到期责任准备金
113	2602	保险责任准备金
114	2611	保户储金
115	2621	独立账户负债
116	2701	长期应付款
117	2702	未确认融资费用
118	2711	专项应付款
119	2801	预计负债
120	2901	递延所得税负债
	三、共同类	
121	3001	清算资金往来
122	3002	货币兑换
123	3101	衍生工具
124	3201	套期工具
125	3202	被套期项目
	四、所有者权益类	
126	4001	实收资本
127	4002	资本公积
128	4003	其他综合收益
129	4101	盈余公积
130	4102	一般风险准备
131	4103	本年利润
132	4104	利润分配
133	4201	库存股
134	4301	专项储备

（续表）

顺序号	编号	会计科目名称
135	4401	其他权益工具
五、成本类		
136	5001	生产成本
137	5101	制造费用
138	5201	劳务成本
139	5301	研发支出
140	5401	工程施工
141	5402	工程结算
142	5403	机械作业
143		合同履约成本*
144		合同履约成本减值准备*
145		合同取得成本*
146		合同取得成本减值准备*
六、损益类		
147	6001	主营业务收入
148	6011	利息收入
149	6021	手续费及佣金收入
150	6031	保费收入
151	6041	租赁收入
152	6051	其他业务收入
153	6061	汇兑损益
154	6101	公允价值变动损益
155	6111	投资收益
156	6115	资产处置损益
157	6117	其他收益
158	6201	摊回保险责任准备金
159	6202	摊回赔付支出
160	6203	摊回分保费用
161	6301	营业外收入
162	6401	主营业务成本
163	6402	其他业务成本
164	6403	税金及附加
165	6411	利息支出
166	6421	手续费及佣金支出
167	6501	提取未到期责任准备金
168	6502	提取保险责任准备金
169	6511	赔付支出
170	6521	保单红利支出

（续表）

顺序号	编号	会计科目名称
171	6531	退保金
172	6541	分出保费
173	6542	分保费用
174	6601	销售费用
175	6602	管理费用
176	6603	财务费用
177	6604	勘探费用
178	6701	资产减值损失
179	6702	信用减值损失
180	6711	营业外支出
181	6801	所得税费用
182	6901	以前年度损益调整

* 注：会计科目编号尚不明确，企业可结合实际情况自行确定。

二、主要账务处理

资　产　类

1001　库　存　现　金

一、本科目核算企业的库存现金。

企业有内部周转使用备用金的，可以单独设置"备用金"科目。

二、企业增加库存现金，借记本科目，贷记"银行存款"等科目；减少库存现金作相反的会计分录。

三、企业应当设置"现金日记账"，根据收付款凭证，按照业务发生顺序逐笔登记。每日终了，应当计算当日的现金收入合计额、现金支出合计额和结余额，将结余额与实际库存额核对，做到账款相符。

四、本科目期末借方余额，反映企业持有的库存现金。

1002　银　行　存　款

一、本科目核算企业存入银行或其他金融机构的各种款项。

银行汇票存款、银行本票存款、信用卡存款、信用证保证金存款、存出投资款、外埠存款等，在"其他货币资金"科目核算。

二、企业增加银行存款，借记本科目，贷记"库存现金""应收账款"等科目；减少银行存款作相反的会计分录。

三、企业可按开户银行和其他金融机构、存款种类等设置"银行存款日记账"，根据收付款凭证，按照业务的发生顺序逐笔登记。每日终了，应结出余额。"银行存款日记账"应定期与"银行对账单"核对，至少每月核对一次。企业银行存款账面余额与银行对账单余额之间如有差额，应编制"银行存款余额调节表"调节相符。

四、本科目期末借方余额，反映企业存在银行或其他金融机构的各种款项。

1003　存放中央银行款项

一、本科目核算企业（银行）存放于中国人民银行（以下简称"中央银行"）的各种款项，包括业务资金的调拨、办理同城票据交换和异地跨系统资金汇划、提取或缴存现金等。

企业（银行）按规定缴存的法定准备金和超额准备金存款，也通过本科目核算。

二、本科目可按存放款项的性质进行明细核算。

三、企业增加在中央银行的存款，借记本科目，贷记"吸收存款""清算资金往来"等科目；减少在中央银行的存款作相反的会计分录。

四、本科目期末借方余额，反映企业（银行）存放在中央银行的各种款项。

1011　存放同业

一、本科目核算企业（银行）存放于境内、境外银行和非银行金融机构的款项。

企业（银行）存放中央银行的款项，在"存放中央银行款项"科目核算。

二、本科目可按存放款项的性质和存放的金融机构进行明细核算。

三、企业增加在同业的存款，借记本科目，贷记"存放中央银行款项"等科目；减少在同业的存款作相反的会计分录。

四、本科目期末借方余额，反映企业（银行）存放在同业的各种款项。

1012　其他货币资金

一、本科目核算企业的银行汇票存款、银行本票存款、信用卡存款、信用证保证金存款、存出投资款、外埠存款等其他货币资金。

二、企业增加其他货币资金，借记本科目，贷记"银行存款"科目；减少其他货币资金，借记有关科目，贷记本科目。

三、本科目可按银行汇票或本票、信用证的收款单位，外埠存款的开户银行，分别"银行汇票""银行本票""信用卡""信用证保证金""存出投资款""外埠存款"等进行明细核算。

四、本科目期末借方余额，反映企业持有的其他货币资金。

1021　结算备付金

一、本科目核算企业（证券）为证券交易的资金清算与交收而存入指定清算代理机构的款项。

企业（证券）向客户收取的结算手续费、向证券交易所支付的结算手续费，也通过本科目核算。

企业（证券）因证券交易与清算代理机构办理资金清算的款项等，可以单独设置"证券清算款"科目。

二、本科目可按清算代理机构，分别"自有""客户"等进行明细核算。

三、结算备付金的主要账务处理。

（一）企业将款项存入清算代理机构，借记本科目，贷记"银行存款"等科目；从清算代理机构划回资金作相反的会计分录。

（二）接受客户委托，买入证券成交总额大于卖出证券成交总额的，应按买卖证券成交价的差额加上代扣代缴的相关税费和应向客户收取的佣金等之和，借记"代理买卖证券款"等科目，贷记本科目（客户）、"银行存款"等科目。按企业应负担的交易费用，借记"手续费及佣金支出"科目，按应向客户收取的手续费及佣金，贷记"手续费及佣金收入"科目，按其差额，借记本科目（自有）、"银行存款"等科目。

接受客户委托，卖出证券成交总额大于买入证券成交总额的，应按买卖证券成交价的差额减去代扣代缴的相关税费和应向客户收取的佣金等后的余额，借记本科目（客户）、"银行存款"等科目，贷记"代理买卖证券款"等科目。按企业应负担的交易费用，借记"手续费及佣金支出"科目，按应向客户收取的手续费及佣金，贷记"手续费及佣金收入"科目，按其差额，借记本科目（自有）、"银行存款"等科目。

（三）在证券交易所进行自营证券交易的，应在取得时根据持有证券的意图等对其进行分类，比照"交易性金融资产""持有至到期投资""可供出售金融资产"等科目的相关规定进行处理。

四、本科目期末借方余额，反映企业存在指定清算代理机构的款项。

1031 存出保证金

一、本科目核算企业（金融）因办理业务需要存出或交纳的各种保证金款项。

二、本科目可按保证金的类别以及存放单位或交易场所进行明细核算。

三、企业存出保证金，借记本科目，贷记"银行存款""存放中央银行款项""结算备付金""应收分保账款"等科目；减少或收回保证金时作相反的会计分录。

四、本科目期末借方余额，反映企业存出或交纳的各种保证金余额。

1101 交易性金融资产

一、本科目核算企业为交易目的所持有的债券投资、股票投资、基金投资等交易性金融资产的公允价值。

企业持有的直接指定为以公允价值计量且其变动计入当期损益的金融资产，也在本科目核算。

企业（金融）接受委托采用全额承购包销、余额承购包销方式承销的证券，应在收到证券时将其进行分类。划分为以公允价值计量且其变动计入当期损益的金融资产的，应在本科目核算；划分为可供出售金融资产的，应在"可供出售金融资产"科目核算。

衍生金融资产在"衍生工具"科目核算。

二、本科目可按交易性金融资产的类别和品种，分别"成本""公允价值变动"等进行明细核算。

三、交易性金融资产的主要账务处理。

（一）企业取得交易性金融资产，按其公允价值，借记本科目（成本），按发生的交易费用，借记"投资收益"科目，按已到付息期但尚未领取的利息或已宣告但尚未发放的现金股利，借记"应收利息"或"应收股利"科目，按实际支付的金额，贷记"银行存款""存放中央银行款项""结算备付金"等科目。

（二）交易性金融资产持有期间被投资单位宣告发放的现金股利，或在资产负债表日按分期付息、一次还本债券投资的票面利率计算的利息，借记"应收股利"或"应收利息"科目，贷记"投资收益"科目。

（三）资产负债表日，交易性金融资产的公允价值高于其账面余额的差额，借记本科目（公允价值变动），贷记"公允价值变动损益"科目；公允价值低于其账面余额的差额作相反的会计分录。

（四）出售交易性金融资产，应按实际收到的金额，借记"银行存款""存放中央银行款项""结算备付金"等科目，按该金融资产的账面余额，贷记本科目，按其差额，贷记或借记"投资收益"科目。同时，将原计入该金融资产的公允价值变动转出，借记或贷记"公允价值变动损益"科目，贷记或借记"投资收益"科目。

四、本科目期末借方余额，反映企业持有的交易性金融资产的公允价值。

1111 买入返售金融资产

一、本科目核算企业(金融)按照返售协议约定先买入再按固定价格返售的票据、证券、贷款等金融资产所融出的资金。

二、本科目可按买入返售金融资产的类别和融资方进行明细核算。

三、买入返售金融资产的主要账务处理。

(一)企业根据返售协议买入金融资产,应按实际支付的金额,借记本科目,贷记"存放中央银行款项""结算备付金""银行存款"等科目。

(二)资产负债表日,按照计算确定的买入返售金融资产的利息收入,借记"应收利息"科目,贷记"利息收入"科目。

(三)返售日,应按实际收到的金额,借记"存放中央银行款项""结算备付金""银行存款"等科目,按其账面余额,贷记本科目、"应收利息"科目,按其差额,贷记"利息收入"科目。

四、本科目期末借方余额,反映企业买入的尚未到期返售金融资产摊余成本。

1121 应收票据

一、本科目核算企业因销售商品、提供劳务等而收到的商业汇票,包括银行承兑汇票和商业承兑汇票。

二、本科目可按开出、承兑商业汇票的单位进行明细核算。

三、应收票据的主要账务处理。

(一)企业因销售商品、提供劳务等而收到开出、承兑的商业汇票,按商业汇票的票面金额,借记本科目,按确认的营业收入,贷记"主营业务收入"等科目。涉及增值税销项税额的,还应进行相应的处理。

(二)持未到期的商业汇票向银行贴现,应按实际收到的金额(即减去贴现息后的净额),借记"银行存款"等科目,按贴现息部分,借记"财务费用"等科目,按商业汇票的票面金额,贷记本科目或"短期借款"科目。

(三)将持有的商业汇票背书转让以取得所需物资,按应计入取得物资成本的金额,借记"材料采购"或"原材料""库存商品"等科目,按商业汇票的票面金额,贷记本科目,如有差额,借记或贷记"银行存款"等科目。涉及增值税进项税额的,还应进行相应的处理。

(四)商业汇票到期,应按实际收到的金额,借记"银行存款"科目,按商业汇票的票面金额,贷记本科目。

四、企业应当设置"应收票据备查簿",逐笔登记商业汇票的种类、号数和出票日、票面金额、交易合同号和付款人、承兑人、背书人的姓名或单位名称、到期日、背书转让日、贴现日、贴现率和贴现净额以及收款日和收回金额、退票情况等资料。商业汇票到期结清票款或退票后,在备查簿中应予注销。

五、本科目期末借方余额,反映企业持有的商业汇票的票面金额。

1122 应 收 账 款

一、本科目核算企业因销售商品、提供劳务等经营活动应收取的款项。

企业(保险)按照原保险合同约定应向投保人收取的保费,可将本科目改为"1122 应收保费"科目,并按照投保人进行明细核算。

企业(金融)应收取的手续费和佣金,可将本科目改为"1124 应收手续费及佣金"科目,并按照债务人进行明细核算。

因销售商品、提供劳务等,采用递延方式收取合同或协议价款、实质上具有融资性质的,在

"长期应收款"科目核算。

二、本科目可按债务人进行明细核算。

三、企业发生应收账款,按应收金额,借记本科目,按确认的营业收入,贷记"主营业务收入""手续费及佣金收入""保费收入"等科目。收回应收账款时,借记"银行存款"等科目,贷记本科目。涉及增值税销项税额的,还应进行相应的处理。

代购货单位垫付的包装费、运杂费,借记本科目,贷记"银行存款"等科目。收回代垫费用时,借记"银行存款"科目,贷记本科目。

四、企业与债务人进行债务重组,应当分别债务重组的不同方式进行处理。

(一)收到债务人清偿债务的款项小于该项应收账款账面价值的,应按实际收到的金额,借记"银行存款"等科目,按重组债权已计提的坏账准备,借记"坏账准备"科目,按重组债权的账面余额,贷记本科目,按其差额,借记"营业外支出"科目。

收到债务人清偿债务的款项大于该项应收账款账面价值的,应按实际收到的金额,借记"银行存款"等科目,按重组债权已计提的坏账准备,借记"坏账准备"科目,按重组债权的账面余额,贷记本科目,按其差额,贷记"资产减值损失"科目。

以下债务重组涉及重组债权减值准备的,应当比照此规定进行处理。

(二)接受债务人用于清偿债务的非现金资产,应按该项非现金资产的公允价值,借记"原材料""库存商品""固定资产""无形资产"等科目,按重组债权的账面余额,贷记本科目,按应支付的相关税费和其他费用,贷记"银行存款""应交税费"等科目,按其差额,借记"营业外支出"科目。涉及增值税进项税额的,还应进行相应的处理。

(三)将债权转为投资,应按享有股份的公允价值,借记"长期股权投资"科目,按重组债权的账面余额,贷记本科目,按应支付的相关税费和其他费用,贷记"银行存款""应交税费"等科目,按其差额,借记"营业外支出"科目。

(四)以修改其他债务条件进行清偿的,应按修改其他债务条件后债权的公允价值,借记本科目,按重组债权的账面余额,贷记本科目,按其差额,借记"营业外支出"科目。

五、本科目期末借方余额,反映企业尚未收回的应收账款;期末如为贷方余额,反映企业预收的账款。

1123 预付账款

一、本科目核算企业按照合同规定预付的款项。

预付款项情况不多的,也可以不设置本科目,将预付的款项直接记入"应付账款"科目。

企业进行在建工程预付的工程价款,也在本科目核算。

企业(保险)从事保险业务预先支付的赔付款,可将本科目改为"1123 预付赔付款"科目,并按照保险人或受益人进行明细核算。

二、本科目可按供货单位进行明细核算。

三、预付账款的主要账务处理。

(一)企业因购货而预付的款项,借记本科目,贷记"银行存款"等科目。

收到所购物资,按应计入购入物资成本的金额,借记"材料采购"或"原材料""库存商品"等科目,按应支付的金额,贷记本科目。补付的款项,借记本科目,贷记"银行存款"等科目;退回多付的款项作相反的会计分录。涉及增值税进项税额的,还应进行相应的处理。

(二)企业进行在建工程预付的工程价款,借记本科目,贷记"银行存款"等科目。按工程进度结算工程价款,借记"在建工程"科目,贷记本科目、"银行存款"等科目。

(三)企业(保险)预付的赔付款,借记本科目,贷记"银行存款"等科目。转销预付的赔付款,借记"赔付支出""应付分保账款"等科目,贷记本科目。

四、本科目期末借方余额,反映企业预付的款项;期末如为贷方余额,反映企业尚未补付的款项。

1131　应 收 股 利

一、本科目核算企业应收取的现金股利和应收取其他单位分配的利润。

二、本科目可按被投资单位进行明细核算。

三、应收股利的主要账务处理。

（一）企业取得交易性金融资产，按支付的价款中所包含的、已宣告但尚未发放的现金股利，借记本科目，按交易性金融资产的公允价值，借记"交易性金融资产——成本"科目，按发生的交易费用，借记"投资收益"科目，按实际支付的金额，贷记"银行存款""存放中央银行款项""结算备付金"等科目。

交易性金融资产持有期间被投资单位宣告发放的现金股利，按应享有的份额，借记本科目，贷记"投资收益"科目。

（二）取得长期股权投资，按支付的价款中所包含的、已宣告但尚未发放的现金股利，借记本科目，按确定的长期股权投资成本，借记"长期股权投资——成本"科目，按实际支付的金额，贷记"银行存款"等科目。

持有期间被投资单位宣告发放现金股利或利润的，按应享有的份额，借记本科目，贷记"投资收益"（成本法）或"长期股权投资——损益调整"科目（权益法）。

被投资单位宣告发放的现金股利或利润属于其在取得本企业投资前实现净利润的分配额，借记本科目，贷记"长期股权投资——成本"等科目。

（三）取得可供出售的金融资产，按支付的价款中所包含的、已宣告但尚未发放的现金股利，借记本科目，按可供出售金融资产的公允价值与交易费用之和，借记"可供出售金融资产——成本"科目，按实际支付的金额，贷记"银行存款""存放中央银行款项""结算备付金"等科目。

可供出售权益工具持有期间被投资单位宣告发放的现金股利，按应享有的份额，借记本科目，贷记"投资收益"科目。

（四）实际收到现金股利或利润，借记"银行存款"等科目，贷记本科目等。

四、本科目期末借方余额，反映企业尚未收回的现金股利或利润。

1132　应 收 利 息

一、本科目核算企业交易性金融资产、持有至到期投资、可供出售金融资产、发放贷款、存放中央银行款项、拆出资金、买入返售金融资产等应收取的利息。

企业购入的一次还本付息的持有至到期投资于持有期间取得的利息，在"持有至到期投资"科目核算。

二、本科目可按借款人或被投资单位进行明细核算。

三、应收利息的主要账务处理。

（一）企业取得的交易性金融资产，按支付的价款中所包含的、已到付息期但尚未领取的利息，借记本科目，按交易性金融资产的公允价值，借记"交易性金融资产——成本"科目，按发生的交易费用，借记"投资收益"科目，按实际支付的金额，贷记"银行存款""存放中央银行款项""结算备付金"等科目。

（二）取得的持有至到期投资，应按该投资的面值，借记"持有至到期投资——成本"科目，按支付的价款中包含的、已到付息期但尚未领取的利息，借记本科目，按实际支付的金额，贷记"银行存款""存放中央银行款项""结算备付金"等科目，按其差额，借记或贷记"持有至到期投资——利息调整"科目。

资产负债表日，持有至到期投资为分期付息、一次还本债券投资的，应按票面利率计算确定的应收未收利息，借记本科目，按持有至到期投资摊余成本和实际利率计算确定的利息收入，贷记"投资收益"科目，按其差额，借记或贷记"持有至到期投资——利息调整"科目。

持有至到期投资为一次还本付息债券投资的，应于资产负债表日按票面利率计算确定的应收未收利息，借记"持有至到期投资——应计利息"科目，按持有至到期投资摊余成本和实际利率计算确定的利息收入，贷记"投资收益"科目，按其差额，借记或贷记"持有至到期投资——利息调整"科目。

（三）取得的可供出售债券投资，比照（二）的相关规定进行处理。

（四）发生减值的持有至到期投资、可供出售债券投资的利息收入，应当比照"贷款"科目相关规定进行处理。

（五）企业发放的贷款，应于资产负债表日按贷款的合同本金和合同利率计算确定的应收未收利息，借记本科目，按贷款的摊余成本和实际利率计算确定的利息收入，贷记"利息收入"科目，按其差额，借记或贷记"贷款——利息调整"科目。

（六）应收利息实际收到时，借记"银行存款""存放中央银行款项"等科目，贷记本科目。

四、本科目期末借方余额，反映企业尚未收回的利息。

1201 应收代位追偿款

一、本科目核算企业（保险）按照原保险合同约定承担赔付保险金责任后确认的代位追偿款。

二、本科目可按被追偿单位（或个人）进行明细核算。

三、应收代位追偿款的主要账务处理。

（一）企业承担赔付保险金责任后确认的代位追偿款，借记本科目，贷记"赔付支出"科目。

（二）收回应收代位追偿款时，按实际收到的金额，借记"库存现金""银行存款"等科目，按其账面余额，贷记本科目，按其差额，借记或贷记"赔付支出"科目。已计提坏账准备的，还应同时结转坏账准备。

四、本科目期末借方余额，反映企业已确认尚未收回的代位追偿款。

1211 应收分保账款

一、本科目核算企业（保险）从事再保险业务应收取的款项。

二、本科目可按再保险分出人或再保险接受人和再保险合同进行明细核算。

三、再保险分出人应收分保账款的主要账务处理。

（一）企业在确认原保险合同保费收入的当期，按相关再保险合同约定计算确定的应向再保险接受人摊回的分保费用，借记本科目，贷记"摊回分保费用"科目。

（二）在确定支付赔付款项金额或实际发生理赔费用而冲减原保险合同相应未决赔款准备金、寿险责任准备金、长期健康险责任准备金余额的当期，按相关再保险合同约定计算确定的应向再保险接受人摊回的赔付成本金额，借记本科目，贷记"摊回赔付支出"科目。

（三）在因取得和处置损余物资、确认和收到应收代位追偿款等而调整原保险合同赔付成本的当期，按相关再保险合同约定计算确定的摊回赔付支出的调整金额，借记或贷记"摊回赔付支出"科目，贷记或借记本科目。

（四）计算确定应向再保险接受人收取纯益手续费的，按相关再保险合同约定计算确定的纯益手续费，借记本科目，贷记"摊回分保费用"科目。

（五）在原保险合同提前解除的当期，按相关再保险合同约定计算确定的摊回分保费用的调整金额，借记"摊回分保费用"科目，贷记本科目。

（六）对于超额赔款再保险等非比例再保险合同，在能够计算确定应向再保险接受人摊回的赔付成本时，按摊回的赔付成本金额，借记本科目，贷记"摊回赔付支出"科目。

四、再保险接受人应收分保账款的主要账务处理。

（一）企业确认再保险合同保费收入时，借记本科目，贷记"保费收入"科目。

（二）收到分保业务账单时，按账单标明的金额对分保费收入进行调整，按调整增加额，借记本科目，贷记"保费收入"科目；按调整减少额作相反的会计分录。

按照账单标明的再保险分出人扣存本期分保保证金，借记"存出保证金"科目，贷记本科目。按账单标明的再保险分出人返还上期扣存分保保证金，借记本科目，贷记"存出保证金"科目。

（三）计算存出分保保证金利息，借记本科目，贷记"利息收入"科目。

五、再保险分出人、再保险接受人结算分保账款时，按应付分保账款金额，借记"应付分保账款"科目，按应收分保账款金额，贷记本科目，按其差额，借记或贷记"银行存款"科目。

六、本科目期末借方余额，反映企业从事再保险业务应收取的款项。

1212 应收分保合同准备金

一、本科目核算企业（再保险分出人）从事再保险业务确认的应收分保未到期责任准备金，以及应向再保险接受人摊回的保险责任准备金。

企业（再保险分出人）可以单独设置"应收分保未到期责任准备金""应收分保未决赔款准备金""应收分保寿险责任准备金""应收分保长期健康险责任准备金"等科目。

二、本科目可按再保险接受人和再保险合同进行明细核算。

三、应收分保合同准备金的主要账务处理。

（一）企业在确认非寿险原保险合同保费收入的当期，按相关再保险合同约定计算确定的相关应收分保未到期责任准备金金额，借记本科目，贷记"提取未到期责任准备金"科目。

资产负债表日，调整原保险合同未到期责任准备金余额，按相关再保险合同约定计算确定的应收分保未到期责任准备金的调整金额，借记"提取未到期责任准备金"科目，贷记本科目。

（二）在提取原保险合同未决赔款准备金、寿险责任准备金、长期健康险责任准备金的当期，按相关再保险合同约定计算确定的应向再保险接受人摊回的保险责任准备金金额，借记本科目，贷记"摊回保险责任准备金"科目。

（三）在确定支付赔付款项金额或实际发生理赔费用而冲减原保险合同相应未决赔款准备金、寿险责任准备金、长期健康险责任准备金余额的当期，按相关应收分保保险责任准备金的相应冲减金额，借记"摊回保险责任准备金"科目，贷记本科目。

（四）在对原保险合同未决赔款准备金、寿险责任准备金、长期健康险责任准备金进行充足性测试补提保险责任准备金时，按相关再保险合同约定计算确定的应收分保保险责任准备金的相应增加额，借记本科目，贷记"摊回保险责任准备金"科目。

（五）在原保险合同提前解除而转销相关未到期责任准备金余额的当期，借记"提取未到期责任准备金"科目，贷记本科目。

在原保险合同提前解除而转销相关寿险责任准备金、长期健康险责任准备金余额的当期，按相关应收分保保险责任准备金余额，借记"摊回保险责任准备金"科目，贷记本科目。

四、本科目期末借方余额，反映企业从事再保险业务确认的应收分保合同准备金余额。

1221 其他应收款

一、本科目核算企业除存出保证金、买入返售金融资产、应收票据、应收账款、预付账款、应收股利、应收利息、应收代位追偿款、应收分保账款、应收分保合同准备金、长期应收款等以外的其他各种应收及暂付款项。

二、本科目可按对方单位（或个人）进行明细核算。

三、采用售后回购方式融出资金的，应按实际支付的金额，借记本科目，贷记"银行存款"科目。销售价格与原购买价格之间的差额，应在售后回购期间内按期计提利息费用，借记本科目，贷记"财务费用"科目。按合同约定返售商品时，应按实际收到的金额，借记"银行存款"科目，贷记本科目。

四、企业发生其他各种应收、暂付款项时，借记本科目，贷记"银行存款""固定资产清理"等科目；收回或转销各种款项时，借记"库存现金""银行存款"等科目，贷记本科目。

五、本科目期末借方余额，反映企业尚未收回的其他应收款项。

1231 坏账准备

一、本科目核算企业应收款项的坏账准备。

二、本科目可按应收款项的类别进行明细核算。

三、坏账准备的主要账务处理。

（一）资产负债表日，应收款项发生减值的，按应减记的金额，借记"资产减值损失"科目，贷记本科目。本期应计提的坏账准备大于其账面余额的，应按其差额计提；应计提的坏账准备小于其账面余额的差额作相反的会计分录。

（二）对于确实无法收回的应收款项，按管理权限报经批准后作为坏账，转销应收款项，借记本科目，贷记"应收票据""应收账款""预付账款""应收分保账款""其他应收款""长期应收款"等科目。

（三）已确认并转销的应收款项以后又收回的，应按实际收回的金额，借记"应收票据""应收账款""预付账款""应收分保账款""其他应收款""长期应收款"等科目，贷记本科目；同时，借记"银行存款"科目，贷记"应收票据""应收账款""预付账款""应收分保账款""其他应收款""长期应收款"等科目。

对于已确认并转销的应收款项以后又收回的，也可以按照实际收回的金额，借记"银行存款"科目，贷记本科目。

四、本科目期末贷方余额，反映企业已计提但尚未转销的坏账准备。

1301 贴现资产

一、本科目核算企业（银行）办理商业票据的贴现、转贴现等业务所融出的资金。

企业（银行）买入的即期外币票据，也通过本科目核算。

二、本科目可按贴现类别和贴现申请人进行明细核算。

三、贴现资产的主要账务处理。

（一）企业办理贴现时，按贴现票面金额，借记本科目（面值），按实际支付的金额，贷记"存放中央银行款项""吸收存款"等科目，按其差额，贷记本科目（利息调整）。

（二）资产负债表日，按计算确定的贴现利息收入，借记本科目（利息调整），贷记"利息收入"科目。

（三）贴现票据到期，应按实际收到的金额，借记"存放中央银行款项""吸收存款"等科目，按贴现的票面金额，贷记本科目（面值），按其差额，贷记"利息收入"科目。存在利息调整金额的，也应同时结转。

四、本科目期末借方余额，反映企业办理的贴现、转贴现等业务融出的资金。

1302 拆出资金

一、本科目核算企业（金融）拆借给境内、境外其他金融机构的款项。

二、本科目可按拆放的金融机构进行明细核算。

三、企业拆出的资金，借记本科目，贷记"存放中央银行款项""银行存款"等科目；收回资金时作相反的会计分录。

四、本科目期末借方余额，反映企业按规定拆放给其他金融机构的款项。

1303 贷　款

一、本科目核算企业（银行）按规定发放的各种客户贷款，包括质押贷款、抵押贷款、保证贷款、信用贷款等。

企业（银行）按规定发放的具有贷款性质的银团贷款、贸易融资、协议透支、信用卡透支、转贷款以及垫款等，在本科目核算；也可以单独设置"银团贷款""贸易融资""协议透支""信用卡透支""转贷款""垫款"等科目。

企业（保险）的保户质押贷款，可将本科目改为"1303 保户质押贷款"科目。

企业（典当）的质押贷款、抵押贷款，可将本科目改为"1303 质押贷款""1305 抵押贷款"科目。

企业委托银行或其他金融机构向其他单位贷出的款项，可将本科目改为"1303 委托贷款"科目。

二、本科目可按贷款类别、客户，分别"本金""利息调整""已减值"等进行明细核算。

三、贷款的主要账务处理。

（一）企业发放的贷款，应按贷款的合同本金，借记本科目（本金），按实际支付的金额，贷记"吸收存款""存放中央银行款项"等科目，有差额的，借记或贷记本科目（利息调整）。

资产负债表日，应按贷款的合同本金和合同利率计算确定的应收未收利息，借记"应收利息"科目，按贷款的摊余成本和实际利率计算确定的利息收入，贷记"利息收入"科目，按其差额，借记或贷记本科目（利息调整）。合同利率与实际利率差异较小的，也可以采用合同利率计算确定利息收入。

收回贷款时，应按客户归还的金额，借记"吸收存款""存放中央银行款项"等科目，按收回的应收利息金额，贷记"应收利息"科目，按归还的贷款本金，贷记本科目（本金），按其差额，贷记"利息收入"科目。存在利息调整余额的，还应同时结转。

（二）资产负债表日，确定贷款发生减值的，按应减记的金额，借记"资产减值损失"科目，贷记"贷款损失准备"科目。同时，应将本科目（本金、利息调整）余额转入本科目（已减值），借记本科目（已减值），贷记本科目（本金、利息调整）。

资产负债表日，应按贷款的摊余成本和实际利率计算确定的利息收入，借记"贷款损失准备"科目，贷记"利息收入"科目。同时，将按合同本金和合同利率计算确定的应收利息金额进行表外登记。

收回减值贷款时，应按实际收到的金额，借记"吸收存款""存放中央银行款项"等科目，按相关贷款损失准备余额，借记"贷款损失准备"科目，按相关贷款余额，贷记本科目（已减值），按其差额，贷记"资产减值损失"科目。

对于确实无法收回的贷款，按管理权限报经批准后作为呆账予以转销，借记"贷款损失准备"科目，贷记本科目（已减值）。按管理权限报经批准后转销表外应收未收利息，减少表外"应收未收利息"科目金额。

已确认并转销的贷款以后又收回的,按原转销的已减值贷款余额,借记本科目(已减值),贷记"贷款损失准备"科目。按实际收到的金额,借记"吸收存款""存放中央银行款项"等科目,按原转销的已减值贷款余额,贷记本科目(已减值),按其差额,贷记"资产减值损失"科目。

四、本科目期末借方余额,反映企业按规定发放尚未收回贷款的摊余成本。

1304 贷款损失准备

一、本科目核算企业(银行)贷款的减值准备。

计提贷款损失准备的资产包括贴现资产、拆出资金、客户贷款、银团贷款、贸易融资、协议透支、信用卡透支、转贷款和垫款等。

企业(保险)的保户质押贷款计提的减值准备,也在本科目核算。

企业(典当)的质押贷款、抵押贷款计提的减值准备,也在本科目核算。

企业委托银行或其他金融机构向其他单位贷出的款项计提的减值准备,可将本科目改为"1304 委托贷款损失准备"科目。

二、本科目可按计提贷款损失准备的资产类别进行明细核算。

三、贷款损失准备的主要账务处理。

(一)资产负债表日,贷款发生减值的,按应减记的金额,借记"资产减值损失"科目,贷记本科目。

(二)对于确实无法收回的各项贷款,按管理权限报经批准后转销各项贷款,借记本科目,贷记"贷款""贴现资产""拆出资金"等科目。

(三)已计提贷款损失准备的贷款价值以后又得以恢复,应在原已计提的贷款损失准备金额内,按恢复增加的金额,借记本科目,贷记"资产减值损失"科目。

四、本科目期末贷方余额,反映企业已计提但尚未转销的贷款损失准备。

1311 代理兑付证券

一、本科目核算企业(证券、银行等)接受委托代理兑付到期的证券。

二、本科目可按委托单位和证券种类进行明细核算。

三、代理兑付证券的主要账务处理。

(一)委托单位尚未拨付兑付资金而由企业垫付的,在收到客户交来的证券时,应按兑付金额,借记本科目,贷记"银行存款"等科目。向委托单位交回已兑付的证券并收回垫付的资金时,借记"银行存款"等科目,贷记本科目。

(二)收到客户交来的无记名证券时,应按兑付金额,借记本科目,贷记"库存现金""银行存款"等科目。向委托单位交回已兑付证券时,借记"代理兑付证券款"科目,贷记本科目。

四、本科目期末借方余额,反映企业已兑付但尚未收到委托单位兑付资金的证券金额。

1321 代理业务资产

一、本科目核算企业不承担风险的代理业务形成的资产,包括受托理财业务进行的证券投资和受托贷款等。

企业采用收取手续费方式受托代销的商品,可将本科目改为"1321 受托代销商品"科目。

二、本科目可按委托单位、资产管理类别(如定向、集合和专项资产管理业务)、贷款对象,分别"成本""已实现未结算损益"等进行明细核算。

三、代理业务资产的主要账务处理。

（一）企业收到委托人的资金，应按实际收到的金额，借记"存放中央银行款项""吸收存款"等科目，贷记"代理业务负债"科目。

（二）以代理业务资金购买证券等，借记本科目（成本），贷记"存放中央银行款项""结算备付金——客户""吸收存款"等科目。

将购买的证券售出，应按实际收到的金额，借记"存放中央银行款项""结算备付金——客户""吸收存款"等科目，按卖出证券应结转的成本，贷记本科目（成本），按其差额，借记或贷记本科目（已实现未结算损益）。

定期或在合同到期与委托客户进行结算，按合同约定比例计算代理业务资产收益，结转已实现未结算损益，借记本科目（已实现未结算损益），贷记"代理业务负债"（委托客户的收益）"手续费及佣金收入"（本企业的收益）等科目。

（三）发放受托的贷款，应按实际发放的金额，借记本科目（本金），贷记"吸收存款""银行存款"等科目。

收回受托贷款，应按实际收到的金额，借记"吸收存款""银行存款"等科目，贷记本科目（本金），按其差额，贷记本科目（已实现未结算损益）等。

定期或在合同到期与委托单位结算，按合同规定比例计算受托贷款收益，结算已实现未结算的收益，借记本科目（已实现未结算损益），贷记"代理业务负债"（委托客户的收益）"手续费及佣金收入"（本企业的收益）等科目。

（四）收到受托代销的商品，按约定的价格，借记"受托代销商品"科目，贷记"受托代销商品款"科目。

售出受托代销商品后，按实际收到或应收的金额，借记"银行存款""应收账款"等科目，贷记"受托代销商品"科目。计算代销手续费等收入，借记"受托代销商品款"科目，贷记"其他业务收入"科目。结清代销商品款时，借记"受托代销商品款"科目，贷记"银行存款"科目。

四、本科目期末借方余额，反映企业代理业务资产的价值。

1401 材料采购

一、本科目核算企业采用计划成本进行材料日常核算而购入材料的采购成本。

采用实际成本进行材料日常核算的，购入材料的采购成本，在"在途物资"科目核算。

委托外单位加工材料、商品的加工成本，在"委托加工物资"科目核算。

购入的工程用材料，在"工程物资"科目核算。

二、本科目可按供应单位和材料品种进行明细核算。

三、材料采购的主要账务处理。

（一）企业支付材料价款和运杂费等，按应计入材料采购成本的金额，借记本科目，按实际支付或应支付的金额，贷记"银行存款""库存现金""其他货币资金""应付账款""应付票据""预付账款"等科目。涉及增值税进项税额的，还应进行相应的处理。

（二）期末，企业应将仓库转来的外购收料凭证，分别下列不同情况进行处理：

1.对于已经付款或已开出、承兑商业汇票的收料凭证，应按实际成本和计划成本分别汇总，按计划成本，借记"原材料""周转材料"等科目，贷记本科目；将实际成本大于计划成本的差异，借记"材料成本差异"科目，贷记本科目；实际成本小于计划成本的差异作相反的会计分录。

2.对于尚未收到发票账单的收料凭证，应按计划成本暂估入账，借记"原材料""周转材料"等科目，贷记"应付账款——暂估应付账款"科目，下期初作相反分录予以冲回。下期收到发票账单的收料凭证，借记本科目，贷记"银行存款""应付账款""应付票据"等科目。涉及增值税进项税额的，还应进行相应的处理。

四、本科目期末借方余额，反映企业在途材料的采购成本。

1402 在途物资

一、本科目核算企业采用实际成本（或进价）进行材料、商品等物资的日常核算、货款已付尚未验收入库的在途物资的采购成本。

二、本科目可按供应单位和物资品种进行明细核算。

三、在途物资的主要账务处理。

（一）企业购入材料、商品，按应计入材料、商品采购成本的金额，借记本科目，按实际支付或应支付的金额，贷记"银行存款""应付账款""应付票据"等科目。涉及增值税进项税额的，还应进行相应的处理。

（二）所购材料、商品到达验收入库，借记"原材料""库存商品"等科目，贷记本科目。

库存商品采用售价核算的，按售价，借记"库存商品"科目，按进价，贷记本科目，进价与售价之间的差额，借记或贷记"商品进销差价"科目。

四、本科目期末借方余额，反映企业在途材料、商品等物资的采购成本。

1403 原 材 料

一、本科目核算企业库存的各种材料，包括原料及主要材料、辅助材料、外购半成品（外购件）、修理用备件（备品备件）、包装材料、燃料等的计划成本或实际成本。

收到来料加工装配业务的原料、零件等，应当设置备查簿进行登记。

二、本科目可按材料的保管地点（仓库）、材料的类别、品种和规格等进行明细核算。

三、原材料的主要账务处理。

（一）企业购入并已验收入库的材料，按计划成本或实际成本，借记本科目，按实际成本，贷记"材料采购"或"在途物资"科目，按计划成本与实际成本的差异，借记或贷记"材料成本差异"科目。

（二）自制并已验收入库的材料，按计划成本或实际成本，借记本科目，按实际成本，贷记"生产成本"科目，按计划成本与实际成本的差异，借记或贷记"材料成本差异"科目。

委托外单位加工完成并已验收入库的材料，按计划成本或实际成本，借记本科目，按实际成本，贷记"委托加工物资"科目，按计划成本与实际成本的差异，借记或贷记"材料成本差异"科目。

（三）生产经营领用材料，借记"生产成本""制造费用""销售费用""管理费用"等科目，贷记本科目。

出售材料结转成本，借记"其他业务成本"科目，贷记本科目。

发出委托外单位加工的材料，借记"委托加工物资"科目，贷记本科目。

采用计划成本进行材料日常核算的，发出材料还应结转材料成本差异，将发出材料的计划成本调整为实际成本。

采用实际成本进行材料日常核算的，发出材料的实际成本，可以采用先进先出法、加权平均法或个别认定法计算确定。

四、本科目期末借方余额，反映企业库存材料的计划成本或实际成本。

1404 材料成本差异

一、本科目核算企业采用计划成本进行日常核算的材料计划成本与实际成本的差额。

企业也可以在"原材料""周转材料"等科目设置"成本差异"明细科目。

二、本科目可以分别"原材料""周转材料"等，按照类别或品种进行明细核算。

三、材料成本差异的主要账务处理。

（一）入库材料发生的材料成本差异，实际成本大于计划成本的差异，借记本科目，贷记"材料采购"科目；实际成本小于计划成本的差异作相反的会计分录。

入库材料的计划成本应当尽可能接近实际成本。除特殊情况外，计划成本在年度内不得随意变更。

（二）结转发出材料应负担的材料成本差异，按实际成本大于计划成本的差异，借记"生产成本""管理费用""销售费用""委托加工物资""其他业务成本"等科目，贷记本科目；实际成本小于计划成本的差异作相反的会计分录。

发出材料应负担的成本差异应当按期（月）分摊，不得在季末或年末一次计算。发出材料应负担的成本差异，除委托外部加工发出材料可按期初成本差异率计算外，应使用当期的实际差异率；期初成本差异率与本期成本差异率相差不大的，也可按期初成本差异率计算。计算方法一经确定，不得随意变更。材料成本差异率的计算公式如下：

$$\text{本期材料成本差异率} = \frac{\text{期初结存材料的成本差异} + \text{本期验收入库材料的成本差异}}{\text{期初结存材料的计划成本} + \text{本期验收入库材料的计划成本}} \times 100\%$$

$$\text{期初材料成本差异率} = \frac{\text{期初结存材料的成本差异}}{\text{期初结存材料的计划成本}} \times 100\%$$

$$\text{发出材料应负担的成本差异} = \text{发出材料的计划成本} \times \text{材料成本差异率}$$

四、本科目期末借方余额，反映企业库存材料等的实际成本大于计划成本的差异；贷方余额反映企业库存材料等的实际成本小于计划成本的差异。

1405 库 存 商 品

一、本科目核算企业库存的各种商品的实际成本（或进价）或计划成本（或售价），包括库存产成品、外购商品、存放在门市部准备出售的商品、发出展览的商品以及寄存在外的商品等。

接受来料加工制造的代制品和为外单位加工修理的代修品，在制造和修理完成验收入库后，视同企业的产成品，也通过本科目核算。

企业（房地产开发）的开发产品，可将本科目改为"1405 开发产品"科目。

企业（农业）收获的农产品，可将本科目改为"1405 农产品"科目。

二、本科目可按库存商品的种类、品种和规格等进行明细核算。

三、库存商品的主要账务处理。

（一）企业生产的产成品一般应按实际成本核算，产成品的入库和出库，平时只记数量不记金额，期（月）末计算入库产成品的实际成本。生产完成验收入库的产成品，按其实际成本，借记本科目、"农产品"等科目，贷记"生产成本""消耗性生物资产""农业生产成本"等科目。

产成品种类较多的，也可按计划成本进行日常核算，其实际成本与计划成本的差异，可以单独设置"产品成本差异"科目，比照"材料成本差异"科目核算。

采用实际成本进行产成品日常核算的，发出产成品的实际成本，可以采用先进先出法、加权平均法或个别认定法计算确定。

对外销售产成品（包括采用分期收款方式销售产成品），结转销售成本时，借记"主营业务成本"科目，贷记本科目。采用计划成本核算的，发出产成品还应结转产品成本差异，将发出产成品的计划成本调整为实际成本。

（二）购入商品采用进价核算的，在商品到达验收入库后，按商品进价，借记本科目，贷记"银行存款""在途物资"等科目。委托外单位加工收回的商品，按商品进价，借记本科目，贷记"委托加工物资"科目。

购入商品采用售价核算的，在商品到达验收入库后，按商品售价，借记本科目，按商品进价，贷记"银行存款""在途物资"等科目，按商品售价与进价的差额，贷记"商品进销差价"科目。委托外单位加工收回的商品，按商品售价，借记本科目，按委托加工商品的账面余额，贷记"委托加工物资"科目，按商品售价与进价的差额，贷记"商品进销差价"科目。

对外销售商品（包括采用分期收款方式销售商品），结转销售成本时，借记"主营业务成本"科目，贷记本科目。采用进价进行商品日常核算的，发出商品的实际成本，可以采用先进先出法、加权平均法或个别认定法计算确定。采用售价核算的，还应结转应分摊的商品进销差价。

（三）企业（房地产开发）开发的产品，达到预定可销售状态时，按实际成本，借记"开发产品"科目，贷记"开发成本"科目。

期末，企业结转对外转让、销售和结算开发产品的实际成本，借记"主营业务成本"科目，贷记"开发产品"科目。

企业将开发的营业性配套设施用于本企业从事第三产业经营用房，应视同自用固定资产进行处理，并按营业性配套设施的实际成本，借记"固定资产"科目，贷记"开发产品"科目。

四、本科目期末借方余额，反映企业库存商品的实际成本（或进价）或计划成本（或售价）。

1406 发出商品

一、本科目核算企业未满足收入确认条件但已发出商品的实际成本（或进价）或计划成本（或售价）。

采用支付手续费方式委托其他单位代销的商品，也可以单独设置"委托代销商品"科目。

二、本科目可按购货单位、商品类别和品种进行明细核算。

三、发出商品的主要账务处理。

（一）对于未满足收入确认条件的发出商品，应按发出商品的实际成本（或进价）或计划成本（或售价），借记本科目，贷记"库存商品"科目。

发出商品发生退回的，应按退回商品的实际成本（或进价）或计划成本（或售价），借记"库存商品"科目，贷记本科目。

（二）发出商品满足收入确认条件时，应结转销售成本，借记"主营业务成本"科目，贷记本科目。采用计划成本或售价核算的，还应结转应分摊的产品成本差异或商品进销差价。

四、本科目期末借方余额，反映企业发出商品的实际成本（或进价）或计划成本（或售价）。

1407 商品进销差价

一、本科目核算企业采用售价进行日常核算的商品售价与进价之间的差额。

二、本科目可按商品类别或实物管理负责人进行明细核算。

三、商品进销差价的主要账务处理。

（一）企业购入、加工收回以及销售退回等增加的库存商品，按商品售价，借记"库存商品"科目，按商品进价，贷记"银行存款""委托加工物资"等科目，按售价与进价之间的差额，贷记本科目。

（二）期（月）末分摊已销商品的进销差价，借记本科目，贷记"主营业务成本"科目。

销售商品应分摊的商品进销差价，按以下公式计算：

$$\text{商品进销差价率} = \frac{\text{期末分摊前本科目余额}}{\text{"库存商品"科目期末余额} + \text{"委托代销商品"科目期末余额} + \text{"发出商品"科目期末余额} + \text{本期"主营业务收入"科目贷方发生额}} \times 100\%$$

$$\text{本期销售商品应分摊的商品进销差价} = \text{本期"主营业务收入"科目贷方发生额} \times \text{商品进销差价率}$$

企业的商品进销差价率各期之间比较均衡的,也可以采用上期商品进销差价率计算分摊本期的商品进销差价。年度终了,应对商品进销差价进行核实调整。

四、本科目的期末贷方余额,反映企业库存商品的商品进销差价。

1408 委托加工物资

一、本科目核算企业委托外单位加工的各种材料、商品等物资的实际成本。

二、本科目可按加工合同、受托加工单位以及加工物资的品种等进行明细核算。

三、委托加工物资的主要账务处理。

(一)企业发给外单位加工的物资,按实际成本,借记本科目,贷记"原材料""库存商品"等科目;按计划成本或售价核算的,还应同时结转材料成本差异或商品进销差价。

(二)支付加工费、运杂费等,借记本科目,贷记"银行存款"等科目;需要交纳消费税的委托加工物资,由受托方代收代缴的消费税,借记本科目(收回后用于直接销售的)或"应交税费——应交消费税"科目(收回后用于继续加工的),贷记"应付账款""银行存款"等科目。

(三)加工完成验收入库的物资和剩余的物资,按加工收回物资的实际成本和剩余物资的实际成本,借记"原材料""库存商品"等科目,贷记本科目。

采用计划成本或售价核算的,按计划成本或售价,借记"原材料"或"库存商品"科目,按实际成本,贷记本科目,按实际成本与计划成本或售价之间的差额,借记或贷记"材料成本差异"或贷记"商品进销差价"科目。

采用计划成本或售价核算的,也可以采用上期材料成本差异率或商品进销差价率计算分摊本期应分摊的材料成本差异或商品进销差价。

四、本科目期末借方余额,反映企业委托外单位加工尚未完成物资的实际成本。

1411 周 转 材 料

一、本科目核算企业周转材料的计划成本或实际成本,包括包装物、低值易耗品,以及企业(建造承包商)的钢模板、木模板、脚手架等。

企业的包装物、低值易耗品,也可以单独设置"包装物""低值易耗品"科目。

二、本科目可按周转材料的种类,分别"在库""在用"和"摊销"进行明细核算。

三、周转材料的主要账务处理。

(一)企业购入、自制、委托外单位加工完成并已验收入库的周转材料等,比照"原材料"科目的相关规定进行处理。

(二)采用一次转销法的,领用时应按其账面价值,借记"管理费用""生产成本""销售费用""工程施工"等科目,贷记本科目。

周转材料报废时,应按报废周转材料的残料价值,借记"原材料"等科目,贷记"管理费用""生产成本""销售费用""工程施工"等科目。

(三)采用其他摊销法的,领用时应按其账面价值,借记本科目(在用),贷记本科目(在库);摊销时应按摊销额,借记"管理费用""生产成本""销售费用""工程施工"等科目,贷记本科目(摊销)。

周转材料报废时应补提摊销额,借记"管理费用""生产成本""销售费用""工程施工"

等科目,贷记本科目(摊销);同时,按报废周转材料的残料价值,借记"原材料"等科目,贷记"管理费用""生产成本""销售费用""工程施工"等科目;并转销全部已提摊销额,借记本科目(摊销),贷记本科目(在用)。

(四)周转材料采用计划成本进行日常核算的,领用等发出周转材料时,还应同时结转应分摊的成本差异。

四、本科目期末借方余额,反映企业在库周转材料的计划成本或实际成本以及在用周转材料的摊余价值。

1421 消耗性生物资产

一、本科目核算企业(农业)持有的消耗性生物资产的实际成本。

消耗性生物资产发生减值的,可以单独设置"消耗性生物资产跌价准备"科目,比照"存货跌价准备"科目进行处理。

二、本科目可按消耗性生物资产的种类、群别等进行明细核算。

三、消耗性生物资产的主要账务处理。

(一)外购的消耗性生物资产,按应计入消耗性生物资产成本的金额,借记本科目,贷记"银行存款""应付账款""应付票据"等科目。

(二)自行栽培的大田作物和蔬菜,应按收获前发生的必要支出,借记本科目,贷记"银行存款"等科目。

自行营造的林木类消耗性生物资产,应按郁闭前发生的必要支出,借记本科目,贷记"银行存款"等科目。

自行繁殖的育肥畜、水产养殖的动植物,应按出售前发生的必要支出,借记本科目,贷记"银行存款"等科目。

(三)取得天然起源的消耗性生物资产,应按名义金额,借记本科目,贷记"营业外收入"科目。

(四)产畜或役畜淘汰转为育肥畜的,按转群时的账面价值,借记本科目,按已计提的累计折旧,借记"生产性生物资产累计折旧"科目,按其账面余额,贷记"生产性生物资产"科目。已计提减值准备的,还应同时结转减值准备。

育肥畜转为产畜或役畜的,应按其账面余额,借记"生产性生物资产"科目,贷记本科目。已计提跌价准备的,还应同时结转跌价准备。

(五)择伐、间伐或抚育更新性质采伐而补植林木类消耗性生物资产发生的后续支出,借记本科目,贷记"银行存款"等科目。

林木类消耗性生物资产达到郁闭后发生的管护费用等后续支出,借记"管理费用"科目,贷记"银行存款"等科目。

(六)农业生产过程中发生的应归属于消耗性生物资产的费用,按应分配的金额,借记本科目,贷记"农业生产成本"科目。

(七)消耗性生物资产收获为农产品时,应按其账面余额,借记"农产品"科目,贷记本科目。已计提跌价准备的,还应同时结转跌价准备。

(八)出售消耗性生物资产,应按实际收到的金额,借记"银行存款"等科目,贷记"主营业务收入"等科目。按其账面余额,借记"主营业务成本"等科目,贷记本科目。已计提跌价准备的,还应同时结转跌价准备。

四、本科目期末借方余额,反映企业消耗性生物资产的实际成本。

1431 贵 金 属

一、本科目核算企业(金融)持有的黄金、白银等贵金属存货的成本。

企业（金融）为上市交易而持有的贵金属，比照"交易性金融资产"科目进行处理。

二、本科目可按贵金属的类别进行明细核算。

三、贵金属的主要账务处理。

（一）企业购买的贵金属，借记本科目，贷记"存放中央银行款项"等科目。

（二）出售的贵金属，应按实际收到的金额，借记"存放中央银行款项"等科目，贷记"其他业务收入"科目。按其账面余额，借记"其他业务成本"科目，贷记本科目。

四、本科目期末借方余额，反映企业持有贵金属存货的成本。

1441 抵债资产

一、本科目核算企业（金融）依法取得并准备按有关规定进行处置的实物抵债资产的成本。

企业（金融）依法取得并准备按有关规定进行处置的非实物抵债资产（不含股权投资），也通过本科目核算。

二、本科目可按抵债资产类别及借款人进行明细核算。

抵债资产发生减值的，可以单独设置"抵债资产跌价准备"科目，比照"存货跌价准备"科目进行处理。

三、抵债资产的主要账务处理。

（一）企业取得的抵债资产，按抵债资产的公允价值，借记本科目，按相关资产已计提的减值准备，借记"贷款损失准备""坏账准备"等科目，按相关资产的账面余额，贷记"贷款""应收手续费及佣金"等科目，按应支付的相关税费，贷记"应交税费"科目，按其差额，借记"营业外支出"科目。如为贷方差额，应贷记"资产减值损失"科目。

（二）抵债资产保管期间取得的收入，借记"库存现金""银行存款""存放中央银行款项"等科目，贷记"其他业务收入"等科目。保管期间发生的直接费用，借记"其他业务成本"等科目，贷记"库存现金""银行存款""存放中央银行款项"等科目。

（三）处置抵债资产时，应按实际收到的金额，借记"库存现金""银行存款""存放中央银行款项"等科目，按应支付的相关税费，贷记"应交税费"科目，按其账面余额，贷记本科目，按其差额，贷记"营业外收入"科目或借记"营业外支出"科目。已计提抵债资产跌价准备的，还应同时结转跌价准备。

（四）取得抵债资产后转为自用的，应在相关手续办妥时，按转换日抵债资产的账面余额，借记"固定资产"等科目，贷记本科目。已计提抵债资产跌价准备的，还应同时结转跌价准备。

四、本科目期末借方余额，反映企业取得的尚未处置的实物抵债资产的成本。

1451 损余物资

一、本科目核算企业（保险）按照原保险合同约定承担赔偿保险金责任后取得的损余物资成本。

二、本科目可按损余物资种类进行明细核算。

损余物资发生减值的，可以单独设置"损余物资跌价准备"科目，比照"存货跌价准备"科目进行处理。

三、损余物资的主要账务处理。

（一）企业承担赔偿保险金责任后取得的损余物资，按同类或类似资产的市场价格计算确定的金额，借记本科目，贷记"赔付支出"科目。

（二）处置损余物资时，按实际收到的金额，借记"库存现金""银行存款"等科目，按其账面余额，贷记本科目，按其差额，借记或贷记"赔付支出"科目。已计提跌价准备的，还应同时结转跌价准备。

四、本科目期末借方余额，反映企业承担赔偿保险金责任后取得的损余物资成本。

1461 融资租赁资产

一、本科目核算企业（租赁）为开展融资租赁业务取得资产的成本。

二、本科目可按承租人、租赁资产类别和项目进行明细核算。

三、融资租赁资产的主要账务处理。

（一）企业购入和以其他方式取得的融资租赁资产，借记本科目，贷记"银行存款"等科目。

（二）在租赁期开始日，按租赁开始日最低租赁收款额与初始直接费用之和，借记"长期应收款"科目，按未担保余值，借记"未担保余值"科目，按融资租赁资产的公允价值（最低租赁收款额与未担保余值的现值之和），贷记本科目，按发生的初始直接费用，贷记"银行存款"等科目，按其差额，贷记"未实现融资收益"科目。融资租赁资产的公允价值与其账面价值有差额的，还应借记"营业外支出"科目或贷记"营业外收入"科目。

四、本科目期末借方余额，反映企业融资租赁资产的成本。

1471 存货跌价准备

一、本科目核算企业存货的跌价准备。

二、本科目可按存货项目或类别进行明细核算。

三、存货跌价准备的主要账务处理。

（一）资产负债表日，存货发生减值的，按存货可变现净值低于成本的差额，借记"资产减值损失"科目，贷记本科目。

已计提跌价准备的存货价值以后又得以恢复，应在原已计提的存货跌价准备金额内，按恢复增加的金额，借记本科目，贷记"资产减值损失"科目。

发出存货结转存货跌价准备的，借记本科目，贷记"主营业务成本""生产成本"等科目。

（二）企业（建造承包商）建造合同执行中预计总成本超过合同总收入的，应按其差额，借记"资产减值损失"科目，贷记本科目。合同完工时，借记本科目，贷记"主营业务成本"科目。

四、本科目期末贷方余额，反映企业已计提但尚未转销的存货跌价准备。

1511 长期股权投资

一、本科目核算企业持有的采用成本法和权益法核算的长期股权投资。

二、本科目可按被投资单位进行明细核算。

长期股权投资采用权益法核算的，还应当分别"成本""损益调整""其他权益变动"进行明细核算。

三、长期股权投资的主要账务处理。

（一）初始取得长期股权投资。

同一控制下企业合并形成的长期股权投资，应在合并日按取得被合并方所有者权益账面价值的份额，借记本科目，按享有被投资单位已宣告但尚未发放的现金股利或利润，借记"应收股利"科目，按支付的合并对价的账面价值，贷记有关资产或借记有关负债科目，按其差额，贷记"资本公积——资本溢价或股本溢价"科目；如为借方差额的，借记"资本公积——资本溢价或股本溢价"科目，资本公积（资本溢价或股本溢价）不足冲减的，借记"盈余公积""利润分配——未分配利润"科目。

非同一控制下企业合并形成的长期股权投资，应在购买日按企业合并成本（不含应自被投资单位收取的现金股利或利润），借记本科目，按享有被投资单位已宣告但尚未发放的现金股利或利润，借记"应收股利"科目，按支付合并对价的账面价值，贷记有关资产或借记有关负债科目，按发生的直接相关费用，贷记"银行存款"等科目，按其差额，贷记"营业外收入"或借记"营业外支出"等科目。非同一控制下企业合并涉及以库存商品等作为合并对价的，应按库存商品的公允价值，贷记"主营业务收入"科目，并同时结转相关的成本。涉及增值税的，还应进行相应的处理。

以支付现金、非现金资产等其他方式（非企业合并）形成的长期股权投资，比照非同一控制下企业合并形成的长期股权投资的相关规定进行处理。

投资者投入的长期股权投资，应按确定的长期股权投资成本，借记本科目，贷记"实收资本"或"股本"科目。

（二）采用成本法核算的长期股权投资。

长期股权投资采用成本法核算的，应按被投资单位宣告发放的现金股利或利润中属于本企业的部分，借记"应收股利"科目，贷记"投资收益"科目；属于被投资单位在取得本企业投资前实现净利润的分配额，应作为投资成本的收回，借记"应收股利"科目，贷记本科目。

（三）采用权益法核算的长期股权投资。

1. 长期股权投资的初始投资成本大于投资时应享有被投资单位可辨认净资产公允价值份额的，不调整已确认的初始投资成本。长期股权投资的初始投资成本小于投资时应享有被投资单位可辨认净资产公允价值份额的，应按其差额，借记本科目（成本），贷记"营业外收入"科目。

2. 根据被投资单位实现的净利润或经调整的净利润计算应享有的份额，借记本科目（损益调整），贷记"投资收益"科目。被投资单位发生净亏损作相反的会计分录，但以本科目的账面价值减记至零为限；还需承担的投资损失，应将其他实质上构成对被投资单位净投资的"长期应收款"等的账面价值减记至零为限；除按照以上步骤已确认的损失外，按照投资合同或协议约定将承担的损失，确认为预计负债。发生亏损的被投资单位以后实现净利润的，应按与上述相反的顺序进行处理。

被投资单位以后宣告发放现金股利或利润时，企业计算应分得的部分，借记"应收股利"科目，贷记本科目（损益调整）。收到被投资单位宣告发放的股票股利，不进行账务处理，但应在备查簿中登记。

3. 在持股比例不变的情况下，被投资单位除净损益以外所有者权益的其他变动，企业按持股比例计算应享有的份额，借记或贷记本科目（其他权益变动），贷记或借记"资本公积——其他资本公积"科目。

（四）长期股权投资核算方法的转换。

将长期股权投资自成本法转按权益法核算的，应按转换时该项长期股权投资的账面价值作为权益法核算的初始投资成本，初始投资成本小于转换时占被投资单位可辨认净资产公允价值份额的差额，借记本科目（成本），贷记"营业外收入"科目。

长期股权投资自权益法转按成本法核算的，除构成企业合并的以外，应按中止采用权益法时长期股权投资的账面价值作为成本法核算的初始投资成本。

（五）处置长期股权投资。

处置长期股权投资时，应按实际收到的金额，借记"银行存款"等科目，按其账面余额，贷记本科目，按尚未领取的现金股利或利润，贷记"应收股利"科目，按其差额，贷记或借记"投资收益"科目。已计提减值准备的，还应同时结转减值准备。

采用权益法核算长期股权投资的处置，除上述规定外，还应结转原计入资本公积的相关金额，借记或贷记"资本公积——其他资本公积"科目，贷记或借记"投资收益"科目。

四、本科目期末借方余额，反映企业长期股权投资的价值。

1512 长期股权投资减值准备

一、本科目核算企业长期股权投资的减值准备。

二、本科目可按被投资单位进行明细核算。

三、资产负债表日，长期股权投资发生减值的，按应减记的金额，借记"资产减值损失"科目，贷记本科目。

处置长期股权投资时，应同时结转已计提的长期股权投资减值准备。

四、本科目期末贷方余额，反映企业已计提但尚未转销的长期股权投资减值准备。

1521 投资性房地产

一、本科目核算企业采用成本模式计量的投资性房地产的成本。企业采用公允价值模式计量投资性房地产的，也通过本科目核算。

采用成本模式计量的投资性房地产的累计折旧或累计摊销，可以单独设置"投资性房地产累计折旧（摊销）"科目，比照"累计折旧"等科目进行处理。

采用成本模式计量的投资性房地产发生减值的，可以单独设置"投资性房地产减值准备"科目，比照"固定资产减值准备"等科目进行处理。

二、本科目可按投资性房地产类别和项目进行明细核算。

采用公允价值模式计量的投资性房地产，还应当分别"成本"和"公允价值变动"进行明细核算。

三、采用成本模式计量投资性房地产的主要账务处理。

（一）企业外购、自行建造等取得的投资性房地产，按应计入投资性房地产成本的金额，借记本科目，贷记"银行存款""在建工程"等科目。

（二）将作为存货的房地产转换为投资性房地产的，应按其在转换日的账面余额，借记本科目，贷记"开发产品"等科目。已计提跌价准备的，还应同时结转跌价准备。

将自用的建筑物等转换为投资性房地产的，应按其在转换日的原价、累计折旧、减值准备等，分别转入本科目、"投资性房地产累计折旧（摊销）""投资性房地产减值准备"科目。

（三）按期（月）对投资性房地产计提折旧或进行摊销，借记"其他业务成本"科目，贷记"投资性房地产累计折旧（摊销）"科目。取得的租金收入，借记"银行存款"等科目，贷记"其他业务收入"科目。

（四）将投资性房地产转为自用时，应按其在转换日的账面余额、累计折旧、减值准备等，分别转入"固定资产""累计折旧""固定资产减值准备"等科目。

（五）处置投资性房地产时，应按实际收到的金额，借记"银行存款"等科目，贷记"其他业务收入"科目。按该项投资性房地产的累计折旧或累计摊销，借记"投资性房地产累计折旧（摊销）"科目，按该项投资性房地产的账面余额，贷记本科目，按其差额，借记"其他业务成本"科目。已计提减值准备的，还应同时结转减值准备。

四、采用公允价值模式计量投资性房地产的主要账务处理。

（一）企业外购、自行建造等取得的投资性房地产，按应计入投资性房地产成本的金额，借记本科目（成本），贷记"银行存款""在建工程"等科目。

（二）将作为存货的房地产转换为投资性房地产的，应按其在转换日的公允价值，借记本科目（成本），按其账面余额，贷记"开发产品"等科目，按其差额，贷记"资本公积——其他资本公积"科目或借记"公允价值变动损益"科目。已计提跌价准备的，还应同时结转跌价准备。

将自用的建筑物等转换为投资性房地产的，按其在转换日的公允价值，借记本科目（成本），按已计提的累计折旧等，借记"累计折旧"等科目，按其账面余额，贷记"固定资产"等科目，按其差额，贷记"资本公积——其他资本公积"科目或借记"公允价值变动损益"科目。已计提减值准备的，还应同时结转减值准备。

（三）资产负债表日，投资性房地产的公允价值高于其账面余额的差额，借记本科目（公允价值变动），贷记"公允价值变动损益"科目；公允价值低于其账面余额的差额作相反的会计分录。

取得的租金收入，借记"银行存款"等科目，贷记"其他业务收入"科目。

（四）将投资性房地产转为自用时，应按其在转换日的公允价值，借记"固定资产"等科目，按其账面余额，贷记本科目（成本、公允价值变动），按其差额，贷记或借记"公允价值变动损益"科目。

（五）处置投资性房地产时，应按实际收到的金额，借记"银行存款"等科目，贷记"其他业务收入"科目。按该项投资性房地产的账面余额，借记"其他业务成本"科目，贷记本科目（成本）、贷记或借记本科目（公允价值变动）；同时，按该项投资性房地产的公允价值变动，借记或贷记"公允价值变动损益"科目，贷记或借记"其他业务收入"科目。按该项投资性房地产在转换日计入资本公积的金额，借记"资本公积——其他资本公积"科目，贷记"其他业务收入"科目。

五、投资性房地产作为企业主营业务的，应通过"主营业务收入"和"主营业务成本"科目核算相关的损益。

六、本科目期末借方余额，反映企业采用成本模式计量的投资性房地产成本。企业采用公允价值模式计量的投资性房地产，反映投资性房地产的公允价值。

1531 长期应收款

一、本科目核算企业的长期应收款项，包括融资租赁产生的应收款项、采用递延方式具有融资性质的销售商品和提供劳务等产生的应收款项等。

实质上构成对被投资单位净投资的长期权益，也通过本科目核算。

二、本科目可按债务人进行明细核算。

三、长期应收款的主要账务处理。

（一）出租人融资租赁产生的应收租赁款，在租赁期开始日，应按租赁开始日最低租赁收款额与初始直接费用之和，借记本科目，按未担保余值，借记"未担保余值"科目，按融资租赁资产的公允价值（最低租赁收款额和未担保余值的现值之和），贷记"融资租赁资产"科目，按融资租赁资产的公允价值与账面价值的差额，借记"营业外支出"科目或贷记"营业外收入"科目，按发生的初始直接费用，贷记"银行存款"等科目，按其差额，贷记"未实现融资收益"科目。

（二）采用递延方式分期收款销售商品或提供劳务等经营活动产生的长期应收款，满足收入确认条件的，按应收的合同或协议价款，借记本科目，按应收合同或协议价款的公允价值（折现值），贷记"主营业务收入"等科目，按其差额，贷记"未实现融资收益"科目。涉及增值税的，还应进行相应的处理。

（三）如有实质上构成对被投资单位净投资的长期权益，被投资单位发生的净亏损应由本企业承担的部分，在"长期股权投资"的账面价值减记至零以后，还需承担的投资损失，应以本科目中实质上构成了对被投资单位净投资的长期权益部分账面价值减记至零为限，继续确认投资损失，借记"投资收益"科目，贷记本科目。除上述已确认投资损失外，投资合同或协议中约定仍应承担的损失，确认为预计负债。

四、本科目的期末借方余额，反映企业尚未收回的长期应收款。

1532 未实现融资收益

一、本科目核算企业分期计入租赁收入或利息收入的未实现融资收益。

二、本科目可按未实现融资收益项目进行明细核算。

三、未实现融资收益的主要账务处理。

（一）出租人融资租赁产生的应收租赁款，在租赁期开始日，应按租赁开始日最低租赁收款额与初始直接费用之和，借记"长期应收款"科目，按未担保余值，借记"未担保余值"科目，按融资租赁资产的公允价值（最低租赁收款额的现值和未担保余值的现值之和），贷记"融资租赁资产"科目，按融资租赁资产的公允价值与账面价值的差额，借记"营业外支出"科目或贷记"营业外收入"科目，按发生的初始直接费用，贷记"银行存款"等科目，按其差额，贷记本科目。

采用实际利率法按期计算确定的融资收入，借记本科目，贷记"租赁收入"科目。

（二）采用递延方式分期收款、实质上具有融资性质的销售商品或提供劳务等经营活动产生的长期应收款，满足收入确认条件的，按应收的合同或协议价款，借记"长期应收款"科目，按应收的合同或协议价款的公允价值，贷记"主营业务收入"等科目，按其差额，贷记本科目。涉及增值税的，还应进行相应的处理。

采用实际利率法按期计算确定的利息收入，借记本科目，贷记"财务费用"科目。

四、本科目期末贷方余额，反映企业尚未转入当期收益的未实现融资收益。

1541 存出资本保证金

一、本科目核算企业（保险）按规定比例缴存的资本保证金。

二、企业存出的资本保证金，借记本科目，贷记"银行存款"等科目。

三、本科目期末借方余额，反映企业缴存的资本保证金。

1601 固定资产

一、本科目核算企业持有的固定资产原价。

建造承包商的临时设施，以及企业购置计算机硬件所附带的、未单独计价的软件，也通过本科目核算。

二、本科目可按固定资产类别和项目进行明细核算。

融资租入的固定资产，可在本科目设置"融资租入固定资产"明细科目。

三、固定资产的主要账务处理。

（一）企业购入不需要安装的固定资产，按应计入固定资产成本的金额，借记本科目，贷记"银行存款"等科目。

购入需要安装的固定资产，先记入"在建工程"科目，达到预定可使用状态时再转入本科目。

购入固定资产超过正常信用条件延期支付价款、实质上具有融资性质的，按应付购买价款的现值，借记本科目或"在建工程"科目，按应支付的金额，贷记"长期应付款"科目，按其差额，借记"未确认融资费用"科目。

（二）自行建造达到预定可使用状态的固定资产，借记本科目，贷记"在建工程"科目。

已达到预定可使用状态、但尚未办理竣工决算手续的固定资产，应按估计价值入账，待确定实际成本后再进行调整。

（三）融资租入的固定资产，在租赁期开始日，按应计入固定资产成本的金额（租赁开始日租赁资产公允价值与最低租赁付款额现值两者中较低者，加上初始直接费用），借记本科目或"在建工程"科目，按最低租赁付款额，贷记"长期应付款"科目，按发生的初始直接费用，贷记"银行存款"等科目，按其差额，借记"未确认融资费用"科目。

租赁期届满，企业取得该项固定资产所有权的，应将该项固定资产从"融资租入固定资产"明细科目转入有关明细科目。

（四）固定资产存在弃置义务的，应在取得固定资产时，按预计弃置费用的现值，借记本科目，贷记"预计负债"科目。在该项固定资产的使用寿命内，计算确定各期应负担的利息费用，借记"财务费用"科目，贷记"预计负债"科目。

（五）处置固定资产时，按该项固定资产账面价值，借记"固定资产清理"科目，按已提的累计折旧，借记"累计折旧"科目，按其账面原价，贷记本科目。已计提减值准备的，还应同时结转已计提的减值准备。

四、本科目期末借方余额，反映企业固定资产的原价。

1602 累计折旧

一、本科目核算企业固定资产的累计折旧。

二、本科目可按固定资产的类别或项目进行明细核算。

三、按期（月）计提固定资产的折旧，借记"制造费用""销售费用""管理费用""研发支出""其他业务成本"等科目，贷记本科目。处置固定资产还应同时结转累计折旧。

四、本科目期末贷方余额，反映企业固定资产的累计折旧额。

1603 固定资产减值准备

一、本科目核算企业固定资产的减值准备。

二、资产负债表日，固定资产发生减值的，按应减记的金额，借记"资产减值损失"科目，贷记本科目。处置固定资产还应同时结转减值准备。

三、本科目期末贷方余额，反映企业已计提但尚未转销的固定资产减值准备。

1604 在建工程

一、本科目核算企业基建、更新改造等在建工程发生的支出。

在建工程发生减值的，可以单独设置"在建工程减值准备"科目，比照"固定资产减值准备"科目进行处理。

企业（石油天然气开采）发生的油气勘探支出和油气开发支出，可以单独设置"油气勘探支出""油气开发支出"科目。

二、本科目可按"建筑工程""安装工程""在安装设备""待摊支出"以及单项工程等进行明细核算。

三、企业在建工程发生的管理费、征地费、可行性研究费、临时设施费、公证费、监理费及应负担的税费等，借记本科目（待摊支出），贷记"银行存款"等科目。

四、企业发包的在建工程，应按合理估计的发包工程进度和合同规定结算的进度款，借记本科目，贷记"银行存款""预付账款"等科目。将设备交付建造承包商建造安装时，借记本科目（在安装设备），贷记"工程物资"科目。

工程完成时，按合同规定补付的工程款，借记本科目，贷记"银行存款"科目。

五、企业自营在建工程的主要账务处理。

（一）自营的在建工程领用工程物资、原材料或库存商品的，借记本科目，贷记"工程物资""原材料""库存商品"等科目。采用计划成本核算的，应同时结转应分摊的成本差异。涉及增值税的，还应进行相应的处理。

在建工程应负担的职工薪酬，借记本科目，贷记"应付职工薪酬"科目。

辅助生产部门为工程提供的水、电、设备安装、修理、运输等劳务,借记本科目,贷记"生产成本——辅助生产成本"等科目。

在建工程发生的借款费用满足借款费用资本化条件的,借记本科目,贷记"长期借款""应付利息"等科目。

(二)在建工程进行负荷联合试车发生的费用,借记本科目(待摊支出),贷记"银行存款""原材料"等科目;试车形成的产品或副产品对外销售或转为库存商品的,借记"银行存款""库存商品"等科目,贷记本科目(待摊支出)。

(三)在建工程达到预定可使用状态时,应计算分配待摊支出,借记本科目(××工程),贷记本科目(待摊支出);结转在建工程成本,借记"固定资产"等科目,贷记本科目(××工程)。

在建工程完工已领出的剩余物资应办理退库手续,借记"工程物资"科目,贷记本科目。

(四)建设期间发生的工程物资盘亏、报废及毁损净损失,借记本科目,贷记"工程物资"科目;盘盈的工程物资或处置净收益作相反的会计分录。

由于自然灾害等原因造成的在建工程报废或毁损,减去残料价值和过失人或保险公司等赔款后的净损失,借记"营业外支出——非常损失"科目,贷记本科目(建筑工程、安装工程等)。

六、企业(石油天然气开采)在油气勘探过程中发生的各项钻井勘探支出,借记"油气勘探支出"科目,贷记"银行存款""应付职工薪酬"等科目。属于发现探明经济可采储量的钻井勘探支出,借记"油气资产"科目,贷记"油气勘探支出"科目;属于未发现探明经济可采储量的钻井勘探支出,借记"勘探费用"科目,贷记"油气勘探支出"科目。

企业(石油天然气开采)在油气开发过程中发生的各项相关支出,借记"油气开发支出"科目,贷记"银行存款""应付职工薪酬"等科目。开发工程项目达到预定可使用状态时,借记"油气资产"科目,贷记"油气开发支出"科目。

七、本科目的期末借方余额,反映企业尚未达到预定可使用状态的在建工程的成本。

1605 工程物资

一、本科目核算企业为在建工程准备的各种物资的成本,包括工程用材料、尚未安装的设备以及为生产准备的工器具等。

二、本科目可按"专用材料""专用设备""工器具"等进行明细核算。

工程物资发生减值的,可以单独设置"工程物资减值准备"科目,比照"固定资产减值准备"科目进行处理。

三、工程物资的主要账务处理。

(一)购入为工程准备的物资,借记本科目,贷记"银行存款""其他应付款"等科目。

(二)领用工程物资,借记"在建工程"科目,贷记本科目。工程完工后将领出的剩余物资退库时作相反的会计分录。已计提减值准备的,还应同时结转减值准备。

(三)工程完工后剩余的工程物资转作本企业存货的,借记"原材料"等科目,贷记本科目。

四、本科目期末借方余额,反映企业为在建工程准备的各种物资的成本。

1606 固定资产清理

一、本科目核算企业因出售、报废、毁损、对外投资、非货币性资产交换、债务重组等原因转出的固定资产价值以及在清理过程中发生的费用等。

二、本科目可按被清理的固定资产项目进行明细核算。

三、固定资产清理的主要账务处理。

（一）企业因出售、报废、毁损、对外投资、非货币性资产交换、债务重组等转出的固定资产，按该项固定资产的账面价值，借记本科目，按已计提的累计折旧，借记"累计折旧"科目，按其账面原价，贷记"固定资产"科目。已计提减值准备的，还应同时结转减值准备。

（二）清理过程中应支付的相关税费及其他费用，借记本科目，贷记"银行存款""应交税费——应交增值税"等科目。收回出售固定资产的价款、残料价值和变价收入等，借记"银行存款""原材料"等科目，贷记本科目。应由保险公司或过失人赔偿的损失，借记"其他应收款"等科目，贷记本科目。

（三）固定资产清理完成后，属于生产经营期间正常的处理损失，借记"营业外支出——处置非流动资产损失"科目，贷记本科目；属于自然灾害等非正常原因造成的损失，借记"营业外支出——非常损失"科目，贷记本科目。如为贷方余额，借记本科目，贷记"营业外收入"科目。

四、本科目期末借方余额，反映企业尚未清理完毕的固定资产清理净损失。

1611 未担保余值

一、本科目核算企业（租赁）采用融资租赁方式租出资产的未担保余值。

二、本科目可按承租人、租赁资产类别和项目进行明细核算。

未担保余值发生减值的，可以单独设置"未担保余值减值准备"科目。

三、未担保余值的主要账务处理。

（一）出租人融资租赁产生的应收租赁款，在租赁期开始日，应按租赁开始日最低租赁收款额与初始直接费用之和，借记"长期应收款"科目，按未担保余值，借记本科目，按融资租赁资产的公允价值（最低租赁收款额和未担保余值的现值之和），贷记"融资租赁资产"科目，按发生的初始直接费用，贷记"银行存款"等科目，按其差额，贷记"未实现融资收益"科目。

（二）租赁期限届满，承租人行使了优惠购买选择权的，企业（租赁）按收到承租人支付的购买价款，借记"银行存款"等科目，贷记"长期应收款"科目。存在未担保余值的，按未担保余值，借记"租赁收入"科目，贷记本科目。

承租人未行使优惠购买选择权，企业（租赁）收到承租人交还租赁资产，存在未担保余值的，按未担保余值，借记"融资租赁资产"科目，贷记本科目；存在担保余值的，按担保余值，借记"融资租赁资产"科目，贷记"长期应收款"科目。

（三）资产负债表日，确定未担保余值发生减值的，按应减记的金额，借记"资产减值损失"科目，贷记"未担保余值减值准备"科目。未担保余值价值以后又得以恢复的，应在原已计提的未担保余值减值准备金额内，按恢复增加的金额，借记"未担保余值减值准备"科目，贷记"资产减值损失"科目。

四、本科目期末借方余额，反映企业融资租出资产的未担保余值。

1621 生产性生物资产

一、本科目核算企业（农业）持有的生产性生物资产原价。

二、本科目可按"未成熟生产性生物资产"和"成熟生产性生物资产"，分别生物资产的种类、群别、所属部门等进行明细核算。

生产性生物资产发生减值的，可以单独设置"生产性生物资产减值准备"科目，比照"固定资产减值准备"科目进行处理。

三、生产性生物资产的主要账务处理。

（一）企业外购的生产性生物资产，按应计入生产性生物资产成本的金额，借记本科目，贷记"银行存款"等科目。

（二）自行营造的林木类生产性生物资产、自行繁殖的产畜和役畜，应按达到预定生产经营目的前发生的必要支出，借记本科目（未成熟生产性生物资产），贷记"银行存款"等科目。

（三）天然起源的生产性生物资产，应按名义金额，借记本科目，贷记"营业外收入"科目。

（四）育肥畜转为产畜或役畜，应按其账面余额，借记本科目，贷记"消耗性生物资产"科目。已计提跌价准备的，还应同时结转跌价准备。

产畜或役畜淘汰转为育肥畜，按转群时的账面价值，借记"消耗性生物资产"科目，按已计提的累计折旧，借记"生产性生物资产累计折旧"科目，按其账面余额，贷记本科目。已计提减值准备的，还应同时结转减值准备。

（五）未成熟生产性生物资产达到预定生产经营目的时，按其账面余额，借记本科目（成熟生产性生物资产），贷记本科目（未成熟生产性生物资产）。已计提减值准备的，还应同时结转减值准备。

（六）择伐、间伐或抚育更新等生产性采伐而补植林木类生产性生物资产发生的后续支出，借记本科目，贷记"银行存款"等科目。

生产性生物资产达到预定生产经营目的后发生的管护、饲养费用等后续支出，借记"管理费用"科目，贷记"银行存款"等科目。

（七）处置生产性生物资产，应按实际收到的金额，借记"银行存款"等科目，按已计提的累计折旧，借记"生产性生物资产累计折旧"科目，按其账面余额，贷记本科目，按其差额，借记"营业外支出——处置非流动资产损失"科目或贷记"营业外收入——处置非流动资产利得"科目。已计提减值准备的，还应同时结转减值准备。

四、本科目期末借方余额，反映企业生产性生物资产的原价。

1622 生产性生物资产累计折旧

一、本科目核算企业（农业）成熟生产性生物资产的累计折旧。

二、本科目可按生产性生物资产的种类、群别、所属部门等进行明细核算。

三、企业按期（月）计提成熟生产性生物资产的折旧，借记"农业生产成本""管理费用"等科目，贷记本科目。处置生产性生物资产还应同时结转生产性生物资产累计折旧。

四、本科目期末贷方余额，反映企业成熟生产性生物资产的累计折旧额。

1623 公益性生物资产

一、本科目核算企业（农业）持有的公益性生物资产的实际成本。

二、本科目可按公益性生物资产的种类或项目进行明细核算。

三、公益性生物资产的主要账务处理。

（一）企业外购的公益性生物资产，按应计入公益性生物资产成本的金额，借记本科目，贷记"银行存款"等科目。

（二）自行营造的公益性生物资产，应按郁闭前发生的必要支出，借记本科目，贷记"银行存款"等科目。

（三）天然起源的公益性生物资产，应按名义金额，借记本科目，贷记"营业外收入"科目。

（四）消耗性生物资产、生产性生物资产转为公益性生物资产的，应按其账面余额或账面价值，借记本科目，按已计提的生产性生物资产累计折旧，借记"生产性生物资产累计折旧"科目，按其账面余额，贷记"消耗性生物资产""生产性生物资产"等科目。已计提跌价准备或减值准备的，还应同时结转跌价准备或减值准备。

（五）择伐、间伐或抚育更新等生产性采伐而补植林木类公益性生物资产发生的后续支出，借记本科目，贷记"银行存款"等科目。

林木类公益性生物资产郁闭后发生的管护费用等其他后续支出，借记"管理费用"科目，贷记"银行存款"等科目。

四、本科目期末借方余额，反映企业公益性生物资产的原价。

1631 油气资产

一、本科目核算企业（石油天然气开采）持有的矿区权益和油气井及相关设施的原价。

企业（石油天然气开采）可以单独设置"油气资产清理"科目，比照"固定资产清理"科目进行处理。

企业（石油天然气开采）与油气开采活动相关的辅助设备及设施在"固定资产"科目核算。

二、本科目可按油气资产的类别、不同矿区或油田等进行明细核算。

三、油气资产的主要账务处理。

（一）企业购入油气资产（含申请取得矿区权益）的成本，借记本科目，贷记"银行存款""应付票据""其他应付款"等科目。

（二）自行建造的油气资产，在油气勘探、开发工程达到预定可使用状态时，借记本科目，贷记"油气勘探支出""油气开发支出"等科目。

（三）油气资产存在弃置义务的，应在取得油气资产时，按预计弃置费用的现值，借记本科目，贷记"预计负债"科目。在油气资产的使用寿命内，计算确定各期应负担的利息费用，借记"财务费用"科目，贷记"预计负债"科目。

（四）处置油气资产，应按该项油气资产的账面价值，借记"油气资产清理"科目，按已计提的累计折耗，借记"累计折耗"科目，按其账面原价，贷记本科目。已计提减值准备的，还应同时结转减值准备。

四、本科目期末借方余额，反映企业油气资产的原价。

1632 累计折耗

一、本科目核算企业（石油天然气开采）油气资产的累计折耗。

二、本科目可按油气资产的类别、不同矿区或油田进行明细核算。

三、企业按期（月）计提油气资产的折耗，借记"生产成本"等科目，贷记本科目。处置油气资产时，还应同时结转油气资产累计折耗。

四、本科目期末贷方余额，反映企业油气资产的累计折耗额。

1701 无形资产

一、本科目核算企业持有的无形资产成本，包括专利权、非专利技术、商标权、著作权、土地使用权等。

二、本科目可按无形资产项目进行明细核算。

三、无形资产的主要账务处理。

（一）企业外购的无形资产，按应计入无形资产成本的金额，借记本科目，贷记"银行存款"等科目。

自行开发的无形资产，按应予资本化的支出，借记本科目，贷记"研发支出"科目。

（二）无形资产预期不能为企业带来经济利益的，应按已计提的累计摊销，借记"累计摊销"科目，按其账面余额，贷记本科目，按其差额，借记"营业外支出"科目。已计提减值准备的，还应同时结转减值准备。

（三）处置无形资产，应按实际收到的金额等，借记"银行存款"等科目，按已计提的累计摊销，借记"累计摊销"科目，按应支付的相关税费及其他费用，贷记"应交税费""银行存款"等科目，按其账面余额，贷记本科目，按其差额，贷记"营业外收入——处置非流动资产利得"科目或借记"营业外支出——处置非流动资产损失"科目。已计提减值准备的，还应同时结转减值准备。

四、本科目期末借方余额,反映企业无形资产的成本。

1702　累　计　摊　销

一、本科目核算企业对使用寿命有限的无形资产计提的累计摊销。

二、本科目可按无形资产项目进行明细核算。

三、企业按期(月)计提无形资产的摊销,借记"管理费用""其他业务成本"等科目,贷记本科目。处置无形资产还应同时结转累计摊销。

四、本科目期末贷方余额,反映企业无形资产的累计摊销额。

1703　无形资产减值准备

一、本科目核算企业无形资产的减值准备。

二、本科目可按无形资产项目进行明细核算。

三、资产负债表日,无形资产发生减值的,按应减记的金额,借记"资产减值损失"科目,贷记本科目。处置无形资产还应同时结转减值准备。

四、本科目期末贷方余额,反映企业已计提但尚未转销的无形资产减值准备。

1711　商　　誉

一、本科目核算企业合并中形成的商誉价值。

商誉发生减值的,可以单独设置"商誉减值准备"科目,比照"无形资产减值准备"科目进行处理。

二、非同一控制下企业合并中确定的商誉价值,借记本科目,贷记有关科目。

三、本科目期末借方余额,反映企业商誉的价值。

1801　长期待摊费用

一、本科目核算企业已经发生但应由本期和以后各期负担的分摊期限在1年以上的各项费用,如以经营租赁方式租入的固定资产发生的改良支出等。

二、本科目可按费用项目进行明细核算。

三、企业发生的长期待摊费用,借记本科目,贷记"银行存款""原材料"等科目。摊销长期待摊费用,借记"管理费用""销售费用"等科目,贷记本科目。

四、本科目期末借方余额,反映企业尚未摊销完毕的长期待摊费用。

1811　递延所得税资产

一、本科目核算企业确认的可抵扣暂时性差异产生的递延所得税资产。

二、本科目应按可抵扣暂时性差异等项目进行明细核算。

根据税法规定可用以后年度税前利润弥补的亏损及税款抵减产生的所得税资产,也在本科目核算。

三、递延所得税资产的主要账务处理。

(一)资产负债表日,企业确认的递延所得税资产,借记本科目,贷记"所得税费用——递延所得税费用"科目。资产负债表日递延所得税资产的应有余额大于其账面余额的,应按其差额确认,借记本科目,贷记"所得税费用——递延所得税费用"等科目;资产负债表日递延所得税资产的应有余额小于其账面余额的差额作相反的会计分录。

企业合并中取得资产、负债的入账价值与其计税基础不同形成可抵扣暂时性差异的,应于购买日确认递延所得税资产，借记本科目，贷记"商誉"等科目。

与直接计入所有者权益的交易或事项相关的递延所得税资产，借记本科目，贷记"资本公积——其他资本公积"科目。

（二）资产负债表日，预计未来期间很可能无法获得足够的应纳税所得额用于抵扣可抵扣暂时性差异的，按原已确认的递延所得税资产中应减记的金额，借记"所得税费用——递延所得税费用""资本公积——其他资本公积"等科目，贷记本科目。

四、本科目期末借方余额，反映企业确认的递延所得税资产。

1821 独立账户资产

一、本科目核算企业（保险）对分拆核算的投资联结产品不属于风险保障部分确认的独立账户资产价值。

二、本科目可按资产类别进行明细核算。

三、独立账户资产的主要账务处理。

（一）向独立账户划入资金，借记本科目（银行存款及现金），贷记"独立账户负债"科目。

（二）独立账户进行投资，借记本科目（债券、股票等），贷记本科目（银行存款及现金）。

对独立账户投资进行估值，按估值增值，借记本科目（估值），贷记"独立账户负债"科目；估值减值的作相反的会计分录。

（三）按照独立账户计提的保险费，借记"银行存款"科目，贷记"保费收入"科目。同时，借记"独立账户负债"科目，贷记本科目（银行存款及现金）。

对独立账户计提账户管理费，借记"银行存款"科目，贷记"手续费及佣金收入"科目。同时，借记"独立账户负债"科目，贷记本科目（银行存款及现金）。

（四）支付独立账户资产，借记"独立账户负债"科目，贷记本科目（银行存款及现金）。

四、本科目期末借方余额，反映企业确认的独立账户资产价值。

1901 待处理财产损溢

一、本科目核算企业在清查财产过程中查明的各种财产盘盈、盘亏和毁损的价值。

物资在运输途中发生的非正常短缺与损耗，也通过本科目核算。

企业如有盘盈固定资产的，应作为前期差错记入"以前年度损益调整"科目。

二、本科目可按盘盈、盘亏的资产种类和项目进行明细核算。

三、待处理财产损溢的主要账务处理。

（一）盘盈的各种材料、产成品、商品、生物资产等，借记"原材料""库存商品""消耗性生物资产"等科目，贷记本科目。

盘亏、毁损的各种材料、产成品、商品、生物资产等，盘亏的固定资产，借记本科目，贷记"原材料""库存商品""消耗性生物资产""固定资产"等科目。材料、产成品、商品采用计划成本（或售价）核算的，还应同时结转成本差异（或商品进销差价）。涉及增值税的，还应进行相应处理。

（二）盘亏、毁损的各项资产，按管理权限报经批准后处理时，按残料价值，借记"原材料"等科目，按可收回的保险赔偿或过失人赔偿，借记"其他应收款"科目，按本科目余额，贷记本科目，按其借方差额，借记"管理费用""营业外支出"等科目。

盘盈的除固定资产以外的其他财产，借记本科目，贷记"管理费用""营业外收入"等科目。

四、企业的财产损溢，应查明原因，在期末结账前处理完毕，处理后本科目应无余额。

负 债 类

2001 短期借款

一、本科目核算企业向银行或其他金融机构等借入的期限在1年以下（含1年）的各种借款。

二、本科目可按借款种类、贷款人和币种进行明细核算。

三、企业借入的各种短期借款，借记"银行存款"科目，贷记本科目；归还借款作相反的会计分录。

资产负债表日，应按计算确定的短期借款利息费用，借记"财务费用""利息支出"等科目，贷记"银行存款""应付利息"等科目。

四、本科目期末贷方余额，反映企业尚未偿还的短期借款。

2002 存入保证金

一、本科目核算企业（金融）收到客户存入的各种保证金，如信用证保证金、承兑汇票保证金、保函保证金、担保保证金等。

二、本科目可按客户进行明细核算。

三、企业收到客户存入的保证金，借记"银行存款""存放中央银行款项""应付分保账款"等科目，贷记本科目；向客户归还保证金作相反的会计分录。

资产负债表日，应按计算确定的存入保证金利息费用，借记"财务费用""利息支出"等科目，贷记"银行存款""存放中央银行款项"等科目。

四、本科目期末贷方余额，反映企业接受存入但尚未返还的保证金。

2003 拆入资金

一、本科目核算企业（金融）从境内、境外金融机构拆入的款项。

二、本科目可按拆入资金的金融机构进行明细核算。

三、企业应按实际收到的金额，借记"存放中央银行款项""银行存款"等科目，贷记本科目；归还拆入资金作相反的会计分录。

资产负债表日，应按计算确定的拆入资金的利息费用，借记"利息支出"科目，贷记"应付利息"科目。

四、本科目期末贷方余额，反映企业尚未归还的拆入资金余额。

2004 向中央银行借款

一、本科目核算企业（银行）向中央银行借入的款项。

二、本科目可按借款性质进行明细核算。

三、企业应按实际收到的金额，借记"存放中央银行款项"科目，贷记本科目；归还借款作相反的会计分录。

资产负债表日，应按计算确定的向中央银行借款的利息费用，借记"利息支出"科目，贷记"应付利息"科目。

四、本科目期末贷方余额，反映企业尚未归还中央银行借款的余额。

2011 吸收存款

一、本科目核算企业（银行）吸收的除同业存放款项以外的其他各种存款，包括单位存款（企业、事业单位、机关、社会团体等）、个人存款、信用卡存款、特种存款、转贷款资金和财政性存款等。

二、本科目可按存款类别及存款单位，分别"本金""利息调整"等进行明细核算。

三、吸收存款的主要账务处理。

（一）企业收到客户存入的款项，应按实际收到的金额，借记"存放中央银行款项"等科目，贷记本科目（本金），如存在差额，借记或贷记本科目（利息调整）。

（二）资产负债表日，应按摊余成本和实际利率计算确定的存入资金的利息费用，借记"利息支出"科目，按合同利率计算确定的应付未付利息，贷记"应付利息"科目，按其差额，借记或贷记本科目（利息调整）。实际利率与合同利率差异较小的，也可以采用合同利率计算确定利息费用。

（三）支付的存入资金利息，借记"应付利息"科目，贷记本科目。

支付的存款本金，借记本科目（本金），贷记"存放中央银行款项""库存现金"等科目，按应转销的利息调整金额，贷记本科目（利息调整），按其差额，借记"利息支出"科目。

四、本科目期末贷方余额，反映企业吸收的除同业存放款项以外的其他各项存款。

2012 同业存放

一、本科目核算企业（银行）吸收的境内、境外金融机构的存款。

二、本科目可按存放金融机构进行明细核算。

三、企业增加存款，应按实际收到的金额，借记"存放中央银行款项"等科目，贷记本科目。减少存款作相反的会计分录。

四、本科目期末贷方余额，反映企业吸收的同业存放款项。

2021 贴现负债

一、本科目核算企业（银行）办理商业票据的转贴现等业务所融入的资金。

二、本科目可按贴现类别和贴现金融机构，分别"面值""利息调整"进行明细核算。

三、贴现负债的主要账务处理。

（一）企业持贴现票据向其他金融机构转贴现，应按实际收到的金额，借记"存放中央银行款项"等科目，按贴现票据的票面金额，贷记本科目（面值），按其差额，借记本科目（利息调整）。

（二）资产负债表日，按计算确定的利息费用，借记"利息支出"科目，贷记本科目（利息调整）。

（三）贴现票据到期，应按贴现票据的票面金额，借记本科目（面值），按实际支付的金额，贷记"存放中央银行款项"等科目，按其差额，借记"利息支出"科目。存在利息调整的，也应同时结转。

四、本科目期末贷方余额，反映企业办理的转贴现等业务融入的资金。

2101 交易性金融负债

一、本科目核算企业承担的交易性金融负债的公允价值。

企业持有的直接指定为以公允价值计量且其变动计入当期损益的金融负债，也在本科目核算。

衍生金融负债在"衍生工具"科目核算。

二、本科目可按交易性金融负债类别，分别"本金""公允价值变动"等进行明细核算。

三、交易性金融负债的主要账务处理。

（一）企业承担的交易性金融负债，应按实际收到的金额，借记"银行存款""存放中央银行款项""结算备付金"等科目，按发生的交易费用，借记"投资收益"科目，按交易性金融负债的公允价值,贷记本科目(本金)。

(二)资产负债表日,按交易性金融负债票面利率计算的利息,借记"投资收益"科目,贷记"应付利息"科目。

资产负债表日,交易性金融负债的公允价值高于其账面余额的差额,借记"公允价值变动损益"科目,贷记本科目(公允价值变动);公允价值低于其账面余额的差额作相反的会计分录。

(三)处置交易性金融负债,应按该金融负债的账面余额,借记本科目,按实际支付的金额,贷记"银行存款""存放中央银行款项""结算备付金"等科目,按其差额,贷记或借记"投资收益"科目。同时,按该金融负债的公允价值变动,借记或贷记"公允价值变动损益"科目,贷记或借记"投资收益"科目。

四、本科目期末贷方余额,反映企业承担的交易性金融负债的公允价值。

2111 卖出回购金融资产款

一、本科目核算企业(金融)按照回购协议先卖出再按固定价格买入的票据、证券、贷款等金融资产所融入的资金。

二、本科目可按卖出回购金融资产的类别和融资方进行明细核算。

三、卖出回购金融资产款的主要账务处理。

(一)企业根据回购协议卖出票据、证券、贷款等金融资产,应按实际收到的金额,借记"存放中央银行款项""结算备付金""银行存款"等科目,贷记本科目。

(二)资产负债表日,按照计算确定的卖出回购金融资产的利息费用,借记"利息支出"科目,贷记"应付利息"科目。

(三)回购日,按其账面余额,借记本科目、"应付利息"科目,按实际支付的金额,贷记"存放中央银行款项""结算备付金""银行存款"等科目,按其差额,借记"利息支出"科目。

四、本科目期末贷方余额,反映企业尚未到期的卖出回购金融资产款。

2201 应付票据

一、本科目核算企业购买材料、商品和接受劳务供应等开出、承兑的商业汇票,包括银行承兑汇票和商业承兑汇票。

二、本科目可按债权人进行明细核算。

三、应付票据的主要账务处理。

(一)企业开出、承兑商业汇票或以承兑商业汇票抵付货款、应付账款等,借记"材料采购""库存商品"等科目,贷记本科目。涉及增值税进项税额的,还应进行相应的处理。

(二)支付银行承兑汇票的手续费,借记"财务费用"科目,贷记"银行存款"科目。支付票款,借记本科目,贷记"银行存款"科目。

(三)银行承兑汇票到期,企业无力支付票款的,按应付票据的票面金额,借记本科目,贷记"短期借款"科目。

四、企业应当设置"应付票据备查簿",详细登记商业汇票的种类、号数和出票日期、到期日、票面金额、交易合同号和收款人姓名或单位名称以及付款日期和金额等资料。应付票据到期结清时,在备查簿中应予注销。

五、本科目期末贷方余额,反映企业尚未到期的商业汇票的票面金额。

2202 应付账款

一、本科目核算企业因购买材料、商品和接受劳务等经营活动应支付的款项。

企业（金融）应支付但尚未支付的手续费和佣金，可将本科目改为"2202 应付手续费及佣金"科目，并按照对方单位（或个人）进行明细核算。

企业（保险）应支付但尚未支付的赔付款项，可以单独设置"应付赔付款"科目。

二、本科目可按债权人进行明细核算。

三、企业购入材料、商品等验收入库，但货款尚未支付，根据有关凭证（发票账单、随货同行发票上记载的实际价款或暂估价值），借记"材料采购""在途物资"等科目，按应付的款项，贷记本科目。

接受供应单位提供劳务而发生的应付未付款项，根据供应单位的发票账单，借记"生产成本""管理费用"等科目，贷记本科目。支付时，借记本科目，贷记"银行存款"等科目。

上述交易涉及增值税进项税额的，还应进行相应的处理。

四、企业与债权人进行债务重组，应当分别债务重组的不同方式进行处理。

（一）以低于重组债务账面价值的款项清偿债务的，应按应付账款的账面余额，借记本科目，按实际支付的金额，贷记"银行存款"科目，按其差额，贷记"营业外收入——债务重组利得"科目。

（二）以非现金资产清偿债务的，应按应付账款的账面余额，借记本科目，按用于清偿债务的非现金资产的公允价值，贷记"主营业务收入""其他业务收入""固定资产清理""无形资产""长期股权投资"等科目，按应支付的相关税费和其他费用，贷记"应交税费""银行存款"等科目，按其差额，贷记"营业外收入——债务重组利得"科目。

抵债资产为存货的，还应同时结转成本，记入"主营业务成本""其他业务成本"等科目；抵债资产为固定资产、无形资产的，其公允价值和账面价值的差额，记入"营业外收入——处置非流动资产利得"或"营业外支出——处置非流动资产损失"科目；抵债资产为可供出售金融资产、持有至到期投资、长期股权投资等的，其公允价值和账面价值的差额，记入"投资收益"科目。

（三）以债务转为资本，应按应付账款的账面余额，借记本科目，按债权人因放弃债权而享有股权的公允价值，贷记"实收资本"或"股本""资本公积——资本溢价或股本溢价"科目，按其差额，贷记"营业外收入——债务重组利得"科目。

（四）以修改其他债务条件进行清偿的，应将重组债务的账面余额与重组后债务的公允价值的差额，借记本科目，贷记"营业外收入——债务重组利得"科目。

五、本科目期末贷方余额，反映企业尚未支付的应付账款余额。

2203　预　收　账　款

一、本科目核算企业按照合同规定预收的款项。

预收账款情况不多的，也可以不设置本科目，将预收的款项直接记入"应收账款"科目。

企业（保险）收到未满足保费收入确认条件的保险费，可将本科目改为"2203 预收保费"科目，并按投保人进行明细核算；从事再保险分出业务预收的赔款，可以单独设置"预收赔付款"科目。

二、本科目可按购货单位进行明细核算。

三、预收账款的主要账务处理。

（一）企业向购货单位预收的款项，借记"银行存款"等科目，贷记本科目；销售实现时，按实现的收入，借记本科目，贷记"主营业务收入"科目。涉及增值税销项税额的，还应进行相应的处理。

（二）企业（保险）收到预收的保费，借记"银行存款""库存现金"等科目，贷记本科目。确认保费收入，借记本科目，贷记"保费收入"科目。

从事再保险业务转销预收的赔款，借记本科目，贷记"应收分保账款"科目。

四、本科目期末贷方余额,反映企业预收的款项;期末如为借方余额,反映企业尚未转销的款项。

2211 应付职工薪酬

一、本科目核算企业根据有关规定应付给职工的各种薪酬。

企业(外商)按规定从净利润中提取的职工奖励及福利基金,也在本科目核算。

二、本科目可按"工资""职工福利""社会保险费""住房公积金""工会经费""职工教育经费""非货币性福利""辞退福利""股份支付"等进行明细核算。

三、企业发生应付职工薪酬的主要账务处理。

(一)生产部门人员的职工薪酬,借记"生产成本""制造费用""劳务成本"等科目,贷记本科目。

应由在建工程、研发支出负担的职工薪酬,借记"在建工程""研发支出"等科目,贷记本科目。

管理部门人员、销售人员的职工薪酬,借记"管理费用"或"销售费用"科目,贷记本科目。

(二)企业以其自产产品发放给职工作为职工薪酬的,借记"管理费用""生产成本""制造费用"等科目,贷记本科目。

无偿向职工提供住房等固定资产使用的,按应计提的折旧额,借记"管理费用""生产成本""制造费用"等科目,贷记本科目;同时,借记本科目,贷记"累计折旧"科目。

租赁住房等资产供职工无偿使用的,按每期应支付的租金,借记"管理费用""生产成本""制造费用"等科目,贷记本科目。

(三)因解除与职工的劳动关系给予的补偿,借记"管理费用"科目,贷记本科目。

(四)企业以现金与职工结算的股份支付,在等待期内每个资产负债表日,按当期应确认的成本费用金额,借记"管理费用""生产成本""制造费用"等科目,贷记本科目。在可行权日之后,以现金结算的股份支付当期公允价值的变动金额,借记或贷记"公允价值变动损益"科目,贷记或借记本科目。

企业(外商)按规定从净利润中提取的职工奖励及福利基金,借记"利润分配——提取的职工奖励及福利基金"科目,贷记本科目。

四、企业发放职工薪酬的主要账务处理。

(一)向职工支付工资、奖金、津贴、福利费等,从应付职工薪酬中扣还的各种款项(代垫的家属药费、个人所得税等)等,借记本科目,贷记"银行存款""库存现金""其他应收款""应交税费——应交个人所得税"等科目。

(二)支付工会经费和职工教育经费用于工会活动和职工培训,借记本科目,贷记"银行存款"等科目。

(三)按照国家有关规定缴纳社会保险费和住房公积金,借记本科目,贷记"银行存款"科目。

(四)企业以其自产产品发放给职工的,借记本科目,贷记"主营业务收入"科目;同时,还应结转产成品的成本。涉及增值税销项税额的,还应进行相应的处理。

支付租赁住房等资产供职工无偿使用所发生的租金,借记本科目,贷记"银行存款"等科目。

(五)企业以现金与职工结算的股份支付,在行权日,借记本科目,贷记"银行存款""库存现金"等科目。

(六)企业因解除与职工的劳动关系给予职工的补偿,借记本科目,贷记"银行存款""库存现金"等科目。

五、本科目期末贷方余额，反映企业应付未付的职工薪酬。

2221 应交税费

一、本科目核算企业按照税法等规定计算应缴纳的各种税费，包括增值税、消费税、所得税、资源税、土地增值税、城市维护建设税、房产税、土地使用税、车船税、教育费附加、矿产资源补偿费等。

企业代扣代缴的个人所得税等，也通过本科目核算。

二、本科目可按应交的税费项目进行明细核算。

应交增值税还应分别"进项税额""销项税额""出口退税""进项税额转出""已交税金"等设置专栏。

三、应交增值税的主要账务处理。

（一）企业采购物资等，按应计入采购成本的金额，借记"材料采购""在途物资"或"原材料""库存商品"等科目，按可抵扣的增值税额，借记本科目（应交增值税——进项税额），按应付或实际支付的金额，贷记"应付账款""应付票据""银行存款"等科目。购入物资发生退货作相反的会计分录。

（二）销售物资或提供应税劳务，按营业收入和应收取的增值税额，借记"应收账款""应收票据""银行存款"等科目，按专用发票上注明的增值税额，贷记本科目（应交增值税——销项税额），按确认的营业收入，贷记"主营业务收入""其他业务收入"等科目。发生销售退回作相反的会计分录。

（三）出口产品按规定退税的，借记"其他应收款"科目，贷记本科目（应交增值税——出口退税）。

（四）缴纳的增值税，借记本科目（应交增值税——已交税金），贷记"银行存款"科目。

企业（小规模纳税人）以及购入材料不能抵扣增值税的，发生的增值税计入材料成本，借记"材料采购""在途物资"等科目，贷记本科目。

四、企业按规定计算应交的消费税、资源税、城市维护建设税、教育费附加等，借记"税金及附加"科目，贷记本科目。实际缴纳时，借记本科目，贷记"银行存款"等科目。

出售不动产计算应交的增值税，借记"固定资产清理"等科目，贷记本科目（应交增值税）。

五、企业转让土地使用权应交的土地增值税，土地使用权与地上建筑物及其附着物一并在"固定资产"等科目核算的，借记"固定资产清理"等科目，贷记本科目（应交土地增值税）。土地使用权在"无形资产"科目核算的，按实际收到的金额，借记"银行存款"科目，按应交的土地增值税，贷记本科目（应交土地增值税），同时冲销土地使用权的账面价值，贷记"无形资产"科目，按其差额，借记"营业外支出"科目或贷记"营业外收入"科目。实际缴纳土地增值税时，借记本科目，贷记"银行存款"等科目。

企业按规定计算应交的房产税、土地使用税、车船税、矿产资源补偿费，借记"管理费用"科目，贷记本科目。实际缴纳时，借记本科目，贷记"银行存款"等科目。

六、企业按照税法规定计算应交的所得税，借记"所得税费用"等科目，贷记本科目（应交所得税）。缴纳的所得税，借记本科目，贷记"银行存款"等科目。

七、本科目期末贷方余额，反映企业尚未缴纳的税费；期末如为借方余额，反映企业多交或尚未抵扣的税费。

2231 应付利息

一、本科目核算企业按照合同约定应支付的利息，包括吸收存款、分期付息到期还本的长期借款、企业债券等应支付的利息。

二、本科目可按存款人或债权人进行明细核算。

三、资产负债表日,应按摊余成本和实际利率计算确定的利息费用,借记"利息支出""在建工程""财务费用""研发支出"等科目,按合同利率计算确定的应付未付利息,贷记本科目,按其差额,借记或贷记"长期借款——利息调整""吸收存款——利息调整"等科目。

合同利率与实际利率差异较小的,也可以采用合同利率计算确定利息费用。

实际支付利息时,借记本科目,贷记"银行存款"等科目。

四、本科目期末贷方余额,反映企业应付未付的利息。

2232 应付股利

一、本科目核算企业分配的现金股利或利润。

二、本科目可按投资者进行明细核算。

三、企业根据股东大会或类似机构审议批准的利润分配方案,按应支付的现金股利或利润,借记"利润分配"科目,贷记本科目。实际支付现金股利或利润,借记本科目,贷记"银行存款"等科目。

董事会或类似机构通过的利润分配方案中拟分配的现金股利或利润,不作账务处理,但应在附注中披露。

四、本科目期末贷方余额,反映企业应付未付的现金股利或利润。

2241 其他应付款

一、本科目核算企业除应付票据、应付账款、预收账款、应付职工薪酬、应付利息、应付股利、应交税费、长期应付款等以外的其他各项应付、暂收的款项。

企业(保险)应缴纳的保险保障基金,也通过本科目核算。

二、本科目可按其他应付款的项目和对方单位(或个人)进行明细核算。

三、企业采用售后回购方式融入资金的,应按实际收到的金额,借记"银行存款"科目,贷记本科目。回购价格与原销售价格之间的差额,应在售后回购期间内按期计提利息费用,借记"财务费用"科目,贷记本科目。按照合同约定购回该项商品等时,应按实际支付的金额,借记本科目,贷记"银行存款"科目。

四、企业发生的其他各种应付、暂收款项,借记"管理费用"等科目,贷记本科目;支付的其他各种应付、暂收款项,借记本科目,贷记"银行存款"等科目。

五、本科目期末贷方余额,反映企业应付未付的其他应付款项。

2251 应付保单红利

一、本科目核算企业(保险)按原保险合同约定应付未付投保人的红利。

二、本科目可按投保人进行明细核算。

三、企业按原保险合同约定计提应支付的保单红利,借记"保单红利支出"科目,贷记本科目。向投保人支付的保单红利,借记本科目,贷记"库存现金""银行存款"等科目。

四、本科目期末贷方余额,反映企业应付未付投保人的红利。

2261 应付分保账款

一、本科目核算企业(保险)从事再保险业务应付未付的款项。

二、本科目可按再保险分出人或再保险接受人和再保险合同进行明细核算。

三、再保险分出人应付分保账款的主要账务处理。

(一)企业在确认原保险合同保费收入的当期,按相关再保险合同约定计算确定的分出保费金额，借记"分出保费"科目，贷记本科目。

在原保险合同提前解除的当期，按相关再保险合同约定计算确定的分出保费的调整金额，借记本科目，贷记"分出保费"科目。

对于超额赔款再保险等非比例再保险合同，按相关再保险合同约定计算确定的分出保费金额，借记"分出保费"科目，贷记本科目。

（二）发出分保业务账单时，按账单标明的扣存本期分保保证金，借记本科目，贷记"存入保证金"科目。按账单标明的返还上期扣存分保保证金，借记"存入保证金"科目，贷记本科目。

按期计算的存入分保保证金利息，借记"利息支出"科目，贷记本科目。

四、再保险接受人应付分保账款的主要账务处理。

（一）企业在确认分保费收入的当期，按相关再保险合同约定计算确定的分保费用金额，借记"分保费用"科目，贷记本科目。

收到分保业务账单时，按账单标明的金额对分保费用进行调整，按调整增加额，借记"分保费用"科目，贷记本科目；按调整减少额作相反的会计分录。

（二）计算确定应向再保险分出人支付纯益手续费的，按相关再保险合同约定计算确定的纯益手续费金额，借记"分保费用"科目，贷记本科目。

（三）收到分保业务账单的当期，按账单标明的分保赔付款项金额，借记"赔付支出"科目，贷记本科目。

五、再保险分出人、再保险接受人结算分保账款时，按应付分保账款金额，借记本科目，按应收分保账款金额，贷记"应收分保账款"科目，按其差额，借记或贷记"银行存款"科目。

六、本科目期末贷方余额，反映企业从事再保险业务应付未付的款项。

2311 代理买卖证券款

一、本科目核算企业（证券）接受客户委托，代理客户买卖股票、债券和基金等有价证券而收到的款项。

企业（证券）代理客户认购新股的款项、代理客户领取的现金股利和债券利息、代理客户向证券交易所支付的配股款等，也在本科目核算。

二、本科目可按客户类别等进行明细核算。

三、代理买卖证券款的主要账务处理。

（一）企业收到客户交来的款项，借记"银行存款——客户"等科目，贷记本科目；客户提取存款作相反的会计分录。

（二）接受客户委托，买入证券成交总额大于卖出证券成交总额的，应按买卖证券成交价的差额加上代扣代缴的相关税费和应向客户收取的佣金等之和，借记本科目等，贷记"结算备付金——客户""银行存款"等科目。

接受客户委托，卖出证券成交总额大于买入证券成交总额的，应按买卖证券成交价的差额减去代扣代缴的相关税费和应向客户收取的佣金等后的余额，借记"结算备付金——客户""银行存款"等科目，贷记本科目等。

（三）代理客户认购新股，收到客户交来的认购款项，借记"银行存款——客户"等科目，贷记本科目。将款项划付证券交易所，借记"结算备付金——客户"科目，贷记"银行存款——客户"科目。客户办理申购手续，按实际支付的金额，借记本科目，贷记"结算备付金——客户"科目。证券交易所完成中签认定工作，将未中签资金退给客户时，借记"结算备付金——客户"科目，贷记本科目。企业将未中签的款项划回，借记"银行存款——客户"科目，贷记"结算备付金——客户"科目。企业将未中签的款项退给客户，借记本科目，贷记"银行存款——客户"科目。

（四）代理客户办理配股业务，采用当日向证券交易所缴纳配股款的，当客户提出配股要求时，借记本科目，贷记"结算备付金——客户"科目。采用定期向证券交易所交纳配股款的，在客户提出配股要求时，借记本科目，贷记"其他应付款——应付客户配股款"科目。与证券交易所清算配股款，按配股金额，借记"其他应付款——应付客户配股款"科目，贷记"结算备付金——客户"科目。

四、本科目期末贷方余额，反映企业接受客户存放的代理买卖证券资金。

2312 代理承销证券款

一、本科目核算企业（金融）接受委托，采用承购包销方式或代销方式承销证券所形成的、应付证券发行人的承销资金。

二、本科目可按委托单位和证券种类进行明细核算。

三、企业承销记名证券的主要账务处理。

（一）通过证券交易所上网发行的，在证券上网发行日根据承销合同确认的证券发行总额，按承销价款，在备查簿中记录承销证券的情况。

（二）与证券交易所交割清算，按实际收到的金额，借记"结算备付金"等科目，贷记本科目。

（三）承销期结束，将承销证券款项交付委托单位并收取承销手续费，按承销价款，借记本科目，按应收取的承销手续费，贷记"手续费及佣金收入"科目，按实际支付给委托单位的金额，贷记"银行存款"等科目。

（四）承销期结束有未售出证券、采用余额承购包销方式承销证券的，按合同规定由企业认购，应按承销价款，借记"交易性金融资产""可供出售金融资产"等科目，贷记本科目。

承销期结束，应将未售出证券退还委托单位。

四、企业承销无记名证券，比照承销记名证券的相关规定进行处理。

五、本科目期末贷方余额，反映企业承销证券应付未付给委托单位的款项。

2313 代理兑付证券款

一、本科目核算企业（证券、银行等）接受委托代理兑付证券收到的兑付资金。

二、本科目可按委托单位和证券种类进行明细核算。

三、代理兑付证券款的主要账务处理。

（一）企业兑付记名证券，收到委托单位的兑付资金，借记"银行存款"等科目，贷记本科目。收到客户交来的证券，按兑付金额，借记本科目，贷记"库存现金""银行存款"等科目。

兑付无记名证券的，还应通过"代理兑付证券"科目核算。

（二）收取代理兑付证券手续费收入，向委托单位单独收取的，按应收或已收取的手续费，借记"应收手续费及佣金"等科目，贷记"手续费及佣金收入"科目。

手续费与兑付款一并汇入的，在收到款项时，应按实际收到的金额，借记"结算备付金"等科目，按应兑付的金额，贷记本科目，按事先取得的手续费，贷记"其他应付款——预收代理兑付证券手续费"科目。兑付证券业务完成后确认手续费收入，借记"其他应付款——预收代理兑付证券手续费"科目，贷记"手续费及佣金收入"科目。

四、本科目期末贷方余额，反映企业已收到但尚未兑付的代理兑付证券款项。

2314 代理业务负债

一、本科目核算企业不承担风险的代理业务收到的款项，包括受托投资资金、受托贷款资金等。

企业采用收取手续费方式收到的代销商品款，可将本科目改为"2314 受托代销商品款"科目。

二、本科目可按委托单位、资产管理类别（如定向、集合和专项资产管理业务）等进行明细核算。

三、代理业务负债的主要账务处理。

（一）企业收到的代理业务款项，借记"银行存款""存放中央银行款项""吸收存款"等科目，贷记本科目。

定期或在合同到期与委托客户进行结算，按合同约定比例计算代理业务资产收益，结转已实现未结算损益，借记"代理业务资产——已实现未结算损益"科目，按属于委托客户的收益，贷记本科目，按属于企业的收益，贷记"手续费及佣金收入"科目。

按规定划转、核销或退还代理业务资金，借记本科目，贷记"银行存款""存放中央银行款项""吸收存款"等科目。

（二）收到受托代销的商品，按约定的价格，借记"受托代销商品"科目，贷记"受托代销商品款"科目。

售出受托代销商品后，按实际收到或应收的金额，借记"银行存款""应收账款"等科目，贷记"受托代销商品"科目。计算代销手续费等收入，借记"受托代销商品款"科目，贷记"其他业务收入"科目。结清代销商品款时，借记"受托代销商品款"科目，贷记"银行存款"科目。

四、本科目期末贷方余额，反映企业收到的代理业务资金。

2401 递延收益

一、本科目核算企业确认的应在以后期间计入当期损益的政府补助。

二、本科目可按政府补助的项目进行明细核算。

三、递延收益的主要账务处理。

（一）企业收到或应收的与资产相关的政府补助，借记"银行存款""其他应收款"等科目，贷记本科目。在相关资产使用寿命内分配递延收益，借记本科目，贷记"营业外收入"科目。

（二）与收益相关的政府补助，用于补偿企业以后期间相关费用或损失的，按收到或应收的金额，借记"银行存款""其他应收款"等科目，贷记本科目。在发生相关费用或损失的未来期间，按应补偿的金额，借记本科目，贷记"营业外收入"科目。用于补偿企业已发生的相关费用或损失的，按收到或应收的金额，借记"银行存款""其他应收款"等科目，贷记"营业外收入"科目。

四、本科目期末贷方余额，反映企业应在以后期间计入当期损益的政府补助。

2501 长期借款

一、本科目核算企业向银行或其他金融机构借入的期限在1年以上（不含1年）的各项借款。

二、本科目可按贷款单位和贷款种类，分别"本金""利息调整"等进行明细核算。

三、长期借款的主要账务处理。

（一）企业借入长期借款，应按实际收到的金额，借记"银行存款"科目，贷记本科目（本金）。如存在差额，还应借记本科目（利息调整）。

（二）资产负债表日，应按摊余成本和实际利率计算确定的长期借款的利息费用，借记"在建工程""制造费用""财务费用""研发支出"等科目，按合同利率计算确定的应付未付利息，贷记"应付利息"科目，按其差额，贷记本科目（利息调整）。

实际利率与合同利率差异较小的，也可以采用合同利率计算确定利息费用。

（三）归还的长期借款本金，借记本科目（本金），贷记"银行存款"科目。同时，存在利息调整余额的，借记或贷记"在建工程""制造费用""财务费用""研发支出"等科目，贷记或借记本科目（利息调整）。

四、本科目期末贷方余额，反映企业尚未偿还的长期借款。

2502 应付债券

一、本科目核算企业为筹集（长期）资金而发行债券的本金和利息。

企业发行的可转换公司债券，应将负债和权益成分进行分拆，分拆后形成的负债成分在本科目核算。

二、本科目可按"面值""利息调整""应计利息"等进行明细核算。

三、应付债券的主要账务处理。

（一）企业发行债券，应按实际收到的金额，借记"银行存款"等科目，按债券票面金额，贷记本科目（面值）。存在差额的，还应借记或贷记本科目（利息调整）。

发行的可转换公司债券，应按实际收到的金额，借记"银行存款"等科目，按该项可转换公司债券包含的负债成分的面值，贷记本科目（可转换公司债券——面值），按权益成分的公允价值，贷记"资本公积——其他资本公积"科目，按其差额，借记或贷记本科目（利息调整）。

（二）资产负债表日，对于分期付息、一次还本的债券，应按摊余成本和实际利率计算确定的债券利息费用，借记"在建工程""制造费用""财务费用""研发支出"等科目，按票面利率计算确定的应付未付利息，贷记"应付利息"科目，按其差额，借记或贷记本科目（利息调整）。

对于一次还本付息的债券，应于资产负债表日按摊余成本和实际利率计算确定的债券利息费用，借记"在建工程""制造费用""财务费用""研发支出"等科目，按票面利率计算确定的应付未付利息，贷记本科目（应计利息），按其差额，借记或贷记本科目（利息调整）。

实际利率与票面利率差异较小的，也可以采用票面利率计算确定利息费用。

（三）长期债券到期，支付债券本息，借记本科目（面值、应计利息）、"应付利息"等科目，贷记"银行存款"等科目。同时，存在利息调整余额的，借记或贷记本科目（利息调整），贷记或借记"在建工程""制造费用""财务费用""研发支出"等科目。

（四）可转换公司债券持有人行使转换权利，将其持有的债券转换为股票，按可转换公司债券的余额，借记本科目（可转换公司债券——面值、利息调整），按其权益成分的金额，借记"资本公积——其他资本公积"科目，按股票面值和转换的股数计算的股票面值总额，贷记"股本"科目，按其差额，贷记"资本公积——股本溢价"科目。如用现金支付不可转换股票的部分，还应贷记"银行存款"等科目。

四、企业应当设置"企业债券备查簿"，详细登记企业债券的票面金额、债券票面利率、还本付息期限与方式、发行总额、发行日期和编号、委托代售单位、转换股份等资料。企业债券到期兑付，在备查簿中应予注销。

五、本科目期末贷方余额，反映企业尚未偿还的长期债券摊余成本。

2601 未到期责任准备金

一、本科目核算企业（保险）提取的非寿险原保险合同未到期责任准备金。

再保险接受人提取的再保险合同分保未到期责任准备金，也在本科目核算。

二、本科目可按保险合同进行明细核算。

三、未到期责任准备金的主要账务处理。

（一）企业确认原保费收入、分保费收入的当期，应按保险精算确定的未到期责任准备金，借记"提取未到期责任准备金"科目，贷记本科目。

（二）资产负债表日，按保险精算重新计算确定的未到期责任准备金与已确认的未到期责任准备金的差额，借记本科目，贷记"提取未到期责任准备金"科目。

（三）原保险合同提前解除的，按相关未到期责任准备金余额，借记本科目，贷记"提取未到期责任准备金"科目。

四、本科目期末贷方余额，反映企业的未到期责任准备金。

2602 保险责任准备金

一、本科目核算企业（保险）提取的原保险合同保险责任准备金，包括未决赔款准备金、寿险责任准备金、长期健康险责任准备金。

再保险接受人提取的再保险合同保险责任准备金，也在本科目核算。

企业（保险）也可以单独设置"未决赔款准备金""寿险责任准备金""长期健康险责任准备金"等科目。

二、本科目可按保险责任准备金类别、保险合同进行明细核算。

三、保险责任准备金的主要账务处理。

（一）企业确认寿险保费收入，应按保险精算确定的寿险责任准备金、长期健康险责任准备金，借记"提取保险责任准备金"科目，贷记本科目。

投保人发生非寿险保险合同约定的保险事故当期，企业应按保险精算确定的未决赔款准备金，借记"提取保险责任准备金"科目，贷记本科目。

对保险责任准备金进行充足性测试，应按补提的保险责任准备金，借记"提取保险责任准备金"科目，贷记本科目。

（二）原保险合同保险人确定支付赔付款项金额或实际发生理赔费用的当期，应按冲减的相应保险责任准备金余额，借记本科目，贷记"提取保险责任准备金"科目。

再保险接受人收到分保业务账单的当期，应按分保保险责任准备金的相应冲减金额，借记本科目，贷记"提取保险责任准备金"科目。

（三）寿险原保险合同提前解除的，应按相关寿险责任准备金、长期健康险责任准备金余额，借记本科目，贷记"提取保险责任准备金"科目。

四、本科目期末贷方余额，反映企业的保险责任准备金。

2611 保户储金

一、本科目核算企业（保险）收到投保人以储金本金增值作为保费收入的储金。

企业（保险）收到投保人投资型保险业务的投资款，可将本科目改为"2611 保户投资款"科目。

企业（保险）应向投保人支付的储金或投资款增值，也在本科目核算。

二、本科目可按投保人进行明细核算。

三、企业收到投保人缴纳的储金，借记"银行存款""库存现金"等科目，贷记本科目。向投保人支付储金作相反的会计分录。

四、本科目期末贷方余额，反映企业应付未付投保人储金。

2621 独立账户负债

一、本科目核算企业（保险）对分拆核算的投资联结产品不属于风险保障部分确认的独立账户负债。

二、本科目可按负债类别进行明细核算。

三、独立账户负债的主要账务处理。

（一）向独立账户划入资金，借记"独立账户资产——银行存款及现金"科目，贷记本科目。

（二）对独立账户投资进行估值，按估值增值，借记"独立账户资产"科目，贷记本科目；估值减值的作相反的会计分录。

（三）按照独立账户计提的保险费，借记"银行存款"科目，贷记"保费收入"科目；同时，借记本科目，贷记"独立账户资产"科目。

对独立账户计提账户管理费，借记"银行存款"科目，贷记"手续费及佣金收入"科目；同时，借记本科目，贷记"独立账户资产"科目。

（四）支付独立账户资产，借记本科目，贷记"独立账户资产"科目。

四、本科目期末贷方余额，反映企业确认的独立账户负债。

2701 长期应付款

一、本科目核算企业除长期借款和应付债券以外的其他各种长期应付款项，包括应付融资租入固定资产的租赁费、以分期付款方式购入固定资产等发生的应付款项等。

二、本科目可按长期应付款的种类和债权人进行明细核算。

三、长期应付款的主要账务处理。

（一）企业融资租入的固定资产，在租赁期开始日，按应计入固定资产成本的金额（租赁开始日租赁资产公允价值与最低租赁付款额现值两者中较低者，加上初始直接费用），借记"在建工程"或"固定资产"科目，按最低租赁付款额，贷记本科目，按发生的初始直接费用，贷记"银行存款"等科目，按其差额，借记"未确认融资费用"科目。

按期支付的租金，借记本科目，贷记"银行存款"等科目。

（二）购入有关资产超过正常信用条件延期支付价款、实质上具有融资性质的，应按购买价款的现值，借记"固定资产""在建工程"等科目，按应支付的金额，贷记本科目，按其差额，借记"未确认融资费用"科目。

按期支付的价款，借记本科目，贷记"银行存款"科目。

四、本科目期末贷方余额，反映企业应付未付的长期应付款项。

2702 未确认融资费用

一、本科目核算企业应当分期计入利息费用的未确认融资费用。

二、本科目可按债权人和长期应付款项目进行明细核算。

三、未确认融资费用的主要账务处理。

（一）企业融资租入的固定资产，在租赁期开始日，按应计入固定资产成本的金额（租赁开始日租赁资产公允价值与最低租赁付款额现值两者中较低者，加上初始直接费用），借记"在建工程"或"固定资产"科目，按最低租赁付款额，贷记"长期应付款"科目，按发生的初始直接费用，贷记"银行存款"等科目，按其差额，借记本科目。

采用实际利率法分期摊销未确认融资费用，借记"财务费用""在建工程"等科目，贷记本科目。

（二）购入有关资产超过正常信用条件延期支付价款、实质上具有融资性质的，应按购买价款的现值，借记"固定资产""在建工程"等科目，按应支付的金额，贷记"长期应付款"科目，按其差额，借记本科目。

采用实际利率法分期摊销未确认融资费用，借记"在建工程""财务费用"等科目，贷记本科目。

四、本科目期末借方余额，反映企业未确认融资费用的摊余价值。

2711 专项应付款

一、本科目核算企业取得政府作为企业所有者投入的具有专项或特定用途的款项。

二、本科目可按资本性投资项目进行明细核算。

三、企业收到或应收的资本性拨款，借记"银行存款"等科目，贷记本科目。

将专项或特定用途的拨款用于工程项目，借记"在建工程"等科目，贷记"银行存款""应付职工薪酬"等科目。

工程项目完工形成长期资产的部分，借记本科目，贷记"资本公积——资本溢价"科目；对未形成长期资产需要核销的部分，借记本科目，贷记"在建工程"等科目；拨款结余需要返还的，借记本科目，贷记"银行存款"科目。

上述资本溢价转增实收资本或股本，借记"资本公积——资本溢价或股本溢价"科目，贷记"实收资本"或"股本"科目。

四、本科目期末贷方余额，反映企业尚未转销的专项应付款。

2801 预 计 负 债

一、本科目核算企业确认的对外提供担保、未决诉讼、产品质量保证、重组义务、亏损性合同等预计负债。

二、本科目可按形成预计负债的交易或事项进行明细核算。

三、预计负债的主要账务处理。

（一）企业由对外提供担保、未决诉讼、重组义务产生的预计负债，应按确定的金额，借记"营业外支出"等科目，贷记本科目。

由产品质量保证产生的预计负债，应按确定的金额，借记"销售费用"科目，贷记本科目。

由资产弃置义务产生的预计负债，应按确定的金额，借记"固定资产"或"油气资产"科目，贷记本科目。在固定资产或油气资产的使用寿命内，按计算确定各期应负担的利息费用，借记"财务费用"科目，贷记本科目。

（二）实际清偿或冲减的预计负债，借记本科目，贷记"银行存款"等科目。

（三）根据确凿证据需要对已确认的预计负债进行调整的，调整增加的预计负债，借记有关科目，贷记本科目；调整减少的预计负债作相反的会计分录。

四、本科目期末贷方余额，反映企业已确认尚未支付的预计负债。

2901 递延所得税负债

一、本科目核算企业确认的应纳税暂时性差异产生的所得税负债。

二、本科目可按应纳税暂时性差异的项目进行明细核算。

三、递延所得税负债的主要账务处理。

（一）资产负债表日，企业确认的递延所得税负债，借记"所得税费用——递延所得税费用"科目，贷记本科目。资产负债表日递延所得税负债的应有余额大于其账面余额的，应按其差额确认，借记"所得税费用——递延所得税费用"科目，贷记本科目；资产负债表日递延所得税负债的应有余额小于其账面余额的作相反的会计分录。

与直接计入所有者权益的交易或事项相关的递延所得税负债，借记"资本公积——其他资本公积"科目，贷记本科目。

（二）企业合并中取得资产、负债的入账价值与其计税基础不同形成应纳税暂时性差异的，应于购买日确认递延所得税负债，同时调整商誉，借记"商誉"等科目，贷记本科目。

四、本科目期末贷方余额，反映企业已确认的递延所得税负债。

共 同 类

3001 清算资金往来

一、本科目核算企业（银行）间业务往来的资金清算款项。

二、本科目可按资金往来单位，分别"同城票据清算""信用卡清算"等进行明细核算。

三、同城票据清算业务的主要账务处理。

（一）提出借方凭证，借记本科目，贷记"其他应付款"科目。发生退票，借记"其他应付款"科目，贷记本科目。已过退票时间未发生退票，借记"其他应付款"科目，贷记"吸收存款"等科目。

提出贷方凭证，借记"吸收存款"等科目，贷记本科目；发生退票作相反的会计分录。

（二）提入借方凭证，提入凭证正确无误的，借记"吸收存款"等科目，贷记本科目。因误提他行凭证等原因不能入账的，借记"其他应收款"科目，贷记本科目。再提出时，借记本科目，贷记"其他应收款"科目。

提入贷方凭证，提入凭证正确无误的，借记本科目，贷记"吸收存款"等科目。因误提他行票据等原因不能入账的，借记本科目，贷记"其他应付款"科目。退票或再提出时，借记"其他应付款"科目，贷记本科目。

（三）将提出凭证和提入凭证计算轧差后为应收差额的，借记"存放中央银行款项"等科目，贷记本科目；如为应付差额作相反的会计分录。

四、发生的其他清算业务，收到的清算资金，借记"存放中央银行款项"等科目，贷记本科目；划付清算资金时作相反的会计分录。

五、本科目期末借方余额，反映企业应收的清算资金；本科目期末贷方余额，反映企业应付的清算资金。

3002 货币兑换

一、本科目核算企业（金融）采用分账制核算外币交易所产生的不同币种之间的兑换。

二、本科目按币种进行明细核算。

三、货币兑换的主要账务处理。

（一）企业发生的外币交易仅涉及货币性项目的，应按相同币种金额，借记或贷记有关货币性项目科目，贷记或借记本科目。

（二）发生的外币交易同时涉及货币性项目和非货币性项目的，按相同外币金额记入货币性项目和本科目（外币）；同时，按交易发生日即期汇率折算为记账本位币的金额记入非货币性项目和本科目（记账本位币）。

结算货币性项目产生的汇兑差额记入"汇兑损益"科目。

（三）期末，应将所有以外币表示的本科目余额按期末汇率折算为记账本位币金额，折算后的记账本位币金额与本科目（记账本位币）余额进行比较，为贷方差额的，借记本科目（记账本位币），贷记"汇兑损益"科目；为借方差额的作相反的会计分录。

四、本科目期末应无余额。

3101 衍生工具

一、本科目核算企业衍生工具的公允价值及其变动形成的衍生资产或衍生负债。

衍生工具作为套期工具的，在"套期工具"科目核算。

二、本科目可按衍生工具类别进行明细核算。

三、衍生工具的主要账务处理。

（一）企业取得衍生工具，按其公允价值，借记本科目，按发生的交易费用，借记"投资收益"科目，按实际支付的金额，贷记"银行存款""存放中央银行款项"等科目。

（二）资产负债表日，衍生工具的公允价值高于其账面余额的差额，借记本科目，贷记"公允价值变动损益"科目；公允价值低于其账面余额的差额作相反的会计分录。

（三）终止确认的衍生工具，应当比照"交易性金融资产""交易性金融负债"等科目的相关规定进行处理。

四、本科目期末借方余额，反映企业衍生工具形成资产的公允价值；本科目期末贷方余额，反映企业衍生工具形成负债的公允价值。

3201 套 期 工 具

一、本科目核算企业开展套期保值业务（包括公允价值套期、现金流量套期和境外经营净投资套期）套期工具公允价值变动形成的资产或负债。

二、本科目可按套期工具类别进行明细核算。

三、套期工具的主要账务处理。

（一）企业将已确认的衍生工具等金融资产或金融负债指定为套期工具的，应按其账面价值，借记或贷记本科目，贷记或借记"衍生工具"等科目。

（二）资产负债表日，对于有效套期，应按套期工具产生的利得，借记本科目，贷记"公允价值变动损益""资本公积——其他资本公积"等科目；套期工具产生损失作相反的会计分录。

（三）金融资产或金融负债不再作为套期工具核算的，应按套期工具形成的资产或负债，借记或贷记有关科目，贷记或借记本科目。

四、本科目期末借方余额，反映企业套期工具形成资产的公允价值；本科目期末贷方余额，反映企业套期工具形成负债的公允价值。

3202 被 套 期 项 目

一、本科目核算企业开展套期保值业务被套期项目公允价值变动形成的资产或负债。

二、本科目可按被套期项目类别进行明细核算。

三、被套期项目的主要账务处理。

（一）企业将已确认的资产或负债指定为被套期项目，应按其账面价值，借记或贷记本科目，贷记或借记"库存商品""长期借款""持有至到期投资"等科目。已计提跌价准备或减值准备的，还应同时结转跌价准备或减值准备。

（二）资产负债表日，对于有效套期，应按被套期项目产生的利得，借记本科目，贷记"公允价值变动损益""资本公积——其他资本公积"等科目；被套期项目产生损失作相反的会计分录。

（三）资产或负债不再作为被套期项目核算的，应按被套期项目形成的资产或负债，借记或贷记有关科目，贷记或借记本科目。

四、本科目期末借方余额，反映企业被套期项目形成资产的公允价值；本科目期末贷方余额，反映企业被套期项目形成负债的公允价值。

所有者权益类

4001 实 收 资 本

一、本科目核算企业接受投资者投入的实收资本。

股份有限公司应将本科目改为"4001 股本"科目。

企业收到投资者出资超过其在注册资本或股本中所占份额的部分,作为资本溢价或股本溢价,在"资本公积"科目核算。

二、本科目可按投资者进行明细核算。

企业(中外合作经营)在合作期间归还投资者的投资,应在本科目设置"已归还投资"明细科目进行核算。

三、实收资本的主要账务处理。

(一)企业接受投资者投入的资本,借记"银行存款""其他应收款""固定资产""无形资产""长期股权投资"等科目,按其在注册资本或股本中所占份额,贷记本科目,按其差额,贷记"资本公积——资本溢价或股本溢价"科目。

(二)股东大会批准的利润分配方案中分配的股票股利,应在办理增资手续后,借记"利润分配"科目,贷记本科目。

经股东大会或类似机构决议,用资本公积转增资本,借记"资本公积——资本溢价"或"股本溢价"科目,贷记本科目。

(三)可转换公司债券持有人行使转换权利,将其持有的债券转换为股票,按可转换公司债券的余额,借记"应付债券——可转换公司债券(面值、利息调整)"科目,按其权益成分的金额,借记"资本公积——其他资本公积"科目,按股票面值和转换的股数计算的股票面值总额,贷记本科目,按其差额,贷记"资本公积——股本溢价"科目。如有现金支付不可转换股票,还应贷记"银行存款"等科目。

企业将重组债务转为资本的,应按重组债务的账面余额,借记"应付账款"等科目,按债权人因放弃债权而享有本企业股份的面值总额,贷记本科目,按股份的公允价值总额与相应的实收资本或股本之间的差额,贷记或借记"资本公积——资本溢价"或"股本溢价"科目,按其差额,贷记"营业外收入——债务重组利得"科目。

(四)以权益结算的股份支付换取职工或其他方提供服务的,应在行权日,按根据实际行权情况确定的金额,借记"资本公积——其他资本公积"科目,按应计入实收资本或股本的金额,贷记本科目。

四、企业按法定程序报经批准减少注册资本的,借记本科目,贷记"库存现金""银行存款"等科目。

股份有限公司采用收购本公司股票方式减资的,按股票面值和注销股数计算的股票面值总额,借记本科目,按所注销库存股的账面余额,贷记"库存股"科目,按其差额,借记"资本公积——股本溢价"科目,股本溢价不足冲减的,应借记"盈余公积""利润分配——未分配利润"科目;购回股票支付的价款低于面值总额的,应按股票面值总额,借记本科目,按所注销库存股的账面余额,贷记"库存股"科目,按其差额,贷记"资本公积——股本溢价"科目。

五、企业(中外合作经营)根据合同规定在合作期间归还投资者的投资,借记本科目(已归还投资),贷记"银行存款"等科目;同时,借记"利润分配——利润归还投资"科目,贷记"盈余公积——利润归还投资"科目。

中外合作经营清算,借记本科目、"资本公积""盈余公积""利润分配——未分配利润"等科目,贷记本科目(已归还投资)、"银行存款"等科目。

六、本科目期末贷方余额,反映企业实收资本或股本总额。

4002 资 本 公 积

一、本科目核算企业收到投资者出资额超出其在注册资本或股本中所占份额的部分。直接计入所有者权益的利得和损失,也通过本科目核算。

二、本科目应当分别"资本溢价（股本溢价）""其他资本公积"进行明细核算。

三、资本公积的主要账务处理。

（一）企业接受投资者投入的资本、可转换公司债券持有人行使转换权利、将债务转为资本等形成的资本公积，借记有关科目，贷记"实收资本"或"股本"科目、本科目（资本溢价或股本溢价）等。

与发行权益性证券直接相关的手续费、佣金等交易费用，借记本科目（股本溢价）等，贷记"银行存款"等科目。

经股东大会或类似机构决议，用资本公积转增资本，借记本科目（资本溢价或股本溢价），贷记"实收资本"或"股本"科目。

（二）同一控制下控股合并形成的长期股权投资，应在合并日按取得被合并方所有者权益账面价值的份额，借记"长期股权投资"科目，按享有被投资单位已宣告但尚未发放的现金股利或利润，借记"应收股利"科目，按支付的合并对价的账面价值，贷记有关资产科目或借记有关负债科目，按其差额，贷记本科目（资本溢价或股本溢价）；为借方差额的，借记本科目（资本溢价或股本溢价），资本公积（资本溢价或股本溢价）不足冲减的，借记"盈余公积""利润分配——未分配利润"科目。

同一控制下吸收合并涉及的资本公积，比照上述原则进行处理。

（三）长期股权投资采用权益法核算的，在持股比例不变的情况下，被投资单位除净损益以外所有者权益的其他变动，企业按持股比例计算应享有的份额，借记或贷记"长期股权投资——其他权益变动"科目，贷记或借记本科目（其他资本公积）。

处置采用权益法核算的长期股权投资，还应结转原计入资本公积的相关金额，借记或贷记本科目（其他资本公积），贷记或借记"投资收益"科目。

（四）以权益结算的股份支付换取职工或其他方提供服务的，应按照确定的金额，借记"管理费用"等科目，贷记本科目（其他资本公积）。

在行权日，应按实际行权的权益工具数量计算确定的金额，借记本科目（其他资本公积），按计入实收资本或股本的金额，贷记"实收资本"或"股本"科目，按其差额，贷记本科目（资本溢价或股本溢价）。

（五）自用房地产或存货转换为采用公允价值模式计量的投资性房地产，按照"投资性房地产"科目的相关规定进行处理，相应调整资本公积。

（六）将持有至到期投资重分类为可供出售金融资产，或将可供出售金额资产重分类为持有至到期投资的，按照"持有至到期投资""可供出售金融资产"等科目的相关规定进行处理，相应调整资本公积。

将可供出售金融资产重分类为采用成本或摊余成本计量的金融资产的，对于原计入资本公积的相关金额，还应分别不同情况进行处理：有固定到期日的，应在该项金融资产的剩余期限内，在资产负债表日，按采用实际利率法计算确定的摊销金额，借记或贷记本科目（其他资本公积），贷记或借记"投资收益"科目；没有固定到期日的，应在处置该项金融资产时，借记或贷记本科目（其他资本公积），贷记或借记"投资收益"科目。

可供出售金额资产的后续计量，按照"可供出售金融资产"科目的相关规定进行处理，相应调整资本公积。

（七）股份有限公司采用收购本公司股票方式减资的，按股票面值和注销股数计算的股票面值总额，借记"股本"科目，按所注销的库存股的账面余额，贷记"库存股"科目，按其差额，借记本科目（股本溢价），股本溢价不足冲减的，应借记"盈余公积""利润分配——未分配利润"科目；购回股票支付的价款低于面值总额的，应按股票面值总额，借记"股本"科目，按所注销的库存股的账面余额，贷记"库存股"科目，按其差额，贷记本科目（股本溢价）。

（八）资产负债表日，满足运用套期会计方法条件的现金流量套期和境外经营净投资套期产生的利得或损失，属于有效套期的，借记或贷记有关科目，贷记或借记本科目（其他资本公积）；属于无效套期的，借记或贷记有关科目，贷记或借记"公允价值变动损益"科目。

四、本科目期末贷方余额，反映企业的资本公积。

4101 盈余公积

一、本科目核算企业从净利润中提取的盈余公积。

二、本科目应当分别"法定盈余公积""任意盈余公积"进行明细核算。

外商投资企业还应分别"储备基金""企业发展基金"进行明细核算。

中外合作经营在合作期间归还投资者的投资，应在本科目设置"利润归还投资"明细科目进行核算。

三、盈余公积的主要账务处理。

（一）企业按规定提取的盈余公积，借记"利润分配——提取法定盈余公积、提取任意盈余公积"科目，贷记本科目（法定盈余公积、任意盈余公积）。

外商投资企业按规定提取的储备基金、企业发展基金、职工奖励及福利基金，借记"利润分配——提取储备基金、提取企业发展基金、提取职工奖励及福利基金"科目，贷记本科目（储备基金、企业发展基金）、"应付职工薪酬"科目。

（二）经股东大会或类似机构决议，用盈余公积弥补亏损或转增资本，借记本科目，贷记"利润分配——盈余公积补亏""实收资本"或"股本"科目。

经股东大会决议，用盈余公积派送新股，按派送新股计算的金额，借记本科目，按股票面值和派送新股总数计算的股票面值总额，贷记"股本"科目。

中外合作经营根据合同规定在合作期间归还投资者的投资，应按实际归还投资的金额，借记"实收资本——已归还投资"科目，贷记"银行存款"等科目；同时，借记"利润分配——利润归还投资"科目，贷记本科目（利润归还投资）。

四、本科目期末贷方余额，反映企业的盈余公积。

4102 一般风险准备

一、本科目核算企业（金融）按规定从净利润中提取的一般风险准备。

二、企业提取的一般风险准备，借记"利润分配——提取一般风险准备"科目，贷记本科目。用一般风险准备弥补亏损，借记本科目，贷记"利润分配——一般风险准备补亏"科目。

三、本科目期末贷方余额，反映企业的一般风险准备。

4103 本年利润

一、本科目核算企业当期实现的净利润（或发生的净亏损）。

二、企业期（月）末结转利润时，应将各损益类科目的金额转入本科目，结平各损益类科目。结转后本科目的贷方余额为当期实现的净利润；借方余额为当期发生的净亏损。

三、年度终了，应将本年收入和支出相抵后结出的本年实现的净利润，转入"利润分配"科目，借记本科目，贷记"利润分配——未分配利润"科目；如为净亏损作相反的会计分录。结转后本科目应无余额。

4104 利润分配

一、本科目核算企业利润的分配（或亏损的弥补）和历年分配（或弥补）后的余额。

二、本科目应当分别"提取法定盈余公积""提取任意盈余公积""应付现金股利或利润""转作股本的股利""盈余公积补亏"和"未分配利润"等进行明细核算。

三、利润分配的主要账务处理。

（一）企业按规定提取的盈余公积，借记本科目（提取法定盈余公积、提取任意盈余公积），贷记"盈余公积——法定盈余公积、任意盈余公积"科目。

外商投资企业按规定提取的储备基金、企业发展基金、职工奖励及福利基金，借记本科目（提取储备基金、提取企业发展基金、提取职工奖励及福利基金），贷记"盈余公积——储备基金、企业发展基金""应付职工薪酬"等科目。

企业（金融）按规定提取的一般风险准备，借记本科目（提取一般风险准备），贷记"一般风险准备"科目。

（二）经股东大会或类似机构决议，分配给股东或投资者的现金股利或利润，借记本科目（应付现金股利或利润），贷记"应付股利"科目。

经股东大会或类似机构决议，分配给股东的股票股利，应在办理增资手续后，借记本科目（转作股本的股利），贷记"股本"科目。

用盈余公积弥补亏损，借记"盈余公积——法定盈余公积或任意盈余公积"科目，贷记本科目（盈余公积补亏）。

企业（金融）用一般风险准备弥补亏损，借记"一般风险准备"科目，贷记本科目（一般风险准备补亏）科目。

四、年度终了，企业应将本年实现的净利润，自"本年利润"科目转入本科目，借记"本年利润"科目，贷记本科目（未分配利润），为净亏损的作相反的会计分录；同时，将"利润分配"科目所属其他明细科目的余额转入本科目"未分配利润"明细科目。结转后，本科目除"未分配利润"明细科目外，其他明细科目应无余额。

五、本科目年末余额，反映企业的未分配利润（或未弥补亏损）。

4201 库 存 股

一、本科目核算企业收购、转让或注销的本公司股份金额。

二、库存股的主要账务处理。

（一）企业为减少注册资本而收购本公司股份的，应按实际支付的金额，借记本科目，贷记"银行存款"等科目。

（二）为奖励本公司职工而收购本公司股份的，应按实际支付的金额，借记本科目，贷记"银行存款"等科目，同时作备查登记。

将收购的股份奖励给本公司职工属于以权益结算的股份支付，如有实际收到的金额，借记"银行存款"科目，按根据职工获取奖励股份的实际情况确定的金额，借记"资本公积——其他资本公积"科目，按奖励库存股的账面余额，贷记本科目，按其差额，贷记或借记"资本公积——股本溢价"科目。

（三）股东因对股东大会作出的公司合并、分立决议持有异议而要求企业收购本公司股份的，企业应按实际支付的金额，借记本科目，贷记"银行存款"等科目。

（四）转让库存股，应按实际收到的金额，借记"银行存款"等科目，按转让库存股的账面余额，贷记本科目，按其差额，贷记"资本公积——股本溢价"科目；为借方差额的，借记"资本公积——股本溢价"科目，股本溢价不足冲减的，应借记"盈余公积""利润分配——未分配利润"科目。

（五）注销库存股，应按股票面值和注销股数计算的股票面值总额，借记"股本"科目，按注销库存股的账面余额，贷记本科目，按其差额，借记"资本公积——股本溢价"科目，股本溢价不足冲减的，应借记"盈余公积""利润分配——未分配利润"科目。

三、本科目期末借方余额，反映企业持有尚未转让或注销的本公司股份金额。

成 本 类

5001 生 产 成 本

一、本科目核算企业进行工业性生产发生的各项生产成本,包括生产各种产品(产成品、自制半成品等)、自制材料、自制工具、自制设备等。

企业(农业)进行农业生产发生的各项生产成本,可将本科目改为"5001 农业生产成本"科目,并分别种植业、畜牧养殖业、林业和水产业确定成本核算对象(消耗性生物资产、生产性生物资产、公益性生物资产和农产品)和成本项目,进行费用的归集和分配。

企业(房地产开发)可将本科目改为"5001 开发成本"科目。

二、本科目可按基本生产成本和辅助生产成本进行明细核算。

基本生产成本应当分别按照基本生产车间和成本核算对象(产品的品种、类别、订单、批别、生产阶段等)设置明细账(或成本计算单,下同),并按照规定的成本项目设置专栏。

三、生产成本的主要账务处理。

(一)企业发生的各项直接生产成本,借记本科目(基本生产成本、辅助生产成本),贷记"原材料""库存现金""银行存款""应付职工薪酬"等科目。

各生产车间应负担的制造费用,借记本科目(基本生产成本、辅助生产成本),贷记"制造费用"科目。

辅助生产车间为基本生产车间、企业管理部门和其他部门提供的劳务和产品,期(月)末按照一定的分配标准分配给各受益对象,借记本科目(基本生产成本)、"管理费用""销售费用""其他业务成本""在建工程"等科目,贷记本科目(辅助生产成本)。

企业已经生产完成并已验收入库的产成品以及入库的自制半成品,应于期(月)末,借记"库存商品"等科目,贷记本科目(基本生产成本)。

(二)生产性生物资产在产出农产品过程中发生的各项费用,借记"农业生产成本"科目,贷记"库存现金""银行存款""原材料""应付职工薪酬""生产性生物资产累计折旧"等科目。

农业生产过程中发生的应由农产品、消耗性生物资产、生产性生物资产和公益性生物资产共同负担的费用,借记"农业生产成本——共同费用"科目,贷记"库存现金""银行存款""原材料""应付职工薪酬""农业生产成本"等科目。

期(月)末,可按一定的分配标准对上述共同负担的费用进行分配,借记"农业生产成本——农产品""消耗性生物资产""生产性生物资产""公益性生物资产"等科目,贷记"农业生产成本——共同费用"科目。

应由生产性生物资产收获的农产品负担的费用,应当采用合理的方法在农产品各品种之间进行分配;如有尚未收获的农产品,还应当在已收获和尚未收获的农产品之间进行分配。

生产性生物资产收获的农产品验收入库时,按其实际成本,借记"农产品"科目,贷记本科目(农产品)。

四、本科目期末借方余额,反映企业尚未加工完成的在产品成本或尚未收获的农产品成本。

5101 制 造 费 用

一、本科目核算企业生产车间(部门)为生产产品和提供劳务而发生的各项间接费用。

企业行政管理部门为组织和管理生产经营活动而发生的管理费用,在"管理费用"科目核算。

二、本科目可按不同的生产车间、部门和费用项目进行明细核算。

三、制造费用的主要账务处理。
（一）生产车间发生的机物料消耗，借记本科目，贷记"原材料"等科目。
（二）发生的生产车间管理人员的工资等职工薪酬，借记本科目，贷记"应付职工薪酬"科目。
（三）生产车间计提的固定资产折旧，借记本科目，贷记"累计折旧"科目。
（四）生产车间支付的办公费、水电费等，借记本科目，贷记"银行存款"等科目。
（五）发生季节性的停工损失，借记本科目，贷记"原材料""应付职工薪酬""银行存款"等科目。
（六）将制造费用分配计入有关的成本核算对象，借记"生产成本（基本生产成本、辅助生产成本）""劳务成本"等科目，贷记本科目。
（七）季节性生产企业制造费用全年实际发生额与分配额的差额，除其中属于为下一年开工生产作准备的可留待下一年分配外，其余部分实际发生额大于分配额的差额，借记"生产成本——基本生产成本"科目，贷记本科目；实际发生额小于分配额的差额作相反的会计分录。
四、除季节性的生产性企业外，本科目期末应无余额。

5201 劳务成本

一、本科目核算企业对外提供劳务发生的成本。
企业（证券）在为上市公司进行承销业务发生的各项相关支出，可将本科目改为"5201待转承销费用"科目，并按照客户进行明细核算。
二、本科目可按提供劳务种类进行明细核算。
三、企业发生的各项劳务成本，借记本科目，贷记"银行存款""应付职工薪酬""原材料"等科目。
建造承包商对外单位、专项工程等提供机械作业（包括运输设备）的成本，借记本科目，贷记"机械作业"科目。
结转劳务的成本，借记"主营业务成本""其他业务成本"等科目，贷记本科目。
四、本科目期末借方余额，反映企业尚未完成或尚未结转的劳务成本。

5301 研发支出

一、本科目核算企业进行研究与开发无形资产过程中发生的各项支出。
二、本科目可按研究开发项目，分别"费用化支出""资本化支出"进行明细核算。
三、研发支出的主要账务处理。
（一）企业自行开发无形资产发生的研发支出，不满足资本化条件的，借记本科目（费用化支出），满足资本化条件的，借记本科目（资本化支出），贷记"原材料""银行存款""应付职工薪酬"等科目。
（二）研究开发项目达到预定用途形成无形资产的，应按本科目（资本化支出）的余额，借记"无形资产"科目，贷记本科目（资本化支出）。
期（月）末，应将本科目归集的费用化支出金额转入"管理费用"科目，借记"管理费用"科目，贷记本科目（费用化支出）。
四、本科目期末借方余额，反映企业正在进行无形资产研究开发项目满足资本化条件的支出。

5401 工程施工

一、本科目核算企业（建造承包商）实际发生的合同成本和合同毛利。

二、本科目可按建造合同，分别"合同成本""间接费用""合同毛利"进行明细核算。

三、工程施工的主要账务处理。

（一）企业进行合同建造时发生的人工费、材料费、机械使用费以及施工现场材料的二次搬运费、生产工具和用具使用费、检验试验费、临时设施折旧费等其他直接费用，借记本科目（合同成本），贷记"应付职工薪酬""原材料"等科目。发生的施工、生产单位管理人员职工薪酬、固定资产折旧费、财产保险费、工程保修费、排污费等间接费用，借记本科目（间接费用），贷记"累计折旧""银行存款"等科目。

期（月）末，将间接费用分配计入有关合同成本，借记本科目（合同成本），贷记本科目（间接费用）。

（二）确认合同收入、合同费用时，借记"主营业务成本"科目，贷记"主营业务收入"科目，按其差额，借记或贷记本科目（合同毛利）。

（三）合同完工时，应将本科目余额与相关工程施工合同的"工程结算"科目对冲，借记"工程结算"科目，贷记本科目。

四、本科目期末借方余额，反映企业尚未完工的建造合同成本和合同毛利。

5402 工程结算

一、本科目核算企业（建造承包商）根据建造合同约定向业主办理结算的累计金额。

二、本科目可按建造合同进行明细核算。

三、企业向业主办理工程价款结算，按应结算的金额，借记"应收账款"等科目，贷记本科目。

合同完工时，应将本科目余额与相关工程施工合同的"工程施工"科目对冲，借记本科目，贷记"工程施工"科目。

四、本科目期末贷方余额，反映企业尚未完工建造合同已办理结算的累计金额。

5403 机械作业

一、本科目核算企业（建造承包商）及其内部独立核算的施工单位、机械站和运输队使用自有施工机械和运输设备进行机械作业（包括机械化施工和运输作业等）所发生的各项费用。

企业及其内部独立核算的施工单位，从外单位或本企业其他内部独立核算的机械站租入施工机械发生的机械租赁费，在"工程施工"科目核算。

二、本科目可按施工机械或运输设备的种类等进行明细核算。

施工企业内部独立核算的机械施工、运输单位使用自有施工机械或运输设备进行机械作业所发生的各项费用，可按成本核算对象和成本项目进行归集。

成本项目一般分为：人工费、燃料及动力费、折旧及修理费、其他直接费用、间接费用（为组织和管理机械作业生产所发生的费用）。

三、机械作业的主要账务处理。

（一）企业发生的机械作业支出，借记本科目，贷记"原材料""应付职工薪酬""累计折旧"等科目。

（二）期（月）末，企业及其内部独立核算的施工单位、机械站和运输队为本单位承包的工程进行机械化施工和运输作业的成本，应转入承包工程的成本，借记"工程施工"科目，贷记本科目。对外单位、专项工程等提供机械作业（包括运输设备）的成本，借记"劳务成本"科目，贷记本科目。

四、本科目期末应无余额。

损 益 类

6001 主营业务收入

一、本科目核算企业确认的销售商品、提供劳务等主营业务的收入。

二、本科目可按主营业务的种类进行明细核算。

三、主营业务收入的主要账务处理。

（一）企业销售商品或提供劳务实现的收入，应按实际收到或应收的金额，借记"银行存款""应收账款""应收票据"等科目，按确认的营业收入，贷记本科目。

采用递延方式分期收款、具有融资性质的销售商品或提供劳务满足收入确认条件的，按应收合同或协议价款，借记"长期应收款"科目，按应收合同或协议价款的公允价值（折现值），贷记本科目，按其差额，贷记"未实现融资收益"科目。

以库存商品进行非货币性资产交换（非货币性资产交换具有商业实质且公允价值能够可靠地计量）、债务重组的，应按该产成品、商品的公允价值，借记有关科目，贷记本科目。

本期（月）发生的销售退回或销售折让，按应冲减的营业收入，借记本科目，按实际支付或应退还的金额，贷记"银行存款""应收账款"等科目。

上述销售业务涉及增值税销项税额的，还应进行相应的处理。

（二）确认建造合同收入，按应确认的合同费用，借记"主营业务成本"科目，按应确认的合同收入，贷记本科目，按其差额，借记或贷记"工程施工——合同毛利"科目。

四、期末，应将本科目的余额转入"本年利润"科目，结转后本科目应无余额。

6011 利息收入

一、本科目核算企业（金融）确认的利息收入，包括发放的各类贷款（银团贷款、贸易融资、贴现和转贴现融出资金、协议透支、信用卡透支、转贷款、垫款等）、与其他金融机构（中央银行、同业等）之间发生资金往来业务、买入返售金融资产等实现的利息收入等。

二、本科目可按业务类别进行明细核算。

三、资产负债表日，企业应按合同利率计算确定的应收未收利息，借记"应收利息"等科目，按摊余成本和实际利率计算确定的利息收入，贷记本科目，按其差额，借记或贷记"贷款——利息调整"等科目。

实际利率与合同利率差异较小的，也可以采用合同利率计算确定利息收入。

四、期末，应将本科目余额转入"本年利润"科目，结转后本科目无余额。

6021 手续费及佣金收入

一、本科目核算企业（金融）确认的手续费及佣金收入，包括办理结算业务、咨询业务、担保业务、代保管等代理业务以及办理受托贷款及投资业务等取得的手续费及佣金，如结算手续费收入、佣金收入、业务代办手续费收入、基金托管收入、咨询服务收入、担保收入、受托贷款手续费收入、代保管收入、代理买卖证券、代理承销证券、代理兑付证券、代理保管证券、代理保险业务等代理业务以及其他相关服务实现的手续费及佣金收入等。

二、本科目可按手续费及佣金收入类别进行明细核算。

三、企业确认的手续费及佣金收入，按应收的金额，借记"应收手续费及佣金""代理承销证券款"等科目，贷记本科目。实际收到手续费及佣金，借记"存放中央银行款项""银行存款""结算备付金""吸收存款"等科目，贷记"应收手续费及佣金"等科目。

四、期末，应将本科目余额转入"本年利润"科目，结转后本科目无余额。

6031 保费收入

一、本科目核算企业（保险）确认的保费收入。
二、本科目可按保险合同和险种进行明细核算。
三、保费收入的主要账务处理。

（一）企业确认的原保险合同保费收入，借记"应收保费""预收保费""银行存款""库存现金"等科目，贷记本科目。

非寿险原保险合同提前解除的，按原保险合同约定计算确定的应退还投保人的金额，借记本科目，贷记"库存现金""银行存款"等科目。

（二）确认的再保险合同分保费收入，借记"应收分保账款"科目，贷记本科目。

收到分保业务账单，按账单标明的金额对分保费收入进行调整，按调整增加额，借记"应收分保账款"科目，贷记本科目；调整减少额作相反的会计分录。

四、期末，应将本科目余额转入"本年利润"科目，结转后本科目无余额。

6041 租赁收入

一、本科目核算企业（租赁）确认的租赁收入。
二、本科目可按租赁资产类别进行明细核算。
三、企业确认的租赁收入，借记"未实现融资收益""应收账款"等科目，贷记本科目。取得或有租金，借记"银行存款"等科目，贷记本科目。
四、期末，应将本科目余额转入"本年利润"科目，结转后本科目无余额。

6051 其他业务收入

一、本科目核算企业确认的除主营业务活动以外的其他经营活动实现的收入，包括出租固定资产、出租无形资产、出租包装物和商品、销售材料、用材料进行非货币性交换（非货币性资产交换具有商业实质且公允价值能够可靠地计量）或债务重组等实现的收入。

企业（保险）经营受托管理业务收取的管理费收入，也通过本科目核算。

二、本科目可按其他业务收入种类进行明细核算。
三、企业确认的其他业务收入，借记"银行存款""其他应收款"等科目，贷记本科目等。
四、期末，应将本科目余额转入"本年利润"科目，结转后本科目应无余额。

6061 汇兑损益

一、本科目核算企业（金融）发生的外币交易因汇率变动而产生的汇兑损益。

二、采用统账制核算的，各外币货币性项目的外币期（月）末余额，应当按照期（月）末汇率折算为记账本位币金额。按照期（月）末汇率折算的记账本位币金额与原账面记账本位币金额之间的差额，如为汇兑收益，借记有关科目，贷记本科目；如为汇兑损失作相反的会计分录。

采用分账制核算的，期（月）末将所有以外币表示的"货币兑换"科目余额按期（月）末汇率折算为记账本位币金额，折算后的记账本位币金额与"货币兑换——记账本位币"科目余额进行比较，为贷方差额的，借记"货币兑换——记账本位币"科目，贷记"汇兑损益"科目；为借方差额的作相反的会计分录。

三、期末，应将本科目的余额转入"本年利润"科目，结转后本科目应无余额。

6101 公允价值变动损益

一、本科目核算企业交易性金融资产、交易性金融负债，以及采用公允价值模式计量的投资性房地产、衍生工具、套期保值业务等公允价值变动形成的应计入当期损益的利得或损失。

指定为以公允价值计量且其变动计入当期损益的金融资产或金融负债公允价值变动形成的应计入当期损益的利得或损失，也在本科目核算。

企业开展套期保值业务的，有效套期关系中套期工具或被套期项目的公允价值变动，也可以单独设置"6102 套期损益"科目核算。

二、本科目可按交易性金融资产、交易性金融负债、投资性房地产等进行明细核算。

三、公允价值变动损益的主要账务处理。

（一）资产负债表日，企业应按交易性金融资产的公允价值高于其账面余额的差额，借记"交易性金融资产——公允价值变动"科目，贷记本科目；公允价值低于其账面余额的差额作相反的会计分录。

出售交易性金融资产时，应按实际收到的金额，借记"银行存款""存放中央银行款项"等科目，按该金融资产的账面余额，贷记"交易性金融资产"科目，按其差额，借记或贷记"投资收益"科目。同时，将原计入该金融资产的公允价值变动转出，借记或贷记本科目，贷记或借记"投资收益"科目。

（二）资产负债表日，交易性金融负债的公允价值高于其账面余额的差额，借记本科目，贷记"交易性金融负债"等科目；公允价值低于其账面余额的差额作相反的会计分录。

处置交易性金融负债，应按该金融负债的账面余额，借记"交易性金融负债"科目，按实际支付的金额，贷记"银行存款""存放中央银行款项""结算备付金"等科目，按其差额，贷记或借记"投资收益"科目。同时，按该金融负债的公允价值变动，贷记或借记本科目，借记或贷记"投资收益"科目。

（三）采用公允价值模式计量的投资性房地产、衍生工具、套期工具、被套期项目等形成的公允价值变动，按照"投资性房地产""衍生工具""套期工具""被套期项目"等科目的相关规定进行处理。

四、期末，应将本科目余额转入"本年利润"科目，结转后本科目无余额。

6111 投 资 收 益

一、本科目核算企业确认的投资收益或投资损失。

企业（金融）债券投资持有期间取得的利息收入，也可在"利息收入"科目核算。

二、本科目可按投资项目进行明细核算。

三、投资收益的主要账务处理。

（一）长期股权投资采用成本法核算的，企业应按被投资单位宣告发放的现金股利或利润中属于本企业的部分，借记"应收股利"科目，贷记本科目；属于被投资单位在取得本企业投资前实现净利润的分配额，应作为投资成本的收回，借记"应收股利"等科目，贷记"长期股权投资"科目。

长期股权投资采用权益法核算的，应按根据被投资单位实现的净利润或经调整的净利润计算应享有的份额，借记"长期股权投资——损益调整"科目，贷记本科目。被投资单位发生净亏损的，比照"长期股权投资"科目的相关规定进行处理。

处置长期股权投资时，应按实际收到的金额，借记"银行存款"等科目，按其账面余额，贷记"长期股权投资"科目，按尚未领取的现金股利或利润，贷记"应收股利"科目，按其差额，贷记或借记本科目。已计提减值准备的，还应同时结转减值准备。

处置采用权益法核算的长期股权投资，除上述规定外，还应结转原计入资本公积的相关金额，借记或贷记"资本公积——其他资本公积"科目，贷记或借记本科目。

（二）企业持有交易性金融资产、持有至到期投资、可供出售金融资产期间取得的投资收益以及处置交易性金融资产、交易性金融负债、指定为以公允价值计量且其变动计入当期损益的金融资产或金融负债、持有至到期投资、可供出售金融资产实现的损益，比照"交易性金融资产""持有至到期投资""可供出售金融资产""交易性金融负债"等科目的相关规定进行处理。

四、期末，应将本科目余额转入"本年利润"科目，本科目结转后应无余额。

6201 摊回保险责任准备金

一、本科目核算企业（再保险分出人）从事再保险业务应向再保险接受人摊回的保险责任准备金，包括未决赔款准备金、寿险责任准备金、长期健康险责任准备金。

企业（再保险分出人）也可以单独设置"摊回未决赔款准备金""摊回寿险责任准备金""摊回长期健康险责任准备金"等科目。

二、本科目可按保险责任准备金类别和险种进行明细核算。

三、摊回保险责任准备金的主要账务处理。

（一）企业在提取原保险合同保险责任准备金的当期，应按相关再保险合同约定计算确定的应向再保险接受人摊回的保险责任准备金，借记"应收分保合同准备金"科目，贷记本科目。

对原保险合同保险责任准备金进行充足性测试补提保险责任准备金，应按相关再保险合同约定计算确定的应收分保保险责任准备金相应增加额，借记"应收分保合同准备金"科目，贷记本科目。

（二）在确定支付赔付款项金额或实际发生理赔费用而冲减原保险合同相应保险责任准备金余额的当期，应按相关应收分保保险责任准备金的相应冲减金额，借记本科目，贷记"应收分保合同准备金"科目。

（三）在寿险原保险合同提前解除而转销相关寿险责任准备金、长期健康险责任准备金余额的当期，应按相关应收分保保险责任准备金余额，借记本科目，贷记"应收分保合同准备金"科目。

四、期末，应将本科目余额转入"本年利润"科目，结转后本科目无余额。

6202 摊回赔付支出

一、本科目核算企业（再保险分出人）向再保险接受人摊回的赔付成本。

企业（再保险分出人）也可以单独设置"摊回赔款支出""摊回年金给付""摊回满期给付""摊回死伤医疗给付"等科目。

二、本科目可按险种进行明细核算。

三、摊回赔付支出的主要账务处理。

（一）企业在确定支付赔付款项金额或实际发生理赔费用而确认原保险合同赔付成本的当期，应按相关再保险合同约定计算确定的应向再保险接受人摊回的赔付成本金额，借记"应收分保账款"科目，贷记本科目。

（二）在因取得和处置损余物资、确认和收到应收代位追偿款等而调整原保险合同赔付成本的当期，应按相关再保险合同约定计算确定的摊回赔付成本的调整金额，借记或贷记本科目，贷记或借记"应收分保账款"科目。

（三）对于超额赔款再保险等非比例再保险合同，计算确定应向再保险接受人摊回的赔付成本的，应按摊回的赔付成本金额，借记"应收分保账款"科目，贷记本科目。

四、期末，应将本科目余额转入"本年利润"科目，结转后本科目无余额。

6203 摊回分保费用

一、本科目核算企业（再保险分出人）向再保险接受人摊回的分保费用。

二、本科目可按险种进行明细核算。

三、摊回分保费用的主要账务处理。

（一）企业在确认原保险合同保费收入的当期，应按相关再保险合同约定计算确定的应向再保险接受人摊回的分保费用，借记"应收分保账款"科目，贷记本科目。

（二）计算确定应向再保险接受人收取的纯益手续费的，应按相关再保险合同约定计算确定的纯益手续费，借记"应收分保账款"科目，贷记本科目。

（三）在原保险合同提前解除的当期，应按相关再保险合同约定计算确定的摊回分保费用的调整金额，借记本科目，贷记"应收分保账款"科目。

四、期末，应将本科目余额转入"本年利润"科目，结转后本科目无余额。

6301 营业外收入

一、本科目核算企业发生的各项营业外收入，主要包括非流动资产处置利得、非货币性资产交换利得、债务重组利得、政府补助、盘盈利得、捐赠利得等。

二、本科目可按营业外收入项目进行明细核算。

三、企业确认处置非流动资产利得、非货币性资产交换利得、债务重组利得，比照"固定资产清理""无形资产""原材料""库存商品""应付账款"等科目的相关规定进行处理。

确认的政府补助利得，借记"银行存款""递延收益"等科目，贷记本科目。

四、期末，应将本科目余额转入"本年利润"科目，结转后本科目无余额。

6401 主营业务成本

一、本科目核算企业确认销售商品、提供劳务等主营业务收入时应结转的成本。

二、本科目可按主营业务的种类进行明细核算。

三、主营业务成本的主要账务处理。

（一）期（月）末，企业应根据本期（月）销售各种商品、提供各种劳务等实际成本，计算应结转的主营业务成本，借记本科目，贷记"库存商品""劳务成本"等科目。

采用计划成本或售价核算库存商品的，平时的营业成本按计划成本或售价结转，月末，还应结转本月销售商品应分摊的产品成本差异或商品进销差价。

本期（月）发生的销售退回，如已结转销售成本的，借记"库存商品"等科目，贷记本科目。

（二）确认建造合同收入，按应确认的合同费用，借记本科目，按应确认的合同收入，贷记"主营业务收入"科目，按其差额，借记或贷记"工程施工——合同毛利"科目。合同完工时，已计提存货跌价准备的，还应结转跌价准备。

四、期末，应将本科目的余额转入"本年利润"科目，结转后本科目无余额。

6402 其他业务成本

一、本科目核算企业确认的除主营业务活动以外的其他经营活动所发生的支出，包括销售材料的成本、出租固定资产的折旧额、出租无形资产的摊销额、出租包装物的成本或摊销额等。

除主营业务活动以外的其他经营活动发生的相关税费，在"税金及附加"科目核算。

采用成本模式计量投资性房地产的，其投资性房地产计提的折旧额或摊销额，也通过本科目核算。

二、本科目可按其他业务成本的种类进行明细核算。

三、企业发生的其他业务成本，借记本科目，贷记"原材料""周转材料""累计折旧""累计摊销""应付职工薪酬""银行存款"等科目。

四、期末，应将本科目余额转入"本年利润"科目，结转后本科目无余额。

6403 税金及附加

一、本科目核算企业经营活动发生的消费税、城市维护建设税、资源税和教育费附加及房产税、车船税、土地使用税、印花税等相关税费。

二、企业按规定计算确定的与经营活动相关的税费，借记本科目，贷记"应交税费"科目。

三、期末，应将本科目余额转入"本年利润"科目，结转后本科目无余额。

6411 利息支出

一、本科目核算企业（金融）发生的利息支出，包括吸收的各种存款（单位存款、个人存款、信用卡存款、特种存款、转贷款资金等）、与其他金融机构（中央银行、同业等）之间发生资金往来业务、卖出回购金融资产等产生的利息支出。

二、本科目可按利息支出项目进行明细核算。

三、资产负债表日，企业应按摊余成本和实际利率计算确定的利息费用金额，借记本科目，按合同利率计算确定的应付未付利息，贷记"应付利息"科目，按其差额，借记或贷记"吸收存款——利息调整"等科目。

实际利率与合同利率差异较小的，也可以采用合同利率计算确定利息费用。

四、期末，应将本科目余额转入"本年利润"科目，结转后本科目无余额。

6421 手续费及佣金支出

一、本科目核算企业（金融）发生的与其经营活动相关的各项手续费、佣金等支出。

二、本科目可按支出类别进行明细核算。

三、企业发生的与其经营活动相关的手续费、佣金等支出，借记本科目，贷记"银行存款""存放中央银行款项""存放同业""库存现金""应付手续费及佣金"等科目。

四、期末，应将本科目余额转入"本年利润"科目，结转后本科目无余额。

6501 提取未到期责任准备金

一、本科目核算企业（保险）提取的非寿险原保险合同未到期责任准备金和再保险合同分保未到期责任准备金。

二、本科目可按保险合同和险种进行明细核算。

三、提取未到期责任准备金的主要账务处理。

（一）企业在确认原保费收入、分保费收入的当期，应按保险精算确定的未到期责任准备金，借记本科目，贷记"未到期责任准备金"科目。

（二）资产负债表日，应按保险精算重新计算确定的未到期责任准备金与已确认的未到期责任准备金的差额，借记"未到期责任准备金"科目，贷记本科目。

（三）原保险合同提前解除的，应按相关未到期责任准备金余额，借记"未到期责任准备金"科目，贷记本科目。

（四）在确认非寿险原保险合同保费收入的当期，按相关再保险合同约定计算确定的相关应收分保未到期责任准备金金额，借记"应收分保合同准备金"科目，贷记本科目。

资产负债表日，调整原保险合同未到期责任准备金余额的，按相关再保险合同约定计算确定的应收分保未到期责任准备金的调整金额，借记本科目，贷记"应收分保合同准备金"科目。

四、期末，应将本科目余额转入"本年利润"科目，结转后本科目无余额。

6502 提取保险责任准备金

一、本科目核算企业（保险）提取的原保险合同保险责任准备金，包括提取的未决赔款准备金、提取的寿险责任准备金、提取的长期健康险责任准备金。

再保险接受人提取的再保险合同保险责任准备金，也在本科目核算。

企业（保险）也可以单独设置"提取未决赔款准备金""提取寿险责任准备金""提取长期健康险责任准备金"等科目。

二、本科目可按保险责任准备金类别、险种和保险合同进行明细核算。

三、提取保险责任准备金的主要账务处理。

（一）企业确认寿险保费收入，应按保险精算确定的寿险责任准备金、长期健康险责任准备金，借记本科目，贷记"保险责任准备金"科目。

投保人发生非寿险保险合同约定的保险事故当期，企业应按保险精算确定的未决赔款准备金，借记本科目，贷记"保险责任准备金"科目。

对保险责任准备金进行充足性测试，应按补提的保险责任准备金，借记本科目，贷记"保险责任准备金"科目。

（二）原保险合同保险人确定支付赔付款项金额或实际发生理赔费用的当期，应按冲减的相应保险责任准备金余额，借记"保险责任准备金"科目，贷记本科目。

再保险接受人收到分保业务账单的当期，应按分保保险责任准备金的相应冲减金额，借记"保险责任准备金"科目，贷记本科目。

（三）寿险原保险合同提前解除的，应按相关寿险责任准备金、长期健康险责任准备金余额，借记"保险责任准备金"科目，贷记本科目。

四、期末，应将本科目余额转入"本年利润"科目，结转后本科目无余额。

6511 赔付支出

一、本科目核算企业（保险）支付的原保险合同赔付款项和再保险合同赔付款项。

企业（保险）可以单独设置"赔款支出""满期给付""年金给付""死伤医疗给付""分保赔付支出"等科目。

二、本科目可按保险合同和险种进行明细核算。

三、赔付支出的主要账务处理。

（一）企业在确定支付赔付款项金额或实际发生理赔费用的当期，借记本科目，贷记"银行存款""库存现金"等科目。

（二）承担赔付保险金责任后应当确认的代位追偿款，借记"应收代位追偿款"科目，贷记本科目。

收到应收代位追偿款时，应按实际收到的金额，借记"库存现金""银行存款"等科目，按应收代位追偿款的账面余额，贷记"应收代位追偿款"科目，按其差额，借记或贷记本科目。已计提坏账准备的，还应同时结转坏账准备。

（三）承担赔偿保险金责任后取得的损余物资，应按同类或类似资产的市场价格计算确定的金额，借记"损余物资"科目，贷记本科目。

处置损余物资，应按实际收到的金额，借记"库存现金""银行存款"等科目，按损余物资的账面余额，贷记"损余物资"科目，按其差额，借记或贷记本科目。已计提跌价准备的，还应同时结转跌价准备。

（四）再保险接受人收到分保业务账单的当期，应按账单标明的分保赔付款项金额，借记本科目，贷记"应付分保账款"科目。

四、期末，应将本科目余额转入"本年利润"科目，结转后本科目无余额。

6521 保单红利支出

一、本科目核算企业（保险）按原保险合同约定支付给投保人的红利。

二、本科目可按保单红利来源进行明细核算。

三、企业按原保险合同约定计提应支付的保单红利，借记本科目，贷记"应付保单红利"科目。

四、期末，应将本科目余额转入"本年利润"科目，结转后本科目无余额。

6531 退保金

一、本科目核算企业（保险）寿险原保险合同提前解除时按照约定应当退还投保人的保单现金价值。

企业（保险）寿险原保险合同提前解除时应当退还投保人的不属于保单现金价值的款项，以及非寿险原保险合同提前解除时应当退还投保人的款项，在"保费收入"科目核算。

二、本科目可按险种进行明细核算。

三、企业寿险原保险合同提前解除的，应按原保险合同约定计算确定的应退还投保人的保单现金价值，借记本科目，贷记"库存现金""银行存款"等科目。

四、期末，应将本科目余额转入"本年利润"科目，结转后本科目无余额。

6541 分出保费

一、本科目核算企业（再保险分出人）向再保险接受人分出的保费。

二、本科目可按险种进行明细核算。

三、分出保费的主要账务处理。

（一）企业在确认原保险合同保费收入的当期，应按再保险合同约定计算确定的分出保费金额，借记本科目，贷记"应付分保账款"科目。

在原保险合同提前解除的当期，应按再保险合同约定计算确定的分出保费的调整金额，借记"应付分保账款"科目，贷记本科目。

（二）对于超额赔款再保险等非比例再保险合同，应按再保险合同约定计算确定的分出保费金额，借记本科目，贷记"应付分保账款"科目。调整分出保费时，借记或贷记本科目，贷记或借记"应付分保账款"科目。

四、期末，应将本科目余额转入"本年利润"科目，结转后本科目无余额。

6542 分保费用

一、本科目核算企业（再保险接受人）向再保险分出人支付的分保费用。

二、本科目可按险种进行明细核算。

三、分保费用的主要账务处理。

（一）企业在确认分保费收入的当期，应按再保险合同约定计算确定的分保费用金额，借记本科目，贷记"应付分保账款"科目。

收到分保业务账单，按账单标明的金额对分保费用进行调整，借记或贷记本科目，贷记或借记"应付分保账款"科目。

（二）计算确定应向再保险分出人支付的纯益手续费的，应按再保险合同约定计算确定的纯益手续费，借记本科目，贷记"应付分保账款"科目。

四、期末，应将本科目余额转入"本年利润"科目，结转后本科目无余额。

6601 销售费用

一、本科目核算企业销售商品和材料、提供劳务的过程中发生的各种费用，包括保险费、包装费、展览费和广告费、商品维修费、预计产品质量保证损失、运输费、装卸费等以及为销售本企业商品而专设的销售机构（含销售网点、售后服务网点等）的职工薪酬、业务费、折旧费等经营费用。

企业发生的与专设销售机构相关的固定资产修理费用等后续支出，也在本科目核算。

企业（金融）应将本科目改为"6601 业务及管理费"科目，核算企业（金融）在业务经营和管理过程中所发生的各项费用，包括折旧费、业务宣传费、业务招待费、电子设备运转费、钞币运送费、安全防范费、邮电费、劳动保护费、外事费、印刷费、低值易耗品摊销、职工工资及福利费、差旅费、水电费、职工教育经费、工会经费、会议费、诉讼费、公证费、咨询费、无形资产摊销、长期待摊费用摊销、取暖降温费、聘请中介机构费、技术转让费、绿化费、董事会费、财产保险费、劳动保险费、待业保险费、住房公积金、物业管理费、研究费用、提取保险保障基金等。

企业（金融）不应设置"管理费用"科目。

二、本科目可按费用项目进行明细核算。

三、销售费用的主要账务处理。

（一）企业在销售商品过程中发生的包装费、保险费、展览费和广告费、运输费、装卸费等费用，借记本科目，贷记"库存现金""银行存款"等科目。

（二）发生的为销售本企业商品而专设的销售机构的职工薪酬、业务费等经营费用，借记本科目，贷记"应付职工薪酬""银行存款""累计折旧"等科目。

四、期末，应将本科目余额转入"本年利润"科目，结转后本科目无余额。

6602 管 理 费 用

一、本科目核算企业为组织和管理企业生产经营所发生的管理费用，包括企业在筹建期间内发生的开办费、董事会和行政管理部门在企业的经营管理中发生的或者应由企业统一负担的公司经费（包括行政管理部门职工工资及福利费、物料消耗、低值易耗品摊销、办公费和差旅费等）、工会经费、董事会费（包括董事会成员津贴、会议费和差旅费等）、聘请中介机构费、咨询费（含顾问费）、诉讼费、业务招待费、房产税、车船税、土地使用税、印花税、技术转让费、矿产资源补偿费、研究费用、排污费等。

企业（商品流通）管理费用不多的，可不设置本科目，本科目的核算内容可并入"销售费用"科目核算。

企业生产车间（部门）和行政管理部门等发生的固定资产修理费用等后续支出，也在本科目核算。

二、本科目可按费用项目进行明细核算。

三、管理费用的主要账务处理。

（一）企业在筹建期间内发生的开办费，包括人员工资、办公费、培训费、差旅费、印刷费、注册登记费以及不计入固定资产成本的借款费用等在实际发生时，借记本科目（开办费），贷记"银行存款"等科目。

（二）行政管理部门人员的职工薪酬，借记本科目，贷记"应付职工薪酬"科目。

（三）行政管理部门计提的固定资产折旧，借记本科目，贷记"累计折旧"科目。

发生的办公费、水电费、业务招待费、聘请中介机构费、咨询费、诉讼费、技术转让费、研究费用，借记本科目，贷记"银行存款""研发支出"等科目。

按规定计算确定的应交矿产资源补偿费、房产税、车船税、土地使用税、印花税，借记本科目，贷记"应交税费"科目。

四、期末，应将本科目的余额转入"本年利润"科目，结转后本科目无余额。

6603 财务费用

一、本科目核算企业为筹集生产经营所需资金等而发生的筹资费用,包括利息支出(减利息收入)、汇兑损益以及相关的手续费、企业发生的现金折扣或收到的现金折扣等。

为购建或生产满足资本化条件的资产发生的应予资本化的借款费用,在"在建工程""制造费用"等科目核算。

二、本科目可按费用项目进行明细核算。

三、企业发生的财务费用,借记本科目,贷记"银行存款""未确认融资费用"等科目。发生的应冲减财务费用的利息收入、汇兑损益、现金折扣,借记"银行存款""应付账款"等科目,贷记本科目。

四、期末,应将本科目余额转入"本年利润"科目,结转后本科目无余额。

6604 勘探费用

一、本科目核算企业(石油天然气开采)在油气勘探过程中发生的地质调查、物理化学勘探各项支出和非成功探井等支出。

二、本科目可按勘探项目进行明细核算。

三、企业油气勘探过程中发生的各项非钻井勘探支出,借记本科目,贷记"银行存款""累计折旧""应付职工薪酬"等科目。

油气勘探过程中发生的各项钻井勘探支出中属于未发现探明经济可采储量的钻井勘探支出,借记本科目,贷记"油气勘探支出"科目。

四、期末,应将本科目余额转入"本年利润"科目,结转后本科目无余额。

6701 资产减值损失

一、本科目核算企业计提各项资产减值准备所形成的损失。

二、本科目可按资产减值损失的项目进行明细核算。

三、企业的应收款项、存货、长期股权投资、持有至到期投资、固定资产、无形资产、贷款等资产发生减值的,按应减记的金额,借记本科目,贷记"坏账准备""存货跌价准备""长期股权投资减值准备""持有至到期投资减值准备""固定资产减值准备""无形资产减值准备""贷款损失准备"等科目。

在建工程、工程物资、生产性生物资产、商誉、抵债资产、损余物资、采用成本模式计量的投资性房地产等资产发生减值的,应当设置相应的减值准备科目,比照上述规定进行处理。

四、企业计提坏账准备、存货跌价准备、持有至到期投资减值准备、贷款损失准备等,相关资产的价值又得以恢复的,应在原已计提的减值准备金额内,按恢复增加的金额,借记"坏账准备""存货跌价准备""持有至到期投资减值准备""贷款损失准备"等科目,贷记本科目。

五、期末,应将本科目余额转入"本年利润"科目,结转后本科目无余额。

6711 营业外支出

一、本科目核算企业发生的各项营业外支出,包括非流动资产处置损失、非货币性资产交换损失、债务重组损失、公益性捐赠支出、非常损失、盘亏损失等。

二、本科目可按支出项目进行明细核算。

三、企业确认处置非流动资产损失、非货币性资产交换损失、债务重组损失,比照"固定资产清理""无形资产""原材料""库存商品""应付账款"等科目的相关规定进行处理。

盘亏、毁损的资产发生的净损失，按管理权限报经批准后，借记本科目，贷记"待处理财产损溢"科目。

四、期末，应将本科目余额转入"本年利润"科目，结转后本科目无余额。

6801 所得税费用

一、本科目核算企业确认的应从当期利润总额中扣除的所得税费用。

二、本科目可按"当期所得税费用""递延所得税费用"进行明细核算。

三、所得税费用的主要账务处理。

（一）资产负债表日，企业按照税法规定计算确定的当期应交所得税，借记本科目（当期所得税费用），贷记"应交税费——应交所得税"科目。

（二）资产负债表日，根据递延所得税资产的应有余额大于"递延所得税资产"科目余额的差额，借记"递延所得税资产"科目，贷记本科目（递延所得税费用）、"资本公积——其他资本公积"等科目；递延所得税资产的应有余额小于"递延所得税资产"科目余额的差额作相反的会计分录。

企业应予确认的递延所得税负债，应当比照上述原则调整本科目、"递延所得税负债"科目及有关科目。

四、期末，应将本科目的余额转入"本年利润"科目，结转后本科目无余额。

6901 以前年度损益调整

一、本科目核算企业本年度发生的调整以前年度损益的事项以及本年度发现的重要前期差错更正涉及调整以前年度损益的事项。

企业在资产负债表日至财务报告批准报出日之间发生的需要调整报告年度损益的事项，也可以通过本科目核算。

二、以前年度损益调整的主要账务处理。

（一）企业调整增加以前年度利润或减少以前年度亏损，借记有关科目，贷记本科目；调整减少以前年度利润或增加以前年度亏损作相反的会计分录。

（二）由于以前年度损益调整增加的所得税费用，借记本科目，贷记"应交税费——应交所得税"等科目；由于以前年度损益调整减少的所得税费用作相反的会计分录。

（三）经上述调整后，应将本科目的余额转入"利润分配——未分配利润"科目。本科目如为贷方余额，借记本科目，贷记"利润分配——未分配利润"科目；如为借方余额作相反的会计分录。

三、本科目结转后应无余额。

附录二

企业会计准则解释第1号

（财会〔2007〕14号）

一、企业在编制年报时，首次执行日有关资产、负债及所有者权益项目的金额是否要进一步复核？原同时按照国内及国际财务报告准则对外提供财务报告的B股、H股等上市公司，首次执行日应如何调整？

答：企业在编制首份年报时，应当对首次执行日有关资产、负债及所有者权益项目的账面余额进行复核，经注册会计师审计后，在附注中以列表形式披露年初所有者权益的调节过程以及作出修正的项目、影响金额及其原因。

原同时按照国内及国际财务报告准则对外提供财务报告的B股、H股等上市公司，首次执行日根据取得的相关信息，能够对因会计政策变更所涉及的交易或事项的处理结果进行追溯调整的，以追溯调整后的结果作为首次执行日的余额。

二、中国境内企业设在境外的子公司在境外发生的有关交易或事项，境内不存在且受相关法律、法规等限制或交易不常见，企业会计准则未作规范的，应如何进行处理？

答：中国境内企业设在境外的子公司在境外发生的交易或事项，境内不存在且受法律、法规等限制或交易不常见，企业会计准则未作出规范的，可以将境外子公司已经进行的会计处理结果，在符合《企业会计准则——基本准则》的原则下，按照国际财务报告准则进行调整后，并入境内母公司合并财务报表的相关项目。

三、经营租赁中出租人发生的初始直接费用以及融资租赁中承租人发生的融资费用应当如何处理？出租人对经营租赁提供激励措施的，如提供免租期或承担承租人的某些费用等，承租人和出租人应当如何处理？企业（建造承包商）为订立建造合同发生的相关费用应当如何处理？

答：（一）经营租赁中出租人发生的初始直接费用，是指在租赁谈判和签订租赁合同过程中发生的可归属于租赁项目的手续费、律师费、差旅费、印花税等，应当计入当期损益；金额较大的应当资本化，在整个经营租赁期间内按照与确认租金收入相同的基础分期计入当期损益。

承租人在融资租赁中发生的融资费用应予资本化或是费用化，应按《企业会计准则第17号——借款费用》处理，并按《企业会计准则第21号——租赁》进行计量。

（二）出租人对经营租赁提供激励措施的，出租人与承租人应当分别下列情况进行处理：

1. 出租人提供免租期的，承租人应将租金总额在不扣除免租期的整个租赁期内，按直线法或其他合理的方法进行分摊，免租期内应当确认租金费用；出租人应将租金总额在不扣除免租期的整个租赁期内，按直线法或其他合理的方法进行分配，免租期内出租人应当确认租金收入。

2. 出租人承担了承租人某些费用的，出租人应将该费用自租金收入总额中扣除，按扣除后的租金收入余额在租赁期内进行分配；承租人应将该费用从租金费用总额中扣除，按扣除后的租金费用余额在租赁期内进行分摊。

（三）企业（建造承包商）为订立合同发生的差旅费、投标费等，能够单独区分和可靠地计量且合同很可能订立的，应当予以归集，待取得合同时计入合同成本；未满足上述条件的，应当计入当期损益。

四、企业发行的金融工具应当在满足何种条件时确认为权益工具？

答：企业将发行的金融工具确认为权益性工具，应当同时满足下列条件。

（一）该金融工具应当不包括交付现金或其他金融资产给其他单位，或在潜在不利条件下与其他单位交换金融资产或金融负债的合同义务。

（二）该金融工具须用或可用发行方自身权益工具进行结算的，如为非衍生工具，该金融工具应当不包括交付非固定数量的发行方自身权益工具进行结算的合同义务；如为衍生工具，该金融工具只能通过交付固定数量的发行方自身权益工具换取固定数额的现金或其他金融资产进行结算。其中，所指的发行方自身权益工具不包括本身通过收取或交付企业自身权益工具进行结算的合同。

五、嵌入保险合同或嵌入租赁合同中的衍生工具应当如何处理？

答：根据《企业会计准则第22号——金融工具确认和计量》的规定，嵌入衍生工具相关的混合工具没有指定为以公允价值计量且其变动计入当期损益的金融资产或金融负债，同时满足有关条件的，该嵌入衍生工具应当从混合工具中分拆，作为单独的衍生工具处理。该规定同样适用于嵌入在保险合同中的衍生工具，除非该嵌入衍生工具本身属于保险合同。

按照保险合同约定，如果投保人在持有保险合同期间，拥有以固定金额或是以固定金额和相应利率确定的金额退还保险合同选择权的，即使其行权价格与主保险合同负债的账面价值不同，保险人也不应将该选择权从保险合同中分拆，仍按保险合同进行处理。但是，如果退保价值随同某金融变量或者某一与合同一方不特定相关的非金融变量的变动而变化，嵌入保险合同中的卖出选择权或现金退保选择权，应适用《企业会计准则第22号——金融工具确认和计量》；如果持有人实施卖出选择权或现金退保选择权的能力取决于上述变量变动的，嵌入保险合同中的卖出选择权或现金退保选择权，也适用《企业会计准则第22号——金融工具确认和计量》。

嵌入租赁合同中的衍生工具，应当按照《企业会计准则第22号——金融工具确认和计量》进行处理。

六、企业如有持有待售的固定资产和其他非流动资产，如何进行确认和计量？

答：《企业会计准则第4号——固定资产》第二十二条规定，企业对于持有待售的固定资产，应当调整该项固定资产的预计净残值，使该固定资产的预计净残值反映其公允价值减去处置费用后的金额，但不得超过符合持有待售条件时该项固定资产的原账面价值，原账面价值高于调整后预计净残值的差额，应作为资产减值损失计入当期损益。

同时满足下列条件的非流动资产应当划分为持有待售：一是企业已经就处置该非流动资产作出决议；二是企业已经与受让方签订了不可撤销的转让协议；三是该项转让将在1年内完成。

符合持有待售条件的无形资产等其他非流动资产，比照上述原则处理，但不包括递延所得税资产、《企业会计准则第22号——金融工具确认和计量》规范的金融资产、以公允价值计量的投资性房地产和生物资产、保险合同中产生的合同权利。

持有待售的非流动资产包括单项资产和处置组，处置组是指作为整体出售或其他方式一并处置的一组资产。

**七、企业在确认由联营企业及合营企业投资产生的投资收益时，对于与联营企业及合营企业发生的内部交易损益应当如何处理？首次执行日对联营企业及合营企业投资存在股权投资借方差额的，计算投资损益时应当如何进行调整？企业在首次执行日前持有对子公司的长期股权投资,取得子公司分派现金股利或利润应当如何处理?

答:(一)企业持有的对联营企业及合营企业的投资,按照《企业会计准则第2号——长期股权投资》的规定,应当采用权益法核算,在按持股比例等计算确认应享有或应分担被投资单位的净损益时,应当考虑以下因素:

投资企业与联营企业及合营企业之间发生的内部交易损益按照持股比例计算归属于投资企业的部分,应当予以抵销,在此基础上确认投资损益。投资企业与被投资单位发生的内部交易损失,按照《企业会计准则第8号——资产减值》等规定属于资产减值损失的,应当全额确认。投资企业对于纳入其合并范围的子公司与其联营企业及合营企业之间发生的内部交易损益,也应当按照上述原则进行抵销,在此基础上确认投资损益。

投资企业对于首次执行日之前已经持有的对联营企业及合营企业的长期股权投资,如存在与该投资相关的股权投资借方差额,还应扣除按原剩余期限直线摊销的股权投资借方差额,确认投资损益。

投资企业在被投资单位宣告发放现金股利或利润时,按照规定计算应分得的部分确认应收股利,同时冲减长期股权投资的账面价值。

(二)企业在首次执行日以前已经持有的对子公司长期股权投资,应在首次执行日进行追溯调整,视同该子公司自最初即采用成本法核算。执行新会计准则后,应当按照子公司宣告分派现金股利或利润中应分得的部分,确认投资收益。

八、企业在股权分置改革过程中持有的限售股权应如何进行处理?

答:企业在股权分置改革过程中持有对被投资单位在重大影响以上的股权,应当作为长期股权投资,视对被投资单位的影响程度分别采用成本法或权益法核算;企业在股权分置改革过程中持有对被投资单位不具有控制、共同控制或重大影响的股权,应当划分为可供出售金融资产,其公允价值与账面价值的差额,在首次执行日应当追溯调整,计入资本公积。

九、企业在编制合并财务报表时,因抵销未实现内部销售损益在合并财务报表中产生的暂时性差异是否应当确认递延所得税?母公司对于纳入合并范围子公司的未确认投资损失,执行新会计准则后在合并财务报表中应如何列报?

答:(一)企业在编制合并财务报表时,因抵销未实现内部销售损益导致合并资产负债表中资产、负债的账面价值与其在所属纳税主体的计税基础之间产生暂时性差异的,在合并资产负债表中应当确认递延所得税资产或递延所得税负债,同时调整合并利润表中的所得税费用,但与直接计入所有者权益的交易或事项及企业合并相关的递延所得税除外。

(二)执行新会计准则后,母公司对于纳入合并范围子公司的未确认投资损失,在合并资产负债表中应当冲减未分配利润,不再单独作为"未确认的投资损失"项目列报。

十、企业改制过程中的资产、负债,应当如何进行确认和计量?

答:企业引入新股东改制为股份有限公司,相关资产、负债应当按照公允价值计量,并以改制时确定的公允价值为基础持续核算的结果并入控股股东的合并财务报表。改制企业的控股股东在确认对股份有限公司的长期股权投资时,初始投资成本为投出资产的公允价值及相关费用之和。

附录三

企业会计准则解释第 2 号

（财会〔2008〕11 号）

一、同时发行 A 股和 H 股的上市公司，应当如何运用会计政策及会计估计？

答：内地企业会计准则和中国香港财务报告准则实现等效后，同时发行 A 股和 H 股的上市公司，除部分长期资产减值损失的转回以及关联方披露两项差异外，对于同一交易或事项，应当在 A 股和 H 股财务报告中采用相同的会计政策、运用相同的会计估计进行确认、计量和报告，不得在 A 股和 H 股财务报告中采用不同的会计处理。

二、企业购买子公司少数股东拥有对子公司的股权应当如何处理？企业或其子公司进行公司制改制的，相关资产、负债的账面价值应当如何调整？

答：（一）母公司购买子公司少数股权所形成的长期股权投资，应当按照《企业会计准则第 2 号——长期股权投资》第四条的规定确定其投资成本。

母公司在编制合并财务报表时，因购买少数股权新取得的长期股权投资与按照新增持股比例计算应享有子公司自购买日（或合并日）开始持续计算的净资产份额之间的差额，应当调整所有者权益（资本公积），资本公积不足冲减的，调整留存收益。

上述规定仅适用于本规定发布之后发生的购买子公司少数股权交易，之前已经发生的购买子公司少数股权交易未按照上述原则处理的，不予追溯调整。

（二）企业进行公司制改制的，应以经评估确认的资产、负债价值作为认定成本，该成本与其账面价值的差额，应当调整所有者权益；企业的子公司进行公司制改制的，母公司通常应当按照《企业会计准则解释第 1 号》的相关规定确定对子公司长期股权投资的成本，该成本与长期股权投资账面价值的差额，应当调整所有者权益。

三、企业对于合营企业是否应纳入合并财务报表的合并范围？

答：按照《企业会计准则第 33 号——合并财务报表》的规定，投资企业对于与其他投资方一起实施共同控制的被投资单位，应当采用权益法核算，不应采用比例合并法。但是，如果根据有关章程、协议等，表明投资企业能够对被投资单位实施控制的，应当将被投资单位纳入合并财务报表的合并范围。

四、企业发行认股权和债券分离交易的可转换公司债券，其认股权应当如何进行会计处理？

答：企业发行认股权和债券分离交易的可转换公司债券（以下简称分离交易可转换公司债券），其认股权符合《企业会计准则第 22 号——金融工具确认和计量》和《企业会计准则第 37 号——金融工具列报》有关权益工具定义的，应当按照分离交易可转换公司债券发行价格，减去不附认股权且其他条件相同的公司债券公允价值后的差额，确认一项权益工具（资本公积）。

企业对于本规定发布之前已经发行的分离交易可转换公司债券，应当进行追溯调整。

五、企业采用建设经营移交方式（BOT）参与公共基础设施建设业务应当如何处理？

答：企业采用建设经营移交方式（BOT）参与公共基础设施建设业务，应当按照以下规定进行处理。

（一）本规定涉及的 BOT 业务应当同时满足以下条件

1. 合同授予方为政府及其有关部门或政府授权进行招标的企业。

2. 合同投资方为按照有关程序取得该特许经营权合同的企业（以下简称合同投资方）。合同投资方按照规定设立项目公司（以下简称项目公司）进行项目建设和运营。项目公司除取得建造有关基础设施的权利以外，在基础设施建造完成以后的一定期间内负责提供后续经营服务。

3. 特许经营权合同中对所建造基础设施的质量标准、工期、开始经营后提供服务的对象、收费标准及后续调整作出约定，同时在合同期满，合同投资方负有将有关基础设施移交给合同授予方的义务，并对基础设施在移交时的性能、状态等作出明确规定。

（二）与 BOT 业务相关收入的确认

1. 建造期间，项目公司对于所提供的建造服务应当按照《企业会计准则第 15 号——建造合同》确认相关的收入和费用。基础设施建成后，项目公司应当按照《企业会计准则第 14 号——收入》确认与后续经营服务相关的收入。

建造合同收入应当按照收取或应收对价的公允价值计量，并分别以下情况在确认收入的同时，确认金融资产或无形资产：

（1）合同规定基础设施建成后的一定期间内，项目公司可以无条件地自合同授予方收取确定金额的货币资金或其他金融资产的；或在项目公司提供经营服务的收费低于某一限定金额的情况下，合同授予方按照合同规定负责将有关差价补偿给项目公司的，应当在确认收入的同时确认金融资产，并按照《企业会计准则第 22 号——金融工具确认和计量》的规定处理。

（2）合同规定项目公司在有关基础设施建成后，从事经营的一定期间内有权利向获取服务的对象收取费用，但收费金额不确定的，该权利不构成一项无条件收取现金的权利，项目公司应当在确认收入的同时确认无形资产。

建造过程如发生借款利息，应当按照《企业会计准则第 17 号——借款费用》的规定处理。

2. 项目公司未提供实际建造服务，将基础设施建造发包给其他方的，不应确认建造服务收入，应当按照建造过程中支付的工程价款等考虑合同规定，分别确认为金融资产或无形资产。

（三）按照合同规定，企业为使有关基础设施保持一定的服务能力或在移交给合同授予方之前保持一定的使用状态，预计将发生的支出，应当按照《企业会计准则第 13 号——或有事项》的规定处理

（四）按照特许经营权合同规定，项目公司应提供不止一项服务（如既提供基础设施建造服务又提供建成后经营服务）的，各项服务能够单独区分时，其收取或应收的对价应当按照各项服务的相对公允价值比例分配给所提供的各项服务

（五）BOT 业务所建造基础设施不应作为项目公司的固定资产

（六）在 BOT 业务中，授予方可能向项目公司提供除基础设施以外其他的资产，如果该资产构成授予方应付合同价款的一部分，不应作为政府补助处理。项目公司自授予方取得资产时，应以其公允价值确认，未提供与获取该资产相关的服务前应确认为一项负债

本规定发布前，企业已经进行的 BOT 项目，应当进行追溯调整；进行追溯调整不切实可行的，应以与 BOT 业务相关的资产、负债在所列报最早期间期初的账面价值为基础重新分类，作为无形资产或是金融资产，同时进行减值测试；在列报的最早期间期初进行减值测试

不切实可行的,应在当期期初进行减值测试。

六、售后租回交易认定为经营租赁的,应当如何进行会计处理?

答:企业的售后租回交易认定为经营租赁的,应当分别以下情况处理。

(一)有确凿证据表明售后租回交易是按照公允价值达成的,售价与资产账面价值的差额应当计入当期损益。

(二)售后租回交易如果不是按照公允价值达成的,售价低于公允价值的差额,应计入当期损益;但若该损失将由低于市价的未来租赁付款额补偿时,有关损失应予以递延(递延收益),并按与确认租金费用相一致的方法在租赁期内进行分摊;如果售价大于公允价值,其大于公允价值的部分应计入递延收益,并在租赁期内分摊。

附录四

企业会计准则解释第3号

（财会〔2009〕8号）

一、采用成本法核算的长期股权投资，投资企业取得被投资单位宣告发放的现金股利或利润，应当如何进行会计处理？

答：采用成本法核算的长期股权投资，除取得投资时实际支付的价款或对价中包含的已宣告但尚未发放的现金股利或利润外，投资企业应当按照享有被投资单位宣告发放的现金股利或利润确认投资收益，不再划分是否属于投资前和投资后被投资单位实现的净利润。

企业按照上述规定确认自被投资单位应分得的现金股利或利润后，应当考虑长期股权投资是否发生减值。在判断该类长期股权投资是否存在减值迹象时，应当关注长期股权投资的账面价值是否大于享有被投资单位净资产（包括相关商誉）账面价值的份额等类似情况。出现类似情况时，企业应当按照《企业会计准则第8号——资产减值》对长期股权投资进行减值测试，可收回金额低于长期股权投资账面价值的，应当计提减值准备。

二、企业持有上市公司限售股权，对上市公司不具有控制、共同控制或重大影响的，应当如何进行会计处理？

答：企业持有上市公司限售股权（不包括股权分置改革中持有的限售股权），对上市公司不具有控制、共同控制或重大影响的，应当按照《企业会计准则第22号——金融工具确认和计量》的规定，将该限售股权划分为可供出售金融资产或以公允价值计量且其变动计入当期损益的金融资产。

企业在确定上市公司限售股权公允价值时，应当按照《企业会计准则第22号——金融工具确认和计量》有关公允价值确定的规定执行，不得改变企业会计准则规定的公允价值确定原则和方法。

本解释发布前未按上述规定确定所持有限售股权公允价值的，应当按照《企业会计准则第28号——会计政策、会计估计变更和差错更正》进行处理。

三、高危行业企业提取的安全生产费，应当如何进行会计处理？

答：高危行业企业按照国家规定提取的安全生产费，应当计入相关产品的成本或当期损益，同时记入"4301 专项储备"科目。

企业使用提取的安全生产费时，属于费用性支出的，直接冲减专项储备。企业使用提取的安全生产费形成固定资产的，应当通过"在建工程"科目归集所发生的支出，待安全项目完工达到预定可使用状态时确认为固定资产；同时，按照形成固定资产的成本冲减专项储备，并确认相同金额的累计折旧。该固定资产在以后期间不再计提折旧。

"专项储备"科目期末余额在资产负债表所有者权益项下"减：库存股"和"盈余公积"之间增设"专项储备"项目反映。

企业提取的维简费和其他具有类似性质的费用，比照上述规定处理。

本解释发布前未按上述规定处理的，应当进行追溯调整。

四、企业收到政府给予的搬迁补偿款应当如何进行会计处理？

答：企业因城镇整体规划、库区建设、棚户区改造、沉陷区治理等公共利益进行搬迁，收到政府从财政预算直接拨付的搬迁补偿款，应作为专项应付款处理。其中，属于对企业在搬迁和重建过程中发生的固定资产和无形资产损失、有关费用性支出、停工损失及搬迁后拟新建资产进行补偿的，应自专项应付款转入递延收益，并按照《企业会计准则第16号——政府补助》进行会计处理。企业取得的搬迁补偿款扣除转入递延收益的金额后如有结余的，应当作为资本公积处理。

企业收到除上述之外的搬迁补偿款，应当按照《企业会计准则第4号——固定资产》《企业会计准则第16号——政府补助》等会计准则进行处理。

五、在股份支付的确认和计量中，应当如何正确运用可行权条件和非可行权条件？

答：企业根据国家有关规定实行股权激励的，股份支付协议中确定的相关条件，不得随意变更。其中，可行权条件是指能够确定企业是否得到职工或其他方提供的服务，且该服务使职工或其他方具有获取股份支付协议规定的权益工具或现金等权利的条件；反之，为非可行权条件。可行权条件包括服务期限条件或业绩条件。服务期限条件是指职工或其他方完成规定服务期限才可行权的条件。业绩条件是指职工或其他方完成规定服务期限且企业已经达到特定业绩目标才可行权的条件，具体包括市场条件和非市场条件。

企业在确定权益工具授予日的公允价值时，应当考虑股份支付协议规定的可行权条件中的市场条件和非可行权条件的影响。股份支付存在非可行权条件的，只要职工或其他方满足了所有可行权条件中的非市场条件（如服务期限等），企业应当确认已得到服务相对应的成本费用。

在等待期内如果取消了授予的权益工具，企业应当对取消所授予的权益性工具作为加速行权处理，将剩余等待期内应确认的金额立即计入当期损益，同时确认资本公积。职工或其他方能够选择满足非可行权条件但在等待期内未满足的，企业应当将其作为授予权益工具的取消处理。

六、企业自行建造或通过分包商建造房地产，应当遵循哪项会计准则确认与房地产建造协议相关的收入？

答：企业自行建造或通过分包商建造房地产，应当根据房地产建造协议条款和实际情况，判断确认收入应适用的会计准则。

房地产购买方在建造工程开始前能够规定房地产设计的主要结构要素，或者能够在建造过程中决定主要结构变动的，房地产建造协议符合建造合同定义，企业应当遵循《企业会计准则第15号——建造合同》确认收入。

房地产购买方影响房地产设计的能力有限（如仅能对基本设计方案作微小变动）的，企业应当遵循《企业会计准则第14号——收入》中有关商品销售收入的原则确认收入。

七、利润表应当作哪些调整？

答：（一）企业应当在利润表"每股收益"项下增列"其他综合收益"项目和"综合收益总额"项目。"其他综合收益"项目，反映企业根据企业会计准则规定未在损益中确认的各项利得和损失扣除所得税影响后的净额。"综合收益总额"项目，反映企业净利润与其他综合收益的合计金额。"其他综合收益"和"综合收益总额"项目的序号在原有基础上顺延。

（二）企业应当在附注中详细披露其他综合收益各项目及其所得税影响，以及原计入其他综合收益、当期转入损益的金额等信息。

（三）企业合并利润表也应按照上述规定进行调整。在"综合收益总额"项目下单独列示"归属于母公司所有者的综合收益总额"项目和"归属于少数股东的综合收益总额"项目。

（四）企业提供前期比较信息时，比较利润表应当按照《企业会计准则第30号——财务报表列报》第八条的规定处理。

八、企业应当如何改进报告分部信息？

答：企业应当以内部组织结构、管理要求、内部报告制度为依据确定经营分部，以经营分部为基础确定报告分部，并按下列规定披露分部信息。原有关确定地区分部和业务分部以及按照主要报告形式、次要报告形式披露分部信息的规定不再执行。

（一）经营分部，是指企业内同时满足下列条件的组成部分：

1. 该组成部分能够在日常活动中产生收入、发生费用；
2. 企业管理层能够定期评价该组成部分的经营成果，以决定向其配置资源、评价其业绩；
3. 企业能够取得该组成部分的财务状况、经营成果和现金流量等有关会计信息。

企业存在相似经济特征的两个或多个经营分部，同时满足《企业会计准则第35号——分部报告》第五条相关规定的，可以合并为一个经营分部。

（二）企业以经营分部为基础确定报告分部时，应当满足《企业会计准则第35号——分部报告》第八条规定的三个条件之一，未满足规定条件，但企业认为披露该经营分部信息对财务报告使用者有用的，也可将其确定为报告分部：

报告分部的数量通常不应超过10个。报告分部的数量超过10个需要合并的，应当以经营分部的合并条件为基础，对相关的报告分部予以合并。

（三）企业报告分部确定后，应当披露下列信息：

1. 确定报告分部考虑的因素、报告分部的产品和劳务的类型；
2. 每一报告分部的利润（亏损）总额相关信息，包括利润（亏损）总额组成项目及计量的相关会计政策信息；
3. 每一报告分部的资产总额、负债总额相关信息，包括资产总额组成项目的信息，以及有关资产、负债计量的相关会计政策。

（四）除上述已经作为报告分部信息组成部分披露的外，企业还应当披露下列信息：

1. 每一产品和劳务或每一类似产品和劳务组合的对外交易收入；
2. 企业取得的来自本国的对外交易收入总额以及位于本国的非流动资产（不包括金融资产、独立账户资产、递延所得税资产，下同）总额，企业从其他国家取得的对外交易收入总额以及位于其他国家的非流动资产总额；
3. 企业对主要客户的依赖程度。

附录五

企业会计准则解释第 4 号

（财会〔2010〕4 号）

一、同一控制下的企业合并中，合并方发生的审计、法律服务、评估咨询等中介费用以及其他相关管理费用，应当于发生时计入当期损益。非同一控制下的企业合并中，购买方发生的上述费用，应当如何进行会计处理？

答：非同一控制下的企业合并中，购买方为企业合并发生的审计、法律服务、评估咨询等中介费用以及其他相关管理费用，应当于发生时计入当期损益；购买方作为合并对价发行的权益性证券或债务性证券的交易费用，应当计入权益性证券或债务性证券的初始确认金额。

二、非同一控制下的企业合并中，购买方在购买日取得被购买方可辨认资产和负债，应当如何进行分类或指定？

答：非同一控制下的企业合并中，购买方在购买日取得被购买方可辨认资产和负债，应当根据企业会计准则的规定，结合购买日存在的合同条款、经营政策、并购政策等相关因素进行分类或指定，主要包括被购买方的金融资产和金融负债的分类、套期关系的指定、嵌入衍生工具的分拆等。但是，合并中如涉及租赁合同和保险合同且在购买日对合同条款作出修订的，购买方应当根据企业会计准则的规定，结合修订的条款和其他因素对合同进行分类。

三、企业通过多次交易分步实现非同一控制下企业合并的，对于购买日之前持有的被购买方的股权，应当如何进行会计处理？

答：企业通过多次交易分步实现非同一控制下企业合并的，应当区分个别财务报表和合并财务报表进行相关会计处理。

（一）在个别财务报表中，应当以购买日之前所持被购买方的股权投资的账面价值与购买日新增投资成本之和，作为该项投资的初始投资成本；购买日之前持有的被购买方的股权涉及其他综合收益的，应当在处置该项投资时将与其相关的其他综合收益（例如，可供出售金融资产公允价值变动计入资本公积的部分，下同）转入当期投资收益。

（二）在合并财务报表中，对于购买日之前持有的被购买方的股权，应当按照该股权在购买日的公允价值进行重新计量，公允价值与其账面价值的差额计入当期投资收益；购买日之前持有的被购买方的股权涉及其他综合收益的，与其相关的其他综合收益应当转为购买日所属当期投资收益。购买方应当在附注中披露其在购买日之前持有的被购买方的股权在购买日的公允价值、按照公允价值重新计量产生的相关利得或损失的金额。

四、企业因处置部分股权投资或其他原因丧失了对原有子公司控制权的，对于处置后的剩余股权应当如何进行会计处理？

答：企业因处置部分股权投资或其他原因丧失了对原有子公司控制权的，应当区分个别财务报表和合并财务报表进行相关会计处理。

（一）在个别财务报表中，对于处置的股权，应当按照《企业会计准则第 2 号——长期股权投资》的规定进行会计处理；同时，对于剩余股权，应当按其账面价值确认为长期股权投资或其他相关金融资产。处置后的剩余股权能够对原有子公司实施共同控制或重大影响的，按有关成本法转为权益法的相关规定进行会计处理。

（二）在合并财务报表中，对于剩余股权，应当按照其在丧失控制权日的公允价值进行重新计量。处置股权取得的对价与剩余股权公允价值之和，减去按原持股比例计算应享有原有子公司自购买日开始持续计算的净资产的份额之间的差额，计入丧失控制权当期的投资收益。与原有子公司股权投资相关的其他综合收益，应当在丧失控制权时转为当期投资收益。企业应当在附注中披露处置后的剩余股权在丧失控制权日的公允价值、按照公允价值重新计量产生的相关利得或损失的金额。

五、在企业合并中，购买方对于因企业合并而产生的递延所得税资产，应当如何进行会计处理？

答：在企业合并中，购买方取得被购买方的可抵扣暂时性差异，在购买日不符合递延所得税资产确认条件的，不应予以确认。购买日后12个月内，如取得新的或进一步的信息表明购买日的相关情况已经存在，预期被购买方在购买日可抵扣暂时性差异带来的经济利益能够实现的，应当确认相关的递延所得税资产，同时减少商誉，商誉不足冲减的，差额部分确认为当期损益；除上述情况以外，确认与企业合并相关的递延所得税资产，应当计入当期损益。

六、在合并财务报表中，子公司少数股东分担的当期亏损超过了少数股东在该子公司期初所有者权益中所享有的份额的，其余额应当如何进行会计处理？

答：在合并财务报表中，子公司少数股东分担的当期亏损超过了少数股东在该子公司期初所有者权益中所享有的份额的，其余额仍应当冲减少数股东权益。

七、企业集团内涉及不同企业的股份支付交易应当如何进行会计处理？

答：企业集团（由母公司和其全部子公司构成）内发生的股份支付交易，应当按照以下规定进行会计处理。

（一）结算企业以其本身权益工具结算的，应当将该股份支付交易作为权益结算的股份支付处理；除此之外，应当作为现金结算的股份支付处理。

结算企业是接受服务企业的投资者的，应当按照授予日权益工具的公允价值或应承担负债的公允价值确认为对接受服务企业的长期股权投资，同时确认资本公积（其他资本公积）或负债。

（二）接受服务企业没有结算义务或授予本企业职工的是其本身权益工具的，应当将该股份支付交易作为权益结算的股份支付处理；接受服务企业具有结算义务且授予本企业职工的是企业集团内其他企业权益工具的，应当将该股份支付交易作为现金结算的股份支付处理。

八、融资性担保公司应当执行何种会计标准？

答：融资性担保公司应当执行企业会计准则，并按照《企业会计准则——应用指南》有关保险公司财务报表格式规定，结合公司实际情况，编制财务报表并对外披露相关信息，不再执行《担保企业会计核算办法》（财会〔2005〕17号）。

融资性担保公司发生的担保业务，应当按照《企业会计准则第25号——原保险合同》《企业会计准则第26号——再保险合同》《保险合同相关会计处理规定》（财会〔2009〕15号）等有关保险合同的相关规定进行会计处理。

九、企业发生的融资融券业务，应当执行何种会计标准？

答：融资融券业务，是指证券公司向客户出借资金供其买入证券或者出借证券供其卖出，并由客户交存相应担保物的经营活动。企业发生的融资融券业务，分为融资业务和融券业务两类。

关于融资业务，证券公司及其客户均应当按照《企业会计准则第22号——金融工具确认和计量》有关规定进行会计处理。证券公司融出的资金，应当确认应收债权，并确认相应利息收入；客户融入的资金，应当确认应付债务，并确认相应利息费用。

关于融券业务，证券公司融出的证券，按照《企业会计准则第23号——金融资产转移》

有关规定,不应终止确认该证券,但应确认相应利息收入;客户融入的证券,应当按照《企业会计准则第22号——金融工具确认和计量》有关规定进行会计处理,并确认相应利息费用。

证券公司对客户融资融券并代客户买卖证券时,应当作为证券经纪业务进行会计处理。

证券公司及其客户发生的融资融券业务,应当按照《企业会计准则第37号——金融工具列报》有关规定披露相关会计信息。

十、企业根据《企业会计准则解释第2号》(财会〔2008〕11号)的规定,对认股权和债券分离交易的可转换公司债券中的认股权,单独确认了一项权益工具(资本公积——其他资本公积)。认股权持有人没有行权的,原计入资本公积(其他资本公积)的部分,应当如何进行会计处理?

答:企业发行的认股权和债券分离交易的可转换公司债券,认股权持有人到期没有行权的,应当在到期时将原计入资本公积(其他资本公积)的部分转入资本公积(股本溢价)。

十一、本解释一至四条的规定,自2010年1月1日起施行;五至十条的规定,应当进行追溯调整,追溯调整不切实可行的除外。

附录六

企业会计准则解释第 5 号

（财会〔2012〕19 号）

一、非同一控制下的企业合并中，购买方应如何确认取得的被购买方拥有的但在其财务报表中未确认的无形资产？

答：非同一控制下的企业合并中，购买方在对企业合并中取得的被购买方资产进行初始确认时，应当对被购买方拥有的但在其财务报表中未确认的无形资产进行充分辨认和合理判断，满足以下条件之一的，应确认为无形资产：

（一）源于合同性权利或其他法定权利；

（二）能够从被购买方中分离或者划分出来，并能单独或与相关合同、资产和负债一起，用于出售、转移、授予许可、租赁或交换。

企业应当在附注中披露在非同一控制下的企业合并中取得的被购买方无形资产的公允价值及其公允价值的确定方法。

二、企业开展信用风险缓释工具相关业务，应当如何进行会计处理？

答：信用风险缓释工具，是指信用风险缓释合约、信用风险缓释凭证及其他用于管理信用风险的信用衍生产品。信用风险缓释合约，是指交易双方达成的、约定在未来一定期限内，信用保护买方按照约定的标准和方式向信用保护卖方支付信用保护费用，由信用保护卖方就约定的标的债务向信用保护买方提供信用风险保护的金融合约。信用风险缓释凭证，是指由标的实体以外的机构创设，为凭证持有人就标的债务提供信用风险保护的、可交易流通的有价凭证。

信用保护买方和卖方应当根据信用风险缓释工具的合同条款，按照实质重于形式的原则，判断信用风险缓释工具是否属于财务担保合同，并分别下列情况进行处理：

（一）属于财务担保合同的信用风险缓释工具，除融资性担保公司根据《企业会计准则解释第 4 号》第八条的规定处理外，信用保护买方和卖方应当按照《企业会计准则第 22 号——金融工具确认和计量》中有关财务担保合同的规定进行会计处理。其中，信用保护买方支付的信用保护费用和信用保护卖方取得的信用保护收入，应当在财务担保合同期间内按照合理的基础进行摊销，计入各期损益。

（二）不属于财务担保合同的其他信用风险缓释工具，信用保护买方和卖方应当按照《企业会计准则第 22 号——金融工具确认和计量》的规定，将其归类为衍生工具进行会计处理。

财务担保合同，是指当特定债务人到期不能按照最初或修改后的债务工具条款偿付时，要求签发人向蒙受损失的合同持有人赔付特定金额的合同。

开展信用风险缓释工具相关业务的信用保护买方和卖方，应当根据信用风险缓释工具的分类，分别按照《企业会计准则第 37 号——金融工具列报》《企业会计准则第 25 号——原保险合同》或《企业会计准则第 26 号——再保险合同》以及《企业会计准则第 30 号——财务报表列报》进行列报。

三、企业采用附追索权方式出售金融资产，或将持有的金融资产背书转让，是否应当终止确认该金融资产？

答：企业对采用附追索权方式出售的金融资产，或将持有的金融资产背书转让，应当根据《企业会计准则第23号——金融资产转移》的规定，确定该金融资产所有权上几乎所有的风险和报酬是否已经转移。企业已将该金融资产所有权上几乎所有的风险和报酬转移给转入方的，应当终止确认该金融资产；保留了金融资产所有权上几乎所有的风险和报酬的，不应当终止确认该金融资产；既没有转移也没有保留金融资产所有权上几乎所有的风险和报酬的，应当继续判断企业是否对该资产保留了控制，并根据《企业会计准则第23号——金融资产转移》的规定进行会计处理。

四、银行业金融机构开展同业代付业务，应当如何进行会计处理？

答：银行业金融机构应当根据委托行（发起行、开证行）与受托行（代付行）签订的代付业务协议条款判断同业代付交易的实质，按照融资资金的提供方不同以及代付本金和利息的偿还责任不同，分别下列情况进行处理。

（一）如果委托行承担合同义务在约定还款日无条件向受托行偿还代付本金和利息，委托行应当按照《企业会计准则第22号——金融工具确认和计量》，将相关交易作为对申请人发放贷款处理，受托行应当将相关交易作为向委托行拆出资金处理。

（二）如果申请人承担合同义务向受托行在约定还款日偿还代付本金和利息（无论还款是否通过委托行），委托行仅在申请人到期未能偿还代付本金和利息的情况下，才向受托行无条件偿还代付本金和利息的，对于相关交易中的担保部分，委托行应当按照《企业会计准则第22号——金融工具确认和计量》对财务担保合同的规定处理；对于相关交易中的代理责任部分，委托行应当按照《企业会计准则第14号——收入》处理。受托行应当按照《企业会计准则第22号——金融工具确认和计量》，将相关交易作为对申请人发放贷款处理。

银行业金融机构应当严格遵循《企业会计准则第37号——金融工具列报》和其他相关准则的规定，对同业代付业务涉及的金融资产、金融负债、贷款承诺、担保、代理责任等相关信息进行列报。同业代付业务产生的金融资产和金融负债不得随意抵销。

本条解释既适用于信用证项下的同业代付业务，也适用于保理项下的同业代付业务。

五、企业通过多次交易分步处置对子公司股权投资直至丧失控制权，应当如何进行会计处理？

答：企业通过多次交易分步处置对子公司股权投资直至丧失控制权的，应当按照《关于执行会计准则的上市公司和非上市企业做好2009年年报工作的通知》（财会〔2009〕16号）和《企业会计准则解释第4号》（财会〔2010〕15号）的规定对每一项交易进行会计处理。处置对子公司股权投资直至丧失控制权的各项交易属于"一揽子交易"的，应当将各项交易作为一项处置子公司并丧失控制权的交易进行会计处理；但是，在丧失控制权之前每一次处置价款与处置投资对应的享有该子公司净资产份额的差额，在合并财务报表中应当确认为其他综合收益，在丧失控制权时一并转入丧失控制权当期的损益。

处置对子公司股权投资的各项交易的条款、条件以及经济影响符合以下一种或多种情况，通常表明应将多次交易或事项作为"一揽子交易"进行会计处理：

（一）这些交易是同时或者在考虑了彼此影响的情况下订立的；

（二）这些交易整体才能达成一项完整的商业结果；

（三）一项交易的发生取决于其他至少一项交易的发生；

（四）一项交易单独看是不经济的，但是和其他交易一并考虑时是经济的。

六、企业接受非控股股东（或非控股股东的子公司）直接或间接代为偿债、债务豁免或捐赠的，应如何进行会计处理？

答：企业接受代为偿债、债务豁免或捐赠，按照企业会计准则规定符合确认条件的，通常应当确认为当期收益；但是，企业接受非控股股东（或非控股股东的子公司）直接或间接代为偿债、债务豁免或捐赠，经济实质表明属于非控股股东对企业的资本性投入，应当将相关利得计入所有者权益（资本公积）。

企业发生破产重整，其非控股股东因执行人民法院批准的破产重整计划，通过让渡所持有的该企业部分股份向企业债权人偿债的，企业应将非控股股东所让渡股份按照其在让渡之日的公允价值计入所有者权益（资本公积），减少所豁免债务的账面价值，并将让渡股份公允价值与被豁免的债务账面价值之间的差额计入当期损益。控股股东按照破产重整计划让渡了所持有的部分该企业股权向企业债权人偿债的，该企业也按此原则处理。

七、本解释自 2013 年 1 月 1 日施行，不要求追溯调整。

附录七

企业会计准则解释第 6 号

（财会〔2014〕1 号）

一、企业因固定资产弃置费用确认的预计负债发生变动的，应当如何进行会计处理？

答：企业应当进一步规范关于固定资产弃置费用的会计核算，根据《企业会计准则第 4 号——固定资产》应用指南的规定，对固定资产的弃置费用进行会计处理。

本解释所称的弃置费用形成的预计负债在确认后，按照实际利率法计算的利息费用应当确认为财务费用；由于技术进步、法律要求或市场环境变化等原因，特定固定资产的履行弃置义务可能发生支出金额、预计弃置时点、折现率等变动而引起的预计负债变动，应按照以下原则调整该固定资产的成本：

（一）对于预计负债的减少，以该固定资产账面价值为限扣减固定资产成本。如果预计负债的减少额超过该固定资产账面价值，超出部分确认为当期损益。

（二）对于预计负债的增加，增加该固定资产的成本。

按照上述原则调整的固定资产，在资产剩余使用年限内计提折旧。一旦该固定资产的使用寿命结束，预计负债的所有后续变动应在发生时确认为损益。

二、根据《企业会计准则第 20 号——企业合并》，在同一控制下的企业合并中，合并方在企业合并中取得的资产和负债，应当按照合并日在被合并方的账面价值计量。在被合并方是最终控制方以前年度从第三方收购来的情况下，合并方在编制财务报表时，应如何确定被合并方资产、负债的账面价值？

答：同一控制下的企业合并，是指参与合并的企业在合并前后均受同一方或相同的多方最终控制，且该控制不是暂时性的。从最终控制方的角度看，其在合并前后实际控制的经济资源并没有发生变化，因此有关交易或事项不应视为购买。合并方编制财务报表时，在被合并方是最终控制方以前年度从第三方收购来的情况下，应视同合并后形成的报告主体自最终控制方开始实施控制时起，一直是一体化存续下来的，应以被合并方的资产、负债（包括最终控制方收购被合并方而形成的商誉）在最终控制方财务报表中的账面价值为基础，进行相关会计处理。合并方的财务报表比较数据追溯调整的期间应不早于双方处于最终控制方的控制之下孰晚的时间。

本解释发布前同一控制下的企业合并未按照上述规定处理的，应当进行追溯调整，追溯调整不切实可行的除外。

三、本解释自发布之日起施行。

附录八

企业会计准则解释第 7 号

（财会〔2015〕19 号）

一、投资方因其他投资方对其子公司增资而导致本投资方持股比例下降，从而丧失控制权但能实施共同控制或施加重大影响的，投资方应如何进行会计处理？

答：该问题主要涉及《企业会计准则第 2 号——长期股权投资》《企业会计准则第 33 号——合并财务报表》等准则。

投资方应当区分个别财务报表和合并财务报表进行相关会计处理：

（一）在个别财务报表中，应当对该项长期股权投资从成本法转为权益法核算。首先，按照新的持股比例确认本投资方应享有的原子公司因增资扩股而增加净资产的份额，与应结转持股比例下降部分所对应的长期股权投资原账面价值之间的差额计入当期损益；然后，按照新的持股比例视同自取得投资时即采用权益法核算进行调整。

（二）在合并财务报表中，应当按照《企业会计准则第 33 号——合并财务报表》的有关规定进行会计处理。

二、重新计量设定受益计划净负债或者净资产所产生的变动应计入其他综合收益，后续会计期间应如何进行会计处理？

答：该问题主要涉及《企业会计准则第 9 号——职工薪酬》等准则。

重新计量设定受益计划净负债或者净资产的变动计入其他综合收益，在后续会计期间不允许转回至损益，在原设定受益计划终止时应当在权益范围内将原计入其他综合收益的部分全部结转至未分配利润。计划终止，指该计划已不存在，即本企业已解除该计划所产生的所有未来义务。

三、子公司发行优先股等其他权益工具的，应如何计算母公司合并利润表中的"归属于母公司股东的净利润"？

答：该问题主要涉及《企业会计准则第 33 号——合并财务报表》等准则。

子公司发行累积优先股等其他权益工具的，无论当期是否宣告发放其股利，在计算列报母公司合并利润表中的"归属于母公司股东的净利润"时，应扣除当期归属于除母公司之外的其他权益工具持有者的可累积分配股利，扣除金额应在"少数股东损益"项目中列示。

子公司发行不可累积优先股等其他权益工具的，在计算列报母公司合并利润表中的"归属于母公司股东的净利润"时，应扣除当期宣告发放的归属于除母公司之外的其他权益工具持有者的不可累积分配股利，扣除金额应在"少数股东损益"项目中列示。

本解释发布前企业的合并财务报表未按照上述规定列报的，应当对可比期间的数据进行相应调整。

四、母公司直接控股的全资子公司改为分公司的，该母公司应如何进行会计处理？

答：母公司直接控股的全资子公司改为分公司的（不包括反向购买形成的子公司改为分

公司的情况），应按以下规定进行会计处理：

（一）原母公司（即子公司改为分公司后的总公司）应当对原子公司（即子公司改为分公司后的分公司）的相关资产、负债，按照原母公司自购买日所取得的该原子公司各项资产、负债的公允价值（如为同一控制下企业合并取得的原子公司则为合并日账面价值）以及购买日（或合并日）计算的递延所得税负债或递延所得税资产持续计算至改为分公司日的各项资产、负债的账面价值确认。在此基础上，抵销原母公司与原子公司内部交易形成的未实现损益，并调整相关资产、负债，以及相应的递延所得税负债或递延所得税资产。此外，某些特殊项目按如下原则处理：

1. 原为非同一控制下企业合并取得的子公司改为分公司的，原母公司购买原子公司时产生的合并成本小于合并中取得的可辨认净资产公允价值份额的差额，应计入留存收益；原母公司购买原子公司时产生的合并成本大于合并中取得的可辨认净资产公允价值份额的差额，应按照原母公司合并该原子公司的合并财务报表中商誉的账面价值转入原母公司的商誉。原为同一控制下企业合并取得的子公司改为分公司的，原母公司在合并财务报表中确认的最终控制方收购原子公司时形成的商誉，按其在合并财务报表中的账面价值转入原母公司的商誉。

2. 原子公司提取但尚未使用的安全生产费或一般风险准备，分别情况处理：原为非同一控制下企业合并取得的子公司改为分公司的，按照购买日起开始持续计算至改为分公司日的原子公司安全生产费或一般风险准备的账面价值，转入原母公司的专项储备或一般风险准备；原为同一控制下企业合并取得的子公司改为分公司的，按照合并日原子公司安全生产费或一般风险准备账面价值持续计算至改为分公司日的账面价值，转入原母公司的专项储备或一般风险准备。

3. 原为非同一控制下企业合并取得的子公司改为分公司的，应将购买日至改为分公司日原子公司实现的净损益，转入原母公司留存收益；原为同一控制下企业合并取得的子公司改为分公司的，应将合并日至改为分公司日原子公司实现的净损益，转入原母公司留存收益。这里，将原子公司实现的净损益转入原母公司留存收益时，应当按购买日（或合并日）所取得的原子公司各项资产、负债公允价值（或账面价值）为基础计算，并且抵销原母子公司内部交易形成的未实现损益。

原子公司实现的其他综合收益和权益法下核算的其他所有者权益变动等，应参照上述原则计算调整，并相应转入原母公司权益项下其他综合收益和资本公积等项目。

4. 原母公司对该原子公司长期股权投资的账面价值与按上述原则将原子公司的各项资产、负债等转入原母公司后形成的差额，应调整资本公积；资本公积不足冲减的，调整留存收益。

（二）除上述情况外，原子公司改为分公司过程中，由于其他原因产生的各项资产、负债的入账价值与其计税基础不同所产生的暂时性差异，按照《企业会计准则第18号——所得税》的有关规定进行会计处理。

（三）其他方式取得的子公司改为分公司的，应比照上述（一）和（二）原则进行会计处理。

五、对于授予限制性股票的股权激励计划，企业应如何进行会计处理？等待期内企业应如何考虑限制性股票对每股收益计算的影响？

答：该问题主要涉及《企业会计准则第11号——股份支付》《企业会计准则第22号——金融工具确认和计量》《企业会计准则第34号——每股收益》和《企业会计准则第37号——金融工具列报》等准则。

（一）授予限制性股票的会计处理

上市公司实施限制性股票的股权激励安排中，常见做法是上市公司以非公开发行的方式向激励对象授予一定数量的公司股票，并规定锁定期和解锁期，在锁定期和解锁期内，不得上市流通及转让。达到解锁条件，可以解锁；如果全部或部分股票未被解锁而失效或作废，通常由上市公司按照事先约定的价格立即进行回购。

对于此类授予限制性股票的股权激励计划，向职工发行的限制性股票按有关规定履行了注册登记等增资手续的，上市公司应当根据收到职工缴纳的认股款确认股本和资本公积（股本溢价），按照职工缴纳的认股款，借记"银行存款"等科目，按照股本金额，贷记"股本"科目，按照其差额，贷记"资本公积——股本溢价"科目；同时，就回购义务确认负债（作收购库存股处理），按照发行限制性股票的数量以及相应的回购价格计算确定的金额，借记"库存股"科目，贷记"其他应付款——限制性股票回购义务"（包括未满足条件而须立即回购的部分）等科目。

上市公司应当综合考虑限制性股票锁定期和解锁期等相关条款，按照《企业会计准则第11号——股份支付》相关规定判断等待期，进行与股份支付相关的会计处理。对于因回购产生的义务确认的负债，应当按照《企业会计准则第22号——金融工具确认和计量》相关规定进行会计处理。上市公司未达到限制性股票解锁条件而需回购的股票，按照应支付的金额，借记"其他应付款——限制性股票回购义务"等科目，贷记"银行存款"等科目；同时，按照注销的限制性股票数量相对应的股本金额，借记"股本"科目，按照注销的限制性股票数量相对应的库存股的账面价值，贷记"库存股"科目，按其差额，借记"资本公积——股本溢价"科目。上市公司达到限制性股票解锁条件而无需回购的股票，按照解锁股票相对应的负债的账面价值，借记"其他应付款——限制性股票回购义务"等科目，按照解锁股票相对应的库存股的账面价值，贷记"库存股"科目，如有差额，则借记或贷记"资本公积——股本溢价"科目。

（二）等待期内发放现金股利的会计处理和基本每股收益的计算

上市公司在等待期内发放现金股利的会计处理及基本每股收益的计算，应视其发放的现金股利是否可撤销采取不同的方法：

1. 现金股利可撤销，即一旦未达到解锁条件，被回购限制性股票的持有者将无法获得（或需要退回）其在等待期内应收（或已收）的现金股利。

等待期内，上市公司在核算应分配给限制性股票持有者的现金股利时，应合理估计未来解锁条件的满足情况，该估计与进行股份支付会计处理时在等待期内每个资产负债表日对可行权权益工具数量进行的估计应当保持一致。对于预计未来可解锁限制性股票持有者，上市公司应分配给限制性股票持有者的现金股利应当作为利润分配进行会计处理，借记"利润分配——应付现金股利或利润"科目，贷记"应付股利——限制性股票股利"科目；同时，按分配的现金股利金额，借记"其他应付款——限制性股票回购义务"等科目，贷记"库存股"科目；实际支付时，借记"应付股利——限制性股票股利"科目，贷记"银行存款"等科目。对于预计未来不可解锁限制性股票持有者，上市公司应分配给限制性股票持有者的现金股利应当冲减相关的负债，借记"其他应付款——限制性股票回购义务"等科目，贷记"应付股利——限制性股票股利"科目；实际支付时，借记"应付股利——限制性股票股利"科目，贷记"银行存款"等科目。后续信息表明不可解锁限制性股票的数量与以前估计不同的，应当作为会计估计变更处理，直到解锁日预计不可解锁限制性股票的数量与实际未解锁限制性股票的数量一致。

等待期内计算基本每股收益时，分子应扣除当期分配给预计未来可解锁限制性股票持有者的现金股利；分母不应包含限制性股票的股数。

2. 现金股利不可撤销，即不论是否达到解锁条件，限制性股票持有者仍有权获得（或不得被要求退回）其在等待期内应收（或已收）的现金股利。

等待期内，上市公司在核算应分配给限制性股票持有者的现金股利时，应合理估计未来解锁条件的满足情况，该估计与进行股份支付会计处理时在等待期内每个资产负债表日对可行权权益工具数量进行的估计应当保持一致。对于预计未来可解锁限制性股票持有者，上市公司应分配给限制性股票持有者的现金股利应当作为利润分配进行会计处理，借记"利润分配——应付现金股利或利润"科目，贷记"应付股利——限制性股票股利"科目；实际支付时，借记"应付股利——限制性股票股利"科目，贷记"银行存款"等科目。对于预计未来不可解锁限制性股票持有者，上市公司应分配给限制性股票持有者的现金股利应当计入当期成本费用，借记"管理费用"等科目，贷记"应付股利——应付限制性股票股利"科目；实际支付时，借记"应付股利——限制性股票股利"科目，贷记"银行存款"等科目。后续信息表明不可解锁限制性股票的数量与以前估计不同的，应当作为会计估计变更处理，直到解锁日预计不可解锁限制性股票的数量与实际未解锁限制性股票的数量一致。

等待期内计算基本每股收益时，应当将预计未来可解锁限制性股票作为同普通股一起参加剩余利润分配的其他权益工具处理，分子应扣除归属于预计未来可解锁限制性股票的净利润；分母不应包含限制性股票的股数。

（三）等待期内稀释每股收益的计算

等待期内计算稀释每股收益时，应视解锁条件不同采取不同的方法：

1. 解锁条件仅为服务期限条件的，企业应假设资产负债表日尚未解锁的限制性股票已于当期期初（或晚于期初的授予日）全部解锁，并参照《企业会计准则第 34 号——每股收益》中股份期权的有关规定考虑限制性股票的稀释性。其中，行权价格为限制性股票的发行价格加上资产负债表日尚未取得的职工服务按《企业会计准则第 11 号——股份支付》有关规定计算确定的公允价值。锁定期内计算稀释每股收益时，分子应加回计算基本每股收益分子时已扣除的当期分配给预计未来可解锁限制性股票持有者的现金股利或归属于预计未来可解锁限制性股票的净利润。

2. 解锁条件包含业绩条件的，企业应假设资产负债表日即为解锁日并据以判断资产负债表日的实际业绩情况是否满足解锁要求的业绩条件。若满足业绩条件的，应当参照上述解锁条件仅为服务期限条件的有关规定计算稀释性每股收益；若不满足业绩条件的，计算稀释性每股收益时不必考虑此限制性股票的影响。

本解释发布前限制性股票未按照上述规定处理的，应当追溯调整，并重新计算各列报期间的每股收益，追溯调整不切实可行的除外。

六、本解释中除特别注明外，其他问题的会计处理规定适用于 2015 年年度及以后期间的财务报告。

附录九

企业会计准则解释第 8 号

（财会〔2015〕23 号）

一、商业银行及其子公司（以下统称为"商业银行"）应当如何判断是否控制其按照银行业监督管理委员会相关规定发行的理财产品（以下称为"理财产品"）？

答：商业银行应当按照《企业会计准则第 33 号——合并财务报表》（以下简称"合并财务报表准则"）的相关规定，判断是否控制其发行的理财产品。如果商业银行控制该理财产品，应当按照"合并财务报表准则"的规定将该理财产品纳入合并范围。

商业银行在判断是否控制其发行的理财产品时，应当综合考虑其本身直接享有以及通过所有子公司（包括控制的结构化主体）间接享有权利而拥有的权力、可变回报及其联系。分析可变回报时，至少应当关注以下方面：

可变回报通常包括商业银行因向理财产品提供管理服务等获得的决策者薪酬和其他利益。前者包括各种形式的理财产品管理费（含各种形式的固定管理费和业绩报酬等），还可能包括以销售费、托管费以及其他各种服务收费的名义收取的实质上为决策者薪酬的收费；后者包括各种形式的直接投资收益，提供信用增级或支持等而获得的补偿或报酬，因提供信用增级或支持等而可能发生或承担的损失，与理财产品进行其他交易或者持有理财产品其他利益而取得的可变回报，以及销售费、托管费和其他各种名目的服务收费等。其中，提供的信用增级包括担保（例如保证理财产品投资者的本金或收益、为理财产品的债务提供保证等）、信贷承诺等；提供的支持包括财务或其他支持，例如，流动性支持、回购承诺、向理财产品提供融资、购买理财产品持有的资产、同理财产品进行衍生交易等。

商业银行在分析享有的可变回报时，不仅应当分析与理财产品相关的法律、法规及各项合同安排的实质，还应当分析理财产品成本与收益是否清晰明确，交易定价（含收费）是否符合市场或行业惯例，以及是否存在其他可能导致商业银行最终承担理财产品损失的情况等。商业银行应当慎重考虑其是否在没有合同义务的情况下，对过去发行的具有类似特征的理财产品提供过信用增级或支持的事实或情况，至少包括以下几个方面：

（一）提供该信用增级或支持的触发事件及其原因，以及预期未来发生类似事件的可能性和频率。

（二）商业银行提供该信用增级或支持的原因，以及作出这一决定的内部控制和管理流程；预期未来出现类似触发事件时，是否仍将提供信用增级和支持（此评估应当基于商业银行对于此类事件的应对机制以及内部控制和管理流程，且应当考虑历史经验）。

（三）因提供信用增级或支持而从理财产品获取的对价，包括但不限于该对价是否公允，收取该对价是否存在不确定性以及不确定性的程度。

（四）因提供信用增级或支持而面临损失的风险程度。

如果商业银行按照"合并财务报表准则"判断对所发行的理财产品不构成控制，但在该理财产品的存续期内，商业银行向该理财产品提供了合同义务以外的信用增级或支持，商业银行应当至少考虑上述各项事实和情况，重新评估是否对该理财产品形成控制。经重新评估后认定对理财产品具有控制的,商业银行应当将该理财产品纳入合并范围。同时,对于发行的具有类似特征(如具有类似合同条款、基础资产构成、投资者构成、商业银行参与理财产品而享有可变回报的构成等)的理财产品,商业银行也应当按照一致性原则予以重新评估。

二、商业银行应当如何对其发行的理财产品进行会计处理?

答:商业银行发行的理财产品应当作为独立的会计主体,按照企业会计准则的相关规定进行会计处理。

(一)会计核算

对于理财产品持有或发行的金融工具,在采用《企业会计准则第22号——金融工具确认和计量》(以下简称"金融工具确认计量准则")《企业会计准则第37号——金融工具列报》(以下简称"金融工具列报准则")和《企业会计准则第39号——公允价值计量》(以下简称"公允价值计量准则")时,应当至少考虑以下内容。

1. 分类

对于理财产品持有的金融资产或金融负债,应当根据持有目的或意图、是否有活跃市场报价、金融工具现金流量特征等,按照"金融工具确认计量准则"有关金融资产或金融负债的分类原则进行恰当分类。

如果理财产品持有的非衍生金融资产由于缺乏流动性而难以在市场上出售(如非标准化债权资产),则通常不能表明该金融资产是为了交易目的而持有的(如为了近期内出售,或者属于进行集中管理的可辨认金融工具组合的一部分,且有客观证据表明近期采用短期获利方式对该组合进行管理),因而不应当分类为以公允价值计量且其变动计入当期损益的金融资产中的交易性金融资产。

如果理财产品持有的权益工具投资在活跃市场中没有报价,且采用估值技术后公允价值也不能可靠地计量,则不得将其指定为以公允价值计量且其变动计入当期损益的金融资产。

如果商业银行因为估值流程不完善或不具备估值能力,且未能或难以有效利用第三方估值等原因,无法或难以可靠地评估理财产品持有的金融资产或金融负债的公允价值,则通常不能表明其能以公允价值为基础对理财产品持有的金融资产或金融负债进行管理和评价,因而不得依据"金融工具确认计量准则",将该金融资产或金融负债指定为以公允价值计量且其变动计入当期损益的金融工具。

理财产品发行的金融工具,应当按照"金融工具列报准则"的相关规定进行分类。

在对理财产品进行会计处理时,应当按照企业会计准则的相关规定规范使用会计科目,不得使用诸如"代理理财投资"等可能引起歧义的科目名称。

2. 计量

对于理财产品持有的金融资产或金融负债,应当按照"金融工具确认计量准则""公允价值计量准则"和其他相关准则进行计量。其中:

(1)公允价值计量

对于以公允价值计量的金融资产或金融负债,应当按照"公允价值计量准则"的相关规定确定其公允价值。通常情况下,金融工具初始确认的成本不符合后续公允价值计量要求,除非有充分的证据或理由表明该成本在计量日仍是对公允价值的恰当估计。

(2)减值

理财产品持有的除以公允价值计量且其变动计入当期损益之外的金融资产,应当按照"金融工具确认计量准则"中有关金融资产减值的规定,评估是否存在减值的客观证据,以及确定减值损失的金额并进行会计核算。

（二）列报

商业银行是编报理财产品财务报表的法定责任人。如果相关法律、法规或监管部门要求报送或公开理财产品财务报表，商业银行应当确保其报送或公开的理财产品财务报表符合企业会计准则的要求。

三、商业银行应当在 2016 年年度及以后期间的财务报告中适用本解释要求。本解释生效前商业银行对理财产品的会计处理与本解释不一致的，应当进行追溯调整，追溯调整不可行的除外。

附录十

企业会计准则解释第 9 号

——关于权益法下有关投资净损失的会计处理

（财会〔2017〕16 号）

一、涉及的主要准则

该问题主要涉及《企业会计准则第 2 号——长期股权投资》（财会〔2014〕14 号，以下简称第 2 号准则）。

二、涉及的主要问题

第 2 号准则第十二条规定，投资方确认被投资单位发生的净亏损，应以长期股权投资的账面价值以及其他实质上构成对被投资单位净投资的长期权益（简称其他长期权益）冲减至零为限，投资方负有承担额外损失义务的除外。被投资单位以后实现净利润的，投资方在其收益分享额弥补未确认的亏损分担额后，恢复确认收益分享额。

根据上述规定，投资方在权益法下因确认被投资单位发生的其他综合收益减少净额而产生未确认投资净损失的，是否按照上述原则处理？

三、会计确认、计量和列报要求

投资方按权益法确认应分担被投资单位的净亏损或被投资单位其他综合收益减少净额，将有关长期股权投资冲减至零并产生了未确认投资净损失的，被投资单位在以后期间实现净利润或其他综合收益增加净额时，投资方应当按照以前确认或登记有关投资净损失时的相反顺序进行会计处理，即依次减记未确认投资净损失金额、恢复其他长期权益和恢复长期股权投资的账面价值，同时，投资方还应当重新复核预计负债的账面价值，有关会计处理如下：

（一）投资方当期对被投资单位净利润和其他综合收益增加净额的分享额小于或等于前期未确认投资净损失的，根据登记的未确认投资净损失的类型，弥补前期未确认的应分担的被投资单位净亏损或其他综合收益减少净额等投资净损失。

（二）投资方当期对被投资单位净利润和其他综合收益增加净额的分享额大于前期未确认投资净损失的，应先按照以上（一）的规定弥补前期未确认投资净损失；对于前者大于后者的差额部分，依次恢复其他长期权益的账面价值和恢复长期股权投资的账面价值，同时按权益法确认该差额。

投资方应当按照《企业会计准则第 13 号——或有事项》的有关规定，对预计负债的账面价值进行复核，并根据复核后的最佳估计数予以调整。

四、生效日期和新旧衔接

本解释自 2018 年 1 月 1 日起施行。本解释施行前的有关业务未按照以上规定进行处理的，应进行追溯调整，追溯调整不切实可行的除外。本解释施行前已处置或因其他原因终止采用权益法核算的长期股权投资，无需追溯调整。

附录十一

企业会计准则解释第 10 号

——关于以使用固定资产产生的收入为基础的折旧方法

（财会〔2017〕17 号）

一、涉及的主要准则

该问题主要涉及《企业会计准则第 4 号——固定资产》（财会〔2006〕3 号，以下简称第 4 号准则）。

二、涉及的主要问题

第 4 号准则第十七条规定，企业应当根据与固定资产有关的经济利益的预期实现方式，合理选择固定资产折旧方法。可选用的折旧方法包括年限平均法、工作量法、双倍余额递减法和年数总和法等。

根据上述规定，企业能否以包括使用固定资产在内的经济活动产生的收入为基础计提折旧？

三、会计确认、计量和列报要求

企业在按照第 4 号准则的上述规定选择固定资产折旧方法时，应当根据与固定资产有关的经济利益的预期消耗方式作出决定。由于收入可能受到投入、生产过程、销售等因素的影响，这些因素与固定资产有关经济利益的预期消耗方式无关，因此，企业不应以包括使用固定资产在内的经济活动所产生的收入为基础进行折旧。

四、生效日期和新旧衔接

本解释自 2018 年 1 月 1 日起施行，不要求追溯调整。本解释施行前已确认的相关固定资产未按本解释进行会计处理的，不调整以前各期折旧金额，也不计算累积影响数，自施行之日起在未来期间根据重新评估后的折旧方法计提折旧。

附录十二

企业会计准则解释第 11 号

——关于以使用无形资产产生的收入为基础的摊销方法

（财会〔2017〕18 号）

一、涉及的主要准则

该问题主要涉及《企业会计准则第 6 号——无形资产》（财会〔2006〕3 号，以下简称第 6 号准则）。

二、涉及的主要问题

第 6 号准则第十七条规定，企业选择的无形资产摊销方法，应当反映与该无形资产有关的经济利益的预期实现方式。无法可靠地确定预期实现方式的，应当采用直线法摊销。

根据上述规定，企业能否以包括使用无形资产在内的经济活动产生的收入为基础进行摊销？

三、会计确认、计量和列报要求

企业在按照第 6 号准则的上述规定选择无形资产摊销方法时，应根据与无形资产有关的经济利益的预期消耗方式作出决定。由于收入可能受到投入、生产过程和销售等因素的影响，这些因素与无形资产有关经济利益的预期消耗方式无关，因此，企业通常不应以包括使用无形资产在内的经济活动所产生的收入为基础进行摊销，但是，下列极其有限的情况除外：

（一）企业根据合同约定确定无形资产固有的根本性限制条款（如无形资产的使用时间、使用无形资产生产产品的数量或因使用无形资产而应取得固定的收入总额）的，当该条款为因使用无形资产而应取得的固定的收入总额时，取得的收入可以成为摊销的合理基础，如企业获得勘探开采黄金的特许权，且合同明确规定该特许权在销售黄金的收入总额达到某固定的金额时失效。

（二）有确凿的证据表明收入的金额和无形资产经济利益的消耗是高度相关的。

企业采用车流量法对高速公路经营权进行摊销的，不属于以包括使用无形资产在内的经济活动产生的收入为基础的摊销方法。

四、生效日期和新旧衔接

本解释自 2018 年 1 月 1 日起施行，不要求追溯调整。本解释施行前已确认的无形资产未按本解释进行会计处理的，不调整以前各期摊销金额，也不计算累积影响数，自施行之日起在未来期间根据重新评估后的摊销方法计提摊销。

附录十三

企业会计准则解释第 12 号

——关于关键管理人员服务的提供方与接受方是否为关联方

（财会〔2017〕19 号）

一、涉及的主要准则

该问题主要涉及《企业会计准则第 36 号——关联方披露》（财会〔2006〕3 号，以下简称第 36 号准则）。

二、涉及的主要问题

根据第 36 号准则第四条，企业的关键管理人员构成该企业的关联方。

根据上述规定，提供关键管理人员服务的主体（以下简称服务提供方）与接受该服务的主体（以下简称服务接受方）之间是否构成关联方？例如，证券公司与其设立并管理的资产管理计划之间存在提供和接受关键管理人员服务的关系的，是否仅因此就构成了关联方，即证券公司在财务报表中是否将资产管理计划作为关联方披露，以及资产管理计划在财务报表中是否将证券公司作为关联方披露。

三、会计确认、计量和列报要求

服务提供方向服务接受方提供关键管理人员服务的，服务接受方在编制财务报表时，应当将服务提供方作为关联方进行相关披露；服务提供方在编制财务报表时，不应仅仅因为向服务接受方提供了关键管理人员服务就将其认定为关联方，而应当按照第 36 号准则判断双方是否构成关联方并进行相应的会计处理。

服务接受方可以不披露服务提供方所支付或应支付给服务提供方有关员工的报酬，但应当披露其接受服务而应支付的金额。

四、生效日期和新旧衔接

本解释自 2018 年 1 月 1 日起施行，不要求追溯调整。

附录十四

企业会计准则解释第 13 号

财会〔2019〕21 号

一、关于企业与其所属企业集团其他成员企业等相关的关联方判断

该问题主要涉及《企业会计准则第 36 号——关联方披露》(财会〔2006〕3 号,以下简称第 36 号准则)等准则。

除第 36 号准则第四条规定外,下列各方构成关联方,应当按照第 36 号准则进行相关披露:(一)企业与其所属企业集团的其他成员单位(包括母公司和子公司)的合营企业或联营企业;(二)企业的合营企业与企业的其他合营企业或联营企业。

除第 36 号准则第五条和第六条规定外,两方或两方以上同受一方重大影响的,不构成关联方。

第 36 号准则中所指的联营企业包括联营企业及其子公司,合营企业包括合营企业及其子公司。

二、关于企业合并中取得的经营活动或资产的组合是否构成业务的判断

该问题主要涉及《企业会计准则第 20 号——企业合并》(财会〔2006〕3 号,以下简称第 20 号准则)、《〈企业会计准则第 20 号——企业合并〉应用指南》(财会〔2006〕18 号,以下简称第 20 号指南)等规定。

(一)构成业务的要素

根据第 20 号准则的规定,涉及构成业务的合并应当比照第 20 号准则规定处理。根据第 20 号指南的规定,业务是指企业内部某些生产经营活动或资产的组合,该组合一般具有投入、加工处理过程和产出能力,能够独立计算其成本费用或所产生的收入。合并方在合并中取得的生产经营活动或资产的组合(以下简称组合)构成业务,通常应具有下列三个要素:

1. 投入,指原材料、人工、必要的生产技术等无形资产以及构成产出能力的机器设备等其他长期资产的投入。

2. 加工处理过程,指具有一定的管理能力、运营过程,能够组织投入形成产出能力的系统、标准、协议、惯例或规则。

3. 产出,包括为客户提供的产品或服务、为投资者或债权人提供的股利或利息等投资收益,以及企业日常活动产生的其他的收益。

(二)构成业务的判断条件

合并方在合并中取得的组合应当至少同时具有一项投入和一项实质性加工处理过程,且二者相结合对产出能力有显著贡献,该组合才构成业务。合并方在合并中取得的组合是否有实际产出并不是判断其构成业务的必要条件。

企业应当考虑产出的下列情况分别判断加工处理过程是否是实质性的:

1. 该组合在合并日无产出的,同时满足下列条件的加工处理过程应判断为是实质性的:(1)该加工处理过程对投入转化为产出至关重要;(2)具备执行该过程所需技能、知识或经验的有组织的员工,且具备必要的材料、权利、其他经济资源等投入,例如技术、研究和开发项目、房地产或矿区权益等。

2. 该组合在合并日有产出的,满足下列条件之一的加工处理过程应判断为是实质性的:(1)该加工处理过程对持续产出至关重要,且具备执行该过程所需技能、知识或经验的有组织的员工;(2)该加工处理过程对产出能力有显著贡献,且该过程是独有、稀缺或难以取代的。

企业在判断组合是否构成业务时,应当从市场参与者角度考虑可以将其作为业务进行管理和经营,而不是根据合并方的管理意图或被合并方的经营历史来判断。

(三)判断非同一控制下企业合并中取得的组合是否构成业务,也可选择采用集中度测试

集中度测试是非同一控制下企业合并的购买方在判断取得的组合是否构成一项业务时,可以选择采用的一种简化判断方式。进行集中度测试时,如果购买方取得的总资产的公允价值几乎相当于其中某一单独可辨认资产或一组类似可辨认资产的公允价值的,则该组合通过集中度测试,应判断为不构成业务,且购买方无须按照上述(二)的规定进行判断;如果该组合未通过集中度测试,购买方仍应按照上述(二)的规定进行判断。

购买方应当按照下列规定进行集中度测试:

1. 计算确定取得的总资产的公允价值。取得的总资产不包括现金及现金等价物、递延所得税资产以及由递延所得税负债影响形成的商誉。购买方通常可以通过下列公式之一计算确定取得的总资产的公允价值:

(1)总资产的公允价值=合并中取得的非现金资产的公允价值+(购买方支付的对价+购买日被购买方少数股东权益的公允价值+购买日前持有被购买方权益的公允价值-合并中所取得的被购买方可辨认净资产公允价值)-递延所得税资产-由递延所得税负债影响形成的商誉

(2)总资产的公允价值=购买方支付的对价+购买日被购买方少数股东权益的公允价值+购买日前持有被购买方权益的公允价值+取得负债的公允价值(不包括递延所得税负债)-取得的现金及现金等价物-递延所得税资产-由递延所得税负债影响形成的商誉

2. 关于单独可辨认资产。单独可辨认资产是企业合并中作为一项单独可辨认资产予以确认和计量的一项资产或资产组。如果资产(包括租赁资产)及其附着物分拆成本重大,应当将其一并作为一项单独可辨认资产,例如土地和建筑物。

3. 关于一组类似资产。企业在评估一组类似资产时,应当考虑其中每项单独可辨认资产的性质及其与管理产出相关的风险等。下列情形通常不能作为一组类似资产:(1)有形资产和无形资产;(2)不同类别的有形资产,例如存货和机器设备;(3)不同类别的可辨认无形资产,例如商标权和特许权;(4)金融资产和非金融资产;(5)不同类别的金融资产,例如应收款项和权益工具投资;(6)同一类别但风险特征存在重大差别的可辨认资产等。

三、生效日期和新旧衔接

本解释自 2020 年 1 月 1 日起施行,不要求追溯调整。